Die Individualsanktionen des Sicherheitsrates der Vereinten Nationen und die Grund- und Menschenrechte aus der Europäischen Menschenrechtskonvention

Studien zum Internationalen, Europäischen
und Öffentlichen Recht

Herausgegeben von Eibe Riedel

Band 31

PETER LANG

Layla Kristina Jaber

Die Individualsanktionen des Sicherheitsrates der Vereinten Nationen und die Grund- und Menschenrechte aus der Europäischen Menschenrechtskonvention

PETER LANG

Bibliografische Information der Deutschen Nationalbibliothek
Die Deutsche Nationalbibliothek verzeichnet diese Publikation in der Deutschen Nationalbibliografie; detaillierte bibliografische Daten sind im Internet über http://dnb.d-nb.de abrufbar.

Zugl.: Heidelberg, Univ., Diss., 2019

Gedruckt auf alterungsbeständigem, säurefreiem Papier.
Druck und Bindung: CPI books GmbH, Leck

D 16
ISSN 1430-5380
ISBN 978-3-631-82461-0 (Print)
E-ISBN 978-3-631-83119-9 (E-PDF)
E-ISBN 978-3-631-83120-5 (EPUB)
E-ISBN 978-3-631-83121-2 (MOBI)
DOI 10.3726/b17362

Peter Lang – Berlin · Bern · Bruxelles · New York ·
Oxford · Warszawa · Wien

Diese Publikation wurde begutachtet.

www.peterlang.com

Vorwort

Die vorliegende Arbeit wurde im Sommersemester 2019 von der Juristischen Fakultät der Universität Heidelberg als Dissertation angenommen. Rechtsprechung und Literatur konnten bis November 2019 berücksichtigt werden.

Im möchte meinem Doktorvater Prof. Dr. Martin Borowski für seine stete Unterstützung und enge Betreuung meiner Arbeit danken. Unsere regelmäßigen und ausgiebigen Gespräche haben mich auf meinem Weg zur Fertigstellung dieser Arbeit begleitet und es mir ermöglicht, meine Gedanken und Thesen weiterzuentwickeln und zu verfestigen. Er überließ mir die nötige Freiheit bei der Bearbeitung und unterstützte mich mit kreativen Denkanstößen. Frau Prof. Dr. Anja Seibert-Fohr danke ich für ihren Rat und ihre wertvollen Anregungen. Ich bedanke mich bei ihr für die zügige Erstellung des Zweitgutachtens.

Mein Dank gilt ebenfalls Herrn Prof. Dr. Hans-Joachim Cremer, der es mir durch die Anstellung als wissenschaftliche Mitarbeiterin an seinem Lehrstuhl an der Universität Mannheim ermöglichte, mit aller wissenschaftlichen Freiheit und Ausstattung meine Arbeit in einem sehr inspirierenden Umfeld zu schreiben. Ich möchte mich für die Gespräche, Diskussionen und Anregungen an dieser Stelle bedanken.

Darüber hinaus möchte ich mich bei allen Weggefährten bedanken, mit denen ich im regelmäßigen Austausch über meine Arbeit stand. Ich danke insbesondere Dr. Sören Wollin und Dr. Sarah Haggenmüller. Für tatkräftige Unterstützung beim Korrekturlesen meiner Arbeit möchte ich meiner Mutter Josefine Maria Jaber und meinen Freundinnen Caroline Khan und Linda Schneider danken. Für die hilfreichen Diskussionen, Anregungen, freundschaftliche Unterstützung und Ablenkung möchte ich mich bei meinen lieben Freunden bedanken.

Mein größter Dank gilt meinen Eltern Josefine Maria Jaber und Nafez Jaber, die mich auf meinem Weg unterstützt, gefördert und ermutigt haben und die es durch ihre Liebe, Geduld und Ansporn ermöglicht haben, dass ich diese Arbeit erstellen konnte.

Ihnen ist diese Arbeit gewidmet.

Köln, im März 2020 Layla Kristina Jaber

Inhaltsverzeichnis

Abkürzungsverzeichnis

a.a.O.	Am angegebenen Ort
AChPR	Afrikanische Erklärung Menschenrechte und der Völker
AEMR	Allgemeine Erklärung der Menschenrechte
AMRK	Amerikanische Menschenrechtskonvention
Art.	Artikel
Bspw.	Beispielsweise
BVerfG	Bundesverfassungsgericht
BVerfGE	Entscheidungen aus der amtlichen Sammlung des Bundesverfassungsgerichts
Bzw.	Beziehungsweise
DARIO	Draft Articles on the Responsibility of International Organizations
DARS	Draft Articles on the Responsibility of States
DJCIL	Duke Journal of Comparative & International Law
EG	Europäische Gemeinschaften
EGMR	Europäischer Gerichtshof für Menschenrechte
EMRK	Europäische Konvention zum Schutz der Menschenrechte und Grundfreiheiten
EU	Europäische Union
EuG	Europäisches Gericht
EuGH	Gerichtshof der Europäischen Union
ESA	European Space Agency
Gem.	Gemäß
GA Res.	Resolution der UN-Generalversammlung
GG	Grundgesetz der Bundesrepublik Deutschland
GRC	Grundrechte-Charta der Europäischen Union
HRC	Human Rights Council
IAGMR	Interamerikanischer Gerichtshof für Menschenrechte
IGH	Internationaler Gerichtshof
IGH-Statut	Statut des Internationalen Gerichtshofs
ICTR	Internationaler Strafgerichtshof für Ruanda
ICTY	Internationale Strafgerichtshof für das ehemalige Jugoslawien
ILA	International Law Association
ILC	International Law Commission
Insbes.	Insbesondere
IPbpR	Internationaler Pakt über bürgerliche und politische Rechte

IS	Islamischer Staat
IStGH	Internationaler Strafgerichtshof
OAS	Organization of American States
o.g.	Oben genannt
NATO	Organisation des Nordatlantikvertrags
SC Res.	Resolution des UN-Sicherheitsrates
StIGH	Ständiger internationaler Gerichtshof
STL	Sondertribunal für den Libanon
UK	United Kingdom
UN-Charta	Charta der Vereinten Nationen
VN	Vereinte Nationen
VVdStRL	Veröffentlichungen der Vereinigung der Deutschen Staatsrechtslehrer
WKÜ	Wiener Übereinkommen über konsularische Beziehungen
WTO	World Trade Organisation
WÜV	Wiener Übereinkommen über das Recht der Verträge
ZP	Zusatzprotokoll

Einleitung

Die vorliegende Arbeit befasst sich mit dem Verhältnis der Individualsanktionen des Sicherheitsrates der Vereinten Nationen zu den prozessualen Gewährleistungen der Europäischen Menschenrechtskonvention (EMRK) und der gerichtlichen Kontrolle dieser Sanktionen. Sie findet ihren Ausgangspunkt in dem schwierigen Verhältnis von Freiheit und Sicherheit in Zeiten, in denen die weltweiten Gefahren nicht mehr ausschließlich daher rühren, dass Konfrontationskriege zwischen Staaten geführt werden, sondern auch von Einzelpersonen oder nichtstaatlichen Akteuren ausgehen. Die Herausforderung des modernen Völkerrechts sind die asymmetrischen Gefahren, die von Terroristen oder anderen Individuen ausgehen, die international organisiert sind, aber keinem Staat zugerechnet werden können. Sie kommen eher gewerbsmäßigen kriminellen Banden gleich, die gleichwohl Taten mit einem immens hohen Schadensausmaß auszuführen imstande sind. Des Weiteren sind auch ehemalige Regierungsmitglieder von Staaten in den Fokus des Völkerrechts geraten, da sie als Urheber von Kriegen und Krisen zur Verantwortung gezogen und von weiteren Tätigkeiten abgehalten werden sollen. Die Gemengelage der verschiedenen Rechtsgüter und Interessen ist in diesem Kontext sehr komplex, da mit neuen und intensiveren Maßnahmen gegen internationale Gefahren zum Schutz der Sicherheit, Eingriffe in die individuelle Freiheit und damit in die Grund- und Menschenrechte einhergehen. Um diesen Gefahren entgegenzuwirken, erlässt der Sicherheitsrat seit nunmehr zwei Jahrzehnten Individualsanktionen auf der Grundlage des Kapitel VII UN-Charta.

Die Thematik dieser Arbeit ist darüber hinaus in einem weiteren Kontext zu sehen. Das Völkerrecht, das regionale Recht und das nationale Recht verweben sich zusehends miteinander und bilden somit ein komplexes Mehrebenensystem aus. Die Ordnungsfunktion des Völkerrechts ist nicht mehr seine einzige Funktion. Es kam schließlich zur Rechtsvereinheitlichung, angetrieben von einer Judikatur vielfältiger internationaler Gerichte und einer Vielzahl internationaler Verträge. Des Weiteren wurden neuartige Rechtsakte durch internationale Organisationen erlassen, die sich gegen Individuen richten. Sie haben dazu geführt, dass sich die verschiedenen Ebenen immer stärker miteinander verflochten haben.

Dadurch erfuhr das Völkerrecht einen Bedeutungszuwachs, mit dem auch eine größere Verantwortung der Organe internationaler Organisationen einherging, der sie indes nicht immer gerecht werden. Mit der Rechtsetzungstätigkeit der exekutiven Organe internationaler Organisationen, mit denen individuelle Rechtspositionen betroffen werden, haben sich daher auch Berührungspunkte mit dem Recht der Staatenverantwortlichkeit ergeben, da nicht mehr nur ein Autor eines Rechtsaktes oder einer Handlung in Betracht kommt, sondern mehrere Akteure beteiligt sind. Dies rührt daher, dass eine internationale Organisation grundsätzlich keine durchgreifenden Rechtsakte gegen Individuen erlassen kann, sondern diese Rechtsakte erst durch die Umsetzung und Durchführung der Staaten Wirkung gegenüber dem Einzelnen entfalten können.

Erlässt beispielsweise der Sicherheitsrat der Vereinten Nationen bindende Resolutionen nach dem Kapitel VII UN-Charta, die die Mitgliedstaaten in ihre nationalen Rechtsordnungen umsetzen, kommen bei einer Verletzung von individuellen Rechten sowohl die Vereinten Nationen als auch die Mitgliedstaaten als Verantwortliche in Betracht. Diese Vielschichtigkeit stellt die internationale Gemeinschaft vor neue Herausforderungen.

A. Untersuchungsgegenstand

Der internationalen Gemeinschaft wurde – seit oder auch infolge des Endes der Blockkonfrontation zwischen Ost und West – bewusst, dass sich Bedrohungen durch Individuen weniger erfolgreich auf nationaler Ebene, sondern in Kooperation und Koordination besser lösen lassen. Der Sicherheitsrat der Vereinten Nationen ist daher seit dem Jahr 1999 aktiver geworden und bekämpft seither gewalttätige Krisen und terroristische Gruppierungen mit sogenannten *smart sanctions*, Individualsanktionen, die einzelne Personen in ihrem Vermögen und ihrer Reisefreiheit treffen. Des Weiteren werden auch Waffenembargos und ähnliche Maßnahmen erlassen. Diese Maßnahmen sollen die Betroffenen in ihrer kriminellen und gefährlichen Tätigkeit behindern und sie davon abhalten, den internationalen Frieden und die Sicherheit – welche die UN-Charta schützt – zu bedrohen.

Diese Maßnahmen kann der Sicherheitsrat nicht eigenständig gegen den Einzelnen durchführen, da ihm dazu der Durchsetzungsmechanismus fehlt. Nach Kapitel VII UN-Charta kann er zwar für die Adressaten, also die Staaten, verbindliche Maßnahmen zur Sicherung des internationalen Friedens und der Sicherheit erlassen, zur Durchsetzung ist er aber auf seine Mitgliedstaaten angewiesen, die er in seinen bindenden Resolutionen dazu verpflichtet, die Individualsanktionen durch ihre nationalen Stellen umzusetzen. An diesem Punkt kommt es zur Berührung zwischen Völkerrecht und nationalem Recht und es wird erkennbar, dass insbesondere die Effektivität des Völkerrechts davon abhängig ist, dass die Staaten diesem in ihren nationalen Rechtsordnungen zur

Wirksamkeit verhelfen. Hinzu kommen Regionalorganisationen, die die Umsetzung der Resolutionen für ihre Mitgliedstaaten übernehmen, wie die EU. Bei näherer Betrachtung zeigt sich, dass es sich um ein Mehrebenensystem handelt, das sich zusammensetzt aus dem Völkerrecht, dem regionalen Völkerrecht und den vielzähligen nationalen Rechtsordnungen.

Bei der Umsetzung der Resolutionen des Sicherheitsrates stellte sich heraus, dass einige Mitgliedstaaten der Vereinten Nationen bei der Umsetzung in das nationale Recht einer Pflichtenkollision ausgesetzt sind. Es handelt sich um die Staaten, die einerseits verpflichtet sind, die Resolutionen des Sicherheitsrates umzusetzen, aber auch weitere völkerrechtliche Verpflichtungen haben, zum Beispiel aus dem Bereich des Menschenrechtsschutzes. Daher kann für die Staaten eine Pflichtenkollision zwischen der Verpflichtung zur Umsetzung der Sanktionen und aus menschenrechtlichen Verpflichtungen – seien sie national oder international – entstehen. Leider bestätigte sich bei der Sanktionspolitik des Sicherheitsrates, dass diese Normenkollisionen häufig entstehen, da der Rechtsschutz der auf den Sanktionslisten aufgeführten Individuen, die mit wirtschaftlichen Sanktionen versehen werden, teilweise nicht den regionalen und nationalen Grund- und Menschenrechtsstandards entspricht. Auf der Ebene der Vereinten Nationen fehlt es an Rechtsschutzmechanismen, sodass sich nationale Stellen im Unklaren waren, ob und inwieweit sie zur Kontrolle der Sanktionen zuständig sind.

Mit diesem Dilemma, in dem sich die Staaten bei der Umsetzung und Durchführung der Individualsanktionen befinden, wird sich diese Arbeit befassen. Aufgrund der großen regionalen Unterschiede in den Rechtstraditionen auf der Welt kann mit dieser Arbeit keine umfassende Untersuchung geliefert werden, mit der Folge, dass sie sich auf den europäischen Kontext beschränken muss. Trotzdem besteht der Anspruch, die vorgeschlagenen Konzepte auf andere Rechtskreise zu übertragen. Im Fokus stehen daher die Pflichtenkollisionen der Mitgliedstaaten des Europarates und der EMRK, die gleichzeitig Mitglieder der Vereinten Nationen sind.

Diese völkerrechtliche Analyse soll die dabei aufkommenden Fragen behandeln, da der gesamte sog. ‚Krieg gegen den Terrorismus‘[1] und insbesondere die Maßnahmen des Sicherheitsrates zur individuellen Sanktionierung und die entsprechenden Umsetzungsmaßnahmen der Mitgliedstaaten der

1 Siehe kritisch zum Begriff des ‚*war on terror*‘: *ICJ*, Assessing Damage, Urging Action. Report of the Eminent Jurists Panel on Terrorism, Counter-terrorism and Human Rights (International Commission of Jurists), S. 49 ff.

Vereinten Nationen aufgrund ihrer Grundrechtsimplikationen in starke Kritik geraten sind[2].

B. Ziel der Untersuchung

Das Ziel dieser Arbeit ist es, ein Konzept herauszuarbeiten, mit dem die Staaten des Europarates, der Europäische Gerichtshof für Menschenrechte (EGMR) und auch die nationalen Gerichte arbeiten können, um die Pflichtenkollisionen im Rahmen der Individualsanktionen des Sicherheitsrates mit dem europäischen Menschenrechtsschutz aufzulösen.

Ausgangspunkt waren dabei die Fälle *Nada*[3] und *Al-Dulimi*[4], die vom EGMR unterdessen entschieden wurden. Die Große Kammer entschied in der Sache *Nada* anders als seinerzeit die Kammer in der Sache *Al-Dulimi* in Bezug auf die Begründung der Zuständigkeit des EGMR. Daher ist die genauere Untersuchung der Verantwortlichkeit der Mitgliedstaaten für die Umsetzung der Individualsanktionen des Sicherheitsrates von zentralem Interesse. Die Große Kammer, der die Sache *Al-Dulimi* nach Art. 43 EMRK vorgelegt wurde, hat in der Begründung der Zuständigkeit des Urteils im Sinne der Sache *Nada* entschieden. Die Große Kammer prüfte die nationalen Umsetzungsakte am Maßstab der EMRK und konnte daher die Schweiz wegen einer Verletzung der EMRK verurteilen.

Da die Rechtsprechung des EGMR im Zentrum dieser Arbeit steht, wird ein Vorschlag unterbreitet, der eine Handhabe bietet, um einen gerechten Ausgleich zwischen den jeweiligen staatlichen Verpflichtungen zu finden, ohne das Gefüge des Völkerrechts zu destabilisieren. Die Zuständigkeit des EGMR und der nationalen Gerichte für die Rechtsakte im Mehrebenensystem wird durch den folgenden Vorschlag begründet. Denn es sind nicht nur die staatlichen Verpflichtungen, die sich aus der UN-Charta und der EMRK ergeben, vor allem sind die Einzelschicksale derjenigen zu berücksichtigen, die sich einer Sanktionierung durch den Sicherheitsrat ausgesetzt sehen, ohne dafür durch ein internationales oder nationales Gericht verurteilt worden zu sein. Daher muss im Übrigen untersucht werden, ob das Sanktionsverfahren des Sicherheitsrates der Vereinten Nationen die Standards eines fairen Verfahrens und des effektiven

2 Siehe anschaulich: *Hammarberg*, Human rights in Europe, S. 254 ff.; *Marty/Karagiannis*, UN Security Council black lists (Marty Report) S. 1 ff.

3 EGMR (GK), Urteil vom 12. September 2012, n° 10593/08 – *Nada gg. Schweiz.*

4 EGMR, Urteil vom 26. November 2013, n° 5809/08 – *Al-Dulimi and Montana Management Inc. gg. Schweiz*; EGMR (GK), Urteil vom 21. Juni 2016, n° 5809/08 – *Al-Dulimi and Montana Management Inc. gg. Schweiz.*

Rechtsschutzes erfüllen. Aber auch die Vereinbarkeit mit Gewährleistungen, wie die auf ein Familienleben, die Bewegungsfreiheit, das Eigentum und die freie Meinungsäußerung, die durch die Individualsanktionen betroffen sein können, muss berücksichtigt werden[5].

Die vorliegende Arbeit entwickelt ein Modell für einen effektiven Schutz der Grund- und Menschenrechte innerhalb des Systems der EMRK in Europa. Denn dem EGMR und den mitgliedstaatlichen Gerichten wird eine Begründungsgrundlage geliefert, auf dessen Basis sie sich zur Kontrolle der nationalen Umsetzungsrechtsakte der Individualsanktionen des Sicherheitsrates – freilich nicht unmittelbar der Resolutionen des Sicherheitsrates – für zuständig erklären können. In der Folge können sie diese Umsetzungsrechtsakte am Grundrechtestandard der EMRK messen. All dies hat zum Ziel, den Grundrechtsschutz im Mehrebenensystem, bestehend aus den Vereinten Nationen, den Regionalorganisationen und den nationalen Rechtsordnungen, zu stärken.

Die in dieser Untersuchung im Zentrum stehende Konstellation unterscheidet sich von derjenigen der Mitgliedstaaten der Europäischen Union, da diese durch die Übernahme der Umsetzung der Resolutionen im Bereich der Individualsanktionen des Sicherheitsrates durch die EU dahin gehend entlastet sind. Auch hat der EuGH in seiner Rechtsprechung seine Zuständigkeit zur Kontrolle der europäischen Umsetzungsrechtsakte bereits geklärt[6] und mit einer anderen Begründungslinie, basierend auf den Besonderheiten des Systems der EU, gearbeitet. Der EuGH misst seither in ständiger Rechtsprechung die Umsetzungsrechtsakte der EU am Maßstab der Charta der Grundrechte der EU.

C. Anspruch der Arbeit

Die in dieser Arbeit ausgearbeitete Rekonstruktion der Zuständigkeit des EGMR und der nationalen Gerichte für die Kontrolle der nationalen Umsetzungsrechtsakte der Individualsanktionen des Sicherheitsrates legt die damit zusammenhängenden Fragen im Mehrebenensystem dar. Die Beleuchtung der Praxis des Sicherheitsrates und seiner Kompetenzen und der Rechtsprechung des EGMR im Kontext der Individualsanktionen zeigt sich als ein *bottom-up-approach.*

---

5 Was in dieser Arbeit jedoch aufgrund der inhaltlichen Begrenzung auf den Untersuchungsgegenstand der Vereinbarkeit der Verfahrensrechte nicht mehr weiter untersucht werden kann.

6 EuGH, Urteil vom 3. September 2008, *Kadi gg. Rat und Komission*, C-402/05 P und C-415/05 P, ECLI:EU:C:2007:61.

Der Lösungsvorschlag begründet die Zuständigkeit der mitgliedstaatlichen Gerichte und des EGMR zur Kontrolle der nationalen Umsetzungsakte mit dem Argument, dass die Vereinten Nationen derzeit und in absehbarer Zeit nicht in der Lage sein werden, einen den internationalen und regionalen Menschenrechtsstandards genügenden direkten Rechtsschutz gegen die Individualsanktionen des Sicherheitsrates zu gewähren. Aus diesem Grund wird die Kompetenz der unteren Ebenen im Mehrebenensystem herangezogen, die einen deutlich besseren Grundrechtsschutz leisten können, wie sich an der EMRK und der Rechtsprechung des EGMR – und natürlich auch der Charta der Grundrechte der EU – zeigt. Diese Lösung führt im Ergebnis zu einer starken Gewichtsverlagerung zugunsten der europäischen Staaten in Bezug auf die gerichtliche Kontrolle im Mehrebenensystem und dürfte Europa, wegen der Bindung der Staaten an die EMRK, zu überzeugenden Ergebnissen führen.

Auch wenn diese Ausarbeitung lediglich ein Lösungsvorschlag für das europäische Menschenrechtsschutzsystem bietet, kann sie dennoch als Blaupause für andere regionale Menschenrechtsschutzsysteme herangezogen werden. Insbesondere die Übertragung auf das System der Amerikanischen Menschenrechtskonvention (AMRK) ist denkbar, da der Interamerikanische Gerichtshof für Menschenrechte ebenso dafür zuständig ist, die nationalen Rechtsakte und damit auch die Umsetzungsrechtsakte der Individualsanktionen des Sicherheitsrates am Maßstab der AMRK zu messen.

Global betrachtet führt dieser Ansatz dazu, dass in vielen Staaten der Welt die Umsetzungsrechtsakte der Resolutionen nicht an einem Maßstab, der der EMRK gleichwertig wäre, geprüft werden, da sie über einen anderen Grundrechtestandard verfügen. In vielen Staaten der Welt ist der individuelle Grundrechtsschutz leider noch unzureichend ausgestaltet, sodass nicht an eine weltweit einheitliche Gewährleistung von effektivem Rechtsschutz gegen Individualsanktionen zu denken ist. Diese Problematik sowie die Frage der Übertragbarkeit dieser These sind von großem Interesse, werden aber in dieser Arbeit keine Berücksichtigung finden. Dies soll anderen Untersuchungen vorbehalten bleiben.

Würde ein adäquater Grundrechtsschutz auf der Ebene der Vereinten Nationen eingerichtet, der den Betroffenen von Individualsanktionen, die direkt durch den Sicherheitsrat oder indirekt durch die Mitgliedstaaten auf einer Liste aufgeführt wurden, einen Rechtsschutzmechanismus an die Hand gibt, um die durch die Staaten ausgeführten wirtschaftlichen Sanktionen auszusetzen, wäre ein weltweit einheitlicher Grundrechtestandard gewährleistet. Dies würde dazu führen, dass die Betroffenen direkt auf der Ebene der Vereinten Nationen gegen die Sanktionen vorgehen könnten. Eine entsprechende Entscheidung könnte dann Präjudizwirkung auf die nationalen Rechtsordnungen entfalten, die die

Sanktionen umgesetzt haben, sodass die Staaten automatisch mit der Beendigung der Sanktionen reagieren müssten. Dies würde es dem Betroffenen ermöglichen alle nationalen Umsetzungsrechtsakte der Sanktionen infrage zu stellen, ohne in jedem Staat aufs Neue den langwierigen Rechtsweg vor den nationalen Gerichten durchlaufen zu müssen. Da aber eine derartige Verbesserung des Grundrechtsschutzes auf der Ebene des Sicherheitsrates und den Vereinten Nationen nicht abzusehen ist, soll bis dahin die in dieser Untersuchung vorgeschlagene Lösung weiterhelfen.

D. Gang der Untersuchung

Zu Beginn dieser Arbeit (1. Kapitel) werden die derzeitigen Maßnahmen des Sicherheitsrates im Bereich der Individualsanktionen vorgestellt. Dazu wird die Entwicklung der Sanktionen des Sicherheitsrates auf der Basis von Kapitel VII UN-Charta skizziert, die sich von auf Staaten gerichteten Maßnahmen zu solchen entwickelt haben, die auch Individuen anvisieren können. Auch soll die Definition des Begriffes des Terrorismus nicht fehlen, da das Sanktionsregime zur Bekämpfung des internationalen Terrorismus das umfassendste unter den Sanktionsregimen ist.

Anschließend (2. Kapitel) folgt eine theoretische Untersuchung der Probleme im Mehrebenensystem, da sich die Individualsanktionen des Sicherheitsrates dadurch auszeichnen, dass sich verschiedene Rechtsebenen miteinander verknüpfen. Daher werden die verschiedenen Ansichten über das Verhältnis des nationalen Rechts zum Völkerrecht und das Verhältnis internationaler Rechtsregime zueinander beleuchtet. Die Entscheidungen dieser Gerichte stehen im Vordergrund, weil diese Fragen von der nationalen und internationalen Rechtsprechung behandelt wurden. Von besonderem Interesse für diese Arbeit ist die Rechtsprechung des EGMR.

Es gibt verschiedene Werkzeuge, um Normkollisionen und Normkonflikte im Mehrebenensystem zu lösen, welche in dieser Arbeit dargestellt und kritisch gewürdigt werden. Dazu gehören sowohl Konfliktvermeidungsregeln, wie die systemische Auslegung und die diversen ‚Solange-Formeln' aus der Rechtsprechung nationaler und internationaler Gerichte, als auch Konfliktlösungsregeln, wie die Kollisionsnorm in Art. 103 UN-Charta.

Anschließend (3. Kapitel) steht die Rolle des Sicherheitsrates im Zentrum der Untersuchung, da er der primäre Autor der Individualsanktionen ist, die die Mitgliedstaaten umsetzen und anwenden. Dazu werden seine Aufgaben und Funktionen, die ihm die Mitgliedstaaten vor allem durch das Kapitel VII UN-Charta übertragen haben, untersucht und im Hinblick darauf hinterfragt, ob die aktuelle Sanktionspraxis mit der UN-Charta noch vereinbar ist. Der Schwerpunkt liegt dabei auf den Grenzen des Handelns des Sicherheitsrates. Muss er bei Maßnahmen auf der Grundlage des Kapitel VII internationale Menschenrechte und die Grundsätze der Rechtsstaatlichkeit berücksichtigen? Und wenn ja, welche Gewährleistungen umfassen diese internationalen Menschenrechte und was genau beinhaltet eine internationale *Rule of Law*?

Diese Fragen werden durch eine Diskussion um das Erfordernis der Verhältnismäßigkeit der Maßnahmen des Sicherheitsrates komplettiert. Gibt es einen solchen Grundsatz im Völkerrecht überhaupt und ist der Sicherheitsrat an diesen Grundsatz gebunden? Abgerundet werden diese Untersuchungen mit der Analyse der Verantwortlichkeit der Beteiligten der Sanktionsverfahren, also des Sicherheitsrates und der Mitgliedstaaten, und der Kontrollmöglichkeit des Handelns des Sicherheitsrates durch verschiedene Akteure. Diese Fragen sind schließlich dann von Relevanz, wenn die Maßnahmen des Sicherheitsrates, so wie sie durch die Mitgliedstaaten umgesetzt werden, gegen das für sie bindende Recht verstoßen und die Rechtspositionen der betroffenen Personen verletzt.

Abschließend (4. Kapitel) folgt die Untersuchung der gerichtlichen Zuständigkeiten in den Mitgliedstaaten der EMRK für die Kontrolle der nationalen Umsetzungsrechtsakte der Sanktionen. Dazu wird die Rechtsprechung des EGMR genauer durchleuchtet, die sich mit der Zuständigkeit des EGMR zur Kontrolle von nationalen Umsetzungsrechtsakten von Rechtsakten internationaler Organisationen befasst. Dies umfasst die Rechtsprechung in Bezug auf die EU und in Bezug auf andere europäische Organisationen. Letztlich steht der Fokus auf den Urteilen in Bezug auf die Individualsanktionen des Sicherheitsrates.

Da die Lösung des EGMR in diesem Zusammenhang nicht befriedigend ist, folgt eine Rekonstruktion der Zuständigkeit des EGMR und damit auch der nationalen Gerichte nach dem Grundsatz der (formellen) Subsidiarität. Dieses Prinzip bewirkt, dass auch im Kontext des Völkerrechts immer dann die unterste oder dem Individuum am nächsten liegende Stelle zuständig ist. Dies hat, in Bezug auf den Menschenrechtsschutz eine immense Bedeutung, da der effektive Schutz der individuellen Menschenrechte ein Anliegen aller Staaten und auch der Vereinten Nationen ist.

Dieser Subsidiaritätsgrundsatz wird genauer herausgearbeitet und auf seine Anwendbarkeit auf die EMRK und das Sanktionsregime des Sicherheitsrates untersucht. Zusammenfassend wird das Vorgehen der nationalen Gerichte und des EGMR skizziert, nach dem sie einen effektiven Grundrechtsschutz im Bereich der Individualsanktionen gewährleisten können. Eine Aufzählung der relevanten prozessualen Rechte aus der EMRK darf nicht fehlen, die im Kontext der Individualsanktionen berührt werden. Die Gewährleistungen aus Art. 6 und 13 EMRK werden auf die Individualsanktionen angewendet, sodass ein Standard für die Mitgliedstaaten der EMRK herausgearbeitet wird, an dem sie die Umsetzungsrechtsakte messen können.

Durch diese Untersuchung wird das Sanktionsregime gegen Individuen des Sicherheitsrates auf seine Vereinbarkeit mit der EMRK untersucht und eine Kontrollbefugnis des EGMR und der nationalen Gerichte hergeleitet. Da sich die Befugnisse des Sicherheitsrates in diesem Bereich stark erweitert haben, gleichzeitig aber der Rechtsschutz auf der Ebene der Vereinten Nationen nicht verbessert wurde, ist eine solche Rekonstruktion zum Schutz der individuellen Grund- und Menschenrechte unbedingt erforderlich.

„Reaffirming that terrorism in all its forms and manifestations constitutes one of the most serious threats to peace and security and that any acts of terrorism are criminal and unjustifiable regardless of their motivations, whenever and by whomsoever committed...“

(SC Res 1989 (2011))

1. Kapitel: Die gezielten Sanktionen des Sicherheitsrates der Vereinten Nationen im Rahmen der Bekämpfung des internationalen Terrorismus und bestimmter Einzelpersonen

Das Phänomen des internationalen Terrorismus sowie die Gefahren, die von Individualpersonen ausgehen, stellen die internationale Gemeinschaft vor immense Herausforderungen.[7] Um sich dem Hintergrund dieses Themengebietes nähern zu können, haben die folgenden Ausführungen den gegenwärtigen Begriff des Terrorismus und seine Entwicklung (I.) und die Sanktionspraxis des Sicherheitsrates der Vereinten Nationen zur Bekämpfung desgleichen (II.) zum Gegenstand.

---

7 Siehe dazu *Glennon/Sur*, Terrorisme et droit international, S. 7 ff.; *Vest*, Terrorismus als Herausforderung des Rechts, S. 4 ff.; zu dem Balanceakt Freiheit – Sicherheit siehe *Anter*, Sicherheit versus Freiheit, S. 127 ff.; *Bartmann*, Terrorlisten, S. 267 ff.; *Hidalgo*, Freiheit und Sicherheit, S. 269 ff.; *Jakab*, Rechtsstaat, Freiheit und Sicherheit in Europa, S. 17 ff.; *Krause*, Bedrohungen der Demokratie, S. 152 ff.; *Wassermann*, Terrorismus contra Rechtsstaat, S. 131 ff.; zum geschichtlichen und staatstheoretischen Hintergrund, siehe *Isensee*, Das Grundrecht auf Sicherheit, S. 3 ff.; *Reese-Schäfer*, Zeitschrift für Menschenrechte 2007, S. 37 ff.

A. Das Phänomen des internationalen Terrorismus – eine Begriffsbestimmung

Mithilfe terroristischer Taten können selbst kleinste Gruppen in kürzester Zeit weltweit Aufmerksamkeit „für ihre Sache" erregen. Das Phänomen des internationalen Terrorismus, das der Sicherheitsrat der Vereinten Nationen durch seine gezielten Resolutionen bekämpft, ist nicht neu. Seit den 1990er Jahren hat sich die Praxis der Bekämpfung von Individuen, vor dem Hintergrund des endenden Kalten Krieges und vieler neu aufkommender, oder bis dahin unterdrückter, weltweiten Krisenherde entwickelt. Auf eine einheitliche Definition des Begriffes des weltweiten Terrorismus hat man sich zwar bis heute innerhalb der Vereinten Nationen nicht einigen können, es gibt jedoch eine Definitionsgrundlage für die Arbeit des Sicherheitsrates.

I. Terrorismus, ein seit der Antike bekanntes Phänomen[8]

Schon im ersten Jahrhundert nach Christus gab es Formen des Terrorismus, als sich in Judäa Juden gegen die römischen Besatzer und deren Unterdrückung auflehnten. Alle drei großen Aufstände der Juden in Judäa wurden von den Römern als Terrorismus betrachtet. Auch aus dem 7. Jahrhundert in Indien gibt es Überlieferungen von Terrorismus, als Angehörige eines Kultes namens „*thuggee*" ihre Opfer rituell strangulierten und damit einer hinduistischen Gottheit ihre Ehre erwiesen. Im Frankreich des 18. Jahrhunderts sprach man vom „*régime de la terreur*", das von 1793–1794 sein Unwesen trieb. In dieser Zeit wurden die Verräter der französischen Revolution verfolgt und mit der Guillotine exekutiert, zu guter Letzt auch der Anführer der Revolutionäre, *Maximilien Robespierre.*

II. Die Entwicklung von Staatsterrorismus zum „privaten" Terrorismus[9]

Der moderne und heute bekannte Terrorismus wurde im Russland des 19. Jahrhunderts geprägt, als der russische Revolutionär *Mikhail Bakunin* behauptete, dass keine andere Bestrebung außer dem Terrorismus durch Individuen oder kleine Gruppen den russischen Boden säubern würde[10]. Um die Jahrhundertwende

---

8 Einen detaillierten Überblick über die Geschichte des Terrorismus bietet *Pimlott*, International Encyclopedia of Terrorism, S. 25 ff.

9 Siehe Näheres bei *Kushner*, Encyclopedia of Terrorism, S. 359 ff.

10 Siehe dazu Gerngroß, Anarchismus im Zarenreich in: *Straßner*, Sozialrevolutionärer Terrorismus, S. 57 ff.

zum 20. Jahrhundert sind insbesondere politische Attentate verübt worden[11] und das 20. Jahrhundert wurde mit dem Attentat in Sarajevo gegen den österreichischen Kanzler durch einen serbischen Nationalisten eingeläutet. Diese Tat war ausschlaggebend für den Ausbruch des Ersten Weltkrieges.[12] Nach dem Ersten Weltkrieg wurde es um die terroristischen Gruppierungen ruhiger. Schließlich lebte in den 30er und 40er Jahren das Phänomen des Staatsterrorismus wieder auf, und zwar in der Form von nationalistischen, faschistischen oder kommunistischen Staaten, die totalitäre Regime betrieben.

Nach dem 2. Weltkrieg bildeten sich nationalistische Bewegungen im Nahen Osten, Nordafrika und Asien, die sich allesamt dadurch auszeichneten, endlich ihre Unabhängigkeit von der europäischen Kolonisation zu erlangen. In diesem Zusammenhang kam die Frage nach der Abgrenzung eines Terroristen von einem Freiheitskämpfer auf, da nur ein Freiheitskämpfer als legitimer Verfechter des neuen Selbstbestimmungsrechts der Völker gegen die Besatzungsmacht die Waffe erheben darf.[13] Die Struktur dieser Gruppierungen war zumeist hierarchisch organisiert und die Machtverteilung leicht nachvollziehbar. Dadurch war es möglich, diese Gruppierungen zu verfolgen und zu bekämpfen. In den 1960er Jahren gab es weltweit einen immensen Anstieg an terroristischen Aktivitäten. Es bildeten sich terroristische Gruppen in Europa, Nord- und Südamerika sowie in Asien. Auch im Nahen Osten stieg die Zahl derartiger Aktivitäten. Bei den Gruppierungen in Europa und den USA handelte es sich vor allem um linksextreme Vereinigungen[14].

Eine Wende ist 1982 zu erkennen, als die Hisbollah (die sog. „Partei Gottes") als Antwort auf die israelische Invasion im Libanon gegründet wurde. Diese

---

11 1892 gegen General Martinez Campos in Barcelona; 1894 gegen den französischen Präsidenten Sadi Carnot; 1898 gegen Elizabeth von Österreich-Ungarn; 1900 in Italien gegen den König Umberto und 1901 gegen den amerikanischen Präsidenten William McKinley.

12 Näheres zu den Entwicklungen und den Gründen, die den 1. Weltkrieg in Europa herbeiführten: *Clark*, Die Schlafwandler, insbes. S. 475 ff.

13 Siehe Resolution der UN-Generalversammlung A/Res/25/2625 vom 24. Oktober 1970 – Declaration on Principles of International Law concerning Friendly Relations and Co-operation among States in accordance with the Charter of the United Nations, sog. Friendly-Relations-Declaration, in der es heißt: „*In their actions against, and resistance to, such forcible action in pursuit of the exercise of their right to self-determination, such peoples are entitled to seek and to receive support in accordance with the purposes and principles of the Charter.*"

14 Die RAF in Deutschland, die Roten Brigaden in Italien und die Japanische Rote Armee in Japan.

schiitische Gruppierung folgt den Lehren des iranischen Ayatollahs *Ruhollah Khomenei*, der durch die Iranische Revolution 1979 iranisches Staatsoberhaupt wurde. Sie haben die Verbreitung der Islamischen Revolution zum Ziel. Dadurch haben sie dazu beigetragen, dass sich in der Region immer neue islamisch motivierte Gruppen herausbildeten, wie bspw. 1979 der Islamische Jihad und 1987 die Hamas in Palästina.

Ebenso in Afghanistan, das 1979 von der Sowjetunion überfallen wurde, haben sich seitdem immer neue Gruppierungen gebildet, die religiös motiviert agierten. Kämpfer werden aus der gesamten Großregion der arabischen Halbinsel und Nordafrikas, aber auch westlichen Staaten, rekrutiert. Auch die Organisationsstruktur dieser Gruppierungen ist anders als die ihrer historischen Vorgänger. Die Zellen sind nicht mehr strikt hierarchisch aufgebaut, sodass sie nicht leicht aufzufinden und zu verfolgen sind. Im Gegensatz zu früheren Strukturen, in denen sich die Gruppierungen einem nationalen oder regionalen Problem widmeten, sind heutige Terroristen weltweit vernetzt, was der neuen Informationsstruktur und -vernetzung zu verdanken ist.

III. Der internationale Terrorismus heute

Der moderne Terrorismus[15] ist durch Gruppierungen geprägt, die islamistisch-fundamentalistische Ideologien verfolgen und sich in Trainingscamps in Afghanistan und im Sudan ausbilden lassen. Schillernde Figuren wie *Osama bin Laden* und *Abu Bakr al-Baghdadi* waren die Anführer des modernen internationalen Terrorismus. Die Gruppe al-Quaida wurde dadurch bekannt, dass sie einen „Krieg gegen Amerikaner und Juden" ausgerufen hatte. Andere Gruppierungen wie Boko Haram machen bspw. immer wieder durch schreckliche Entführungen und Ermordungen in Nigeria auf sich aufmerksam und die Bewegung „Islamischer Staat" (IS), die ihr Unwesen in Syrien und dem Irak treibt, ist ein aktuelles Beispiel für terroristische Vereinigungen der modernen Art. Der moderne Terrorismus[16] zeichnet sich also dadurch aus, dass er nicht mehr national oder regional beschränkt ist. Es haben sich Gruppierungen gebildet, die mit ihren Motiven weltweit, also aus verschiedenen Ländern heraus und miteinander agieren. Die Gruppen sind stark vernetzt, denn sie haben eine globalisierte Organisations-[17] und Informationsstruktur, da im digitalen Zeitalter sogenannte soziale

---

15 Davon wird seit 1968 gesprochen, siehe *Hoffman*, Inside Terrorism, S. 63 ff.

16 Näheres auch bei *Bassiouni*, International Criminal Law, Vol. 1, S. 697 ff.

17 Siehe dazu: *Meiser/Buttlar*, Militärische Terrorismusbekämpfung unter dem Regime der UN-Charta, S. 11.

Netzwerke nicht nur zur Verabredung zu Taten, sondern auch zur Propaganda genutzt werden.

Da die Struktur der Gruppierungen nun nicht mehr streng hierarchisch aufgebaut ist, agieren sie in Verbänden von Zellen, die zur gegebenen Zeit aktiv werden. Insbesondere das Mittel des Selbstmordanschlages wird zur Erreichung der Ziele der Terroristen eingesetzt. Dies bedeutet aber nicht, dass diese Form der Anschläge kein großes Unheil anrichten könnten, was die Anschläge auf das World Trade Center 1993 und 2001[18] eindringlich gezeigt haben. Die ständigen Anschläge in Afghanistan und der Feldzug des IS im Irak und Syrien haben vielen Menschen das Leben gekostet und die Region ins Unheil gestürzt. Auch der Zugang zu Massenvernichtungswaffen durch terroristische Gruppierungen wird befürchtetet[19], sodass die Tragweite ihrer Angriffe deutlich größer sein könnte, als bei terroristischen Angriffe in früheren Zeiten. Neu ist auch die Motivation der modernen Terroristen, die häufig von religiösem Fundamentalismus (an) getrieben sind, und von der Errichtung eines islamischen Staates träumen.[20] Der IS strebt dieses Ziel im Irak und Syrien an, indem er die Instabilität der Lage in diesen Ländern nutzt, um mit Gewalt einen Staat nach ihren Vorgaben zu gründen.

Terroristische Akte können aktiv, also in Täterschaft, aber auch passiv durch Teilnahme oder Unterstützung begangen werden. Meist können solche Anschläge nur durch gemeinsame Vorbereitungs- und Durchführungshandlungen erzeugt werden. Der Sicherheitsrat der Vereinten Nationen hat daher dazu aufgerufen, dass die Staaten der Welt ihre strafrechtlichen Bestimmungen anpassen sollen, um alle Handlungen, die terroristische Aktionen auf irgendeine Weise fördern, zu sanktionieren.[21]

---

18 Aber auch viele andere Anschläge weltweit haben dies leider hinreichend bekundet.

19 Siehe dazu Näheres bei *Cameron*, Research on Terrorism, S. 72 ff.

20 Im Gegensatz zu den früheren Phänomenen des Terrorismus, die revolutionäre, separatistische, reformistische, anarchistische oder reaktionäre Züge hatten. Siehe dazu *Crenshaw*, Terrorism/1, S. 313 ff.

21 Siehe bspw. Resolution des UN-Sicherheitsrates 1267 vom 15. Oktober 1999 (im Folgenden abgekürzt: SC Res. 1267 (1999)), Rn. 8; Resolution des UN-Sicherheitsrates 1333 vom 19. Dezember 2000, Rn. 18; Resolution des UN-Sicherheitsrate 1363 vom 30. Juli 2001, Rn. 8; Resolution des UN-Sicherheitsrates 1373 vom 28. September 2001, Rn. 1 b); Resolution des UN-Sicherheitsrates 1390 vom 28. Januar 2002, Rn. 8; Resolution des UN-Sicherheitsrates 1540 vom 28. April 2004, Rn. 2, 8 b); und aus neuerer Zeit: Resolution des UN-Sicherheitsrates 2178 vom 24. September 2014, Rn. 5, 6; Resolution des UN-Sicherheitsrates 2199 vom 12. Februar 2015, Rn. 11.

Da sich das Bild des Terrorismus in den letzten Jahrzehnten stark verändert hat, mussten sich auch die Reaktionen darauf ändern. Diese weltweit agierenden Gruppierungen sind von weltweiten Finanzierungsströmen abhängig. Auch müssen die Gruppierungen und Mitglieder miteinander kommunizieren und reisen. Um die Aktivitäten dieser Gruppen an der Wurzel zu bekämpfen, hat der Sicherheitsrat der Vereinten Nationen zu sog. „*smart sanctions*" gegriffen. Es handelt sich dabei um Sanktionen gegenüber einzelnen Personen oder Gruppierungen, die ihre Finanzströme unterbrechen sowie durch Reisebeschränkungen die Mobilität der Mitglieder behindern wollen. Auch Waffenembargos sollen verhindern, dass diese Gruppen Zugang zu diesen Mitteln erhalten.[22]

IV. Definition

Um die Gefahren des internationalen Terrorismus erfolgreich bannen zu können, bedarf es einer weltweit einheitlichen Definition[23], auf die man sich aber bis heute nicht einigen konnte. Zwar kann man im Grunde Terrorismus als den Prozess der Anwendung von Terrorgewalt bezeichnen[24]. Da diese Beschreibung jedoch nicht hinreichend konkret ist, um damit zu arbeiten, insbesondere um terroristische Handlungen zu bekämpfen, soll der Begriff im Folgenden näher definiert werden.

1. Historischer Ursprung[25]

Der Begriff des Wortes Terror hat einen lateinischen Ursprung in dem Wort *terrere*. Ins Deutsche übersetzt, bedeutet dies „erschrecken". Einzug in die modernen westeuropäischen Sprachen nahm der Begriff im 14. Jahrhundert in Frankreich. Während der Französischen Revolution bspw. erließ die französische Legislative unter *Robespierre* am 30. August 1793 das erste Gesetz zur Bekämpfung der dortigen Aufstände durch die aristokratischen Gegner der Revolution. Schon hier war erkennbar, dass beide Seiten die Bezeichnung von bestimmten Taten als Terror benutzten, um die Taten des Gegners zu beschreiben[26]. In dieser Phase

---

22 Siehe zu den Mitteln der Bekämpfung des internationalen Terrorismus: *Koh*, Suppressing Terrorist Financing and Money Laundering, S. 81 ff.

23 So auch *Glennon/Sur*, Terrorisme et droit international, S. 20.

24 Siehe *Bassiouni*, International Criminal Law, Vol. 1, S. 703, siehe auch seine Kritik an der fehlenden Definition des Begriffes und den sich daraus ergebenden Folgen auf S. 703 ff.

25 Siehe *Kushner*, Encyclopedia of Terrorism, S. 360.

26 Siehe dazu Näheres bei *Pimlott*, International Encyclopedia of Terrorism, S. 11 f.

war noch vom Staatenterror[27] die Rede, da terroristische Handlungsformen nur durch den Staat bekannt waren.

Dies änderte sich mit der Entstehung der anarchistischen Bewegungen in Frankreich und Russland in den 1880er und 1890er Jahren. In dieser Zeit diente der Terrorismus durch Gruppen jenseits der Staatsgewalt der Propaganda, da dadurch eine bestimmte Ansage gemacht werden sollte und somit der Kommunikation diente[28]. Daher wurde 1890 im Webster's International Dictionary Terror als *„extreme fear, fear that agitates body and mind, violent dread, fright“*[29] beschrieben. Ein Bezug zu staatlichem Handeln wird nicht mehr hergestellt.

Als sich nach der Französischen Revolution herausstellte, dass weiterhin private Gruppen jedweder Art Handlungen begingen, die als Terror einzustufen waren, wurde aus dem Begriff Terror der Begriff Terrorismus. Dadurch wurde er von seinem Bezug zur Französischen Revolution losgelöst und beschrieb nun ein Regime, das mit Angst herrschte. Diese wurde durch ungerechte Massenverhaftungen, willkürliche Gerichtsverfahren und Vollstreckungen der Todesstrafe, in denen weniger die individuelle Schuld zählte, sondern die politische Einschüchterung der Bevölkerung erreicht werden sollte, geschürt[30]. Es handelt sich damit um einen Sammelbegriff für politisch motivierte Gewalttaten mit unterschiedlicher Zielrichtung und Ausführungshandlungen, wobei die terroristischen Akte noch einen klar ersichtlichen territorialen Bezug hatten[31]. Der Terrorismus zeichnete sich durch seine inhaltliche Bestimmtheit (bspw. der Linksterrorismus, separatistische Bewegungen, religiöse Bewegungen), seine hierarchische Struktur und die kleine bis mittelgroße Gruppenstärke (Opfer sind zumeist gezielt ausgewählt und Massenvernichtungswaffen werden abgelehnt), und auch die Begrenzung der Operationsgebiete auf eine Region oder einen Staat aus[32]. Erst der moderne Terrorismus hat ein internationales Gepräge erhalten.

---

27 Terrorismus von Staaten ausgehend gibt es heute noch immer, wenn der Staat Terrorismus unterstützt, siehe *Burns/Peterson*, Terrorism: a documentary and reference guide, S. 22 ff.

28 So *Pimlott*, International Encyclopedia of Terrorism, S. 12 f.

29 *Porter*, Webster's international dictionary, S. 2132.

30 Nach *Pimlott*, International Encyclopedia of Terrorism, S. 13: *„regimes that rule by a fear caused by unjust mass arrests and arbitrary trials an executions in which the guilt of the individual matters less than the political intimidation of the populace“*.

31 *Wolny*, Die völkerrechtliche Kriminalisierung von modernen Akten des internationalen Terrorismus, S. 28 f.

32 *Wolny*, Die völkerrechtliche Kriminalisierung von modernen Akten des internationalen Terrorismus, S. 31 f.

2. *Moderne Bedeutung*[33]

Zum ersten Mal tauchte der moderne Begriff 1930 auf der 3. Konferenz in Brüssel im Rahmen der internationalen Konferenzen zur Vereinheitlichung des Strafrechts auf[34]. Die beiden Aspekte der politischen oder sozialen Motive hinter den gewalttätigen Akten, und das Risiko der Herstellung einer gemeinen Gefahr, machten den Begriff aus. 1937 wurde der Begriff in Art. 1 Abs. 2 der Convention for the Prevention and Punishment of Terrorism definiert[35], er beinhaltete den Angriff auf den Staat und die Motivation Menschen in einen Zustand des Terrors zu versetzen. Der International Law Commission (ILC) Draft Code of Offences against the Peace and Security of Mankind (Part I) von 1954[36] brachte den Begriff mit dem der Aggression in Verbindung und definierte ihn in Art. 2 Abs. 6 als Angriff auf den Frieden und die Sicherheit der Menschheit. Handlungen von nicht-staatlichen Akteuren wurden dabei jedoch noch nicht berücksichtigt.

Es gibt sicherlich Gründe, die für die Redundanz einer Definition sprechen[37], denn aus der Praxis des Sicherheitsrates[38] ist erkennbar, dass er sich angesichts von Zeitnot nicht auf eine Definition festlegen konnte und wollte, aber trotzdem Rechtsakte zur Bekämpfung des sog. internationalen Terrorismus erlassen hat. Auch kann man mit *Higgins*[39] sagen, dass es sich nicht um einen rechtlichen Begriff handelt, sondern eher um einen Sammelbegriff, der verschiedene Situationen und Sachverhalte beschreibt.[40] Eine praktikable und einheitliche Definition würde jedoch Rechtssicherheit und Transparenz bringen.

---

33 Siehe dazu auch die detaillierteren Darstellungen bei *Saul*, Chinese Journal of International Law 2005, S. 141 ff.

34 Der da lautet: „*The intentional use of means capable of producing a common danger that represents an act of terrorism on the part of anyone making use of crimes against life, liberty or physical integrity of persons or directed against private or state property with the purpose of expressing or executing political or social ideas will be punished.*“

35 Mangels ausreichender Ratifizierungen trat sie jedoch nie in Kraft; siehe dazu *Saul*, Netherland International Law Journal 2005, S. 63.

36 UN Doc. A/2693: Report of the International Law Commission covering the work of its sixth session, 3 June-28 July 1954.

37 Siehe *Higgins*, Terrorism and International Law, S. 13; *Sorel*, European Journal of International Law 2003, S. 369 f.

38 Siehe SC Res. 1373 (2001).

39 *Higgins*, Terrorism and International Law, S. 27 f.

40 Siehe zur soziologischen Definition des Begriffs: *Vest*, Terrorismus als Herausforderung des Rechts, S. 34 ff.

3. *Die Definitionsbemühungen aus der Literatur*

Nach einer Auffassung[41], die drei Aspekte des Begriffs herausgearbeitet hat, bedarf es einer Methode der Gewalt, des Ziels Zivilisten oder Regierungen zu verletzen und der Absicht Schrecken zu verbreiten und politische oder soziale Veränderungen herbeizuführen. Andere[42] betonen die Art und Weise der Durchführung der Anschläge, die besonders effektiv und einschüchternd sind und die konspirative und berechnende Vorgehensweise[43]. Nach *Bassiouni*[44] zeichnet sich der Begriff des internationalen Terrorismus dadurch aus, dass zu der Terroranwendung ein internationales Element hinzukommt. Ein internationales Element läge dann vor, wenn sich die Gewalt gegen ein international geschütztes Ziel richtet oder Normen des internationalen Rechts verletzt werden. Zwar sind Normen des internationalen Rechts, beispielsweise Normen des Humanitären Völkerrechts, auch in nicht internationalen bewaffneten Konflikten anwendbar, ein zusätzlicher internationaler Bezug würde einem solchen Sachverhalt jedoch fehlen. Angesichts der Vernetzung von Gruppierungen könnte man von internationalem Terrorismus sprechen, sobald sich der Angriff nicht gegen ein nationales Phänomen richtet, sondern einen transnationalen Bezug hat.

Es gibt auch Definitionsansätze, die zwischen Friedens- und Kriegszeiten[45] unterscheiden. In Kriegszeiten seien terroristische Akte Kriegsverbrechen und unterfallen damit dem Humanitären Völkerrecht. Handelt es sich jedoch um interne Sachverhalte, Aufstände oder sporadische Gewalttaten, muss ein anderer Maßstab gelten, da das Kriegsrecht dann nicht mehr anwendbar ist[46].

---

41 *Kushner*, Encyclopedia of Terrorism, S. 359; *Salmon*, Dictionnaire de droit international public, S. 1080; etwas weiter formuliert noch *Cassese*, International Law, S. 450; *Cassese*, International Criminal Law, S. 165; *Guillaume*, International and Comparative Law Quarterly 2004, S. 540.

42 so auch *Higgins*, Terrorism and International Law, S. 14 ff.; *Schmid*, The Routledge handbook of terrorism research, S. 86;

43 Oder auch das Erregen von Aufmerksamkeit durch eine solche Tat, siehe *Wassermann*, Terrorismus contra Rechtsstaat, S. 128 ff.

44 *Bassiouni*, International Criminal Law, Vol. 1, S. 710; des Weiteren müssen folgende drei Voraussetzungen vorliegen: 1. die terroristische Handlung findet in mehr als einem Staat statt, 2. die terroristische Handlung hat auf verschiedene Staatsbürger Auswirkungen und 3. die terroristische Handlung tangiert die Sicherheit oder ökonomischen Interessen von mehr als einem Staat, siehe *Bassiouni*, Legal Aspects of International Terrorism, S. 485 ff., 488.

45 Siehe dazu bspw. *Cassese*, Journal of International Criminal Justice 2006, S. 938 ff.

46 Andere ziehen gar das Humanitäre Völkerrecht heran, um sich dem Begriff zu näheren, siehe *Arnold*, ZaöRV 2006, S. 300.

Andere[47] begreifen den Begriff als ein Äquivalent zu den Kriegsverbrechen in Friedenszeiten. Damit würde man eine Lücke schließen, die dadurch entstehe, dass für die Fälle des Terrorismus in Friedenszeiten nur vereinzelt internationale Abkommen geschlossen wurden und nicht alle Handlungen unter den Begriff gefasst werden könnten. Dies würde aber auch zur Folge haben, dass sich Staaten bei terroristischen Akten auf das Selbstverteidigungsrecht berufen könnten[48].

4. *Die Definitionsbemühungen internationaler Organisationen*

Um effektiv gegen das Phänomen des internationalen Terrorismus vorgehen zu können, waren die Vereinten Nationen bestrebt eine Definition zu liefern. Eine einheitliche Definition und ein einheitliches Verständnis des Begriffs könnten es der internationalen Gemeinschaft in internationalen und nationalen Konflikten ermöglichen, Gruppierungen und ihre Handlungen einheitlich einzustufen und ihnen dadurch besser zu begegnen. Leider findet sich in den zahlreichen internationalen Verträgen zum internationalen Terrorismus[49] keine einheitliche Definition. Art. 2 Abs. 1 a) der Konvention von 1999 enthält zumindest eine Definition mit Minimalanforderungen: Demnach bedarf es körperlicher Gewalt gegen Menschen und die Bevölkerung muss in Angst und Schrecken versetzt werden. Ideologische oder sonstige Motive sind nicht erforderlich. 2002 hat ein Ad-hoc-Komitee der Vereinten Nationen einen Entwurf für eine umfassende Terrorismus-Konvention[50] vorgelegt, die in Art. 2

47 *Scharf*, Case Western Reserve Journal of International Law 2004, S. 359 ff.

48 So zumindest *Scharf*, Case Western Reserve Journal of International Law 2004, S. 365.

49 1963, Tokyo Convention on offences and certain other acts committed on board aircraft; 1980, The Hague Convention for the Suppression of Unlawful Seizure of Aircraft; 1971, Chicago Convention on international civil aviation; 1971, Montreal Convention for the Suppression of Unlawful Acts against the Safety of Civil Aviation; 1979, International Convention against the Taking of Hostages; 1980, Vienna Convention on the Physical Protection of Nuclear Material; 1988, Rome Convention for the Suppression of Unlawful Acts against the Safety of Maritime Navigation; 1997, International Convention for the Suppression of Terrorist Bombings; 1999, International Convention for the Suppression of the Financing of Terrorism; 2005, New York International Convention for the Suppression of Acts of Nuclear Terrorism.

50 Comprehensive Convention on International Terrorism, A/57/37, Annex II; siehe die Kritik an dem Entwurf von *Schmid*, The Routledge handbook of terrorism research, S. 50 ff.; die UN-Generalversammlung befasste sich mit dem Phänomen schon 1970 in der Friendly-Relations-Declaration und in einer Resolution aus dem Jahr 1972, siehe Resolution A/3034 vom 30. September 1972, in dieser Resolution spricht sie jedoch noch ausschließlich von Terrorismus im Kontext von kolonialen

eine eigene Definition liefert[51]. In dieser werden beispielhaft Taten aufgezählt, die zum Ziel haben, die Bevölkerung einzuschüchtern und die Regierung eines Landes zu einem bestimmten Handeln zu zwingen. Eine frühere kompaktere Definition wurde dadurch erweitert[52]. Im Jahr 2003 hat die Generalversammlung einen weiteren Vorschlag für eine Definition unterbreitet[53].

Der ehemalige Generalsekretär *Kofi Annan* lieferte seine eigene Definition[54] unter Berücksichtigung der Zielsetzung der Taten. Er hatte zudem ein hochrangiges Expertenteam mit der Erarbeitung eines Berichtes über zukünftige Bedrohungen des Friedens und der kollektiven Sicherheit beauftragt, welches 2004 einen Bericht lieferte[55]. Schließlich hat sich auch der Sicherheitsrat im Rahmen

---

Befreiungsbewegungen, siehe auch Resolution A/3166 vom 14. Dezember 1973; erst in der Resolution A/40/61 vom 9. Dezember 1985 wird zum ersten Mal zwischen Terroristen und Freiheitskämpfern unterschieden.

51 Sie lautet: „*1. Any person commits an offence within the meaning of this Convention if that person, by any means, unlawfully and intentionally, causes: (a) Death or serious bodily injury to any person; or (b) Serious damage to public or private property, including a place of public use, a State or government facility, a public transportation system, an infrastructure facility or the environment; or (c) Damage to property, places, facilities, or systems referred to in paragraph 1 (b) of this article, resulting or likely to result in major economic loss, when the purpose of the conduct, by its nature or context, is to intimidate a population, or to compel a Government or an international organization to do or abstain from doing any act.*"

52 Resolution der UN-Generalversammlung A/51/210 vom 17.Dezember 1996: „*criminal acts intended or calculated to provoke a state of terror in the general public, a group of persons or particular persons for political purposes are in any circumstance unjustifiable, whatever the considerations of a political, philosophical, ideological, racial, ethnic, religious or other nature that may be invoked to justify them*".

53 Siehe Resolution der UN-Generalversammlung A/49/69 vom 15. Dezember 1994.

54 Resolution des UN-Generalssekretärs A/59/2005 vom 21. März 2005, S. 58: „*any action that is intended to cause death or serious bodily harm to civilians or non- combatants, when the purpose of such an act, by its nature or context, is to intimidate a population or to compel a Government or an international organization to do or to abstain from doing any act, constitutes an act of terrorism.*"

55 United Nations, Report on the Secretary-General's High-level Panel on Threats, Challenges and Change, Resolution der UN-Generalversamlung A/59/565 vom 2. Dezember 2004, Rn. 164 (d): „*any action, in addition to actions already specified by the existing conventions on aspects of terrorism, the Geneva Conventions and Security Council resolution 1566 (2004), that is intended to cause death or serious bodily harm to civilians or non-combatants, when the purpose of such an act, by its nature or context, is to intimidate a population, or to compel a Government or an international organization to do or to abstain from doing any act*".

seiner Terrorismusbekämpfung mit dem Begriff befassen müssen[56] und teilweise recht weite, aber auch sehr operative Definitionen geliefert.[57] Mit der Definition aus seiner Resolution 1566[58] hat der Sicherheitsrat den Begriff unabhängig von dem Selbstbestimmungsrecht der Völker definiert.

Der Human Rights Council (HRC) hat einen Vorschlag[59] gemacht, der gerade auf die Absicht der großen Schadenserzeugung und den einschüchternden und beängstigenden Effekt auf die Bevölkerung abstellt.[60] Auffällig ist, dass die Definitionen der Organe der Vereinten Nationen nicht zwischen internem und internationalem Terrorismus unterscheiden. Eine solche Unterscheidung ließe sich

---

56 Siehe SC Res. 1269 (1999), Nr. 1: „*acts, methods and practices of terrorism as criminal and unjustifiable, regardless of their motivation, in all their forms and manifestations, wherever and by whomever committed, in particular those which could threaten international peace and security*". Diese Definition hat jedoch keinen bindenden Charakter, da sie in einer nicht bindenden Resolution erklärt wurde. Siehe auch SC Res. 1368 (2001) und SC Res. 1373 (2001), in denen er den internationalen Terrorismus als eine Gefahr für den internationalen Frieden und die Sicherheit bezeichnet und damit als Voraussetzung für die Maßnahmen nach Kapitel VII der UN-Charta sieht. Des Weiteren Resolution des UN-Sicherheitsrates 1438 vom 14. Oktober 2002, Resolution des UN-Sicherheitsrates 1440 vom 24. Oktober 2002, Resolution des UN-Sicherheitsrates 1530 vom 11. März 2004. Mit der Resolution des UN-Sicherheitsrates 1566 vom 8. Oktober 2004 wird er konkreter, da er zum ersten Mal die Handlungen von Gruppen, die sich auf das Selbstbestimmungsrecht der Völker berufen, ausnimmt und ihre Handlungen auch unter den Terrorismusbegriff fasst. In dieser Resolution wird Terrorismus mit kriminellen Akten gleichgesetzt, sodass die Definition wieder weiter wird, siehe auch Resolution des UN-Sicherheitsrates 1617 vom 29. Juli 2005. Siehe dazu weitere Anmerkungen bei *Glennon/Sur*, Terrorisme et droit international, S. 135 ff., 428 ff., 476 ff.

57 Siehe zu den Bemühungen der Vereinten Nationen um eine Definition des Begriffes: *Roach*, The 9/11 effect, S. 21 ff.

58 SC Res. 1566 (2004): „*criminal acts, including against civilians, committed with the intent to cause death or serious bodily injury, or taking of hostages, with the purpose to provoke a state of terror in the general public or in a group of persons or particular persons, intimidate a population or compel a government or an international organization to do or to abstain from doing any act, which constitute offences within the scope of and as defined in the international conventions and protocols relating to terrorism, are under no circumstances justifiable by considerations of a political, philosophical, ideological, racial, ethnic, religious or other similar nature*".

59 E/CN.4/2006/98, Rn. 26 ff.

60 E/CN.4/2006/98, Rn. 42.

aber leicht mithilfe eines grenzüberschreitenden Elements herbeiführen[61]. Auch internationale Gerichte haben sich mit dem Begriff befasst[62] und sich bisher mit einer Definition sehr schwergetan.

Die EU[63] hat eine recht komplexe und ungenaue Definition des Begriffs geliefert[64]. Es handelt sich dabei vielmehr um eine exemplarische Aufzählung von terroristischen Handlungen und kriminelle Organisationen, die solche Handlungen vornehmen. Ebenso der Europarat[65] und der

---

61 *Glennon/Sur*, Terrorisme et droit international, S. 16, nach dem das anwendbare Recht ein Unterscheidungsmerkmal sei. Ist das Völkerrecht anwendbar, handele es sich um internationalen Terrorismus, ist das nationale (Polizei-)Recht anwendbar, handele es sich um nationalen Terrorismus bzw. Straftaten. Daran ist jedoch zu kritisieren, dass damit die Unterscheidung in der Hand der Staaten liegt, da sie die Einordnung als einen internationalen oder nationalen Fall steuern können, indem sie einen Fall als national behandeln oder eben nicht. Daher können sie internationale Fälle als nationale Fälle behandeln oder durch Nichtstun Bedrohungen auf die internationale Gemeinschaft verlagern.

62 IGH, United States Diplomatic and Consular Staff in Tehran (United States of America v. Iran), Judgement of 24 May 1980, ICJ Reports 1980, S. 3 ff.; IGH, Military and Paramilitary Activities in and against Nicaragua (Nicaragua v. United States of America), Judgement of 27 June 1986, ICJ Reports 1986, S. 14 ff., hier streift der IGH die Problematik jedoch nur; IGH, Questions of Interpretation and Application of the 1971 Montreal Convention arising from the Aerial Incident at Lockerbie (Libyan Arab Jamahiriya v. United Kingdom) – Provisional Measures, Judgement of 14 April 1992, ICJ Reports 1992, S. 3 ff. In all diesen Fällen hat der IGH eine Definition stets vermieden. Das Special Tribunal for Lebanon (STL) wurde hingegen konkreter und arbeitete eine völkergewohnheitsrechtliche Definition heraus, siehe Urteil des STL, Interlocutory Decision on the Applicable Law of 16 February 2011, STL-11-01/I, insbes. S. 49 ff.; so auch *Cassese*, International Criminal Law, S. 162 ff.; *Cassese*, EJIL 2001, S. 994; *Cassese*, International Law, S. 449, mit dem Verweis auf die GA Res. A/49/60, die einen Konsens über die Definition des Begriffes enthalte; *Glennon/Sur*, Terrorisme et droit international, S. 171 ff.

63 Siehe Näheres dazu bei: *Glennon/Sur*, Terrorisme et droit international, S. 151 f.; *Wetzel*, Die Welt nach 9/11, S. 552 f.; *Walter*, Terrorism in: *Wolfrum*, MPEPIL, Rn. 44 ff.

64 Siehe Art. 1 des Rahmenbeschlusses des Europäischen Rates vom 13. Juni 2002, No. 2002/475/JI. Diese Rahmenentscheidung des Europäischen Rates hatte zum Ziel die nationalen Terrorismusdefinitionen zu harmonisieren.

65 1977, Convention on the Surpression of Terrorism; 2002, Leitlinien zu den Menschenrechten und dem Kampf gegen den Terrorismus; 2008, Protokoll zur europäischen Konvention zur Bekämpfung des Terrorismus; 2005, Convention on the Prevention of Terrorism und Council of Europe Convention on Laundering, Search, Seizure and Confiscation of the Proceeds from Crime and on the Financing of Terrorism; siehe eine umfassende Darstellung zu den Rechtsakten des Europarates: *Walter*, Terrorism

EGMR[66] haben sich mit dem Begriff befasst. Hinsichtlich einer Definition verweist der Europarat jedoch nur auf die einschlägigen internationalen Konventionen.

5. *Zusammenfassung und Ergebnis*

Auch wenn noch keine einheitliche verbindliche Definition für den internationalen Terrorismus auf der internationalen Ebene geliefert wurde, kann man jedoch aus der Zusammenschau der verschiedenen Definitionsversuche, insbesondere derer der Generalversammlung folgende drei Elemente zusammenfassen:

1) Ein gewalttätiger Akt, der nach den nationalen Rechtsakten eine kriminelle Handlung darstellt,
2) mit dem Ziel Angst und Schrecken, also Terror, unter der Bevölkerung zu verbreiten, damit die Regierung oder andere Zuständige zu etwas gezwungen werden,
3) getragen von einer Motivation, sei sie politisch, ideologisch, religiös oder durch sonstige Überzeugungen inspiriert.

Geht es um ein internationales Phänomen, muss zusätzlich noch ein grenzüberschreitendes Element hinzukommen.

Diese Definition soll den folgenden Ausführungen zugrunde gelegt werden.

---

in: *Wolfrum*, MPEPIL, Rn. 39 ff. und stets aktuell auf der Homepage des Europarates: http://www.coe.int/t/dlapil/codexter/default_EN.asp.

66 Hier nur eine Auswahl: Urteil des EGMR vom 1. Juli 1961, n°332/57 – *Lawless gg. Irland No. 3*; Urteil des EGMR (GK) vom 26. Mai 1993, n°14553/89, 14554/89 – *Brannigan und McBride gg. Vereinigtes Königreich*; Urteil des EGMR vom 18. Dezember 1992, n°21987/93 – *Aksoy gg. Türkei*; Urteil des EGMR vom 4. Februar 2005, n°46827/99, 46951/99 – *Mamatkulov und Askarov gg. Türkei*; Urteil des EGMR vom 24. Februar 2009, n°246/07 – *Ben Khemais gg. Italien*; Urteil des EGMR 31. Januar 2012, n°50012/08 – *M.S. gg. Belgien*; Urteil des EGMR (GK) vom 12. September 2012, n°10593/08 – *Nada gg. Schweiz*; Urteil des EGMR (GK) vom 13. Dezember 2012, n°39630/09 – *El-Masri gg. Mazedonien*; Urteil des EGMR vom 18. März 2014, n°24069/03, 197/04, 6201/06 u. 10464/07 – *Ocalan gg. Türkei No. 2.*

B. Die Sanktionspraxis des Sicherheitsrates der Vereinten Nationen im Bereich der Individualsanktionen

Der Sicherheitsrat hat sich der Herausforderung des internationalen Terrorismus und der Gefahren, die von Individuen ausgehen, gestellt und bekämpft diese mit den im Folgenden dargestellten Mitteln.[67]

I. Die Sanktionen aus der historischen Perspektive

Nach Kapitel VII der UN-Charta kann der Sicherheitsrat Maßnahmen bei Bedrohung oder Bruch des Friedens oder der internationalen Sicherheit und bei Angriffshandlungen erlassen. Dies geschieht in zwei Schritten. Zuerst stellt er gem. Art. 39 UN-Charta fest, dass eine Bedrohung oder der Bruch des Friedens oder der internationalen Sicherheit vorliegt, um dann im zweiten Schritt Maßnahmen nach Art. 41 oder 42 UN-Charta zu erlassen. Bei Art. 42 UN-Charta handelt es sich um Maßnahmen, die Waffengewalt umfassen können[68]. Art. 41 UN-Charta sieht wirtschaftliche, also nicht-militärische Sanktionen vor. Auch wenn der Wortlaut der Normen nicht explizit davon spricht, wurden die Sanktionen traditionell als Maßnahmen gegenüber Staaten verstanden. Das Selbstverständnis des Westfälischen Systems des Völkerrechts implizierte dies.

Der Adressatenkreis der zielgerichteten Sanktionen hat sich im Laufe der Zeit geändert, d. h. dass der Fokus von Sanktionen gegen Staaten (1.) auf Individuen (2.) umgeschwenkt ist. Jedoch gilt für beide Sanktionsformen, dass das Ende des Ost-West-Konfliktes und damit der Konfrontation im Sicherheitsrat, anderen Konflikten und Problemen in der Welt zu mehr Aufmerksamkeit verhalf.

1. *Sanktionen gegen Staaten*[69]

Zielgerichtet Sanktionen gegen Staaten hat der Sicherheitsrat bis zum Ende des Kalten Krieges nur selten erlassen, bspw. gegen Süd-Rhodesien[70] und

67 Angesichts der Fülle der nationalen Umsetzungsakte soll hier verwiesen werden auf *Gowlland-Debbas*, National implementation of United Nations sanctions, S. 6 ff., m.w.N.

68 Sog. Blauhelm-Missionen, siehe zu den derzeitigen Missionen: http://www.un.org/en/peacekeeping/.

69 Siehe eine detailliertere Darstellung bei *Pellet/Miron*, Sanctions in: *Wolfrum*, MPEPIL, Rn. 26 ff.; siehe auch *Wagner*, ZaöRV 2003, S. 889 ff.

70 Resolutionen des UN-Sicherheitsrates 232 vom 16. Dezember 1966; 253 vom 29. Mai 1968; 277 vom 18. März 1970; 333 vom 22. Mai 1973; 388 vom 6. April 1976,

Südafrika[71]. Nach der Öffnung des Eisernen Vorhangs war der Sicherheitsrat viel handlungsfähiger. Die ständige durch Vetos verursachte Blockade hatte ein Ende und es wurden Sanktionen gegen weitere Staaten erlassen, nämlich gegen Somalia[72] und Eritrea[73], Jugoslawien[74], Haiti[75], Irak[76], Bosnien-Herzegowina[77], Afghanistan[78], Côte d'Ivoire[79] und Libyen[80]. In diesen Sanktionen ging es im Kern um generelle Handelsembargos, Waffenembargos, Finanzsanktionen sowie das Verbot des Transportes von Gütern. Angesichts der enormen humanitären Auswirkungen[81] dieser Sanktionen auf die Bevölkerung der jeweiligen Staaten und des geringen Effekts auf die Regierungen, die eigentlich Ziel dieser Sanktionen sein sollten, wandelte sich die Praxis des Sicherheitsrates hin zu zielgerichteten Sanktionen.

2. *Sanktionen gegen Individuen*

Anfang der 1990er Jahre begann der Sicherheitsrat der Vereinten Nationen Sanktionen zu erlassen, die einen bestimmten Adressatenkreis treffen sollten, der sich vornehmlich aus Mitgliedern der Regierung oder Führung des jeweiligen Staates

---

hier ging es um das Recht auf Selbstbestimmung der afrikanischen Bevölkerung in dem 1980 in Simbabwe umbenannten Staat.

71 Resolutionen des UN-Sicherheitsrates 418 vom 4. November 1977 und 558 vom 13. Dezember 1984, zur Bekämpfung des Apartheid-Regimes.

72 Resolution des UN-Sicherheitsrates 940 vom 31. Juli 1994.

73 Resolutionen des UN-Sicherheitsrates 733 vom 22. Januar 1992 und 751 vom 24. April 1992.

74 Resolutionen des UN-Sicherheitsrates 757 vom 30. Mai 1992; 787 vom 16. November 1992; 820 vom 17. April 1993; 713 vom 25. September 1991; 724 vom 15. Dezember 1991.

75 Resolutionen des UN-Sicherheitsrates 841 vom 16. Juni 1993 und 917 vom 6. Mai 1994, nach dem Putsch in Haiti.

76 Resolutionen des UN-Sicherheitsrates 661 vom 6. August 1990; 670 vom 25. September 1990; 687 vom 8. April 1990; 794 vom 3. Dezember 1992, wegen der Invasion Kuweits durch den Irak und 1546 vom 8. Juni 2004.

77 Resolution des UN-Sicherheitsrates 1551 vom 9. Juli 2004.

78 Resolutionen des UN-Sicherheitsrates 1563 vom 17. September 2004 und 1672 vom 25. April 2006.

79 Resolution des UN-Sicherheitsrates 1609 vom 24. Juni 2005.

80 Resolution des UN-Sicherheitsrates 1973 vom 17. März 2011.

81 Insbes. die humanitäre Katastrophe infolge der Sanktionen gegen den Irak aus dem Jahr 1990.

zusammensetzte[82]. Des Weiteren berücksichtigte er damit auch die Bedrohungen durch nicht-staatliche Akteure, die insbesondere in der Form des internationalen Terrorismus aufkamen.

Zur Konkretisierung der Sanktionen hängte der Sicherheitsrat Listen an seine Resolutionen an, die die genaue Bezeichnung der natürlichen oder juristischen Person enthielten, die durch die Staaten nach den Vorgaben in der Resolution zu sanktionieren waren. Zum ersten Mal wurde das im Fall von Haiti erprobt[83], später dann in Angola[84] und Sierra Leone[85]. Diese speziellen Sanktionen waren noch von einem territorialen Bezug geprägt, wie auch diejenigen gegen die Taliban in Afghanistan aus dem Jahr 1999[86]. Weitere Beispiele sind die Sanktionen gegen die Führungspersonen in Nord-Korea und im Iran[87]. Derzeit sind auch Individualsanktionen gegen Personen im Irak in Kraft, die im Zusammenhang mit dem ehemaligen *Saddam*-Regime im Irak stehen[88]. Sie werden mit Sanktionen durch den Sicherheitsrat belegt, wie im Bereich der Terrorismusbekämpfung, also mit Finanzsanktionen und Reisebeschränkungen.

Dies sollte sich aber mit den Resolutionen gegen die Bedrohung durch den internationalen Terrorismus[89] fundamental ändern.

---

82 Eine breitere Übersicht geben *Ramcharan*, The Security Council and the Protection of Human Rights, S. 137 ff. und *Weschler*, Canada's Journal of Global Policy Analysis 2010, S. 31 ff.

83 SC Res. 917 (1994).

84 Resolution des UN-Sicherheitsrates 1127 vom 28. August 1997 gegen die Mitglieder der UNITA.

85 Resolution des UN-Sicherheitsrates 1171 vom 5. Juni 1998 gegen die Anführer der Militärjunta.

86 Resolution des UN-Sicherheitsrates 1267 vom 15. Oktober 1999.

87 Resolutionen des UN-Sicherheitsrates 1737 vom 23. Dezember 2006; 1929 vom 9. Juni 2010; 1984 vom 9. Juni 2011; 1718 vom 14. Oktober 2006; 1874 vom 12. Juni 2009; 2087 vom 22. Januar 2013; 2094 vom 7. März 2013.

88 Resolution des UN-Sicherheitsrates 1483 vom 22. Mai 2003, die die SC Res. 661 (1990) ablöst und nunmehr auch Individualpersonen anvisiert.

89 SC Res. 1390 (2002); Resolutionen des UN-Sicherheitsrates 1452 vom 20. Dezember 2002; 1455 vom 17. Januar 2003; 1526 vom 30. Januar 2004; 1540 (2004); 1617 (2005); 1735 vom 22. Dezember 2006; 1904 vom 17. Dezember 2009; 1989 vom 17. Juni 2011.

II. Die Sanktionenregime im Hinblick auf die Bekämpfung des internationalen Terrorismus

Die soeben aufgeführten Sanktionen gegen Individuen sind zielgerichtet auf die Machthaber und ihre Entourage um den Frieden und die internationale Sicherheit wiederherzustellen und diese zum Einlenken zu zwingen. Die neueren Sanktionsregime gegen Individualpersonen, die einem Staat nicht zuzuordnen sind, lassen sich heute in zwei Gruppen einteilen: das IS- und al-Quaida-Sanktionsregime und das allgemein gegen Terroristen gerichtete Sanktionsregime.

1. IS- und al-Qaida-Sanktionsregime

Dieses Sanktionsregime wurde mit der Resolution 1267 im Jahr 1999 eingerichtet[90]. Es funktioniert in drei Stufen[91]:

1. Die Resolutionen wurden durch den Sicherheitsrat beschlossen, mit der Anweisung gegen bestimmte Personen bestimmte Sanktionen zu erlassen,
2. das eigens dafür eingerichtete Sanktionskomitee identifiziert die Ziele und führt laufend die Listen und
3. die Mitgliedstaaten[92] setzen die Entscheidung des Sicherheitsrates, konkretisiert durch das Sanktionskomitee[93], um.

---

90 SC Res. 1267 (1999); in diesem Kontext ist auch die Resolution des UN-Sicherheitsrates 1279 vom 30. November 1999 zu sehen, in der der Sicherheitsrat den Begriff des Terrorismus von seiner Zielrichtung her definiert und daher verurteilt: „*all acts, methods and practices of terrorism as criminal and unjustifiable, regardless of their motivation, in all their forms and manifestations, wherever and by whomever committed, in particular those which could threaten international peace and security*"; siehe zur Sanktionspraxis *Charron*, UN Sanctions and Conflict, S. 163 ff.; *Ciampi*, Securing Human Rights?, S. 105 ff.; *Tladi/Taylor*, Chinese Journal of International Law 2011, S. 774 ff.; *Prost*, Counter-Terrorism, S. 409 ff.

91 Siehe dazu Report of the Special Rapporteur on the promotion and protection of human rights and fundamental freedoms while countering terrorism, Martin Scheinin, vom 6. August 2010, A/65/258, Rn. 51 ff.

92 Oder Regionalorganisationen wie die EU für seine Mitgliedstaaten, siehe dazu *Bartelt/Zeitler*, EuZW 2003, S. 712 ff.; *Bergström*, EU Sanctions, S. 97 ff.; *Bultermann*, Leiden Journal of International Law 2006, S. 753 ff.; *Eckes*, European Constitutional Law Review 2008, S. 205 ff.; *Halberstam/Stein*, CMLR 2009, S. 13 ff.

93 Dabei handelt es sich um ein Nebenorgan des Sicherheitsrates gem. Art. 29 UN-Charta, siehe zu der Befugnis zur Einrichtung von Unterorganen: Peters in: *Simma/Khan/Nolte/Paulus*, The Charter of the United Nations. A Commentary, Art. 29, Rn. 1 ff. Seine Befugnisse wurden kontinuierlich durch den Sicherheitsrat ausgeweitet: SC Res. 1526

Die Sanktionen richteten sich ursprünglich nur gegen die in Afghanistan regierende Taliban und *Osama bin Laden*. Das sog. 1267-Sanctions-Committee wurde durch den Sicherheitsrat als Unterorgan eingerichtet – in dem sich daher die Besetzung des Sicherheitsrates widerspiegelt – das den Staaten bei der Umsetzung der Sanktionen behilflich sein soll, um den Informationsaustausch zu bewerkstelligen und den gesamten Sanktionsprozess zu überwachen. Mit der Resolution 1333[94] wurde das Sanktionsregime auf die al-Qaida und allgemein mit *Osama bin Laden* in Verbindung stehende Personen ausgeweitet. Später wurde noch das Monitoring Committee ins Leben gerufen, das die Listungen und die Sanktionspraxis kontrollieren sollte[95].

Das Sanktionskomitee hieß anschließend bis zum Jahr 2015 1267/1989-Sanctions-Comittee[96] und richtete sich nur noch gegen die al-Qaida. Seit dem Jahr 2015 heißt es 1267/1989/2253 ISIL (Da'esh) and Al-Qaida Sanctions Committee[97], da seitdem auch Personen auf der Liste geführt werden, die mit dem IS in Syrien und Irak in Verbindung gebracht werden[98].

Dieses Sanktionsregime wird auch direktes oder unmittelbares Regime genannt, da das Sanktionskomitee des Sicherheitsrates selbst die Listen führt, in die die Personen aufgenommen werden, die mit al-Quaida oder dem IS in Verbindung gebracht werden. Dabei haben die Mitgliedstaaten keinen Spielraum mehr bei der Umsetzung in das nationale Recht, da zum einen der Inhalt der Sanktionen vorgegeben ist und zum anderen auch die Personen, die durch die Sanktionen getroffen werden.

Angesichts der mangelnden Rechtsschutzmöglichkeiten der Personen, die einmal auf einer Liste geführt und daraus nicht mehr entfernt wurden, nachdem sich der Verdacht nicht erhärtete oder sich eine Verwechselung oder ein anderer Fehler ergeben hatte, hat der Sicherheitsrat im Jahr 2006[99] den sog. „focal

---

(2004); 1617 (2005); Resolution des UN-Sicherheitsrates 1699 vom 8. August 2006; 1735 (2006); Resolutionen des UN-Sicherheitsrates 1822 vom 30. Juni 2008 und 2083 vom 17. Dezember 2012; 2199 (2015).

94 SC Res. 1333 (2000): *„associated with“*.

95 SC Res. 1363 (2001) und SC Res. 1390 (2002).

96 SC Res. 1989 (2011), diese Resolution änderte das Regime von einem ursprünglich nur gegen die Taliban zu einem gegen die Taliban und al-Qaida gerichteten Regime.

97 Resolution des UN-Sicherheitsrates 2253 vom 17. Dezember 2015, Rn. 1.

98 Mit der SC Res. 2178 (2014) wurde es dem 1267-Sanktionskomitee ermöglicht, auch Personen in ihre Liste aufzunehmen, die im Zusammenhang mit dem IS und der Al-Nusra-Front stehen.

99 Resolution des UN-Sicherheitsrates 1730 vom 19. Dezember 2006: *„Committed to ensuring that fair and clear procedures exist for placing individuals and entities on sanctions*

point“ und damit ein Löschungsverfahren eingerichtet, mit dem erstmals die Möglichkeit eingeführt wurde, Löschungen von Namen vorzunehmen. Zwar konnte sich damit jeder Betroffene an den Focal Point wenden, jedoch bedurfte es zur Löschung der Zustimmung der betroffenen Staaten[100]. Wurde diese erteilt, musste mindestens ein Mitglied des Sanktionskomitees die Streichung gutheißen. Befürwortete kein Mitglied des Sanktionskomitees die Streichung innerhalb einer Frist von einem Monat, galt die Streichung als abgelehnt, im Übrigen wurde nur einstimmig entschieden. Am Ende des Verfahrens wurde der Antragsteller über den Ausgang des Verfahrens unterrichtet. Zur Verbesserung der Transparenz und Effizienz für das Auflistungs- und Streichungsverfahren wurde dann noch die Unterrichtung über die Auflistung den Betroffenen eingeführt[101]. Diese erste Verbesserungswelle zugunsten der betroffenen Personen geht auf die Arbeit einer Arbeitsgruppe aus dem Jahr 2006 zurück[102].

Schließlich wurde zur weiteren Verbesserung des 1267-Verfahrens ein „Office of the Ombudsman“ eingerichtet[103]. Diese Stelle wurde zur Unterstützung der Antragsteller eingerichtet, die mit ihrem Begehren der Streichung von der Liste an das Sanktionskomitee herantreten konnten. Dieses Mediationsbüro hat die Aufgabe als eine Art Zwischeninstanz zu agieren. Es nimmt die Streichungsanträge entgegen, prüft sie und gibt sie an das Sanktionskomitee weiter. Aber erst durch die Resolution 1989[104] wurde den Mitgliedstaaten und der Ombudsperson das Recht eingeräumt, die Streichung einer Person von der Liste eigens zu beantragen.[105]

---

lists and for removing them, as well as for granting humanitarian exemptions…“; siehe Näheres zu dem Streichungsverfahren *Feinäugle*, German Law Journal 2008, S. 1528 ff.

100 Also der Staaten, die der Antragsteller in seinem Antrag benannt hat, dessen Staatsangehörigkeit er besitzt und in dem er seinen ständigen Wohnsitz hat.

101 SC Res. 1735 (2006).

102 Report of the Informal Working Group of the Security Council on General Issues of Sanctions, vom 22. Dezember 2006, S/2006/997.

103 Durch die SC Res. 1904 (2009), seine Aufgaben wurden konkretisiert durch SC Res. 1989 (2011); 2083 (2012); Resolution des UN-Sicherheitsrates 2161 vom 17. Juni 2014, 2253 vom 17. Dezember 2015 und 2368 vom 20. Juli 2017; siehe zum Ombudsman *von Arnauld*, EuR 2013, S. 236 ff.; *Fremuth*, DÖV 2012, S. 81 ff.; *Griller*, Europarecht-Beiheft 2012, S. 111 ff.; *Janik*, Bindung internationaler Organisationen an internationale Menschenrechtsstandards, S. 247 ff.; *Kirschner*, ZaöRV 2010, S. 599 ff.; *Prost*, Counter-Terrorism, S. 418 ff.

104 SC Res. 1989 (2011).

105 Siehe zu der Entwicklung des Sanktionsprozesses mit der Möglichkeit der Entfernung von der Liste: *Hovell*, The Power of Process, S. 14 ff.

2. *Andere Sanktionen gegen Individuen im Rahmen der Terrorismusbekämpfung*

Ein gänzlich anders konzipiertes Sanktionsregime bietet die Resolution 1373[106]. Völlig neu ist daran, dass ein Phänomen an sich – der internationale Terrorismus – und nicht eine konkrete Situation als eine Bedrohung iSd. Art. 39 UN-Charta angesehen wird. Neu ist daran auch, dass der Sicherheitsrat präventive Maßnahmen zur Verhinderung zukünftiger terroristischer Taten erlässt, wie z. B. die Behinderung der Finanzströme von verdächtigen Personen. Der Sicherheitsrat hat mit dieser Resolution gem. Kapitel VII die operativen Bestimmungen des Übereinkommens zur Bekämpfung der Finanzierung des Terrorismus aus dem Jahr 1999 und teilweise auch andere sektorale Abkommen zur Bekämpfung des Terrorismus aufgriffen und um weitere Pflichten der Staaten ergänzt. Damit hat er die Verabschiedung einer allgemeinen Konvention zur Bekämpfung des Terrorismus, dessen Verabschiedung den Staaten im Konsens bisher nicht gelungen ist und von vielen Staaten auch nicht beabsichtigt war, durch eine verbindliche Resolution Geltung verschafft.

Einer solchen Regelung der Terrorismusbekämpfung durch eine Resolution des Sicherheitsrates, parallel zu den vertraglichen Bemühungen der Mitgliedstaaten im Rahmen der Terrorismusbekämpfung, steht nichts entgegen. Schließlich kann der Sicherheitsrat diverse Maßnahmen erlassen, die er bei Vorliegen der Voraussetzungen des Art. 39 UN Charta für nötig hält. Er hat die Abkommen in der Resolution 1373 nicht einfach kopiert, sondern hat sie an den aktuellen Stand der Entwicklung angepasst. Mit dieser Resolution ist er weit über das hinausgegangen, was in den Abkommen geregelt war. Der internationale Terrorismus als solcher wurde nun als Friedensbedrohung identifiziert und die Verdächtigen mit generell-abstrakten Rechtsfolgen sanktioniert. Diese Resolution ist daher abstrakt-generell formuliert und erinnert an legislative Maßnahmen, wie sie staatliche Gesetzgeber erlassen können. Die Befugnis des Sicherheitsrates zum Erlass derartiger abstrakt-genereller Regelungen wird jedoch bezweifelt.[107]

---

106 SC Res. 1373 (2001); siehe dazu *Sossai*, Founding Conference ESIL 2005, S. 1 ff.; siehe auch Report of the Special Rapporteur on the promotion and protection of human rights and fundamental freedoms while countering terrorism, *Martin Scheinin*, vom 6. August 2010, A/65/258, Rn. 33 ff.; *Beier*, Kriminalitätsbekämpfung durch die Vereinten Nationen, S. 60 ff., insbes. S. 108 ff.; *Peterke*, Humanitäres Völkerrecht Informationsschriften 2001, S. 217 ff.; *Wagner*, ZaöRV 2003, S. 900 ff.

107 Siehe *Bruha*, Archiv des Völkerrechts 2002, S. 392; *Finke/Wandscher*, Zeitschrift für die Vereinten Nationen und Sonderorganisationen 2001, S. 170 ff.; darauf wird im Rahmen des 3. Kapitels noch näher eingegangen.

An dieser Stelle ist bereits darauf hinzuweisen, dass die Mitgliedstaaten der Vereinten Nationen diese Resolution größtenteils anstandslos umgesetzt haben, sodass sie aufgrund ihrer Anerkennung durch die Staaten eine Legitimation – im Sinne einer impliziten Anerkennung – erhielten.

Der Sicherheitsrat spricht also nicht mehr direkt einen Staat an, um diesen zu einem Handeln oder Unterlassen zu bewegen, sondern beabsichtigt durch die sog. *smart sanctions* das Verhalten von Privatpersonen zu steuern, um den Gefahren durch den internationalen Terrorismus präventiv zu begegnen. Dieses Regime wird im Gegensatz zu dem 1267-Sanktionsregime als indirekt, mittelbar oder implementiert bezeichnet, da es den Staaten zwar die Sanktionen vorgibt, ihnen aber das Führen einer Liste mit den verdächtigen Personen überlässt. Der Spielraum der Mitgliedstaaten ist daher deutlich größer, da sie die Listen mit den zu sanktionierenden Personen selbst zusammenstellen um diese zu sanktionieren. Mit dieser Resolution wurde also ein allgemeines Programm zur Bekämpfung des Terrorismus ausgearbeitet, das die Mitgliedstaaten auf die ausgewählten Personen anwenden.

Angesichts der Tatsache, dass die Mitgliedstaaten die Listen führen, gibt es kein Streichungsverfahren auf der Ebene des Sicherheitsrates. Die Betroffenen müssen sich an den Staat richten, der sie auf einer nationalen Liste führt, die in der Umsetzung des 1373-Regimes angefertigt wurde. Dabei stehen ihm die nationalen Rechtsmittel zur Verfügung.

3. *Gemeinsame Regelungen*

Die Listen in den beiden Regimen werden zwar durch verschiedene Organe geführt, das Verfahren der Listenführung ist jedoch das gleiche. Durch die staatlichen Geheimdienste werden Informationen gesammelt, die dem jeweiligen Listenführer vorgelegt werden. Dieser prüft, ob die Voraussetzungen für die Listung der Person erfüllt sind. Im Fall des 1267-Regimes stimmen die Mitglieder des Sanktionskomitees einstimmig darüber ab, wer auf der Liste geführt werden soll.[108] Im 1373-Regime ist dieses Verfahren den Mitgliedstaaten oder Regionalorganisationen überlassen.

Durch die Resolutionen 1456[109] wurde das gesamte Sanktionensystem transparenter und effektiver gemacht, indem die betroffenen Staaten über die Listung von Personen unterrichtet werden, den Staaten aber auch dem Sanktionskomitee müssen alle Informationen zukommen, wenn sie eine Person auflisten

---

108 Näheres dazu bei *Feinäugle*, German Law Journal 2008, S. 1523 ff.

109 Resolution des UN-Sicherheitsrates 1456 vom 20. Januar 2003.

lassen möchten. Damit werden Staaten darauf aufmerksam gemacht, bei der Umsetzung der Sanktionen ihre Pflichten aus dem Völkerrecht zu beachten, insbesondere die Menschenrechte, das Flüchtlingsrecht und das Humanitäre Völkerrecht[110]. Das „Monitoring Team", das ursprünglich nur für das 1267-Regime zuständig war, überwacht nun auch das 1373-Regime. Zur weiteren Verbesserung der Transparenz des Auflistungsverfahrens wurde erst durch die Resolution 1822[111] eine Begründungspflicht des Sanktionskomitees eingeführt und das Sanktionskomitee hat unterdessen neue Guidelines zu den Resolutionen 1267, 1989 und 2253 erlassen[112].

III. Zusammenfassung

Die Maßnahmen des Sicherheitsrates auf der Basis von Kapitel VII der UN-Charta sind angesichts der Entwicklung der letzten Jahre revolutionär. Der Sicherheitsrat hat dadurch seine Aufgaben neu interpretiert und ist handlungsfähiger geworden. Die Sanktionen gegen Personen, die mit dem internationalen Terrorismus in Zusammenhang gesetzt werden, zeigen dies eindrücklich.

Da die Sanktionen des Sicherheitsrates nicht ohne Weiteres ihre Wirkung gegenüber dem Einzelnen entfalten können und der Umsetzung der Mitgliedstaaten bedürfen, ergeben sich viele Fragen bei der Umsetzung und Anwendung der Regelungen und des Rechtsschutzes. Diese Sanktionsregime sind in der Folge in starke Kritik geraten, insbesondere wegen des ungenügenden Rechtsschutzes der Personen, die aufgelistet sind und daher sanktioniert werden.[113] Diese Fragen sollen im Folgenden untersucht werden.

---

110 SC Res. 1456 (2003), Rn. 6.

111 SC Res. 1822 (2008).

112 SC committee pursuant to resolutions 1267 (1999), 1989 (2011) and 2253 (2015) concerning ISIL (DA'ESH), Al-Quaida and associated individuals, groups and undertakings and entities vom 5. September 2018.

113 Siehe insbes. *Cameron*, The ECHR, Due Process and UN Security Council Counter-Terrorism Sanctions, S. 4 ff.; *Cameron*, Nordic Journal of International Law 2003, S. 159 ff. und *Fassbender*, Targeted Sanctions and Due Process, S. 3 ff.

Ibi societas, ibi ius
(Wo es eine gesellschaftliche Struktur gibt, dort gibt es Recht)

2. Kapitel: Universelles Völkerrecht, Regionales Völkerrecht, Unionsrecht und nationales Recht – Die Normstruktur des Mehrebenensystems

Die Sanktionen des Sicherheitsrates der Vereinten Nationen werden durch die Mitgliedstaaten umgesetzt und angewendet. Dieses Vorgehen entspricht dem sog. Mehrebenensystem[114]. Aufgrund dieser Pluralität der Rechtsregime und Akteure ergeben sich für die Mitgliedstaaten Fragen in Bezug auf ihre grundrechtlichen Verpflichtungen bei der Umsetzung und Anwendung dieser Rechtsakte. Und angesichts der Widersprüche zwischen den grundrechtlichen Gewährleistungen auf den verschiedenen Ebenen, insbesondere im regionalen Völkerrecht, dem Unionsrecht und dem universellen Völkerrecht, bedarf es einer Untersuchung des Verhältnisses dieser Ebenen zueinander[115]. Beispielsweise für

---

114 Der Begriff des Mehrebenensystems hat sich anhand der Regelungskomplexe der Europäischen Union und ihren Mitgliedstaaten – als ein Zweiebenensystem – entwickelt und beschreibt die Verschränkung und das Zusammenwirken verschiedener Regelungskomplexe und Rechtsordnungen. Der Begriff wurde der Politikwissenschaft entlehnt. Siehe zur Begriffsprägung: *Gundmann*, Europäische Methodenlehre, S. 286 ff.; *Knauff*, Der Regelungsverbund, S. 7 f.; *Mayer*, Kompetenzüberschreitung und Letztentscheidung, S. 31 ff., 53 ff.; *Möllers*, Gewaltengliederung, S. 210 ff.; *König/Rieger/Schmitt*, Das europäische Mehrebenensystem, S. 16 ff. Der Begriff impliziert nicht, dass die verschiedenen Ebenen, wie Sedimentschichten, übereinander liegen. Auch ein Nebeneinander oder andere Bezüge sind möglich. Daher beinhaltet dieser Begriff an sich keinen Hinweis auf ein „Übereinander", also eine Normenhierarchie oder ähnliches. Er lässt lediglich anklingen, dass verschiedene Rechtsordnungen und Regime bestehen, die in einem noch zu klärenden Verhältnis oder in gar keinem Verhältnis zueinanderstehen.

115 Siehe zu den Motiven der Normenkollisionen im Völkerrecht insbes. *Pauwelyn*, Conflict of Norms in Public International Law, S. 13 ff. Er führt als Begründungen für die Normenkollisionen die verschiedenen Normsetzer auf der internationalen Ebene an,

Deutschland ergibt sich der Schutz der Grund- und Menschenrechte aus dem deutschen Grundgesetz (GG), aus dem Internationalen Pakt für bürgerliche und politische Rechte (IPbpR), der Europäischen Menschenrechtskonvention sowie der Grundrechte-Charta der Europäischen Union (GRC). Aufgrund der Vielzahl der Quellen müssen die Verhältnisse und Rangordnungen dieser Ebenen zueinander genauer untersucht werden.

Es gibt Stimmen, die die Untersuchung des Verhältnisses der Ebenen zueinander mit dem Argument des mangelnden Rechtscharakters des Völkerrechts und seiner fehlenden Durchsetzbarkeit auf nationaler oder zwischenstaatlicher Ebene obsolet erscheinen lassen möchten[116]. Es ist anzuerkennen, dass das Völkerrecht auf einem anderen Ansatz basiert als das nationale Recht, das sich gerade dadurch auszeichnet, dass Recht mit Zwang durchgesetzt werden kann, selbst gegen den Willen der Beteiligten. Die Träger von Rechten und Pflichten in der nationalen Rechtsordnung sind insbesondere natürliche und juristische Personen. Nach dem klassischen Völkerrecht hingegen sind die Schöpfer, Akteure und Adressaten des Völkerrechts die Staaten – geraume Zeit wurden vor allem sie als die alleinigen Völkerrechtssubjekte angesehen. Die Staaten haben internationale Organisationen geschaffen, um gemeinsame Interessen zu verfolgen,

---

aber auch auf den nationalen Ebene, den zeitlichen Aspekt, dass sich das Völkerrecht mit dem Laufe der Zeit ändert und die Tatsache, dass es keinen zentralen Rechtsdurchsetzungsmechanismus auf der Ebene des Völkerrechts gibt. Aber auch die Entwicklung von einer reinen Koexistenz zur Kooperation der Staaten, die Globalisierung, die Entwicklung des *ius cogens* als höchstrangige Normen im Völkerrecht und die starke Verbreitung der Streitbeilegung durch internationale Gerichte haben sicherlich auch ihren Einfluss auf die Förderung von Normenkonflikten.

116 Insbesondere in der US-amerikanischen Literatur gibt es die verbreitete Meinung, dass dem Völkerrecht kein echter Rechtscharakter zukomme oder dass seine Bedeutung überbewertet werde, da es sich nur um grobe Leitlinien und kein (bindendes) Recht handele. Dies wird damit begründet, dass es keinen zentralen Gesetzgeber auf der internationalen Ebene und keinen effektiven Rechtsdurchsetzungsmechanismus gebe. Die Staaten seien hauptsächlich durch ihre Eigeninteressen und Machtansprüche geleitet, ein gemeinsames Interesse gebe es daher nicht. So *Goldsmith/Posner*, The limits of international law, insbes. S. 167 ff., die die verschiedenen Rechtsquellen des Völkerrechts untersuchen und das Eigeninteresse der Staaten als Hauptbewegungsgrund für ihr Handeln in den internationalen Beziehungen sehen und *Bolton*, Transnational Law and Contemporary Problems 2000, S. 1 ff.; siehe dazu auch *Wiegandt*, ZaöRV 2011, S. 31 ff. Aber auch nach *Huntington*, The Clash of Civilizations, S. 183 ff. fehlt es gänzlich an einer Ordnung im internationalen Raum, da sich die verschiedenen Kulturen in ihren Interessen und Vorstellungen konträr gegenüberstehen und ein gemeinsamer Nenner unmöglich zu finden sei.

nicht aber um einen originär von der internationalen Organisation gebildeten Willen mit Gewalt gegen einzelne Staaten durchzusetzen[117]. Das klassische Völkerrecht ist daher grundsätzlich nicht auf Subordination ausgerichtet, sondern auf die Gleichheit der Staaten. Das hat zur Folge, dass es an seiner Durchsetzbarkeit mangelt. Die Staaten haben in der Regel ihre Souveränität bewusst nicht in einem solchem Maße abgegeben oder beschränkt, dass sie es akzeptieren würden, dass gegen ihren Willen Maßnahmen gegen sie durchgesetzt werden könnten. Dies ist eine Konsequenz des koordinationsrechtlichen Charakters[118] des Völkerrechts, der nach Art. 2 Nr. 1 UN-Charta auf der souveränen Gleichheit der Staaten beruht[119].

Nichtsdestotrotz kann unter Zugrundelegung der recht extensiven Definition von *Dupuy* von einer ‚Völkerrechtsordnung' gesprochen werden, wenn man sie als *„a system of norms binding on determined subjects which trigger some preestablished consequences when the subjects breach their obligations"*[120]. Daraus ergebe sich, dass die existierende ‚Völkerrechtsordnung' durch die Völkerrechtssubjekte nicht angezweifelt werden dürfe und es werde eine formelle und materielle Einheit geschaffen, die durch Völkerrechtsnormen formeller und materieller Natur gewährleistet werde[121]. Auch ist staatliches Handeln vom Völkerrecht beeinflusst

---

117 Mit einer gewichtigen Ausnahme, nämlich der Zwangsmaßnahmen nach dem Kapitel VII der UN-Charta. Jedoch kann der Sicherheitsrat diese Zwangsmaßnahmen nur anordnen, wenn ein Staat die internationale Sicherheit oder den Frieden gefährdet, oder gar den Frieden bricht. Art. 39 UN-Charta ist bewusst nicht so formuliert, dass der Sicherheitsrat solche Maßnahmen erlassen kann, wenn ein Mitgliedstaat (nur) gegen Völkerrecht verstößt. Die Entscheidungen des Sicherheitsrates sind daher auch von politischer Natur, wobei das Völkerrecht den Handlungsrahmen vorgibt. Auch die Entscheidungen des IGH sind zwar gem. Art. 59 IGH-Statut für die Streitparteien in der Sache bindend. Einen Durchsetzungsmechanismus zur Überprüfung der Befolgung der Urteile und Anordnungen des IGH durch die Mitgliedstaaten gibt es nicht, eine „Zwangsvollstreckung" oder eine Überwachung der Umsetzung der Urteile durch die Streitparteien (wie bspw. für die Urteile des Europäischen Gerichtshofs für Menschenrechte (EGMR), gem. Art. 46 Abs. 2 EMRK) haben die Gründungsstaaten der Vereinten Nationen bewusst nicht eingeführt.

118 Vgl. *Lauterpacht*, International Law: Volume I, S. 36, der diese Eigenschaft des Völkerrechts stark kritisiert, siehe S. 211 ff. und auf S. 213: *„The law of co-ordination, if consistent, is a negation of international law"*.

119 Siehe dazu die aufschlussreichen Darstellungen bei *Wiegandt*, ZaöRV 2011, S. 48 ff., m.w.N.

120 Nach *Dupuy*, New York University Journal of International Law and Politics 1999, S. 793.

121 *Dupuy*, New York University Journal of International Law and Politics 1999, S. 793 ff.

oder teilweise gar gesteuert, sodass es auch ohne einen Durchsetzungsmechanismus den Voraussetzungen einer Rechtskategorie entspricht[122]. Aber auch unter der Berücksichtigung der Ausgleichs- und Legitimationsfunktion des Völkerrechts, das auf konsensualem Wege durch die Staaten geschaffen wurde und fortentwickelt wird[123], kann das Völkerrecht als Recht bezeichnet werden.

Derzeit stellt sich häufig die Frage nach dem Verhältnis verschiedener internationaler Regeln und Systeme zueinander, da es nicht die einheitliche internationale Rechtsordnung[124] gibt, innerhalb derer bei Normenkollisionen die aus dem nationalen Recht bekannten Kollisionsregeln anzuwenden wären. Auch der Stufenbau des Rechts nach *Kelsen* scheint hier nicht ohne Weiteres übertragbar zu sein, da er die Frage nach der Derogation unbeantwortet lässt[125]. Aufgrund dessen spricht man von einer „Fragmentierung“ des internationalen Rechts[126]. Die Rechtsgebiete im internationalen Recht werden immer spezialisierter und es bildeten sich eigenständige Rechtsgebiete heraus[127]. Die Frage des Verhältnisses der Normen zueinander stellt sich insbesondere dann, wenn sich ein Staat mehreren Normen gegenübersieht, die an ihn gerichtete konträre Verpflichtungen enthalten.

In dieser Situation befinden sich eben auch die Mitgliedstaaten der Vereinten Nationen und der EMRK, wenn sie die Individualsanktionen des Sicherheitsrates umsetzen und dadurch gegen die Garantien aus der EMRK verstoßen müssten. Daher stellen sich diese Mitgliedstaaten die Fragen, an welche Norm sie primär gebunden sind, welche Verpflichtung sie zwingend einhalten müssen und welche Verpflichtungen bloß nachrangig sind. Außerdem: welche Rechtsfolge tritt ein, wenn sie der einen Verpflichtung zugunsten der anderen nicht nachkommen?

---

122 Siehe *Franck*, AJIL 2006, S. 91 ff.

123 Nach *Vitzthum*, Völkerrecht, S. 9.

124 Trotzdem spricht Mosler vom Völkerrecht als einer Rechtsordnung: *Mosler*, ZaöRV 1976, S. 6 ff.

125 *Borowski*, Ratio Juris 2014, S. 90.

126 Siehe *Milanovic*, DJCIL 2009, S. 75; siehe aber auch *Weiler/Paulus*, EJIL 1997, S. 554, die das Konzept der Hierarchie der Normen gänzlich hinterfragen, da man im Völkerrecht nicht unbedingt von Normen sprechen könne, sondern eher von Prozessen. Aber auch die Unterscheidung zwischen wichtigen und weniger wichtigen Normen durch ein Hierarchiekonzept könne hinterfragt werden.

127 Bspw. Menschenrechtsschutz, Investment Law, Trade Law, Umweltrecht etc. All diese Rechtsgebiete haben mittlerweile eigene Prinzipien, Institutionen und gar Gerichte.

A. Begriffsbestimmungen

Um diesen Fragen nachgehen zu können, müssen zwei Begriffe geklärt werden. Zum einen, was ist eine Regel bzw. eine Norm im Völkerrecht (I.), und zum anderen was versteht man unter einem Normenkonflikt (II.)?

I. Was ist eine Norm?

Eine Norm[128] enthält eine Vorschrift, bspw. ein Gebot, und beinhaltet damit immer auch einen Willensakt[129]. Der Willensakt geht in einem republikanischen System von der Volksvertretung, und in einem autokratischen System von dem Herrscher aus, und bezieht sich dabei auf den Vorgang des Erlasses der Norm.

Eine völkerrechtliche Norm könnte man als eine rechtlich verbindliche Regel beschreiben, die Rechte und Verpflichtungen für die Subjekte des Völkerrechts bewirkt[130], die jedoch nicht von einem Parlament oder Herrscher erlassen wurden, sondern im Konsens zwischen den Staaten. Die Regeln im Völkerrecht sind insbesondere durch die Praxis der Völkerrechtssubjekte – die Staaten und unlängst auch internationale Organisationen – geprägt, indem daraus Völkergewohnheitsrecht entsteht. Die Regeln im Völkerrecht werden aber auch durch internationale Verträge und somit gleichfalls durch gegenseitige Willenserklärungen geschaffen. Dabei muss berücksichtigt werden, dass der Begriff des Völkerrechtssubjekts nicht mehr nur herkömmlich verstanden wird, sondern dass

---

128 Siehe Näheres zum Begriff der Norm bei *Philipps*, Einführung in die Rechtsphilosophie, S. 320 ff. und *Rüthers/Fischer/Birk*, Rechtstheorie, S. 59 ff.; siehe dazu grundlegend *Hart*, The Concept of Law, S. 18 ff.

129 Nach *Kelsen*, Allgemeine Theorie der Normen, S. 2, dabei sei insgesamt auf seine Ausführungen ab S. 1 ff. verwiesen.

130 Nach *Milanovic*, DJCIL 2009, S. 72; siehe aber auch zu den vier Funktionen der Normen nicht nur im Völkerrecht (Gebieten, Erlauben, Ermächtigen und Derogieren) nach *Kelsen*, Allgemeine Theorie der Normen, S. 76 ff. und den zusätzlichen Funktionen bei *Pauwelyn*, Conflict of Norms in Public International Law, S. 159. Dabei wäre das sog. *„soft law"* nicht mitberücksichtigt. Es handelt sich dabei um Akte, die als Aussage über das geltende Völkerrecht, Rechtsüberzeugungen oder Tendenzen zur Weiterentwicklung des Rechts eine Bedeutung zukommt, siehe *Thürer*, Zeitschrift für schweizerisches Recht 1985, S. 432 ff. Dabei handelt es sich auch nicht um eine Rechtsquelle des Völkerrechts, siehe *Vitzthum*, Völkerrecht, S. 58. Siehe auch *Heusel*, „Weiches" Völkerrecht, insbes. S. 42 ff.; *Hilgenberg*, ZeuS 1998, S. 81 ff.; *Knauff*, Der Regelungsverbund, S. 213 ff. und insgesamt zum Soft Law siehe *Wahlgren*, Soft Law, mit Beiträgen zu der Bedeutung des Soft Law in den verschiedenen Bereichen des Völkerrechts.

neben dem Staat, internationalen Organisationen und einigen Sonderfällen[131], auch dem Individuum zumindest partielle Völkerrechtssubjektivität[132] zugesprochen wird[133].

Ferner ließe sich eine Regel im Kontext des Systems des Völkerrechts folgendermaßen beschreiben: „*a legal system is defined as being an aggregate of interlinked legal rules which constitute the whole system, while a legal norm is recognized as such by reference to the legal system to which it belongs and whence it originates*“[134]. Demnach wird die Regel aufgrund ihrer Zugehörigkeit zu dem System des Völkerrechts zu einer Norm des Völkerrechts. Angesichts der Fragmentierung und partiellen Unvereinbarkeit der Normen, wovon im Folgenden die Rede sein wird, fällt es nicht leicht, von einer Ordnung im engeren Sinne zu sprechen[135]. Wenn es die Funktion des Völkerrechts ist, eine „weltumspannende Legitimations- und Ausgleichsordnung auf Konsensbasis“[136] zu gewährleisten, die durch die Staaten hauptsächlich im konsensualen Verfahren, durch Vertrag oder durch Völkergewohnheitsrecht[137], errichtet wird, muss man zumindest vom Völkerrecht als einem Rechtsregime oder einem Rechtssystem sprechen. In den letzten Jahrzenten wird teilweise gar von einer Konstitutionalisierung des Völkerrechts gesprochen, also einem Prozess hin zu einer verfassten Weltgemeinschaft mit einer Verfassung[138].

---

131 Der Heilige Stuhl, das Internationale Komitee vom Roten Kreuz und der Souveräne Malteser-Ritterorden.

132 Dem Individuum werden zumindest subjektive und einklagbare Rechte, bspw. durch internationale Menschenrechtsverträge zugestanden. Des Weiteren können sie Gegenstand von völkerrechtlichen Rechtsakten sein, aus denen sich Verpflichtungen oder Belastungen ergeben, wie bspw. im Bereich der Individualsanktionen, in denen der UN-Sicherheitsrat auf der Grundlage des Kapitel VII der UN-Charta wirtschaftliche Folgen für den Einzelnen anordnet.

133 Siehe zur Völkerrechtssubjektivität von Individuen: *Kau*, Völkerrecht, S. 141 ff.; *Stein/Buttlar*, Völkerrecht, S. 493 ff.

134 *Dominicé*, Encyclopedia of Public International Law, S. 355.

135 Siehe dazu auch *Vitzthum*, Völkerrecht, S. 9.

136 *Vitzthum*, Völkerrecht, S. 9.

137 Auch die Entstehung des Völkergewohnheitsrechts kann als konsensuales Verfahren bezeichnet werden, da es nur dann entsteht, wenn die Staaten eine übereinstimmende *opinio iuris* besitzen und daran eine entsprechende Staatenpraxis anknüpfen.

138 Siehe *Bernhardt*, FS Wolfrum, S. 1374; *Habermas*, Constellations 2008, S. 444 ff.; *Peters*, Realizing Utopia, S. 118 ff.; siehe zum Begriff der Verfassung vor dem Hintergrund einer rechtsvergleichenden Untersuchung auf nationaler Ebene: *Tschentscher*, VVdStRL 2016, S. 413 f., der zu Recht betont, dass der Begriff der nationalen Verfassung nicht ohne Weiteres auf die internationale Ebene übertragen werden kann. Der

II. Was ist ein Normenkonflikt?

Ein Normenkonflikt[139] entsteht dann, wenn ein Staat nicht beide an ihn gerichteten Verpflichtungen einhalten kann, ohne der anderen zu widersprechen. Der Staat bzw. seine Einrichtungen müssten also in einem solchen Fall für die Befolgung der einen Verpflichtung den Bruch der anderen Verpflichtung hinnehmen[140]. Also befindet sich ein Staat, der bspw. zum einen an die Verpflichtungen aus der UN-Charta, nämlich die Resolutionen des Sicherheitsrates, gebunden ist und zum anderen an die grundrechtlichen Verpflichtungen der EMRK oder seiner Verfassung, in einem Dilemma. So muss er im Fall der hier zu untersuchenden Individualsanktionen wirtschaftliche Sanktionen gegen Individuen durchsetzen, gleichzeitig dabei die prozessualen Gewährleistungen aus der EMRK beachten. Sind diese Verpflichtungen nicht vereinbar, besteht ein Normenkonflikt.

Zur Untersuchung der Frage, an welchem Maßstab die Rechte der Betroffenen zu messen sind, die sich auf einer sog. schwarzen Liste des Sicherheitsrates wiederfinden und sich den o.g. Individualsanktionen ausgesetzt sehen, muss zuerst die Frage geklärt werden, in welchem Verhältnis die UN-Charta zur EMRK bzw. dem Recht der Mitgliedstaaten steht. Würde nämlich ein Vorrang der Verpflichtungen der Mitgliedstaaten aus der UN-Charta vor der EMRK und

---

Begriff der Verfassung im Völkerrecht könne vom nationalen Begriff der Verfassung zwar abweichen, aber gewisser Ähnlichkeiten bedürfe es dennoch.

139 Der Begriff des Normenkonfliktes wird hier mit *Koskenniemi* weit verstanden, nämlich als *„a situation where two rules or principles suggest different ways of dealing with a problem"*, siehe Bericht der Studiengruppe der Völkerrechts-Kommission der Vereinten Nationen (ILC), *Koskenniemi*, Fragmentation in International Law: Difficulties arising from the Diversification and Expansion of International Law, vom 13. April 2006, UN Doc A/CN.4/L.682, Rn. 25; Ein Normenkonflikt liegt dann vor, wenn zwei anwendbare Normen nicht gleichsam befolgt werden können, weil die Befolgung der einen Norm zwingend die Verletzung der anderen Norm herbeiführen würde und umgekehrt. Siehe auch *Karl*, Conflict Between Treaties in: *Bernhardt*, Encyclopedia of Public International Law, Band 4, 2000, S. 936, der den Normenkonflikt zwischen Verträgen so beschreibt, dass es nicht möglich ist beiden Verpflichtungen aus den Verträgen gleichzeitig nachzukommen. Ein ähnlich weites Verständnis hat auch *Jenks*, British Yearbook of International Law 1953, S. 404.

140 *Pauwelyn* formuliert es so, dass gerade die Widersprüchlichkeit der Normen den Staat zu den o.g. Handlungen bringt, siehe *Pauwelyn*, Conflict of Norms in Public International Law, S. 175 f.; siehe dazu auch die aufschlussreiche Übersicht zu den möglichen Normkollisionen ausgehend von den Regelungsinhalten nach der jeweiligen Funktion der Norm, bei *Pauwelyn*, Conflict of Norms in Public International Law, S. 179.

dem nationalen Recht gelten, könnten der EGMR oder die mitgliedstaatlichen Gerichte die Situation der Betroffenen nicht ohne Weiteres infrage stellen. In diesem Zusammenhang wird einerseits bedeutsam, ob das Völkerrecht, zu dem die UN-Charta und die EMRK zu zählen sind, ein einheitliches System bilden, sodass die verschiedenen Rechtsgebiete nur Teile eines internationalen Rechtsregimes sind. Andererseits handelt es sich bei diesen Organisationen bzw. Verträgen um eine Mehrheit verschiedener Systeme im Völkerrecht, mit der Folge dass das EMRK-Recht und das UN-Recht zwei voneinander unabhängige und autonome Ebenen darstellen. Würde man ersteres annehmen, würde kollisionsrechtlich der Normenkonflikt-Ansatz (*conflict of norms*) helfen, bei der zweiten Betrachtungsweise läge auch der Ansatz des internationalen Privatrechts nahe (*conflict of laws*)[141].

Im Folgenden sollen zuerst die verschiedenen Ansichten zum Verhältnis der Ebenen im internationalen Gefüge zueinander aufgezeigt werden (I.). Für den Fall, dass es zu Konflikten zwischen den Ebenen kommen sollte, werden die verschiedenen Lösungsansätze dargestellt und untersucht (II.). Abschließend werden Beispiele aus der nationalen Rechtsprechung untersucht (III.) und der Sinn und Zweck dieser Kollisionsregeln wird hinterfragt (IV.).

B. Die Theorien zum Verhältnis verschiedener Rechtsebenen zueinander

Im Folgenden werden die Theorien[142] zum Verhältnis des nationalen Rechts zum Völkerrecht[143] (A.), aber auch der verschiedenen internationalen Rechtsebenen zueinander (B.) betrachtet. Die Darstellung der Grundbegriffe und Grundpositionen soll dazu dienen, das Verhältnis zwischen dem regionalen Menschenrechtsschutzsystem in Europa und den bindenden Resolutionen des Sicherheitsrates im Bereich der Individualsanktionen zu charakterisieren. Es wird sich zeigen, dass das nationale Recht und das Völkerrecht mittlerweile so stark miteinander verwoben sind, dass sich die Einordnung des derzeitigen

141 Nach *Michaels/Pauwelyn*, DJCIL 2012, S. 362 ff.

142 Siehe zu den rechtstheoretischen Grundlagen eine Übersicht bei *Schöbener*, Völkerrecht-Lexikon, S. 515 ff.; siehe auch *De Búrca*, Harvard International Law Journal 2010, S. 1 ff.

143 Siehe dazu eine umfassendere Darstellung bei *Amrhein-Hofmann*, Monismus und Dualismus in den Völkerrechtslehren, zum Dualismus S. 80 ff., zum Monismus S. 152 ff.; *Rudolf*, Völkerrecht und deutsches Recht, S. 128 ff.

Zustandes des Völkerrechts unter eine der im Folgenden erwähnten Rekonstruktionen sehr kompliziert gestaltet.

I. Zum Verhältnis des nationalen Rechts zum Völkerrecht

1. *Die dualistische Sichtweise*

Die Ansicht, die das nationale Recht und das Völkerrecht in einem dualistischen Verhältnis zueinander sieht, geht davon aus, dass beide Ebenen getrennt voneinander bestehen.[144] Dies ergebe sich daraus, dass beide Regime aus unterschiedlichen Rechtsquellen stammen. In der Konsequenz bedürfe es zur innerstaatlichen Geltung eines internationalen Rechtsaktes der Umsetzung in die nationale Rechtsordnung. Besteht ein Widerspruch zwischen den beiden Ebenen, also eine Normenkollision, habe das nationale Recht immer Vorrang vor dem internationalen Recht. Es bedürfe also gar keiner weiteren Kollisionsnormen als der natürlichen Vorrangregel zugunsten des nationalen Rechts.

Der sog. radikale Dualismus nach *Triepel*[145] sieht hingegen überhaupt keine Berührungspunkte zwischen dem nationalen Recht und dem Völkerrecht. Eine solche Auffassung ist heute, angesichts der starken Einwirkung des Völkerrechts auf das nationale Recht, selbst in Bereichen, die früher einmal ausschließliche innerstaatliche Angelegenheiten betrafen, nicht mehr vertretbar.

Der gemäßigte Dualismus[146] geht zwar ebenso von einer grundsätzlichen Trennung der beiden Regime aus, erkennt jedoch eine gewisse Verschmelzung[147] an. Das Völkerrecht wirke damit im innerstaatlichen Recht soweit, wie dieses ihm Geltung zumisst. Dies könne durch gegenseitige Bezugnahmen, Verweise oder auch Transformation der Normen von der einen Ebene in die andere geschehen. Bei einem Widerspruch des Völkerrechts und dem nationalen Recht arbeitet der Ansatz des gemäßigten Dualismus mit Kollisionsnormen, die

---

144 Grundlegend dazu: *Triepel*, Völkerrecht und Landesrecht, S. 169 ff.

145 *Triepel*, Völkerrecht und Landesrecht, S. 8, 111

146 Siehe *Anzilotti*, Völkerrecht, S. 37 ff.; *Rudolf*, Völkerrecht und deutsches Recht, S. 141 ff., 146, der auch – wenngleich sehr differenzierend – auf die gleiche praktische Wirkung des gemäßigten Dualismus und des gemäßigten Monismus hinweist, S. 143 ff.; *Walz*, Völkerrecht und staatliches Recht, S. 260 f.

147 Siehe dazu *Anzilotti*, Völkerrecht, S. 43 ff., der von materieller (rezipierender) und formeller (nicht rezipierender) Verweisung vom nationalen Recht auf das Völkerrecht spricht. Dies hat zur Folge, dass sich auch bei einer dualistischen Sichtweise, ein Verhältnis zwischen den beiden Regimen nicht mehr leugnen lässt.

jeweils vorgeben, welche Regel des jeweiligen Regimes vorgeht. Ist eine solche Kollisionsnorm nicht vorhanden, bleibt das nationale Recht auch bei Völkerrechtswidrigkeit verbindlich. Auch wenn es keine staatsrechtliche Pflicht zur Herstellung eines völkerrechtsgemäßen Zustandes gibt, wird der Staat in seinem eigenen Interesse – wegen seiner Verantwortlichkeit für den Bruch des Völkerrechts nach dem Recht der Staatenverantwortlichkeit – den völkerrechtswidrigen Zustand beseitigen.

Die herrschende Auffassung, manifestiert durch den *Görgülü*-Beschluss des BVerfG aus dem Jahr 2004[148], ist der Strömung des gemäßigten Dualismus[149] zuzuordnen, wobei diese Einordnung im Grundgesetz nicht ausdrücklich geregelt ist. Das deutsche Recht und das Völkerrecht bilden demnach zwei unterschiedliche Rechtskreise, das Verhältnis zueinander wird nach dem deutschen Recht bestimmt. Ungeachtet dessen enthält das Grundgesetz Bezüge zum Völkerrecht bspw. in der Präambel, in Art. 1 Abs. 2 GG und Art. 24 bis 26 GG. Daraus ergibt sich der Grundsatz der Völkerrechtsfreundlichkeit des Grundgesetzes. Die Bedeutung dieses Grundsatzes zeigte sich im *Görgülü*-Beschluss des BVerfG in Bezug auf die EMRK[150]. Demnach sind die Gerichte „zur Berücksichtigung eines Urteils, das einen von ihnen bereits entschiedenen Fall betrifft, jedenfalls dann verpflichtet, wenn sie in verfahrensrechtlich zulässiger Weise erneut über den Gegenstand entscheiden und dem Urteil ohne materiellen Gesetzesverstoß Rechnung tragen können"[151]. Des Weiteren haben die deutschen staatlichen

148 BVerfGE 111, 307 (318 f.) – *Görgülü*: „Dem Grundgesetz liegt deutlich die klassische Vorstellung zu Grunde, dass es sich bei dem Verhältnis des Völkerrechts zum nationalen Recht um ein Verhältnis zweier unterschiedlicher Rechtskreise handelt und dass die Natur dieses Verhältnisses aus der Sicht des nationalen Rechts nur durch das nationale Recht selbst bestimmt werden kann; dies zeigen die Existenz und der Wortlaut von Art. 25 und Art. 59 Abs. 2 GG. Die Völkerrechtsfreundlichkeit entfaltet Wirkung nur im Rahmen des demokratischen und rechtsstaatlichen Systems des Grundgesetzes. Das Grundgesetz erstrebt die Einfügung Deutschlands in die Rechtsgemeinschaft friedlicher und freiheitlicher Staaten, verzichtet aber nicht auf die in dem letzten Wort der deutschen Verfassung liegende Souveränität. Insofern widerspricht es nicht dem Ziel der Völkerrechtsfreundlichkeit, wenn der Gesetzgeber ausnahmsweise Völkervertragsrecht nicht beachtet, sofern nur auf diese Weise ein Verstoß gegen tragende Grundsätze der Verfassung abzuwenden ist."

149 Näheres dazu bei *Kunig*, Völkerrecht, S. 82 ff.

150 Siehe BVerfGE 111, 307 (317 ff.) – *Görgülü*.

151 BVerfGE 111, 307, 316 – *Görgülü*, in Bezug auf die EMRK: „Die Bindungswirkung einer Entscheidung des Gerichtshofs erstreckt sich auf alle staatlichen Organe und verpflichtet diese grundsätzlich, im Rahmen ihrer Zuständigkeit und ohne Verstoß gegen die Bindung an Gesetz und Recht (Art. 20 Abs. 3 GG) einen fortdauernden

Organe die Auswirkungen der Urteile des EGMR auf die nationale Rechtsordnung auch in ihre Rechtsanwendung einzubeziehen[152].

In der Frage nach der unmittelbaren Geltung des Völkerrechts im nationalen Recht und der Umsetzung der völkerrechtlichen Verträge ins nationale Recht[153] folgt das BVerfG[154] nunmehr wohl der Vollzugstheorie, jedoch herrscht bei der diesbezüglichen Einordnung Uneinigkeit[155]. Nach der Vollzugslehre gelten die Bestimmungen eines internationalen Vertrags, dem der Gesetzgeber zugestimmt hat, im nationalen Recht in gleicher Weise, wie die nationalen Bestimmungen, dabei ändern sie ihre Natur nicht[156]. Nach der Transformationstheorie hingegen erhält das originäre Völkerrecht erst seine Geltung, wenn es in das nationale Recht transformiert, also umgewandelt wird[157].

Gleichwohl das BVerfG im *Görgülü*-Beschluss noch davon sprach, dass der Gesetzgeber internationales Recht im Wege der Transformationsnorm Art. 59

Konventionsverstoß zu beenden und einen konventionsgemäßen Zustand herzustellen (…). Die Art und Weise der Bindungswirkung hängt von dem Zuständigkeitsbereich der staatlichen Organe ab und von dem Spielraum, den vorrangig anwendbares Recht lässt.“

152 Siehe BVerfGE 111, 307, 323 ff. – *Görgülü*.

153 Siehe *Nettesheim* in: *Maunz/Dürig*, GG-Kommentar, Art. 59, Rn. 177 ff. und *Amrhein-Hofmann*, Monismus und Dualismus in den Völkerrechtslehren, S. 264 ff., 298 ff., bei der sich eine umfassende Darstellung der Theorien findet.

154 BVerfGE 45, 142 (169) – *Rückwirkende Verordnungen*; 52, 187 (199) – *„Vielleicht“-Beschluss*; 73, 339 (367 ff., 374 f.) – *Solange II*; 89, 155 (190) – *Maastricht* und 123, 267 (355) – *Lissabon*; für die Transformationstheorie *Bleckmann*, Grundgesetz und Völkerrecht, S. 290 f., er kritisiert, dass durch den Vollzugsbefehl der Inhalt und die Adressaten des Völkerrechts nicht geändert würden und damit nur diejenigen Rechtsakte unmittelbar anwendbar seien, die dafür so vorgesehen waren. Dadurch käme das Völkerrecht dann nur noch in Ausnahmefällen zur Anwendung. Die Transformationslehre würde hier aber Abhilfe schaffen. Auch das BVerfG vertrat anfänglich die Transformationslehre, siehe BVerfGE 1, 396 (410) – *Deutschlandvertrag*; 6, 309 (363) – *Reichskonkordat*. Vgl. dazu auch BVerwGE 35, 262 (265).

155 Siehe zu einer Interpretation der neueren Rechtsprechung des BVerfG im Lichte der Vollzugslehre: *Arnauld*, Völkerrecht, Rn. 499; *Nettesheim* in: *Maunz/Dürig*, GG-Kommentar, Art. 59, Rn. 177; *Fastenrath/Groth* in: *Friauf/Höfling/Axer/Boehl*, Berliner Kommentar zum Grundgesetz, Art. 59, Rn. 94; die Rechtsprechung des BVerfG als Ausdruck der Transformationslehre interpretieren *Pieper* in: *Epping/Hillgruber*, Beck'scher Online-Kommentar GG, Art. 59, Rn. 41 und *Rauschning* in: *Kahl/Abraham/Dolzer*, Bonner Kommentar zum Grundgesetz, Art. 59, Rn. 144 f.

156 *Nettesheim* in: *Maunz/Dürig*, GG-Kommentar, Art. 59, Rn. 177 ff.

157 *Nettesheim* in: *Maunz/Dürig*, GG-Kommentar, Art. 59, Rn. 173 ff.

Abs. 2 GG „in das deutsche Recht transformiert und einen entsprechenden Rechtsanwendungsbefehl erteilt“[158], spricht es neuerdings von einem aus Art. 25 GG bezüglich der allgemeinen Regeln des Völkerrechts erteilten „generellen Rechtsanwendungsbefehl“, als auch von einem speziellen „Rechtsanwendungsbefehl“, den das jeweilige Vertragsgesetz zu einem internationalen Vertrag nach Art. 59 Abs. 2 Satz 1 GG beinhalte[159]. Dies lässt allerdings eher auf die Vollzugslehre schließen.

In gleicher Weise hat das Verhältnis des deutschen Rechts zum Recht der Europäischen Union (EU) das BVerfG in mehreren Entscheidungen beschäftigt[160]. Danach wird auch hinsichtlich des Unionsrechts ein gemäßigter Dualismus vertreten, mit der Besonderheit, dass ein regelmäßiger Anwendungsvorrang des Unionsrechts akzeptiert wird. Das BVerfG hat sich dabei freilich die Kompetenz vorbehalten, unter bestimmten Voraussetzungen das sekundäre Unionsrecht auf seine Vereinbarkeit mit den zentralen Werten des Grundgesetzes zu überprüfen und im Fall des Widerspruchs für unanwendbar zu erklären. Dies hat zu Folge, dass der EU-Rechtsakt keinen Vorrang mehr vor dem nationalen Recht beanspruchen kann[161], was das BVerfG aus Art. 23 Abs. 1 GG iVm. Art. 79 Abs. 3 GG folgert und demnach eine Identitätskontrolle vornimmt.

2. *Der Monismus*

Die monistische Theorie geht von einer einheitlichen Gesamtrechtsordnung aus, in der sich das nationale Recht und das Völkerrecht als Teilbereiche befinden.[162] Beide Regime kann man sich als einzelne Elemente oder Kreise dieser

158 BVerfGE 111, 307 (315 f.) – *Görgülü*; auch das BVerwG vertritt die Transformationslehre, siehe BVerwG 95, 42 (49).

159 BVerfGE 46, 342 (363) – *Philippinische Botschaft*; 90, 286 (364) – *Out-of-Area-Einsätze.*

160 BVerfGE 37, 271 – *Solange I*; 73, 339 – *Solange II*; 89, 155 – *Maastricht*; 123, 267 – *Lissabon*; 126, 286 – *Honeywell*; 129, 124 – *EFS*; 132, 195 – *ESM*; 134, 366 – *OMT-Beschluss.*

161 Siehe BVerfGE 37, 271 (280 ff) – *Solange I*; 73, 339 (378) – *Solange II*; 89, 155 (174 ff.) – *Maastricht*; 102, 147 (161 ff.) – *Bananenmarktordnung*; siehe dazu auch BVerfGE 140, 317 – *Identitätskontrolle.*

162 siehe dazu *Kelsen*, Reine Rechtslehre, S. 328 ff., der den sog. „weltrechtlichen Monismus“ vertritt; *Seidl-Hohenveldern/Stein*, Völkerrecht, Rn. 541 ff.; *Verdross*, Die Einheit des rechtlichen Weltbildes, S. 52 ff.; siehe auch *Lescano-Fischer*, Rechts-Staat, S. 210 ff.; Fundamentale Kritik erhielt Kelsen insbesondere seitens *H.L.A. Hart* für seine Einheitskonzeption (trotz der Fragmentierung des Rechts bliebe es seinem Inhalt nach eine Einheit) wegen der Verknüpfung der materiellen und prozeduralen Dimension, *Hart*, Essays in Jurisprudence and Philosophy, S. 321 ff.

Gesamtrechtsordnung vorstellen. Einer Umsetzung des Völkerrechts ins nationale Recht zwecks dessen voller Geltung bedarf es daher nicht. Für den Fall einer Normenkollision, also der Anordnung unterschiedlicher Pflichten oder Rechtsfolgen durch das nationale Recht und durch das Völkerrecht, gibt es zwei Lösungsansätze. Zum einen die Ansicht, nach der das nationale Recht als umfassend vorrangig vor dem Völkerrecht angesehen wird, der Monismus mit dem Primat des nationalen Rechts[163]. Zum anderen die modernere Ansicht, nach der bei einem Widerspruch das Völkerrecht dem nationalen Recht vorgeht, dem Monismus mit dem Primat des Völkerrechts[164]. Diese wird heute bevorzugt vertreten, da sich sonst der Staat seiner völkerrechtlichen Pflichten entledigen könnte und damit das Völkerrecht insgesamt infrage gestellt würde. Nach der moderneren Ansicht ist das Völkerrecht dem nationalen Recht übergeordnet; nicht zuletzt, weil das Völkerrecht Bestimmungen zu der Definition des Staates, seiner Entstehung und seinem Untergang enthält. Rechtssicherheit gewähren beide Strömungen des Monismus, da sich im Konfliktfall immer die ranghöhere Norm durchsetzen wird[165]. Welche die ranghöhere Norm ist, richtet sich nach dem jeweils gesetzten Primat, also entweder das nationale Recht oder das Völkerrecht.

Es gibt jedoch neben dem formalistischen Monismus *Kelsens* eine andere realistischere Strömung, die auf *Lauterpacht* zurückgeht. Seine Auffassung ist *„monistic in asmuch as it conceives of international law as the superior and comprehensive legal order which the systems of national jurisprudence are in a real sense delegated systems of law“*[166]. Demnach geht das Völkerrecht dem nationalen Recht vor, da es auf globaler Ebene den Schutz der Menschenrechte garantieren könne und damit das Ziel des Schutzes der Menschen, als *„ultimate subjects of international rights and duties“*[167] am nächsten käme[168]. Es handelt sich dabei um

163 Diese Auffassung wurde von Zorn vertreten, siehe *Zorn*, Grundzüge des Völkerrechts, S. 5 ff., 7: „Völkerrecht ist juristisches Recht, wenn und soweit es Staatsrecht ist“.

164 Entwickelt von *Duguit* und *Scelle*, siehe *Duguit*, Traité de droit constitutionnel, Bd. I, und *Scelle*, Précis de droit des gens, Bd. I, ; siehe auch *Kelsen*, Reine Rechtslehre, S. 336 ff. und *Verdross*, Die Verfassung der Völkerrechtsgemeinschaft, S. 15 ff., 34 ff., der auf S. 39 diese Theorie auf den Punkt bringt: „Nicht die Staaten sind also die ursprüngliche Gegebenheit, sondern die Staatengemeinschaft ist das logisch Erste, sie ist die Ganzheit, die sich erst in die Staaten zergliedert.“

165 *Scelle*, Manuel de droit international public, S. 21.

166 *Lauterpacht*, International Law: Volume I, S. 213.

167 *Lauterpacht*, International Law: Volume I, S. 213.

168 *Lauterpacht*, International Law: Volume I, S. 213 ff.

einen naturrechtlichen Ansatz, der es eher dem Völkerrecht als den nationalen Rechtsordnungen zutraut, dem Menschen zu dienen. *Lauterpacht* nimmt dabei aber auch zur Kenntnis, dass die monistische Struktur des Völkerrechts nicht absolut sei, da es sich um einen Rechtskörper im Übergang handele. Daher gebe es auch dualistische Ausnahmen und Widersprüchlichkeiten, die den Monismus kennzeichneten.[169]

Die Rechtsfolge bei einer Normenkollision ist jedoch auch unter den Vertretern der modernen Auffassung umstritten. Nach dem strengen Monismus[170] ist jeder nationale Rechtsakt, der dem Völkerrecht widerspricht für unwirksam zu erklären. Nach der gemäßigteren Auffassung wird von der Gültigkeit des nationalen Rechtsaktes bei einer Kollision mit dem Völkerrecht ausgegangen, die erst durch die Entscheidung eines dazu berufenen Organs (bspw. ein internationales Gericht) aufgelöst werden kann[171].

3. *Ein Sonderfall: die EU*

Mit dem Verhältnis des nationalen Rechts zum Recht der EU[172] hat sich der EuGH in seiner Rechtsprechung mehrfach auseinandergesetzt. Trotzdem gibt es

169 Vgl *Lauterpacht*, International Law: Volume I, S. 214.

170 Vertreten von *Duguit*, Traité de droit constitutionnel, Bd. I, und *Scelle*, Précis de droit des gens, Bd. I, ; *Scelle*, Manuel de droit international public, S. 20 f.; siehe auch die Darstellungen bei *Kelsen*, Das Problem der Souveränität, S. 113.

171 *Kelsen*, Reine Rechtslehre, S. 330 f.

172 Diese Debatte ist deutlich geprägt von der Frage nach der Rechtsnatur der EU. Nach einer teilweise vertretenen Ansicht handele es sich um eine Rechtsordnung *sui generis*, die weder dem Völkerrecht noch dem nationalen Recht angehöre und wegen ihrer Supranationalität einen besonderen Charakter innehabe, siehe *Marauhn*, Europarecht: Handbuch, Rn. 2, der von einem „Mehrebenensystem eigener Art" spricht. Geprägt wurde diese Ansicht durch *Verdross/Simma*, Universelles Völkerrecht, S. 597, die der Auffassung sind, dass das Recht der europäischen Gemeinschaften sich „zu einer Sonderdisziplin entwickelt hat" und freilich auch durch das Urteil des EUGH vom 15. Juli 1964, *Costa/E.N.E.L.*, 6–64, ECLI:EU:C:1964:66, S. 1269. Andere Ansicht bspw. vertreten von *Streinz*, Europarecht, S. 119 f. Mit Einvernehmen ist der letzten Auffassung zu folgen, da es sich bei den EU-Verträgen um klassische internationale Verträge handelt, die zwischen Staaten nach den Regeln des internationalen Vertragsrechts geschlossen wurden. Darin übertragen die Mitgliedstaaten einen Teil ihrer Kompetenzen auf die EU, eine internationale Organisation. Angesichts der Vielfalt internationaler Organisationen und der großzügigen Übertragung von Hoheitsmacht auf die EU kann man durchaus von einer internationalen Organisation mit besonderem Integrationsgrad sprechen. Sie bildet aber keinen neuen Typus, sondern bleibt eine internationale Organisation mit Befugnissen, die ihr die

unterschiedliche Lesarten, die seine Rechtsprechung teilweise dem gemäßigten Dualismus und teilweise dem Modell des Monismus mit dem Primat des Europarechts zurechnen.

Diese Uneinigkeit rührt daher, dass es hinsichtlich des Verhältnisses der Ebenen zueinander an einer ausdrücklichen Regelung im Primärrecht der EU fehlt. Nur in der Erklärung Nr. 17, die die Mitgliedstaaten der EU der Schlussakte des Vertrages von Lissabon beigefügt haben[173], wurde festgehalten, dass „die Verträge und das von der Union auf der Grundlage der Verträge gesetzte Recht im Einklang mit der Rechtsprechung des Gerichtshofs der Europäischen Union unter den in dieser Rechtsprechung festgelegten Bedingungen Vorrang vor dem Recht der Mitgliedstaaten hat“[174]. Der EuGH betonte schon früh, dass sich das EU-Recht autonom zu den Rechtsordnungen der Mitgliedstaaten verhalte und absoluten Vorrang vor dem nationalen Recht genieße[175]. Die Mitgliedstaaten

---

Mitgliedstaaten vertraglich übertragen haben. Auch bei der Gründung anderer internationaler Organisationen übertragen die Staaten gewisse Aufgaben, die ursprünglich staatliche Kompetenzen beinhalten. Siehe bspw. bei der Errichtung internationaler (Menschenrechts-)Gerichte, denen die Jurisdiktion über bestimmte Fälle dem internationalen Gericht übertragen wird, oder die WTO, die den internationalen Handel durch internationale Regeln koordiniert.

173 Diese Erklärung hat ihren Ursprung in Art. I-6 des gescheiterten Verfassungsvertrages für die EU aus dem Jahr 2005, der da lautet: „Die Verfassung und das von den Organen der Union in Ausübung der der Union übertragenen Zuständigkeiten gesetzte Recht haben Vorrang vor dem Recht der Mitgliedstaaten.“ Damit wurde jedoch lediglich die Rechtsprechung des EuGH kodifiziert, siehe *Vedder* in: *Beutel/Vedder*, EVV, Art. I-6, Rn. 1 ff. Siehe dazu auch *Streinz*, Europarecht, Rn. 61.

174 ABl. 2012 C 326/346, darin wird auch auf das Gutachten des Juristischen Dienstes des Rates zum Vorrang in der Fassung des Dokuments 11197/07 (JUR 260) vom 22. Juni 2007 verwiesen, das der Schlussakte beigefügt wurde. Darin wird auf die zentralen Aussagen der *Costa/E.N.E.L.* Entscheidung des EuGH verwiesen: „Nach der Rechtsprechung des Gerichtshofs ist der Vorrang des EG-Rechts einer der Grundpfeiler des Gemeinschaftsrechts. Dem Gerichtshof zufolge ergibt sich dieser Grundsatz aus der Besonderheit der Europäischen Gemeinschaft. Zum Zeitpunkt des ersten Urteils im Rahmen dieser ständigen Rechtsprechung (*Costa/E.N.E.L.*, a.a.O.) war dieser Vorrang im Vertrag nicht erwähnt. Dies ist auch heute noch der Fall. Die Tatsache, dass der Grundsatz dieses Vorrangs nicht in den künftigen Vertrag aufgenommen wird, ändert nichts an seiner Existenz und an der bestehenden Rechtsprechung des Gerichtshofs.“

175 Urteil vom 6. April 1962, *De Geus en Uitdenbogerd/Bosch u.a.*, C-13/61, ECLI:EU:C:1962:11, S. 110 („das innerstaatliche Recht … und das Recht der Gemeinschaft zwei selbstständige, voneinander verschiedene Rechtsordnungen sind“); EuGH, *Costa/E.N.E.L.*, a.a.O., S. 1269 („eine eigene Rechtsordnung geschaffen, die bei seinem

haben mit der Gründung der EU eine eigene Rechtsordnung geschaffen, die seit ihrem Inkrafttreten in deren Mitgliedstaaten wirkt, und sowohl für die Staaten als auch für ihre Staatsangehörigen verbindlich ist[176]. Den Anwendungsvorrang[177] des Unionsrechts sieht der EuGH durch den heutigen Art. 288 AEUV bestätigt. Dies wird teilweise der monistischen Theorie mit einem Primat des Unionsrechts zugeordnet, da die Betonung der Autonomie des Unionsrechts dazu diene, der Lehre vom Vorrang der nationalen Rechtsordnungen, insbesondere ihrer Verfassungen, entgegenzutreten[178]. Dies kann aber auch anders gesehen werden, unter Verweis darauf, dass es der expliziten Feststellung der Durchgriffswirkung des Unionsrechts nicht bedürfe, wenn EU-Recht und nationales Recht eine einheitliche Rechtsordnung darstellen würden[179]. Aufgrund der fortgeschrittenen Integration und der Eigenständigkeit der Rechtsordnung der EU würde das Unionsrecht zum nationalen Recht somit in einem dualistischen Verhältnis stehen[180].

Angesichts der Rechtsprechung des EuGH zum Verhältnis des EU-Rechts zu anderen internationalen Organisationen[181], in der dieser eine gemäßigt

Inkrafttreten in die Rechtsordnung der Mitgliedstaaten aufgenommen worden und von ihren Gerichten anzuwenden ist."); Urteil vom 17. Dezember 1970, *Internationale Handelsgesellschaft*, C-11/70, ECLI:EU:C:1970:114, Rn. 3 f.; Urteil vom 13. Juli 1972, *Kunstschätze II*, 48/71, ECLI:EU:C:1972:65.

176 EuGH, *Costa/E.N.E.L.*, a.a.O., S. 1269.

177 Im Urteil, *Internationale Handelsgesellschaft*, a.a.O., Rn. 3 f. sieht der EuGH den Anwendungsvorrang des Unionsrechts gegenüber dem einfachgesetzlichen innerstaatlichen Recht, aber auch gegenüber dem Verfassungsrecht und damit auch gegenüber den nationalen Grundrechten.

178 *Pfeffer*, Das Verhältnis von Völkerrecht und Landesrecht, S. 89 ff., er vertritt die monistische Auffassung mit dem Primat des Europarechts im Sinne eines Völkerrechts; andere vertreten eine monistische Auffassung mit dem Primat des staatlichen Rechts: *Schachtschneider*, Die existenzielle Staatlichkeit der Völker Europas, S. 94 ff.: „Das Gemeinschaftsrecht hat nicht etwas eine „autonome Rechtsquelle", sondern ist deutsches Recht, weil dessen Verbindlichkeit auf dem Willen des deutschen Volkes beruht."

179 *Weiß*, § 5 Unionsrecht und nationales Recht. Rn. 92.

180 Siehe *Amrhein-Hofmann*, Monismus und Dualismus in den Völkerrechtslehren, S. 264, 266, sie weist jedoch zurecht darauf hin, wie nah sich die beiden Ansätze stehen, wenn man bedenkt, dass das Unionsrecht nach der Auffassung des EuGH keines staatlichen Anwendungs- oder Transformationsbefehls für seine Geltung im innerstaatlichen Recht bedarf. Daher scheint die Diskussion um die Theorien im Rahmen des Verhältnisses des Unionsrechts zu nationalem Recht beinahe müßig.

181 Ständige Rechtsprechung des EuGH seit dem Urteil vom 3. September 2008, *Kadi*, C-402/05 P und C-415/05 P, ECLI:EU:C:2008:461, Rn. 286 ff.

dualistische Ansicht vertritt, erscheint es überzeugender, auch im Verhältnis zum nationalen Recht die Rechtsprechung des EuGH als dualistische Auffassung zu verstehen. Der EuGH betont in seiner Rechtsprechung seit jeher die Autonomie seiner Rechtsordnung nicht nur im Verhältnis zu den Mitgliedstaaten, sondern auch zu anderen internationalen Rechtsordnungen. Dies lässt den Schluss auf ein dualistisches System zu. Wäre dies anders, hätte der EuGH seine Rechtsprechung hinsichtlich des (Anwendungs-)Vorrangs des Unionsrechts gar nicht erst entwickeln müssen, sondern sich der Ansicht zum Monismus mit dem Primat des EU-Rechts anschließen können[182].

4. *Würdigung*

Die Ansichten des Monismus und des Dualismus zum Verhältnis der Ebenen zueinander haben sich mit ihren besonderen Ausprägungen des gemäßigten Dualismus und des gemäßigten Monismus mit dem Primat des Völkerrechts stark angenähert, sodass eine Entscheidung in aller Regel offen bleiben kann[183]. Im Ergebnis führen beide Theorien dazu, dass durch den Einsatz von Konfliktnormen Normkollisionen gelöst werden können. Das Völkerrecht genießt nach beiden Ansichten einen zumindest faktischen Vorrang. Nationale Regelungen, die gegen das Völkerrecht verstoßen, bleiben daher zunächst wirksam, bis der nationale Gesetzgeber sie vor dem Hintergrund der Völkerrechtsfreundlichkeit der nationalen Rechtsordnung anpasst.

Nach *von Bogdandy*[184] handelt es sich bei diesen beiden Theorien gar um „Relikte aus einer anderen Zeit", welche endgültig aufgegeben werden müssten. Seiner Ansicht nach müsste vielmehr mit einer antihierarchischen Theorie des „*legal pluralism*"[185] gearbeitet werden, um das Verhältnis zwischen nationalem und internationalem Recht zu klären. Dieser Theorie liegt die pluralistische Vermutung zugrunde, dass es verschiedene Regime gibt, die nebeneinander und eben nicht in einem hierarchischen Verhältnis zueinanderstehen. Demnach würden die verschiedenen Rechtssysteme nicht unabhängig voneinander existieren, sondern seien durch eine Wechselbeziehung geprägt[186]. Dieses Verständnis

---

182 Siehe zu dem Verhältnis der europäischen Grundrechte zum Recht der Mitgliedstaaten *Dederer*, ZaöRV 2006, S. 580 ff.

183 So auch *Heintschel von Heinegg* in: *Epping/Hillgruber*, Beck'scher Online-Kommentar GG, S. Art. 25, Rn. 15.

184 *Bogdandy*, International Journal of Constitutional Law 2008, S. 400 f.

185 *Bogdandy*, International Journal of Constitutional Law 2008, S. 400 m.w.N.

186 Nach *Bogdandy*, International Journal of Constitutional Law 2008, S. 398 wären nach einer pluralistischen Theorie über das Verhältnis des Völkerrechts zum und seine

erinnert an die Theorie des gemäßigten Dualismus, nach der eine Beziehung zwischen der nationalen Rechtsordnung und dem Völkerrecht besteht, aber eben kein absoluter Vorrang des Völkerrechts herrscht. Nach dieser Auffassung bleibt es den Staaten nämlich selbst überlassen, bestimmte internationale Normen in ihrer Wirkungsweise in der nationalen Rechtsordnung zu beschränken, wenn diese gegen fundamentale Prinzipien der nationalen Verfassung verstoßen.[187] Damit findet diese Ansicht einen Ausgleich zwischen dem Anspruch der Staaten, ihre Souveränität zu schützen, sowie dem Gleichheitsprinzip und der Berechtigung des Völkerrechts, im Interesse der internationalen Gemeinschaft internationale Angelegenheiten von den Rechtsordnungen der Staaten auszunehmen.

Heute herrscht noch immer die gemäßigte dualistische Theorie vor[188] und das Völkerrecht wirkt nur so weit, wie das nationale Recht dies gewährt. Damit werden Normenkonflikte zwar lösbar, jede Rechtsordnung kann dies jedoch nach ihrem eigenen Belieben regeln. Eine Einheitlichkeit des völkerrechtlichen Verständnisses oder gar Rechtssicherheit ist damit nicht gewährleistet. Solange jeder Staat autonom darüber entscheiden kann, auf welche Weise das Völkerrecht in seine Rechtsordnung hineinwirkt, ist die Ausbildung eines einheitlichen Korpus des Völkerrechts erschwert, wenn nicht sogar unmöglich.

Angesichts des langjährigen Bestehens der EU, die eine eigene Rechtsordnung herausgebildet hat und selbstständig Rechtsakte erlassen kann, die direkt in die Rechtsordnungen der Mitgliedstaaten hineinwirken, erscheint auch die gemäßigte dualistische Auffassung antiquiert. Ebenfalls die World Trade Organisation (WTO) ist ein sehr gutes Beispiel für eine internationale Organisation, die ein

---

Wirkung im nationalen Recht durch die Theorie des direkten Effekts des Völkerrechts (*self-executing effect*) im nationalen Recht und die Theorie der einheitlichen Auslegung des Völkerrechts bestimmt. Diese beiden Theorien würden schließlich dazu führen, dass Verfassungsprinzipien, wie die internationale Zusammenarbeit, demokratisches Regieren und der Grundsatz der Subsidiarität miteinander in einen angemessenen Ausgleich gebracht werden könnten.

187 Dies betrifft genau die Situation in der ein Staat eine Resolution des Sicherheitsrates umsetzen und anwenden muss, obwohl dies gegen nationale Grundrechte verstoßen würde. Nach der Theorie des Pluralismus der Rechtsordnungen könnte der Staat dann darüber zuletzt entscheiden, ob er den internationalen Rechtsakt umsetzt. Ein Verstoß gegen seine völkerrechtlichen Verpflichtungen würde dies dennoch bedeuten, da eine abstrakte Pflicht besteht, die Resolutionen des Sicherheitsrates umzusetzen. Aus nationaler Perspektive wäre dann aber zumindest der nationale Grundrechtsstandard gewährleistet. So entschied auch der EuGH im Urteil *Kadi*, a.a.O.

188 Außer bspw. in den Niederlanden, Österreich und der Schweiz.

eigenes Regime mit einem eigenen Rechtsbeschwerdemechanismus herausgebildet und daher direkte Auswirkung auf die nationalen Rechtsordnungen hat. Angesichts dessen muss die derzeit herrschende Auffassung der Staaten hinterfragt und die strenge Trennung zwischen den nationalen und den verschiedenen internationalen Ebenen angezweifelt werden.

II. Zum Verhältnis internationaler Teilrechtsregime zueinander

Mit der Fortentwicklung des Völkerrechts und des zunehmenden Aufkommens internationaler Organisationen hat sich an die Frage um das Verhältnis des nationalen Rechts zum Völkerrecht eine weitere Diskussion angeschlossen. Das Völkerrecht hat sich derart fortentwickelt, dass sich regionale und spezialisierte Regime herausgebildet haben und ihr Verhältnis zueinander nunmehr der Bestimmung bedarf.

Schon 1953 forderte *Jenks*[189] Konfliktlösungsregeln für Normenkonflikte. Seitdem hat sich das Völkerrecht rasant weiterentwickelt und die Zahl an Völkerrechtsnormen hat stark zugenommen. Konfliktlösungsregeln werden damit immer dringlicher, da es im Mehrebenensystem angesichts der Vielfalt der Normen zu Kollisionen der Verpflichtungen der Staaten kommt. Zu dem Verhältnis dieser Ebenen zueinander haben sich hauptsächlich zwei Theorien entwickelt: zum einen die pluralistische (1.) und zum anderen die konstitutionalistische Theorie (2.).

1. Der Pluralismus

a) Seine Rezeption in der Literatur

Nach *Pauwelyn* sei das Völkerrecht ein zersplitterter ‚Haufen' verschiedener Rechtskörper, die in keinem systematischen Zusammenhang zueinander stehen[190], demnach gebe es kein homogenes System des Völkerrechts[191]. Aufgrund einer Vielzahl von Regimen entstehen Kompetenzgerangel und Normenkonflikte. Der Begriff Pluralismus bedeutet in diesem Zusammenhang, dass sich die verschiedenen Regime nicht in ein hierarchisches System einordnen lassen,

---

189 *Jenks*, British Yearbook of International Law 1953, S. 401 ff., 405.

190 Siehe dazu *Pauwelyn*, Fragmentation of International Law in: *Wolfrum*, MPEPIL, Rn. 1 ff.

191 Dies wurde schon in dem Bericht der Studiengruppe der ILC von *Hafner*, Risks Ensuing from Fragmentation of International Law, UN Doc A/55/10 (2000), S. 143 f. festgestellt.

sondern dass sie antihierarchisch nebeneinanderstehen und eine einheitliche und absolute Lösung bei Normenkollisionen nicht existiert.

Hier wird auch zwischen strengeren und gemäßigteren Auffassungen unterschieden. Ein strengeres Verständnis des Pluralismus[192] würde bspw. das UN-System und ein regionales System als zwei separate und parallele Systeme behandeln, ohne einen privilegierten Status der Verpflichtungen aus der UN-Charta bzw. der Resolutionen des Sicherheitsrates anzuerkennen. Bei einem Normenkonflikt hätte die Norm aus dem Blickwinkel des jeweiligen Ausgangs-Regimes Vorrang. Diese strenge Theorie ist angesichts der derzeitigen Rechtslage des Völkerrechts, die sich vor allem durch eine Interkonnektivität der verschiedenen Regime auszeichnet, nicht vertretbar. Eine gemäßigtere Auffassung würde allerdings eine gewisse Interaktion zwischen den verschiedenen Systemen anerkennen[193]. Bei Normenkonflikten könnte auf gemeinsame Prinzipien zurückgegriffen werden

---

192 Diese Ansicht wurde jedoch vom Generalanwalt *Maduro* in seinem Schlussantrag in Sachen *Kadi*, C-402/05 P, ECLI:EU:C:2008:11, Rn. 37–39 in Bezug auf die EU im Verhältnis zu den Vereinten Nationen vertreten: Die Rechtsordnung der Europäischen Union sei als autonome Rechtsordnung zu sehen und der EuGH eine Art Verfassungsgericht der mit ihren eigenen Rechten ausgestatteten Union. Dies begründet er mit der begrenzten Wirkung der Entscheidungen des EuGH, die sich nur auf die Rechtsordnung der Europäischen Union beschränkt und nicht auf die internationale Ebene auswirkt. Die Rechtsfolgen für die Mitgliedstaaten bei Nichtbefolgung der Resolutionen des Sicherheitsrates richten sich nunmehr nach dem allgemeinen Völkerrecht. Dadurch bringt der Generalanwalt am EuGH deutlich zum Ausdruck, dass er eine Beziehung zwischen dem Völkerrecht und dem Unionsrecht ausschließt und damit der strengen pluralistischen Auffassung folgt.

193 Siehe *Viellechner*, Grundrechte und Grundfreiheiten im Mehrebenensystem, S. 114 ff., m.w.N.; auch der Human Rights Council (HRC) hat in dem Urteil vom 29. Dezember 2008, *Sayadi & Vinck gg. Belgien*, CCPR/C/94/D/1472/2006 eine pluralistische Tendenz gezeigt, indem es den Art. 103 UN-Charta und damit die Frage des Vorrangs der UN-Charta einfach übergangen hat, siehe Rn. 10.3 des Urteils. Der HRC sieht sich als Garant der Rechte aus dem IPbpR und hält es daher für notwendig nationale Umsetzungsakte der Resolutionen des Sicherheitsrates am Maßstab des IPbpR zu messen, siehe Rn. 10.6. Damit sieht der HRC die UN-Charta und den IPbpR als zwei verschiedene Regime an, von denen keines dem anderen im hierarchischen Sinne vorgeht. Jedoch wird durchaus eine Beziehung zwischen den Regimen aufgebaut, indem der HRC die Pflichten aus der UN-Charta durch Art. 12 Abs. 3 IPbpR berücksichtigt. Die Pflichten aus der UN-Charta können als Rechtfertigungsgründe für die Beschränkung der Rechte aus dem IPbpR dienen und finden damit eine gewisse Berücksichtigung. Siehe dazu die Entscheidungsbesprechung von *Milanovic*, GOJIL 2009, S. 519 ff.

oder durch gegenseitigen Rückgriff auf die verschiedenen Systeme eine Verbindung entstehen. Zur Lösung von Normkonflikten wäre jedoch ein Kollisionsrecht vonnöten.

Diese Rechtszersplitterung wird mit dem Begriff der Fragmentierung[194] überschrieben. Sie resultiert aus dem immer größeren Aufkommen internationaler Regelungen, dem Entstehen regionaler und spezialisierter Völkerrechtsregime, aber auch dem Hinzukommen neuer Völkerrechtssubjekte.[195] Das internationale Recht kann demnach als ein *„amorphous body of complicated and shifting inter-relationships and obligations“*[196] bezeichnet werden. Diese Entwicklung kann jedoch dazu führen, dass die Autorität und Effektivität und damit auch die Glaubwürdigkeit des Völkerrechts unterminiert werden und es seine Hauptaufgaben der Verhinderung und friedlichen Beilegung von Streitigkeiten sowie der Stabilisierung der internationalen Beziehungen nicht mehr erfüllen kann. Dies könnte dem Völkerrecht als solchem erheblichen Schaden zufügen.

Auf der einen Seite gibt es eine materiell-rechtliche Fragmentierung[197], bei der das Völkerrecht in einzelne Rechtsregime untergliedert wird. Hier kann man zwischen funktionaler Fragmentierung, wenn es verschiedene inhaltlich spezialisierte Regime gibt (Spezialisierung) und der geographischen Fragmentierung, bei der unterschiedliche regionale Regime geschaffen werden (Regionalisierung), differenzieren. Auf der anderen Seite existiert eine verfahrensrechtliche Fragmentierung. Da es mittlerweile viele verschiedene internationale Gerichte gibt, ist das Völkerrecht nicht nur durch die Staatenpraxis, sondern auch durch die Rechtsprechung diverser internationaler und regionaler Gerichte geprägt[198]. Zum Verhältnis der einzelnen Gerichte zueinander hat der Internationale Strafgerichtshof für das ehemalige Jugoslawien (ICTY) im Fall *Tadič* gar

194 Siehe zur Fragmentierung des Völkerrechts insbes. den Bericht der Studiengruppe der ILC der Vereinten Nationen, *Koskenniemi*, Fragmentation in International Law, a.aO.; siehe auch *Koskenniemi/Leino*, LJIL 2002, S. 535 ff.; *Leathley*, International Law and Politics 2007, S. 261 ff.

195 Siehe dazu den Bericht der Studiengruppe der ILC, *Hafner*, Risks Ensuing from Fragmentation of International Law, a.a.O., S. 143, 145 ff.

196 *Leathley*, International Law and Politics 2007, S. 262

197 Die Unterscheidung der Formen der Fragmentierung wird hier nach dem folgenden Vorschlag vorgenommen: *Chionos/Hauck/Haßfurther*, Suprastaatliche Konstitutionalisierung, S. 65 ff.

198 Siehe den Bericht der Studiengruppe der ILC, *Hafner*, Risks Ensuing from Fragmentation of International Law, a.a.O., S. 143 ff.; zu den beiden Formen der Fragmentierung siehe *Chionos/Hauck/Haßfurther*, Suprastaatliche Konstitutionalisierung, S. 65 ff.

behauptet: „*In international Law, every tribunal is a self-contained system (unless otherwise provided)*“[199].

Damit geht der ICTY jedoch zu weit[200], da die internationalen Gerichte doch zumindest informell sehr eng kooperieren - sog. informeller Dialog zwischen den Gerichten - und sich gegenseitig von ihren Entscheidungen inspirieren lassen. Es ist heute gängige Praxis, dass die (nationalen, aber auch internationalen) Gerichte die Entscheidungen anderer Gerichte heranziehen, um ihre eigene Entscheidung zu begründen und die Entwicklung des Völkerrechts voranzutreiben, selbst dann, wenn sie an diese Entscheidungen nicht gebunden sind[201]. Diese Praxis beruht auf der Regelung aus Art. 38 Abs. 1 lit. d) des Statuts des Internationalen Gerichtshofs[202], der den Urteilen internationaler Gerichte, neben den Lehrmeinungen der fähigsten Völkerrechtler der verschiedenen Nationen, den Status einer Rechtserkenntnisquelle zuspricht[203]. Daher können und sollen diese Urteile als subsidiäre Hilfsmittel zur Auslegung des Völkerrechts herangezogen werden, sodass sich die Rechtsprechung der vielzähligen internationalen Gerichte in einem gemeinsamen Rahmen bewegt.

Zuträglich für eine Harmonisierung des Völkerrechts sowohl im formellen als auch im materiellen Sinn, die zu mehr Kohärenz des Völkerrechts führen könnte, wäre die formelle Stärkung der Rolle des Internationalen Gerichtshofs (IGH)[204]. Dieser könnte das Mandat einer Revisionsinstanz für die Entscheidungen anderer Gerichte erhalten und damit zu einem universellen Revisionsgericht erstarken. Ein weiterer Beitrag zu mehr Kohärenz wäre die Ausweitung der informellen Kooperation der internationalen Gerichte, die bereits in einem gewissen Rahmen stattfindet. Schließlich ist mit Blick auf Art. 31 Abs. 3 lit. c) Wiener Übereinkommen über das Recht der Verträge (WÜV) eine methodengerechte

---

199 Urteil des ICTY vom 2. Oktober 1995, *Prosecutor v. Dusko Tadic*, IT-94-I-AR72 (Decision on the Defense Motion for Interlocutory Appeal on Jurisdiction), Rn. 11.

200 Siehe dazu *Chionos/Hauck/Haßfurther*, Suprastaatliche Konstitutionalisierung, S. 77 ff., 82.

201 Dies gilt nicht nur für internationalen Gerichte, die mit gegenseitigen Bezügen arbeiten, sondern auch für nationalen Gerichte, wenn sie sich in bestimmten Fragen auf die Rechtsprechung oder ein Urteil eines internationalen Gerichts berufen, wie bspw. das BVerfG auf die Rechtsprechung des EGMR im Bereich der Menschenrechte.

202 Im folgenden IGH-Statut.

203 Siehe Näheres dazu bei *Pellet* in: *Zimmermann/Tomuschat/Oellers-Frahm/Tams*, The Statute of the International Court of Justice: A Commentary, S. Art. 38, Rn. 304 ff.

204 Vorschlag von *Chionos/Hauck/Haßfurther*, Suprastaatliche Konstitutionalisierung, S. 81 ff.

Auslegung nur bei einer Zusammenarbeit bzw. einem Dialog der Gerichte möglich. Die Existenz von sog. *self-contained regimes*[205], wie die EU und die WTO[206], sind ein deutlicher Hinweis auf das antihierarchische Nebeneinander der verschiedenen Regime, die durch ihre materiell-rechtlichen Sonderregeln das Völkerrecht fragmentieren. Sie können definiert werden als *„interrelated wholes of primary and secondary rules, sometimes also referred to as ‚systems' or ‚subsystems' of rules that cover some particular problem differently from the way it would be covered under general law"*[207], denn sie beanspruchen weitgehende Autonomie von ihren Mitgliedstaaten, aber auch vom allgemeinen Völkerrecht selbst[208].

b) Die Rechtsprechung des EuGH

Auch der EuGH hat seine strenge pluralistische Auffassung manifestiert, als er in der Sache *Kadi*[209] entschied, dass „internationale Übereinkünfte nicht die in den Verträgen festgelegte Zuständigkeitsordnung und damit nicht die Autonomie des Rechtssystems der Gemeinschaft beeinträchtigen (können), deren Wahrung der Gerichtshof aufgrund der ausschließlichen Zuständigkeit sichert, (...) einer Zuständigkeit, die der Gerichtshof im Übrigen bereits zu den Grundlagen der Gemeinschaft selbst gezählt hat"[210]. Des Weiteren „ist die Kontrolle der Gültigkeit einer jeden Handlung der Gemeinschaft im Hinblick auf die Grundrechte durch den Gerichtshof nämlich als Ausdruck einer Verfassungsgarantie in einer Rechtsgemeinschaft zu betrachten, einer Garantie, die sich aus dem EG-Vertrag als autonomem Rechtssystem ergibt und durch ein völkerrechtliches Abkommen

---

205 Zum ersten Mal wurde dieser Begriff vom Ständigen Internationalen Gerichtshof verwendet, in dem Urteil vom 17. August 1923, *S.S. Wimbledon*, PCIJ, Ser. A, No. 1, S. 23 f.

206 Siehe die Darstellungen zur damaligen EG, *Simma/Pulkowski*, EJIL 2006, S. 516 ff., zur WTO, S. 519 ff.

207 Bericht der Studiengruppe der ILC, *Koskenniemi*, Fragmentation in International Law, a.a.O., Rn. 128.

208 Bericht der Studiengruppe der ILC, *Koskenniemi*, Fragmentation in International Law, a.a.O., Rn. 15, 123 ff.; *Simma/Pulkowski*, EJIL 2006, S. 491 definieren etwas strenger: *„At the other end of the scale, a strong form of lex specialis could exclude the application of the general regime of state responsibility altogether, either by explicit provision or by implication, that is, by virtue of a regime's particular structure or its object and purpose. This latter concept of a strong lex specialis designed to exclude completely the general international law of state responsibility is what we denote as a ‚self-contained regime'."*

209 Urteil *Kadi*, a.a.O.; siehe dazu auch *von Arnauld*, EuR 2013, S. 236 ff.

210 EuGH, *Kadi*, a.a.O., Rn. 282.

nicht beeinträchtigt werden kann“[211]. Diese Entscheidung wurde insbesondere wegen der Gefahr ihrer Rezeption durch andere Gerichte kritisiert, die nunmehr dieser völkerrechtsfeindlichen und der kohärenten Entwicklung des Völkerrechts entgegenstehenden Rechtsprechung folgen könnten[212].

c) Ein Beispiel aus der US-amerikanischen Rechtsprechung: die Entscheidung des US Supreme Court vom 5.8.2008, Medellin v. Texas

In dieser Sache[213] entschied der US Supreme Court, dass eine Entscheidung des IGH[214] nicht umgesetzt werden soll, in der die USA wegen einer Verletzung des Art. 36 Abs. 1 b) des Wiener Übereinkommens über konsularische Beziehungen (WKÜ) verurteilt wurden, weil die zuständigen Behörden es unterlassen hatten 51 mexikanische Staatsangehörige über ihre Rechte aus dem WKÜ zu unterrichten. Der Supreme Court musste sich in dem Fall mit der Frage befassen, in wieweit die US-amerikanischen Gerichte an den Urteilsspruch des IGH gebunden sind.

Eine direkte Wirkung des Urteils des IGH hat der US Supreme Court mit der Begründung abgelehnt, dass der Wortlaut des Art. 94 Abs. 1 UN-Charta nur eine Pflicht des verurteilten Staates anordne mit den Mitteln der Politik dem Urteilsspruch Folge zu leisten. Einer direkten rechtlichen Bindungswirkung habe der amerikanische Senat bei der Ratifizierung des Zusatzprotokolls zu dem WKÜ nicht zugestimmt. Dies würde auch durch Art. 94 Abs. 2 UN-Charta gestützt, der lediglich als Durchsetzungsmechanismus für nicht befolgte Urteile, die Vorlage der Sache dem Sicherheitsrat zur Verfügung stellt. Die nationalen Gerichte seien damit nicht automatisch an den Urteilsspruch des IGH gebunden. Auch die Tatsache, dass das IGH-Statut nur Staaten als Beteiligte an den Verfahren zulässt und gerade keine Individuen, würde gegen die Bindung an die Urteile im nationalen Recht sprechen[215]. Auch eine direkte Bindung der Gerichte an

---

211 EuGH, *Kadi*, a.a.O., Rn. 316.

212 Siehe vor allem *De Búrca*, Harvard International Law Journal 2010, S. 40 ff., sie kritisiert insbesondere den Überraschungseffekt der Entscheidung, angesichts des Selbstverständnisses der EU als eine Organisation, die dem internationalen Recht und Institutionen sehr treu sei. Dabei habe sich der EuGH in *Kadi*, a.a.O., Rn. 289 die Möglichkeit offengelassen, wie er die Resolutionen des Sicherheitsrates in das System der EU inkorporieren möchte.

213 Urteil des US Supreme Court vom 25. März 2008, *Medellin v. State*, 552 U.S. 2008.

214 In diesem Fall ging es um das Urteil des IGH vom 31. März 2004, *Avena and Other Mexican Nationals (Mexico v. United States of America)*, ICJ Reports 2004, S. 12 ff.

215 Siehe US Supreme Court, *Medellin*, a.a.O., S. 11 ff.

die UN-Charta bestehe im amerikanischen Recht nicht[216]. Der Supreme Court betonte in seinem Urteil, dass internationale Verträge, die die USA unterzeichnet haben, zwar internationale Verpflichtungen für die USA zur Folge haben, aber nur dann für die nationalen Stellen unmittelbar bindend seien, wenn der amerikanische Kongress dies so geregelt habe oder die Regelung *self-executing* sei[217].

Damit gesellt sich der amerikanische Supreme Court zu der strengen pluralistischen Strömung über das Verhältnis des Völkerrechts zum nationalen Recht und zeigt große Ähnlichkeiten mit der Entscheidung des EuGH in der Sache *Kadi*. Die Differenz des amerikanischen Rechts vom Völkerrecht wird in dem Urteil sehr deutlich. Nur in Ausnahmefällen kann es demnach noch zu einer direkten Bindung der Behörden an das Völkerrecht und Urteilssprüche internationaler Gerichte kommen.

d) *Ein Beispiel aus der britischen Rechtsprechung: die Entscheidung des UK Supreme Court vom 27. Januar 2010, Ahmed and others v. HM Treasury*

Ein weiteres Beispiel[218] aus der britischen Rechtsprechung veranschaulicht das Nebeneinander der Regime. Da es in dem Fall neben der Umsetzung von Resolutionen des Sicherheitsrates der Vereinten Nationen auch um die Verpflichtungen aus der EMRK ging, handelt es sich um ein sehr anschauliches Beispiel für einen Normenkonflikt im Mehrebenensystem. Das Urteil ist daher nicht nur ein Beispiel für die dualistische Auffassung, sondern auch für die pluralistische Auffassung der Rechtsprechung.

In dem Fall ging es um die Rechtmäßigkeit britischer Rechtsakte, die das 1267- und das 1373-Sanktionsregime des Sicherheitsrates in die nationale Rechtsordnung umsetzten und auf deren Grundlage das Vermögen der Beschwerdeführer eingefroren wurde. Der Supreme Court entschied sich dazu, die nationalen Umsetzungsakte und die darauf basierende Durchführung gegenüber den Beschwerdeführern umfassend am Maßstab des britischen Rechts und der Verpflichtungen im Hinblick auf internationale Grundrechte zu messen und erklärte die Rechtsakte für teilweise rechtswidrig, insoweit sie die Beschwerdeführer in ihrem Recht auf einen effektiven Rechtsschutz verletzten[219].

---

216 Siehe US Supreme Court, *Medellin*, a.a.O., S. 23.

217 Siehe US Supreme Court, *Medellin*, a.a.O., S. 9, 24.

218 Urteil des UK Supreme Court vom 27. Januar 2010, *Ahmed and others v. HM Treasury*, [2010] UKSC 2.

219 Urteil *Ahmed*, a.a.O., Rn. 47–49, 81 f.

e) Fazit

Letztlich ist es fraglich, ob das Phänomen der Fragmentierung des Völkerrechts nicht überbewertet wird, und lediglich in zutreffender Weise als ein Argument für eine pluralistische Auffassung herangezogen werden könnte. Schließlich könnte man dies mit *Peters* auch als einen positiven Nebeneffekt der staatlichen Bemühungen im Hinblick auf eine stärkere internationale Vernetzung und der Schaffung neuer völkerrechtlicher Normen sehen[220]. Diese Bemühungen zeigen nämlich das Bedürfnis und den Willen der Staaten, aktuelle Herausforderungen, wie Umweltschutz und Klimaerwärmung, nicht auf nationaler, sondern auf internationaler Ebene effektiver anzugehen. Die Schaffung von neuem und gar speziellerem Völkerrecht deutet daher eher auf eine Fortentwicklung des Völkerrechts hin, als auf eine Weltverfassung.

2. Der globale Konstitutionalismus

a) Das Völkerrecht als einheitlicher Rechtskorpus?

Seit den 1990er Jahren ist eine Entwicklung im Völkerrecht zu beobachten, die teilweise dahin gehend interpretiert wird, dass sich ein einheitlicher Völkerrechtskorpus herausbilde, der die Entität der gesamten internationalen Gemeinschaft organisiere und auf Basis der wichtigsten materiellen Grundprinzipien institutionalisiert sei[221]. Das Völkerrecht diene demnach einer weltumspannenden universellen Ordnung, die die verschiedenen Nationen und Völker umfasse, dabei aber weiterhin staatenorientiert sei[222]. Andere sprechen gar von einer systembegründenden Ordnung des Völkerrechts[223]. Nach *Fassbender*[224] sei

---

220 *Anne Peters* spricht gar von der Fragmentierung als Zeichen der Vitalität und Reife: *Peters*, Realizing Utopia, S. 127.

221 Siehe grundlegend *Mosler*, Encyclopedia of Public International Law, S. 1251, 1254; siehe dazu auch *Chionos/Hauck/Haßfurther*, Suprastaatliche Konstitutionalisierung, S. 61 und *Peters*, LJIL 2006, S. 579 ff.

222 *Vitzthum*, Völkerrecht, S. 5 ff.

223 *Dominicé*, Encyclopedia of Public International Law, S. 355, angesichts des Systems des Völkerrechts arbeitet er eine Methodologie des Völkerrechts heraus, der die Auffassung zugrunde liegt, dass es sich dabei um ein Rechtssystem handelt, dass der internationalen Gemeinschaft einen Rahmen gibt.

224 *Fassbender*, Towards World Constitutionalism, S. 848; so auch *Bryde*, Der Staat 2003, S. 62, der auf S. 63 ff. die Aspekte aufzählt die den fortschreitenden Konstitutionalisierungsprozess im Völkerrecht beweisen. Es handele sich dabei um das Gemeinschaftsinteresse, den Menschen als Legitimationsbezugspunkt, eine Normenhierarchie, in der das *ius cogens* ganz oben steht und die neue Methode der „zivilistischen Interpretation

die konstitutionelle Idee im internationalen Recht ein autonomes Konzept und nicht mit dem der staatlichen Verfassungen vergleichbar. Andere[225] sehen gar ein konstitutionelles System des Völkerrechts mit dem IGH an der Spitze einer Hierarchie.

Die offeneren Ansätze erkennen an, dass es für die internationale Gemeinschaft Normen zur Lösung von Normkonflikten bedarf, denen mit einer Universalisierung begegnet werden könne[226]. Diese konstitutionalistische Sichtweise kann, muss aber nicht der Überzeugung sein, dass das Völkerrecht zu hierarchisieren bzw. hierarchisierbar ist[227].

Auch *Habermas*[228] entwarf eine politische Verfassung für die Weltgemeinschaft - nach dem Vorbild von *Kant*[229] - zur Schaffung einer globalen Einheit, die darauf ausgelegt ist, den Frieden zwischen den Völkern zu gewährleisten. *Tomuschat*[230] sprach von der UN-Charta als der *„constitution of the international community"*. Und *Peters*[231] vertritt den weniger ideologisch aufgeladenen Begriff des globalen Konstitutionalismus, da dies dazu führen könne, dass das demokratische Defizit auf internationaler Ebene möglicherweise abgemildert würde.

---

aus der Sicht des Willens der Vertragsparteien". Siehe auch *Fassbender*, Transnational Constitutionalism, S. 307 ff.

225 Siehe *Leathley*, International Law and Politics 2007, S. 271 ff.

226 siehe bspw. *Bryde*, Towards World Constitutionalism, S. 105; *Frowein*, Völkerrecht und Internationales Privatrecht in einem sich globalisierenden internationalen System S. 427 ff., 438 ff.; *Kadelbach/Kleinlein*, Archiv des Völkerrechts 2006, S. 235 ff.; *Walter*, GYIL 2001, S. 170 ff.; siehe ebenfalls *Bogdandy/Dann/Goldmann*, GLJ 2008, S. 1377, 1390, die sich für ihre Herangehensweise an das *global governance*-Konzept im Kontext der Konstitutionalisierung des Völkerrechts anschließen; so auch *Koskenniemi*, EJIL 1997, S. 566 ff., der sich insbesondere mit dem sozialen Nutzen einer hierarchischen Ordnung im Völkerrecht auseinandersetzt; *Macdonald*, Towards World Constitutionalism, S. 859 ff., er spricht auch von einer Verfassung der internationalen Gemeinschaft, die aus einer grundsätzlichen Richtungsweisung (*„high-level abstraction of policy"*, *„generalization of society's vision"*) bestehe. In der UN-Charta spiegele sich dies in der Präambel, den institutionellen Vorschriften und ihren Prinzipien wieder. Insbesondere Art. 103 UN-Charta spreche für den konstitutionellen Charakter der UN-Charta.

227 Siehe *Fischer-Lescano*, ZaöRV 2003, S. 738 ff. und *Knauff*, Der Regelungsverbund, S. 66.

228 *Habermas*, Kritische Justiz 2005, S. 222 ff.; *Habermas*, Constellations 2008, S. 444 ff., 448 ff.: Habermas' Entwurf ist eurozentriert angelegt und an dem Beispiel der EU entwickelt, siehe *Habermas*, Der gespaltene Westen, S. 145 ff., 159.

229 *Kant*, Zum ewigen Frieden, S. 3 ff.

230 *Tomuschat*, The United Nations at Age Fifty, S. ix.

231 *Peters*, The Constitutionalization of International Law, S. 351.

Nach dem Bericht der ILC[232] aus dem Jahr 2006 gibt es zwar keine konstitutionelle Verfasstheit des Völkerrechts, die auf einem normenhierarchischen System basiert. Der Berichterstatter *Koskenniemi* arbeitete jedoch einige Normen heraus, die wegen ihrer besonderen Bedeutung einen Vorrang genießen müssen. *Fischer-Lescano* spricht auch von einer völkerrechtlichen Globalverfassung[233], wendet sich aber gegen die Auffassung, dass es im Völkerrecht Hierarchien gebe[234].

Gegen die Auffassung des Konstitutionalismus spricht sich deutlicher *Pfeffer*[235] aus. Er argumentiert mit einem Vergleich aus dem Vertragsrecht, nämlich dass die umfassende Zahl der Signatarstaaten keinen Hinweis auf den Rang eines Vertrages geben könne[236]. Vergegenwärtigt man sich aber, dass die Vereinten Nationen zurzeit 193 Staaten umfassen, sind das fast alle anerkannten Staaten der Welt. Und solche, die nicht anerkannt sind oder keine Staaten sind, haben immerhin einen Beobachterstatus[237]. Auch *Simma*[238] sieht zumindest in der UN-Charta keine Weltverfassung, selbst wenn sie verfassungsrechtliche Elemente beinhalte, es fehle ihr doch an der Durchsetzungsmöglichkeit einer sog. echten Verfassungsordnung.

Verdross und *Simma* hingegen leiten aus der Stellung der UN-Charta und ihrer Bindungswirkung für einen überwältigenden Teil der Staaten der Welt ab, dass die „Charta zur Verfassung der universellen Staatengemeinschaft aufgerückt“[239] ist.

---

232 Bericht der Studiengruppe der ILC, *Koskenniemi*, Fragmentation in International Law, a.a.O., Rn. 324: trotzdem werden in dem Bericht gewisse Normen oder Regeln genannt, die einen Vorrang genießen müssen, da sie wichtiger seien, als andere Normen. Daher ist in dem Bericht die Sprache von einer „informellen Hierarchie der Normen“, Rn. 327. Die relevanten Normen in diesem Zusammenhang sind Art. 103 UN-Charta, Normen des *ius cogens* und die *erga-omnes*-Verpflichtungen, siehe dazu Rn. 328 ff.

233 *Fischer-Lescano* spricht von einem politischen Globalverfassungsrecht, das sich durch drei Attribute auszeichnet: verfassungsrechtliche Jurisdiktionsregeln, formelles Verfassungsrecht und verfassungsrechtliche Rechtssetzungsregeln, siehe *Fischer-Lescano*, ZaöRV 2003, S. 739 ff.

234 Siehe *Fischer-Lescano*, ZaöRV 2003, S. 738 ff.

235 *Pfeffer*, Das Verhältnis von Völkerrecht und Landesrecht, S. 102 ff.

236 *Pfeffer*, Das Verhältnis von Völkerrecht und Landesrecht, S. 103.

237 Wie bspw. Palästina und der Heilige Stuhl.

238 *Simma*, Paradigmenwechsel im Völkerrecht, S. 53.

239 *Verdross/Simma*, Universelles Völkerrecht, S. VII ff.; dabei prägte Verdross schon 1926 den Begriff der Verfassung für die Völkerrechtsgemeinschaft, siehe *Verdross*, Die Verfassung der Völkerrechtsgemeinschaft, S. 9: „Münden aber die Staaten und gewisse

Auch nach *Mosler*[240] ist die internationale Gemeinschaft eine Rechtsgemeinschaft, die durch Verfassungselemente gekennzeichnet sei, nämlich durch Verfahrensregeln, nach denen Völkerrecht geschaffen und geändert werde, und materiellen Prinzipien, ohne die die internationale Gemeinschaft nicht existieren könne.

b) Die UN-Charta als Weltverfassung?

Diese Bewegung in der Völkerrechtswissenschaft hat jedoch nicht dazu führen können, dass die UN-Charta, die Verfassung der (fast) alle Staaten der Welt umfassenden internationalen Organisation der Vereinten Nationen, heute allgemein als eine „Weltverfassung" anerkannt würde. Versteht man unter einer Verfassung einer Rechtsgemeinschaft „die Norm oder die Normen, die bestimmen, wie, das heißt von welchen Organen und in welchen Verfahren – durch bewusste Rechtssetzung, insbesondere Gesetzgebung, oder Gewohnheit – die generellen Normen der die Gemeinschaft konstituierenden Rechtsordnung zu erzeugen sind"[241], kann man in Bezug auf die UN-Charta freilich nicht von einer Weltverfassung oder einer systembegründenden Völkerrechtsordnung sprechen. Zwar beinhaltet sie einige grundlegende Normen, sie beansprucht jedoch nicht, ein materiell und formell abschließendes Werk zu sein. Lediglich im Bereich des Systems der kollektiven Sicherheit, das die Vereinten Nationen errichtet haben, könnte man im Verhältnis zu Regionalorganisationen, wie bspw. der Organisation des Nordatlantikvertrags (NATO), von einem starren Vorrang der Vereinten Nationen sprechen, was sich aus dem Kapitel VII der UN-Charta und vor allem aus ihrem Art. 51 ausdrücklich ergibt.

Mit dem weiten Verständnis nach *Simma*[242] beinhaltet die Verfassung der internationalen Gemeinschaft die Gesamtheit der Grundregeln einer Rechtsgemeinschaft, die gewöhnlichen Regeln vorgehen, weil sie die Grundfunktionen und Grundwerte der Gemeinschaft enthalten, und die Bedingungen regeln, wie weitere Regeln entstehen können und wie zudem mit diesen Regeln umzugehen

---

außerstaatliche Rechtsgemeinschaften unmittelbar in die Völkerrechtsgemeinschaft, dann strömen mittelbar auch alle ihnen untergeordnete Rechtsgemeinschaften in sie ein. Daher ist die Völkerrechtsgemeinschaft die alle positiv-rechtlichen Gemeinschaften überspannende Rechtseinheit (Hervorhebung durch die Verfasserin), die, gleich einer Kuppel, den ganzen großen Rechtsbau überwölbt."

240 *Mosler*, Encyclopedia of Public International Law, S. 1251, 1254.

241 *Kelsen*, Reine Rechtslehre, S. 201.

242 *Simma*, Recueil des cours de l'Académie de La Haye 1994, Vol. 250, S. 259 ff.

ist. *Verdross*[243] beschrieb den Begriff der Verfassung als einen Verbund von Normen, der die grundlegende Ordnung einer Gesellschaft regelt, wie ihre Struktur, ihre Organisation und die Verteilung der Kompetenzen.

Nach dem modernen Verständnis muss eine (internationale) Verfassung mindestens zwei Voraussetzungen erfüllen: formell müssen ihre Normen einen Vorrang vor gewöhnlichen Normen genießen, und materiell muss sie bestimmte Grundregeln für das Leben in der Gesellschaft enthalten[244]. *Frowein*[245] sieht daher in der Tatsache, dass der Sicherheitsrat unter den Voraussetzungen des Kapitel VII der UN-Charta Entscheidungen gegen den Willen eines Mitgliedstaates durchsetzen kann, das Hauptargument für die Konstitutionalisierung des Völkerrechts. Für die Konstitutionalisierung des Völkerrechts sprechen darüber hinaus auch die Normen des *ius cogens*, die Verpflichtungen mit *erga-omnes*-Wirkung und der Durchsetzung des Völkerstrafrechts, das sich über die Immunität von Regierungsmitgliedern unter bestimmten Voraussetzungen hinwegsetzt[246].

Die formellen Aspekte einer nationalen Verfassung, wie der Aufbau des Staates, die Verteilung der Kompetenzen auf die Organe und den Status der Organe, sind zwar in der Verfassung des Völkerrechtssystems nur teilweise zu finden.

---

243 *Verdross*, Die Verfassung der Völkerrechtsgemeinschaft, S. V: „jene Normen, die den Aufbau, die Gliederung und die Zuständigkeitsordnung einer Gemeinschaft zum Gegenstand haben".

244 *Schwarzenberger*, International law, Vol. III: International Constitutional Law, S. 115, der von *functional unity* und *legal unity* als die zwei grundlegenden Aspekte einer internationalen Verfassungsordnung, spricht; siehe auch *Suy*, FS Bernhardt, S. 272 ff.; *Tomuschat*, Recueil des cours de l'Académie de La Haye 1993, Vol. 241, S. 218 f.

245 *Frowein*, Recueil des cours de l'Académie de La Haye 1994, Vol. 248, S. 355 f.; ihm beipflichtend *Simma*, Recueil des cours de l'Académie de La Haye 1994, Vol. 250, S. 262, er beruft sich zusätzlich noch auf das Argument, dass Art. 1 und 2 der UN-Charta die Grundregeln und Grundwerte des modernen Völkerrechts beinhalten, um den konstitutionellen Charakter der UN-Charta zu begründen. Art. 103 UN-Charta und seine Vorrangregelung haben weniger Aussagekraft zu der Frage, ob es sich bei der UN-Charta um eine „Weltverfassung" handele; so ähnlich auch *Tomuschat*, Archiv des Völkerrechts 1995, S. 12 ff.

246 *Tschentscher*, VVdStRL 2016, S. 412; siehe zu dem Umgang mit Immunitäten im Völkerrecht bspw. das Urteil des italienischen Corte Costituzionale vom 22. Oktober 2014, No. 238, G.U. 1 Serie Speciale, in dem das italienische Gericht dem Urteil des IGH vom 3. Februar 2012, *Germany v. Italy (Jurisdictional Immunities of the State)*, ICJ Reports 2012, S. 99 nicht Folge leistete. Das Urteil des IGH räumte der Immunität Deutschlands Vorrang vor dem Anspruch Italiens auf Schadensersatzzahlungen für Kriegsverbrechen im Zweiten Weltkrieg ein.

Trotzdem ist dem Völkerrecht eine gewisse Verfasstheit im Sinne eines Rechtskorpus, der die grundlegenden Prinzipien des Völkerrechts niederlegt, zumindest in den Bereichen des Menschenrechtsschutzes und der Friedenssicherung, immanent.[247] *Tschentscher* spricht insofern von einer „regulativen Idee“[248] einer Völkerrechtsverfassung, die eine Orientierungshilfe für das Völkerrecht enthalte, aber keine vollständige Verwirklichung erfordere.

c) Eine internationale Normenhierarchie mit ius cogens als Grundnorm?

Nach dem Konstitutionalismus wird das Völkerrecht also als ein in sich geschlossenes System betrachtet, das durch hierarchische Strukturen geprägt ist, sodass Normenkonflikte im Mehrebenensystem mithilfe einer Normenhierarchie zu lösen sind. Für eine Normenhierarchie spricht insbes. Art. 103 UN-Charta, der folgendes regelt: „*In the event of a conflict between the obligations of the Members of the United Nations under the present Charter and their obligations under any other international agreement, their obligations under the present Charter shall prevail.*“

Damit ist in formeller Hinsicht eine normative Hierarchie mit der UN-Charta an der Spitze geregelt, da die Verpflichtungen aus der UN-Charta vor anderen widersprechenden vertraglichen Verpflichtungen der Mitgliedstaaten zu beachten sind. Daraus folgt, dass diese Verpflichtungen Anwendungsvorrang vor allen anderen vertraglichen Verpflichtungen der Mitgliedstaaten haben, soweit sie nicht miteinander in Einklang zu bringen sind.

Auch in materieller Hinsicht[249] gibt es im Völkerrecht einen normhierarchischen Ansatz, der durch die Figur des *ius cogens* begründet wird. *Ius cogens* besteht nach Art. 53 und 64 WÜV aus den zwingenden Normen des Völkerrechts (*peremptory norms of general international law*), die die Normen des Völkerrechts mit dem höchsten Rang sind und von denen nicht abgewichen werden darf[250]. Die Entstehungsgeschichte des *ius cogens* weist darauf hin, dass diese

247 Vgl. *Tschentscher*, VVdStRL 2016, S. 414 ff., 427 ff.

248 *Tschentscher*, VVdStRL 2016, S. 430.

249 Zu den materiellen Verfassungselementen der UN-Charta: *Kotzur*, Jahrbuch des öffentlichen Rechts der Gegenwart 2007, S. 26 f., dazu gehöre demnach nicht nur das *ius cogens*, sondern auch die Präambel der UN-Charta und Art. 1 und Art. 2 derselben, die AEMR und die beiden Menschenrechtspakte von 1966.

250 Siehe Art. 53 WÜV: „*For the purposes of the present Convention, a peremptory norm of general international law is a norm accepted and recognized by the international community of States as a whole as a norm from which no derogation is permitted and which can be modified only by a subsequent norm of general international law having the same character*“.

Regelungen von „überrechtlichem“ Charakter sind, oder gar dem Naturrecht zuzurechnen sind und damit unabhängig von der Akzeptanz der Mitgliedstaaten existieren[251]. Diese Begründung hat sich aber aufgrund der Formulierung in Art. 53 WÜV, dass die Akzeptanz der Mitgliedstaaten erforderlich ist, damit eine Norm als zwingendes Völkerrecht anerkannt wird, nicht durchsetzen können.

Bis heute[252] werden anerkannt: das Prinzip der Selbstbestimmung, die Gleichheit der Staaten, das Gewaltverbot, das Prinzip der friedlichen Streitbeilegung, das Interventionsverbot, die Verbote des Völkermordes, der Folter, des Sklavenhandels, der Piraterie, extralegaler Hinrichtungen und des Verschwindenlassens, sowie Normen aus dem humanitären Völkerrecht, die direkte Verbote an Staaten oder Einzelpersonen enthalten[253]. Hinsichtlich der Grund- und Menschenrechte ist jedoch zu konstatieren, dass es eine einheitliche Auffassung zu den menschenrechtlichen Gewährleistungen derzeit noch nicht gibt, auch wenn mit dem IPbpR und dem IPwskR schon einige Rechte kodifiziert wurden, auf die sich die Signatarstaaten einigen konnten. Zu den zwingenden Normen, die internationale Grundrechte verbürgen, gehören das Recht auf Leben, die Gleichheitsrechte[254], das Folterverbot und das Verbot der erniedrigenden Behandlung, sowie das Verbot der Sklaverei, des Menschenhandels und der Zwangsarbeit.[255]

Prozessuale Gewährleistungen haben hingegen noch keinen zwingenden Charakter erhalten, was der Durchsetzbarkeit der nun schon zwingenden internationalen Grundrechte abträglich ist und sie daher wiederum entwertet.

---

251 Siehe *Verdross*, AJIL 1937, S. 571.

252 Siehe dazu die Arbeit der ILC, Report of the 66th session of the ILC, annex, GA Res A/69/10, darin fordert eine Arbeitsgruppe der ILC dazu auf, das Konzept des *ius cogens* näher zu untersuchen. In der Folge wurde auf der 67. Sitzung der ILC entschieden, die Fragen um das *ius-cogens*-Konzept auf ihre Agenda zu setzen und sie berief den Special Rapporteur Dire Tladi. Dabei sollten die Natur des Konzepts, die Voraussetzungen zur Feststellung einer Norm des *ius cogens*, eine Auflistung der aktuell geltenden Normen des *ius cogens* und die Effekte dieser Normen näher beleuchtet werden. Das Ergebnis findet sich im ersten Bericht der Studiengruppe, *Tladi*, First report on *jus cogens*, 8. März 2016, UN Doc A/CN.4/693.

253 Siehe dazu *Frowein*, Ius cogens in: *Wolfrum*, MPEPIL, Rn. 6; auch der ILC Kommentar zu Art. 50 der Draft Articles on the Law of Treaties, ILC Yearbook, 1966–11, Rn. 1, erkennt an, dass nicht leicht auszumachen ist, welche Normen zum *ius cogens* zählen, da einigen Staaten dem entgegentreten und das WÜV keine beispielhafte Liste der Normen des *ius cogens* enthält; siehe auch die Aufbereitung der verschiedenen Normen des *ius cogens* bei *Kadelbach*, Zwingendes Völkerrecht, S. 210 ff.

254 Siehe dazu Näheres bei *Kadelbach*, Zwingendes Völkerrecht, S. 286 ff.

255 Siehe dazu *Frowein*, Ius cogens in: *Wolfrum*, MPEPIL, Rn. 6.

Ohne die zuverlässige Durchsetzbarkeit von Rechten bleiben diese Gewährleistungen nur ‚Tiger ohne Zähne'. Diese grundlegenden Rechte und Interessen der Staaten – aber auch der Staatengemeinschaft und der Individuen – stehen damit nicht mehr zur Disposition der Teilnehmer am Völkerrechtsverkehr[256]. Sie bilden aufgrund ihres Ranges und ihrer grundlegenden Bedeutung für das Zusammenleben einen absoluten Vorrang vor allen anderen völkerrechtlichen Verpflichtungen. An der Spitze einer sich vorzustellenden völkerrechtlichen Normenpyramide würden also die Normen des *ius cogens* stehen, und zwar kraft ihrer Eigenschaft, dass gegen sie verstoßende Normen nichtig sind, entsprechend Art. 64 WÜV. Die weiteren Stufen einer völkerrechtlichen Normenpyramide wären damit aber noch nicht geklärt. Auch das Verhältnis von Art. 103 UN-Charta zu den *ius-cogens*-Normen wäre noch zu klären, wie auch der Inhalt der jeweiligen zwingenden Normen, insbesondere der „Menschenrechte"[257].

d) Kritik an der konstitutionalistischen Sichtweise

Gegen diese Sichtweise spricht, dass im internationalen Recht alle Rechtsquellen grundsätzlich als gleichwertig bzw. gleichrangig gelten[258]. Dies ergebe sich nach *Pauwelyn*[259] daraus, dass sich die Staaten, die sich auf internationale Regeln einigen, als Schöpfer der Normen gleichwertig gegenübertreten und das Recht aufgrund eines Konsenses schaffen, aber auch, weil das Völkerrecht durch Kooperation und nicht durch Subordination geprägt ist. Die Tatsache, dass sich Staaten auf dem internationalen Parkett als gleichwertig gegenübertreten, schließt jedoch nicht aus, dass bestimmte Normen im Völkerrecht anderen Normen vorgehen. Schließlich können Staaten und andere Völkerrechtssubjekte die Bedeutung und damit auch den Rang der jeweiligen Normen festlegen. Insbesondere das universelle Recht der Vereinten Nationen scheint als das für (fast) alle Staaten der Welt vorrangig geltende Recht prädestiniert. Schließlich haben

---

256 *Tomuschat*, Weltordnungsmodelle für das 21. Jahrhundert, S. 16.

257 Zu denken wäre daran, dass das Recht aus der UN-Charta, das gegen *ius cogens* verstößt, dann nichtig wäre. Dies würde auch für die Sekundärrechtsakte der Organe der Vereinten Nationen gelten, die gegen *ius cogens* verstoßen.

258 Siehe *Pauwelyn*, Conflict of Norms in Public International Law, S. 94 ff., der sich dabei auf die Aufzählung der verschiedenen Rechtsquellen des Völkerrechts in Art. 38 Abs. 1 des IGH-Statutes bezieht, aus der teilweise eine Hierarchie der Quellen abgeleitet wird, siehe dazu *Crawford*, Brownlie's Principles of Public International Law, S. 22 f.

259 *Pauwelyn*, Conflict of Norms in Public International Law, S. 95.

die Staaten schon im WÜV Regeln vereinbart, die vorgeben, wie Normenkollisionen aufgelöst und wie Normen des Völkerrechts ausgelegt werden sollen[260].

Auch *Paulus*[261] spricht sich gegen eine Konstitutionalisierung des Völkerrechts aus, insbesondere stehe der UN-Charta kein höchster Rang zu und Art. 103 UN-Charta sei keine allgemeine Hierarchisierungsnorm, sondern eine einfache Konfliktlösungsregel. Die UN-Charta sei durch Grundsätze bestimmt, die sich eher auf staatliche Werte berufen, was den „überstaatlichen" Charakter der Vereinten Nationen ausschließe[262]. Die Mitgliedstaaten seien schließlich bei der Gründung der Organisation nicht dazu bereit gewesen, Machtbefugnisse oder eigene Rechtsdurchsetzungsorgane an die Vereinten Nationen zu übertragen. Dies unterstreicht *Krieger*[263], die für eine klassische Sichtweise des Völkerrechts plädiert, mit den souveränen Staaten als Hauptakteuren und mit der Überzeugung, dass nationale Konzepte, wie die einer Verfassung, auf die internationale Ebene nicht übertragen werden können. Auch die Existenz der *ius-cogens*-Normen – mit ihrem Ausnahmecharakter – spreche eher dafür, dass es keine Normenhierarchie im Völkerrecht gebe, die sich insgesamt in eine Weltverfassung einfüge[264].

---

260 In diesem Zusammenhang ist die Auslegungsregel, die unter Berücksichtigung der anderen Völkerrechtsnormen und den Verpflichtungen der beteiligten Staaten arbeitet, relevant, Art. 31 WÜV.

261 *Paulus*, Die internationale Gemeinschaft im Völkerrecht, S. 292 ff., 306 f.

262 *Paulus*, Die internationale Gemeinschaft im Völkerrecht, S. 291

263 *Krieger*, VVdStRL 2016, S. 439 ff., insbes. S. 449, sie sieht auf der internationalen Ebene keine konstitutionellen Elemente. Auch seien die nationalen Verfassungsbegriffe nicht auf die internationale Ebene zu übertragen, das Völkerrecht eine Rechtsordnung *sui generis* sei. Dies würde deutlich angesichts der derzeitigen Entwicklung hin zu einer verstärkten Durchsetzung der staatlichen Einzelinteressen statt der Gemeinschaftsinteressen. Siehe bspw. die Bemühungen Chinas einheitliche internationale Auffassungen zu verhindern. Und auch das Widererstarken der Souveränitätsansprüche und die einseitigen internationalen Rechtsakte widersprächen einer Konstitutionalisierung des Völkerrechts. Was den globalen Konstitutionalismus angeht siehe auch: Sondervotum der Richter Pinto de Albuquerque, Hajiyev, Pejchal und Dedov, zu EGMR (GK), Urteil vom 21. Juni 2016, n° 5809/08 – *Al-Dulimi Montana Management Inc. gg. Schweiz*, Rn. 8, für die der richtige Zeitpunkt für eine Weltverfassung noch nicht gekommen ist. Das liege insbesondere daran, dass der IGH keine effektive verfassungsgerichtliche Kontrolle der Legislative und Exekutive der Vereinten Nationen leistet und das HRC keine bindenden Urteile in Sachen Verletzung der Grundrechte aus dem IPbpR fällen kann. Daher gebe es keine Normenhierarchie zwischen den Verpflichtungen aus der UN-Charta und den anderen internationalen vertraglichen Werken.

264 So *Feinäugle*, Hoheitsgewalt im Völkerrecht, S. 64 f.

e) *Fazit*

Zwar ist die UN-Charta inhaltlich nicht abschließend konzipiert, da sie mit Blick auf die Lösung von zwischenstaatlichen Konflikten und der Wahrung der internationalen Sicherheit und des Friedens errichtet wurde, jedoch bietet sie zumindest einen Rahmen für das Verhalten ihrer Mitgliedstaaten. Es handelt sich um die gleichen Staaten, die auch nach der Gründung der Vereinten Nationen neue internationale Verträge und Völkergewohnheitsrecht geschaffen haben und weiterhin erschaffen, die entweder bestimmte Teilgebiete des Völkerrechts betreffen, und damit materielles Sonderrecht bilden, oder sich auf bestimmte Teilregionen der Welt beziehen, und damit regionales Sonderrecht bilden. Auch der Inhalt der UN-Charta spricht dafür[265], dass die Gründungsstaaten ein besonderes Rechtsregime schaffen wollten. Nicht zuletzt die Präambel[266] lässt dies verlauten, als dass sie betont: *„for these ends to practice tolerance and live together in peace with one another as good neighbours, and to unite our strength to maintain international peace and security, and to ensure, by the acceptance of principles and the institution of methods, that armed force shall not be used, save in the common*

265 Entgegen *Pfeffer*, Das Verhältnis von Völkerrecht und Landesrecht, S. 96, 103.

266 Die Bindungswirkung der Präambel der UN-Charta ist umstritten. Gegen eine Verbindlichkeit der Präambel: *Wolfrum* in: *Simma/Khan/Nolte/Paulus*, The Charter of the United Nations. A Commentary, Preamble, Rn. 6 f., 13; siehe auch *Kelsen*, The Law of the United Nations, S. 9 ff., mit dem Verweis auf die Entstehungsgeschichte und die internationale Praxis. Dies spräche dafür, dass die Präambel lediglich „Programmcharakter" habe oder wie *Kelsen* auf S. 9 mit Verweis auf die Beratungen der Commission I, UNCIO, Doc. 1006/I/6, vom 15 Juni 1945 sagt, *„it has rather an ideological than a legal importance"*. *Kelsen* betont auch, dass es sich dabei um reine Absichtserklärungen handelt, die nicht durchsetzbar sind und sich daher aus der Präambel selbst keine Verpflichtungen ergäben. Siehe dazu auch die Entscheidung des IGH vom 18. Juli 1966, *South West Africa Cases*, ICJ Reports 1966, Rn. 50: *„…the preambular parts of the United Nations Charter constitute the moral and political basis for the specific legal provisions thereafter set out. Such considerations do not, however, in themselves amount to rules of law. All States are interested – have an interest – in such matters. But the existence of an ‚interest' does not of itself entail that this interest is specifically juridical in character"*. Für eine Verbindlichkeit der Präambel oder zumindest ein ‚normativ voll verbindliches Programm' sprechen sich mit Verweis auf Art. 31 Abs. 2 WÜV aus: *Hobe* in: *Hobe*, Die Präambel der UN-Charta, S. 5; *Meyn* in: *Hobe*, Die Präambel der UN-Charta, S. 28 f., mit Verweis auf die *Uniting for Peace Resolution* der UN-Generalversammlung, 377 A (V) und ihre *Friendly Relations Declaration*, A/RES/25/2626, in denen die Präambel ausdrücklich erwähnt wurde.

interest, and to employ international machinery for the promotion of the economic and social advancement of all peoples".

Man kann diese Formulierungen zu Absichtserklärungen herabwürdigen, insbesondere angesichts des Zeitpunktes der Gründung der Vereinten Nationen, nämlich nach dem 2. Weltkrieg. Dass jedoch die UN-Charta spätestens seit den 1990er Jahren eine herausragende Rolle in der Friedenssicherung, Völkerverständigung und Fortentwicklung des Völkerrechts spielt, ist nicht zu übersehen. Auch ist die Bedeutung der Präambel der UN-Charta, wie die Präambeln von internationalen Verträgen im Allgemeinen, nicht zu unterschätzen. Sie mögen zwar keine verbindlichen Anordnungen oder Regeln enthalten, jedoch dienen sie als Auslegungshilfe für die vertraglichen Regelungen und spiegeln den Willen der Vertragsparteien, zumindest zum Zeitpunkt des Vertragsschlusses, wider, und können daher im Wege der historischen Auslegung des Vertragsteils Berücksichtigung finden.

Wollte man von einer Weltverfassung sprechen, müsste noch herausgearbeitet werden, welche Maßstäbe an ein konstitutionelles System der Welt gesetzt werden sollen, die für ein konstitutionelles System der Welt vorliegen müssen, wie bspw. Gewaltenteilung und gewisse grundlegende rechtliche Garantien[267]. Ob man auch in diesem Licht die UN-Charta als Weltverfassung ansehen kann, ist fraglich. Denn weder sind die Vereinten Nationen nach dem Vorbild von staatlicher Gewaltenteilung geschaffen worden, noch ist abschließend geklärt, ob die Organe der Vereinten Nationen an die Prinzipien der Rechtsstaatlichkeit und der Demokratie gebunden sind[268]. Im Ergebnis kommt ihr daher lediglich eine ordnende Funktion zu, die sich auch in der Kollisionsregel des Art. 103 UN-Charta widerspiegelt. Auch sind nicht alle Staaten der Welt Mitgliedstaaten der Vereinten Nationen, auch wenn seit ihrer Gründung immer mehr Staaten beigetreten sind. Damit ist sie nur annähernd universell.

Die Konstitutionalisierungsbewegung ist in den 90er und 2000er Jahren in einer Aufbruchsstimmung entstanden, da sich die Blockkonfrontation aufgelöst hat und eine neue Zeit anzubrechen schien[269]. Der Sicherheitsrat konnte plötzlich seine Aufgaben nach Kapitel VI und VII UN-Charta ausüben und damit das Recht der UN-Charta weiterentwickeln. Dadurch haben sich das Recht

---

267 Siehe dazu *Crawford*, Recueil des cours de l'Académie de La Haye 2013, S. 337; siehe auch die Voraussetzungen nach *Tschentscher*, VVdStRL 2016, S. 413.

268 Dazu noch später in Kapitel 3. B. II. 1.

269 Dies dokumentiert Presidential Statement vom 31.1.1992, SC Res/S/23500, insbesondere S. 5.

der Vereinten Nationen und das Völkerrecht verfestigt und verstetigt. Die UN-Charta konnte sich jedoch nicht als eine umfassende Verfassung im Völkerrecht durchsetzen. Diese Aufbruchsstimmung wurde zwischenzeitlich durch die Hervorhebung der Bedeutung der staatlichen Souveränität der Staaten und des Unilateralismus gedämpft. Eine Verfassung des Völkerrechts ist daher nicht zu erkennen, lediglich eine Verstetigung und eine Weiterentwicklung des Völkerrechts.

3. *Vermittelnde Ansichten*

Neben den beiden oben aufgeführten Auffassungen, gibt es noch einen Mittelweg. Schließlich besteht die Möglichkeit zur Auflösung von Normenkollisionen auf bewährte Kollisionsregeln zurückzugreifen. Dieser würde es erlauben, ohne von der Vollständigkeit und Schlüssigkeit der obigen Auffassungen überzeugt zu sein, indessen brauchbare Ergebnisse zu erzielen. Trotz der oben schon angesprochenen Fragmentierung des Völkerrechts kann man eben durchaus verfasste Teilbereiche des Völkerrechts erkennen, die in sich geschlossene Systeme bilden.

Zwar spricht für den Konstitutionalismus, dass es deutliche Hinweise auf eine Hierarchisierung des Völkerrechts gibt, siehe Art. 103 UN-Charta und das Konzept des *ius cogens* nach Art. 53, und 64 WÜV. Daneben bestehen aber auch noch eine Vielzahl strukturell geschlossener Systeme, wie das der EU oder der WTO, oder auch die regionalen Menschenrechtsschutzsysteme in Europa oder Nordamerika, die prinzipiell alle einen Primat für sich beanspruchen[270].

a) Die Systemische Integration

Das Völkerrechtssystem ist insgesamt auf Kohärenz ausgelegt, wie Art. 31 Abs. 3 lit. c) WÜV zu entnehmen ist[271]. Daher regelt diese Vorschrift, dass bei der Auslegung eines Vertrages jeder in den Beziehungen zwischen den Vertragsparteien anwendbare einschlägige Völkerrechtssatz zu berücksichtigen ist. Diese sog. *„fall-back- rule“*[272] stellt damit ihre Bedeutung für eine harmonisierende Auslegung des Völkerrechts heraus[273]. In der Konsequenz wird dabei zum einen vermutet, dass die Vertragsparteien den Willen dazu haben im Einklang mit ihren

270 Nicht zuletzt der EGMR in seinem Urteil vom 26.11.2013, n°5809/08 – *Al-Dulimi und Montana Management Inc. gg. Schweiz* hinsichtlich des EMRK-Systems.

271 Siehe dazu *Chionos/Hauck/Haßfurther*, Suprastaatliche Konstitutionalisierung, S. 72 ff.

272 Siehe *Pauwelyn*, Fragmentation in International Law in: *Wolfrum*, MPEPIL, Rn. 28 ff.

273 Siehe *Chionos/Hauck/Haßfurther*, Suprastaatliche Konstitutionalisierung, S. 74.

Verpflichtungen aus dem allgemeinen Völkerrecht oder vorher eingegangenen Verpflichtungen zu handeln. Zum anderen wird dadurch vermutet, dass die Vertragsparteien bezüglich aller nicht im Vertragsdokument selbst enthaltenen Regelungen konkludent auf die allgemeinen Regeln des Völkerrechts verweisen.

Somit handelt es sich um eine klassische Konfliktvermeidungsregel, da mithilfe dieser bei Normkonflikten die Normen systematisch im Kontext des allgemeinen Völkerrechts interpretiert werden können. Jedes Regelwerk ist eben auf seinen Kontext angewiesen. Diese Regel wird auch als Prinzip der systemischen Integration bezeichnet[274], und bildet einen eigenen Auslegungsparameter des Völkerrechts. Das bedeutet nicht nur, dass allgemeine Regeln des Völkerrechts auch auf Materien anwendbar sind, die durch spezielle Verträge geregelt werden, sondern auch, dass die spezielleren Verträge neben anderen speziellen Verträgen und Rechtssätzen des Völkergewohnheitsrechts stehen. Die Systematisierung des Völkerrechts hat schließlich zum Ziel, dass einzelne Normen als Bestandteil eines Ganzen gesehen werden können[275].

b) Die Harmonisierung des Völkerrechts

Eine vermittelnde Ansicht vertritt ferner *Crawford*[276], der das System des Völkerrechts weder monistisch noch pluralistisch sieht, sondern Elemente der Harmonisierung in den Mittelpunkt stellt. Es gebe ein großes Spektrum an Berührungspunkten zwischen verschiedenen Systemen – auch auf der internationalen Ebene – in einer Zeit, in der die gegenseitige Abhängigkeit und die Zusammenhänge zunähmen. Damit sich im Völkerrecht ein System herausbilden könne, bedürfe es demnach keiner Hierarchien, sondern lediglich

---

274 *Chionos/Hauck/Haßfurther*, Suprastaatliche Konstitutionalisierung, S. 71 ff.; *McLachlan*, ICLQ 2005, S. 280.

275 Siehe Bericht der Studiengruppe der ILC, *Koskenniemi*, Fragmentation of International Law, a.a.O., Rn. 415, 419.

276 *Crawford*, Recueil des cours de l'Académie de La Haye 2013, S. 260 f., der sich hinsichtlich der Elemente der Harmonisierung des Völkerrechts auf *O'Connell*, International Law, S. 43 ff. bezieht. *O'Connell* arbeitet dort die Beziehung des Individuums zum Recht aus: „*The starting point in any legal order is man himself, considered in relation to his fellow man. Law, it has often been said, is life, and life is law. The individual does not live his life exclusively in the legal order of the State any more than he lives it exclusively in the international order. He falls in both jurisdictions because his life is lived in both… The correct position is that international law and municipal law are concordant bodies of doctrine, each autonomous in the sense that it is directed to a specific, and, to some extent, an exclusive area of human conduct, but harmonious in that in their totality the several rules aim at a basic human good*".

einer systemischen Zentralkompetenz. *Crawford* betont an dieser Stelle auch, dass die Fragmentierung des Völkerrechts dessen Konstitutionalisierung nicht hindere[277]. Diese Ansicht berücksichtigt, dass auf nationaler Ebene internationale Sachverhalte judiziert werden[278], und dadurch die Ebene des Völkerrechts durchaus verlagert werden kann. Die Folge ist, dass unterschiedliche Entscheidungsergebnisse möglich sind, da jeder konkrete Fall in jedem nationalen oder regionalen Kontext anders entschieden werden könne. Nichtsdestotrotz bliebe es bei dem einen System des Völkerrechts, unter besonderer Berücksichtigung der nationalen Institutionen und Gerichte, die an dessen Konstituierung gleichsam beteiligt sind.

4. *Eine Würdigung der Debatte um das Verhältnis internationaler Teilrechtsebenen zueinander*

Weder die pluralistische Ansicht noch die Strömung des Konstitutionalismus vermögen vollständig zu überzeugen. Zwar deutet Art. 103 UN-Charta auf eine besondere Rolle der UN-Charta als universelles Vertragswerk hin, einen absoluten Vorrang des UN-Rechts lässt sich daraus aber nicht eindeutig ableiten. Auch die vielfältige Fragmentierung des Völkerrechts ist ein Anzeichen dafür, dass es an einer kohärenten Ordnung des Völkerrechts fehlt. Aus Art. 38 des IGH-Statutes lässt sich ebenso keine Hierarchie der Normen im Völkerrecht ablesen[279].

---

277 Dieser ist vielmehr ein Aspekt des Völkerrechts das von Wechselwirkungen, Dynamik und Vielfältigkeit geprägt ist, siehe *Fischer-Lescano*, ZaöRV 2003, S. 755. Er betont dabei, dass der Fokus auf die (kommunikativen) Prozesse und Operationen gelegt werden sollte, um das System des Völkerrechts zu formen.

278 Hier gilt es zu bedenken, dass zwar die Einrichtung internationaler Strafgerichte dazu geführt hat, dass bestimmte Personen dort wegen Verletzung des Völkerrechts verurteilt werden können, aber die Rolle der nationalen Gerichte dadurch nicht geschmälert wurde. Insbesondere das Statut des IStGH sieht vor, dass dieser erst dann tätig wird, wenn die nationalen Gerichte bzw. nationalen Einrichtungen zur Strafverfolgung nicht willens oder nicht in der Lage sind, siehe Art. 17 Abs. 1 c), der das sog. Komplementaritätsprinzip enthält. Auch bei anderen internationalen Gerichten gilt der Grundsatz der *local-remedies-rule*, also der Erschöpfung des nationalen Rechtsweges, bevor das internationale Gericht angerufen wird. Damit übernehmen die nationalen Gerichte die Entscheidung über internationale und völkerrechtliche Fragen bereitwillig und prägen das Völkerrecht damit dezentral, sozusagen „von unten".

279 So auch *Akehurst*, British Yearbook of International Law 1974–75, S. 274; *Crawford*, Brownlie's Principles of Public International Law, S. 5; *Vitzthum*, Völkerrecht, S. 58 f.; auch der Bericht des Institut du droit international, „Resolution on Problems arising from a Succession of Codification Conventions on a Particular Subject", Session of

Dies würde jedoch auch nicht weiterhelfen, weil dann weiterhin nicht geklärt wäre, welche einzelnen vertraglichen Verpflichtungen untereinander Vorrang erhielten und welche einzelnen gewohnheitsrechtlichen Regelungen vorrangig sind. Trotz alledem besteht Einigkeit darüber, dass die Normen des *ius cogens* eine besondere Stellung innehaben und wegen ihrer zwingenden Geltung und inhaltlichen Bedeutung einen Rang über den Normen des restlichen Völkerrechts einnehmen und damit einen absoluten Vorrang genießen.

Hätten die Staaten, die Rechtssubjekte und Hauptakteure des Völkerrechts, eine einheitliche und hierarchische Ordnung im Völkerrecht begründen wollen, hätten ihnen doch alle Mittel zur Verfügung gestanden, um eine abschließende und normenhierarchische Ordnung zu schaffen. Sie könnten in der UN-Charta oder einem anderen Vertragswerk entsprechende Normen einfügen oder auch entsprechendes Völkergewohnheitsrecht schaffen. Die Staaten haben sich zwar nicht explizit dagegen entschieden, aber dadurch, dass sie scheinbar wahllos immer neue und unabhängige spezialisierte Regime bilden, um den neuen Problemen und Herausforderungen auf internationaler Ebene zu begegnen, gibt es keine Anzeichen in der Staatenpraxis, dass ein einheitliches und hierarchisches System des Völkerrechts im Sinne einer Rechtsordnung heraus ausgebildet werden soll.

Angesichts der Interaktivität dieser verschiedenen Regime – seien sie materiell unterschiedlicher Natur oder regional begrenzt – gibt es doch immer wieder Berührungspunkte dieser vermeintlich unabhängigen Regime. Insbesondere in den Fällen, in denen die Mitgliedstaaten an verschiedene (vertragliche) Verpflichtungen gebunden sind, die sich auf den ersten Blick widersprechen. Daher geht auch der pluralistische Ansatz fehl, wenn die Interaktion der Völkerrechtsregime anzuerkennen damit verweigert wird. Die Bildung des Korpus der Normen des *ius cogens* spricht eben dafür, dass die Staaten auch im Völkerrecht von Normen von unterschiedlichem Rang ausgehen und die grundlegenden Werte auf dieser Annahme verfasst haben.[280] Auch wenn man im Völkerrecht eine

---

Lisbonne 1995, Conclusions 10, 11, legt dar, dass es grundsätzlich keine Normenhierarchie zwischen Völkervertrags- und Völkergewohnheitsrecht gibt: „*There is no a priori hierarchy between treaty and custom as sourcesof international law. However, in the application of international law, relevant norms deriving from a treaty will prevail between the parties over norms deriving from customary law.*" Schon 1926 arbeitete *Verdross* die Gleichwertigkeit dieser beiden Rechtsquellen heraus, mit der Begründung, dass sie von der gleichen Grundnorm (*pacta sunt servanda*) berufen werden, *Verdross*, Die Verfassung der Völkerrechtsgemeinschaft, S. 44.

280 Dem treten *Fischer-Lescano/Teubner*, Regime-Kollisionen, S. 100, entschieden entgegen, mit dem Argument, dass die Normen des *ius cogens* in ihren Voraussetzungen und Rechtsfolgen sehr umstritten seien. Trotzdem besteht Einigkeit darüber, dass es

Verfassung wie im nationalen Recht vermisst, eine „verfasste" Weltgemeinschaft mit einheitlichen Standards, kontrollierenden Gerichten und auch Kollisionsnormen existiert dennoch.

Für den Fall eines Konflikts verschiedener völkerrechtlicher Normen und damit verbindlicher Verpflichtungen der Mitgliedstaaten, die nicht hierarchisch und auch nicht unabhängig voneinander bestehen, bedarf es einheitlicher Regeln zur Lösung. Nicht nur zur Erhaltung der Effektivität des Völkerrechts, sondern auch zugunsten der Rechtssicherheit und Einheitlichkeit des Rechtsverkehrs zwischen den Staaten und internationalen Organisationen, also den Hauptakteuren des Völkerrechts, bedarf es transparenter und klarer Lösungsansätze für Normenkonflikte. Nicht zuletzt, sondern gerade zum Schutz der Individuen, auf die sich die Normenkollision unmittelbar auswirkt. Denn auch die Akzeptanz der Regeln des Völkerrechts beim Individuum ist ein Faktor, der bei der Lösungssuche berücksichtigt werden sollte.

C. Die Methoden zur Lösung von Normkonflikten

Im Gegensatz zu einer nationalen Rechtsordnung gibt es in der Völkerrechtsdebatte keinen einheitlichen demokratisch-legitimierten Gesetzgeber[281], der für einen bestimmten Anwendungsbereich einen in sich schlüssigen Normkorpus erlässt, der ständig angepasst und aktualisiert würde. Daher müssen Konfliktlösungsregeln zur Anwendung kommen, um in jedem konkreten Fall der Normenkollision zu einem für alle Beteiligten akzeptablen Ergebnis zu gelangen. Es ist zu begrüßen, dass trotz der unterschiedlichen Normsetzer im Völkerrecht die Vermutung gilt, dass ein Normenkonflikt nicht besteht oder nicht gewollt war[282].

---

sich um nicht derogierbares Recht handelt, an das sich alle Staaten zwingend halten müssen. Damit besteht zumindest über diese Rechtsfolge Einigkeit.

281 Siehe auch den Bericht der Studiengruppe der ILC, *Koskenniemi*, Fragmentation of International Law, a.a.O., Rn. 34 und *Michaels/Pauwelyn*, DJCIL 2012, S. 367.

282 Siehe *Akehurst*, British Yearbook of International Law 1974–75, S. 275 f.; siehe auch ein Beispiel aus der Rechtsprechung des IGH: Gutachten vom 20. Juli 1962, *Certain Expenses of the United Nations*, ICJ Reports 1962, S. 168: „*when the Organization takes action which warrants the assertion that it was appropriate for the fulfilment of one of the stated purposes of the United Nations, the presumption is that such action is not ultra vires the Organization…If the Security Council, for example, adopts a resolution purportedly for the maintenance of international peace and security and if, in accordance with a mandate or authorization in such resolution, the Secretary-General incurs financial obligations, these amounts must be presumed to constitute ‚expenses of the Organization'*".

Entsprechend wird vermutet, dass die Norm im Kontext des Völkerrechts bei Kenntnis der anderen bestehenden Rechtsnormen erlassen wurde, und damit das geltende Recht fortentwickeln oder ausbauen will. Wird diese Vermutung dadurch widerlegt, dass ein offensichtlicher Normenkonflikt besteht, stehen die Betroffenen weiterhin vor einem Dilemma und andere Lösungsansätze müssen verfolgt werden.

Die im Folgenden zu untersuchenden Konfliktlösungsansätze haben sich durch die Staatenpraxis, die Rechtsprechung der internationalen Gerichte und die Literaturmeinungen entwickelt. Es handelt sich um drei große Strömungen: die der Subordination (*subordination*), die der Trennung (*detachment*) und die der Harmonisierung (*harmonisation*)[283]. Daran angelehnt wird hier unterschieden zwischen Konfliktvermeidungsregeln[284] (I.), Konfliktlösung mittels Kollisionsnormen (II.) und Konfliktlösung durch Richterspruch (III.).

I. Die Konfliktvermeidungsregeln

In der Praxis der Gerichte und der Anwendung des Völkerrechts haben sich Regeln entwickelt, die weniger auf die Lösung von bereits entstandenen Normkonflikten ausgerichtet sind als auf die Prävention solcher Konflikte. Dabei gilt, dass die effektivste Konfliktvermeidungsregel weiterhin diejenige ist, die schon bei der Schöpfung von Normen im Völkerrecht – insbesondere im Völkervertragsrecht – die Regelungen so ausgestaltet, dass erst gar keine Kollision entsteht. Denkbar wären Hinweise, dass eine bestimmte Norm bewusst von einer anderen Norm abweicht, und diese damit aufhebt, oder dass bestimmte Regelungen einer anderen Norm übernommen werden. Diese präventive Konfliktvermeidung würde der Völkerrechtspraxis erheblich zur Hilfe kommen und zu einheitlichen und kohärenten Lösungen beitragen.

In der Gerichtspraxis, insbesondere der des EGMR[285], zeigt sich, dass zumeist die Vermeidung einer Normenkollision angestrebt wird. Eine harmonisierende

---

283 Angelehnt an *Istrefi*, European Journal of Legal Studies 2012, S. 83 ff.

284 Streng genommen passt die Möglichkeit der Konfliktvermeidungsregeln nicht in dieses Schema, da es sich um Lösungsansätze handelt, die im Vorfeld eine Normenkollision bereites verhindern wollen. Können diese Regeln den Konflikt vermeiden, kommt es nicht zur Normkollision und Konfliktlösungsregeln kommen nicht mehr zur Anwendung.

285 EGMR (GK), Urteil vom 21. November 2001, n°35763/97 – *Al-Adsani gg. Vereinigtes Königreich*, Rn. 55 ff., hier vermeidet der EGMR mithilfe der harmonischen Auslegung den Normenkonflikt zwischen der EMRK und dem Recht der Staatenimmunität; siehe auch EGMR, Urteil vom 12. Juli 2001, n°42527/98 – *Prinz Hans Adam II von*

Auslegung der konfligierenden Rechtsnormen des Völkerrechts dient der Kohärenz des Systems des Völkerrechts, auch wenn von einer einheitlichen Völkerrechtsordnung noch nicht gesprochen werden kann. Zumindest gilt es Wertungswidersprüche zu vermeiden, da es sich auch bei fragmentierten Regimen, wie dem des Völkerrechts, um ein kohärentes System von Normen handelt. Es sollte also angestrebt werden, einheitliche Auslegungen zu liefern, um den Staaten in ihrem Handeln, bspw. in Fragen der internationalen Politik, aber auch den Individuen, die immer stärker direkt vom Völkerrecht betroffen sind, Rechtssicherheit zu gewähren.

1. Die „Margin of appreciation"-Doktrin des EGMR

Bei der sog. „*Margin of appreciation*"-Doktrin des EGMR[286] handelt es sich um ein Instrument aus dem Regime der EMRK, bei dem Divergenzen im Schutzstandard

---

Liechtenstein gg. Deutschland; Urteil vom 6. Dezember 2007, n°39388/05 – *Maumousseau und Washington gg. Frankreich*; Urteil vom 12. September 2012, n°10593/08 – *Nada gg. Schweiz*, Rn. 195–197, in diesem Fall stellte der EGMR ein Ermessen der Schweiz bei der Umsetzung der Resolution des Sicherheitsrates der Vereinten Nationen fest und rechnete den nationalen Umsetzungsrechtsakt der Schweiz zu, was dazu führte, dass das Normenverhältnis aus der Sicht des EGMR nicht mehr Gegenstand der Fragestellung war; dies wurde aber von einigen Richtern in ihren Sondervoten kritisiert, siehe Sondervotum der Richter Bratza, Nicolaou, Yudkivska und Malinverni zu o.g. Urteil; EGMR, Urteil vom 7. Juli 2011, n° 27021/08 – *Al-Jedda gg. Vereinigtes Königreich*, Rn. 101 ff.; siehe dazu *Istrefi/Ratniece*, The Hague Yearbook of International Law 2011, S. 231 ff.

286 Siehe dazu Urteil des EGMR vom 1. Juli 1961, n° 332/57 – *Lawless gg. Irland (n°3)*; Urteil vom 7. Dezember 1967, n° 5493/72 – *Handyside gg. Vereinigtes Königreich*; Urteil vom 18. Januar 1978, n° 5310/71 – *Irland gg. Vereinigtes Königreich*, Rn. 207; Urteil vom 25. April 1979, n° 6538/74 – *Sunday Times gg. Vereinigtes Königreich*; Urteil vom 31. März 1983, n° 5947/72, 6205/73, 7052/75, 7061/75, 7107/75, 7113/75, 7136/75 – *Silver u.a. gg. Vereinigtes Königreich*; Urteil vom 2. August 1984, n° 8691/79 – *Malone gg. Vereinigtes Königreich*; Urteil vom 26. März 1987, n° 9248/81 – *Leander gg. Schweden*; Urteil vom 22. September 1993, n° 5029/71 – *Klass u.a. gg. Deutschland*; Urteil vom 27. März 1996, n° 17488/90 – *Goodwin gg. Vereinigtes Königreich*, Rn. 40; Urteil vom 15. Juli 2003, n° 33400/96 – *Ernst u.a. gg. Belgien*; Urteil (GK) vom 10. November 2005, n° 44774/98 – *Leyla Şahin gg. Turkey*; Urteil (GK) vom 11. April 2007, n° 6339/05 – *Evans gg. Vereinigtes Königreich*; Urteil (GK) vom 28. Februar 2008, n° 37201/06 – *Saadi gg. Italien*; Urteil vom 11. Februar 2010, n° 30273/07 – *Leandro Da Silva gg. Luxemburg*; Urteil vom 31. November 2010, n° 60041/08 und 60054/08 – *Greens und M.T. gg. Vereinigtes Königreich*, Rn. 103–122; Urteil vom 10. Januar 2012, n° 42525/07 und 60800/08 – *Ananyev u.a. gg. Russland*, Rn. 179–240; Urteil (GK) vom

der Grundrechte durch die verschiedenen Mitgliedstaaten in Kauf genommen wird, und mit einer Lockerung der Kontrolldichte des EGMR dafür gesorgt wird, dass Normenkollisionen zwischen dem EMRK-Recht und dem nationalen Recht relativiert werden. Den Mitgliedstaaten wird bei der Umsetzung und Anwendung der EMRK ein gewisser Beurteilungsspielraum überlassen, innerhalb dessen der EGMR seine Kontrollbefugnis zurücknimmt, soweit der jeweilige Staat die Grenzen des Spielraums nicht überschreitet[287]. Genauer gesagt handelt es sich dabei um eine Koexistenzregel, da beide Regime trotz ihrer Unterschiede nebeneinander bestehen können, indem das EMRK-Recht dem nationalen Recht in bestimmten Fragen von moralischer und sittlicher Tragweite[288] oder auch nationalem öffentlichen Interesse[289] nur in beschränktem Maße Vorgaben macht. Bei der Abwägung der betroffenen Grundrechte mit dem legitimen Zweck für den Eingriff in das Grundrecht kommt der Beurteilungsspielraum, den insbesondere die nationalen Gerichte, sowie die nationalen Behörden ausüben, zum Tragen.

Der EGMR trägt damit der kulturellen Eigenständigkeit der Mitgliedstaaten Rechnung und verzichtet ein Stück weit auf seine Kontrolle, soweit die nationalen Stellen „näher“ an der Entscheidung des Einzelfalls sind, und daher den konkreten Rechtsstreit besser lösen können[290]. Es handelt sich dabei im Ergebnis um eine partielle Rücknahme seiner Kompetenz zugunsten der mitgliedstaatlichen Stellen. Der allgemeine Subsidiaritätsgrundsatz kommt hier zum Tragen, der den nationalen Stellen aufgrund ihrer Nähe zu den konkreten Fällen und der besseren Kenntnis der Rechtslage in der nationalen Rechtsordnung und der gesellschaftlichen Situation, die Hauptverantwortung im Bereich des

---

7. Februar 2012, n° 39954/08 – *Axel Springer AG gg. Deutschland*, Rn. 87; Urteil (GK) vom 7. Februar 2012, n° 40660/08 und 60641/08 – *von Hannover gg. Deutschland (n° 2)*, Rn. 106.

287 Dieses „Hilfsmittel“, das weder im Text der EMRK noch in den *travaux préparatoires* zur EMRK zu finden ist, hat die EKMR zum ersten Mal 1958 angewandt, siehe EKMR, Urteil vom 26 September 1958, n° 176/56 – *Griechenland gg. Vereinigtes Königreich (n° 1)*, Rn. 136.

288 Siehe zur Frage des christlichen Kreuzes in Schulen in Italien: EGMR (GK), Urteil vom 18. März 2011, n° 30814/06 – *Lautsi u.a. gg. Italien*, oder zu der Frage der gleichgeschlechtlichen Ehe bzw. Partnerschaft, siehe Urteil vom 21.07.2015, n° 18766/11 und 36030/11 – *Oliari u.a. gg. Italien*.

289 Siehe EGMR, Urteil vom 26. März 1987, n° 9248/81 – *Leander gg. Schweden*; Urteil vom 26. November 1991, n° 13166/87 – *Sunday Times gg. Vereinigtes Königreich II*; Urteil vom 26. November 1991, n° 13585/88 – *Observer und Guardian gg. Vereinigtes Königreich*.

290 Siehe *Spielmann*, CELS Working Paper Series 2012, S. 2.

Menschenrechtsschutzes überträgt. Dadurch bringt der EGMR den Mitgliedstaaten ein gewisses Vertrauen entgegen, wenn er auf die Durchsetzung und Umsetzung der EMRK, konkretisiert durch die Rechtsprechung des EGMR, durch die Mitgliedstaaten zählt[291].

2. *Die „Solange-Formeln“*

a) *Die Rechtsprechung des BVerfG*

Das deutsche Bundesverfassungsgericht (BVerfG) hat die sog. „Solange-Formel“[292], eine Kollisionsregel für das Verhältnis des EU-Rechts zum nationalen Recht in Grundrechtsfragen in seiner *Solange-II*-Entscheidung entwickelt. Danach überprüft das BVerfG das europäische Sekundärrecht nicht mehr am Maßstab der Grundrechte des deutschen Grundgesetzes, solange die EU einen Grundrechtsschutz gewährleistet, der demjenigen des Grundgesetzes im Wesentlichen gleich zu achten ist[293]. Im Wesentlichen gleich ist der Grundrechtsschutz auf europäischer Ebene, wenn kein generelles und offenkundiges Unterschreiten des gebotenen Grundrechtsstandards[294] zu befürchten ist.

Im *Maastricht* Beschluss[295] sicherte sich das BVerfG seine Kompetenz hinsichtlich der Kontrolle von EG-Rechtsakten, soweit sie Grundrechte aus dem Grundgesetz betreffen, und behielt sich die Kontrolle für die Konstellation eines „ausbrechenden Gemeinschaftsrechtsaktes“[296] vor. Es handelt sich dabei um einen Rechtsakt der EU, der aus dem den Organen der EU übertragenen Kompetenzrahmen „ausbricht“ und damit kompetenzwidrig erlassen wurde. Diese *ultra-vires*-Kontrolle des BVerfG bezieht sich auf *ultra-vires*-Akte der

---

291 Zur *margin of appreciation* im Detail, *Spielmann*, CELS Working Paper Series 2012, S. 1 ff.; und sehr kritisch mit Blick auf die *margin of appreciation* und mit dem Vorschlag auf Begrenzung der Reichweite des nationalen Beurteilungsspielraums insbesondere bei der Definition des Anwendungsbereiches der Menschenrechte der EMRK: *Greer*, The Margin of appreciation, S. 32 ff.

292 Siehe BVerfGE 37, 271 – *Solange I* und BVerfGE 73, 339 – *Solange II*.

293 BVerfGE 73, 339 (375 f.) – *Solange II*.

294 BVerfGE 73, 339 (387) – *Solange II*; vergleiche auch BVerfGE 102, 147 (164) – *Bananenmarktordnung*

295 BVerfGE 89, 155 (187 f.) – *Maastricht*; siehe auch schon BVerfGE 58, 1 (30 f.) – *Eurocontrol I*; 75, 223 (235, 242) – *Kloppenburg-Beschluss*.

296 Siehe BVerfGE 89, 155 (188) – *Maastricht*; aber auch schon BVerfGE 58, 1 (30 f.) – *Eurocontrol I*; 75, 223 (235, 242) – *Kloppenburg-Beschluss*.

EU-Organe, also solche Akte, die nicht mehr im Rahmen ihrer Kompetenzen erlassen wurden[297].

In der *Solange-II*-Entscheidung hat das BVerfG darüber hinaus die sog. Identitätskontrolle entwickelt[298], nach der es solche Rechtsakte der EU am Maßstab des Grundgesetzes überprüft, die die Identität des Grundgesetzes berühren[299]. Die Identität des Grundgesetzes ergibt sich nach der Rechtsprechung des BVerfG aus Art. 23 Abs. 1 S. 3 GG und Art. 79 Abs. 3 GG in Verbindung mit Art. 1 und 20 GG[300]. Sie beinhaltet die in Art. 1 GG ff. niedergelegten Grundsätze und Grundrechte, die Gliederung des Bundes in Länder und die grundsätzliche Mitwirkung der Länder an der Gesetzgebung des Bundes[301]. Dabei handelt es sich um die Kerngehalte der Demokratie und der nationalen Selbstbestimmung Deutschlands, aber auch um ihre Eigenschaft der Republik und die Rechts-, Sozial- und Bundesstaatlichkeit. Das BVerfG behält sich somit in drei Konstellationen die Kontrolle des EU-Rechts am Maßstab des Grundgesetzes vor: nach der Solange-Formel, bei *ultra-vires*-Akten und bei der Betroffenheit der Verfassungsidentität[302].

---

297 Zu der *ultra-vires*-Kontrolle ist ausschließlich das BVerfG befugt, siehe BVerfGE 123, 267 (354) - *Lissabon.*

298 BVerfGE 73, 339 (375 f.) - *Solange II.*

299 Vgl. BVerfGE 113, 273 (295 ff.) - *Europäischer Haftbefehl*; 123, 267 (344, 353 f.) - *Lissabon*; 126, 286 (302 f.) - *Honeywell*; 129, 78 (100) - *Anwendungserweiterung*; 134, 366 (384 f.) - *OMT-Beschluss*; BVerfG, Beschluss des Zweiten Senats vom 15. Dezember 2015 - 2 BvR 2735/14 - Rn. 40 ff.

300 Der Begriff der Verfassungsidentität wurde schon in der Solange-Rechtsprechung des BVerfG verwendet, siehe BVerfGE 37, 271 (279 f.) - *Solange I* und BVerfGE 73, 339 (375 ff.) - *Solange II*; in diesem Zusammenhang ist die Dynamik der Verfassungsidentität oder des Kerngehaltes der Verfassung zu berücksichtigen, da das Grundgesetz integrationsoffen ist. Daher muss jeweils ein schonender Ausgleich - praktische Konkordanz - zwischen dem verfassungsrechtlichen Gebot der Mitwirkung an der europäischen Integration und dem Gebot der Wahrung der Werte und grundlegenden Strukturen des Grundgesetzes angestrebt werden, so *König*, Die Übertragung von Hoheitsrechten, S. 528 ff. und *Scheuing*, EuR Beiheft 1997, S. 23 f.; *Tomuschat*, Gutachterliche Stellungnahme zur Sachverständigenanhörung der Gemeinsamen Verfassungskommission vom 22.5.1992, Arbeitsunterlage Nr. 29, S. 8 ff.

301 Dazu zählen auch die haushaltspolitische Verantwortung und das Budgetrecht des Bundestages als eine wesentliche Ausprägung des Demokratieprinzips, in der Form der demokratischen Willensbildung, siehe BVerfGE 132, 195 (240 f.) - *ESM.*

302 Siehe dazu weiterführend *Degenhart*, Staatsrecht I, Rn. 266 ff.; *König*, Die Übertragung von Hoheitsrechten, S. 417 ff.; *Ooyen*, Die Staatstheorie des Bundesverfassungsgerichts und Europa: von Solange über Maastricht zu Lissabon und Euro-Rettung, S. 19 ff.;

In der *Bananenmarkt*-Entscheidung[303] hat das BVerfG die Anforderungen an eine Beschwerde gegen einen EU-Rechtsakt weiter sehr hoch gesteckt[304]. Durch die Rechtsprechung des BVerfG wurde betont, dass Rücksicht auf andere

---

Schweitzer, Staatsrecht III, Rn. 68 ff.; *Streinz*, Europarecht, Rn. 222 ff.; siehe auch *Huber*, Verfassungsstaat und Finanzkrise, S. 10 ff. und *Huber*, Europa in der Welt, S. 336 ff.

303 BVerfGE 102, 147 – *Bananenmarktordnung*.

304 BVerfGE 102, 147 (164) – *Bananenmarktordnung*: „Sonach sind auch (...) Verfassungsbeschwerden und Vorlagen von Gerichten von vornherein unzulässig, wenn ihre Begründung nicht darlegt, dass die europäische Rechtsentwicklung einschließlich der Rechtsprechung des Europäischen Gerichtshofs nach Ergehen der Solange II-Entscheidung (...) unter den erforderlichen Grundrechtsstandard abgesunken sei. Deshalb muss die Begründung der Vorlage eines nationalen Gerichts oder einer Verfassungsbeschwerde, die eine Verletzung in Grundrechten des Grundgesetzes durch sekundäres Gemeinschaftsrecht geltend macht, im Einzelnen darlegen, dass der jeweils als unabdingbar gebotene Grundrechtsschutz generell nicht gewährleistet ist." Zuletzt hat sich das BVerfG in den beiden folgenden Urteilen zum Verhältnis des Unionsrechts zum nationalen Recht geäußert: BVerfGE 123, 267 (353 f.) – *Lissabon*: „Innerhalb der deutschen Jurisdiktion muss es zudem möglich sein, die Integrationsverantwortung im Fall von ersichtlichen Grenzüberschreitungen bei Inanspruchnahme von Zuständigkeiten durch die Europäische Union (...) und zur Wahrung des unantastbaren Kerngehalts der Verfassungsidentität des Grundgesetzes im Rahmen einer Identitätskontrolle einfordern zu können (...). Das Bundesverfassungsgericht hat hierfür bereits den Weg der Ultra-vires-Kontrolle eröffnet, die im Fall von Grenzdurchbrechungen bei der Inanspruchnahme von Zuständigkeiten durch Gemeinschafts- und Unionsorgane greift. Wenn Rechtsschutz auf Unionsebene nicht zu erlangen ist, prüft das Bundesverfassungsgericht, ob Rechtsakte der europäischen Organe und Einrichtungen sich unter Wahrung des gemeinschafts- und unionsrechtlichen Subsidiaritätsprinzips (Art. 5 Abs. 2 EGV; Art. 5 Abs. 1 Satz 2 und Abs. 3 EUV-Lissabon) in den Grenzen der ihnen im Wege der begrenzten Einzelermächtigung eingeräumten Hoheitsrechte halten (...). Darüber hinaus prüft das Bundesverfassungsgericht, ob der unantastbare Kerngehalt der Verfassungsidentität des Grundgesetzes nach Art. 23 Abs. 1 Satz 3 in Verbindung mit Art. 79 Abs. 3 GG gewahrt ist (...); anders können die von Art. 4 Abs. 2 Satz 1 EUV-Lissabon anerkannten grundlegenden politischen und verfassungsmäßigen Strukturen souveräner Mitgliedstaaten bei fortschreitender Integration nicht gewahrt werden." und BVerfGE 134, 336 – *OMT-Beschluss*, mit diesem Fall legte das BVerfG dem EuGH zum ersten Mal die Frage zur Auslegung vor, ob ein EU-Rechtsakt mit dem Unionsrecht vereinbar ist. Damit verzichtet das BVerfG *de facto* auf seine Kontrollmöglichkeit. Siehe in der Sache auch EuGH, Urteil vom 16. Juni 2015, *Gauweiler u.a./Deutscher Bundestag*, C-62/14, ECLI:EU:C:2015:400 und BVerfGE 142, 123 – *OMT-Programm*.

Rechtsordnungen genommen und der Konflikt zwischen den verschiedenen Rechtsordnungen deeskaliert werden soll. Man könnte auch hier durchaus von einer Konfliktvermeidungsregel sprechen. Auch wenn das BVerfG mit diesen Entscheidungen einen Teil seiner Kontrollbefugnis aufgegeben hat, ging es ihm doch um die Kooperation mit dem EuGH und die Rücksichtnahme auf die Rechtsordnung der EU.

Bei der Solange-Formel handelt sich nicht ausschließlich um eine Konfliktvermeidungsregel, da das BVerfG davon ausgeht, dass die deutsche Rechtsordnung in einem dualistischen Verhältnis zu der EU steht. Damit spricht es sich gegen eine Normenhierarchie im Verhältnis des EU-Rechts zum nationalen Recht zugunsten des EU-Rechts aus, da das BVerfG keinen absoluten Vorrang des EU-Rechts akzeptiert. Vielmehr stellt das Gericht klar, dass beide Rechtsordnungen gleichrangig, aber auch unabhängig nebeneinanderstehen. Im echten Kollisionsfall, in dem der Grundrechtsschutz nach dem Grundgesetz strukturell unterschritten würde, behält sich das BVerfG seine Kontrollkompetenz vor. Es würde als *ultima ratio* das nationale Recht dem Unionsrecht vorziehen, ihm somit den Vorrang gewähren. Wie noch herauszuarbeiten sein wird, zeigt sich, dass sich dieser Ansatz dahin gehend von der Rechtsprechung des EGMR unterscheidet, als dass das BVerfG jedenfalls von einer vorerst vollständigen Rücknahme seiner Prüfungskompetenz ausgeht.

Unklar ist noch, ob auch die *Kadi*-Rechtsprechung des EuGH[305] zu dieser Konfliktvermeidungsregel zu zählen ist[306], da das EuG in *Kadi III*[307] einen „Solange"-Aspekt eingefügt hat, sodass es sich nur solange zur Kontrolle der europäischen Umsetzungsakte befugt sieht, soweit die Vereinten Nationen kein eigenes effektives Gerichtssystem zum Schutz der Menschenrechte eingerichtet haben[308]. Der EuGH hingegen hat auf ein solches Element verzichtet und tritt gerade nicht mit dem Sicherheitsrat in den Dialog – so wie es das BVerfG mit der

305 Siehe die Interpretation der *Kadi* Rechtsprechung des EuGH durch das EuG, Urteil vom 30. September 2010, *Kadi III*, T-85/09, ECLI:EU: T:2010:418, Rn. 127.

306 Siehe dazu *De Búrca*, Harvard International Law Journal 2010, S. 1; *Halberstam/Stein*, CMLR 2009, S. 13.

307 EuG, *Kadi III*, a.a.O., Rn, 115 ff., 123.

308 In anderen Entscheidungen hat das EuG betont, dass es europäische Rechtsakte grundsätzlich am Maßstab des Unionsrechts überprüft, wenn sie in Umsetzung eines internationalen Rechtsaktes erlassen wurden, der den umsetzenden Körperschaften einen hinreichenden Spielraum überlassen hat, siehe insbes. EuG, Urteil vom 12. Dezember 2006, *Organisation des Modjahedines du peuple d'Iran/Rat der Europäischen Union*, T-228/02, ECLI:EU: T:2006:384, Rn. 107 f.

EU und dem EuGH gemacht hat[309] – was teilweise als eine „gerichtliche Revolte" gegen vorherige Annäherungsversuche verstanden wird[310].

b) *Die Rechtsprechung des EGMR – Die equivalent-protection-Formel*

Der EGMR hat offensichtlich nicht ohne einen Blick nach Karlsruhe zu werfen die sog. *equivalent-protection*-Formel[311] entwickelt, die auch als Ausdruck einer „freundlichen Auslegung" im Falle der Kollision der EMRK mit anderen Regimen verstanden werden kann. Diese Formel hat der EGMR zwar für das Verhältnis der EMRK zur EU[312] entworfen[313], sie später ebenfalls auf das Verhältnis zu anderen internationalen Regimen ausgeweitet[314].

---

309 So auch *Hovell*, The Modern Law Review 2016, S. 157.

310 *Isiksel*, European Law Journal 2010, S. 551 ff.

311 Wegbereitend war das Urteil der EKMR vom 9. Februar 1990, n°13258/87 – *M. & Co. gg. Deutschland*; siehe auch Urteil des EGMR (GK) vom 18. Februar 1999, n°26083/94 – *Waite & Kennedy gg. Deutschland*; Urteil (GK) vom 18. Februar 1999, n°28934/95 – *Beer & Regan gg. Deutschland*; Urteil (GK) vom 18. Februar 1999, n°24833/94 – *Matthews gg. Vereinigtes Königreich*; Urteil (GK) vom 30. Juni 2005, n°45036/98 – *Bosphorus gg. Irland*.

312 Hinsichtlich der Ursprünge der *equivalent-protection*-Formel im Hinblick auf das Verhältnis der EMRK zum Unionsrecht ist der geplante und vertragliche verankerte Beitritt der EU zur EMRK zu berücksichtigen und die zu erwartenden Änderungen der Rechtslage. Im Ergebnis wird die *equivalent-protection*-Formel wohl nicht mehr zur Anwendung kommen müssen, da der EGMR die Kompetenz zur Überprüfung der Rechtsakte der EU innehaben würde und dadurch direkt die EU für Verletzungen der EMRK verurteilen könnte. Offen bleibt jedoch, ob die hier aufgezeigte Rechtsprechung des EGMR, insbesondere für den Bereich der Gemeinsamen Außen- und Sicherheitspolitik (GASP) damit hinfällig wird, die davon ausgeht, dass der Grundrechtsschutz in der EU strukturell mit dem der EMRK vergleichbar ist. Schließlich ist die GASP Teil der europäischen intergouvernementalen Zusammenarbeit und damit weiterhin von der Umsetzung durch die Mitgliedstaaten abhängig.

313 Was nach einem eventuellen Beitritt der EU zur EMRK passiert, bleibt angesichts des Gutachtens des EUGH zum Beitritt zur EMRK vom 18. Dezember 2014, 2/13, ECLI:EU:C:2014:2454 wohl noch Zukunftsmusik, siehe dazu trotzdem *Fabbrini/Larik*, SSRN 2013, S. 10 ff.; *de Hert/Korenica*, German Law Journal 2012, S. 874 ff., insbes. S. 889 ff.

314 Siehe zu Eurocontrol das Urteil vom 9. September 2008, n°73259/01 – *Boivin gg. 34 Mitgliedstaaten von Eurocontrol*; zur European Space Agency (ESA) Urteil (GK) vom 18. Februar 1999, n°28934/95 – *Beer & Regan gg. Deutschland*; Urteil (GK) vom 18. Februar 1999, n°26083/94 – *Waite und Kennedy gg. Deutschland*; zu den Rechtsakten der EU das Urteil vom 9. Dezember 2008, n°73274/01 – *Connolly gg. 15 Mitgliedstaaten der EU*; Urteil vom 9. Dezember 2008, n°13762/04 – *Biret gg. 15 Mitgliedstaaten*

In dieser Rechtsprechung des EGMR ging es um seine Zuständigkeit nach Art. 1 EMRK, demnach „*The High Contracting Parties shall secure to everyone within their jurisdiction the rights and freedoms defined in Section I of this Convention*". Art. 1 EMRK regelt damit den Geltungs- und Anwendungsbereich der EMRK[315]. Wenn ein Fall in diesem Geltungsbereich liegt, ist der EGMR für die Wahrung der EMRK-Rechte zuständig. Die Jurisdiktion der EMRK richtet sich nach der Jurisdiktion der Mitgliedstaaten[316]. Dies sieht der EGMR selbst dann so, wenn die Mitgliedstaaten einen Teil ihrer Kompetenzen auf andere internationale Organisationen übertragen haben und ein Handeln oder Unterlassen lediglich in der Umsetzung der völkerrechtlichen Pflichten des Mitgliedstaates liegt[317]. Somit verstößt dies nicht gegen die

---

der EU; zur NATO das Urteil vom 12. Mai 2009, n°10750/03 – *Gasparin igg. Italien und Belgien*, und zu den Vereinten Nationen siehe das Urteil (GK) vom 21. Juni 2016, n°5809/09 – *Al-Dulimi und Montana Management Inc. gg. Schweiz.*

315 *Frowein/Peukert*, EMRK-Kommentar, Art. 1, Rn. 3 ff.; *Karpenstein/Mayer*, EMRK, Art. 1, Rn. 1 f., 18; siehe dazu auch *Europarat/EGMR*, Practical Guide on Admissibility Criteria, S. 41 ff., Rn. 177 ff. zu den Fällen, in denen es um Akte der Mitgliedstaaten geht, die aus der Mitgliedschaft in einer anderen internationalen Organisation herrühren. Der EGMR prüft verschiedene Aspekte des Geltungsbereiches bzw. der Anwendbarkeit der EMKR: *ratione personae, loci, temporis* und *materiae*, wobei im hiesigen Zusammenhang vor allem der Geltungsbereich *ratione personae* und *loci* relevant ist, angesichts der Tatsache, dass der Akt aus dem personellen und räumlichen Geltungsbereich eines Mitgliedstaates stammen muss, um die Anwendbarkeit der EMRK auszulösen.

316 Zur Reichweite der territorialen Jurisdiktion der Mitgliedstaaten und damit der Zuständigkeit des EGMR: (GK) Urteil vom 16. Juni 1992, n°12747/87 – *Drozd und Janousek gg. Frankreich und Spanien*, Rn. 91 ff.; Urteil vom 23. März 1995, n°15318/89 – *Loizidou gg. Türkei (preliminary objections)*, Rn. 59 -64; Urteil vom 10. Mai 2001, n°25781/94 – *Zypern gg. Türkei*, Rn. 75–81; Urteil (GK) vom 12. Dezember 2001, n°52207/99 – *Bankovic u.a. gg. Belgien u.a.*, Rn. 54–82; Urteil vom 8. Juli 2004, n°48787/99 – *Ilascu u.a. gg. Moldawien und Russland*, Rn. 310 ff.; Urteil (GK) vom 12. Mai 2005, n°46221/99 – *Öcalan gg. Türkei*, Rn. 91; Urteil vom 14.März 2006, n°23276/04 – *Saddam Hussein gg. Albanien u.a.*; Urteil (GK) vom 31. Mai 2007, n°71412/01 und 78166 – *Behrami und Behrami gg. Frankreich und Saramati gg. Frankreich und Norwegen*, Rn. 121–152.

317 Siehe EKMR, *M.&Co.*, a.a.O., S. 138: „*Under Article 1 (Art. 1) of the Convention the Member States are responsible for all acts and omissions of their domestic organs allegedly violating the Convention regardless of whether the act or omission in question is a consequence of domestic law or regulations or of the necessity to comply with international obligations.*" Zuvor schon das Urteil der EKMR vom 10. Juni 1958, no°235/56 – *X. gg. Deutschland*, Yearbook 2, S. 256, 300: „*if a State contracts treaty obligations*

EMRK[318] und es besteht weiterhin die Bindung der Mitgliedstaaten an die EMRK[319]. Die Mitgliedstaaten müssen folglich darauf hinwirken, dass der Grundrechtsschutz durch die internationale Organisation gewährleistet wird, auf die sie ihre Hoheitsgewalt übertragen haben[320].

Dies macht deutlich, dass der EGMR nicht von einem pluralistischen System ausgeht[321]. Er stellt lediglich fest, dass die Mitgliedschaft im Europarat und die Bindung an die EMRK eine Mitgliedschaft in einer anderen internationalen Organisation grundsätzlich nicht ausschließt. Er überprüft vielmehr nur, ob ein annähernd adäquater Grundrechtsschutz im System der anderen internationalen Organisation besteht[322].

Im Verhältnis zum EU-Recht verzichtet der EGMR auf die Überprüfung der nationalen Umsetzungsnormen aus dem EU-Recht[323], solange die EU einen der EMRK äquivalenten Grundrechtsschutz gewährleistet. Dabei bedient sich der EGMR einer Vermutung, nach der er in der EU die Einhaltung eines

---

and subsequently concludes another international agreement which disables it from performing its obligations under the first treaty it will be answerable for any resulting breach of its obligations under the earlier treaty"; siehe auch EGMR (GK), *Bosphorus*, a.a.O., Rn. 153.

318 Urteil der EKMR, *M.&Co.*, a.a.O., S. 138. Der EGMR hat vielmehr in seiner Rechtsprechung die Vereinbarkeit der Teilnahme der EMRK-Mitgliedstaaten an anderen internationalen Regimen bekräftigt und betont, dass die EMRK dem nicht entgegenstehe, siehe EGMR, *Bosphorus*, a.a.O., Rn. 152; EGMR, *Behrami*, a.a.O., Rn. 145; EGMR, *Matthews*, a.a.O., Rn. 32; Urteil vom 12. Mai 2009, n°10750/03 – *Gasparini gg. Italien und Belgien*, S. 5

319 Siehe EGMR, *Bosphorus*, a.a.O., Rn. 153: „*On the other hand, it has also been accepted that a Contracting Party is responsible under Article 1 of the Convention for all acts and omissions of its organs regardless of whether the act or omission in question was a consequence of domestic law or of the necessity to comply with international legal obligations. Article 1 makes no distinction as to the type of rule or measure concerned and does not exclude any part of a Contracting Party's ‚jurisdiction' from scrutiny under the Convention (…)*".

320 Siehe EGMR, *Gasparini*, a.a.O., S. 6.

321 Im Urteil *Bosphorus* hat der EGMR noch nicht eindeutig Stellung dazu bezogen, welches Verhältnis er der EU-Rechtsordnung zur EMRK einräumt.

322 siehe EKMR, *M. & Co.*, a.a.O., S. 138, 152 und EMGR, *Bosphorus*, a.a.O., Rn. 155.

323 Der EGMR kann die europäischen Rechtsakte selbst solange nicht direkt prüfen, wie die EU der EMRK nicht beitritt. Angesichts des Gutachtens des EuGH zum Beitritt der EU zur EMRK, a.a.O., wird es wohl noch eine Weile dauern, bis sich der EGMR direkt der Kontrolle der europäischen Rechtsakten widmen kann. Bis dahin wird er an der *equivalent-protection*-Formel festhalten.

vergleichbaren, wenn auch nicht identischen[324], Grundrechtsschutzes[325] erwartet. Diese Vermutung ist jedoch widerlegbar für den Fall, dass sich der Schutz der Konventionsrechte als offenkundig unzureichend (*manifestly deficient*)[326] erweist. Für diesen Fall behält sich der EGMR seine Kompetenz vor. Denn, „*the interest of international cooperation would be outweighed by the Convention's role as a ‚constitutional instrument of European public order' in the field of human rights*"[327].

In der Folge hat der EGMR die *equivalent-protection*-Formel auf andere internationale Organisationen neben der EU ausgeweitet[328]. Die Formel ist lediglich dann anwendbar, wenn der Mitgliedstaat keinen Spielraum bei der Umsetzung und Anwendung des Rechtsaktes der anderen internationalen Organisation hatte[329]. Haben die Mitgliedstaaten allerdings einen Spielraum bei der

---

324 Siehe EGMR, *Bosphorus*, a.a.O. Rn. 150, 155; EGMR, Urteil vom 6. Dezember 2012, n°12323/11 - *Michaud gg. Frankreich*, Rn. 103.

325 EGMR, *Bosphorus*, a.a.O., Rn. 155; dies sah Richter Ress in seiner abweichenden Meinung zu dem Urteil anders (siehe Rn. 3). Die Rechtsordnung der EU habe, zumindest zu dem Zeitpunkt der Entscheidung in der Sache *Bosphorus*, keinen der EMRK gleichwertigen Grundrechtsschutz im Bereich der Verfahrensgrundrechte, insbesondere nicht in der damaligen zweiten und dritten Säule der EU angesichts der Unzuständigkeit des EuGH für diese europäischen Politikbereiche.

326 Urteil des EGMR, *Bosphorus*, a.a.O., Rn. 156; diese Rechtsprechung wird kritisiert, siehe *Benoît-Rohmer*, Revue trimesterielle des droits de l'homme 2010, S. 21: Die Unbestimmtheit der Begriffe des offenkundig unzureichenden Schutzes oder der Zurechnungskriterien eines Rechtsaktes einem Mitgliedstaate ließen zu großen Interpretationsspielraum.

327 Siehe EGMR, *Bosphorus*, a.a.O., Rn. 156; so aber auch schon EGMR, *Loizidou*, a.a.O., Rn. 75, in dem der EGMR die EMRK als ein Verfassungsinstrument der europäischen *ordre public* bezeichnet und die Effektivität der Konvention schützen möchte.

328 Siehe nur EGMR, *Boivin*, a.a.O.; hinsichtlich Eurocontrol siehe EGMR, *Waite und Kennedy und Beer und Reagan*, a.a.O.; hinsichtlich ESA siehe auch Urteil vom 7. Juli 2009, n°18754/06 - *Lopez Cifuentes gg. Spanien*, Rn. 28 f.; hinsichtlich International Olive Council siehe Urteil vom 16. Juni 2009, n°36099/06 – *Beygo gg. 46 Mitgliedstaaten des Europarates*; hinsichtlich eines Verfahrens vor dem Board of Appeal des Europäischen Patentamt (EPO) siehe auch Urteil vom 16. Juni 2009, n°40382/04 - *Rambus Inc. gg. Deutschland*.

329 In den Fällen bezüglich der EU ging es primär um Verordnungen oder andere Rechtsakte, die die Mitgliedstaaten direkt verpflichten, sodass die *equivalent-protection*-Formel Anwendung fand. Es gab aber auch andere Fälle, wie im Urteil vom 21. Januar 2011, n°30696/09 - *M.S.S. gg. Belgien und Griechenland*, Rn. 338 ff., in dem es um die europäische Dublin-II Verordnung (EG) Nr. 343/2003 ging, die in Art. 3 Abs. 2 mit einer sog. „Souveränitätsklausel" eine Ausnahme von Art. 3 Abs. 1

Umsetzung des Rechtsaktes der anderen internationalen Organisation, wird der Rechtsakt dem Mitgliedstaat zugerechnet, und der EGMR bleibt zuständig[330]. In diesem Fall überprüft der EGMR indirekt den Rechtsakt der anderen internationalen Organisation, so wie er sich in seinem nationalen Umsetzungsrechtsakt widerspiegelt[331].

Mit der *equivalent-protection*-Formel wird der Konflikt um die Anwendbarkeit der kollidierenden Normen im Interesse der internationalen Zusammenarbeit vermieden. Dadurch wird die Verantwortlichkeit der Staaten vorverlagert, da sie bereits für die Übertragung der Hoheitsrechte auf eine andere internationale Organisation haften[332]. Der EGMR hat sich damit nicht für den Vorrang seines Systems entschieden, sondern dafür, dass er anderen Regimen unter einem Vorbehalt ein gewisses Maß an Grundrechtsschutz zutraut. Mit dieser Formel werden unnötige Konflikte zwischen den verschiedenen Regimen vermieden und das gegenseitige Vertrauen unter den internationalen Organisationen und Einrichtungen, zumindest innerhalb Europas, verstetigt. Bemerkenswert ist, dass der EGMR in seiner Rechtsprechung davon spricht,

---

zugunsten der Mitgliedstaaten vorsah. Der Gebrauch dieser Ausnahmeklausel durch den jeweiligen Mitgliedstaat führte dazu, dass er von seinem Ermessen Gebrauch gemacht hat und eine Zurechnung des Rechtsaktes dem Mitgliedstaat erfolgen konnte; siehe dazu auch Urteil, *Michaud gg. Frankreich*, a.a.O., Rn. 113 f., in dem es um eine europäische Richtlinie ging, die Anwälten die Pflicht auferlegte, die entsprechenden staatlichen Stellen über jeden Verdacht der Geldwäsche ihrer Mandanten zu unterrichten. Diese Richtlinie sah aber einen ausreichenden Umsetzungsspielraum hinsichtlich des zu erreichenden Zieles vor, sodass die *equivalent-protection*-Formel nicht zur Anwendung kam; siehe auch Urteil des EGMR vom 11. November 1996, n°17862/91 – *Cantoni gg. Frankreich*, Rn. 30 in dem es um eine europäische Richtlinie ging, die eine Definition für medizinische Produkte in Abgrenzung von anderen Produkten liefert, die auch frei in Supermärkten verkauft wurden. Diese Richtlinie wurde von Frankreich ohne Änderungen im Wortlaut ins nationale Recht umgesetzt, trotzdem sah der EGMR auch in diesem Fall die Verantwortlichkeit des Mitgliedstaates und brachte die *equivalent-protection*-Formel nicht einmal zur Sprache.

330 Siehe EGMR, *M.S.S.*, a.a.O., Rn. 338; EGMR, *Nada*, a.a.O., Rn. 176 ff.: in diesem Fall, der eine Resolution des Sicherheitsrates der Vereinten Nationen im Bereich der Terrorismusbekämpfung (schwarze Listen) zum Gegenstand hatte, hat der EGMR einen Spielraum der Schweiz bei der Umsetzung der SC Res. 1390 (2002) angenommen, sodass die *equivalent-protection*-Formel nicht mehr zur Anwendung kam.

331 Siehe dazu auch EGMR (GK), *Al-Dulimi*, a.a.O., Rn. 123 ff.

332 So *Janik*, ZaöRV 2010, S. 165.

dass die EMRK ein „*constitutional instrument of European public order in the field of human rights*“[333] sei[334]. Dies spricht dafür, dass der EGMR davon ausgeht, dass die EMRK im Bereich der Menschenrechte eine besondere Stellung innehat. Nach dem Wortlaut des *Bosphorus*-Urteils bezieht sich dies zwar nur auf den europäischen Raum. Aber auch über den europäischen Kontext hinaus können Kollisionen zwischen EMRK-Recht und internationalen Rechtsakten, wie denen des Sicherheitsrates der Vereinten Nationen, dadurch entstehen, dass die EMRK-Mitgliedstaaten diese Rechtsakte ins nationale Recht umsetzen. Nach der Ratio des EGMR ginge zwar ebenso grundsätzlich die EMRK vor. Im *Behrami*-Urteil betont der Gerichtshof in diesem Zusammenhang aber gleichzeitig, dass die EMRK Teil des Systems des Völkerrechts sei[335]. Damit spricht sich der EGMR für ein einheitliches Völkerrechtssystem aus[336] und relativiert gleichzeitig seine Feststellung, dass die EMRK in Europa einen besonderen Rang innehat oder gar von konstitutionellem Charakter ist.

Andererseits könnte man diese Passage aus dem Urteil *Behrami* auch so verstehen, dass der EGMR lediglich das Recht der Vereinten Nationen heranzieht, um die EMRK auszulegen. Er hebt sowohl die Gemeinsamkeiten und die gemeinsamen Werte der EMRK und der UN-Charta hervor als auch dessen Treue hinsichtlich der Regeln aus der UN-Charta, so wie sie vom IGH ausgelegt werden[337]. In dem Urteil betont der EGMR die bedeutende Verantwortung des Sicherheitsrates für die Wahrung des Weltfriedens und seine Kompetenzen in diesem Bereich. Er war (noch) nicht dazu bereit das System der Vereinten Nationen zu kritisieren oder ihm gar zu misstrauen, was er erst später im *Al-Dulimi*-Urteil[338] hinsichtlich des Menschenrechtsschutzes innerhalb der Vereinten Nationen tat. In dem Urteil schwenkte der EGMR nämlich zu einer pluralistischen Sichtweise[339] und sorgte damit für einen Gleichlauf mit der Rechtsprechung des EuGH[340].

---

333 EGMR, *Bosphorus*, a.a.O., Rn. 155 f. und wieder aufgegriffen in EGMR, *Behrami*, a.a.O., Rn. 145 ff.

334 Siehe dazu *Milanovic*, DJCIL 2009, S. 69 ff., 126, 130: Er stellt fest, dass diese Weltverfassung jedoch noch immer eine Vision ist; *Fabbrini/Larik*, SSRN 2013, S. 1 ff.; *Miko*, Boston College Law Review 2013, S. 1351 ff., 1366 ff.

335 Siehe EGMR, *Behrami*, a.a.O., Rn. 147.

336 Im Gegensatz zum EuGH, der sich im Urteil *Kadi I*, a.a.O. für ein pluralistisches System ausgesprochen hatte.

337 Siehe EGMR, *Behrami*, a.a.O., Rn. 147.

338 Urteil des EGMR, *Al-Dulimi*, a.a.O., insbes. Rn. 120 ff.

339 Siehe EGMR, Al-Dulimi, a.a.O.

340 Also mit dem Urteil *Kadi* I, a.a.O.

c) *Die Herausforderungen bei der Übertragung der equivalent-protection-Formel auf andere internationale Organisationen außerhalb Europas*

Hinsichtlich der *equivalent-protection*-Formel des EGMR muss bedacht werden, dass sie bis zu dem Urteil der Kammer in der Sache *Al-Dulimi*[341] hauptsächlich auf das Verhältnis der EMRK zu anderen europäischen Organisationen[342] angewandt wurde.[343] Die Vermutung galt also ursprünglich nur für den ausreichenden Menschenrechtsschutz innerhalb Europas, von dem der EGMR, angesichts des Grundrechtsschutzes durch die GRC, für die EU, und die von dieser und der EMRK selbst ausstrahlenden Wirkung auf die Grundrechtestandards in den europäischen Staaten, ausgehen kann. Die Große Kammer hat in der Sache *Al-Dulimi*[344] der Anwendung der *equivalent-protection*-Formel auf die Vereinten Nationen eine Absage erteilt.

Es erscheint daher bedenklich, diesen Ansatz überhaupt auf das Verhältnis der EMRK zu den Vereinten Nationen übertragen zu wollen. Ein effektiver Schutz der Menschenrechte ist auf globaler Ebene noch nicht hinreichend ausgeprägt, noch nicht vereinheitlicht und derart verbindlich wie dies in Europa der Fall ist. Es fehlt an einem Gericht, das die Grundrechte, wie sie sich nicht zuletzt aus dem IPbpR und dem IPwskR ergeben, einheitlich auslegt, und an das sich Individuen mit einer Individualbeschwerde wenden können[345]. Auch fehlt es an einem breiten internationalen Konsens hinsichtlich der Einhaltung und den Gewährleistungsstandards der Menschenrechte, was sich unter anderem darin äußert, dass nicht alle Staaten der Welt vorbehaltlos dem IPbpR und dem

341 EGMR, *Al-Dulimi*, a.a.O., insbes. Rn. 114 ff.

342 Z. B. Eurocontrol, ESA und EPO.

343 In EGMR, *Al-Jedda*, a.a.O., hatte sich der EGMR zwar schon einmal mit einer Resolution des Sicherheitsrates befassen müssen, jedoch hat er sich dort noch eine andere Kollisionsregel zu Nutze gemacht, und zwar die harmonische Auslegung der verschiedenen internationalen Verpflichtungen eines Mitgliedstaates. In diesem Fall ging es um die Verpflichtungen des Vereinigten Königreiches aus der EMRK und der Pflicht zur Umsetzung einer Resolution des Sicherheitsrates; in einem anderen Fall, in dem es zu einer Pflichtenkollision zwischen Pflichten aus der EMRK und solchen aus einer Resolution des Sicherheitsrates ging (EGMR, *Behrami*, a.a.O.), hat sich der EGMR gar nicht erst mit der Frage der Normenkollision befasst, da er überraschend eine Zurechnung des relevanten Aktes zu den Mitgliedstaaten der EMRK verneinte und ihn stattdessen ausschließlich der fraglichen UN-Missionen zurechnete.

344 EGMR (GK), *Al-Dulimi*, a.a.O.

345 Damit werden der HRC und das Individualbeschwerdeverfahren nicht übergangen, aber seine Entscheidungen sind für die Streitparteien und die anderen Vertragsparteien nicht bindend.

IPwskR beigetreten sind und internationale Organisationen solchen Menschenrechtskonventionen gar nicht erst beitreten, selbst wenn sie es aufgrund ihrer Rechtspersönlichkeit könnten[346].

Auch der Sicherheitsrat, der als einziges Organ bindende Resolutionen erlassen und damit in die nationalen Rechtsordnungen hineinwirken kann, ist nicht so umfassend an internationale grundrechtliche Standards gebunden, wie dies die Mitgliedstaaten der EMRK sind.[347] Die Kammer des EGMR hat noch in Bezug auf die Resolutionen des Sicherheitsrates im Bereich der gezielten Individualsanktionen den *equivalent-protection*-Test durchgeführt und ist zu dem konsequenten Ergebnis gekommen, dass die Vereinten Nationen in diesem Bereich keinen der EMRK äquivalenten Grundrechtsschutz gewährleisten, insbesondere nicht im Bereich der Verfahrensgrundrechte[348]. Das Urteil zeigt, dass dieser Test, der ursprünglich nur auf weitere europäische Organisationen zugeschnitten war, grundsätzlich auch auf andere internationale Organisationen übertragen werden kann. Von einer gewissenhaften Überprüfung des Grundrechtsschutzes innerhalb und durch die internationale Organisation selbst sollte dies die Vereinten Nationen nicht entbinden.

Gewährt eine andere internationale Organisation keinen gleichwertigen Grundrechtsschutz, kann der EGMR wiederum die nationalen Umsetzungsakte überprüfen. Dies bedeutet zum einen, dass es sich dabei um einen internationalen Rechtsakt handeln muss, bei dem der Mitgliedstaat keinen Spielraum bei der Umsetzung hat, denn sonst wäre die *equivalent-protection*-Formel ja gar nicht erst zur Anwendung gekommen. Zum anderen bedeutet dies, dass der EGMR einen nationalen Umsetzungsakt überprüft, der im Extremfall wortgleich mit dem Ausgangsrechtsakt der internationalen Organisation ist, denn wenn der Mitgliedstaat kein Ermessen bei der Umsetzung hat, ist er nicht dazu befugt den Regelungsgehalt des Rechtsaktes zu ändern.

Wenn ein Mitgliedstaat der Vereinten Nationen die Resolutionen des Sicherheitsrates in seine nationale Rechtsordnung übernimmt, bspw. mit einem Gesetz[349]

---

346 Ein aktuelles Beispiel eines verpassten Beitritts einer internationalen Organisation zu einem Menschenrechtspakt ist der misslungene Beitritt der EU zur EMRK, verhindert durch das Gutachten des EuGH, a.a.O., Rn. 178 ff.

347 Zu der Bindung des Sicherheitsrates an Menschenrechte und den Grenzen seines Handelns, 3. Kapitel, B.

348 Urteil, *Al-Dulimi*, a.a.O., Rn. 106, 118.

349 Andere sprechen von „Übersetzungsakten“, siehe *Vöneky*, Handbuch des Staatsrechts, Band XI, Rn. 9; in Anlehnung an *Arnauld*, Völkerrecht, Rn. 498.

umsetzt[350], inkorporiert er diesen Rechtsakt mit der Umsetzung willentlich in seine Rechtsordnung und macht ihn sich damit zu Eigen. Zu diesem Vorgang gibt es im deutschen Recht verschiedene Auffassungen – Vollzugs- und Transformationstheorie –, die jedoch hinsichtlich der Geltung alle zu dem gleichen Ergebnis gelangen. Der deutsche Gesetzgeber hat in jedem Fall nach Art. 59 Abs. 2 GG ein deutsches Umsetzungsgesetz zu Gunsten des internationalen Rechtsaktes zu erlassen. Aufgrund der Tatsache, dass der nationale Gesetzgeber die völkerrechtliche Norm in seine Rechtsordnung überträgt und damit seinen Willen zur Inkorporation dieses internationalen Rechtsaktes bekundet, können die nationalen Gerichte und auch der EGMR über den nationalen Umsetzungsakt entscheiden.

Es mutet weiterhin seltsam an, dass der nationale Umsetzungsakt und der völkerrechtliche Rechtsakt im Wortlaut identisch sein können und daher ein nationales Gericht oder der EGMR damit zwar technisch den nationalen Vollzugsakt, aber in der Sache den internationalen Rechtsakt indirekt überprüft. Dies ist dann der Fall, wenn es sich um eine Resolution ohne Spielraum zugunsten der zur Umsetzung verpflichteten Mitgliedstaaten handelt. Dann kommt es zu der gerade beschriebenen Situation, dass das nationale Gericht bzw. der EGMR bei der Kontrolle des nationalen Umsetzungsaktes inzident die Resolution des Sicherheitsrates prüft.

Mit der Auffassung, dass die Resolutionen des Sicherheitsrates (insbes. im Bereich der Individualsanktionen) *self-executing*, also unmittelbar anwendbar und damit aus sich selbst heraus in der nationalen Rechtsordnung vollziehbar sind[351], würde man ebenso zu dem Ergebnis kommen, dass die nationalen Gerichte diese direkt überprüfen könnten, einer Umsetzung durch den nationalen Gesetzgeber bedürfte es dann eben nicht mehr.[352] In diesem Fall könnten die nationalen Gerichte und der EGMR den internationalen Rechtsakt gar direkt überprüfen, da es für die *self-executing*-Akte keines Vollzugsbefehls bedarf.

---

350 Einer Umsetzung des internationalen Rechtsakts bedarf es, da er zwar schon Geltung im internationalen Recht erhalten hat, aber noch nicht in den Mitgliedstaaten anwendbar ist und daher erst mit dem Umsetzungsgesetz innerstaatlich Wirkung entfalten kann, siehe dazu *Arnauld*, Völkerrecht, Rn. 498. Zur Anwendbarkeit bedarf es also des Umsetzungsaktes, der den Anwendungsbefehl enthält, siehe dazu die Rechtsprechung der deutschen Gerichte: BVerwGE 103, 361; BVerfGE 90, 286 (364) – *Out-of-area-Einsätze*; 104, 151 (209) – *NATO-Konzept*; 118, 244 (258) – *Afghanistan-Einsatz*.

351 Siehe zur Begriffsbestimmung Streinz in: *Sachs/Battis/Pagenkopf*, GG, Art. 59, Rn. 68 und *Wolfrum*, Annuaire de l'Institut de droit international 2013, S. 15.

352 Siehe *Wolfrum*, Annuaire de l'Institut de droit international 2013, S. 15 ff.

Letztlich bezieht sich der Wille des Staates bei der Umsetzung eines internationalen Rechtsaktes, sei er mit oder ohne Ermessensspielraum zugunsten der Staaten ausgestattet, immer vollumfänglich auf dessen Regelungsinhalt, sodass in beiden Fällen von einem nationalen Rechtsakt nach der Umsetzung gesprochen werden kann und beide Rechtsakte dem Mitgliedstaat zugerechnet werden können und damit der Kontrolle der Gerichte möglicherweise ausgesetzt wird.

d) Die Rechtsprechung des EGMR und des BVerfG im Vergleich

Im Grunde sind sich die *Solange*-Rechtsprechung des BVerfG und die *equivalent-protection*-Rechtsprechung des EGMR sehr ähnlich. Die jeweils höchsten Gerichte eines Regimes – um nicht von Verfassungsgerichten zu sprechen – verzichten zugunsten eines anderen Regimes auf ihre Jurisdiktion und vertrauen darauf, dass das andere (europäische) Regime einen aus ihrer Sicht adäquaten Grundrechtsschutz gewährleistet. Die EGMR-Rechtsprechung unterscheidet sich von der *Solange*-Rechtsprechung des BVerfG jedoch in folgenden Punkten: Nach der Ansicht der Europäischen Kommission für Menschenrechte (EKMR) und des EGMR sind beide Regime (die der EMRK und die der EU) Teil eines Rechtssystems, denn beide Gründungs- bzw. Verfassungsverträge[353] sind Teile des Völkerrechts. Wenn ein Mitgliedstaat beider Systeme den einen Vertrag verletzt, sobald er den Verpflichtungen des anderen Vertrages folgt, treten, sobald er gegen den zweiten Vertrag verstößt, die Regeln der Staatshaftung ein. Einen absoluten Vorrang eines bestimmten Regimes nahmen die EKMR und der EGMR bis dahin noch nicht an. Im Gegensatz dazu hat das BVerfG in seiner Rechtsprechung den (Anwendungs-)Vorrang des EU-Rechts grundsätzlich

---

353 Der EGMR hat seit *Loizidou*, a.a.O., Rn. 35, 70, 75, 93 die EMRK als die europäische *ordre public* mit Verfassungscharakter hinsichtlich Menschenrechte bezeichnet, nämlich als ein „*constitutional instrument of European public order*" (siehe aber auch schon in den Urteilen der EKMR vom 11. Januar 1961, n°788/60 – *Österreich gg. Italien*, Yearbook 4, S. 117, 137–143); teilweise wird vertreten, die EMRK übernehme in den Mitgliedstaaten im Grundrechtsbereich klassische Grundrechtsfunktionen mit, so *Hoffmeister*, Der Staat 2001, S. 354 ff., der in seinen Ausführungen prüft, ob die EMRK in ähnlicher Weise wie ein innerstaatlicher Grundrechtekatalog die Begrenzung hoheitlicher Macht zugunsten der Bürger durchführt. Er kommt dabei zu dem Ergebnis, dass die EMRK zumindest unter Einschränkung des Verfassungsbegriffes als „Grundrechtsverfassung" Europas angesehen werden kann; diesbezüglich zurückhaltender Giegerich in: *Dörr/Grothe/Marauhn*, EMRK/GG Konkordanzkommentar, Kapitel 2, Rn. 23 ff., 26.

anerkannt, ihn aber an Voraussetzungen geknüpft. Es hat die Rechtsordnung der EU in die nationale Rechtsordnung eindringen lassen[354].

Auch hinsichtlich des Niveaus der Abweichung des Grundrechtsstandards unterscheidet sich die Rechtsprechung des EGMR von der des BVerfG, wobei sich die Technik der Vorgabe eines Standards, nach dem das Grundrechtsregime der internationalen Organisation mit dem des nationalen bzw. regionalen Regimes übereinstimmen muss, ähnelt. Das BVerfG nimmt seit seiner *Solange-II*-Entscheidung keine Einzelfallprüfung mehr vor, solange nur theoretisch ein dem Grundgesetz allgemein gleichwertiger Grundrechtestandard innerhalb der EU herrscht.

Für den EGMR hingegen reicht es schon aus, dass der Beschwerdeführer im konkreten Fall einen offenkundig unzureichenden Grundrechtsschutz aufzeigt, der damit auch schon die Vermutung zugunsten der EU widerlegt. Die Schwelle des EGMR, bis zu der er die Überprüfung der Umsetzungsakte der Rechtsakte anderer internationaler Organisationen unterlässt, ist somit niedriger, als die des BVerfG. Das BVerfG greift erst dann ein, wenn der Standard des Grundgesetzes generell unterschritten ist. Denn es fordert eben nur ein strukturelles Absinken des europäischen Grundrechtestandards im Vergleich zu dem des GG.

3. *Fazit*

Die Rechtsprechung des BVerfG bringt im Gegensatz zu der des EGMR dem fremden Regime ein deutlich größeres Vertrauen entgegen und zieht daher seinen Kontrollanspruch generell zurück. Dies bezieht sich aber nur auf die EU, dessen Entwicklung das BVerfG in den letzten Jahrzehnten sehr genau beobachtet. Eine Ausweitung dieser Rechtsprechung des BVerfG auf andere internationale Regime erscheint daher ausgeschlossen.

Die *equivalent-protection*-Formel des EGMR wurde von der EU und anderen europäischen Organisationen zumindest auf die NATO, aber nicht auf die Vereinten Nationen, ausgeweitet. Die Ausweitung dieser Rechtsprechung auf andere internationale Organisationen lässt sich dadurch erklären, dass der EGMR für seine wieder einsetzende Kontrolle, nach der Widerlegung der Vermutung, eine niedrigere Schwelle angesetzt hat. Im Ergebnis können daher nur im Hinblick auf die Technik der beiden Gerichte Ähnlichkeiten festgestellt werden. Die Motivation ist eine andere, was die unterschiedliche Höhe der Schwelle zur erneuten Kontrolle der nationalen Umsetzungsakte erklärt.

354 Dies findet sich nunmehr in Art. 23 Abs. 1 S. 1 GG.

4. *Konfliktvermeidung durch das „no direct effect"-Tool*

Auch bei diesem Ansatz[355] handelt es sich um eine Möglichkeit, die Pflichtenkollisionen zwischen der UN-Charta mit den Verpflichtungen der Mitgliedstaaten aus menschenrechtlichen Verträgen wie der EMRK aufzulösen. Den Mitgliedstaaten würde durch die Anordnungen in einer Resolution des Sicherheitsrates der Vereinten Nationen ein derart großer Ermessensspielraum bei der Umsetzung überlassen[356], dass diese ohne Weiteres nationale Umsetzungsakte erlassen können, die auch im Einklang mit ihren menschenrechtlichen Verpflichtungen stehen. Dadurch, dass man den Rechtsakten des Sicherheitsrates der Vereinten Nationen eben keinen direkten Effekt im nationalen Rechtssystem einräumt, können die Mitgliedstaaten bei der Umsetzung der Resolutionen alle Normen der UN-Charta und die Menschenrechte, bspw. aus der EMRK, berücksichtigen.[357]

Dies hat zur Folge, dass die Mitgliedstaaten eine mögliche Pflichtenkollision ihrer Umsetzungspflichten und menschenrechtlichen Verpflichtungen schon beim Erlass des Umsetzungsrechtsakts vermeiden können. Diese Ansicht wird auch durch den EGMR in der Sache *Nada*[358] unterstützt, bei der er den Resolutionen des Sicherheitsrates keine direkte Anwendbarkeit zuspricht, sondern darauf hinweist, dass diese immer eines Umsetzungsaktes im nationalen Recht bedürfen, um überhaupt Anwendung zu finden. Auch der EuGH hat in der Sache *Kadi*[359] betont, dass Art. 103 UN-Charta keinen grundsätzlichen Vorrang der Verpflichtungen aus der UN-Charta statuiere, sondern nur eine Pflicht der Mitgliedstaaten bei der Umsetzung der Resolutionen des Sicherheitsrates hinsichtlich der Herbeiführung des Erfolgs und eben nicht der Mittel bestehe[360].

Die Konsequenz dieser Auffassung wäre auch die vollumfängliche Verantwortung der Mitgliedstaaten für den Umsetzungsrechtsakt, sodass die nationalen oder regionalen Gerichte zweifelsohne zuständig wären. Dies entspricht Art. 4 Abs. 1 der ILC Draft Articles on State Responsibility (DARS)[361], wonach die

---

355 Nach *Guazzarotti*, Perspectives of Federalism 2012, S. 131 f.

356 *Guazzarotti*, Perspectives of Federalism 2012, S. 131.

357 Siehe *Wolfrum*, Annuaire de l'Institut de droit international 2013, S. 17.

358 EGMR (GK), *Nada*, a.a.O., Rn. 176 ff.

359 EuGH, *Kadi I*, a.a.O., Rn. 298.

360 Dies natürlich nur in Verbindung mit Art. 24 und 25 UN-Charta.

361 Dieser lautet: *„The conduct of any State organ shall be considered an act of that State under international law, whether the organ exercises legislative, executive, judicial or any other functions, whatever position it holds in the organization of the State, and whatever its character as an organ of the central Government or of a territorial unit of the State."*

Staaten für das Verhalten ihrer Exekutive, Legislative und Judikative verantwortlich sind. Der nationale Umsetzungsakt eines internationalen Rechtsaktes wird daher – auch bei internationalen Rechtsakten ohne Umsetzungsspielraum – der nationalen Legislative zuzurechnen sein, sodass sie für einen solchen Rechtsakt immer verantwortlich ist. Dies entspricht dem strengen Pluralismus, nach dem die Rechtsquellen und Rechtsakte aus dem Völkerrecht keine direkte Wirkung im nationalen Recht haben, sondern erst durch die nationalen Umsetzungsakte Wirkung entfalten.

Gegebenenfalls muss hier jedoch unterschieden werden, ob es sich um einen gewöhnlichen internationalen Vertrag oder einen Rechtsakt handelt, der *self-executing*[362] ist. Denn bei den *self-executing*-Rechtsakten ist es durchaus vertretbar, wegen ihrer Bestimmtheit und deutlichen Adressatenanrede auf einen nationalen Umsetzungsakt zu verzichten, um diese direkt im nationalen Recht anwenden zu können. In diesem Fall könnten die Mitgliedstaaten die Pflichtenkollision zwischen verschiedenen internationalen Verpflichtungen gar nicht mehr umgehen und müssten sich eben doch entscheiden, welcher Pflicht sie gerecht werden möchten. Daher haben die Staaten, die die Anwender der internationalen Rechtsakte sind und ihre internationalen Verpflichtungen einhalten müssen, keine andere Möglichkeit, als sich dem Normenkonflikt zu stellen, da nicht alle Pflichtenkollisionen zu verhindern sind.

5. *Beispiele für die Konfliktvermeidung durch harmonisierende Auslegung*

Indem schon im Vorfeld der Einklang zwischen den Normen herbeigeführt wird, werden mit dem Werkzeug der harmonisierenden Auslegung Normenkollisionen so weit wie möglich verhindert. Dabei werden mit den Grundsätzen der Auslegung, insbesondere mit der völkerrechtsfreundlichen Auslegung, die vielzähligen sich aus dem Völkerrecht ergebenden Pflichten der Staaten in Einklang gebracht[363]. Da diese zum Ziel hat, die Normenkollision zu verhindern, spricht man auch von einer Konvergenzregel. Insbesondere in der internationalen und nationalen Rechtsprechung wird häufig auf dieses Hilfsmittel zurückgegriffen.

Das Prinzip der harmonisierenden Auslegung lässt sich für das Völkerrecht aus Art. 31 Abs. 3 lit. c) WÜV herauslesen[364], dem sog. Prinzip der systemischen

362 Siehe dazu Streinz in: *Sachs/Battis/Pagenkopf*, GG, Art. 59, Rn. 68.

363 Siehe Pauwelyn, Fragmentation of International Law in: *Wolfrum*, MPEPIL, Rn. 29.

364 Siehe dazu *McLachlan*, ICLQ 2005, S. 284 ff., 290 ff., der auf die besondere Bedeutung dieser Auslegungsregel angesichts der Fragmentierung des Völkerrechts verweist; siehe auch *Chionos/Hauck/Haßfurther*, Suprastaatliche Konstitutionalisierung, S. 72 ff., die von einem Prinzip sprechen, das zur Kohärenz des Völkerrechts beiträgt;

Integration im Völkerrecht[365]: „*There shall be taken into account, together with the context (…) any relevant rules of international law applicable in the relations between the parties*". Das Prinzip rührt daher, dass auch internationale Verträge Schöpfungen des Völkerrechts sind und somit im Lichte des allgemeinen Völkerrechts ausgelegt werden müssen.[366] *McLachlan* spricht diesem Prinzip gar den Status einer „*constitutional norm within the international legal system*"[367] zu. Die verschiedenen internationalen Verpflichtungen der Mitgliedstaaten werden dadurch präventiv harmonisiert, ohne dass einer bestimmten Norm ein absoluter Vorrang gewährt würde und eine Hierarchie gebildet werden müsste. Durch diese Auslegungsregel wird eine Vermutung formuliert, dass bei sich widersprechenden vertraglichen Verpflichtungen davon ausgegangen werden kann, dass die Vertragsstaaten diesen Widerspruch nicht beabsichtigt haben und diese verhindern möchten[368]. Demgemäß muss nach dem objektivierten Willen der Vertragsparteien gesucht werden[369].

ebenso Bericht der Studiengruppe der ILC, *Koskenniemi*, Fragmentation of International Law, a.a.O., Rn. 419.

365 Nach *Sands*, Yale Human Rights and Development Law Journal 1998, S. 95, ein „*principle of integration*", das die Einheit des Völkerrechts nahelege.

366 *McLachlan*, ICLQ 2005, S. 280, diese Auslegungsregel erinnere an Vertragsschlüsse im Privatrecht zwischen natürlichen Personen. Die Situation ist tatsächlich vergleichbar, da auch im Völkerrecht die verschiedenen Akteure gegenseitig aneinander herantreten und frei (aber nicht völlig frei, siehe nur Art. 19 ff. WÜV zu den Vorbehalten oder Art. 34 zu Verträgen und Drittstaaten etc.) in der Gestaltung von Verträgen sind und daher über bestimmte Inhalte Verträge miteinander abschließen können. Bricht ein Staat seine vertraglichen Versprechen, haftet er im Sinne des Rechts der Staatenverantwortlichkeit für den entstandenen Schaden und der verletzte Staat kann gar zu Gegenmaßnahmen greifen. Also kann man sich die Situation vergegenwärtigen, indem man an das nationale Privatrecht denkt, in dem die Beteiligten nach den Regeln des Privatrechts Verträge abschließen, die im Kontext des Privatrechts und gar des nationalen Verfassungsrechts ausgelegt werden müssen. Dies verdeutlicht, dass es auch eine solche Auslegungsregel im Völkerrecht, nunmehr kodifiziert in Art. 31 Abs. 3 c) WÜV, geben muss.

367 *McLachlan*, ICLQ 2005, S. 280.

368 So *Michaels/Pauwelyn*, DJCIL 2012, S. 364 f.

369 *Chionos/Hauck/Haßfurther*, Suprastaatliche Konstitutionalisierung, S. 74: Bei der Auslegung der Verträge nach dem Willen der Vertragsparteien wird der Grundsatz *in dubio mitius* zu berücksichtigen sein. Dieser besagt, dass der Wille der Parteien bei der Auslegung des Vertrages so wenig wie möglich beeinträchtigt werden soll, siehe Herdegen, Interpretation in International Law in: *Wolfrum*, MPEPIL, Rn. 28.

Das Prinzip der systemischen Integration beinhaltet, dass jede einzelne (völkervertragsrechtliche) Norm im Gesamtkontext des Völkerrechts gesehen werden muss.[370] Diese Methode hat im Ergebnis einen integrativen Charakter, da sie nicht auf Konfrontation der verschiedenen Pflichten und Entscheidungen für eine der kollidierenden Verpflichtung ausgerichtet ist, sondern einen Dialog zwischen den Verpflichtungen sucht, um eine harmonische Lösung im Sinne aller Beteiligten zu finden[371]. Die Normen, auf die nach der Auslegung i.S.d. Art. 31 Abs. 3 lit. c) WÜV Bezug genommen werden kann (*relevant rules of international law*), nennt die Auslegungsregel selbst nicht. Sie ist so weit formuliert, dass sämtliche Normen des Völkerrechts unabhängig von ihrer Rechtsquelle darunter fallen können[372]. Also werden vertragliche Verpflichtungen iSd. Art. 31 Abs. 3 lit. c) WÜV im Lichte der anderen Rechtsquellen des Völkerrechts ausgelegt. Diese Quellen sind im Sinne von Art. 38 Abs. 1 IGH-Statut die völkerrechtlichen Verträge, das Völkergewohnheitsrecht, die allgemeinen Rechtsgrundsätzen und die subsidiären Rechtsquellen, also die gerichtlichen Entscheidungen und die Lehren der anerkanntesten Autoren der verschiedenen Völker[373].

Diese Auslegungsregel hat lange Zeit wenig Aufmerksamkeit erfahren, hat aber durch die *Oil-Platforms*-Entscheidung des IGH aus dem Jahr 2003[374] ein Wiedererwachen erlebt. Auch der Bericht der *Study Group* der ILC zur Fragmentierung des Völkerrechts[375] sieht in diesem Auslegungsgrundsatz einen wichtigen Ansatz zur Herbeiführung der Kohärenz des Völkerrechts. Im Folgenden soll die Praxis der harmonisierenden Auslegung anhand von drei ausgewählten Beispielen untersucht werden.

---

370 Bericht der Studiengruppe der ILC, *Koskenniemi*, Fragmentation of International Law, a.a.O., Rn. 419, er spricht von „*normative environment*", in dem die Normen gesehen und ausgelegt werden müssen.

371 So auch Bericht der Studiengruppe der ILC, *Koskenniemi*, Fragmentation of International Law, a.a.O., Rn. 35: „*Legal interpretation, and thus legal reasoning, builds systemic relationships between rules and principles…*".

372 So auch *Pauwelyn*, Conflict of Norms in Public International Law, S. 254.

373 Zu der Auslegung im Lichte der Allgemeinen Rechtsgrundsätze siehe insbesondere EGMR, Urteil vom 21. Februar 1975, n°4451/70 – *Golder gg. Vereinigtes Königreich*, Rn. 29.

374 Urteil des IGH vom 6. November 2003, *Oil Platforms (Iran v. USA)*, ICJ Reports 2003, S. 161, 182.

375 Bericht der Studiengruppe der ILC, *Koskenniemi*, Fragmentation of International Law, a.a.O., Rn. 419.

a) *Die Bundesrepublik Deutschland*

Anhand des Beispiels Deutschland soll das allgemeine Gebot der völkerrechtsfreundlichen Auslegung im deutschen Recht beleuchtet werden. Durch die Art. 23 bis 26 GG hat der deutsche Verfassungsgeber die Bundesrepublik in das internationale Gefüge eingebettet. Art. 25 GG beinhaltet die „Grundsatzentscheidung für die Harmonie zwischen Völkerrecht und staatlichem Recht“[376] der deutschen Verfassung. Es geht darum, bei der Anwendung der deutschen Rechtsakte im Falle eines Spielraums hinsichtlich der möglichen Deutung des jeweiligen Rechtsaktes, diejenige Auslegungsvariante auszuwählen, die gleichzeitig den Anforderungen des Völkerrechts entspricht.[377]

In seiner nunmehr ständigen Rechtsprechung[378] hat das BVerfG diesen Auslegungsgrundsatz vielmals angewendet, um die Rechtsakte des deutschen Gesetzgebers in Einklang mit den Verpflichtungen aus dem Völkerrecht zu bringen. Dabei hat es zuletzt hervorgehoben, dass durch eine völkerrechtskonforme Auslegung der durch das Grundgesetz gewährleistete Grundrechtsschutz nicht

---

376 So *Tomuschat*, Handbuch des Staatsrechts, Band XI, Rn. 36.

377 Siehe *Tomuschat*, Handbuch des Staatsrechts, Band XI, Rn. 36.

378 Siehe zur EMRK-freundlichen Auslegung erstmals: BVerfGE 74, 358 (370) – *Unschuldsvermutung*, in dem das BVerfG die Unschuldsvermutung – fußend auf dem Rechtsstaatsprinzip in Art. 20 Abs. 3 GG – nunmehr auch aus Art. 6 Abs. 2 EMRK ableitet; BVerfGE 83, 119 (128) – *Rundfunkfinanzierungsstaatsvertrag*, in dem es um die Auslegung des Art. 12 GG im Lichte der EMRK ging; BVerfGE 111, 307 (317 ff., 325 ff.) – *Görgülü*, das sich mit der Berücksichtigung eines Urteils des EGMR im nationalen Recht befasste; BVerfGE 128, 326 (365 ff.) – *Sicherungsverwahrung*, in dem es erneut um die Berücksichtigung eines Urteils des EGMR im nationalen Recht ging; weitere Beispiele sind: BVerfGK 3, 4 (7 f.); 9, 174 (190); 10, 66 (77 f.); 10, 234 (239); 11, 153 (159 ff.); zur völkerrechtskonformen Auslegung in Bezug auf andere Quellen des Völkerrechts, BVerfGE 77, 137 (153 ff.) – *Teso*; 121, 135 (154 f.) – *Luftraumüberwachung Türkei*; BVerfGK 9, 174 (193), hier ging es um die verfassungsunmittelbare Berücksichtigungspflicht von gegenüber Deutschland ergangener Entscheidungen des IGH im Bereich des Konsularrechts. Das BVerfG betonte: „Das Bundesverfassungsgericht (…) hat festgestellt, dass diese verfassungsunmittelbare Berücksichtigungspflicht, die auch bei der Anwendung der Grundrechte zum Tragen kommt (…), nicht für jede Bestimmung des Völkerrechts anzunehmen ist, sondern nur, soweit dies von dem in den Art. 23 bis 26 GG sowie in den Art. 1 Abs. 2, Art. 16 Abs. 2 Satz 2 GG niedergelegten Konzept des Grundgesetzes verlangt wird (…). Sind diese Bereiche betroffen, muss es nach der Rechtsprechung des Bundesverfassungsgerichts jedenfalls möglich sein, gestützt auf das einschlägige Grundrecht, in einem Verfahren vor dem Bundesverfassungsgericht zu rügen, staatliche Organe hätten eine Entscheidung des zuständigen internationalen Gerichts missachtet oder nicht berücksichtigt (…).“

eingeschränkt werden darf[379]. Diesem Gebot liegt die sog. Berücksichtigungspflicht zugrunde, die sich aus Art. 20 Abs. 3 GG iVm. Art. 59 Abs. 2 GG ergibt[380]. Diese Pflicht beinhaltet, dass die staatlichen Stellen die völkerrechtlichen Verträge und die Entscheidungen der jeweiligen internationalen Gerichte zu befolgen haben, soweit diese nicht gegen die sog. „wesentlichen Grundsätze des deutschen Rechts" verstoßen.[381] Gemeint sind damit insbes. die Grundrechte aus dem Katalog des Grundgesetzes. Unter Verwendung dieses Hilfsmittel war es dem BVerfG immer wieder möglich, Normenkonflikte aus dem Weg zu räumen. Infolgedessen bietet es sich geradezu an, diesen Ansatz sinngemäß auf das Völkerrecht zu übertragen und in ein Gebot der freundlichen Auslegung im Hinblick auf die verschiedenen internationalen Regime zu übersetzen.

b) Die EMRK

Desgleichen hat der EGMR ein Gebot der völkerrechtskonformen Auslegung für die Fälle entwickelt, in denen die verschiedenen Pflichten seiner Mitgliedstaaten in Einklang gebracht werden müssen.[382] Er setzt dieses Werkzeug als ersten Schritt bei der Lösung von Normenkonflikten ein, und zwar bevor er zu

379 Siehe BVerfGE 128, 326 (367 ff.) – *Sicherungsverwahrung* und 109, 13 (23 f.): die Berücksichtigungspflicht des Völkerrechts als ein „Element der Völkerrechtsoffenheit des Grundgesetzes"; siehe auch BVerfGE 109, 38 (50); 111, 307 (318, 328) – *EGMR-Entscheidungen*; 112, 1 (25) – *Bodenreform III*; 123, 267 (344 ff.) – *Lissabon*; BVerfGK 9, 174 (193); diese Rechtsprechung ist auf der Linie mit der Solange-Rechtsprechung des BVerfG zum Verhältnis des deutschen Rechts zum Unionsrecht und der Prämisse des hinreichenden Grundrechtsschutzes in Deutschland.

380 So das BVerfG in den Entscheidungen *Sicherungsverwahrung* und *Görgülu*; und in dem Beschluss BVerfGK 9, 174, Rn. 56 leitet es das Berücksichtigungsgebot für das Strafrecht her: „Für den Bereich der internationalen Strafgerichtsbarkeit bildet Art. 16 Abs. 2 Satz 2 GG damit die Grundlage der verfassungsrechtlichen Pflicht zur Berücksichtigung der Entscheidungen der zuständigen internationalen Gerichte und Tribunale auch bei der Auslegung der Grundrechte"; siehe auch BVerfGE 112, 1 (25) – *Bodenreform III*.

381 Siehe *Viellechner*, Grundrechte und Grundfreiheiten im Mehrebenensystem, S. 151 f., der diese Formulierung aus Art. 6 EGBGB entnimmt, also einer Regelung aus dem Kollisionsrecht des internationalen Privatrechts.

382 Siehe insbesondere Urteil vom 21. November 2011, n° 31253/97 – *McElhinney gg. Irland*, Rn. 36 und EGMR, *Al-Adsani*, a.a.O., Rn. 55: „*The Convention (…) can not be interpreted in a vacuum. The Court must be mindful of the Convention's special character as a human rights treaty, and it must also take the relevant rules of international law into account (…). The Convention should so far as possible be interpreted in harmony with other rules of international law of which it forms part …*".

Kollisionsregeln, wie etwa Art. 103 UN-Charta, greift.[383] Darüber hinaus spricht Art. 1 c) Satzung des Europarates für eine Kooperation mit den Vereinten Nationen, denn die Beteiligung der Mitglieder an den Arbeiten des Europarates darf ihre Mitwirkung am Werk der Vereinten Nationen und der anderen internationalen Organisationen oder Vereinigungen, denen sie angehören, nicht beeinträchtigen. Daraus folgt, dass die Mitgliedstaaten des Europarates die Vereinten Nationen und ihre Anordnungen entsprechend berücksichtigen müssen.

In seiner Rechtsprechung hat der EGMR hinsichtlich der Auslegung der Resolutionen des Sicherheitsrates der Vereinten Nationen eine menschenrechtskonforme Auslegung dieser Resolutionen vorgenommen[384], mit der Absicht, dass die Anordnungen des Sicherheitsrates in seiner Resolution nicht zur Folge haben, dass der betroffene Mitgliedstaat der EMRK die Menschenrechte verletzen muss. Da der EGMR in jedem Einzelfall einen internationalen Vertrag oder einen internationalen Rechtsakt menschenrechtskonform und -freundlich auslegt, versucht er Normenkonflikte zwischen dem EMRK-Recht und den anderen Regeln des Völkerrechts zu vermeiden.

Zwar kann er diese Normen aus dem Völkerrecht nicht abschließend und autoritativ auslegen[385], jedoch ist es ihm gemäß der Auslegungsregeln aus dem

383 Siehe EGMR, *Al-Jedda*, a.a.O., Rn. 101.

384 Siehe EGMR, *Al-Jedda*, a.a.O., Rn. 76 ff., 102 ff., fraglich war die Auflösung eines Normenkonfliktes zwischen der Resolution 1546 (2004) des Sicherheitsrates und den menschenrechtlichen Verpflichtungen aus der EMRK des Vereinigten Königreiches, Art. 5 EMRK. Der EGMR nahm hier eine menschenrechtsfreundliche Auslegung der Resolution vor, sodass er im Ergebnis einen Normenkonflikt verneinte und nicht auf Art. 103 UN-Charta zurückgreifen musste. Der EGMR ist grundsätzlich nicht dazu befugt die Resolutionen des Sicherheitsrates autoritativ auszulegen, dazu ist in Bezug auf seine eigenen Resolutionen nur der Sicherheitsrat selbst befugt, siehe Gutachten des StIGH vom 6. Dezember 1923, *Question of Jaworzina (Polish-Czechoslovakian Frontier)*, PCIJ Series B, No. 8, S. 37. Dies erkannte der EGMR in dieser Entscheidung auch an, betonte jedoch, dass er die Resolution untersuchen müsse, da sie die Grundlage für das Handeln des Mitgliedstaates darstellte. So auch schon EGMR, *Brannigan und McBride*, a.a.O., Rn. 72 und EGMR, *Behrami*, a.a.O., Rn. 122. *Milanovic*, DJCIL 2009, S. 97 ff. hingegen widerspricht dem EGMR in seiner menschenrechtsfreundlichen Auslegung der Resolution des Sicherheitsrates, da diese mit Bedacht durch den Sicherheitsrat so weit formuliert war, damit die Mitgliedstaaten alle möglichen Mittel nutzen können, um militärische Zwangsmittel einzusetzen.

385 Jedes zuständige Gericht kann nur über den ihm durch die Vertragsparteien übertragenen Bereich entscheiden. Für das jeweilige Gericht wird die Jurisdiktion und Zuständigkeit im Vertrag festgeschrieben. Hinsichtlich des Exekutivorgans des Sicherheitsrates gilt wohl etwas anderes. Seine Rolle ist eher politischer Natur, sodass bspw.

WÜV, insbesondere im Sinne des Art. 31 Abs. 3 lit. c) WÜV, zuzugestehen, die dem konkreten Fall zugrunde liegenden relevanten Normen des Völkerrechts auszulegen. Schließlich ermächtigt der Auslegungsgrundsatz aus Art. 31 Abs. 3 lit. c) WÜV nicht nur zur autoritativen Auslegung, sondern bietet dem Rechtsanwender das Werkzeug dafür an, Normenkollisionen durch eine harmonisierende Auslegung zu verhindern.

Solange der EGMR eine völkerrechtsfreundliche Auslegung an den Tag legt, trägt er zu einer kohärenten und effektiven Auslegungspraxis bei. Daher ist dieser Praxis grundsätzlich zuzustimmen. Auch ist in diesem Zusammenhang zu begrüßen, dass dadurch im Interesse der internationalen Gemeinschaft[386] der Menschenrechtsschutz (zumindest in Europa) harmonisiert und gleichzeitig gestärkt wird. Im Ergebnis nimmt somit auch der EGMR eine systemische Auslegung zur Harmonisierung der völkerrechtlichen Verpflichtungen der Mitgliedstaaten vor. Er berücksichtigt in seiner Rechtsprechung das gesamte System des Völkerrechts und seiner Normen und legt sie dergestalt aus, dass das Völkerrechtssystem nicht destabilisiert wird[387].

---

der IGH sein Handeln nicht überprüft und laut der UN-Charta wohl auch nicht überprüfen darf. Der Sicherheitsrat kann – wie auch die anderen Organe der Vereinten Nationen – im Rahmen der UN-Charta seine eigenen Kompetenzen autoritativ auslegen und konkretisieren. Siehe IGH, Gutachten vom 3. März 1950, *Competence of the General Assembly for the Admission of a State to the United Nations*, ICJ Reports 1950, S. 9 und IGH, Gutachten vom 20. Juli 1962, *Certain Expenses of the United Nations*, ICJ Reports 1962, S. 168; StIGH, Gutachten, *Jaworzina*, a.a.O., S. 37; siehe dazu auch; *Herdegen*, FS Bernhardt, S. 109 ff. Davon ist die Frage nach der Befugnis des Sicherheitsrates und anderer Organe internationaler Organisationen, den Gründungsvertrag der jeweiligen internationalen Organisation authentisch auszulegen, abzugrenzen. Das würde nämlich bedeuten, dass jedes Organ nach seiner Auffassung den Gründungsvertrag auslegen könnte, mit der Folge, dass die anderen Organe und die Mitgliedstaaten daran gebunden wären, selbst wenn die Herren der Verträge diese Auffassung nicht vorgesehen hätten. Fehlt eine solche Ermächtigung ist dies jedoch abzulehnen, da die Änderung oder Ergänzung der Verträge den Vertragsparteien vorbehalten ist, alles andere würde nur zu Uneinigkeiten zwischen den Organen führen, so *Bernhardt*, Die Auslegung völkerrechtlicher Verträge, S. 46 ff., der den Organen immerhin eine eigenverantwortlich Auslegung der Gründungsverträge bei der Wahrnehmung ihrer Aufgabenbereiche zugesteht. Ebenso haben die Organe einer internationalen Organisation das Recht der authentischen Interpretation ihrer eigenen Rechtsakte, so eben auch der Sicherheitsrat; siehe auch *Papastavridis*, ICLQ 2007, S. 91; *Wood*, MPUNYB 1998, S. 82 f.

386 So auch *Istrefi*, European Journal of Legal Studies 2012, S. 91.

387 Siehe beispielhaft EGMR, *Al-Jedda*, a.a.O., Rn. 102.

Auch in der Sache *Nada*[388] hat sich der EGMR um eine harmonische Auslegung und die menschenrechtskonforme Interpretation der relevanten Resolutionen des Sicherheitsrates bemüht. Dadurch konnte er die Pflichten aus der EMRK und die Resolutionen des Sicherheitsrates sinnvoll miteinander vereinbaren. Er verfolgt damit einen Ansatz, ähnlich wie mit der *equivalent-protection*-Formel, dementsprechend er im Sinne eines einheitlichen Völkerrechtsregime auslegt, da er die verschiedenen Pflichten miteinander in Einklang zu bringen versucht. Das zeugt einerseits davon, dass er die EMRK im Gesamtkontext nicht in das Zentrum des Völkerrechts stellen oder ihr gar einen Vorrang gewähren wolle. Andererseits hebt der EGMR auch die regionale Sonderrolle der EMRK hervor, wenn er ihre besondere Bedeutung in Menschenrechtsfragen in Europa betont[389]. Er scheint damit lediglich eine besondere Rolle in Europa in Angelegenheiten betreffend den Menschenrechtsschutz zu beanspruchen, darüber hinaus ist nicht ersichtlich, dass er in Konkurrenz mit der universellen Charta der Vereinten Nationen treten möchte.

Überraschend hat der EGMR noch in der Sache *Soering*[390] entschieden. Denn auch in diesem Fall musste sich der EGMR mit einem Normenkonflikt befassen. Hier standen sich das *non-refoulement*-Prinzip aus Art. 3 EMRK sowie ein Auslieferungsabkommen des Vereinigten Königreichs mit den USA aus dem Jahr 1972 gegenüber. Der EGMR entschied, dass Art. 3 EMRK dem völkerrechtlichen Abkommen vorgehe und damit eine Auslieferung *Soerings* gesperrt sei[391]. Nach dem völkerrechtlichen Vertrag mit den USA, die kein Mitglied der EMRK sind, hätte der Beschwerdeführer ausgeliefert werden müssen, wenn die amerikanischen Behörden eine ausreichende Versicherung abgegeben hätten, dass seine Todesstrafe nach seiner Auslieferung an die USA nicht vollstreckt würde. Zwar

---

388 EGMR, *Nada*, a.a.O., Rn. 170.

389 Siehe oben.

390 EGMR, Urteil vom 7. Juli 1989, n° 14038/88 – *Soering gg. Vereinigtes Königreich.*

391 In diesem Fall hat der EGMR die Verantwortlichkeit hinsichtlich extraterritorialer Auswirkungen von Handlungen der Mitgliedstaaten iSd. Art. 1 EMRK am Beispiel von Art. 3 EMRK entwickelt, siehe EGMR, *Soering*, a.a.O., Rn. 86 ff. Angesichts der Tatsache, dass die Verurteilung des Betroffenen in den USA zu einer Todesstrafe sehr wahrscheinlich war, wäre eine Auslieferung des Vereinigten Königreichs an die USA, angesichts der Kenntnis dieser Umstände, eine Verletzung des Art. 3 EMRK gewesen. Da dieser Vertrag keinen hinreichenden Schutz vor der Todesstrafe des Auszuliefernden regelte, entschied sich der EGMR dafür, dass dieser Vertrag unangewendet bleibt und das Vereinigte Königreich zur Vermeidung einer Verletzung der EMRK, den Betroffenen nicht ausliefern durfte.

hat sich der EGMR in seinem Urteil zu dieser Normenkollision nicht direkt geäußert[392], er hat jedoch im Ergebnis der EMRK den Vorrang eingeräumt und diese auf den Fall angewendet. Damit nahm er die Verletzung der Pflichten des Vereinigten Königreichs aus ihrem Auslieferungsabkommen mit den USA in Kauf[393].

Das erscheint im Ergebnis auch richtig, da der EGMR nicht dazu befugt ist, andere völkerrechtliche Verträge abschließend auszulegen und anzuwenden. Er darf diese Verpflichtungen nur im Sinne des Art. 31 Abs. 3 lit. c) WÜV mit denen aus der EMRK im Wege der gängigen Auslegungsparameter in Einklang bringen. Seine Gerichtsbarkeit erstreckt sich nur auf die Verstöße der Mitgliedstaaten gegen die EMRK, siehe Art. 19 EMRK und Art. 33, 34 EMRK im Anwendungsbereich der EMRK gem. Art. 1 EMRK. Er hätte also dem Auslieferungsabkommen zwischen dem Vereinigten Königreich und den USA gar nicht zu seiner Wirksamkeit verhelfen müssen und dürfen. Diese Entscheidung hat für die Kollision von Pflichten aus der UN-Charta und Verpflichtungen aus der EMRK keinen Vorbildeffekt, da im Gegensatz zu anderen internationalen Verpflichtungen für die Verpflichtungen aus der UN-Charta gem. Art. 103 UN-Charta ein formaler Vorrang gilt. Grundsätzlich hätte der EGMR dann zugunsten der Verpflichtungen aus der UN-Charta entscheiden und den EMRK-Verstoß unbeachtet lassen müssen.

Der Pflicht des Vereinigten Königreichs, sich konventionskonform zu verhalten, war aufgrund der Tatsache, dass es zeitlich vor dem Auslieferungsabkommen mit den USA die menschenrechtlichen Verpflichtungen aus der EMRK eingegangen war, Vorrang einzuräumen.[394] Auch wenn das Vereinigte Königreich mit einer Fortentwicklung der Rechtsprechung des EGMR zur Annahme

---

392 Diese Ausführungen werden hier vermisst: EGMR, *Soering*, a.a.O., Rn. 85 ff.

393 Sehr kritisch dazu *Doehring*, FS Rauschning, S. 412 ff.: die Rechtsfolge einer solchen Entscheidung und der Nichterfüllung der vertraglichen Verpflichtungen des Vereinigten Königreichs sei die völkerrechtliche deliktische Haftung des Staates für den Verstoß und die mögliche Anwendung von internationalen Durchsetzungsmitteln durch die USA, wie bspw. Repressalien.

394 Leider fehlt eine solche Regelung für die EMRK, so wie es sie für die EU in Art. 351 AEUV gibt, siehe auch Art. 30 Abs. 2 WÜV. Jedoch würde es dem Sinn und Zweck der EMRK widersprechen, wenn die Mitgliedstaaten nach der Gründung oder dem Beitritt zur EMRK bzw. dem Europarat Verträge mit Drittstaaten abzuschließen würden, die die Pflichten aus der EMRK konterkarieren würden. Dies widerspricht nicht nur dem materiellen Gewährleistungsgehalt der EMRK, sondern auch dem gesamten Völkervertragsrecht, demnach völkerrechtliche Verträge nicht dazu geschlossen werden sollen, um andere Verträge in ihrer Wirksamkeit zu behindern.

einer Schutzpflicht aus Art. 3 EMRK nicht rechnen konnte, ist es ihm zuzurechnen, dass es die evolutive Auslegung der EMRK durch den EGMR nicht gerügt oder verhindert hat.[395] Damit hat sich das Vereinigte Königreich selbst in die Situation der Pflichtenkollision begeben[396], was bei der Auflösung der Pflichtenkollision durch den EGMR zu berücksichtigen war.

c) Die EU

Auch der EuGH legt teilweise eine völkerrechtskonforme bzw. harmonisierende Auslegung an den Tag, auch wenn er in ständiger Rechtsprechung die Autonomie – sprich die außerordentliche Besonderheit der Rechtsordnung der EU – hervorhebt, um seine pluralistische Sichtweise auf das Völkerrecht zu begründen.[397] Dennoch gibt es einige wenige Urteile des EuGH, in denen zur Auslegung der angegriffenen Verordnungen auf die zugrunde liegenden Resolutionen des Sicherheitsrates zurückgegriffen wird[398]. Die Pflicht zur Berücksichtigung der vielfältigen Verpflichtungen der EU-Mitgliedstaaten lässt sich aus Art. 220 Abs. 1 AEUV herauslesen, ist aber auch der Gemeinsamen Außen- und Sicherheitspolitik[399] der EU immanent.[400]

In Europa hatte das Zusammenwachsen des Kontinents auch ein Zusammenrücken der Gerichte zur Folge. Man kann heute von einem

---

395 *Cremer*, Regeln in der Konventionsinterpretation in: *Dörr/Grothe/Marauhn*, EMRK/GG Konkordanzkommentar, Rn. 92 f.

396 *Cremer*, Regeln in der Konventionsinterpretation in: *Dörr/Grothe/Marauhn*, EMRK/GG Konkordanzkommentar, Rn. 92.

397 Siehe oben.

398 Siehe EuGH, Urteil *M. u.a.*, C-340/08, ECLI:EU:C:2010:232, Rn. 45 ff., dabei ging es um die SC Res. 1390 (2002) des Sicherheitsrates, die zur Folge hatte, dass Dritte (zumeist die Ehefrauen der aufgelisteten Personen), die nicht durch das Sanktionskomitee aufgelistet wurden, davon aber indirekt betroffen werden konnten. Dies wusste der EUGH durch eine menschenrechtskonforme Auslegung der Resolutionen zu verhindern, siehe Rn. 60 ff. des Urteils. Der EuGH führt in diesen Fällen wohl eine Verhältnismäßigkeitsprüfung durch, zumindest wägt er das Ziel der Sanktionierungen mit der Schwere der Belastungen für die betroffenen Personen ab, siehe Rn. 64–69 des Urteils; siehe auch EuGH, Urteil vom 11. Oktober 2007, *Möllendorf*, C-117/06, ECLI:EU:C:2007:596, Rn. 54 ff.

399 Die GASP ist weiterhin ein Bereich der intergouvernementalen Zusammenarbeit zwischen der EU und ihren Mitgliedstaaten. Daher muss hier die EU Rücksicht auf die Belange und die internationalen Verpflichtungen der Mitgliedstaaten nehmen.

400 Dies ergibt sich aber auch aus dem Urteil des EuGH, *Kadi I*, a.a.O., Rn. 296 f.

„Kooperationsverhältnis“[401] zwischen den Gerichten, also zwischen dem EuGH und dem EGMR sowie zwischen den nationalen Gerichten sprechen[402]. Es entstand ein informeller Dialog zwischen den Gerichten[403], indem sie wechselseitig auf ihre Rechtsprechung Bezug nehmen und diese in ihre Erwägungsgründe mit aufnehmen. Im Ergebnis beeinflussen sich die Gerichte damit gegenseitig, was einerseits zu einer Harmonisierung, andererseits aber auch zu weiteren Konflikten führen kann. Insbesondere hinsichtlich der Zuständigkeitsbereiche und der Jurisdiktion der Gerichte besteht Konfliktpotential. Aber auch die Auslegung des anzuwendenden Rechts kann gerade dann zur Herausforderung werden, wenn die Gerichte eben nicht einer Auffassung sind, oder das Recht aus dem anderen Regime ganz anders verstehen als das grundsätzlich zuständige internationale Gericht.

Insbesondere die letzten Entscheidungen des BVerfG betreffend die EU, die widerwillige Vorlage in der Sache um den OMT-Beschluss an den EuGH[404], und die Entscheidung in Sachen Europäischer Haftbefehl[405] zeigen auf, wie divergent die Auffassungen sein können, insbesondere dann, wenn es um die Zuständigkeitsbereiche der (nationalen) Gerichte geht[406].

---

401 Oder auch von einem „Kommunikationsverhältnis“, siehe *Cremer*, ZaöRV 2014, S. 217, der die materiell-rechtliche Wechselbezüglichkeit der EMRK zum nationalen Recht vielmehr als einen Kommunikationsvorgang - angesichts des „Miteinanders“ der Gerichte - als einen reinen Kooperationsvorgang versteht. Siehe zum Kooperationsverhältnis des BVerfG mit dem EuGH: *Huber*, Europa in der Welt, S. 348 ff.

402 Siehe dazu *Haratsch*, ZaöRV 2006, S. 927 ff.; zum Verhältnis des EGMR zum EUGH; *Rohleder*, Grundrechtsschutz im europäischen Mehrebenen-System, S. 425 ff. und zum Verhältnis des EGMR zum BVerfG, auch im Kontext der unionsrechtlichen Bindung der Mitgliedstaaten der EU, S. 365 ff. und *Cremer*, ZaöRV 2014, S. 215 ff., zum Verhältnis des EGMR zum BVerfG am Beispiel der Caroline-Fälle.

403 Näheres bei *Charney*, N.Y.U. Journal of International Law and Politics 1999, S. 698; es bestehe auch im Hinblick auf die nationalen Gerichte innerhalb der EU ein sog. Verfassungsgerichtsverbund nach *Voßkuhle*, NVwZ 2010, S. 1 ff.

404 BVerfGE 134, 336 - *OMT-Beschluss.*

405 BVerfGE 113, 273 - *Europäischer Haftbefehl*; siehe auch *Sauer*, NJW 2016, S. 1134 ff.

406 Siehe dazu aber auch Entscheidungen aus anderen europäischen Staaten, dargestellt bei *Craig*, The European Constitution in the Making, S. 35 ff.

d) *Ein Beispiel aus der kanadischen Rechtsprechung: die Entscheidung des Canadian Federal Court vom 4.6.2009, Abdelrazik*

In dieser Entscheidung des höchsten kanadischen Gerichts[407] musste dieses sich mit dem nationalen Umsetzungsakt der Resolution des Sicherheitsrates 1267 (1999) und dem gesamten 1267-Sanktionsregime befassen. Das Sanktionsregime hatte zur Folge, dass der Beschwerdeführer auf einer sog. schwarzen Liste geführt wurde und er der Sperrung seiner Konten und diversen Reisebeschränkungen ausgesetzt war. Er befand sich wiederholt in Gefängnissen im Sudan und hatte sich in die kanadische Botschaft in Khartum begeben, um weiteren Gefängnisaufenthalten zu entgehen.

Seinen Streichungsanträgen wurde nicht Folge geleistet und er konnte wegen der Reisebeschränkungen auch nicht in sein Heimatland Kanada zurückreisen. Daher klagte er vor den kanadischen Gerichten wegen Verletzung seines Rechts auf Rückkehr nach Kanada. Das Gericht legte die Resolution des Sicherheitsrates aus und beschäftigt sich mit dem diesen zugrunde liegenden Willen des Sicherheitsrates[408], der ein widersinniges Ergebnis der Anwendung der Resolution wohl nicht gewollt habe. Da der kanadische Staatsangehörige ein Recht auf ein faires Verfahren hat, sei die Resolution so auszulegen, dass der Beschwerdeführer nach Kanada einreisen dürfe, wenn dies auf gerichtliche Anordnung erfolge[409]. Mit dieser Auslegung brachte das Gericht die Resolution und die kanadischen Grundrechtsgewährleistungen in Einklang. Infolgedessen musste das Rangverhältnis des nationalen Grundrechtsschutzes zum Recht der Vereinten Nationen nicht mehr geklärt werden. Das kanadische Gericht zog folglich den Schutz des Beschwerdeführers und seiner Grundrechte, die sich aus dem kanadischen Recht ergaben, vor.

---

407 Federal Court of Canada, Urteil vom 4. Juni 2009, *Abousfian Abdelrazik v. Minister of Foreign Affairs and Attorney General of Canada*, 2009 FC 580; siehe dazu, *Tzanakopoulos*, Journal of International Criminal Justice 2010, S. 249 ff.; *Tzanakopoulos*, Journal of International Criminal Justice 2010, S. 249 ff. und *Tzanakopoulos*, Challenging Acts of International Organizations, S. 12 ff.

408 Federal Court of Canada, *Abdelrazik*, a.a.O., Rn. 127 ff.

409 Siehe Federal Court of Canada, *Abdelrazik*, a.a.O., Rn. 163 ff.

e) *Eine Würdigung der Konfliktvermeidung durch die harmonisierende Auslegung*

Auch *Doehring*[410] spricht sich für eine Pflicht zur harmonisierenden Auslegung aus, die sich aus dem Grundsatz von Treu und Glauben und dem Grundsatz *pacta sunt servanda* ergebe. Nach seiner Ansicht sind alle Vertragsparteien der jeweiligen Verträge dazu angehalten – und damit auch die das Recht anwendenden Gerichte – eine harmonisierende Auslegung der Verträge anzustreben, damit eine Pflichtenkollision der unterschiedlichen Vertragsbestimmungen verhindert wird. Da es insgesamt an der Gewährleistung der einheitlichen Auslegung des Völkerrechts, bspw. durch ein umfassend zuständiges Gericht fehlt, ist die harmonisierende Auslegung der sich widersprechenden Verpflichtungen aus dem Völkerrecht durch die jeweiligen Rechtsanwender eine plausible und sinnvolle Lösung.

aa) Die Kritik an der Heterogenität dieses Ansatzes

Der Nachteil dieses Ansatzes steckt jedoch gerade in dem Mangel an Einheitlichkeit, Transparenz und einer Voraussehbarkeit. Es ist schließlich nicht gewährleistet, dass alle Gerichte und Rechtsanwender die entsprechenden Normen einheitlich und mit dem gleichen Ergebnis auslegen. Eine harmonisierende Auslegung führt nicht zwingend zu einem einheitlichen Verständnis. Andererseits gewährleistet sie durch diese Flexibilität die Möglichkeit, sich immer wieder an die neuen Begebenheiten und Entwicklungen im Völkerrecht anzupassen, und damit auch von einem starren und im Einzelfall ungerechten Verständnis abzuweichen.

Mithilfe dieser harmonisierenden Auslegung wird es nämlich erst möglich, das System der kollektiven Sicherheit mit dem individuellen Menschenrechtsschutz zu vereinbaren. Dadurch wird ein stufenweiser und komplementärer Ansatz verfolgt, der nicht wie die klassischen Kollisionsregeln nur zu exklusiven Ergebnissen führt[411], sondern eine Durchlässigkeit der verschiedenen Rechtsordnungen gewährleistet und damit auch der Fragmentierung des Völkerrechts hinreichend Rechnung trägt. Mit der harmonischen Auslegung kann Einzelfallgerechtigkeit gewährleistet werden und damit allen im konkreten Einzelfall kollidierenden Rechtsgütern Berücksichtigung schenken.

---

410 Siehe *Doehring*, FS Rauschning, S. 421 f., nach dem dies auch bei der *Soering* Konstellation hätte möglich gewesen sein müssen, siehe S. 422.

411 Siehe *Gowlland-Debbas*, Recueil des Cours de l'Académie de La Haye 2012, S. 212 f.

bb) Die Kritik an der Übertragung eines Grundsatzes aus dem Völkervertragsrecht auf abgeleitetes Völkerrecht

Des Weiteren bestehen Bedenken, ob diese Auslegungsregel auf die Kollision der Resolutionen des Sicherheitsrates, in denen die Individualsanktionen angeordnet werden, mit den menschenrechtlichen Verpflichtungen der Staaten, Anwendung finden kann. Handelt es sich doch bei den Regeln aus dem WÜV um solche, die auf die Auslegung von internationalen Verträgen gerichtet sind, die nicht für die Auslegung internationaler Sekundärrechtsakte geschaffen wurden, die durch ein Organ einer internationalen Organisation in einem politischen Entscheidungsprozess erlassen wurden[412]. Der Unterschied zu multilateralen oder bilateralen Verträgen liegt in dem Entstehungsprozess und der Stoßrichtung des Rechtsaktes. Die Resolutionen des Sicherheitsrates richten sich zumeist zielgerichtet gegen einen Staat oder im Bereich der Individualsanktionen gegen bestimmte oder noch zu bestimmende Individuen. Auch ist der Sicherheitsrat in seiner Kompetenz auf die Bereiche des Kapitel VI und VII beschränkt, wobei die Staaten die Freiheit besitzen, in einem internationalen Vertrag besondere Regeln vorzusehen. Verträge wirken meist zur Problemlösung „nach innen", da die beteiligten Staaten beabsichtigen, ein internationales Anliegen gemeinsam zu regeln. Auch entstehen Verträge nur durch Kompromissentscheidungen und im Einverständnis.

Bei den Resolutionen handelt es sich hingegen um abgeleitetes Recht. Der Sicherheitsrat darf daher nur im Rahmen seiner Kompetenzen aus der UN-Charta, das ihn regierende Sonderrecht, handeln. Staaten sind bei der Vertragsschließung deutlich freier, wobei sie aber auch hier von den Vorgaben des allgemeinen Völkerrechts und den Vorgaben aus dem nationalen Recht in ihrer Vertragsfreiheit beschränkt werden. Auch unterscheiden sich die handelnden Rechtssubjekte in ihrer Zusammensetzung, denn der Sicherheitsrat ist ein Organ, das mehrere (Staaten-)Vertreter vereint und ihre Interessen somit bündelt. Beim Vertragsschluss stehen sich mehrere Staaten gegenüber, die jeweils ihre konkreten individuellen Interessen bei dem Vertragsschlussverfahren verfolgen. Im Ergebnis kann aber in beiden Fällen nur eine – zumeist politische – Kompromisslösung erzielt werden, da sonst die Resolution oder der Vertrag nicht zustande käme.

Wood[413] befürwortet die Übertragung der Grundsätze aus dem WÜV, insbesondere der Art. 31 bis 33 WÜV auf die Auslegung der Resolutionen des

---

412 Siehe dazu *Wood*, MPUNYB 1998, S. 80 ff.

413 *Wood*, MPUNYB 1998, S. 85 ff.

Sicherheitsrates, da sich auch die Grundsätze der Auslegung nach Treu und Glauben, dem allgemeinen Verständnis, dem Kontext und dem Sinn und Zweck auf die Resolutionen des Sicherheitsrates sinnvoll übertragen ließen. Auch die Auslegungsgrundsätze aus Art. 31 Abs. 3 WÜV, also die sonstigen Auslegungsparameter, seien damit auf die Resolutionen übertragbar, sodass ebenso der Grundsatz der systemischen Integration umfasst sei. Gleicherweise wandte das United Nations Administrative Tribunal in einer frühen Entscheidung die völkervertraglichen Auslegungsparameter auf seine Vorschriften betreffend das Personal der Vereinten Nationen an[414].

Papastavridis[415] hingegen kommt nach einer Untersuchung der Rechtsprechung internationaler Gerichte zu dem Ergebnis, dass die Auslegungsregeln aus dem WÜV *mutatis mutandis* nicht auf die Rechtsakte von Organen internationaler Organisationen anwendbar seien. Zur Auslegung der Resolutionen sollten zwar auch kohärente Richtlinien angewendet werden, diese sollten jedoch die Rechtsnatur der Resolutionen, ihre institutionelle Einbettung und ihr allumfassender Zweck im internationalen Kontext berücksichtigen[416]. Einer Berücksichtigung dieser Aspekte steht die Anwendung der Auslegungsregeln aus dem WÜV jedoch nicht entgegen. Sie lassen sich sogar sehr gut mit den Aspekten des Telos und dem Gesamtzusammenhang der jeweiligen Resolution vereinbaren.

Ein anderes Konzept von *Fish*[417] zur Auslegung der Rechtsakte von Organen internationaler Organisationen, das sog. „*interpretative communities*"-Konzept, basiert auf dem Gedanken, dass die Auslegung im Zusammenhang mit den Vermutungen, der Praxis und den einschlägigen Konventionen, die der institutionellen Einbettung des Sicherheitsrates in der (internationalen) Gemeinschaft zugrunde liegen, erfolgen solle. Diese These besagt, dass ein Text im Licht der relevanten Praxis und des kulturellen Umfeldes verstanden werden müsse, denn der Text würde immer durch die ihn auslegende Gemeinschaft (*interpretive community*) verstanden, für die er relevant ist[418]. Das diskursive Element steht

---

414 Urteil des UNAT vom 25. August 1951, *Howrani u.a. gg. Generalsekretär der Vereinten Nationen*, Judgment No. 4 (1951), JUNAT Nos 1–70, S. 8 ff.

415 *Papastavridis*, ICLQ 2007, S. 92 ff.

416 Siehe *Papastavridis*, ICLQ 2007, S. 94.

417 *Fish*, Is there a text in this class?, S. 303 ff.; *Fish*, Doing what comes naturally, S. 141 f.; zustimmend für die Auslegung der Resolutionen des Sicherheitsrates *Papastavridis*, ICLQ 2007, S. 98 ff.

418 Siehe *Johnstone*, EJIL 2003, S. 443 ff.; die Theorie von *Johnstone* muss im Zusammenhang mit *Dworkin's* „*theory of law*" betrachtet werden, denn beide sind der Auffassung, dass es sich beim Recht im Allgemeinen um einen interpretativen Vorgang handele, *Dworkin*, Texas Law Review 1982, S. 327 ff.

bei dieser Auffassung im Mittelpunkt, da es sich bei den Beteiligten des Völkerrechts um Botschafter oder politische Vertreter handelt, die Verträge aushandeln und um Personen, die das Recht als Richter oder als Teil der Exekutive auslegen und anwenden. Es handele sich bei diesen Personen jeweils nur um eine Art ‚verlängerter Arm' einer institutionalisierten Gemeinschaft[419]. Insbesondere der Sicherheitsrat, das Treffen von 15 Staaten bzw. ihren Vertreter auf höchster internationaler Ebene im Bereich der Friedenssicherung und Sicherheitspolitik, stelle ein solches interpretatives Forum dar[420].

cc) Fazit

Überträgt man diesen Ansatz auf das Völkerrecht und die Situation des Sicherheitsrates, und untersucht man diesen genauer mit Blick auf die im Völkerrecht bekannten Auslegungsparameter, erkennt man, dass diese Auffassung nichts anderes beinhaltet, als eine systemische Auslegung, so wie es schon Art. 31 Abs. 3 lit. c) WÜV für Verträge vorsieht. Schließlich geht es bei den Vorschlägen von *Fish* und *Johnstone* darum, auf den hinter den Entscheidungen des Sicherheitsrates stehenden gemeinsamen Willen abzustellen, der durch das Verhalten der darin vertretenen Staaten geprägt wird. Aber auch diese Staaten haben ihren jeweiligen anderen völkerrechtlichen Verpflichtungen Rechnung zu tragen, die sie bei der Entscheidungsfindung berücksichtigen müssen. Dadurch fließt der Gedanke der Systematik aus Art. 31 Abs. 3 lit. c) WÜV automatisch mit ein. Es wird verdeutlicht, dass sich diese Auffassung nicht wesentlich von den anderen Ansichten unterscheidet, die Art. 31 Abs. 3 lit. c) WÜV direkt auf die Auslegung der Resolution des Sicherheitsrates anwenden.

Im Grunde sind der Prozess der Entscheidungsfindung und die Zielrichtung der beiden Rechtsakte nicht völlig verschieden. Beim Vertragsschluss wie auch beim Erlass einer Resolution des Sicherheitsrates bedarf es des Konsenses und sogar der Einstimmigkeit, um zu einem Ergebnis zu gelangen. Zwar entfalten die Resolutionen ihre Wirkung gegenüber Dritten und sind keine Regelungen, die das interne Verhältnis der Mitglieder untereinander regelt. Letztlich geht es aber um ein Anliegen aller Staaten der Vereinten Nationen, also auch derjenigen, die im Sicherheitsrat vertreten sind und Entscheidungen für die gesamte Staatengemeinschaft treffen. Insbesondere die Resolutionen, die Individualsanktionen enthalten, sind relativ differenziert formuliert und bedürfen der Auslegung, ebenso wie die internationalen Verträge aufgrund ihrer Komplexität und der

---

419 *Johnstone*, EJIL 2003, S. 445.

420 *Johnstone*, EJIL 2003, S. 452 ff.

Abstraktion der Formulierungen der Auslegung bedürfen. Darüber hinaus handelt es sich bei Resolutionen lediglich um abgeleitetes Recht aus der UN-Charta, die aber selbst den Auslegungsregeln des WÜV unterliegt. Die Resolutionen werden auf der Grundlage des Kapitel VII der UN-Charta erlassen und haben daher ihren Ausgangspunkt in vertragsrechtlichen Normen.

Die Anwendung des Grundsatzes der systemischen Auslegung auf die Auslegung der Resolutionen des Sicherheitsrates erscheint daher sinnvoll, auch wenn dies dem Art. 103 UN-Charta auf den ersten Blick widerspricht. Denn auch die Resolutionen des Sicherheitsrates müssen im Einklang mit dem gesamten Völkerrecht und der UN-Charta ergehen[421], sodass die Auslegung dieser Resolutionen im Sinne der gängigen Auslegungsparameter einschließlich der systemischen Auslegung durchgeführt werden sollte.

Die Auslegungsparameter aus dem WÜV bieten sich daher als effektive Werkzeuge zur besseren Anwendung der Verträge und der abgeleiteten Rechtsakte durch die Mitgliedstaaten an. Insbesondere die Auslegungsregel aus Art. 31 Abs. 3 lit. c) WÜV vereinfacht das Verhalten der Staaten auf der internationalen Ebene, insofern er ihnen dazu verhilft, ihren vielfachen Verpflichtungen nachzukommen, seien sie vertraglicher Natur oder basieren sie auf abgeleiteten Rechtsakten des Sicherheitsrates. Die systemische Auslegung völkerrechtlicher Verpflichtungen, unabhängig davon ob sie direkt aus Verträgen erwachsen oder daraus abgeleitete Verpflichtungen sind, bringt auch für die nationalen Gerichte den Vorteil, dass sie dabei einerseits ihrer Verpflichtung nachkommen können, das internationale Recht anzuwenden, aber gleichzeitig auch den Grundsatz der Gewaltenteilung wahren können, indem sie dadurch die Macht der Legislative einschränken[422].

II. Konfliktlösung mittels Kollisionsnormen

Bei den echten Kollisionsregeln kann unterschieden werden zwischen Konfliktregeln für Konflikte zwischen allgemeinem Völkerrecht und internationalen Verträgen, für Konflikte innerhalb eines Spezialgebietes des internationalen Rechts und für Konflikte zwischen „unabhängigen" Gebieten des internationalen Rechts. Im letzten Fall können die gängigen Regeln *lex superior*, *lex posterior* und *lex specialis* nicht weiterhelfen, da es im System des internationalen Rechts keinen einheitlichen „Gesetzgeber" gibt, der für alle Rechtsakte verantwortlich

421 Dazu später in Kapitel 3.

422 So *Tzanakopoulos*, Select proceedings of the European society of international law. Third Volume, S. 163 f.

ist, dafür bedürfte es schließlich des Willens eines einheitlichen Gesetzgebers[423]. Diese Regeln würden im Übrigen nicht weiterhelfen, da es an der einheitlichen Perspektive fehlt, nach der man die Konflikte neutral lösen könnte[424]. Für die übrigen Fälle sollen diese Kollisionsregeln im Folgenden dargestellt werden[425].

Geht man im Falle eines Normkonfliktes nicht davon aus, dass das Völkerrechtsregime normhierarchisch strukturiert ist, kann man ohne Weiteres zu dem Ergebnis kommen, dass das Ziel der Lösung der Normenkollision nicht der normhierarchische Geltungsvorrang einer Norm ist, sondern ein funktionssichernder Anwendungsvorrang[426]. Dadurch wird im Ergebnis lediglich die Anwendung der Normen gesichert, bspw. im Bereich der Grundrechte. Eine Entscheidung über die Verfassung des Völkerrechtssystems an sich, muss aber nicht gefällt werden.

1. Lex superior derogat legi inferiori

Nach diesem Grundsatz geht die höherrangige Norm den im Rang nachfolgenden Normen vor, was voraussetzt, dass in der jeweils zu bestimmenden Rechtsordnung überhaupt höher- und niedrigerrangiges Recht vorhanden ist.[427] Der Satz vom Vorrang der höherrangigen Norm ergibt sich wie ein Automatismus aus dem Umstand, dass in einer Rechtsordnung höherrangiges und niederrangiges Recht vorgesehen ist.[428] Normenkonflikte werden dadurch gelöst, dass einige Regeln aufgrund ihrer Stellung in einer Normenhierarchie vorrangig vor den anderen gelten. Durch die vorrangige Rechtsnorm wird die andere Rechtsnorm verdrängt. Die Rechtsfolge kann unterschiedlich ausfallen, so ist möglich, dass

---

423 Siehe auch Preliminary Report by the Chairman of the ILC Study Group, *Koskenniemi*, „Study on the Function and Scope of the lex specialis Rule and the Question of ‚Self-Contained Regimes'", UN Doc. ILC(LVI)/SG/FIL/CRD.1 und Add.1, Rn. 28: *„There is no single legislative will behind international law. Treaties and custom come about as a result of conflicting motives and objectives – they are ‚bargains' and ‚package-deals' and often result from spontaneous reactions to events in the environment (...)"*.

424 Siehe *Michaels/Pauwelyn*, DJCIL 2012, S. 349, 367 ff.

425 Siehe vor allem zum Kollisionsrecht bei Kollisionen zwischen vertraglichen Verpflichtungen, *Karl*, Encyclopedia of Public International Law, Band 4, 2002, S. 837 f.

426 *Franzius*, AöR (138) 2013, S. 258.

427 Wie beispielsweise im deutschen Recht, in dem nach Art. 31 GG das Bundesrecht dem Landesrecht vorgeht.

428 Siehe *Vranes*, ZaöRV 2005, S. 403.

die verdrängte Rechtsnorm nur unangewendet bleibt[429] oder aber nichtig wird[430]. Wie sich dies im Völkerrecht darstellt und ob es Normen unterschiedlichen Ranges im Völkerrecht überhaupt gibt, soll im Folgenden untersucht werden. Zwei Konzepte sollen dabei im Vordergrund stehen: die Normen des *ius cogens* und Art. 103 UN-Charta.

a) *Ius cogens*

Im Sinne der Art. 53 und Art. 64 WÜV sind Normen des *ius cogens*[431] solche, die zwingendes Recht beinhalten und aufgrund dieses Charakters allen anderen Normen, die nicht zwingend sind, vorgehen[432]. Die Gegenstücke zu Normen des *ius cogens* sind Normen, die dispositiver Natur sind. Denkt man in Normenhierarchien, befinden sich die Normen des *ius cogens* also an der Spitze einer völkerrechtlichen Normenpyramide[433] und gehen damit auch der UN-Charta vor[434]. Das *ius cogens*-Konzept hat das vertikale Denken im Völkerrecht[435] erst ermöglicht, indem es eine besondere Stellung im Verhältnis zu allen anderen Normen im System beansprucht.

Die Kollisions- oder Konfliktvermeidungsregeln würden daher keine Anwendung finden, lediglich der Grundsatz *lex superior* in Bezug auf die Normen des

---

429 Dafür bildet das EU-Recht das beste Beispiel, da nach der ständigen Rechtsprechung des EuGH das EU-Recht Vorrang vor dem nationalen Recht genießt, es sich aber „nur“ um einen Anwendungsvorrang handelt, siehe EuGH, *Costa/E.N.E.L.*, a.a.O.

430 Siehe dazu bspw. Art. 31 GG, der vorsieht, dass Bundesrecht Landesrecht „bricht“. Das „gebrochene“ Landesrecht wird daher nicht nur unanwendbar und das Bundesrecht hat Vorrang, sondern wird bei Verstoß gegen das Bundesrecht *ex nunc* nichtig. Dies ist ein Fall des Geltungsvorrangs.

431 Siehe zum *ius cogens* insbesondere *Kadelbach*, Zwingendes Völkerrecht, S. 26 ff. und *Shelton*, AJIL 2006, S. 297 ff.; zum ersten Mal umfassend dargestellt wurden das Konzept *ius cogens* von *Verdross*, AJIL 1937, S. 571 ff.

432 Siehe Art. 53 S. 2 WÜV.

433 Und gehen damit dem Völkervertrags- und Völkergewohnheitsrecht vor, siehe ICTY, Urteil vom 10. Dezember 1998, *Prosecutor v. Furundzija*, ILM 38 (1999), Rn. 134 ff., insbes. Rn. 153 ff. und ICTY, Urteil vom 14. Januar 2000, *Kupreskic et al.*, Case No. IT-95-16-T, Rn. 520.

434 Das hat Richter *Lauterpacht* in seinem Sondervotum (Rn. 100) in Rahmen von IGH, Anordnung vom 13. September 1993, *Application of the Convention on the Prevention and Punishment of the Crime of Genocide (Further Requests for the Indication of Provisional Measures)*, ICJ Reports 1993, S. 325 zum Ausdruck gebracht.

435 Die Vertikalität hat das Völkerrecht den Normen des *ius cogens* zu verdanken, siehe *Rozakis*, The Concept of Jus Cogens in the Law of Treaties, S. 19 f.

ius cogens.[436] Alle Vertreter, ob sie für oder gegen eine Normenhierarchie im Völkerrecht plädieren, sind sich wiederum einig, dass die Normen des *ius cogens* absoluten Vorrang vor allen anderen Normen haben, unabhängig von deren Rechtsquelle, zeitlicher Entstehung und Besonderheit. Sie werden daher auch als das ‚Herzstück der internationalen Verfassung' bezeichnet[437]. Art. 64 WÜV bringt den absoluten Charakter deutlich zum Ausdruck: „*If a new peremptory norm of general international law emerges, any existing treaty which is in conflict with that norm becomes void and terminates*". Art. 53 WÜV regelt: „*A treaty is void if, at the time of its conclusion, it conflicts with a peremptory norm of general international law*". Andere Normen des Völkerrechts finden bei Verstoß gegen *ius cogens* keine Anwendung.

Eine Auffassung spricht den Normen des *ius cogens* einen ausschließlich gewohnheitsrechtlichen Charakter zu[438]. Aus den *travaux préparatoires* des WÜV ergibt sich hingegen, dass Vertrags- und Gewohnheitsrecht gleichsam Quellen des *ius cogens* sein können[439]. Im Zusammenhang mit den Normen des *ius cogens* sind die *erga-omnes*-Verpflichtungen[440] von Relevanz. Zwingende Normen des Völkerrechts erheben naturgemäß einen solchen Geltungsanspruch gegenüber allen Staaten.[441] *Erga-omnes*-Verpflichtungen gelten gegenüber der gesamten Staatengemeinschaft, sodass sich jeder einzelne Staat bei einer Missachtung der Verpflichtung als verletzt ansehen darf.[442] Aufgrund des Ausnahmecharakters

436 Siehe dazu auch *Akehurst*, British Yearbook of International Law 1974–75, S. 281 f.

437 Siehe *Fassbender*, Towards World Constitutionalism, S. 844; so ähnlich auch *De Wet*, ICLQ 2006, S. 76, die das Wertesystem aus *erga-omnes*-Verpflichtungen und Normen des *ius cogens* als Ausfluss einer starken internationalen Gemeinschaft ausmacht, die durch diese Normen zusammengehalten wird; zur Reichweite der Normen des *ius cogens*, *Focarelli*, Nordic Journal of International Law 2008, S. 429 ff., er plädiert dafür, dass die große Reichweite der Normen des *ius cogens* erhalten bleibt und nicht weiter durch die Rechtsprechung beschränkt werden sollte. Auch *Salcedo*, EJIL 1997, S. 595 hebt die besondere Bedeutung des *ius cogens* hervor, das schließlich dazu beigetragen habe, dass man im Völkerrecht überhaupt von einer Normenhierarchie spricht.

438 *Thirlway*, International Law, S. 119 f.: darauf weise der Wortlaut des Art. 53 WÜV hin. Dieser spricht davon, dass eine neue Regel des *ius cogens* auch dann entstehen kann, nachdem ein internationaler Vertrag geschlossen wurde.

439 Report of the ILC on the work of its Fifteenth Session vom 6. Juli 1963, Yearbook of the ILC 1963, vol. II, S. 211.

440 Die Existenz der *erga-omnes*-Verpflichtungen wurde in einem *obiter dictum* in IGH, Urteil vom 5. Februar 1970, *Barcelona Traction, Second Phase*, ICJ Reports 1970, Rn. 33 bestätigt.

441 Vgl. *Hannikainen*, Peremptory Norms in International Law, S. 4 ff., 269 ff.

442 So *Kadelbach*, Zwingendes Völkerrecht, S. 33.

dieser Normen, der Rechtsfolge bei einem Verstoß gegen *ius cogens* und der Regelung in Art. 53 WÜV, kann man durchaus von einer Konstitutionalisierung des Völkerrechts sprechen. Einige erklären daher den Korpus der Normen des *ius cogens* zu ‚formellem Verfassungsrecht'.[443]

Wenn man von Normen des *ius cogens* als Weltverfassungsrecht sprechen möchte, da sie allem anderen Völkerrecht vorgehen und die Nichtigkeit ihnen widersprechender Normen zur Folge haben, bleibt noch die Frage offen, welche Wirkung bzw. Geltung[444] die Normen des *ius cogens* aus dem Völkerrecht im nationalen Recht haben. Der ICTY ist in dem *Furundzija*-Fall zu einem überraschenden, wenngleich ergebnisorientierten Urteil gekommen. Nachdem er den *ius-cogens*-Charakter des Folterverbots herausgearbeitet hatte[445], führte er aus, dass Normen des *ius cogens* wegen ihres besonderen Status in der Normenhierarchie des Völkerrechts, und wegen der Pflicht der Staaten von diesen Normen nicht abzuweichen, ins nationale Recht hineinwirken und dieses sogar brechen kann[446]. Dies begründete er mit Effektivitätserwägungen und Konsistenzbemühungen: würde der *ius-cogens*-Charakter einer Norm keine direkte Wirkung im nationalen Recht zeigen, könnten die Staaten im nationalen Recht oder in der Verwaltungs- und Gerichtspraxis diesem widersprechende Handlungen vornehmen, sodass sich der Einzelne nicht mehr effektiv auf diese Normen berufen könnte.

Im Ergebnis ist dies sicherlich zu begrüßen, wobei wohl im Einzelfall danach unterschieden werden müsste, wen die Norm des *ius cogens* begünstigt – den Staat oder das Individuum – und ob sie *self-executing*-Charakter hat. Handelt es sich um eine Norm, die an den Staat gerichtet ist, besteht selten die Gefahr, nationales Recht zu brechen, da es um zwischenstaatliche Angelegenheiten im Außenverhältnis geht, wie bspw. das Interventionsverbot oder das Gewaltverbot. Sind jedoch menschenrechtliche Gewährleistungen betroffen, so ist der Staat durch die internationale Verpflichtung zur Einhaltung der internationalen

---

443 *Fischer-Lescano*, ZaöRV 2003, S. 743 ff.

444 Zur Wirkung und Geltung des allgemeinen Völkerrechts im nationalen Recht in einer Auswahl der „wichtigsten" Staatenverfassungen, siehe *Dahm/Delbrück/Wolfrum*, Völkerrecht I/1, S. 106 ff.; zur Rechtslage in Deutschland, siehe *Kadelbach*, Zwingendes Völkerrecht, S. 340 f.

445 ICTY, *Furundzija*, a.a.O., Rn. 134 ff., insbes. Rn. 153 ff.

446 ICTY, *Furundzija*, a.a.O., Rn. 153 ff. Die logische Schlussfolgerung wäre, dass die Normen des *ius cogens* auch die gegen sie verstoßenden anderen Normen des Völkerrechts, bspw. aus der UN-Charta, brechen könnten.

Grundrechte gegenüber Individuen dazu verpflichtet, diese im nationalen Recht zu gewährleisten, somit im Innenverhältnis.

In der Rechtsprechung des IGH wurden die Normen des *ius cogens* zuerst nur indirekt zur Kenntnis genommen[447], wobei der IGH diese zumindest implizit im *Barcelona Traction* Fall anerkannt hat, als er über die *erga-omnes*-Verpflichtungen der Staaten gegenüber der internationalen Gemeinschaft als Ganzes sprach[448]. Es gab einige verpasste Chancen, in denen er sich hätte äußern können, dies aber vermied[449], um das Konzept 2006[450] endlich explizit anzuerkennen. Auch in der

---

447 Siehe IGH, Urteil vom 27. Juni 1986, *Military and Paramilitary Activities in and against Nicaragua*, ICJ Reports 1986, Rn. 190, wobei der IGH mitnichten das Gewaltverbot als *ius cogens* bezeichnet, sondern sich mit dem völkergewohnheitsrechtlichen Charakter der Norm befasst und nur indirekt durch den Verweis auf ILC Commentary to Article 50 of the Draft Articles on the Law of Treaties, ILC Yearbook, 1966–11, S. 24, Rn. 1, dem Gewaltverbot *ius-cogens*-Charakter zuspricht; siehe auch IGH, Gutachten vom 8. Juli 1996, *Legality of the Threat or Use of Nuclear Weapons*, ICJ Reports 1996, Rn. 79, in dem es um den Rechtscharakter der grundlegenden Normen des humanitären Völkerrechts im bewaffneten Konflikt ging. Auch hier arbeitet der IGH den völkergewohnheitsrechtlichen Charakter der Normen heraus, spricht aber von *„intransgressible principles of international customary law"*, sodass man sich durchaus fragen kann, ob er damit Normen des *ius cogens* meint; siehe auch IGH, Urteil vom 15. September 1997, *Gabcikovo-Nagymaros*, ICJ Reports 1997, Rn. 46 ff., in dem der IGH sich mit dem gewohnheitsrechtlichen Charakter der Normen zur Staatenverantwortlichkeit befasst.

448 IGH, *Barcelona Traction*, a.a.O., Rn. 33, in dem es um diplomatischen Schutz ging.

449 Siehe IGH, Urteil vom 12. Februar 2002, *Arrest Warrant of 11th April 2000*, ICJ Reports 2002, Rn. 51 f., in dem es um den Rechtscharakter der völkergewohnheitsrechtlichen Normen zur Staatenimmunität und Immunität von Staatschefs ging. Nur die Richter *Al-Khasawneh* (dissenting opinion) und *Dugard* (separate opinion) griffen das *ius-cogens*-Konzept auf; siehe auch IGH, Anordnung vom 13. September 1993, *Application of the Convention on the Prevention and Punishment of the Crime of Genocide (Further Requests for the Indication of Provisional Measures)*, ICJ Reports 1993, S. 325 und das Sondervotum des Richters *Lauterpacht*, Rn. 100, der sich mit der Eigenschaft des Völkermordverbotes als *ius cogens* befasst.

450 IGH, Urteil vom 3. Februar 2006, *Armed Activities on the Territory of Congo (Preliminary Objections)*, ICJ Reports 2006, Rn. 64, der IGH erklärt dort das Verbot des Völkermordes zu zwingendem Völkerrecht; Kritik an diesem Urteil übt *Focarelli*, Nordic Journal of International Law 2008, S. 431 ff., er bedauert, dass der IGH die Reichweite der Normen des *ius cogens* mit diesen Worten beschränkt hat: *„according to the Court, the peremptory character of a norm does not produce the ‚special' effect that a related treaty norm – in this instance for jurisdictional purposes – applies retroactively, thereby derogating from a norm that would otherwise apply"*.

Rechtsprechung weiterer internationaler Gerichte wurde das Konzept des *ius cogens* anerkannt[451].

b) *Art. 103 UN-Charta*

Art. 103 UN-Charta[452] formuliert: „*In the event of a conflict between the obligations of the Members of the United Nations under the present Charter and their obligations under any other international agreement, their obligations under the present Charter shall prevail.*" Art. 30 Abs. 1 WÜV[453], der einen Verweis auf diese Regelung enthält, stützt diese Regelung mit folgendem Wortlaut: „*Subject to Article 103 of the Charter of the United Nations, the rights and obligations of States parties to successive treaties relating to the same subject-matter shall be determined in accordance with the following paragraphs.*"

Art. 103 UN-Charta regelt dem Wortlaut nach einen unbedingten und absoluten Vorrang der Verpflichtungen der Mitgliedstaaten der Vereinten Nationen aus der UN-Charta vor kollidierenden Verpflichtungen aus anderen internationalen Verträgen[454]. Ebenso wie Art. 30 WÜV[455], der anordnet, dass die dort kodifizierten Anwendungsregeln zu kollidierenden Verträgen[456] dann keine Anwendung

451 Siehe bspw. EGMR, *Al-Adsani*, a.a.O., Rn. 60 ff., in dem sich der EGMR mit dem Völkermordverbot befasst. Er verweist dabei auf das Urteil des ICTY *Furundzija* aus dem Jahr 1998; Interamerikanischer Gerichtshof für Menschenrechte (IAGMR), Urteil vom 10. September 1993 – *Aloeboetoe et al.*, IACHR Series C No 15, 1993, Rn. 57, in dem es um das Verbot der Sklaverei ging; EuG, Urteil vom 21. September 2005, *Kadi gegen Rat und Kommission*, T-315/01, ECLI:EU: T:2005:332, Rn. 226 ff., in dem sich das EuG mit den Menschenrechten als *ius cogens* befasst.

452 Siehe zu den Ursprüngen und Hintergründen der Norm, die hier nicht dargestellt werden können insbes. *Paulus/Leiß* in: *Simma*, The Charter of the United Nations. A Commentary, Art. 103, Rn. 1 ff.

453 So auch Art. 46 IPbpR, Art. 131 Charter of the Organisation of American States und 7. Prinzip der Declaration on Principles of International Law concerning Friendly Relations and Cooperation among States in accordance with the Charter of the United Nations, A/RES/25/2625, vom 24. Oktober 1970.

454 So auch das Verständnis des IGH, *Nicaragua*, a.a.O., Rn. 107

455 Das gleiche regelt auch Art. 30 Abs. 6 Wiener Übereinkommen über das Recht der Verträge zwischen Staaten und internationalen Organisationen und internationalen Organisationen (WÜVIO): „*The preceding paragraphs are without prejudice to the fact that, in the event of a conflict between obligations under the Charter of the United Nations and obligations under a treaty, the obligations under the Charter shall prevail*".

456 Insbesondere die *Lex-posterior-* und *Lex-specialis*-Regeln, siehe *Paulus/Leiß* in: *Simma*, The Charter of the United Nations. A Commentary, Art. 103, Rn. 11.

finden, wenn es um die Verpflichtungen aus der UN-Charta geht, die unbedingten Vorrang vor allen anderen vertraglichen Verpflichtungen genießt. Damit wird die *lex-superior*-Regel aus Art. 103 UN-Charta noch in ihrer Bedeutung verstärkt. Art. 103 UN-Charta hat die Effizienz und Integrität des Systems der Vereinten Nationen im Blick und stellt damit eine Kollisionsregel zugunsten der Verpflichtungen aus der UN-Charta auf.

Eine fundamentale Voraussetzung der Anwendbarkeit des Art. 103 UN-Charta ist jedoch die Rechtmäßigkeit der Verpflichtungen, die sich aus der UN-Charta ergeben[457], insbesondere der derivativen Rechtsakte, wie die Resolutionen des Sicherheitsrates. Ergeht eine Resolution *ultra vires* oder verstößt sie grob gegen die materiellen Ziele und Prinzipien der Vereinten Nationen aus Art. 1 UN-Charta, kann die Vorrangregel aufgrund der Rechtswidrigkeit der Verpflichtung keine Anwendbarkeit beanspruchen.

aa) Der Stufenbau im Völkerrecht

Aus Art. 103 UN-Charta iVm. Art. 30 WÜV ergibt sich ein zumindest zweistufiges Normensystem[458] im Völkerrecht. Art. 103 UN-Charta ist eine Kollisionsregel für den Fall, dass Verpflichtungen aus der UN-Charta mit anderen vertraglichen Verpflichtungen der Mitgliedstaaten kollidieren[459] und wird teilweise gar als Vorrangregel zugunsten der gesamten UN-Charta von normhierarchischer Natur bezeichnet[460]. Andere sprechen gar von der gesamten UN-Charta als einer

---

457 Siehe Sondervotum der Richter Pinto de Albuquerque, Hajiyev, Pejchal und Dedov, in EGMR (GK), *Al-Dulimi*, a.a.O., Rn. 5.

458 Siehe *Vranes*, ZaöRV 2005, S. 402, siehe auch Fn. 48; so auch *de Wet*, LJIL 2006, S. 616; siehe zum Begriff des völkerrechtlichen Stufenbaus *Verdross*, Die Verfassung der Völkerrechtsgemeinschaft, S. 42 ff.; siehe auch *Fastenrath*, Subsidiarität als rechtliches und politisches Ordnungsprinzip, S. 531 f.

459 *Kadelbach/Kleinlein*, Archiv des Völkerrechts 2006, S. 249 ff.; *Knauff*, Der Regelungsverbund, S. 48, sieht derzeit keine Normenhierarchie mit der UN-Charta an der Spitze, hält es aber nicht für ausgeschlossen, dass sich die Rechtslage ändert; ebenso ablehnend gegenüber der normenhierarchischen Bedeutung des Art. 103 UN-Charta: *Suy*, FS Bernhardt, S. 267 ff., 277; *Galicki*, FS Hafner, S. 51 f., der in Art. 103 UN-Charta eine reine Kollisionsregel sieht, die keine einheitliche Normenhierarchie anführe. Ein hierarchisches System gebe es im Völkerrecht nicht; siehe auch *Paulus*, Die internationale Gemeinschaft im Völkerrecht, S. 309; *de Wet*, LJIL 2006, S. 617, sie schlägt gar ein dreistufiges System vor. Dabei sollen die Normen des *ius cogens* an der Spitze der Normenpyramide stehen, darunter die *erga-omnes*-Verpflichtungen und darunter alle anderen Normen des Völkerrechts.

460 *Bernhardt* in: *Simma/Randelzhofer/Tomuschat/Wolfrum*, The Charter of the United Nations, Art. 103, Rn. 6 (2. Auflage 2002), der den höheren Rang der UN-Charta

„Weltverfassung“[461]. Nach anderer Auffassung könne Art. 103 UN Charta nur als Hierarchisierungsnorm für die UN-Charta fungieren, wenn es um den Vorrang einer Verpflichtung aus der UN-Charta vor einer Norm gehe, die demselben Regime angehöre.[462] Andere sehen in Art. 103 UN-Charta lediglich eine Kollisionsregel, da Art. 103 UN-Charta im WÜV bei den Vorschriften aufeinanderfolgender Verträge aufgeführt ist und nicht bei den Vorschriften zur Wirksamkeit der Verträge[463]. Je nachdem, was man unter dem System des Völkerrechts versteht, kann dies sogar dazu führen, dass Art. 103 keine Anwendung findet, so wie es der EuGH in seinem *Kadi*-Urteil entschied[464]. Die Auffassungen zur Normenhierarchie und weiten Auslegung des Art. 103 UN-Charta sehen hingegen an der Spitze der Normenhierarchie des Völkerrechts die Normen einer internationalen *Rule of Law*, die Normen des *ius cogens* und *erga-omnes*-Verpflichtungen[465].[466]

---

betont; siehe auch *Fassbender*, Columbia JTL 1998, S. 529 ff., der unter anderem aus Art. 103 UN-Charta den konstitutionellen Charakter der UN-Charta ableitet; *Macdonald*, Towards World Constitutionalism, S. 835 ff.; Kritisch sehen das *Milanovic*, DJCIL 2009, S. 77 und *Miko*, Boston College Law Review 2013, S. 1361 ff.

461 *Kelsen*, The Law of the United Nations, S. 85 f., 106 f., 283 f., er begründet den Vorrang der UN-Charta vor einfachem Völkerrecht mit dem Geltungsanspruch der Charta gegenüber Dritten aus Art. 2 n° 6 UN-Charta, also mit den globalen Gewaltmonopol der Vereinten Nationen, insbesondere des Sicherheitsrates nach Kapitel VII und dem Anwendungsvorrang vor allen anderen Verträgen nach Art. 103; siehe auch *Fassbender*, The UN Security Council Reform and the Right to Veto, S. 89 ff.; *Fassbender*, Columbia JTL 1998, S. 529 ff.; *Simma*, Recueil des cours de l'Académie de La Haye 1994, Vol. 250, S. 258 ff.; *Verdross/Simma*, Universelles Völkerrecht, S. vii, 221; siehe zu dem völkerrechtlichen Verfassungsbegriff auch *Bryde*, Der Staat 2003, S. 61 ff.; *Frowein*, Berichte der Deutschen Gesellschaft für Völkerrecht 39, S. 427 ff.; *Tomuschat*, Recueil des cours de l'Académie de La Haye 1993, Vol. 241, S. 216 ff.

462 *Milanovic*, DJCIL 2009, S. 88.

463 *Gowlland-Debbas*, Securing Human Rights, S. 68.

464 Der EuGH betonte, dass die EU-Rechtsordnung eine von den Vereinten Nationen unabhängige Rechtsordnung („autonome Rechtsordnung“) sei, in der Art. 103 UN-Charta keine Konsequenzen haben könne, siehe EuGH, *Kadi I*, a.a.O., Rn. 281–285, 316 f.

465 So *Fischer-Lescano*, ZaöRV 2003, S. 747.

466 Diese Debatte ist nicht damit zu verwechseln, dass die Gründungsverträge von internationalen Organisationen als deren „Verfassung“ bezeichnet werden, da sie die grundlegenden Regeln zum Funktionieren der Organisation enthalten und dafür sorgen, dass diese Gemeinschaft (von Staaten) zusammengehalten wird. Siehe dazu *Dupuy*, MPUNYB 1997, S. 1 ff.; *Fassbender*, Columbia JTL 1998, S. 529 ff.; *Franck*, FS Eitel, S. 95 ff.; *Mosler*, The International Society as a Legal Community, S. 16; *Klein/Schmahl*, Völkerrecht, S. 255; Schmalenbach in: *Wolfrum*, MPEPIL, Rn. 4 ff.

Der Wortlaut des Art. 103 UN-Charta formuliert nur einen Vorrang der Verpflichtungen aus der UN-Charta und keinen Vorrang der gesamten UN-Charta[467] vor allen anderen Rechtsquellen im Völkerrecht. Diese Lesart muss der Auffassung entgegengehalten werden, die die UN-Charta als „Verfassung des Völkerrechts" bezeichnet, die in der Normenhierarchie im Völkerrecht über allen anderen völkerrechtlichen Normen stehe[468]. Daher halten einige den Art. 103 UN-Charta für eine bloße Konfliktlösungsregel, die den Verpflichtungen aus der UN-Charta Vorrang vor allen anderen vertraglichen Verpflichtungen einräumt[469], ohne dass sie ein abstraktes Rangverhältnis statuiere. Auch eine neuere Lesart des Art. 103 UN-Charta, die der Entwicklung des Völkerrechts Rechnung trägt[470], spricht sich nicht für einen umfassenden Vorrang der UN-Charta vor anderen Regeln des Völkerrechts aus. Diese Auffassung empfiehlt eine dynamische Auslegung der Norm[471], für den Fall der Kollision von Sekundärrechtsakten der Vereinten Nationen mit international anerkannten Menschenrechtsstandards.[472] In diesen Fällen sollte von dem jeweiligen Gericht untersucht werden, ob Art. 103 UN-Charta überhaupt Anwendung findet.

---

467 So auch Bericht der Studiengruppe der ILC, *Koskenniemi*, Fragmentation of International Law, a.a.O., Rn. 331.

468 Zur Notwendigkeit einer Normenhierarchie im Völkerrecht aufbauend auf der Reinen Rechtslehre von *Kelsen*, siehe *Koskenniemi*, EJIL 1997, S. 568 ff.; *Fassbender*, Columbia JTL 1998, S. 409 ff.

469 Siehe *Tzanakopoulos*, Hierarchy in International Law, S. 63 ff., er begründet seine Ansicht mit zwei Argumenten: zum einen sei der Vorrang der UN-Charta nicht ‚in Stein gemeißelt', da die Mitgliedstaaten der Vereinten Nationen jederzeit die UN-Charta und damit auch Art. 103 ändern können, der Vorrang sei also von dem Willen der Parteien abhängig. Zum anderen betont er das schon genannte Wortlautargument, das für einen reinen Vorrang vor vertraglichen Verpflichtungen spreche und nicht dem Völkerrecht als Ganzem. Beim ersten Argument, das die UN-Charta nicht änderungsfest sei, sind die Art. 108 und 109 der UN-Charta zu beachten. Werden direkte Änderungen der UN-Charta beschlossen oder werden andere Verträge geschlossen, die als Änderung der UN-Charta iSd. Art. 108 f. UN-Charta gelten, dann ist dies ein Hinweis darauf, dass die UN-Charta und ihre Vorrangstellung nicht unumstößlich sind. Dann ist Art. 103 UN-Charta nur noch eine einfache Kollisionsregel, die dem Willen der Vertragsparteien unterliegt und jederzeit abgeändert werden kann.

470 Siehe *Gowlland-Debbas*, Securing Human Rights, S. 68 ff.

471 Im Englischen heißt es bei *Gowlland-Debbas „evolutionary interpretation"*.

472 Es gibt aber auch den Vorschlag zwischen der Vorrangregel des Art. 103 UN-Charta und der Umsetzung in das nationale Recht durch den Mitgliedstaat zu unterscheiden. Wenn man nämlich nur die Umsetzungspflicht als vorrangig ansieht, könnte man – da Art. 103 UN-Charta nichts anderweitiges regelt – den Mitgliedstaaten bei der

Dabei ist die Entstehungsgeschichte der UN-Charta zu berücksichtigen, sowie die Sorge der Autoren der UN-Charta, dass die Mitgliedstaaten anderweitige internationale Pflichten dem Recht der Vereinten Nationen vorziehen könnten. Der grundsätzliche Anwendungsvorrang der Charta sollte gewährleistet werden, jedoch hatte man damals noch nicht an die Kollision mit menschenrechtlichen Verpflichtungen gedacht, die sich in ihrer heutigen Bedeutung ja erst nach der Entstehung der Vereinten Nationen entwickelt haben. Der ursprünglich dahinter stehende Gedanke, nämlich die Sicherung der Effektivität der Umsetzung der UN-Charta, ist heute nicht mehr derart gefährdet, wie bei der Gründung der Vereinten Nationen, als man den Zweiten Weltkrieg und den Bruch der Satzung des Völkerbundes noch in Erinnerung hatte.[473]

Heute ist die Effektivität der UN-Charta weitgehend gewährleistet und es ist nicht mehr zu befürchten, dass die Rechtsakte der Organe der Vereinten Nationen, zumindest nicht im großen Stil, nicht respektiert oder nicht umgesetzt werden. Vielmehr sind neue Pflichten der Vereinten Nationen und seiner Organe auf den Plan getreten, nämlich die Bindung an internationale Menschenrechte, die den Art. 103 UN-Charta in einem anderen Licht erscheinen lassen. Daher sollte der Vorrang der Verpflichtungen aus der UN-Charta[474] in solchen Fällen nicht gelten, was auch durch die jeweiligen Gerichte zu berücksichtigen wäre.[475]

Dabei steht erneut eine andere Fragestellung im Hintergrund, nämlich das Bestehen einer Pflicht der Mitgliedstaaten der Vereinten Nationen, die Resolutionen des Sicherheitsrates umzusetzen, die offensichtlich gegen international anerkannte Menschenrechte verstoßen.[476] Aber selbst wenn keine Pflicht der Staaten zur Umsetzung solcher Resolutionen bestünde, kann der Charakter des

---

Umsetzung der Rechtsakte einen Spielraum überlassen, in dem sie die Umsetzung im Sinne ihrer anderen internationalen menschenrechtlichen Verpflichtungen durchführen, siehe *Sauer*, Grundrechte und Grundfreiheiten im Mehrebenensystem, S. 63.

473 Angesichts der derzeitigen Entwickungen, die das System der Vereinten Nationen delegitimieren und schwächen wollen, besonders gefördert durch die Trump-Administration der US-amerikanischen Regierung, steht eine Gefährdung des Systems der Vereinten Nationen jedoch wiederum im Raum. Durch den Austritt der USA aus dem UN-Menschenrechtsrat wird die US-amerikanische Haltung zur Bedeutung der internationalen Menschenrechte mehr als deutlich.

474 bspw. Resolutionen des Sicherheitsrates, die Wirtschaftssanktionen gegen Individuen enthalten und gegen anerkannte Grundrechte verstoßen.

475 Siehe nochmals *Gowlland-Debbas*, Securing Human Rights, S. 69.

476 Dies soll aber erst in Kapitel 3 untersucht werden: Vertritt man die Auffassung, dass der Sicherheitsrat aus einer UN-Treuepflicht an die Grundrecht gebunden ist, die sich aus der UN-Charta selbst ergebe, dann gilt zwar weiterhin der Vorrang der

Art. 103 UN-Charta für andere Normkollisionen diskutiert werden. Der Vorrang der UN-Charta Verpflichtungen bliebe daher unter der Einschränkung bestehen, dass er nur für rechtmäßige Rechtsakte gilt.

Das historische Argument spricht eher dafür, dass die Gründer der Vereinten Nationen eine (partielle) Normenhierarchie erschaffen wollten, insbesondere wenn man die neue Regelung mit der Vorgängerregelung aus der Satzung des Völkerbundes[477] vergleicht. Die Regelung in Art. 103 UN-Charta ist viel klarer formuliert und betont die Rolle der Vereinten Nationen im internationalen (Vertrags-)Gefüge. Dies spricht dafür, dass der UN-Charta zumindest ein partielles konstitutionalistisches Moment inhärent ist.[478]

bb) Die Betonung der Vorrangregel durch Art. 59 ILC DARS

Für die These, dass Art. 103 UN-Charta nicht nur etwaige Normenkollision auflöst, sondern die UN-Charta an die Spitze einer Normenhierarchie im Völkerrecht stellt, spricht Art. 59 der ILC DARS[479]: „*These articles are without prejudice*

UN-Charta, ändere aber nichts an der Grundrechtsverpflichtung der Mitgliedstaaten, so *Feinäugle*, Hoheitsgewalt im Völkerrecht, S. 135.

477 Art. 20 der Satzung lautete: „*(1) The Members of the League severally agree that this Covenant is accepted as abrogating all obligations or understandings inter se which are inconsistent with the terms thereof, and solemnly undertake that they will not hereafter enter into any engagements inconsistent with the terms thereof. (2) In case any Member of the League shall, before becoming a Member of the League, have undertaken any obligations inconsistent with the terms of this Covenant, it shall be the duty of such Member to take immediate steps to procure its release from such obligations.*“ Die Formulierung ist jedoch nur teilweise extensiver als die in Art. 103 UN-Charta, insoweit sie in Abs. 1 einen Vorrang vor allen anderen Verpflichtungen der Mitgliedstaaten anordnet, also nicht nur die vertraglichen Verpflichtungen. Dies wird aber schon dadurch relativiert, als dass dies nur zeitlich früher eingegangene Verpflichtungen betreffen sollte. Abs. 2 regelt des Weiteren, dass den Staaten nur eine Verpflichtung auferlegt wird, etwaige Normkonflikte selbst aufzulösen, soweit dies Verpflichtungen betrifft, die die Staaten vor Inkrafttreten der Völkerbundsatzung eingegangen sind. Was mit später eingegangenen konträren Verpflichtungen geschehen sollte, wurde nicht eindeutig geklärt.

478 Dies wird lediglich gedämpft durch EGMR, *Loizidou*, a.a.O., Rn. 75, 93. In diesem Urteil spricht der EGMR von der EMRK als ein *constitutional instrument of European public order* und räumt der UN-Charta einen mit anderen internationalen Verträgen nur gleichgeordneten Stellenwert ein. Der EMRK käme aber Vorrang aufgrund ihrer besonderen Bedeutung für Europa zu.

479 ILC, Draft Articles on Responsibility of States for Internationally Wrongful Acts, 2001, GA Res. A/56/10, Yearbook of the ILC, 2001, vol. II, Part Two, S. 26 ff.

to the Charter of the United Nations.“[480] Daher erscheint sie auf den ersten Blick nur wie eine *safeguard-clause*, die als Kollisionsregel das Verhältnis des Rechts der Staatenverantwortlichkeit und der UN-Charta selbst erklärt[481]. Bei genauerer Untersuchung erkennt man jedoch, was noch dahinter steckt.

Dazu muss die Rechtsnatur der ILC DARS im Allgemeinen und die Arbeit der ILC näher betrachtet werden. Die ILC wurde 1947 von der Generalversammlung der Vereinten Nationen als ein Unterorgan gem. Art. 22 UN-Charta geschaffen[482] und hat zur Aufgabe, das Völkerrecht fortzuentwickeln. Sie erstellt zu diesem Zweck regelmäßig Papiere (sog. *draft articles*), die den Staaten der Vereinten Nationen als Vorlage für zukünftige Verträge dienen können[483]. Dabei trägt sie größtenteils bereits bestehende, völkergewohnheitsrechtliche Regeln zusammen. Sie formuliert aber auch neue Regeln und betreibt damit also auch Rechtsfortbildung. Freilich betonte die ILC immerzu, dass es bei ihren Entwürfen nicht möglich sei, eine klare Unterscheidung zwischen schon geltendem Völker(gewohnheits)recht und neuen Entwicklungen vorzunehmen.[484] Damit

---

480 Diese Regelung ist gleichlautend mit Art. 67 der ILC Draft Articles on the Responsibility of International Organizations (DARIO) aus dem Jahr 2011, GA Res. A/66/10, Rn. 87, ILC Yearbook 2011, vol. II, Part II.

481 Siehe dazu *Crawford/Pellet/Olleson*, The Law of International Responsibility, S. 115 ff., 122 ff.

482 GA Res/174 (II); Näheres zur ILC bei Rao, International Law Commission (ILC) in: *Wolfrum*, MPEPIL, Rn. 1 ff.

483 Damit wurde die Generalversammlung einer ihrer Aufgaben gerecht, die in Art. 13 Abs. 1 a) UN-Charta aufgeführt ist, nämlich die Fortentwicklung des Völkerrechts und seiner Kodifizierung. So z. B. das Genfer Seerechtsübereinkommen (1958), die Wiener Übereinkommen über diplomatische (1961) und konsularische (1963) Beziehungen, das Wiener Übereinkommen über das Recht der Verträge (1969), das Wiener Übereinkommen über das Recht der Verträge zwischen Staaten und internationalen Organisationen bzw. zwischen internationalen Organisationen (1986), das Wiener Übereinkommen über die Staatennachfolge (1978 und 1983) und das Übereinkommen der Vereinten Nationen über die Immunität der Staaten und ihres Vermögens (2004). Auch trägt die ILC dazu bei, dass internationale Verträge abgeschlossen werden, ohne die vorherigen Vorschläge in der Form von *draft articles*, wie be der Seerechtskonvention (UNCLOS III - 1982) und dem Statut des Internationalen Strafgerichtshofs (1998).

484 Siehe Yearbook of the ILC, 1951, vol. I. S. 123 and 132–135; Yearbook of the ILC, 1953, vol. II, document A/2456, Rn. 54; Yearbook of the ILC, 1956, vol. II, document A/3159, Rn. 25 f.; Yearbook of the ILC, 1961, vol. II, document A/4843, Rn. 32; Yearbook of the ILC, 1966, vol. II, document A/6309/Rev.1, Rn. 35; Yearbook of the ILC, 1967, vol. II, document A/6709/Rev.1 and Rev.1/Corr.l, Rn. 23; Yearbook of the ILC, 1971,

wird die Kodifizierung des Völkerrechts vorangetrieben und folglich für Rechtssicherheit und Rechtsklarheit gesorgt.

Die Verhandlungen in Bezug auf die ILC DARS hatten sich als sehr kompliziert erwiesen[485], sodass es sich bei dem Entwurf um einen Konsens auf den kleinsten gemeinsamen Nenner handelt. Diese Normsammlung fasst nach herrschender Auffassung[486] die allgemeinen Regeln der Staatenverantwortlichkeit zusammen, so wie sie schon völkergewohnheits- und völkervertragsrechtlich bestehen. Des Weiteren sind darin aber auch einige Vorschläge enthalten. Die Vorschriften *de lege feranda* sind mithilfe der Kommentierung der DARS durch die ILC von den Regeln *de lege lata* zu unterscheiden[487].

Nunmehr besagt Art. 59 DARS, dass die Regeln über die Staatenverantwortlichkeit die Verpflichtungen der Staaten aus der UN-Charta nicht modifizieren können, und bei einer Normenkollision zwischen den Regeln zur Staatenverantwortlichkeit und den Verpflichtungen aus der UN-Charta der Vorrang der UN-Charta-Verpflichtungen gilt.[488] Dies würde jedoch bedeuten, dass den Verpflichtungen aus der UN-Charta Vorrang vor völkergewohnheitsrechtlichen Regelungen eingeräumt würde, was vom Wortlaut von Art. 103 UN-Charta nicht umfasst ist. Daher stellt die Regelung aus Art. 59 DARS eine Ausnahmeklausel von der Anordnung aus Art. 103 UN-Charta dar.

Bei der Zusammenschau dieser Aspekte drängt sich auf, dass der Status der UN-Charta damit zusätzlich aufgewertet und der Vorrang der

---

vol. II (Part One), document A/8410/Rev.l, Rn. 50; Yearbook of the ILC, 1974, vol. II (Part One), document A/9610/Rev.1, Rn. 83; Yearbook of the ILC, 1978, vol. II (Part Two), Rn. 72; Yearbook of the ILC, 1982, vol. II (Part Two), Rn. 55; Yearbook of the ILC, 1996, vol. II (Part Two), Rn. 156 f.

485 Siehe Report of the ILC, Fifty-third session (2001) Chapter IV, insbes. A. Introduction; siehe auch *Gowlland-Debbas*, The Law of International Responsibility, S. 117 ff.

486 So Crawford, State Responsibility in: *Wolfrum*, MPEPIL, Rn. 3 ff.; siehe auch ILC Draft Articles on Responsibility of States for Internationally Wrongful Acts, 2001, GA Res. A/56/10, Yearbook of the ILC, 2001, vol. II, Part Two, S. 31, Rn. 1: „*These articles seek to formulate, by way of codification and progressive development, the basic rules of international law concerning the responsibility of States for their internationally wrongful acts… This is the function of the primary rules, whose codification would involve restating most of substantive customary and conventional international law.*“; siehe dazu auch *Weiss Brown*, AJIL 2002, S. 798 ff.

487 Yearbook of the ILC, 2001, vol. II, Part Two, S. 31 ff.; siehe dazu auch *Crawford*, International Law as an Open System, S. 303 ff.; *Crawford/Peel/Olleson*, EJIL 2001, S. 936 ff.; siehe auch Kapitel 3.

488 Siehe *Gowlland-Debbas*, The Law of International Responsibility, S. 120.

UN-Charta-Verpflichtungen auf das Völkergewohnheitsrecht – zumindest auf das Recht der Staatenverantwortlichkeit – ausgeweitet wird.[489] Einen absoluten Vorrang der UN-Charta vor Völkergewohnheitsrecht lässt sich deshalb zwar nicht ausmachen, aber bei der Einordnung des Art. 103 UN-Charta als bloße Kollisionsregel oder Vorrangregel normenhierarchischen Charakters, weist Art. 59 der ILC DARS wohl eher auf letzteres hin und verstärkt die Wirkung des Art. 103 UN-Charta als Vorrangregel.

cc) Die Bedeutung und Reichweite des Art. 103 UN-Charta

Art. 103 UN-Charta darf nach zutreffender Auffassung erst dann zum Zuge kommen, wenn die Konfliktvermeidungsregeln nicht zielführend waren[490]. Damit soll sichergestellt werden, dass zuerst mithilfe der harmonischen bzw. systemischen Auslegung die verschiedenen Normen und die sich daraus ergebenden Verpflichtungen in Einklang zu bringen sind, bevor – *ultima ratio* – die Gerichte zu dem Mittel der Vorrangregel greifen. Es erschiene schließlich widersinnig, auf der einen Seite einen absoluten Vorrang der UN-Charta zu regeln, mit der Rechtsfolge, dass sich bei Normenkollisionen die Charta-Verpflichtungen durchsetzen, wenn dieser Vorrang dadurch relativiert werden könnte, dass primär die anderen Konfliktlösungsregeln zu Rate gezogen werden sollen.

Daher ist es sinnvoll, zuerst mit den Mitteln der Auslegung, insbesondere der harmonischen Auslegung, die verschiedenen Verpflichtungen in Einklang zu bringen, bevor die Vorrangregel zugunsten der UN-Charta überhaupt zur Anwendung kommt. Alle anderen Kollisionsregeln dürfen dann aber keine Anwendung mehr finden.[491] Dies bedeutet, dass unabhängig von der zeitlichen

489 So *Gowlland-Debbas*, The Law of International Responsibility, S. 121, die dies aber wieder relativiert, da die Staaten durch Vertrag vom Völkergewohnheitsrecht abweichen können, zumindest mit Wirkung für die betroffenen Staaten, solange dies nicht gegen *ius cogens* verstößt. Daher ginge es bei dieser Regelung eher um das Verhältnis zwischen Vertragsrecht und Gewohnheitsrecht und nicht um die Rolle der UN-Charta in der Normenhierarchie im Völkerrecht.

490 Siehe *Paulus/Leiß* in: *Simma*, The Charter of the United Nations. A Commentary, Art. 103, Rn. 21.

491 Dies erklärt auch die Rechtsprechung des EGMR, in der er bei Pflichtenkollisionen zwischen der EMRK und anderen Verpflichtungen aus der UN-Charta primär mit den Mitteln der harmonischen Auslegung arbeitet und es bei erfolgreicher Harmonisierung der Verpflichtungen gar nicht mehr auf die Regelung Art. 103 UN-Charta ankommen lässt. Siehe EGMR, *Al-Jedda*, a.a.O., Rn. 101 ff. und *Behrami*, a.a.O., Rn. 123 ff.

Perspektive, bei der der Grundsatz *lex posterior* gilt, die Charta-Verpflichtungen vor anderen vertraglichen Verpflichtungen Vorrang genießen. Selbst der Grundsatz *lex specialis* wird damit zugunsten der UN-Charta ausgehebelt.

Art. 103 UN-Charta regelt den Vorrang der sich aus der UN-Charta direkt ergebenden Verpflichtungen der Mitgliedstaaten, wie die Einhaltung des Gewaltverbotes und das Gebot der friedlichen Streitbeilegung[492]. Der Regelungsgehalt des Art. 103 UN-Charta geht jedoch noch darüber hinaus, denn auch die Verpflichtungen aus Rechtsakten, die auf der Grundlage der UN-Charta erlassen werden, sog. Sekundärrechtsakte, genießen den Vorrang vor anderen vertraglichen Verpflichtungen[493]. Dies bedeutet, dass die Resolutionen auf der Grundlage des Kapitel VII der UN-Charta, die der Sicherheitsrat unter den Voraussetzungen der Art. 39 ff. UN-Charta erlassen kann, grundsätzlich allen anderen Verpflichtungen der Mitgliedstaaten vorgehen. Dies hat einen Vorrang der Resolutionen vor den Verpflichtungen der Mitgliedstaaten der Vereinten Nationen zur Folge, die gleichzeitig Mitgliedstaaten der EMRK sind, für den Fall, dass sich die Verpflichtungen aus der Resolution und die menschenrechtlichen Verpflichtungen aus der EMRK widersprächen.[494] Dies befürchten auch *Koskenniemi* und *Leino*[495]: „*Even as Article 103 may seem like a constitutional provision few would confidently use it to uphold the primacy of Security Council decisions over, for example, human rights treaties.*"

Die Rechtsfolge eines Widerspruchs einer völkervertraglichen Verpflichtung mit der UN-Charta ist jedenfalls nicht die Nichtigkeit dieser anderweitigen Verpflichtung, sondern ihre Suspendierung[496]. Der andere Vertrag bleibt also

---

492 Siehe *Paulus/Leiß* in: *Simma*, The Charter of the United Nations. A Commentary, Art. 103, Rn. 37 und *Bernhardt* in: *Simma/Randelzhofer/Tomuschat/Wolfrum*, The Charter of the United Nations, Art. 103, Rn. 9 (2. Auflage 2002).

493 *Bernhardt* in: *Simma/Randelzhofer/Tomuschat/Wolfrum*, The Charter of the United Nations, Art. 103, Rn. 9 (2. Auflage 2002); siehe auch die Abweichende Meinung des Richters Ammoun zu IGH, Gutachten vom 21. Juni 1971, *Legal Consequences for States of the Continued Presence of South Africa in Namibia (South West Africa) notwithstanding Security Council Resolution 276 (1970)*, ICJ Reports 55, S. 99, Rn. 18 und IGH, Anordnung vom 14. April 1992, *Lockerbie*, ICJ Reports 1992, Rn. 39, 42, 113, 126.

494 Auf die Frage der Modalitäten des Vorrangs der Resolutionen des Sicherheitsrates vor anderen Verpflichtungen der Staaten wird in Kapitel 3, B., II. eingegangen. Insbesondere auf die Frage, ob die Mitgliedstaaten an Resolutionen gebunden sind, die gegen die UN-Charta selbst verstoßen.

495 *Koskenniemi/Leino*, LJIL 2002, S. 559.

496 Der Staat oder die Staaten darf bzw. dürfen daher die anderen vertraglichen Verpflichtungen nicht mehr ausführen, siehe Bericht der Studiengruppe der ILC, *Koskenniemi*,

weiterhin wirksam[497] und es gilt lediglich ein Anwendungsvorrang der UN-Charta. Damit bleiben die Bestimmungen des Vertrages für andere Anwendungsfälle wirksam und anwendbar.

dd) Ein Beispiel aus der britischen Rechtsprechung: die Entscheidung des UK House of Lords vom 12.12.2007, *Al-Jedda*

Dieser Fall, der später auch noch beim EGMR anhängig wurde[498], beschäftigte das britische House of Lords mit der Frage des Verhältnisses der UN-Charta zu menschenrechtlichen Verpflichtungen aus der EMRK[499]. Das Vereinigte Königreich hatte im Irak auf der Basis der Resolution des Sicherheitsrates 1546[500] einen irakisch-britischen Staatsangehörigen wegen des Vorwurfs des Terrorismus aufgrund „zwingender Sicherheitsinteressen" ohne Anklage und Gerichtsverfahren in einem Gefängnis im Irak festgehalten. Dieser rügte die Verletzung seiner Verfahrensgrundrechte und seines Rechts auf Freiheit. Das House of Lords sah einen Normenkonflikt zwischen den beiden Verpflichtungen und entschied sich aufgrund der Regelung in Art. 103 UN-Charta[501] für einen absoluten Vorrang der

---

Fragmentation of International Law, a.a.O., Rn. 333 f., m.w.N.; dies führt auch zu Rechtssicherheit der die UN-Charta ausführenden Mitgliedstaaten und der Effektivität des Systems der UN-Charta, so auch *Paulus/Leiß* in: *Simma*, The Charter of the United Nations. A Commentary, Art. 103, Rn. 34 ff.

497 Dies erscheint auch sinnvoll angesichts der mit den Verträgen einhergehenden Willenserklärungen der Staaten.

498 Siehe EGMR, *Al-Jedda*, a.a.O.

499 UK House of Lords, Urteil vom 12. Dezember 2007, R. *(Al-Jedda) v. Secretary of State for Defence*, [2007] UKHL 58, [2008] 1 AC 332; siehe auch die kritischen Urteilsbesprechungen von *Farrior*, International Legal Materials 2008, S. 607 ff.; *Messineo*, Netherland International Law Journal 2009, S. 35 ff.; *Orakhelashvili*, American Journal of International Law 2008, S. 337 ff.

500 SC Res. 1546 (2004).

501 UK House of Lords, *Al-Jedda*, a.a.O., Rn. 35, Lord Bingham: „*Emphasis has often been laid on the special character of the European Convention as a human rights instrument. But the reference in article 103 to ‚any other international agreement' leaves no room for any excepted category, and such appears to be the consensus of learned opinion. The decisions of the International Court of Justice (Case Concerning Questions of Interpretation and Application of the 1971 Montreal Convention Arising From the Aerial Incident at Lockerbie [1992] ICJ Rep 3, para 39; Case Concerning Application of the Convention on the Prevention and Punishment of the Crime of Genocide [1993] ICJ Rep 325, per Judge ad hoc Lauterpacht, pp 439–440, paras 99–100) give no warrant for drawing any distinction save where an obligation is jus cogens and according to Judge Bernhardt it now seems to be generally recognised in practice that binding Security*

UN-Charta-Verpflichtungen, und damit für einen Vorrang der Resolution des Sicherheitsrates vor den menschenrechtlichen Verpflichtungen aus der EMRK.

Mit einer harmonischen Auslegung, mit der später der EGMR[502] den Fall lösen sollte, haben sich die Richter gar nicht erst beschäftigt. Der EGMR legte die Resolution des Sicherheitsrates wohlwollend aus und gelangte damit zu dem Ergebnis, dass der Sicherheitsrat eben nicht die fundamentalen Menschenrechte verletzen wollte. Die britischen Richter folgten damit nicht der oben skizzierten Rechtsprechung, die grundsätzlich vor der Anwendung der Kollisionsregel mit einer harmonisierenden Auslegung die Verpflichtungen in Einklang zu bringen versucht. Das Urteil erweckt den Anschein, als wolle das Gericht die britische Politik entlasten, die schließlich nur dem Recht der UN-Charta und den daraus resultierenden Resolutionen des Sicherheitsrates Folge leisten wollte, ohne ihre menschenrechtlichen Verpflichtungen zu beachten.

ee) Andere Konzepte

Einige Menschenrechts-Institutionen haben versucht, den Vorrang der Menschenrechte vor allen anderen völkerrechtlichen Normen zu begründen, damit diese als höchstrangige Normen des Völkerrechts, unabhängig von ihrem Charakter als *ius cogens*, Geltung entfalten können.[503] In diese Richtung geht auch

---

Council decisions taken under Chapter VII supersede all other treaty commitments (…)" und in Rn. 39 : „*by ruling that the UK may lawfully, where it is necessary for imperative reasons of security, exercise the power to detain authorised by UNSCR 1546 and successive resolutions, but must ensure that the detainee's rights under article 5 are not infringed to any greater extent than is inherent in such detention. I would resolve the second issue in this sense.*" Anders sah es Lord Carswell in Rn. 136: „*I accordingly am of opinion that the United Kingdom may lawfully, where it is necessary for imperative reasons of security, exercise the power to intern conferred by Resolution 1546. I would emphasise, however, that that power has to be exercised in such a way as to minimise the infringements of the detainee's rights under article 5(1) of the Convention, in particular by adopting and operating to the fullest practicable extent safeguards of the nature of those to which I referred in paragraph 130 above.*".

502 EGMR, *Al-Jedda*, a.a.O., Rn. 101 ff.

503 Bspw. das UN Committee on Economic, Social and Cultural Rights, Statement on Globalization vom 11. Mai 1998, E/C.12/1998/26) Supp.2, Rn. 5: „*It is particularly important to emphasize that the realms of trade, finance and investment are in no way exempt from these general principles and that the international organizations with specific responsibilities in those areas should play a positive and constructive role in relation to human rights.*"; Sub-Commission on the Promotion and Protection of Human Rights, Human Rights as the Primary Objective of Trade, Investment and Financial Policy, UN Doc. E/CN.4/Sub/Res/1998/12, diese fordert den Vorrang der Grundrechte und

De Wet[504], insofern sie herausarbeitet, dass die meisten Normen des *ius cogens* Menschenrechte sind. Dies sei vor allem durch das UN-Charta-System vorangetrieben worden, sodass sich ein hierarchisches System zugunsten der Menschenrechte mit *ius-cogens*-Charakter ohne die direkte staatliche Willensbildung habe entwickeln können. Andere begründen den Vorrang der menschenrechtlichen Verpflichtungen, die an der Spitze einer Normenhierarchie stünden, mit der Errichtung einer Werteordnung im Völkerrecht durch die Menschenrechte[505].

Der Richter am EGMR *Ress*[506]sieht in seinem Sondervotum in der Sache *Bosphorus* gar einen Vorrang der EMRK vor anderen internationalen Verpflichtungen der Mitgliedstaaten der EMRK: „*A general remark is necessary on paragraph 150 of the judgment as regards the interpretation of the Convention ‚in the light of any relevant rules and principles of international law', which principles include that of pacta sunt servanda. This cannot be interpreted as giving treaties concluded between the Contracting Parties precedence over the Convention. On the contrary, as the Court recognised in Matthews v. the United Kingdom ([GC], no. 24833/94, ECHR 1999-I), international treaties between the Contracting Parties have to be consistent with the provisions of the Convention. The same is true of treaties establishing international organisations.*“ Mit der Vorschrift des Art. 103 UN-Charta und der Regelung aus Art. 1 c) der Satzung des Europarates vereinbar ist diese Sicht jedoch nicht, wobei sich die Bemerkung von *Ress* wohl auf zeitlich nach der EMRK errichtete internationale Organisationen bezieht. Auch liegt die Vermutung nahe, dass er den *ius-cogens*-Vorrang damit ebenso nicht bestreitet.

Für diese Ansicht fehlt es jedoch an der einschlägigen Staatenpraxis. Folglich erscheint es sehr ambitioniert – aber kaum realistisch – eine Normenhierarchie mit den internationalen Menschenrechten an der Spitze etablieren zu wollen. Es wird vorerst bei dem zweistufigen System mit den Normen des *ius cogens* an der Spitze bleiben. Schließlich haben einige Menschenrechte bereits *ius-cogens*-Charakter. Eine weitere Entwicklung in diese Richtung wäre allerdings zu begrüßen, insbesondere mit Blick auf den Rang nationaler Grundrechte in nationalen Verfassungen.

---

den Fokus auf dieselben in allen Bereichen der Regierungstätigkeiten der Staaten; siehe auch *Shelton*, AJIL 2006, S. 294.

504 *De Wet, ICLQ 2006, S. 616.*

505 Siehe *Roth-Isigkeit*, Suprastaatliche Konstitutionalisierung, S. 202 ff., er legt gar eine Hierarchie innerhalb der Menschenrechte fest, abhängig davon, ob es sich um zentrale und nicht derogierbare oder weniger gewichtige und derogierbare Rechte handelt.

506 EGMR (GK), *Bosphorus*, a.a.O., Sondervotum des Richters *Ress*, Rn. 5.

2. *Lex specialis derogat legis generalis*

Die *lex-specialis*-Regel findet Anwendung, wenn es um das Verhältnis von allgemeinen zu spezielleren Regeln des Völkerrechts geht. Eine speziellere Regel soll in einem konkreten Fall der allgemeinen Regel vorgehen.[507] Diese Konfliktlösungsregel ist ein anerkanntes Prinzip im Völkerrecht[508] und daher dem Völkerrecht immanent[509]. Sie findet auch in der internationalen Rechtsprechung regelmäßig Anwendung[510]. Der Sinn und Zweck der *lex-specialis*-Regel liegt

---

507 Siehe dazu Bericht der Studiengruppe der ILC, *Koskenniemi*, Fragmentation of International Law, a.a.O., Rn. 46 ff., dort sind auch genauere Darstellungen zu den verschiedenen Arten des Konfliktes zwischen spezielleren und generelleren Normen nachzulesen, die hier keinen Platz mehr finden können; jedoch sind die Einschätzungen der ILC nicht immer gleich ausgefallen, sondern haben sich unter den jeweiligen Berichterstattern stark gewandelt, siehe dazu die Darstellungen bei *Simma/Pulkowski*, EJIL 2006, S. 493 f.

508 So der Richter am IGH *Hsu Mo* in seinem Sondervotum zu IGH, Urteil vom 1. Juli 1952, *Ambatielos*, ICJ Reports 1952, S. 87 f.: *„It is a well recognized principle of interpretation that a specific provision prevails over a general provision."* Siehe *Jennings/Watts*, Oppenheim's International Law, S. 1280.

509 *Vranes, ZaöRV 2005, S. 403.*

510 Siehe bspw. IGH, *Legality of the Threat or Use of Nuclear Weapons*, a.a.O., Rn. 25; IGH, *Gabcíkovo-Nagymaros*, a.a.O., Rn. 132 und IGH, *Military and Paramilitary Activities in and against Nicaragua*, a.a.O., Rn. 274; IGH, Gutachten vom 9. Juli 2004, *Legal Consequences of the Construction of a Wall in the Occupied Palestinian Territory*, ICJ Reports 2004, Rn. 106, in dem der IGH mit dem Verhältnis von Humanitärem Völkerrecht und Menschenrechten befasst war. Er bezeichnete in diesem Fall das Humanitäre Völkerrecht als *lex specialis* zu den Menschenrechten; dies wird kritisiert von *Bowring*, Journal of Conflict and Security Law 2010, S. 486 f., der in diesen beiden Rechtsgebieten keine gleichwertigen Teilgebiete des Völkerrechtes sieht. Es handele sich dabei um zwei unterschiedliche „Sprachen", die nicht in einem Spezialitätsverhältnis zueinander stünden. Weitere Gerichte befassten sich auch mit dieser Konfliktlösungsregel: Iran-US Claims Tribunal, Urteil vom 12. August 1985, *INA Corporation v. Iran*, Award No. 184-161-1, 75 ILR 1987, Rn. 378. Auch der EGMR hat sich mit dieser Konfliktlösungsregel in Fällen befasst, in denen es um das Verhältnis der verschiedenen Grundrechte aus der EMRK ging, siehe bspw. EGMR, *Brannigan and McBride*, a.a.O., Rn. 76; EGMR, Urteil vom 22. Mai 1984, n°8805/79, 8806/79, 9242/81 – *De Jong, Baljet und van den Brink gg. Niederlande*, Rn. 60; EGMR, Urteil vom 28. Dezember 1994, n°14310/88 – *Murray gg. Vereinigtes Königreich*, Rn. 98; EGMR, Urteil vom 25. März 1999, n°31195/96, *Nikolova gg. Bulgarien*, Rn. 69. Zum Verhältnis Humanitäres Völkerrecht und Menschenrechte siehe EGMR (GK), Urteil vom 7. Juli 2011, n°55721/07 – *Al-Skeini gg. Vereinigtes Königreich*; EGMR (GK), Urteil vom 16. September 2014, n°29750/09 – *Hassan gg. Vereinigtes Königreich.*

darin, die primäre und allgemeine Regel in ihrer Effektivität zu stärken, aber im konkreten Fall eine speziellere Regel anzuwenden, um dem Einzelfall gerecht zu werden.[511]

3. *Lex posterior derogat legi priori*

Nach dem Grundsatz *lex posterior* geht die zeitlich jüngere Norm der älteren Norm vor[512]. Sie findet ihren Niederschlag in Art. 30 WÜV[513]. Damit wird berücksichtigt, dass internationale Verträge Ausdruck des Willens der Vertragsstaaten sind, sodass eine spätere Willensbekundung der Staaten im Sinne der staatlichen Vertragsfreiheit einer früheren und der neueren widersprechenden Regelung logischerweise vorgehen muss[514]. Diese Regel bezieht sich aber nicht nur auf das Verhältnis der Verträge zueinander, sondern auch auf das Völkergewohnheitsrecht[515].

---

511 Siehe *Simma/Pulkowski*, EJIL 2006, S. 486 f., mit Verweisen auf *Grotius* und *de Vattel* in Fn. 11 und 12.

512 Wie dies im konkreten Fall vonstattengeht, wird genauer dargestellt im Bericht der Studiengruppe der ILC, *Koskenniemi*, Fragmentation of International Law, a.a.O., Rn. 223 ff.

513 Dieser lautet: „*1. Subject to Article 103 of the Charter of the United Nations, the rights and obligations of States parties to successive treaties relating to the same subject-matter shall be determined in accordance with the following paragraphs. 2. When a treaty specifies that it is subject to, or that it is not to be considered as incompatible with, an earlier or later treaty, the provisions of that other treaty prevail. 3. When all the parties to the earlier treaty are parties also to the later treaty but the earlier treaty is not terminated or suspended in operation under article 59, the earlier treaty applies only to the extent that its provisions are compatible with those of the latter treaty…*".

514 Siehe *Pauwelyn*, Conflict of Norms in Public International Law, S. 96.

515 Siehe *Pauwelyn*, Conflict of Norms in Public International Law, S. 96, 133, dies ergebe sich daraus, dass beide Rechtsquellen im Grunde die gleiche Bindungswirkung haben. Eine Hierarchie zwischen diesen beiden Rechtsquellen gibt es, wie oben schon festgestellt, gerade nicht, sie sind also gleichrangig, so auch *Vitzthum*, Völkerrecht, S. 75; etwa differenzierter *Thirlway*, International Law, S. 111 ff. Auch muss dabei berücksichtigt werden, dass einige internationale Verträge gerade das Völkergewohnheitsrecht kodifizieren. Damit wird es nicht leicht auszumachen, welcher (ursprünglichen) Rechtsquelle die Norm gerade zugehörig ist. Daher ist es möglich, dass bspw. späteres Völkergewohnheitsrecht Vertragsrecht modifiziert oder umgekehrt, siehe dazu *Pauwelyn*, Conflict of Norms in Public International Law, S. 136 ff. In der Praxis ist es jedoch üblich, dass Völkervertragsrecht dem Völkergewohnheitsrecht vorgeht, siehe S. 133 ff. mit Beispielen.

Dieser Ansatz hat seine Schwächen, die seine Anwendung in der Praxis erschweren. Der Grundsatz ist nur dann anwendbar, wenn es sich bei den kollidierenden Normen, die zeitlich aufeinanderfolgen, um Normen handelt, die von demselben „Normsetzer" ausgehen[516]. Da jeder internationale Vertrag oder gar jedes abgeleitete Recht von höchst unterschiedlichen Normsetzern herrührt, ist es teilweise unmöglich, einzelne Normkonflikte mithilfe des zeitlichen Aspektes zu lösen. Es gibt nur partielle Überschneidungen der Vertragspartner bei multilateralen Verträgen, in denen der Grundsatz überhaupt zur Anwendung kommen kann. Zwar kann bei internationalen Verträgen das genaue Datum des Inkrafttretens festgelegt werden, was hingegen bei Völkergewohnheitsrecht und Allgemeinen Rechtsgrundsätzen nicht so leicht möglich ist. Darüber hinaus ist das Verhältnis dieser Kollisionsregel zu der *lex-specialis*-Regel nicht eindeutig[517].

Mit Blick auf die EMRK sind mittlerweile alle Mitgliedstaaten des Europarates Mitgliedstaaten der Vereinten Nationen[518], diese sind jedoch seit unterschiedlichen Zeitpunkten an die beiden Verträge gebunden. Eine chronologische Abfolge der Bindungswirkung der Verpflichtungen lässt sich kaum rekonstruieren. Der Grundsatzes *lex posterior* löst die Kollision der Verpflichtungen der Mitgliedstaaten der EMRK mit den Resolutionen des Sicherheitsrates damit nicht[519].

4. *Fazit*

Eine feste Rangfolge der Konfliktlösungsmittel gibt es also nicht. Im Kollisionsfall ist mithilfe der gängigen Auslegungsgrundsätze zu ermitteln, welche Regel im Einzelfall vorrangig anzuwenden ist.[520] Bezogen auf den Fall der Kollision

---

516 Siehe *Pauwelyn*, Conflict of Norms in Public International Law, S. 97.

517 Bericht der Studiengruppe der ILC, *Koskenniemi*, Fragmentation of International Law, a.a.O., Rn. 223.

518 Seit dem Beitritt der Schweiz zu den Vereinten Nationen im Jahr 2002.

519 *Pauwelyn* kritisiert die Übertragung des aus dem nationalen Recht stammenden *lex posterior* Grundsatzes auf das internationale Recht. Schließlich gehen die nationalen Gesetze und Normen (fast) immer auf denselben Gesetzgeber bzw. Autor zurück, sodass die *lex posterior* Regelung zweifelsohne Anwendung finden kann, *Pauwelyn*, Conflict of Norms in Public International Law, S. 97. Nur im System der EU könne die *lex posterior* Regel ähnlich, wie im nationalen Recht funktionieren, insoweit es um die europäischen Rechtsakte geht. Jedoch ist die wechselseitige Beeinflussung der nationalen Rechtsordnungen und internationalen Rechtsregime nicht zu verachten. Häufig werden auch Grundsätze aus dem nationalen Recht im Völkerrecht übernommen, wie bspw. die Grundsätze der ungerechtfertigten Bereicherung als allgemeiner Rechtsgrundsatz im Sinne des Art. 38 Abs. 1 c) IGH-Statut.

520 Siehe dazu *Vranes*, ZaöRV 2005, S. 402 f.

der Verfahrensgewährleistungen der EMRK und den Individualsanktionen des Sicherheitsrates der Vereinten Nationen auf der Grundlage des Kapitel VII der UN-Charta, ist folgendes zu bedenken: Zum einen handelte es sich nicht um den gleichen Normsetzer, da die Staaten der EMRK nur teilweise mit den Staaten übereinstimmen, die repräsentativ für alle Mitgliedstaaten der Vereinten Nationen im Sicherheitsrat sitzen. Auf der anderen Seite geht die Anzahl der Mitgliedstaaten der Vereinten Nationen bei weitem über den Staatenkreis der EMRK hinaus. Die beiden Verträge rühren also nicht von demselben Normsetzer her.

Im Ergebnis ist für die Normen des *ius cogens* ein absoluter Vorrang zu begründen. Art. 103 UN-Charta gibt zwar den Verpflichtungen aus der UN-Charta, seien sie direkt oder abgeleitetes Recht, einen Vorrang vor anderen internationalen vertraglichen Verpflichtungen. Trotzdem müssen die Verpflichtungen aus der UN-Charta ihrerseits mit dem Völkerrecht und den Vorgaben aus der UN-Charta vereinbar sein.

D. Internationale Gerichte als Entscheidungsorgane über Normkonflikte

Teilweise[521] wurde vorgeschlagen, dem IGH eine Überwachungs- oder Streitschlichtungsfunktion bei Normenkonflikten zuzugestehen. Er könnte dann *ex post* im Gutachtenverfahren oder auch im Wege einer Vorlagefrage im streitigen Verfahren über Fragen zu Normenkonflikten entscheiden. Dies könnte nach dem Vorbild des französischen *Tribunal des conflits*, das über Zuständigkeitskonflikte zwischen der Verwaltungsgerichtsbarkeit und der Zivilgerichtsbarkeit in Frankreich entscheidet, geschehen. Ein Vorlageverfahren könnte, ähnlich wie das Vorlageverfahren vor dem EuGH gem. Art. 267 AEUV für die Rechtsordnung der EU ausgestaltet werden, indem bei Entscheidungserheblichkeit für den anhängigen Fall und Erforderlichkeit einer Entscheidung über den Normenkonflikt ein nationales Gericht die Frage um die Normenkollision vorlegt.

Dazu müssten selbstredend die UN-Charta und das IGH-Statut geändert werden, da beide Verträge eine solche Zuständigkeit nicht vorsehen. Auch die

---

521 *Dupuy*, New York University Journal of International Law and Politics 1999, S. 789 ff.; auch der ehemalige Präsident des IGH *Schwebel* lancierte einen solchen Vorschlag, Official Records of the General Assembly, Fifty-fourth Session, 39th meeting (A/54/PV.39), S. 3; siehe zu dem Vorschlag, dem IGH die Funktion eines Verfassungsgerichts zuzugestehen, *Vicuña/Pinto*, The Centennial of the First International Peace Conference, S. 349 ff., mit der Möglichkeit der Vorlage eines Streits bspw. durch einen regionalen Gerichtshof zur Förderung der einheitlichen Auslegung des Völkerrechts, siehe S. 367.

Statuten sämtlicher anderer internationaler und regionaler Gerichte müssten dahin gehend geändert werden, wenn man eine verpflichtende Vorlage für die Auflösung unklarer Fälle der Auflösung einer Normenkollision einführen wollte. Denkbar wäre auch die Einrichtung eines Sondertribunals, das bspw. durch den Sicherheitsrat oder auch die Generalversammlung errichtet wird, um über Normenkonflikte im Völkerrecht zu entscheiden. Diesem Gericht könnten dann alle internationalen und regionalen Gerichte ihre Frage vorlegen, somit auch der IGH.

Diese Vorschläge beruhen auf der Annahme, dass es angesichts der Diversifizierung und der großen Komplexität des Völkerrechts nötig ist, dass ein einziges Gericht für die Staaten abschließend Rechtsstreitigkeiten lösen und damit Normenkonflikte einheitlich aufbereiten kann. Der IGH könnte dann mit einer kohärenten Rechtsprechung und einer einheitlichen Auslegung zur Festigkeit und Kohärenz des Systems des Völkerrechts beitragen und damit auch seine eigene Rolle stärken. Zusätzlich könnte er damit eine Führungs- und Orientierungsfunktion für die anderen internationalen (regionalen und speziellen) Gerichte übernehmen.

Dies würde beinhalten, dass der IGH immer dann entschiede, wenn die Normenkollision bereits entstanden ist. Dazu müsste der anhängige Rechtsstreit ruhend gestellt bzw. ausgesetzt werden, bis zur abschließenden Klärung durch den IGH. Seine Entscheidungen könnten dann, über die einzelne Sache hinaus, Präjudizwirkung auf andere Normkonflikte entfalten, indem das jeweilige Gericht der Auslegung des IGH folgt. In der Zukunft könnten dann Normenkonflikte vermieden werden. Offen bliebe noch, ob sich der IGH und andere internationale, vor allem regionale Gerichte nicht behindern würden, wenn diese Gerichte ihre Zuständigkeit und Jurisdiktion nach ihren eigenen Statuten beurteilen würden, unabhängig von einer eventuellen Zuständigkeit des IGH. Würde sich hingegen ein Vorlageverfahren etablieren, wäre die Zuständigkeitsverteilung zwischen dem IGH und den anderen Gerichten klar, und eine nachhaltige und einheitliche Rechtsprechung in Sachen Normenkonflikte könnte sich entwickeln.

Dieser Vorschlag ist jedoch angesichts der Souveränität der Staaten und der Hoheit ihrer Gerichte zur Urteilung über nationale Sachverhalte mit Bezug zum Völkerrecht. Aufgrund des unterschiedlichen Verständnisses der nationalen Rechtsordnungen über der Wirkung des Völkerrechts ins nationale Recht, ist es undenkbar, dass sich die Staaten darauf einigen, dem IGH eine solche Kompetenz zu übertragen. Und selbst wenn ein Gericht wie der IGH für zuständig erklärt würde, wäre dann immer noch nicht klar, nach welchen Maßstäben das

Gericht Normkollisionen beurteilt und welches Gewicht es Art. 103 UN-Charta zugesteht.

E. Der Sinn und Zweck der Kollisionsregeln

Eine einheitliche Rechtsfolge der Anwendung der in diesem Kapitel aufgeführten Kollisionsregeln gibt es nicht, seien sie ausschließlich auf Auslegungsgrundsätzen basierend oder echte Vorrangregeln[522]. Es muss in jedem Einzelfall die konkrete Rechtsfolge der Normenkollision, bezogen auf jedes einzelne Regime, herausgearbeitet werden[523], da diese Regeln in jeder Normenkollision zu einem anderen Ergebnis kommen können, eben abhängig von den kollidierenden Regimen. Die Tatsache, dass es bei den Konfliktlösungsregeln um Einzelfallentscheidungen geht, die nicht induzierbar und allgemein übertragbar sind, schwächt das Konzept die Einheitlichkeit des Völkerrechts.

Dies lässt Zweifel aufkommen, ob das derzeitige Regime des Völkerrechts als eine Rechtsordnung bezeichnet werden kann, oder eher als eine Ansammlung von verschiedenen Regeln, Verträgen und Rechtssätzen, die alle nebeneinander existieren und sich nur bei Widersprüchen in einem Kontext bewegen, um nach der Auflösung des Widerspruchs wieder unbehelligt und unabhängig voneinander in einem Nebeneinander fort zu bestehen.

Trotzdem müssen in den jeweiligen Fällen durch die Gerichte Einzelentscheidungen getroffen werden, die auch Auswirkung auf die weitere Fortentwicklung des Völkerrechts haben können. Dadurch würde das Völkerrecht nachhaltig weiterentwickelt, insbesondere weil diese Gerichtsentscheidungen im Sinne von Art. 38 Abs. 1 lit. d) IGH-Statut als subsidiäre Quellen des Völkerrechts der Auslegung der Völkerrechtsquellen dienen. Aber auch die Entscheidungen nationaler Gerichte in Fällen der Normenkollision werden einen Einfluss auf das Verständnis des Völkerrechts haben.

Natürlich würde durch die konsequente und einheitliche Anwendung von Kollisionsregeln, bzw. gar einer Hierarchisierung der Normen des Völkerrechts, das völkerrechtliche Normensystem deutlich transparenter, was wiederum zu einer rechtsstaatlichen Ordnung auf internationaler Ebene führen könnte. Dem Völkerrecht wird aber regelmäßig mangelnde Transparenz vorgeworfen,

522 Siehe auch *Vranes*, ZaöRV 2005, S. 402.

523 So auch *Vranes*, ZaöRV 2005, S. 398, der in den Kollisionsregeln wie *lex posterior, lex superior* und *lex specialis* nur Kurzbeschreibungen sieht, denen keine derogative Kraft zukomme, die aber die Befugnis zur Rechtserzeugung oder -änderung, zumindest auf der nationalen Ebene, an den jeweils Ermächtigten erteilen.

resultierend aus der Tatsache, dass sich ein Großteil des Völkerrechts aus Gewohnheitsrecht entwickelt hat und daher in großen Teilen auf ungeschriebenem Recht beruht. Dies wäre auch nicht weiter bedenklich, wenn sich das Völkerrecht ausschließlich, wie es jahrzehntelang der Fall war, auf staatliche Akteure unmittelbar auswirke. Bezüglich der Staaten könnte man das Fehlen der Mindestanforderungen an Rechtsstaatlichkeit im Völkerrecht noch übersehen, da die Staaten schließlich als Herren der Verträge und Setzer des Völkerrechts dieses maßgeblich beeinflussen können.

Maßstäbe, wie die der Rechtsstaatlichkeit und der Demokratie, dienen gerade dem Schutz des Individuums, um sich gegen Maßnahmen des Staates oder mittlerweile auch der internationalen Organisationen wehren zu können. Sobald sich das Völkerrecht aber auch an Individuen richtet und diese unmittelbar anvisiert, wie die Individualsanktionen des Sicherheitsrates, ist die Einhaltung der Mindestanforderungen einer *Rule of Law* von herausragender Bedeutung. Die Staaten können sich nicht ihrer nationalen oder regionalen (menschenrechtlichen) Verpflichtungen entledigen, mit dem Verweis darauf, dass die Vereinten Nationen Rechtsakte gegen Individuen erlassen, an die sie gebunden sind (sog. „Flucht in die internationale Organisation")[524]. *Bedjaoui*[525] führt dies gar auf eine Verantwortung gegenüber allen Bürgern zurück, denen gegenüber die Staaten und die internationalen Organisationen eine Pflicht haben zu ihren Gunsten zu handeln. Daher ist die Einhaltung von rechtsstaatlichen Mindeststandards auch bei der Umsetzung von Rechtsakten der Vereinten Nationen unumgänglich.

F. Ergebnis und Ausblick

Die obigen Darstellungen geben ein Bild über die unübersichtliche Lage bei Normenkonflikten im Völkerrecht. Angesichts der Vielzahl der Konfliktlösungsmechanismen, abhängig von den miteinander kollidierenden Rechtsregimen, ist eine einheitliche Hierarchie und Ordnung im Völkerrecht (noch) nicht erkennbar. Es gilt daher, in jedem konkreten Fall des Normenkonflikts die richtige Konfliktlösungsregel anzuwenden, wobei primär im Sinne der Rücksichtnahme auf die Effektivität und Kohärenz im Völkerrecht die harmonisierende Auslegung

524 Siehe dazu *Bianchi*, EJIL 2006, S. 887; *Brownlie*, FS Zemanek, S. 299 ff., er entwickelte den Ansatz für die Fälle der sog. Satellitenstaaten der UdSSR; *Feinäugle*, The Exercise of Public Authority by International Institutions, S. 108; *Reinisch*, AJIL 2001, S. 858 und *Reinisch*, Global Governance 2001, S. 143.

525 *Bedjaoui*, The New World Order and the Security Council, S. 32 ff., 35.

der kollidierenden Normen durchgeführt werden sollte, bevor zu den ‚echten' Konfliktlösungsregeln gegriffen wird.

Bei der Kollision von menschenrechtlichen Verpflichtungen und den Verpflichtungen zur Umsetzung von friedens- und sicherheitspolitischen Maßnahmen aus der UN-Charta muss der Stellenwert des Menschenrechtsschutzes zur Kenntnis genommen werden. Eine eindeutige Regel kann es in diesem Zusammenhang nicht geben, sodass eine Lösung gefunden werden muss, die allen Interessen gerecht wird.[526] Jedoch kann man folgendes aus den obigen Ausführungen destillieren: Eine informelle Hierarchie, mit den Normen des *ius cogens* an der Spitze, ist durchaus erkennbar. Darunter befindet sich das allgemeine Völkerrecht, bestehend aus dem Völkergewohnheitsrecht, -vertragsrecht und den allgemeinen Rechtsgrundsätzen. Angesichts des Anspruchs der Universalität der UN-Charta hat sie eine besondere Rolle. Geraten andere Verträge mit ihr in Konflikt, hat sie Vorrang. Auf einer weiteren Ebene befinden sich regionale Systeme, die durch die UN-Charta berücksichtigt werden.[527] Zum Verhältnis des allgemeinen Völkerrechts und den regionalen Systemen gibt es jedoch keine einheitliche Regelung. Im konkreten Einzelfall werden diese durch die o.g. Kollisionsregeln gelöst.[528] Auf einer anderen Ebene befinden sich noch die speziellen Verträge zu Spezialgebieten des Völkerrechts, dessen Regelungen jeweils nach den Kollisionsregelungen miteinander vereinbart werden müssen.

Die effektivste Lösung der Problematik der Normenkonflikte könnte durch ein internationales Abkommen, das allgemeine Konfliktlösungsregeln formuliert, geliefert werden. Dazu hat die ILC schon Vorarbeit geleistet. Wie schon *Hafner* in seinem Bericht[529] im Jahr 2000 vorschlug, könnte die ILC den Staaten einen Text mit Kollisionsregeln unterbreiten, den die Staaten als internationales Abkommen beschließen könnten. In diesem Prozess könnte dann auch der IGH oder ein Sondertribunal als Konfliktgericht mit der Aufgabe betraut werden, bei Normkonflikten Entscheidungen zu liefern, die über den Einzelfall hinaus für die Staatengemeinschaft Leitcharakter hätten. Ein solches Abkommen über Kollisionsregeln würde die Problematik der Normenkollisionen stark vereinfachen und ist daher zu begrüßen.

526 Doch dazu später in Kapitel 4.
527 Siehe insbes. Art. 52 ff. UN-Charta, aber auch Art. 33 und 48 Abs. 2 UN-Charta.
528 Siehe dazu Kapitel 4.
529 Bericht der Studiengruppe der ILC, *Hafner*, Risks Ensuing from Fragmentation of International Law, a.a.O., S. 149 f.

„Acknowledging that peace and security, development and human rights are the pillars of the United Nations system and the foundations for collective security and well-being, and recognizing in this regard that development, peace and security and human rights are interlinked and mutually reinforcing."

(SC Res. 1674 (2006))

3. Kapitel: Der Sicherheitsrat der Vereinten Nationen und das Völkerrecht – Die Rolle des Sicherheitsrates im Gefüge des Völkerrechts

Der Sicherheitsrat ist der Hauptakteur der Vereinten Nationen. Nicht nur gemäß den Vorgaben der UN-Charta, die ihm nach Art. 24 Abs. 1 UN-Charta die Hauptverantwortung für die Wahrung des Weltfriedens und der internationalen Sicherheit im Sinne des Art. 1 Nr. 1 UN-Charta übertragen hat, sondern auch in der Praxis der Vereinten Nationen wurde er mit Beginn der 90er Jahren immer bedeutsamer und er nimmt seine Hauptverantwortung für den Weltfrieden seither sehr ernst.

Er handelt dabei im Namen der Mitgliedstaaten gem. Art. 24 Abs. 1 UN-Charta[530], die zur Befolgung der Resolutionen des Rates gem. Art. 25 UN-Charta iVm. Art. 49 UN-Charta verpflichtet sind[531]. Die Resolutionen des Sicherheitsrates gem. Kapitel VII sind für die Mitgliedstaaten bindend, da sie zur Umsetzung dieser Resolutionen verpflichtet sind, siehe Art. 25 und 48 UN-Charta. Unmittelbare Geltung in den mitgliedstaatlichen Rechtsordnungen haben die Resolutionen mithin nicht, sondern bedürfen dafür erst der Umsetzung ins nationale Recht[532]. Dies zeigt sich anschaulich im Bereich der Individualsanktionen, bei

---

530 Siehe Art. 24 Abs. 1: „… *the Security Council acts on their behalf*".

531 Siehe Art. 25: „*The Members of the United Nations agree to accept and carry out the decisions of the Security Council* …".

532 Eine Ausnahme stellen die internationalen Rechtsakte mit *self-executing*-Effekt dar, die aufgrund der Bestimmtheit der einzelnen Regelungen keiner Umsetzung mehr bedürfen, siehe *Frowein/Oellers-Frahm*, L'intégration du droit international et communautaire dans l'ordre juridique national, S. 17. Sie stellen klar, dass sich solche Verpflichtungen nur an Staaten richten können, hingegen nicht an Individuen. Von der

denen der Sicherheitsrat und die Mitgliedstaaten oder Regionalorganisationen im „Tandem"[533] arbeiten. Daher sind die Bindungswirkung und die Pflicht der Staaten zur Umsetzung der Resolutionen streng von der Anwendung und Umsetzung des Regelungsgehaltes der Resolutionen in und durch die Mitgliedstaaten abzugrenzen.

Dadurch, dass sich das Völkerrecht von einem lediglich staatenorientierten Recht zu einem gleichfalls individualorientierten Regime entwickelt hat, steht das Individuum samt seiner Bedürfnisse und seiner Verantwortung immer stärker im Fokus des Völkerrechts[534]. Diese Entwicklung hat vorerst ihren Höhepunkt in der neueren Praxis des Sicherheitsrates, der mit seinen Resolutionen nach Kapitel VII UN-Charta die Mitgliedstaaten dazu verpflichtet Individuen mit Sanktionen zu belegen. Dies wirft völlig neue rechtliche Fragen auf.

Schon der zentrale Begriff der Sicherheit aus dem Kapitel VII UN-Charta hat sich dahin gehend weiterentwickelt, dass nicht mehr nur die Staatensicherheit gemeint ist, sondern auch die persönliche Sicherheit von Menschen[535]. Daher kam eine vom UN-Generalsekretär eingesetzte Kommission zu dem Ergebnis, dass Maßnahmen der kollektiven Sicherheit nicht mehr nur effektiv oder effizient sein müssen, sondern auch angemessen[536]. Wenn Maßnahmen

---

Rechtsfolgenseite her definiert, kann man von Regeln aus dem Völkerrecht sprechen, die auf der nationalen Ebene den Effekt haben, dass sie Gerichtsentscheidungen oder Verwaltungsentscheidungen zugrunde liegen können, so *Wolfrum*, Annuaire de l'Institut de droit international 2013, S. 15. Demnach werden von einigen die Resolutionen zum Jugoslawien-Tribunal (SC Res. 808 (1993) und 827 (1993)) und die Resolution zur Aufhebung des Embargos gegen den Irak (SC Res. 1483 (2003)) dazu gezählt, siehe *Herdegen*, Die Befugnisse des UN-Sicherheitsrates, S. 32 ff. und *Wagner*, ZaöRV 2003, S. 913 ff.

533 So beschreiben es *Bogdandy/Dann/Goldmann*, GLJ 2008, S. 1398, um das Verhältnis der beiden Hoheitsträger zueinander – insbesondere das Abhängigkeitsverhältnis internationaler Institutionen von den Mitgliedstaaten und den Regionalorganisationen in diesem Bereich – aufzuzeigen. Dies verdeutlicht, dass die Pflicht zur Umsetzung der Mitgliedstaaten der Abhängigkeit des Sicherheitsrates von der Mitwirkung derselben gegenübersteht, sodass sich daraus eben auch ein umgekehrter Kontrollmechanismus durch die Mitgliedstaaten ergeben kann.

534 Siehe dazu *Peters*, Jenseits der Menschenrechte, S. 29 ff.; dies beobachtete bereits *Mosler* aufgrund der Entwicklungen seit dem Zweiten Weltkrieg, siehe *Mosler*, ZaöRV 1962, S. 1 ff.

535 *Gowlland-Debbas*, Recueil des Cours de l'Académie de La Haye 2012, S. 220.

536 Siehe Report of the UN High-level Panel on Threats, Challenges and Change, vom 2. Dezember 2004, A/59/565, Rn. 31.

erlassen werden, müssen die Folgen für die Bevölkerung und ihre grundlegenden individuellen Rechte berücksichtigt werden und mit dem Ziel der Maßnahmen, der Wahrung des kollektiven Friedens und der Sicherheit, in Einklang gebracht werden.

Diese Entwicklung ist beachtlich, angesichts der Tatsache, dass die Vereinten Nationen nach dem 2. Weltkrieg gegründet wurden, um der (Staaten-) Welt Frieden zu bringen und ihn zu erhalten. Bis dahin waren nur Bedrohungen durch Staaten denkbar, die Nationalstaaten befanden sich auf dem Höhepunkt ihrer Entwicklung. Trotz des alles überlagernden Ost-West-Konflikts, in dem sich wiederum ausschließlich Staatengebilde gegenüberstanden und alle anderen Konflikte auf der Erde verblassen ließ, fingen auch andere Konfliktherde Feuer und nicht-staatliche Akteure traten auf den Plan. Als die Unabhängigkeitsbewegungen im Rahmen der Dekolonialisierung aufkamen und das Selbstbestimmungsrecht der Völker stärker betont wurde, traten Gruppierungen auf, die keinem Staat mehr zuzurechnen waren, aber trotzdem mit Auswirkungen für die internationale Gemeinschaft handelten. Hier ist zum Beispiel an die palästinensische Unabhängigkeitsbewegung zu denken, die sich seit den 70er Jahren sukzessive besser organisiert hatte und auf ihr Selbstbestimmungsrecht pochte. Aber auch in anderen Regionen der Welt, wie in Südamerika und Asien begannen private Akteure das Völkerrecht herauszufordern. Dadurch traten sie auch den Vereinten Nationen ins Bewusstsein und es kam soweit, dass der Sicherheitsrat gar Rechtsakte gegen Individuen erlassen würde[537].

Die Tatsache, dass Individuen Subjekte des Völkerrechts und damit Adressaten zielgerichteter Rechtsakte werden, erforderte eine Neujustierung des Völkerrechts. Zuvor standen Institute wie die Staatensouveränität, die Gleichheit der Staaten, Hoheitsrechte, die territoriale Integrität, die politische Unabhängigkeit und das Selbstverteidigungsrecht im Mittelpunkt. Nunmehr können auch nicht-staatliche Akteure – seien es Organisationen oder Individuen – eine Gefahr für das internationale System des Friedens und der Sicherheit darstellen und als Kriegsparteien auf den Plan treten. Sie können gar als Verbrecher durch internationale Gerichte verurteilt werden. In den letzten Jahrzehnten wurden

537 Siehe die Sanktionen gegen al-Quaida, aber auch schon die Sanktionen gegen Rhodesien, SC Res 460 (1979), wobei diese noch als Sanktionen gegen Staaten eingesetzt wurden; siehe bezüglich des Verhältnisses des Sicherheitsrates zu nicht-staatlichen Akteuren: *Birkhäuser*, Sanktionen des Sicherheitsrats der Vereinten Nationen gegen Individuen, S. 47 ff.

zahlreiche internationale Verträge abgeschlossen, die dem individuellen Menschenrechtsschutz gewidmet sind. Insbesondere in Europa hat sich der EGMR bewährt und die EU hat die GRC ins europäische Primärrecht aufgenommen[538]. Diese Entwicklung haben die Vereinten Nationen zur Kenntnis genommen und berücksichtigen menschenrechtliche Belange nun verstärkt[539].

Viele internationale Organisationen sind handlungsfreudiger geworden und üben teilweise gar Herrschaftsgewalt wie Staaten aus. Dazu zählen neben den Vereinten Nationen auch die EU und die WTO. Ihre Gestaltungsmacht ist mittlerweile ähnlich einschneidend und freiheitsrelevant für Individuen wie die von staatlichen Institutionen[540]. Die Macht und die Handlungsmöglichkeiten der Staaten versteht man im klassischen Völkerrecht als Staatsgewalt, was den internationalen Organisationen und ihrer Struktur aber nicht gerecht würde. Wenn man Gewalt als Rechtsmacht versteht, mit der andere Akteure in ihrer Freiheit eingeschränkt werden können und mit der rechtliche und tatsächliche Situationen gestaltet werden können[541], dann ist dem Sicherheitsrat der Vereinten Nationen zwar schon eine solche Gewalt zuzustehen. Ein Indiz dafür ist die Emergenz des internationalen Strafrechts, das Individuen wegen des Verstoßes gegen Normen aus dem internationalen Strafrecht verfolgt. In diesem Bereich ist der Sicherheitsrat tätig geworden, indem er internationale Gerichte eingerichtet hat. Aber auch die Praxis des Sicherheitsrates, mit seinen Resolutionen Individualpersonen direkt zu adressieren und diese einschneidenden Rechtsfolgen auszusetzen[542], ist ein Indikator für die große Einflusssphäre des Sicherheitsrates. Des Weiteren ist der Sicherheitsrat dazu übergegangen, Individuen in seinen Resolutionen direkt zu verpflichteten, wie im Bürgerkrieg in Somalia[543].

---

538 Mit dem Lissabonner Vertrag vom 13. Dezember 2007, der am 1. Dezember 2009 in Kraft trat.

539 Siehe die Formulierung des High-level Panel Reports vom 2. Dezember 2004, A/59/565, Rn. 31.

540 Siehe dazu *Venzke*, GLJ 2008, S. 1401 ff.

541 Siehe *Bogdandy/Dann/Goldmann*, GLJ 2008, S. 1375.

542 Siehe dazu *Gowlland-Debbas*, Recueil des Cours de l'Académie de La Haye 2012, S. 257 ff.; *Hafner*, Recueil des Cours de l'Académie de La Haye 2011, S. 332 ff.; *Akram/Shah*, Towards World Constitutionalism, S. 431 ff.

543 In der SC Res. 1474 (2003) werden Staaten und ausdrücklich auch andere Akteure aufgefordert die Vorgaben der SC Res. 733 (1992) einzuhalten. Damit werden die Kriegsparteien zur Waffenruhe aufgefordert. Sie werden aber auch zu einem Waffenembargo zulasten Somalias verpflichtet, das vorerst nur an Staaten adressiert war.

Inwieweit diese Entwicklung dazu geführt hat, dass dem Handeln des Sicherheitsrates aus dem Völkerrecht Grenzen gesetzt sind, die auch kontrolliert werden können, soll im Folgenden untersucht werden (II.), nachdem zuvor die Aufgaben und Funktionen des Sicherheitsrates rekapituliert werden (I.). Im Anschluss sollen die Fragen der Verantwortlichkeit für das Handeln des Sicherheitsrates (III.) und die Möglichkeit der Kontrolle seines Handelns (IV.) erörtert werden.

A. Die Aufgaben und Funktionen des Sicherheitsrates

Der Sicherheitsrat hat im Zuge seiner Geschichte (A.) das Spektrum seiner Aufgaben erweitert (B.). Vor diesem Hintergrund sollen insbesondere die 1267- und 1373-Sanktionsregime des Sicherheitsrates untersucht werden.

I. Nach der historischen Konstruktion

Nach Art. 24 Abs. 1 UN-Charta trägt der Sicherheitsrat die Hauptverantwortung für die Wahrung des Weltfriedens und der internationalen Sicherheit[544]. In der Zusammenschau mit Art. 1 Nr. 1 UN-Charta wurde dem Sicherheitsrat damit die Hauptverantwortung übertragen, das wichtigste Ziel der Vereinten Nationen – nämlich die Wahrung des internationalen Friedens und Sicherheit – zu verwirklichen[545]. Sekundär ist die Generalversammlung für die Wahrung dieser Güter verantwortlich, siehe Art. 11 Abs. 1 UN-Charta. Der Sicherheitsrat ist dazu berechtigt, aber auch verpflichtet, die internationale Gemeinschaft zusammenzuhalten und für Frieden und Sicherheit auf der Welt zu sorgen. Dafür wurden ihm verschiedene Instrumente bereitgestellt.

Nach Art. 33 UN-Charta, der das Kapitel VI der UN-Charta einleitet, ist der Sicherheitsrat darum bemüht, Streitigkeiten zwischen den Staaten friedlich

---

Und nun auch private Akteure dazu verpflichtet Waffengeschäfte jeder Art mit den Rebellen zu unterlassen.

544 Siehe dazu die Wortlautinterpretation von *Kelsen*, der die Formulierungen der UN-Charta zu den Kompetenzen des Sicherheitsrates teilweise richtigstellt, textliche Verbesserung nahelegt und feinste Nuancen zwischen dem scheinbar identischen Wortlaut des Art. 24 Abs. 2 und Art. 1 Nr. 1 UN-Charta hinsichtlich der Wahrung des internationalen Friedens und Sicherheit herausarbeitet: *Kelsen*, The Law of the United Nations, S. 279 ff.

545 Siehe *Kelsen*, The Law of the United Nations, S. 283: „*Then, Art. 24, paragraph 1, means nothing else but that the Charter confers upon the Security Council primary responsibility for the achievement of the general purpose of the United Nations*".

beizulegen, wenn diese in ihrer Fortdauer geeignet sind, den Weltfrieden oder die internationale Sicherheit zu gefährden. Der Sicherheitsrat nimmt bei diesem Verfahren die Rolle eines Mediators ein, der die streitenden Parteien dazu auffordern kann, ihren Streit durch Verhandlung, Untersuchung, Vermittlung, Vergleich, Schiedsspruch, gerichtliche Entscheidung, Inanspruchnahme regionaler Einrichtungen oder Abmachungen oder durch andere friedliche Mittel ihrer Wahl zu beenden. Nach Art. 38 UN-Charta kann der Sicherheitsrat nicht-bindende Empfehlungen gegenüber den Streitparteien zu ihrer friedlichen Streitbeilegung aussprechen[546]. Dabei geht es um die friedliche Beilegung von Streitigkeiten, die der Sicherheitsrat koordiniert und durch diplomatisches Geschick auflösen möchte.

Nach Kapitel VII kann der Sicherheitsrat in einem zweistufigen Verfahren bei einer Bedrohung oder des Bruchs des Friedens und bei Angriffshandlungen Maßnahmen erlassen. Ihm steht dabei ein weites Ermessen zu[547]. Aus dem Wortlaut der Vorschriften ergibt sich, dass er Ermessen hinsichtlich der Tatbestandsmerkmale – der Entscheidung, ob eine Gefahr vorliegt – und Ermessen hinsichtlich der Rechtsfolge – der zu ergreifenden Maßnahmen – besitzt. Die Befugnis bindende Resolutionen gegenüber den Mitgliedstaaten nach Ermessen zu erlassen, dokumentiert den Willen der Vertragsstaaten, mit dem Sicherheitsrat eine machtvolle Institution einzurichten, die effektiv und unter Einsatz von Zwangsmitteln gegenüber dem oder den uneinsichtigen Mitgliedstaat(en) handeln kann, soweit es notwendig ist.

Nach Art. 39 UN-Charta bedarf es zuerst der Feststellung des Sicherheitsrates, dass eine solche Bedrohung oder ein Bruch des Friedens vorliegt. Liegen die Voraussetzungen vor, erlässt der Sicherheitsrat eine, für alle Mitgliedstaaten bindende Resolution gem. Art. 41 oder 42 UN-Charta. Erforderlich ist also der Bruch oder die Bedrohung des Friedens oder der internationalen Sicherheit.

---

546 Zum Beispiel im Fall des Irak-Iran Krieges, siehe SC Res. 479 (1980) und 582 (1986); im Falkland Islands Konflikt, siehe SC Res. 502 (1982); im Fall Angola, siehe SC Res. 785 (1992); im Fall Bosnien-Herzegowina, siehe SC Res. 752 (1992); siehe zu der Bindungswirkung der Empehlungen des Sicherheitsrates: *Giegerich* in: *Simma/Khan/Nolte/Paulus*, The Charter of the United Nations. A Commentary, Art. 38, Rn. 23 und *Sohn*, The American Journal of International Law 1984, S. 402 ff.

547 Siehe dazu *de Wet*, The Chapter VII Powers of the United Nations Security Council, S. 182 ff.; so hat es auch der ICTR entschieden: Urteil vom 18. Juni 1997, *Prosecuter v. Kanyabashi, Decision on Jurisdiction*, ICTR-96-15-T, Rn. 26: „*the question of whether or not the Security Council was justified in taking actions under Chapter VII when it did, is a matter to be determined by the Security Council itself.*“.

Unter dem engen Friedensbegriff versteht man die Abwesenheit von zwischenstaatlicher Gewaltanwendung[548] (‚negativer Friede'). In der Vergangenheit erklärte der Sicherheitsrat immer dann den Bruch oder die Bedrohung des internationalen Friedens und der Sicherheit, wenn ein Krieg zwischen Staaten bestand oder in einem Land Unruhen oder Bürgerkrieg herrschte[549]. Zum Beispiel im Rahmen des 1267-Sanktionsregimes hat der Sicherheitsrat eine Bedrohung des internationalen Friedens darin gesehen, dass die Taliban nicht den Anordnungen des Sicherheitsrates gefolgt sind, die Ausbildung von Terroristen und die Ansiedlung derartiger Organisationen auf dem Staatsgebiet Afghanistans zu unterbinden und die strafrechtliche Verfolgung dieser Personen voranzutreiben.[550] Diese Resolution stellt eine der klassischen Resolutionen im Rahmen des Kapitel VII dar, insofern sie die Situation im Staat Afghanistan ansprach und die Taliban in den Fokus nahm, die damals faktisch die Herrschaftsgewalt in Afghanistan innehatten.

Mit dem 1373-Sanktionsregime reagierte der Sicherheitsrat auf die Anschläge des 11. September 2001 in den USA und weitete das herkömmliche Verständnis des Kapitel VII deutlich aus. Er verurteilte die Anschläge und erklärt diese, wie auch „alle anderen terroristischen Anschläge"[551], für eine Bedrohung des Weltfriedens und der internationalen Sicherheit.[552] Damit hat er, ohne einen territorialen Bezug zu einem Staat anzugeben, eine Gefahr, die von privaten Akteuren ausgeht, als eine Bedrohung im Sinne des Kapitel VII UN-Charta verstanden.

Im Verfahren zum Erlass der Maßnahmen zur Aufhebung der Bedrohung sind, dem Wortlaut nach, zuerst die nicht-militärischen Maßnahmen nach Art. 41 UN-Charta auszuschöpfen, bevor zu den militärischen Maßnahmen nach Art. 42 UN-Charta gegriffen wird[553]. Im Zusammenhang mit den

---

548 Siehe *Frowein* in: *Simma/Mosler/Randelzhofer/Tomuschat*, The Charter of the United Nations. A Commentary, Art. 39, Rn. 6 (2. Auflage 2010).

549 Dies unter der Prämisse, dass sich die Mitglieder des Sicherheitsrates einigen und mit der erforderlichen Mehrheit eine Resolution erlassen können. Siehe zum Beispiel bei der Invasion des Iraks in Kuweit, SC Res. 660 (1990) u.v.m.

550 Damit verstieß die in Afghanistan regierende Taliban gegen SC Res. 1214 (1998), Rn. 13. Diese lautet: „*Demands also that the Taliban stop providing sanctuary and training for international terrorists and their organizations, and that all Afghan factions cooperate with efforts to bring indicted terrorists to justice…*".

551 In der englischen Orginalfassung: „*like any act of international terrorism*".

552 Siehe SC Res. 1368 (2001) auf die sich der Sicherheitsrat in SC Res. 1373 (2001) bezieht.

553 Siehe dazu später auch unter B. II. 3. b).

Maßnahmen gegen Individuen hat der Sicherheitsrat durchweg von Art. 41 UN-Charta Gebrauch gemacht[554].

II. Im Lichte des modernen Verständnisses

Der Sicherheitsrat hat sein Repertoire durch eine extensive Auslegung des Kapitel VII UN-Charta und der darin enthaltenen Kompetenzen erweitert. Er übt nunmehr legislative[555], exekutive und judikative Funktionen aus[556], daher kann man seit dem Ende des kalten Krieges gar von einer „*explosion de la puissance normative*“[557] des Sicherheitsrates sprechen. Dabei hat der Sicherheitsrat als Organ einer internationalen Organisation keine Kompetenz-Kompetenz inne und kann sich daher selbst keine völlig neuen Kompetenzen zusprechen. Er kann nur im Rahmen der ihm durch die Staaten in der UN-Charta übertragenen Kompetenzen handeln[558]. Da ihm jedoch ein weiter Ermessensspielraum in diesem Bereich zusteht[559], war es ihm möglich, angesichts der neuen Bedrohungspotentiale für den Weltfrieden mithilfe einer dynamischen bzw. evolutiven

---

554 Siehe dazu die Auflistung der Sanktionen in Kapitel 1.

555 Noch im Jahr 1998 hat die Trial Chamber des ICTY eine legislative Funktion des Sicherheitsrates verneint, da er außerhalb des bestehenden Völkerrechts kein neues Recht erschaffen könne, siehe ICTY, Urteil vom 16. November 1998, *The Prosecutor v. Zejnil Delalić*, Case No IT-96-21-T, Rn. 417.

556 Siehe *Fassbender*, The UN Security Council Reform and the Right to Veto, S. 98; *Frowein/Krisch* in: *Simma/Mosler/Randelzhofer/Tomuschat*, The Charter of the United Nations. A Commentary, Chapter VII, Rn. 14, 17–31 (2. Auflage 2010).

557 *Norodon*, Select proceedings of the European society of international law. Third Volume, S. 104 f., *Norodon* untersucht hier die Frage, in wieweit der Sicherheitsrat mit seinen Resolutionen allgemeines Völkerrecht erschafft, das nicht lediglich Sonderrecht ist – abgeleitet aus der UN-Charta, das nur für die Adressaten gilt. Die normative Fähigkeit des Sicherheitsrates ist direkt in der UN-Charta verankert, siehe Art. 24 und 25 UN-Charta, deren Bedeutung sich in Kapitel VII zuspitzt.

558 In Bezug auf die EU spricht man vom Prinzip der begrenzten Einzelermächtigung, was so viel bedeutet, dass die EU nur im Rahmen, der ihr durch die Verträge übertragenen Kompetenzen agieren darf. Dies dient der Abgrenzung zu den Kompetenzen der Mitgliedstaaten.

559 Siehe *Bedjaoui*, The New World Order and the Security Council, S. 11 f.; die Einengung seiner Kompetenz und seines Spielraums im Wege einer restriktiven Auslegung würde nur dazu führen, dass der Sicherheitsrat seiner Funktion zur Wahrung des internationalen Friedens und der Sicherheit nicht nachkommen könne, so etwa *Bothe*, Völkerrechtliches Gewaltverbot und Friedenssicherung, S. 17 und *Skubiszewski*, Manual of Public International Law, S. 779, 786.

Auslegung seiner Befugnisse aus dem Kapitel VII der UN-Charta[560] die im Folgenden darzustellenden Aufgaben für sich zu beanspruchen seine Kompetenzen damit zu erweitern.

Der Sicherheitsrat ist zur autoritativen Auslegung seiner Kompetenzen[561] befugt, wovon er seit den 1990er Jahren vermehrt Gebrauch

560 Für die evolutive Auslegung des Art. 41 UN-Charta im Sinne des Art. 31 Abs. 1 WÜV, siehe *Lavalle*, Netherland International Law Journal 2004, S. 419 ff.; ähnlich *Meyer*, Strafrechtsgenese in Internationalen Organisationen, S. 160 ff., in Bezug auf die legislative Funktion des Sicherheitsrates; siehe auch *Ress* in: *Simma/Mosler/Randelzhofer/Tomuschat*, The Charter of the United Nations. A Commentary, Interpretation, Rn. 3 (2. Auflage 2010); wird die UN-Charta als ein „*living instrument*" angesehen, das flexibel auf die neuen Bedrohungslagen reagieren können soll, kann man die weiten Formulierungen, insbesondere in Art. 41 UN-Charta, neu interpretieren und Individualsanktionen, aber auch die Einrichtung internationaler Strafgerichte darunter fassen, siehe dazu *Delbrück*, FS Röling, S. 79; in diese Richtung gehen auch die Äußerungen des Richters *Alvarez* in seinem Sondervotum zu IGH, Gutachten vom 18. Mai 1948, *Conditions of Admission of a State to Membership in the United Nations (Article 4 of the Charter)*, ICJ Reports 1948, S. 68: „*Moreover, the fact should be stressed that an institution, once established, acquires a life of its own, independent of the elements which have given birth to it, and it must develop, not in accordance with the views of those who created it, but in accordance with the requirements of international life.*"; ähnlich: IGH, Gutachten vom 21. Juni 1971, *Legal Consequences for States of the Continued Presence of South Africa in Namibia (South West Africa) notwithstanding Security Council Resolution 276 (1970)*, ICJ Reports 1971, S. 31, zwar nicht bezogen auf die UN-Charta, sondern auf ihren Vorgänger, die Völkerbundsatzung, in Bezug auf treuhänderisch verwaltete Gebiete: „*Moreover, an international instrument has to be interpreted and applied within the framework of the entire legal system prevailing at the time of the interpretation*". Diese Feststellung lässt sich jedoch verallgemeinern und somit auf die UN-Charta, wie auch auf andere internationale Abkommen übertragen. Dafür sind die EMRK als „*living instrument*" und die ständige Rechtsprechung des EGMR exemplarisch, siehe EGMR, Urteil vom 25. April 1978, n° 5856/72 – *Tyrer gg. Vereinigtes Königreich*, Rn. 31: „*The Court must also recall that the Convention is a living instrument which (…) must be interpreted in the light of present-day conditions*".

561 Das bedeutet so viel, dass der Sicherheitsrat seine ihm durch die UN-Charta übertragenen Befugnisse eigens konkretisiert und definiert, siehe IGH, Gutachten vom 20. Juli 1962, *Certain Expenses of the United Nations*, ICJ Reports 1962, S. 151, 168. Dies wird teilweise als ein autoritativer Gestaltungsakt und eine Form der beschränkten Kompetenz-Kompetenz bezeichnet, siehe *Herdegen*, FS Bernhardt, S. 110–112; siehe auch *Bedjaoui*, The New World Order and the Security Council, S. 11, der die Befugnis der jeweiligen Organe, ihre Befugnisse selbst auszulegen, als eine Kompetenz-Kompetenz ansieht; siehe auch *Herdegen*, Die Befugnisse des UN-Sicherheitsrates, S. 14;

macht[562]. Für die neuere Praxis des Sicherheitsrates spricht die breite Akzeptanz seitens der Generalversammlung[563] und der Mitgliedstaaten, die die Individualsanktion des Sicherheitsrates umsetzen. Dieses Verhalten der Mitgliedstaaten als auch der Generalversammlung kann gem. Art. 31 Abs. 3 b) WÜV bei der Auslegung der Verpflichtungen aus der UN-Charta berücksichtigt werden, da sie durch ihre eigene Übung die Handlungen des Sicherheitsrates befürwortet haben[564]. Andererseits kann die Befolgung der Resolutionen durch die Mitgliedstaaten nicht notwendigerweise mit einer Anerkennung der Praxis des Sicherheitsrates gleichgesetzt werden[565]. Die Mitgliedstaaten sind schließlich gem. Art. 24 Abs. 1 UN-Charta zur Umsetzung verpflichtet und haben keine andere Wahl, als die Resolutionen vorerst umzusetzen. Daher muss die Reaktion der Mitgliedstaaten in der Generalversammlung und außerhalb der reinen Umsetzungspraxis durchaus auch berücksichtigt werden, um Rückschlüsse auf ihre (Rechts-)Überzeugung im Hinblick auf die Maßnahmen des Sicherheitsrates ziehen zu können.

1. Ausweitung der Tatbestandsmerkmale des Art. 39 UN-Charta

Der Sicherheitsrat hat seit der Resolution zum Schutz der kurdischen Bevölkerung im Irak[566] Art. 39 UN-Charta dynamisch und damit extensiv ausgelegt. Seitdem fasst er unter den Begriff der Friedensbedrohung auch interne Konflikte[567]. Das heutige Begriffsverständnis über den Frieden umfasst auch die Integrität elementarer Werte des Völkerrechts[568]. Diese Auslegung gerät in die Nähe des umfassenderen Begriffs des Weltfriedens aus Art. 1 Nr. 2 UN-Charta[569]. Der

---

Simma, Recueil des cours de l'Académie de La Haye 1994, Vol. 250, S. 219 ff., 269 ff., 275 ff.

562 Siehe dazu *Akram/Shah*, Towards World Constitutionalism, S. 447 ff.; *Weiß*, Kompetenzlehre internationaler Organisationen, S. 186 ff.

563 Dadurch, dass auch die Generalversammlung die Anschläge von internationalen Terroristen ächtet, wie in der GA Res. A/RES/56/1.

564 Vergleiche auch *Wagner*, ZaöRV 2003, S. 911 f.

565 So *Herdegen*, FS Bernhardt, S. 113

566 SC Res. 688 (1991).

567 Siehe dazu *Krisch* in: *Simma/Khan/Nolte/Paulus*, The Charter of the United Nations. A Commentary, Art. 39, Rn. 14.

568 Siehe *Herdegen*, FS Bernhardt, S. 113.

569 Siehe dazu *Wolfrum* in: *Simma/Khan/Nolte/Paulus*, The Charter of the United Nations. A Commentary, Art. 1, Rn. 5; seit der SC Res. 1189 (1998) sieht der Sicherheitsrat sogar bei der Bedrohung durch nichtstaatliche Akteure den Anwendungsbereich des Art. 39 UN-Charta als eröffnet an. Eine extensive Auslegung des Friedensbegriffs

moderne Friedensbegriff umfasst auch politische, wirtschaftliche, sozio-kulturelle, humanitäre und ökologische Aspekte (‚positiver Friede')[570], der klassische Begriff hingegen bestimmt den Weltfrieden weiterhin mit der Abwesenheit internationaler bewaffneter Gewalt[571]. Dies harmoniert mit dem neuen Selbstverständnis des Sicherheitsrates als eine deutlich handlungsfreudigere Institution zur Wahrung des Weltfriedens und der internationalen Sicherheit.

2. Ausweitung der Tatbestandsmerkmale des Art. 41 UN-Charta

Ebenso hat der Sicherheitsrat seine Kompetenzen hinsichtlich der Wahl der Mittel im Kampf gegen die Gefahren, die von Individuen ausgehen, ausgeweitet. Er hat zum einen den Adressatenkreis der Maßnahmen auf Individualpersonen erweitert, daher können wirtschaftliche Sanktionen nun nicht mehr nur Staaten als solche, wie nach dem ursprünglichen Verständnis[572], sondern auch Individualpersonen treffen. Außerdem hat er in seinen Resolutionen 1267 und 1373 nicht mehr nur die Mitglieder der Vereinten Nationen zur Umsetzung der Maßnahmen verpflichtet, sondern alle Staaten der Welt[573]. Damit legt der Sicherheitsrat die Vorschriften, die vorsehen, dass die Vereinten Nationen auch

---

wurde dadurch gängige Praxis und die Gefahr der zunehmenden Konturlosigkeit des Begriffs entstand. An diesem Punkt kann man sich durchaus fragen, ob die dynamische Auslegung der Kompetenzen des Sicherheitsrates durch ihn selbst die Grenzen der zulässigen Rechtsfortbildung überschreitet. Schließlich waren die UN-Charta und ihr Friedenssicherungssystem auf staatliche Konflikte ausgelegt, sodass Bedrohungen in Sinne von Art. 39 UN-Charta immer als Ausfluss staatlicher Handlungen angesehen wurden. Dass immer mehr nicht-staatliche Akteure auf den Plan traten und das bisherige System auf den Kopf stellten, hat jedoch dazu geführt, dass der Sicherheitsrat ein neues Verständnis und eine neue Auslegung an den Tag legen musste. Nur so konnte er seine Aufgabe als Hüter des internationalen Friedens und der Sicherheit effektiv ausfüllen.

570 Siehe dazu *Herdegen*, Die Befugnisse des UN-Sicherheitsrates, S. 15 ff., er fordert einen „elementaren Bezug zum ursprünglichen Friedensbegriff insoweit", als dass „eine physische Bedrohung völkerrechtlich geschützter Rechtsgüter von hohem Rang vorliegen" müsse; *Randelzhofer*, Völkerrecht und Kriegsverhütung, S. 13 ff.; siehe auch *Czempiel*, Friedensstrategien, S. 35 ff. und *Neuhold*, FS Delbrück, S. 476 f.

571 Siehe *Frowein/Krisch* in: *Simma/Mosler/Randelzhofer/Tomuschat*, The Charter of the United Nations. A Commentary, Art. 39, Rn. 11 f.

572 Siehe Kapitel 1, B., I., 1.

573 Der Wortlaut beider Resolutionen lautet *„all states shall…"*.

Nichtmitglieder mit einbeziehen können, entsprechend extensiv aus[574] und verpflichtet die gesamte Staatengemeinschaft.

3. *Legislative Tätigkeit*

Eine weitere Neuerung ist die sog. legislative Tätigkeit des Sicherheitsrates[575]. Darunter versteht man den Erlass von Resolutionen, die den (Mitglied-)Staaten dauerhafte und abstrakt-generelle Regelungen auferlegen und ihnen aufgeben gesetzgeberisch oder administrativ in ihren Rechtsordnungen tätig zu werden, was für die Mitgliedstaaten verbindlich ist[576]. Der Sicherheitsrat wird aus der Sicht des Adressaten nicht mit Durchgriffswirkung tätig, sondern nur intermediär durch seine Mitgliedstaaten[577], indem diese die Resolutionen umsetzen und anwenden. Abstrakt-generell sind diese Regelungen, weil sie sich nicht auf ein bestimmtes Ereignis beziehen, sondern auf ein Phänomen und damit auf eine unbestimmte Anzahl und gleichzeitig an alle Mitgliedstaaten adressiert sind[578]. Auch kommt ein zeitliches Moment insofern hinzu, als dass diese Maßnahmen auf Dauer angelegt sind.

Auf den ersten Blick erscheint dies nicht innovativ, da es in den meisten Fällen der Resolutionen des Sicherheitsrates einer gesetzgeberischen Tätigkeit der Mitgliedstaaten bedarf, um den Anordnungen des Sicherheitsrates Wirkung zu verschaffen. Neu ist jedoch die Zielgerichtetheit in Bezug auf Individualpersonen und die detailgenauen Vorgaben des Sicherheitsrates für die Maßnahmen an die Staaten, die diesen nur noch wenig Spielraum überlässt. Diese abstrakte

574 Art. 11 Abs. 2, 32, 35 Abs. 2 UN-Charta; wobei hier die Ansichten über die Art des Handelns auseinandergehen, von legislativem Handeln in diesem Kontext spricht *Martinez*, International and Comparative Law Quarterly 2008, S. 340.

575 Siehe dazu *Akram/Shah*, Towards World Constitutionalism, S. 431 ff.; *Kreuder-Sonnen*, Terrorismusforschung in Deutschland, S. 237 ff.

576 *Marschik*, Towards World Constitutionalism, S. 460 f.; *Yemin*, Legislative Powers in the United Nations and Specialized Agencies, S. 6, er definiert Legislativakte so: „*they are unilateral in form, that they create or modify some element of a legal norm, and the legal norm in question is general in nature, that is directed to indeterminate addressees and capable of repeated application in time*".

577 Vergleiche *Frowein/Krisch* in: *Simma/Randelzhofer/Tomuschat/Wolfrum*, The Charter of the United Nations, Introduction, Chapter VII, Rn. 23 (2. Auflage 2002).

578 So wie es *Tomuschat* schon Anfang der 90er Jahre vorhergesagt hatte: *Tomuschat*, The United Nations at Age Fifty, S. 300.

Normsetzungskompetenz hat sich der Sicherheitsrat durch die Resolutionen 1373[579] und 1540[580] zugesprochen[581]. Dabei hat er lediglich auf der Rechtsfolgenseite eine Neuerung bei der Anwendung des Kapitel VII eingeführt, indem er den Erlass der legislativen Maßnahmen aufgrund einer Bedrohung des Friedens und der internationalen Sicherheit im Sinne des Art. 39 ff. UN-Charta rechtfertigt, also die tatbestandlichen Voraussetzungen für exekutive Maßnahmen nun auch für legislative Maßnahmen nutzt.

Diese Resolutionen sind zwar, wie alle anderen Resolution nach Kapitel VII, für die Mitgliedstaaten bindend, die den Regelungen aus den Resolutionen erst zur Wirksamkeit verhelfen müssen[582]. Selbstredend handelt es sich dabei aber nicht um Gesetzgebung im engeren Sinne, da die Resolutionen weiterhin nicht unmittelbar in den nationalen Rechtsordnungen gelten und anwendbar sind[583] und damit nicht direkt gegenüber Einzelnen Wirkung entfalten. Dies verdeutlicht, dass der Sicherheitsrat nur so viel Einfluss hat, wie ihm die Mitgliedstaaten durch die Umsetzung seiner Resolutionen einräumen. Sind sie beispielsweise nicht gewillt oder fähig, die Resolutionen effektiv umzusetzen, hat der Sicherheitsrat keine effektive Handhabe zum Zwang gegenüber dem Mitgliedstaat.[584] Hätten die Staaten den Resolutionen des Sicherheitsrates nicht Folge geleistet, hätte sich die neue Praxis des Sicherheitsrates nicht durchsetzen können.

Daher ist der Begriff des Sicherheitsrates als „Weltgesetzgeber"[585] zu relativieren. Seine Tätigkeit ähnelt nur von der Zielrichtung her einer gesetzgebenden

579 In dieser Resolution ging es um die Bedrohung durch den internationalen Terrorismus, eine Bedrohung für die internationale Sicherheit im Sinne des Kapitel VII UN-Charta.

580 In dieser Resolution ging es um die Bedrohung durch Massenvernichtungswaffen, eine Bedrohung der internationalen Sicherheit im Sinne des Kapitel VII UN-Charta; siehe dazu *Lavalle*, Netherland International Law Journal 2004, S. 411 ff.

581 Es gibt Stimmen, die diesen Resolutionen keinen legislativen Charakter und damit auch dem Sicherheitsrat keine legislativen Kompetenzen zusprechen, mit dem Argument, seine Resolutionen könnten nur spezifische Situationen anvisiert, siehe *Orakhelashvili*, Peremptory norms in international law, S. 418.

582 Dies ist für die Fälle zu relativieren, in denen eine Resolution gegen *ius cogens* verstößt, so *Doehring*, Unlawful Resolutions of the Security Council in: *Frowein/Wolfrum*, MPUN, S. 98 f.

583 Sie sind eben nicht *self-executing*, anders *Wolfrum*, Annuaire de l'Institut de droit international 2013, S. 1 ff.

584 Andere Ansicht *Arnauld*, EuR 2013, S. 238: die Mitgliedstaaten seien nur die Erfüllungsgehilfen des Sicherheitsrates und seiner supranationalen Hoheitsgewalt.

585 Siehe zu dieser Begrifflichkeit: *Bianchi*, EJIL 2006, S. 885 ff.

Tätigkeit. Von der Rechtsfolgenseite her gesehen, ist sie mit exekutivem Handeln vergleichbar, da von den Mitgliedstaaten die Umsetzung bestimmter Maßnahmenkataloge gefordert wird, die erst nach der Umsetzung ihre Wirkung gegenüber dem Einzelnen entfalten. Außerdem beziehen sich die Individualsanktionen des Sicherheitsrates auf Einzelfälle und sind daher nicht abstrakt-genereller Natur, um eine Vielzahl von Fällen zu regeln. Des Weiteren entspricht auch das Verfahren zum Erlass der Resolutionen im Sicherheitsrat, das kein parlamentarisches Organ ist, nicht einem gesetzgeberischen Verfahren.

a) Begründung

Der ICTY hatte 1995 noch betont, *„there exists no corporate organ formally empowered to enact laws directly binding on international legal subjects“*[586]. Trotzdem hat sich der Sicherheitsrat beim Erlass der Resolutionen zu den Individualsanktionen auf das Kapitel VII der UN-Charta berufen. Kapitel VII erscheint als die einzig denkbare Rechtsgrundlage zur Bekämpfung dieser asymmetrischen Gefahren durch nicht-staatliche Akteure, da keine andere Rechtsgrundlage aus der UN-Charta dem Sicherheitsrat die Möglichkeit gibt, an die Mitgliedstaaten gezielte Vorgaben zum Erlass von Rechtsakten zu machen, wenn eine Gefahr für die internationale Sicherheit und den Frieden droht. Es wird daher teilweise vertreten, es handele sich um eine sich aus der UN-Charta ergebende *implied power*[587] oder aus der späteren Akzeptanz der Staaten und der Generalversammlung, die die Praxis des Sicherheitsrates befürwortet und hingenommen haben (*subsequent practice*).

Nach der *implied-powers*-Lehre darf der Sicherheitsrat legislativ tätig werden, um seiner Funktion, die ihm die UN-Charta übertragen hat, gerecht zu werden, obwohl es dazu keine direkte Ermächtigung in der UN-Charta gibt. Die UN-Charta hat den Sicherheitsrat vielmehr mit exekutiven Funktionen ausgestattet, die es ihm erlauben sollen, in konkreten Situation die erforderlichen Maßnahmen treffen zu können, was ihm ausreichend Handlungsspielraum dazu gibt, seiner Funktion als Friedenswahrer gerecht zu werden.[588] Eine implizite Ermächtigung zum Erlass von legislativen Maßnahmen zur effektiven Bewältigung der exekutiven Aufgaben ausschließlich aus der *implied-powers*-Lehre erscheint jedoch zu weitgehend.

---

586 Siehe ICTY, Urteil vom 2. Oktober 1995, *Prosecutor gg. Dusko Tadič, Decision on the Defence Motion for Interlocutory Appeal on Jurisdiction*, ILM (1996), S. 42, Rn. 43.

587 Siehe *de Wet*, The Chapter VII Powers of the United Nations Security Council, S. 193.

588 so *Marschik*, Towards World Constitutionalism, S. 463 f.

Die Argumentation hinsichtlich einer Zuständigkeitszusprechung aufgrund einer *subsequent practice* ergibt sich aus Art. 31 Abs. 3 b) WÜV. Dieser sieht vor, dass bei der Auslegung eines Vertrages immer auch jede spätere Übung bei der Anwendung des Vertrags, aus der die Übereinstimmung der Vertragsparteien über seine Auslegung hervorgeht, berücksichtigt werden muss. Der Sicherheitsrat hat bei dem Erlass seiner neuartigen Resolutionen seine Kompetenzen aus der UN-Charta extensiv unter den Augen der Staatengemeinschaft ausgelegt, was durch die Staaten einzeln und auch kollektiv in der Generalversammlung befürwortet und durchgesetzt wurde[589]. Diese extensive Auslegung beinhaltete die Berücksichtigung der Entwicklung des Völkerrechts, aber auch der tatsächlichen Begebenheiten und Gefahren für die internationale Sicherheit und den Frieden. Zum einen hat die Bedrohung durch nicht-staatliche Akteure stark zugenommen und zum anderen wurde die rasche gemeinschaftliche Reaktion auf Phänomene, die keine akuten Zustände, sondern eher Langzeitprobleme darstellen, besonders wichtig. Die UN-Charta ist einer derart evolutiven bzw. dynamischen Auslegung als Gründungsvertrag einer internationalen Organisation zugänglich[590], gerade weil die Mitgliedstaaten, also die souveränen Vertragsparteien der Vereinten Nationen, durch ihre Akzeptanz der Praxis des Sicherheitsrates auf diese neuen Resolutionen Einfluss genommen haben und diese durch ihre Umsetzung völkerrechtlich legitimiert haben[591].

Weiß[592] sieht ebenfalls keine Anhaltspunkte in der UN-Charta, die gegen solche abstrakt-generellen Maßnahmen sprechen. Dem ist beizupflichten, wenn man einerseits anerkennt, dass es sich um eine Spielart handelt, die es zuvor nicht gegeben hat, doch andererseits von der UN-Charta nicht explizit ausgeschlossen ist. Der Sicherheitsrat hat grundsätzlich einen weiten Handlungsspielraum und

---

589 Siehe eine Übersicht über die relevante Staatenpraxis bei *Marschik*, Towards World Constitutionalism, S. 465 ff.

590 *Ress* in: *Simma/Randelzhofer/Tomuschat/Wolfrum*, The Charter of the United Nations, S. Interpretation, Rn. 3 (2. Auflage 2002); siehe auch *Delbrück*, FS Röling, S. 79, der von einer „lebendigen" Verfassung der Weltorganisation spricht.

591 Stark befürwortet wird die dynamische Auslegung von *Meyer*, Strafrechtsgenese in Internationalen Organisationen, S. 159 ff., 175 ff., der insbes. die Eigenschaft der UN-Charta als Organisationsverfassung hervorhebt, die angesichts der Veränderung auf der Welt „ihr eigenes Leben entfalten" kann, umfasst von dem „Entwicklungsrahmen", den die Mitgliedstaaten ihr geben.

592 *Weiß*, Kompetenzlehre internationaler Organisationen, S. 201; weitere Befürworter der legislativen Tätigkeit sind *Meyer*, Strafrechtsgenese in Internationalen Organisationen, S. 156 f.

vielerlei Möglichkeiten und Handlungsperspektiven auf die Bedrohungen des Weltfriedens und der Sicherheit zu reagieren.[593] Die Anwendung neuer Mittel, solange sie nicht gegen die formellen und materiellen Vorgaben der UN-Charta und der sich daraus ergebenden Grenzen für das Handeln des Sicherheitsrates verstoßen, sollte es ihm daher nicht verwehrt sein, insbesondere, wenn man die dynamische Entwicklung der Vereinten Nationen und seiner Organe und damit letztlich des gesamten Völkerrechts, nicht behindern möchte.

b) Kritik

Kritik an der Kompetenz des Sicherheitsrates zum Erlass dieser Resolution ergibt sich aus dem *Scheinin*-Report[594]. Zwar habe dem Sicherheitsrat grundsätzlich die Kompetenz zum Erlass dieser Rechtsakte zugestanden, jedoch sei es den Maßnahmen nach Kapitel VII UN-Charta inhärent, dass sie von lediglich vorübergehenden Charakter sind, um einen Schutzmechanismus gegen eine konkrete und akute Bedrohung des internationalen Friedens und Sicherheit bieten. Die jahrelange Geltungsdauer und Anwendung der Resolution gehe jedoch zu weit, insbesondere im Hinblick auf die menschenrechtlichen Implikationen.

Dem ist teilweise zuzustimmen, da die Maßnahmen des Kapitel VII UN-Charta in der Tat als rascher Reaktionsmechanismus des Sicherheitsrates gedacht waren, um einzelne Krisen, Kriege und Probleme zu lösen. Dieser Mechanismus ist im historischen Kontext zu sehen, denn die Autoren der UN-Charta und des Kapitel VII hatten den 2. Weltkrieg und die verzögerte Reaktionsfähigkeit der internationalen Gemeinschaft und des Völkerbundes noch in guter Erinnerung. Eine dauerhafte Einrichtung bestimmter Mechanismen – und damit Normsetzung – sollte durch das Kapitel VII vorerst nicht erfolgen.

Legt man aber eine dynamischere Sichtweise zugrunde, wird man angesichts der Dauerhaftigkeit einiger weltpolitischer Herausforderungen die Notwendigkeit erkennen, dass auf Dauer gerichtete Maßnahmen durchaus effektiv und angemessen sein können, um dauerhaften Bedrohungen begegnen zu können und damit den Weltfrieden wiederherzustellen. Daher sollte es dem Sicherheitsrat *de lege lata* möglich sein, zumindest für die Dauer eines Konfliktes oder einer Bedrohungssituation bestimmte Regelungen aufrechterhalten zu können, auch wenn der Konflikt dauerhaft wird.

---

593 *Nolte*, FS Delbrück, S. 501.

594 Report, Promotion and Protection of Human Rights and Fundamental Freedoms while countering Terrorism, UN Doc A/65/258, Rn. 39.

Andere wenden sich gegen die dynamische Ausweitung der Befugnisse des Sicherheitsrates, der keine Gesetzgebung betreiben dürfe, da es dafür gerade keine ersichtliche Grundlage in der UN-Charta gebe.[595] Auch wird gegen die legislative Kompetenz damit argumentiert, dass der Sicherheitsrat konzipiert wurde, um die UN-Charta durchzusetzen und nicht um als „Weltgesetzgeber"[596] zu fungieren. Zumindest muss es Grenzen für eine evolutive Auslegung der Funktionen des Sicherheitsrates geben, möchte man den Telos des Kapitel VII UN-Charta nicht für vollständig obsolet erklären. Eine solche Grenze bildet die unzulässige Rechtsfortbildung[597], deren Grenzen dann überschritten sind, wenn ohne eine gesetzesübersteigende Begründung der Plan des Gesetzes missachtet wird und nicht mehr lediglich verdeckte oder offene Rechtslücken geschlossen werden.[598] Die Rechtsfortbildung, die den Plan des Gesetzes und den Wortlaut übersteigt, muss daher zumindest den Gesamtkontext des Kapitel VII und die Rolle der Vereinten Nationen und des Sicherheitsrates für die internationale Sicherheit und den Frieden berücksichtigen.

Eine solche Grenzüberschreitung ist aber nicht erkennbar, da zumindest der Wortlaut der Artikel im Kapitel VII UN-Charta eine legislative Tätigkeit nicht ausschließt. Insbesondere Art. 41, der friedliche Maßnahmen zur Wiederherstellung des Friedens vorsieht, zählt nur regelbeispielhaft einige Maßnahmen in Satz 2 auf. Telos ist die Möglichkeit des Sicherheitsrates bei Krieg und Krisen mit Resolutionen gerichtet an die Mitgliedstaaten schnell einzugreifen, um die internationale Sicherheit und den Frieden wiederherzustellen. Dies erfordert nach dynamischem Verständnis auch den Erlass von Resolutionen, die einen längeren Geltungszeitraum haben, wenn ein Konflikt oder eine Bedrohung länger andauert. Selbst dann, wenn dies bisher nicht vom Verständnis des Kapitel VII

595 So *Arangio-Ruiz*, Rivista di diritto internazionale 2000, S. 689; *Bowett*, EJIL 1995, S. 93.

596 So *Akram/Shah*, Towards World Constitutionalism, S. 437. Sie sprechen sich gegen die legislative Tätigkeit des Sicherheitsrates aus, da diese dem Vertrauen in das System der Vereinten Nationen nicht zuträglich wäre, siehe S. 455: so auch *Dupuy*, FS Bernhardt, S. 50; *Marschik*, Towards World Constitutionalism, S. 464, sieht diese Kompetenz als nicht notwendig an, damit der Sicherheitsrat seine Kompetenzen aus der UN-Charta durchführen kann. Daher habe der Sicherheitsrat bei der Resolution 1373 *ultra vires* gehandelt, so *Sossai*, Founding Conference ESIL 2005, S. 5, der sich auf die Ausführungen von *Arangio-Ruiz* zu den Kompetenzen des Sicherheitsrates im Rahmen des Kapitel VII beruft, siehe *Arangio-Ruiz*, Rivista di diritto internazionale 2000, S. 609 ff.

597 Die zulässige Rechtsfortbildung beginnt dort, wo die klassische Auslegung endet. Sie ist jedoch lediglich die Fortsetzung der Auslegung unter denselben Parametern, siehe *Kirchhof*, NJW 1986, S. 2275.

598 Siehe *Larenz/Canaris*, Methodenlehre der Rechtswissenschaft, S. 191.

UN-Charta umfasst war. Im Wege der Rechtsfortbildung kann daher zulässigerweise im dynamischen Sinne – sie dient ja gerade dazu Rechtsquellen an die aktuelle gesellschaftliche Realität anzupassen – eine entsprechende Kompetenz des Sicherheitsrates angenommen werden. Beachtet werden müssen dabei aber weiterhin die materiellen Grenzen – rechtsstaatliche Grundsätze und die internationalen Menschenrechte – auf die später noch genauer eingegangen werden muss.[599]

c) *Stellungnahme und Fazit*

Im Rahmen dieser Grenzen für das Handeln des Sicherheitsrates muss ihm die Möglichkeit eingeräumt werden, zumindest teilweise neue Kompetenzen aus seiner traditionellen Aufgabenzuweisung zu entwickeln, um dem derzeitigen Weltgeschehen gerecht zu werden. Nicht zuletzt, weil die UN-Charta ein „*living instrument*"[600] ist, das an neue Herausforderungen angepasst werden muss. Die Art der Konflikte hat sich seit dem 2. Weltkrieg derart modifiziert, dass auch eine entsprechende Fortentwicklung der Lösungsmöglichkeiten – wie in jedem anderen Rechtssystem – zulässig sein muss, solange sie den vertraglichen Vereinbarungen der Mitgliedstaaten nicht zuwiderlaufen.

Daher ist es zu begrüßen, dass der Sicherheitsrat keine ausufernde legislative Tätigkeit betreibt, sondern diese bis jetzt auf einige wenige Fälle begrenzt hat. Vor dem Hintergrund der Veränderung der strategischen und machtpolitischen Begebenheiten und der neuen Herausforderungen bedarf es einer dynamischen Auslegung der Kompetenzen der Organe der Vereinten Nationen, damit ihre Handlungsfähigkeit an die derzeitigen Begebenheiten angepasst werden kann und die Vereinten Nationen effektiv arbeiten können. Eine explizite Änderung des Vertragstextes der UN-Charta wäre zwar der formelle Weg, jedoch bekanntermaßen ein sehr langwieriges und unrealistisches Unterfangen innerhalb der Vereinten Nationen, sodass die hier dargestellte flexiblere Lösung zu begrüßen ist.

Die *subsequent practice* der Mitgliedstaaten unterstreicht die Wirksamkeit dieser sog. legislativen Resolutionen, die zwar eine starke Ausweitung der

---

599 Siehe dazu unter B.

600 Siehe IGH, Gutachten vom 28. Mai 1948, *Admission to the United Nations*, ICJ Reports 1947–48, S. 68: „*an institution, once established, acquires a life of its own, independent of the elements which have given birth to it, and it must develop, not in accordance with the views of those who created it, but in accordance with the requirements of international life*".

Kompetenzen des Sicherheitsrates bedeuten, aber dennoch im Wege der dynamischen Auslegung auf Kapitel VII der UN-Charta gestützt werden können. Schließlich setzt der Sicherheitsrat damit nur seine ihm durch die UN-Charta übertragenen Aufgaben[601] um, nämlich die Sicherung des Friedens und der internationalen Sicherheit.[602]

Letztlich ist der Sicherheitsrat auch das inhaltlich zuständige Organ zum Erlass solcher Maßnahmen, da ihm durch Art. 24 Abs. 1 UN-Charta die Hauptverantwortung für den Erhalt des internationalen Friedens und der Sicherheit aufgetragen wurde. Eine strikte Gewaltenteilung wie auf nationaler Ebene gibt es in den Vereinten Nationen nicht, sodass die grundsätzliche Organkompetenz der Generalversammlung in legislativen Angelegenheiten aufgrund Art. 13 Abs. 1 a) UN-Charta zur Fortentwicklung des Völkerrechts zu beachten ist[603]. Im Sinne der Trennung und der Aufgabenverteilung unter den Gewalten erscheint es auf den ersten Blick der Generalversammlung vorbehalten, zu derartigen Maßnahmen zu greifen. Schließlich sind dort alle Mitgliedstaaten der Vereinten Nationen vertreten, sodass dieses Organ das repräsentative Organ ist. Der Sicherheitsrat hingegen ist nur mit einem Ausschnitt der Mitglieder besetzt und hat vorrangig exekutive Funktionen.

Dies spricht zwar für eine Organkompetenz der Generalversammlung in allen legislativen Fragen. Angesichts der Tatsache, dass die Generalversammlung lediglich nicht-bindende Resolutionen erlassen kann, hingegen der Sicherheitsrat die Befugnis zum Erlass von bindenden Resolutionen hat, macht an dieser Stelle jedoch deutlich, welche Folgen es hätte, ausschließlich der Generalversammlung die Zuständigkeit für legislative Tätigkeit zuzusprechen. Die Organkompetenz

---

601 *Kelsen* betont in diesem Zusammenhang, dass die UN-Charta dem Sicherheitsrat keine Pflichten auferlegt hat, sondern nur – mehr oder weniger – genau umschriebene Aufgaben und Befugnisse. Dies ergebe sich auch schon aus der Überschrift des Kapitels in dem sich Art. 24 UN-Charta befindet, siehe *Kelsen*, The Law of the United Nations, S. 285 ff.

602 *Akram/Shah*, Towards World Constitutionalism, S. 437.

603 Siehe zur Abgrenzung der Kompetenzen des Sicherheitsrates und der Generalversammlung in diesem Kontext: *Martinez*, International and Comparative Law Quarterly 2008, S. 336 ff., er betont, dass dem Sicherheitsrat eine vorwiegend exekutive Funktion übertragen worden war. Die Fortentwicklung des Rechts und die Kodifikation von Völkerrecht hingegen lägen ausschließlich in der Hand der Generalversammlung, gem. Art. 13 UN-Charta. Daher habe der Sicherheitsrat seine Kompetenzen mit dem Erlass der oben genannten Resolutionen überschritten.

zum Erlass solcher Resolution muss daher zumindest auch beim Sicherheitsrat liegen, soweit es um die Friedens- und Sicherheitsgewährleistung geht.

Schließlich hat der Sicherheitsrat die Möglichkeit, seine Zuständigkeit dynamisch auszulegen und damit zu entwickeln. Die oben genannten legislativen Resolutionen im Bereich der Individualsanktionen wurden darüber hinaus einhellig befürwortet. Dies spricht für eine Überzeugung der Staatengemeinschaft und der Staatenpraxis, dass der Sicherheitsrat zuständig war[604]. Daher kann im Ergebnis die Zuständigkeit des Sicherheitsrates für legislative Maßnahmen auf der Basis des Kapitel VII UN-Charta bejaht werden.

4. *„Quasi-judikative" Tätigkeit*

Unter „quasi-judikativer" Tätigkeit versteht man zum einen die Errichtung von Tribunalen durch den Sicherheitsrat[605]. Man kann dazu aber auch die dem Individuum auferlegten direkten Sanktionen zählen[606], da hierbei die Judikation durch den Sicherheitsrat noch viel weiter geht. Die Judikation ist hier direkter, da sich der Sicherheitsrat selbst als „Richter" über die Individuen geriert, denen wegen des Verdachts des Terrorismus oder anderer Vorwürfe, Sanktionen auferlegt werden[607]. Zwar kann dem Sicherheitsrat die organschaftliche Kompetenz zum Erlass solcher Resolutionen unter dem Gesichtspunkt der dynamischen Auslegung des Kapitel VII UN-Charta zugesprochen werden, es wird jedoch kritisiert, dass die Struktur und die Kompetenzen des Sicherheitsrates gar nicht darauf ausgelegt seien, juristische und natürliche Personen anzuvisieren, sondern nur staatliche Belange[608].

Doch auch im Bereich der Individualsanktionen richtet sich der Sicherheitsrat zunächst an die Staaten, die die jeweiligen Anordnungen aus den Resolutionen

---

604 So auch *Wagner*, ZaöRV 2003, S. 912 f.

605 Beispielsweise das Yugoslawien Tribunal (ICTY), das Ruanda-Tribunal (ICTR) und das Libanon-Tribunal (STL).

606 Wie durch die SC Res. 1267 (1999) und etwas indirekter durch die SC Res. 1373 (2001). Aber auch solche Resolutionen, in denen der Sicherheitsrat die Staaten dazu auffordert, bestimmte Einzelpersonen, die für Völkerrechtsverletzungen verantwortlich sind vor ein Gericht zu bringen, sind Maßnahmen judikativer Natur, siehe SC Res. 1468 (2003), über die Situation in der Demokratischen Republik Kongo.

607 *Gowlland-Debbas*, Recueil des Cours de l'Académie de La Haye 2012, S. 257 ff.; *Herdegen*, Die Befugnisse des UN-Sicherheitsrates, S. 26; *Vashakmadze*, Terrorismusforschung in Deutschland, S. 56 ff.; *de Wet*, The Chapter VII Powers of the United Nations Security Council, S. 338 ff.

608 Siehe *Zappalà*, Securing Human Rights, S. 118.

betreffend die Individuen in ihre nationale Rechtsordnung umsetzen und gegen diese im Einzelfall auch durchsetzen müssen. Er spricht die Sanktionen nicht direkt gegenüber dem Individuum, wie in einem Richterspruch, aus. Auch wenn sie in ihrer Wirkung einer Verurteilung durch ein Gericht gleichkommen, kann man bei den Resolutionen aufgrund ihres Zustandekommens und des Umsetzungserfordernisses grundsätzlich nicht von quasi-richterlichen Akten des Sicherheitsrates sprechen.[609] Es handelt sich vielmehr um exekutives Handeln des Sicherheitsrates. Bei den direkten Sanktionen, die zwar ebenfalls in das nationale Recht umgesetzt werden, bevor sie Wirkung gegenüber dem Einzelnen entfalten, findet eine Auflistung der Namen und die Vorgabe der Sanktionen statt. In diesen Fällen kann man durchaus von Rechtsanwendungs- und Einzelaktcharakter sprechen, sodass sie einem judikativen Akt in ihrer Wirkung gleichkommen.

Im Fall der Einrichtung von Straftribunalen haben sich die jeweiligen Gerichte – was nicht überrascht – dafür ausgesprochen, dass es sich um eine legitime Ausübung der Kompetenzen des Sicherheitsrates im Rahmen des Kapitel VII handele[610]. Zwar sei diese Kompetenz nicht direkt im Wortlaut von Art. 41 UN-Charta verankert, die dortigen Aufzählungen der Aktivitäten des Sicherheitsrates seien jedoch nicht abschließend, was für eine Kompetenz des Sicherheitsrates in Bezug auf judikative Tätigkeiten spreche.

Nach der im *Scheinin*-Report[611] vertretenen Auffassung überschritt der Sicherheitsrat seine Kompetenzen aus dem Kapitel VII mit dem Erlass der Resolution 1267. Demnach handele es sich bei der quasi-judikativen Tätigkeiten um *ultra-vires*-Akte. *Scheinin* kritisiert die weite Auslegung der Kompetenzen nach dem Kapitel VII durch den Sicherheitsrat und sieht in der UN-Charta keine Anhaltspunkte für eine Kompetenz des Sicherheitsrates, Individuen mit konkreten Sanktionen zu belegen, welche nur noch durch die Mitgliedstaaten ausgeführt werden müssen[612].

---

609 So auch *Wood*, MPUNYB 1998, S. 79, der sich in seinen Ausführungen im allgemeinen dahin gehend positioniert, dass die Resolutionen des Sicherheitsrates in keinem Fall judikative Akte seien.

610 Siehe ICTY, *Tadič*, a.a.O., Rn. 37–40 und ICTR, Urteil vom 18. Juni 1997, *Prosecuter gg. Kanyabashi, Decision on Jurisdiction*, ICTR-96-15-T, Rn. 27.

611 Report, Promotion and Protection of Human Rights and Fundamental Freedoms while countering Terrorism, UN Doc A/65/258, Rn. 57.

612 Nicht nur die weite Auslegung der UN-Charta kritisiert er, sondern auch den Verstoß der Sanktionen gegen die grundlegenden prozessualen Grundrechte, wie das Recht auf ein faires Verfahren durch die Auflistung einer Person, die nicht mit einem Rechtsmittel angegriffen werden kann. Dies betonte auch schon *Dupuy*, FS Bernhardt, S. 50, demnach der Sicherheitsrat von der UN-Charta mit polizeilichen Kompetenzen

Angesichts der weltweiten praktischen Akzeptanz dieser Tätigkeiten des Sicherheitsrates bei den Mitgliedstaaten der Vereinten Nationen unter Berücksichtigung eines extensiven Verständnisses der Aufgaben des Sicherheitsrates muss zumindest von der grundsätzlichen Zulässigkeit dieser Maßnahmen ausgegangen werden. Das Ziel der Wahrung des Weltfriedens und der internationalen Sicherheit kann durch diese Maßnahmen vorangetrieben werden. Und auch die Veränderungen der weltweiten Bedrohungslage und die steigende Akzeptanz internationaler Institutionen mitsamt den internationalen Gerichten sprechen dafür, dass diese dynamische Auslegung in der Tat zwar sehr weit geht, aber dem Wortlaut des Kapitel VII nicht widerspricht.

5. *Die Individualsanktionen im Bereich der Terrorismusbekämpfung*

Ein weiteres Phänomen neueren Datums sind die Maßnahmen des Sicherheitsrates, die sich präventiv gegen Einzelne und deren Handlungen richten. Mit den Resolutionen 1267 und 1373 hat der Sicherheitsrat Maßnahmen angeordnet, die die finanziellen Vorbereitungshandlungen von Straftaten betreffen, die im Zusammenhang mit Terrorismus stehen. Durch die angeordneten Konteneinfrierungen, Reisebeschränkungen, Waffenembargos und weiteren Maßnahmen erhofft man sich den internationalen Terrorismus durch die daraus folgende Abtrennung der Finanzströme die Drahtzieher und Mitwirker zu treffen und damit auf Dauer zu bekämpfen. Durch die Behinderung oder Zerstörung des Finanzverkehrs soll die finanzielle Ausstattung der terroristischen Gruppen nach und nach wegbrechen und damit der ‚Motor' des Terrorismus zum Erliegen kommen. Man erhofft sich dadurch die Beendigung von Anschlägen und sonstigen gewalttätigen Maßnahmen. Die Sanktionen sprechen nicht nur natürliche Personen an, sondern auch Vereine oder andere juristische Personen.[613]

Schon im Zusammenhang mit den Krisen im Irak oder Haiti wurden solche auf Individuen ausgerichtete Resolutionen erprobt. Dabei waren stets solche Personen anvisiert, die direkt mit der im Hintergrund stehenden Regierung eines Staates im Zusammenhang oder auch direkter Verbindung standen und weiterhin stehen. Neu ist an den Resolutionen 1267 und 1373, dass sie alle Personen ins Visier nehmen, die mit der Gruppe al-Quaida und allen anderen bekannten terroristischen Gruppierungen im Zusammenhang stehen. Dies führte zuletzt

---

ausgestattet wurde, um die internationale Sicherheit zu gewährleisten und nicht um Rechtsverstöße mit Sanktionen zu ahnden.

613 Zu der militärischen Seite der Terrorismusbekämpfung ausführlich: *Khan*, A Theory of International Terrorism, S. 248 ff.

dazu, dass Drahtzieher des IS auf diese Listen gesetzt wurden, die im Zusammenhang mit al-Quaida stehen sollen[614].

Der Sicherheitsrat fertigt die Listen mit den konkreten Personen nicht selbst an, sondern hat dazu Unterorgane errichtet, die sog. *sanctions committees*. Der Sicherheitsrat ist dazu gem. Art. 29 UN-Charta befugt. Damit delegiert er seine Kompetenzen auf ein Unterorgan, welches die Kompetenzen ausüben darf, die auch der Sicherheitsrat selbst besitzt, siehe Art. 24 UN-Charta. Die Befugnis des Unterorgans reicht also nur so weit, wie die Übertragung der Kompetenzen durch das Hauptorgan reicht. Der Sicherheitsrat behält auch seinen Einfluss und die effektive Kontrolle über das Unterorgan. Des Weiteren muss sich die Zusammensetzung des Sicherheitsrates darin widerspiegeln (Art. 23 UN-Charta) und auch das Entscheidungsverfahren nach Art. 27 UN-Charta muss eingehalten werden. Beispiele für Unterorgane sind neben verschiedenen internationalen Tribunalen schließlich auch die Sanktionskomitees des Sicherheitsrates im Bereich der Individualsanktionen[615]. Diese Unterorgane, und damit auch das 1267-Sanktionskomitee, können Entscheidungen erlassen, die nach Art. 25 UN-Charta für die Mitgliedstaaten verbindlich sind[616].

Diese verbindlichen Resolutionen, die die Mitgliedstaaten intermediär für den Sicherheitsrat ausführen, betreffen die aufgelisteten Individuen, aber auch die Personen, die mit den Aufgelisteten in einem Näheverhältnis stehen, beispielsweise weil sie privatrechtliche Verträge geschlossen haben, die aber aufgrund eines Embargos nicht mehr erfüllt werden dürfen oder aufgrund ihres Verwandtschaftsverhältnisses. Diese Resolutionen treffen die Individuen tief greifend in ihren Rechtspositionen und nehmen sie als Subjekte des Völkerrechts wahr.[617] Der ehemalige Generalsekretär der Vereinten Nationen, *Kofi Annan*, drückte es folgendermaßen aus: diese Sanktionen seien ein „*‚collateral damage‘ of*

614 Siehe SC Res. 2253 (2015).

615 Siehe SC Res. 1267 (1999), 1989 (2011) and 2253 (2015) über die Einrichtung des 1267-Sanctions Committee und die Guidelines dieses Committee vom 7. November 2002, zu finden auf https://www.un.org/sc/suborg/en/sanctions/1267/committee-guidelines.

616 Siehe dazu und zu den Unterorganen des Sicherheitsrates insgesamt: *Peters* in: *Simma/Khan/Nolte/Paulus*, The Charter of the United Nations. A Commentary, Art. 25, Rn. 20.

617 Siehe zu der Frage nach der Bindungswirkung der Resolutionen für Individuen *Peters* in: *Simma/Khan/Nolte/Paulus*, The Charter of the United Nations. A Commentary, Art. 25, Rn. 40 ff.

the war of terrorism – damage to the presumption of innocence, to precious human rights, to the rule of law, and to the very fabric of democratic governance“[618].

III. Die Reform des Sicherheitsrates

Schon zu Beginn seiner Tätigkeit war das Organ des Sicherheitsrates Gegenstand von Reformdebatten, insbesondere im Hinblick auf seine Zusammensetzung. Seine Zusammensetzung wurde 1965 teilweise geändert, als die Zahl der nichtständigen Mitglieder von sechs auf zehn erhöht wurde[619]. Diese Forderung steht jedoch weiterhin zur Debatte, da nun eine Erhöhung der Anzahl der ständigen Mitglieder gefordert wird und ein solcher Sitz zum Beispiel von Deutschland, Brasilien, Indien und Japan beansprucht wird[620].

Aber auch die materielle Arbeit des Sicherheitsrates wird kritisiert und Reformvorschläge gibt es zuhauf.[621] Insbesondere die Zusammensetzung des Sicherheitsrates mit ständigen Mitgliedern im Hinblick auf die Legitimation seiner Tätigkeiten ist ein Dauerbrenner, seitdem der Sicherheitsrat seinen Aufgabenbereich immer weiter ausgedehnt hat. Die Tatsache, dass er immun gegenüber externer gerichtlicher Kontrolle ist, legitimiert seine Entscheidungen nicht gerade[622].

Angesichts der Aussichtslosigkeit einer erfolgreichen Reform der Zusammensetzung und der Aufgabenbeschreibung des Sicherheitsrates stehen die Reformbestrebungen jedoch nicht mehr so stark im Fokus. Es bedürfte zur Reform des Sicherheitsrates nach dem Verfahren des Art. 108 UN-Charta eine 2/3-Mehrheit

---

618 Pressemitteilung des Generalsekretärs der Vereinten Nationen vom 20. Januar 2003, SG/SM/8583-SC/7639; Siehe weitere Kritik an dieser Praxis des Sicherheitsrates bei *Monshipouri*, Terrorism, Security, and Human Rights, insbes. S. 5 ff.

619 GA Res. 1991 (XVIII) vom 17. Dezember 1963.

620 Indien und Japan forderten 1992 in der Generalversammlung den Generalsekretär der Vereinten Nationen dazu auf, den Sicherheitsrat zu reformieren, siehe GA Res A/47/62 vom 11. Dezember 1992; Siehe zu den Reformbestrebungen auch *Andreae*, Reform in der Warteschleife: Ein deutscher Sitz im UN-Sicherheitsrat?, S. 40 ff. und *Rensmann* in: *Simma/Khan/Nolte/Paulus*, The Charter of the United Nations. A Commentary, Reform, Rn. 98; *Schmitt*, Weltordnung in der Revision, S. 73 ff.

621 *Fassbender*, Realizing Utopia, S. 58 ff.; *Akram/Shah*, Towards World Constitutionalism, S. 445 ff.; *Rensmann* in: *Simma*, The Charter of the United Nations. A Commentary, Reform, Rn. 30 ff.; siehe zu den Reformvorschlägen und deren Auswirkungen umfassend *Santos*, Die Reform des Sicherheitsrates der Vereinten Nationen, S. 50 ff.; *Franck*, The United Nations at Age Fifty, S. 33 ff. in Bezug auf Friedensmissionen der Vereinten Nationen.

622 Mehr dazu unter D.

bei der Abstimmung in der Generalversammlung und 2/3 der Mitgliedstaaten mitsamt aller Vetomächte des Sicherheitsrates müssten die Änderungen ratifizieren. Dann erst würde eine Änderung der UN-Charta in Kraft treten. Angesichts der Vetomacht der ständigen Mitgliedstaaten ist eine Reform des Sicherheitsrates entgegen deren Willen praktisch unmöglich. Hier sind machtpolitische Aspekte zu berücksichtigen. Eine Erhöhung der Zahl der ständigen Mitglieder des Sicherheitsrates würde den Einfluss einer einzelnen Vetomacht verringern. Auch wenn weitere Staaten, wie Brasilien und Indien in die Vetogruppe aufgenommen würden, würden erneute Debatten zur Verteilung der Sitze entfachen. Damit erscheint eine Reform des Sicherheitsrates zum derzeitigen Zeitpunkt aussichtslos.

Weitere Reformvorschläge zielen darauf ab, eine gerichtliche Kontrolle der Tätigkeit des Sicherheitsrates einzurichten, wobei an den IGH oder ein anderes Gericht als Kontrollinstanz gedacht wird[623]. Dadurch sollen die Resolutionen des Sicherheitsrates am Maßstab der UN-Charta kontrolliert und gleichzeitig seine Legitimität gestärkt werden.[624]

B. Die Grenzen des Handelns des Sicherheitsrates

Die Legitimität des Sicherheitsrates ist davon abhängig, dass er als Institution von der Weltgemeinschaft als glaub- und vertrauenswürdig angesehen wird und seine Entscheidungen von Autorität zeugen. Würde Misstrauen aufkommen, das seine Entscheidungen infrage stellt, wäre es für ihn *de facto* nicht mehr möglich, heikle Entscheidungen zu treffen. Er ist in seiner Handlungsfähigkeit also nicht nur von der Stimmenmehrheit innerhalb seiner Institution abhängig – also den formellen Voraussetzungen des Art. 27 UN-Charta –, sondern auch von der faktischen Akzeptanz der Weltgemeinschaft, die sich regelmäßig in der *subsequent practice* niederschlägt. Seine Entscheidungen werden nur dann als legitim angesehen, wenn die Staaten diese mit dem materiellen Völkerrecht und ihre Interessen für vereinbar halten. Andererseits ist er auch nur dann handlungsfähig, wenn sich alle ständigen Mitglieder auf das Ergreifen von Maßnahmen einigen können. Seine Macht geht also nur so weit, wie auch Einigkeit über einen

---

623 Dazu unter D. III.

624 Siehe insgesamt zur Reformierung der Vereinten Nationen und des Sicherheitsrates: *Rensmann* in: *Simma/Khan/Nolte/Paulus*, The Charter of the United Nations. A Commentary, Reform, Rn. 30 ff.

Handlungsbedarf besteht[625]. Dies muss im Folgenden berücksichtigt werden, wenn die Grenzen des Handelns des Sicherheitsrates beleuchtet werden. Damit der Sicherheitsrat effektiv handeln kann, müssen seine Resolutionen *prima facie* als wirksam und rechtmäßig angesehen werden[626]. Gibt es berechtigte Zweifel, gilt es die Grenzen des Handlungsspielraums des Sicherheitsrates abzustecken.

I. Der formelle Rahmen für das Handeln des Sicherheitsrates

Die formellen Grenzen der Handlungsmöglichkeiten des Sicherheitsrates sind in jedem Fall zu beachten. Zum einen ist sein Handeln durch das Vetorecht der ständigen Mitglieder gem. Art. 27 Abs. 3 UN-Charta bestimmt. Dies verstärkt sich noch durch die Regelung der Mehrheitsentscheidungen, für die es mindestens neun der möglichen 15 Stimmen bedarf, um eine Resolution zu verabschieden.

Hinzu kommt die Abgrenzung im Rahmen der Verbandskompetenz zu den anderen Organen der Vereinten Nationen, die den Sicherheitsrat auf einen bestimmten materiellen Handlungsspielraum beschränken[627]. Der Sicherheitsrat muss also die Kompetenzverteilung der UN-Charta stets beachten. Auch ist er finanziell nicht unabhängig, was sich aus Art. 17 Abs. 1 UN-Charta ergibt. Demnach prüft und genehmigt die Generalversammlung den gesamten Haushalt der Vereinten Nationen. Mit ihrer Haushaltshoheit hat die Generalversammlung die Möglichkeit, entscheidend auf die Tätigkeiten, insbesondere die Missionen, des Sicherheitsrates einzuwirken. Durch die Bereitstellung der Geldmittel kann die Generalversammlung die Tätigkeiten des Sicherheitsrates beschränken und steuern.

---

625 Zur sog. politischen Legitimität des Sicherheitsrates, siehe *Hurd*, Chinese Journal of International Politics 2014, S. 366 ff.; dies erklärt zum einen die Handlungsunfähigkeit des Sicherheitsrates bis 1990, aber auch im Zusammenhang mit dem Irak 2003 und Syrien seit 2011.

626 Dies ergibt sich aus der Rechtsprechung des IGH, siehe IGH, Gutachten vom 20. Juni 1962, *Certain Expenses*, ICJ Reports 1962, S. 168; IGH, Gutachten vom 21. Juni 1971, *Legal Consequences for States of the continued presence of South Africa in Namibia (South West Africa) notwithstanding the Security Council Resolution 276 (1970)*, ICJ Reports 1971, Rn. 20; IGH, Anordnung vom 14. April 1992, *Questions of Interpretation and Application of the 1971 Montreal Convention arising from the Aerial Incident at Lockerbie (Libyan Arab Jamahiriya v. United Kingdom)*, ICJ Reports 1992, Rn. 39 ff. und das Sondervotum des Richters *Shahabudeen*, Rn. 140.

627 Siehe ICTY, *Tadić*, a.a.O., Rn. 28.

II. Der materielle Rahmen für das Handeln des Sicherheitsrates

Es gibt Stimmen, die darüber hinaus eine Begrenzung der Handlungsfähigkeit des Sicherheitsrates ablehnen. Es wurde teilweise vertreten, dass sich der Sicherheitsrat in den Fällen des Kapitel VII der UN-Charta in einer Art Notstandssituation befände, was dazu führe, dass er sich gar keiner Begrenzung seiner Handlungsfähigkeit ausgesetzt sehe[628]. Es findet sich aber auch vereinzelt die Auffassung, dass der Sicherheitsrat mitnichten in seinem Handlungsspielraum beschränkt sei, da er als politisches Organ grundsätzlich keiner Kontrolle zugänglich sei[629]. Dies begrenzen andere auf die Fälle, in denen der Sicherheitsrat ein weites Ermessen bei der Entscheidungsfindung hat[630], da es sich dabei vorwiegend um politische Entscheidungen handelt[631]. Auch *Kelsen* vertrat die Auffassung, dass eine Bindung an die *‚principles of justice and international law‘* aus Art. 1 Abs. 1 UN-Charta nicht besteht, wenn der Sicherheitsrat über Maßnahmen zur Wiederherstellung des Weltfriedens im Sinne des Kapitel VII UN-Charta entscheidet[632]. So sieht es auch der Vorsitz des 1267-Sanktionskomitees, der im Zusammenhang mit der Löschung einer Person von einer Liste davon spricht, dass es sich um *„a political desision based on a political process“*[633] handele, der auf den Vorgaben der Resolution 1267 basiere.

Dem tritt *Bedjaoui*[634] entgegen, die Bindung der Organe der Vereinten Nationen an die UN-Charta und das allgemeine Völkerrecht ergebe sich doch aus der Bindung der Mitgliedstaaten an das Völkerrecht, gerade weil die

---

628 Siehe *Combaceau*, Les nouveaux aspects du droit international, S. 142; *Sur*, Le chapitre VII de la Charte des Nations unies. Colloque de Rennes, SFDI, S. 313.

629 *Martenczuk*, Rechtsbindung und Rechtskontrolle des Weltsicherheitsrats, S. 279; *Oosthuizen*, LJIL 1999, S. 549 ff.

630 *Delbrück*, FS Röling, S. 79.

631 *Marty/Karagiannis*, UN Security Council black lists (Marty Report) S. 8 ff.

632 Siehe *Kelsen*, The Law of the United Nations, S. 295: *„For the Security Council would be empowered to establish justice if it considered the existing law not satisfactory, and hence to enforce a decision which it considered to be just though not in conformity with existing law. The decision enforced by the Security Council may create new law for the concrete case.“* Ebenso *Weiß*, MPUNYB 2008, S. 83 f.

633 UN Department of Public Information, Press Conference on Security Council Al-Qaida and Taliban Sanctions Committee, 2. August 2010, https://www.un.org/press/en/2010/100802_Sanctions.doc.htm, zuletzt besucht am 6. Februar 2017.

634 *Bedjaoui*, The New World Order and the Security Council, S. 32; ebenso *Amr*, The Role of the International Court of Justice as the Principal Judicial Organ of the United Nations, S. 281 ff., der die Bindung aus den verschiedenen Vorschriften in der UN-Charta herleitet; vergleiche auch *Zangl*, European Review 2005, S. 77.

Gründungsstaaten die Organe der Vereinten Nationen nicht mit umfassenden legislativen Kompetenzen ausgestattet haben. Auch *Brownlie* vertritt die Auffassung, dass aus dem weiten Ermessen des Sicherheitsrates in den Fällen des Kapitel VII gerade nicht folge, dass er unbegrenzt handeln könne, sondern gerade in den Fällen, in denen individuelle Rechte betroffen sind, „*the application of human rights is a legal necessity*"[635]. Dies stützt *Gowlland-Debbas*, die die Rechtsförmigkeit des Handelns des Sicherheitsrates als Indiz für die Bindung an das Völkerrecht heranzieht[636].

Diese Auffassung trägt auch ein Urteil des IGH[637], in dem er betont, dass die grundlegenden Menschenrechte *erga-omnes*-Verpflichtungen sind, die nicht nur Staaten, sondern ebenso internationale Organisationen als Völkerrechtssubjekte binden. Auch die *traveaux préparatoires* der Vereinten Nationen und die Debatten zur Gründung der Organe der Vereinten Nationen bestätigen den Willen der Mitgliedstaaten dem Sicherheitsrat einen Handlungsraum einzuräumen[638]. Der IGH hat auch schon früh geklärt, dass der Sicherheitsrat als ein Organ der Vereinten Nationen Träger von Rechten und Pflichten ist[639]. Für eine Begrenzung der Befugnisse des Sicherheitsrates und damit für eine Bindung des Sicherheitsrates an (Völker)Recht spricht sich das ICTY im Fall *Tadič* aus[640], dies ergebe sich aus dem Sinn und Zweck der UN-Charta, die dem Sicherheitsrat keine Allmacht übertragen wollte. Auch die International Law Association (ILA) hat sich auf ihrer Konferenz im Jahr 2004 für eine generelle Bindung von internationalen Organisationen an das primäre Völkerrecht ausgesprochen[641]. Wiederum der IGH nimmt in einem Gutachten aus dem Jahr 1980 wie selbstverständlich die Bindung eines durch die Staaten als souveräne Völkerrechtssubjekte gegründetes neues Völkerrechtssubjekt an das gesamte Völkerrecht an[642].

---

635 *Brownlie*, FS Tieya, S. 102.

636 *Gowlland-Debbas*, International Law Enforcement New Tendencies, S. 63 ff.

637 IGH, Urteil vom 5. Februar 1970, *Barcelona Traction (2nd Phase)*, ICJ Reports 1970, S. 32.

638 Siehe dazu *Bedjaoui*, The New World Order and the Security Council, S. 9 ff.

639 Siehe IGH, Gutachten vom 7. Dezember 1948, *Reparation for Injuries Suffered in the Service of the United Nations*, ICJ Reports 1949, S. 179.

640 ICTY, *Tadič*, a.a.O., Rn. 28: „*neither the text nor the spirit of the Charter conceives of the Security Council as legibus solutus (unbound by law)*"; ebenso ICTR, *Kanyabashi*, a.a.O., Rn. 20.

641 *ILA*, Report of the 71st Conference, S. 18.

642 IGH, Gutachten vom 6. Juni 1980, *Interpretation of the Agreement of 25 March 1951 between the WHO and Egypt*, ICJ Reports 1980, S. 73 ff., Rn. 37: „*International organizations are subjects of international law and, as such, are bound by any obligations*

Eine absolute Grenze für das Handeln des Sicherheitsrates bildet das Prinzip der staatlichen Souveränität. Auch Art 103 UN-Charta, der einen Vorrang der Verpflichtungen aus der UN-Charta vor allen anderen vertraglichen Verpflichtungen der Staaten anordnet, meint nicht, dass der Sicherheitsrat diese vertraglichen Abmachungen interpretieren oder gar abändern kann. Dazu sind schließlich nur die souveränen Staaten als Vertragsparteien berechtigt.[643]

Im Rahmen der gezielten Sanktionen gegen Individuen ist insbesondere die Frage nach der Bindung des Sicherheitsrates an Menschenrechte und eine *Rule of Law* relevant, da sie in materieller Hinsicht den Eingriff in die Sphäre des Individuums durch den Sicherheitsrat begrenzen könnte. In Bezug auf die gezielten Sanktionen können durch Reisebeschränkungen das Recht auf Leben und Gesundheit, aber auch das Recht auf Privat- und Familienleben betroffen sein. Durch die Konteneinfrierungen könnte das Recht auf Eigentum verletzt werden. Mit Blick auf das Verfahren zur Auflistung von Personen zur Sanktionierung wird man das Recht auf eine effektive Beschwerde und das Recht auf ein faires Verfahren berücksichtigen müssen. Daher soll im Folgenden untersucht werden, woraus sich eine Bindung des Sicherheitsrates an Menschenrechte und eine *Rule of Law* ergeben könnte, mit dem besonderen Augenmerk auf die Verfahrensrechte.

1. Rechtsstaatlichkeit als Begrenzung des Handelns des Sicherheitsrates

Die Rechtsstaatlichkeit ist ein Grundsatz, der neben den fundamentalen Menschenrechten gleichsam einen materiellen Wert darstellt, der als universal anerkannt gelten kann[644]. Dies untermauert die Präambel der Allgemeinen Erklärung der Menschenrechte (AEMR), die statuiert: „*human rights should be protected by the rule of law*". Daraus lässt sich zum einen ablesen, dass die internationale Gemeinschaft schon 1948, kurz nach der Gründung der Vereinten Nationen, rechtsstaatliche Grundlagen in das Völkerrecht einführen wollte. Zum anderen betont diese Formulierung auch die enge Verwandtschaft von Menschenrechten und Rechtsstaatlichkeit[645]. Beide Institute bedingen sich also gegenseitig, wobei hinsichtlich der Verfahrensrechte die Schlagseite auf

---

incumbent upon them under general rules of international law, under their constitutions or under international agreements to which they are parties.".

643 So auch *Martinez*, International and Comparative Law Quarterly 2008, S. 348.

644 So *Chionos/Hauck/Haßfurther*, Suprastaatliche Konstitutionalisierung, S. 63.

645 Siehe zu der Verbindung zwischen Menschenrechten und der *Rule of Law*: *Peerenboom*, Georgetown Journal of International Law 2005, S. 810 ff.

der Rechtsstaatlichkeit liegt[646]. Ohne rechtsstaatliche Gewährleistungen können individuelle Grundrechte auf internationalem Niveau nicht gewährleistet werden[647], genauso wie auf der nationalen Ebene. Aus dem Rechtsstaatlichkeitsgebot ergibt sich damit eine Pflicht, dass immer dann, wenn hoheitliche Gewalt ausgeübt wird, Menschenrechte und Rechtskontrolle als Schutzmechanismus zugunsten des Individuums eintreten. Die Rechtsstaatlichkeit dient damit als Schranke und der Kontrolle von Macht.

Im Schrifttum wird ein Gebot der Rechtsstaatlichkeit auf internationaler Ebene offen gefordert[648], insbesondere im Zusammenhang mit der Debatte um den Konstitutionalismus auf der Ebene des Völkerrechts, denn nach dieser Denkweise gilt eine internationale *Rule of Law,* die das Völkerrecht und das Handeln von Institutionen beherrscht[649]. Es handele sich dabei in seinen Kernelementen um ein Verfassungsprinzip[650].

Ob sich eine solche *Rule of Law*, die das staatliche Handeln begrenzen soll, auf die zwischenstaatliche Ebene heben lässt, soll zunächst untersucht werden. In der Folge sollen relevante nationale „*Rule of Law*"-Konzepte dargestellt werden und die Frage erörtert werden, welchen Inhalt eine solche internationale *Rule of Law* hat oder haben kann, wenn sie im Völkerrecht zur Begrenzung des Handelns internationaler Organisationen gelten soll.

---

646 Dies soll sogleich noch Gegenstand dieser Untersuchung sein.

647 Diesen Zusammenhang sehen auch *Watts*, German Yearbook of International Law 1993, S. 21 und *Wolff*, The Hague Journal on the Rule of Law 2013, S. 120, Fn. 4.

648 Siehe *Bryde*, Der Staat 2003, S. 62; *Delbrück*, IndJGLS 2002, S. 431; *Peters*, FS Delbrück, S. 541; *Weiß*, Kompetenzlehre internationaler Organisationen, S. 194. Seine Existenz verneint lediglich *Kunig*, Das Rechtsstaatsprinzip, S. 103, mit dem Argument, dass sich die Idee der Rechtsstaatlichkeit auf nationalstaatlich verfasste Herrschaft begrenze und der Sicherheitsrat der Vereinten Nationen damals noch kein bindendes Recht im Einzelfall und gegenüber Individuen erlassen durfte. Dies hat sich jedoch gewandelt und die Praxis des Sicherheitsrates hat sich wie aufgezeigt stark verändert.

649 So *Bryde*, Der Staat 2003, S. 62; *Delbrück*, IndJGLS 2002, S. 431; *Emmerich-Fritsche*, Vom Völkerrecht zum Weltrecht, S. 708; dies gilt auch für die nüchternen Vertreter des Konstitutionalismus, siehe *Peters*, FS Delbrück, S. 541; *Hobe*, AVR 1999, S. 273; *Peters*, The Constitutionalization of International Law, S. 346 ff.

650 Siehe *Paulus*, Die internationale Gemeinschaft im Völkerrecht, S. 252 ff.; siehe auch *Payandeh*, Internationales Gemeinschaftsrecht, S. 96 ff., der sich mit den Gemeinschaftsinteressen allgemein befasst; *Simma*, Recueil des cours de l'Académie de La Haye 1994, Vol. 250, S. 235 ff.

a) *Das Gebot der Rechtsstaatlichkeit auf nationaler Ebene*

Rechtsstaatlichkeit ist ursprünglich ein nationales Institut – wie es sich auch schon aus dem Wort Staat, das in dem deutschen Begriff enthalten ist, ergibt – um das Verhältnis des Staates, also des Souveräns, zu seinen Bürgern zu regeln, wobei die staatliche Macht bei der Ausübung von Hoheitsgewalt gegenüber ihren Bürgern an und durch das Recht gebunden sein soll[651]. Die *Rule of Law*, die die Macht der Regierung effektiv beschränkt und den Bürger vor unbeschränkter Machtausübung beschützt, wird von *Thompson* als *„an unqualified human good“*[652] bezeichnet. *Hayek*[653] definierte sie als Freiheitsverbürgung durch die Bindung der öffentlichen Gewalt an vorhersehbare Handlungsformen, damit das Individuum nach eigenem Wunsche leben kann.

Für den deutschen Rechtsraum prägte *Kant*[654] den Begriff des Rechtsstaats. Nach seinem Verständnis soll der Staat auf dem Recht basieren, dem Einzelnen seine „äußere Freiheit“ zu gewähren[655]. *Kelsen*[656] definierte den Begriff näher und zählte die Aspekte der Demokratie und der Rechtssicherheit dazu, damit prägte er einen formalen Begriff des Rechtsstaats[657]. Für staatliches Handeln wurden vom einflussreichen britischen Verfassungsrechtler *Dicey*[658], den britischen Rechtsraum betreffende rechtsstaatliche Grundsätze herausgearbeitet, an die sich der Staat gegenüber seinen Bürgern halten muss. In deren Zentrum steht die *supremacy of law*, also der Vorrang des Rechts.

651 Siehe für Deutschland Art. 20 Abs. 2 und 3 GG aus dem sich insbesondere die Achtung der Grundrechte, die Gewaltenteilung, die Gleichbehandlung, der Vorbehalt des Gesetzes und der Verhältnismäßigkeitsgrundsatz ergeben. Siehe dazu auch die Rechtsprechung des BVerfG in BVerfGE 2, 389 (Rechtssicherheit und Rechtsfrieden); 7, 89, 92; 19, 343, 348 f. (Grundsatz der Verhältnismäßigkeit); 30, 1, 24 f. (Herleitung des Rechtsstaatsprinzips); 65, 283, 290; siehe dazu auch *Arnauld*, Grundgesetzkommentar, Art. 20, Rn. 34 ff.; *Dreier* in: *Dreier*, Grundgesetz Kommentar, Art. 20, Rn. 38 ff.

652 *Thompson*, Whigs and Hunters: the Origin of the Black Act, S. 266.

653 *Hayek*, The Constitution of Liberty, S. 222.

654 *Ludwig*, Immanuel Kant. Metaphysische Anfangsgründe der Rechtslehre, S. 18 f., 30 f.

655 Siehe dazu insbes. *Kant*, Zum ewigen Frieden, S. 3 ff.; siehe zu der Frage, „ob das Recht dem Staate oder der Staat dem Recht ‚vorangehe‘“ und wie der Rechtsstaat hergeleitet werden kann *Radbruch*, Rechtsphilosophie, S. 169 ff.

656 *Kelsen*, Reine Rechtslehre, S. 314, 320.

657 Nach dem heutigen deutschen Verständnis der Rechtsstaatlichkeit wird darunter ein materieller Begriff verstanden, der auch die grundlegenden grundrechtlichen Gewährleistungen umfasst.

658 *Dicey*, Lectures Introductory to the Study of the Law of the Constitution, S. 183 ff.

Aspekte der *Rule of Law* sind nach *Dicey* der absolute Vorrang oder die Vorherrschaft des Rechts, die Gleichheit vor dem Gesetz, das von den Gerichten angewendet wird und der Schutz der individuellen Rechte als Konsequenz einer „Verfasstheit" des Staates, was soviel bedeutet, dass die Verfassung sich aus dem allgemeinen Recht des Landes ergibt[659]. Bei seinen Untersuchungen arbeitete er aber auch grundlegende menschenrechtliche Gewährleistungen, wie die persönliche Freiheit des Bürgers, die Meinungsfreiheit, die Versammlungsfreiheit und andere Rechte heraus[660]. Aufgegriffen hat dies später *Brownlie*, der im Gegensatz zu *Dicey* einen formellen Rechtsstaatsbegriff vertritt[661].

Seit den 1950er Jahren werden nach dem westlichen Verständnis der *Rule of Law* die Würde des Menschen, die grundlegenden Menschenrechte, die Machtbegrenzung der Regierung, Rechtssicherheit und die effektive Gewährleistung dieser Funktionen dazu gezählt[662]. *Raz*[663] identifiziert folgende Elemente der *Rule of Law*: die Abwesenheit von Willkür und Rückwirkung von Gesetzen, die Regierung unterliegt dem allgemeinen Recht und die Unabhängigkeit der Justiz. Er vertritt damit wiederum einen eher formellen Ansatz.

b) Die Übertragbarkeit des Gebotes der Rechtsstaatlichkeit auf das Völkerrecht und internationale Organisationen

Fraglich ist angesichts der Konstitutionalisierung des Völkerrechts, ob auch die zwischenstaatlichen Einrichtungen, die durch die Staaten gegründet wurden, bei ihren Maßnahmen solche rechtsstaatlichen Gebote einhalten müssen. Zumindest wird die Rechtsstaatlichkeit in den Staaten auf internationaler Ebene gefördert. Auf der World Conference on Human Rights in Wien 1993 haben die Vereinten Nationen in der Vienna Declaration and Programme of Action die *Rule of Law* als eine der Punkte hervorgehoben, die durch den Aktionsplan verbessert werden sollen[664]. Damit sind zwar nur die rechtsstaatlichen Grundsätze auf nationaler Ebene gemeint, die durch die Vereinten Nationen unterstützt

---

659 *Dicey*, Lectures Introductory to the Study of the Law of the Constitution, S. 188 ff. und S. 202 f.

660 *Dicey*, Lectures Introductory to the Study of the Law of the Constitution, S. 206 ff.

661 *Brownlie*, FS Tieya, S. 92 ff.

662 siehe *Katz/Schlesinger/Rheinstein*, The American Journal of Comparative Law 1957, S. 518.

663 *Raz*, The Authority of Law: Essays on Law and Morality, S. 210 ff., insbes. S. 214 ff.

664 Angenommen von der World Conference on Human Rights am 25. Juni 1993, siehe http://www.ohchr.org/EN/ProfessionalInterest/Pages/Vienna.aspx.

werden sollen, dabei wird aber die Rechtsstaatlichkeit als Basis für eine effektive Durchsetzung der Menschenrechte im Allgemeinen verstanden[665].

Durch die Konstitutionalisierungsbewegung im Völkerrecht rückte das Gebot der Rechtsstaatlichkeit auch in den Blickpunkt des Völkerrechts. Angesichts einer Festigung der Strukturen auf internationalem Niveau und immer stärkerer zwischenstaatlicher Kooperation zur Lösung grenzüberschreitender und universeller Probleme wurden Maßnahmen erlassen, die zuvor typischerweise nur durch staatliche Einrichtungen erlassen wurden, bspw. zum Umweltschutz, zur internationalen Terrorismusbekämpfung, zur Verflechtung internationaler Wirtschaftsströme. Nunmehr werden solche hoheitliche Maßnahmen – die sogar die Bürger und damit individuelle Positionen betreffen – durch internationale Organisationen durchgeführt und haben eine imperative Wirkung gegenüber den Staaten, die diese Maßnahmen umsetzen müssen. Diese partikuläre Rechtsmacht, die Organe internationaler Organisationen nunmehr ausüben, ist mit der Hoheitsgewalt, die Staaten gegenüber ihren Bürgern ausüben, vergleichbar. Dabei haben die internationalen Organisationen jedoch keine vollständige Souveränität wie ein Staat inne, sodass sie nur auf – durch die Mitgliedstaaten – bestimmten Gebieten hoheitlich handeln können. Das gegenständliche Handeln des Sicherheitsrates im Rahmen von Kapitel VII UN-Charta ist der Untersuchung wert, weil von ihm Rechtsakte erlassen werden, die mithilfe der Umsetzung durch die Staaten gegenüber einzelnen Bürgern Wirkung entfalten können.

Es erscheint auf den ersten Blick sehr weitgehend, die Grundsätze, die sich zur Eindämmung der Macht des staatlichen Souveräns entwickelt haben, auf zwischenstaatliche Einrichtungen zu übertragen. Jedoch ist die Ausgangslage für die Adressaten der Rechtsakte von internationalen Organisationen sehr ähnlich, vor allem seit der bereits beschriebenen weiten Auslegung der Kompetenzen des Sicherheitsrates nach dem Kapitel VII UN-Charta. Das Handlungsspektrum des Sicherheitsrates hat sich durch die Erweiterung seiner Aufgaben enorm vergrößert. Er entsendet Friedensmissionen und *Statebuilding*-Missionen, wie in Bosnien und im Kosovo, er richtete internationale Gerichte bzw. Tribunale ein und führt eine internationale Agenda im Kampf gegen den Terrorismus. Durch die Übertragung partieller nationaler Souveränität auf zwischenstaatliche Einrichtungen muss auch hinsichtlich der Einschränkung der Macht eine Übertragung hinsichtlich dieser Prinzipien stattfinden, um das Kräftegleichgewicht zwischen dem Machtausübenden und dem Machtadressaten wiederherzustellen.

665 Siehe die Punkte 30, 34, 60, 67, 69, 74 und 79 des Aktionsplans.

Die rechtsstaatlichen Grundsätze, die sich auf nationaler Ebene seit dem 18. Jahrhundert entwickelt haben und die internationale *Rule of Law* müssen jedoch getrennt voneinander betrachtet werden. Die beiden Konzepte müssen inhaltlich nicht unbedingt identisch sein, was sich an den unterschiedlichen nationalen Auffassungen zeigt. Die internationale *Rule of Law* speist sich denknotwendigerweise aus den nationalen Überzeugungen über Rechtsstaatlichkeit, da kein völlig neues Konzept erdacht werden muss, sondern die bestehenden Konzepte für das gemeinschaftliche Verhalten von Staaten durch internationale Organisationen zumindest teilweise übertragen werden können. Die nationalen Überzeugungen werden daher hier herangezogen, um eine internationale *Rule of Law* herauszuarbeiten. Es muss dabei untersucht werden, inwieweit diese nationalen Überzeugungen auf der internationalen Ebene angewendet werden können.

c) Das Gebot der Rechtsstaatlichkeit auf internationaler Ebene

Die internationale *Rule of Law* kann nach *Chesterman*[666] in drei verschiedene Begriffe unterschieden werden. Für diese Arbeit soll ein Begriff verwendet werden, der sich ausschließlich auf das Verhalten der Organe internationaler Organisationen bezieht, insbesondere im Zusammenhang mit ihrem Handeln gegenüber Staaten und über bzw. durch diese gegenüber Individuen.

aa) Aus der europäischen Perspektive

Dies gilt beispielsweise für den Europarat und die EMRK. In der Präambel der EMRK findet sich eine Betonung der *Rule of Law* für die Mitgliedstaaten[667]. Der EGMR hat in seiner Rechtsprechung herausgearbeitet, dass die Nennung dieses Grundsatzes nicht lediglich eine leere Hülle sei, sondern die Verfahrensrechte aus Art. 6 EMRK vielmehr im Lichte dieses Grundsatzes ausgelegt werden müssen[668]. In der *Al-Dulimi*-Sache hat die Große Kammer des EGMR dem Rechtsstaatsprinzip erneut Nachdruck verliehen, indem sie formulierte: „*One of the fundamental components of European public order is the principle of the rule of*

666 *Chesterman*, American Journal of Comparitive Law 2008, S. 355 f.

667 Der Wortlaut der Passage aus der Präambel ist: „*Being resolved, as the Governments of European countries which are like-minded and have a common heritage of political traditions, ideals, freedom and the rule of law…*".

668 Siehe EGMR, *Golder*, a.a.O., Rn. 34, 35; siehe auch die Beobachtungen von *Martini*, Normative Pluralität ordnen, S. 331 ff.

law, and arbitrariness constitutes the negation of that principle.“[669]. Dem Verständnis hinsichtlich der engen Verknüpfung der Rechtsstaatlichkeit und der Verfahrensrechte ist auch der Inter-Amerikanische Gerichtshof für Menschenrechte (IAGMR) in seiner Rechtsprechung gefolgt[670].

bb) Aus der Perspektive der Organe und Einrichtungen der Vereinten Nationen

Der Ständige Internationale Gerichtshof (StIGH) entschied schon in einem Gutachten aus dem Jahr 1925[671], dass gewisse Standards der prozessualen Fairness innerhalb eines politischen Organs einer internationalen Organisation gelten müssen, wenn es um Streitbeilegung geht. Aber auch dadurch, dass in internationalen Verträgen, insbesondere in Menschenrechtsverträgen auf das Rechtsstaatsprinzip verwiesen wird[672], wird sie als Grundlage eines rechtschaffenen Staates verstanden. Diese Verträge adressieren aber zumeist nur die Mitgliedstaaten und geben diesen auf rechtsstaatliche Grundsätze zu verfolgen, die sie in ihrem innerstaatlichen System sodann durchsetzen sollen. Von einer ländergreifenden Überzeugung eines Rechtsstaatsbegriffs, an den auch internationale Organisationen gebunden sind, ist dort nicht die Rede.

Im Jahr 2012 hat die Generalversammlung der Vereinten Nationen eine Resolution zur *Rule of Law* erlassen, die sog. *Declaration on the Rule of Law at the National and International Levels*[673]. Diese besagt in Rn. 2: „*the rule of law applies to all States equally, and to international organizations, including the United Nations and its principal organs*“. Damit spricht die Generalversammlung ihre

---

669 EGMR (GK), *Al-Dulimi*, a.a.O., Rn. 145.

670 Siehe IAGMR, Gutachten vom 6. Oktober 1987, *Advisory Opinion on Judicial Guarantees during States of Exception*, Series A No. 9, Rn. 29, 30, 38.

671 StIGH, Urteil vom 21. November 1925, *Interpretation of Article 3, Paragraph 2, of the Treaty of Lausanne*, Series B, No. 12 (1925), S. 31 f.

672 Siehe die Präambel der EMRK und Art. 6 EMRK; siehe auch Art. 2 und 3 EUV und Art. 21 EUV. Die Präambeln des IPbpR und des IPwskR sprechen nicht direkt von einer *Rule of Law*, aber den Formulierungen, dass sich die Staaten auf die Einhaltung von Menschenrechten und Freiheiten geeinigt haben, kann durchaus ein Anklang an eine *Rule of Law* entnommen werde. So auch in der Präambel der AMRK: „*Reiterating that, in accordance with the Universal Declaration of Human Rights, the ideal of free men enjoying freedom from fear and want can be achieved only if conditions are created whereby everyone may enjoy his economic, social, and cultural rights, as well as his civil and political rights*“.

673 GA Res. 67/1 vom 30. November 2012.

Überzeugung für eine Bindung der Vereinten Nationen und seiner Organe an die *Rule of Law* deutlich aus. Innerhalb der Generalversammlung haben sich die Staaten für eine Einführung einer *Rule of Law* für die Ebene der Vereinten Nationen stark gemacht und eine Bindung der Vereinten Nationen befürwortet[674]. Aufgrund der Ausübung von Hoheitsgewalt durch internationale Organisationen und ihre Organe wurde den Staaten bewusst, dass eine Begrenzung der Macht des Sicherheitsrates notwendig ist. Sie hat die enge Verbindung der *Rule of Law* mit dem Menschenrechtsschutz erkannt und sie als einen essentiellen Faktor beim Schutz der Menschenrechte bezeichnet[675]. Sie betont daher ihr *„solemn commitment to an international order based on the rule of law and international law"*.[676] Zuvor, im Jahr 2003, hatte aber bereits der Präsident des Sicherheitsrates der Vereinten Nationen die Stärkung einer *Rule of Law* innerhalb der Aktivitäten des Sicherheitsrates betont[677].

In dem World Summit Outcome Document aus dem Jahr 2005 wurde durch die Generalversammlung die Bindung der Organe der Vereinten Nationen an eine internationale *Rule of Law* bejaht, da sie neben den Menschenrechten zu den Grundpfeilern und Prinzipien der Vereinten Nationen gehört[678]. Sie fordert darüber hinaus eine Verbesserung des Systems der Vereinten Nationen im Hinblick auf ihre Bedeutung, Effektivität, Verantwortung und Glaubwürdigkeit[679].

---

674 Siehe dazu auch schon A/Res/25/2625 – Friendly Relations Declaration, in der sich die Generalversammlung vorwiegend auf die unterstützende Funktion der Vereinten Nationen im Bereich der *Rule of Law* zugunsten der Mitgliedstaaten bezieht; siehe aber auch A/Res/55/2 – Millenium Declaration, in der die Generalversammlung in Rn. 9 schon von einer *Rule of Law* auf nationalem und internationalen Niveau spricht und diese stärken möchte.

675 Siehe GA Res. A/Res/67/1 Rn. 5 und A/Res/61/39.

676 Siehe GA Res. A/Res/61/39 vom 18. Dezember 2006 – The Rule of Law at the National and International Level: *„human rights, the rule of law and democracy are interlinked and mutually reinforcing and that they belong to the universal and indivisible core values and principles of the United Nations"*; siehe aber auch schon A/Res/48/132 (1993), A/Res/49/194 (1994), A/Res/50/179 (1995), A/Res/51/96 (1996), A/Res/52/125 (1997), A/Res/53/142 (1998), A/Res/55/99 (2000), A/Res/57/221 (2002).

677 Siehe Presidential Statement des Generalsektärs vom 24. September2003, S/PRST/2003/15; siehe auch Report of the Secretary General vom 23. August 2004, S/2004/616.

678 Siehe A/Res/60/1, Rn. 11, 119; kommentierend und bejahend hinsichtlich der Bindung der Organe der Vereinten Nationen an die *Rule of Law*: *Wolfrum*, Annuaire de l'Institut de droit international 2013, S. 1 ff.

679 GA Res. A/Res/60/1, Rn. 15.

Dieses Dokument enthält gleichfalls detaillierte Vorstellungen über die Sanktionsregime des Sicherheitsrates und fordert dabei die Einhaltung von rechtsstaatlichen Grundsätzen[680].

Eine derart übereinstimmende Überzeugung aller Mitgliedstaaten der Vereinten Nationen spricht dafür, dass sie zu einer Bindung des Sicherheitsrates an eine internationale *Rule of Law* führt. Im Rahmen der Global Counter-Terrorism Strategy aus dem Jahr 2006[681] hat die Generalversammlung die *Rule of Law* als einen der Pfeiler der Vereinten Nationen auch im Kampf gegen den Terrorismus hervorgetan. Ebenso die Generalsekretäre der Vereinten Nationen haben sich mit der internationalen *Rule of Law* befasst und gehen von ihrer Geltung für die Organe der Vereinten Nationen aus[682].

In einem Statement aus dem Jahr 2006 hat der Präsident des Sicherheitsrates[683] die Bedeutung der *Rule of Law* auf internationaler Ebene betont und seine Unterstützung zugunsten der Mitgliedstaaten der Vereinten Nationen bei der Förderung rechtsstaatlicher Grundsätze auf nationaler Ebene angekündigt. Aus den Formulierungen, die sich auch auf das Handeln des Sicherheitsrates beziehen, lässt sich darüber hinaus ableiten, dass der Sicherheitsrat selbst auch von einer Geltung einer *Rule of Law* für die Organe internationaler Organisationen ausgeht.[684]

cc) Die Literaturauffassungen

In der Literatur wird die internationale *Rule of Law* jedoch noch als nicht ausgereift angesehen, resultierend aus einem zu vorsichtigen Vorgehen der Vereinten

---

680 Siehe GA Res. A/Res/60/1, Rn. 106–109.

681 GA Res. A/Res/60/288, Teil IV.; siehe dazu auch *El Khoury*, Counter-Terrorism. International Law and Practice, S. 1027 ff.

682 Siehe S/2004/616 und GA Res. A/Res/66/749.

683 S/PRST/2006/28; siehe aber auch schon S/PRST/2003/15, S/PRST/2004/2, S/PRST/2004/32 und S/PRST/2005/30.

684 S/PRST/2006/28: „*The Security Council attaches vital importance to promoting justice and the rule of law, including respect for human rights, as an indispensable element for lasting peace. The Council considers enhancement of the rule of law activities as crucial in the peacebuilding strategies in post-conflict societies and emphasizes the role of the Peacebuilding Commission in this regard.*“; siehe zu der Debatte um die *Rule of Law* im Sicherheitsrat: UN Doc S/PV.7113 vom 19. Februar 2014, in dem sich die verschiedenen Mitglieder des Sicherheitsrates zu der *Rule of Law* und ihrer Bedeutung für die Arbeit des Sicherheitsrates äußern. Der Tenor ist und bleibt, dass die *Rule of Law* auf dem internationalen Niveau gestärkt werden soll. Dies spricht aber auch dafür, dass die Mitglieder davon ausgehen, dass diese auch Geltung für den Sicherheitsrat hat.

Nationen[685]. Da viele Autoren die internationale *Rule of Law* von den Auffassungen zur Rechtsstaatlichkeit auf nationaler Eben ableiten wollen[686], gibt es gleichwohl Gegenstimmen, die deshalb wegen der großen nationalen Unterschiede davon absehen[687]. Andere hingegen halten einen völkergewohnheitsrechtlichen Mindeststandard einer *Rule of Law* in den Staaten für nachgewiesen[688], der sich als globales Einverständnis für einen internationalen Standard durchaus verwerten ließe.

Gerade weil die nationalen rechtsstaatlichen Standards sehr unterschiedlich sind, sollte der Begriff der nationalen Rechtsstaatlichkeit von dem Begriff der internationalen Rechtsstaatlichkeit, der für die von den Staaten gegründeten internationalen Organisationen gelten soll, abgekoppelt werden. Schließlich sind auch die internationalen Organisationen von den Staaten formell unabhängige Völkerrechtssubjekte. Einerseits sind sie Produkte der staatlichen Souveränität, die durch Übertragung von Hoheitsgewalt diese internationalen Organisationen und ihre handlungsfähigen Organe erschaffen, andererseits versehen sie diese Organisationen zumeist mit eigener Rechtspersönlichkeit, sodass von einer grundsätzlichen Unabhängigkeit und Asynchronität der internationalen Organisationen von und zu den Staaten ausgegangen werden muss. Dies lässt es durchaus zu, dass für die Organe internationaler Organisationen teilweise auch höhere rechtsstaatliche Standards gelten können, als für nationale Einrichtungen nach nationalen Vorgaben.

Eine österreichische Initiative[689] kommt zu dem Ergebnis, dass es auch auf der internationalen Ebene ein *Rule of Law* gibt, die das Handeln des Sicherheitsrates bestimme. Gemeint ist damit insbesondere die Fähigkeit des Sicherheitsrates, sich selbst zu beschränken. Eine Bindung an die *Rule of Law* erkennt auch *Fassbender*[690] an und leitet die Bindung daraus ab, dass die Vereinten Nationen nunmehr selbst auf dem Grundsatz der *Rule of Law* basieren. Dieser sei zwar nicht in die UN-Charta aufgenommen worden, da die Vereinten Nationen ursprünglich eben keine Rechtsakte gegen Individualpersonen erlassen sollten. Durch die faktischen Änderungen im Laufe der Zeit habe sich dies gewandelt, daher sei

---

685 So *Chesterman*, American Journal of Comparitive Law 2008, S. 357.

686 *Chesterman*, The UN Security Council and the Rule of Law, Executive Summary, lit (ii).

687 So *Hurd*, Chinese Journal of International Politics 2014, S. 361 ff.

688 Siehe *Aust/Nolte*, Rule of Law Dynamics, S. 65.

689 siehe *Chesterman*, The UN Security Council and the Rule of Law, Executive Summary.

690 *Fassbender*, Targeted Sanctions and Due Process, Rn. 8.1.

die UN-Charta dynamisch auszulegen[691]. Die Förderung der Menschenrechtsabkommen und der Resolutionen der Generalversammlung, die sich menschenrechtlichen Gewährleistungen verschreiben, seien dahin gehend zu verstehen, dass sich die Vereinten Nationen das Konzept der *Rule of law* und den Menschenrechtsschutz zu eigen gemacht haben[692].

Einwenden könnte man, dass die *Rule of Law* in Friedenszeiten eine andere Bedeutung innehabe als in Kriegszeiten[693]. In der UN-Charta ist Kapitel VI für Friedenszeiten und Kapitel VII für Kriegszeiten entworfen, sodass Maßnahmen auf der Basis der Art. 39 und 41 UN-Charta ein Indiz dafür sein könnten, dass es sich bei den Sanktionen um Maßnahmen in Kriegszeiten handelt. Auch die in Zusammenhang mit der Terrorismusbekämpfung vom Sicherheitsrat verwendete Bezeichnung „*war on terrorism*"[694] spricht für Letzteres. Dies hätte zur Folge, dass die Kriegsregeln des Völkerrechts zur Anwendung kämen und die rechtsstaatlichen und auch menschenrechtlichen Gewährleistungen auf ein Mindestmaß abschmelzen würden.

Jedoch ist der Sprachgebrauch von den faktischen Auswirkungen der Maßnahmen zu differenzieren. In der Tat erlässt der Sicherheitsrat diese Sanktionen als nicht-militärische und damit friedliche (Zwangs)Maßnahmen zur Verhinderung größeren Übels. Der Zweck der Sanktionen ist die Eindämmung des internationalen Terrorismus durch die Unterbrechung der Finanzströme und das Abschneiden der finanziellen Ressourcen und die Behinderung der Reisemöglichkeiten von Verdächtigen. Damit sollen Attentate und die Verbreitung des Terrorismus verhindert werden, sodass man eher von Gefahrenabwehr als von einem Eingreifen in einen kriegerischen Konflikt sprechen kann[695].

---

691 Siehe *Fassbender*, Targeted Sanctions and Due Process, Rn. 8.3: „*But as a constitution, the UN Charter is a ‚living instrument*' ".

692 *Fassbender*, Targeted Sanctions and Due Process, Rn. 4.7 ff., Rn. 8.1.

693 So *Stenhammar*, Nordic Journal of International Law 2010, S. 121 ff.

694 Dies war ein politisches Schlagwort unter der US-Regierung von George W. Bush in der Folge des 11. Septembers 2001; siehe zu der Berechtigung des Begriffs: *ICJ*, Assessing Damage, Urging Action. Report of the Eminent Jurists Panel on Terrorism, Counter-terrorism and Human Rights (International Commission of Jurists), S. 49 ff.

695 Anders *Stenhammar*, Nordic Journal of International Law 2010, S. 127 ff., der die Sanktionen des Sicherheitsrates mit der wirtschaftlichen Kriegsführung des Vereinigten Königreichs und den USA in den beiden Weltkriegen vergleicht.

dd) Fazit

Im Ergebnis ist die Bindung des Sicherheitsrates an eine internationale *Rule of Law* überzeugend, vor allem bei der Herleitung mit den Argumenten von *Fassbender* und vor dem Hintergrund der Überzeugung aller Organe der Vereinten Nationen, dass die *Rule of Law* ein Grundsatz der Vereinten Nationen ist und diese in ihrem Handeln prägt. Die Nennung dieses Grundsatzes in der Präambel der UN-Charta und seine Förderung auf nationalem und internationalem Niveau durch den Sicherheitsrat und die Generalversammlung führen zu dem Schluss, dass auch die Vereinten Nationen selbst an diesen Grundsatz gebunden sind.

Dies wird auch nicht dadurch konterkariert, dass die Standards nationaler Rechtsstaatlichkeit sehr unterschiedlich sind. Der einheitliche Begriff einer internationalen *Rule of Law* soll gerade nur für das Handeln der Organe internationaler Organisationen gelten. Das Gegenteil würde der Bedeutung der Organe der Vereinten Nationen nicht mehr gerecht, die heute mehr denn je Hoheitsgewalt ausüben. Würden die Organe internationaler Organisationen nicht an Grundsätze einer *Rule of Law* gebunden sein, würde dies auch dazu führen, dass sich diejenigen Staaten, die einen hohen Standard in ihrer Rechtsordnung vorfinden, auf die internationale Organisation zurückgreifen könnten, um ihre Standards zu unterlaufen. Der Grundsatz ‚Keine Flucht in die internationale Organisation' kommt damit auch hier zur Anwendung. Letztlich würde es die Legitimität der Vereinten Nationen schmälern, die nur dann erfolgreich handeln können, wenn sie nach weltweit anerkannten Grundsätzen agiert, worauf sich die Mitgliedstaaten und die Bürger verlassen können.

d) Die Inhalte einer internationalen Rule of Law

Die Praxis der Generalversammlung und des Sicherheitsrates hat sich zuerst auf die Einführung und Durchsetzung von rechtsstaatlichen Grundsätzen auf nationaler Ebene konzentriert. Wie oben dargestellt, kamen aber auch Forderungen nach einer *Rule of Law* auf internationaler Ebene auf, die für internationale Organisationen und ihre Organe gelten soll. Sie soll die Arbeit der internationalen Organisationen und ihr Handeln nach innen aber auch nach außen bestimmen, da einzelne Organe dazu in der Lage sind, Herrschaftsgewalt auszuüben, die durch rechtsstaatliche Maßstäbe begrenzt werden soll.

1) Die Vorschläge

aa) Vorschläge internationaler Organe und internationaler Gerichte

Die Generalversammlung hat 2012 Folgendes vorgeschlagen: „*We are convinced that the independence of the judicial system, together with its impartiality and integrity, is an essential prerequisite for upholding the rule of law and ensuring that there is no discrimination in the administration of justice. We emphasize the right of equal access to justice for all…*“[696].

Somit zählt die Staatengemeinschaft die Unabhängigkeit, Unparteilichkeit und Integrität der Gerichte zu den rechtsstaatlichen Grundsätzen, wie auch den gleichen Zugang zur Justiz. Ein Schwerpunkt liegt damit auf dem prozessualen Recht zur Durchsetzung von materiellen Rechten, insbesondere der grundlegenden Menschenrechte. In dem World Summit Outcome aus dem Jahr 2005 hat die Generalversammlung die folgenden rechtsstaatlichen Grundsätze für die Sanktionsregime des Sicherheitsrates herausgearbeitet, die wegen der überwältigenden Überzeugung der Mitgliedstaaten als rechtsstaatliche Grenzen für den Sicherheitsrat gelten müssen: ein faires und transparentes Verfahren zur Auflistung und Streichung von der Liste der Adressaten der Sanktionen und die Regelung humanitärer Ausnahmen beim Erlass der Sanktionen.[697] Es handelt sich damit also um Regelungen, die an nationale Vorgaben für das Verwaltungsverfahren erinnern und Ausfluss der Grundrechte sind.[698]

Auf dem World Summit 2004[699] wurden zwei Aspekte der internationalen *Rule of Law* herausgearbeitet. Zum einen Gerechtigkeitsstandards, wie ordentliche Gerichtsverfahren und die Achtung fundamentaler Menschenrechte[700], und zum anderen der Grundsatz, dass auch internationale Organisationen bei der Ausübung von Hoheitsgewalt verantwortlich handeln müssen[701].

---

696 GA Res. A/Res/76/1, Rn. 13 f.

697 Siehe GA Res. A/Res/60/1, Rn. 106–109.

698 Siehe insgesamt zu der Entwicklung der *Rule of Law* innerhalb der Vereinten Nationen: *Fitschen*, MPUNYB 2008, S. 349 ff.

699 Siehe GA Res. A/Res/60/1, Rn. 15: „*We pledge to enhance the relevance, effectiveness, efficiency, accountability and credibility of the United Nations system.*“.

700 Auch hier macht sich die Dopplung und enge Verknüpfung des Schutzes von individuellen Menschenrechten und rechtsstaatlichen Grundsätzen bemerkbar, siehe A/Res/60/1, Rn. 16.

701 Siehe A/Res/60/1, Rn. 15. Dies ergibt sich auch aus den ILC Draft Articles on the Responsibility of International Organisations (DARIO) aus dem Jahr 2011. Darin wird die Verantwortlichkeit von internationalen Organisationen für völkerrechtswidrige Akte geregelt und an Rechtsfolgen geknüpft. Liegt ein Handeln vor, das einer

Der ICTY hat in der Tadič Entscheidung aus dem Jahr 1995[702] die Existenz einer internationalen *Rule of Law* vorausgesetzt, als er untersuchte, ob der ICTY rechtmäßig errichtet wurde („*established by law*"), dabei wurden auch die einzelnen Grundsätze der *Rule of Law* gegenständlich. Der ICTY zählte darunter „*all the guarantees of fairness, justice and even-handedness, in full conformity with internationally recognized human rights instruments*". Er betonte damit die Einhaltung von prozessualen Standards, insbesondere der Fairness.

Eine umfassendere Definition einer internationalen *Rule of Law* lieferte der Generalsekretär der Vereinten Nationen *Kofi Annan*. Für ihn sind die Bindung an Gesetze, die öffentlich verkündet, nach dem Grundsatz der Gleichheit durchgesetzt werden und über die von unabhängigen Instanzen entschieden wird und die außerdem inhaltlich mit den internationalen Menschenrechten in Einklang stehen, die Prinzipien wie Vorrang des Gesetzes, Rechtssicherheit, Transparenz, Gleichheit vor dem Gesetz, Fairness, Gewaltenteilung und das Willkürverbot von besonderer Bedeutung[703]. Er stellt dabei auf formale und auf materielle Elemente ab.

Diese Definition hat sein Nachfolger *Ban Ki-Moon* im Jahr 2012 noch weiter konkretisiert.[704] Seiner Ansicht nach haben die Mitgliedstaaten die ausschließliche Verantwortung für die Gewährleistung der *Rule of Law*, auch auf

---

internationalen Organisation zugerechnet werden kann und das gegen ihre internationalen Verpflichtungen verstößt, haftet die jeweilige Organisation.

702 Siehe ICTY, *Tadič*, a.a.O., Rn. 45.

703 Siehe S/2004/616 – Report of the Secretary-General on the Rule of Law and Transitional Justice in Conflict and Post-Conflict Societies, Rn. 6: „*it refers to a principle of governance in which all persons, institutions and entities, public and private, including the State itself, are accountable to laws that are publicly promulgated, equally enforced and independently adjudicated, and which are consistent with international human rights norms and standards. It requires, as well, measures to ensure adherence to the principles of supremacy of law, equality before the law, accountability to the law, fairness in the application of the law, separation of powers, participation in decision-making, legal certainty, avoidance of arbitrariness and procedural and legal transparency*".

704 GA Res. A/Res/66/749 vom 16. März 2012, Rn. 3: „*At the international level, the rule of law accords predictability and legitimacy to the actions of States, strengthens their sovereign equality and underpins the responsibility of a State to all individuals within its territory and subject to its jurisdiction. Full implementation of the obligations set forth in the Charter of the United Nations and in other international instruments, including the international human rights framework, is central to collective efforts to maintain international peace and security, effectively address emerging threats and close off accountability gaps for international crimes.*".

internationalem Niveau. Die Vereinten Nationen können diesen nur unterstützend unter die Arme greifen.[705] Hieraus lässt sich ableiten, dass er keine Selbstständigkeit der Organe der Vereinten Nationen darin sieht, eine internationale *Rule of Law* herauszuarbeiten und entsprechend zu beachten.

Angesichts der Verselbstständigung der Organe internationaler Organe ist es jedoch unzutreffend, die Hauptverantwortung für die Durchsetzung einer internationalen *Rule of Law* bei den Mitgliedstaaten zu suchen. Diese sind zwar in den jeweiligen Organen vertreten, eine Eigendynamik der Organe ist jedoch den internationalen Organisationen inhärent. Die Staaten haben den von ihnen gegründeten internationalen Organisationen Kompetenzen übertragen, um gerade in diesen bestimmten Bereichen – anstatt und gleichzeitig für die Staaten – tätig zu werden. Daher sollten auch internationale Organisationen an der Fortentwicklung einer Rule of Law für internationale Organisationen mitwirken.

bb) Literaturauffassungen

An die Definition des Generalsekretärs aus dem Jahr 2012 knüpft *Crawford*[706] an, indem er folgende Elemente einer internationalen *Rule of Law* herausarbeitet: die Gleichheit vor dem Recht, die zum einen die Gleichheit der Staaten aber auch die Gleichheit von Menschen umfasst, der Vorrang des Rechts, die Verantwortlichkeit vor dem Recht und die faire Anwendung des Rechts.[707] Demokratie sieht er nicht als einen zwingenden Aspekt der *Rule of Law*[708], im Gegensatz zu einer Vielzahl von Autoren[709].

---

705 GA Res. A/Res/66/749, Rn. 5.

706 *Crawford*, Recueil des cours de l'Académie de La Haye 2013, S. 262 ff.; ähnlich auch *Zangl*, European Review 2005, S. 76 ff., der insbesondere auf den Aspekt der Gleichheit vor dem Recht und der Unterwerfung aller unter das Recht abstellt.

707 Einen ähnlichen Vorschlag macht auch *Farrall*, United Nations Sanctions and the Rule of Law, S. 40 ff., der die rechtsstaatlichen Gebote im Zusammenhang mit den Sanktionssystemen untersucht. Er stellt auf Transparenz, Kontinuität, Gleichheit, einen fairen Prozess und die Verhältnismäßigkeit ab. So ähnlich auch *Watts*, German Yearbook of International Law 1993, S. 25 ff. und *Gowlland-Debbas/Pergantis* in: *Chetail*, Post-Conflict Peacebuilding: A Lexicon, S. 320 ff.; vergleiche auch *Shklar*, American Journal of Comparative Law 2008, S. 342; die Betonung auf Transparenz, Bestimmtheit und Verlässlichkeit legt *Knauff*, Der Regelungsverbund, S. 418 ff.

708 *Crawford*, Recueil des cours de l'Académie de La Haye 2013, S. 276 ff, 292; kritisch auch *Peerenboom*, Georgetown Journal of International Law 2005, S. 861 ff.

709 Zum Beispiel *Gowlland-Debbas/Pergantis* in: *Chetail*, Post-Conflict Peacebuilding: A Lexicon, S. 320 ff.

Brownlie[710] leitet die Elemente der rechtsstaatlichen Grundsätze aus britischen Quellen ab und fasst sie folgendermaßen zusammen: das Handeln politischer Einrichtungen und Personen muss sich aus Kompetenzen aus dem Recht ableiten, das Recht muss von prozessualer und materieller Gerechtigkeit geprägt sein, eine substantielle Gewaltenteilung mit einer Exekutive, die an einen Standard der prozessualen Fairness gebunden ist, eine von exekutiver Kontrolle befreite Judikative und eine gleiche Unterwerfung aller dem Recht.

2) Formelle oder materielle *Rule of Law*?

Zu einer internationalen *Rule of Law* werden grundsätzlich zwei Strömungen vertreten[711], die eine Auffassung wird *thin theory* oder auch formeller Rechtsstaat genannt, da sie nur formale Aspekte umfasst[712]. Die andere wird *thick theory* oder materieller Rechtsstaat genannt, da sie auch substantielle Aspekte, also die Menschenwürde, Menschenrechte und Gerechtigkeit umfasst[713]. Als *thin theory* gilt die oben aufgeführte *Rule of Law*, entwickelt von *Dicey*. Ein solches formales Verständnis bezweckt jedoch nur die bloße Ordnungsbewahrung[714].

Die *thick theory* beschreibt das Verständnis der Rechtsstaatlichkeit auf dem europäischen Kontinent. Der Schwerpunkt liegt dabei weniger auf dem justiziellen Verfahren, als auf der Natur des Staates, was auch daran liegt, dass es auf dem Kontinent kodifizierte Konstitutionen gibt. Die Herangehensweise ist dogmatischer und weniger auf Präzedenzfälle aus der Judikatur basierend. Rechts*staat*lichkeit und der Staat liegen sich in dieser Definition deutlich näher als bei der

710 *Brownlie*, FS Tieya, S. 92.

711 Siehe dazu die Darstellungen bei *Kanetake*, INTERFACES Research Paper 01 2012, S. 8 ff.; es gibt aber auch Darstellungen, die die drei Konzepte der *Rule of Law* aufzählen: *Merkel*, Rule of Law Dynamics, S. 21 f.

712 Wie die Gewaltenteilung, die Gesetzmäßigkeit der Verwaltung, den Rechtsschutz durch unabhängige Gerichte, die Existenz eines Systems öffentlicher Ersatzleistungen, das Willkürverbot, Rechtssicherheit und die Verhältnismäßigkeitsgrundsatz im staatlichen Handeln.

713 Vgl. zu einer materiellen *Rule of Law*: *Caldwell*, The Collected Works of F.A.Hayek, S. 112 f.; *Hayek* beruft sich bei der Definition der Rule of Law auf *Dicey*, als dass er sie folgendermaßen beschreibt: „*this means that government in all ist actions is bound by rules fixed and anounced beforehand – rules which make it possible to foresee with fair certainty how the authority will use ist coercive powers in given circumstances and to plan one`s individual affairs on the basis of this knowledge*", siehe S. 112. Dabei spielen aber die persönlichen und wirtschaftlichen Freiheiten der Bürger mit hinein, siehe S. 112 f.

714 So *Nádrai*, Konturen der neuen Welt(un)ordnung, S. 219.

Rule of Law im angloamerikanischen System und die Grund- und Menschenrechte stehen hier stärker im Fokus und schlagen sich daher im Rechtsstaatsbegriff nieder. Als Schöpfer des materiellen Rechtsstaatsbegriffs gilt *Kant*, der das Recht als vernünftige Ordnung eines Zusammenlebens in Freiheit versteht[715]. Der materielle Begriff des Rechtsstaates basiert auf der Überzeugung, dass der Staat auf Vernunft und Recht aufgebaut ist und dies durch formelle Aspekte der Rechtmäßigkeit sichergestellt wird. Dieser normative Begriff umfasst nicht nur die Ordnung und Voraussehbarkeit des staatlichen Handelns, sondern auch Gerechtigkeit im Sinne eines „*suum cuique*" (jedem das seine)[716].

Dicey[717] sieht Rechtsstaatlichkeit in drei Aspekten vereint: dem Vorrang des Rechts bzw. des Gesetzes, die Gleichheit vor dem Gesetz und die individuellen Rechte des Privaten, so wie sie durch die Gerichte geschützt werden und in der Verfassung verankert sind, die ein Ergebnis dieser Gerichtspraxis des Individualschutzes ist. Daran angelehnt führt *Chesterman* drei Aspekte der internationalen *Rule of Law* auf: 1. *government of law*: was so viel bedeutet, dass die hoheitliche Macht nicht willkürlich ausgeübt werden darf, 2. *supremacy of the law*: das Recht muss auf den Souverän anwendbar sein und dieser durch eine unabhängige Justiz zu überprüfen sein und 3. *equality of the law*: das Recht ist ohne Diskriminierung auf die Individuen anwendbar.[718] Bei dem zweiten Aspekt muss berücksichtigt werden, dass eine einheitliche und in ihrer Jurisdiktion umfassende internationale Gerichtsbarkeit noch nicht eingerichtet ist, auch wenn der IGH eine besondere Rolle spielt. Beim dritten Aspekt muss die Frage nach den Rechtssubjekten geklärt werden. Zählt man nur Staaten und internationale Organisationen zu den Völkerrechtssubjekten, dann würden menschenrechtliche Gewährleistungen gar nicht zum Tragen kommen.

Folgt man der hier vertretenen Auffassung, dass auch Individuen im modernen Völkerrecht – zumindest partielle – Völkerrechtssubjekte sind, können auch menschenrechtliche Gewährleistungen und die Nichtdiskriminierung

---

715 So wie er dies in seiner Grundlegung der Metaphysik der Sitten entwickelt hat, siehe *Kirchmann*, Immanuel Kant's Metaphysik der Sitten, .

716 Siehe *Nádrai*, Konturen der neuen Welt(un)ordnung, S. 219.

717 Siehe *Dicey*, Lectures Introductory to the Study of the Law of the Constitution, S. 183 ff.

718 *Chesterman* selbst bringt die Einwände vor, siehe *Chesterman*, American Journal of Comparitive Law 2008, S. 359 f., will aber diese Grundsätze trotzdem gerne auf das Verhältnis der Staaten untereinander und andere Völkerrechtssubjekten anwenden, unter der Berücksichtigung der Besonderheiten internationaler Organisationen und ihrer Organe, siehe *Chesterman*, The UN Security Council and the Rule of Law, Rn. 12.

Gegenstand der *Rule of Law* sein. Dies muss insbesondere für die prozessualen Gewährleistungen gelten[719], die den Bürgern damit die grundlegenden Werkzeuge an die Hand geben, ihre Rechte in einem verlässlichen System durchsetzen zu können.

Andere Auffassungen sprechen der *Rule of Law* den Effekt zu, dass sie als Optimierungsgebote im Sinne von Prinzipien nach der Prinzipienlehre *Dworkins* wirken und den internationalen Organisationen und ihren Organen Abwägungsgebote und Begründungspflichten auferlegen[720]. Als Optimierungsgebot würde die *Rule of Law* jedoch nur im Wege einer Abstufung, also einem „Mehr" oder „Weniger" berücksichtigt und ihre Erfüllung gar nicht als absolutes Gebot gefordert.

Der Under-Secretary-General for Legal Affairs and Legal Counsel of the United Nations hat folgende Aspekte der *Rule of Law* in Bezug auf das Sanktionssystem des Sicherheitsrates herausgearbeitet: das Recht informiert zu werden, das Recht auf eine Anhörung, das Recht auf eine effektive Beschwerde und das Recht auf eine regelmäßige Überprüfung der einzelnen Sanktionen[721]. Auch die Vorschläge von *Fassbender*[722] gehen in diese Richtung. Zumindest die Grundsätze der Fairness und der Transparenz müssen demnach vom Sicherheitsrat berücksichtigt werden, wenn er Rechtsakte gegen Individuen erlässt und diese in ihren Rechten trifft[723]. Diese Grundsätze können unter den rechtsstaatlichen Aspekt des Willkürverbots gezählt werden.

3) Fazit

Zusammenfassend können der Grundsatz der Transparenz, das Willkürverbot, der Vorrang des Rechts und die Gleichheit vor dem Recht als Aspekte einer internationalen *Rule of Law* ausgemacht werden. Diese Grundsätze bestimmten damit auch das Handeln des Sicherheitsrates beim Erlass von Individualsanktionen. Der Grundsatz der Gewaltenteilung scheint zwar nach den obigen Ausführungen eine Forderung zu sein, den derzeitigen Status innerhalb der Vereinten Nationen beschreibt er aber nicht[724]. Dafür bedürfte es einer stärkeren

---

719 So *Aust/Nolte*, Rule of Law Dynamics, S. 67.
720 Siehe *Kadelbach/Kleinlein*, Archiv des Völkerrechts 2006, S. 263.
721 Siehe S/PV.5474, S. 3 ff.
722 *Fassbender*, Targeted Sanctions and Due Process, Rn. 12.
723 So auch *Kanetake*, INTERFACES Research Paper 01 2012, S. 32.
724 So ICTY, *Tadič*, a.a.O., Rn. 43.

Institutionalisierung der Vereinten Nationen durch die Einführung entsprechender Vorschriften in die UN-Charta[725].

Des Weiteren können zumindest für den Anwendungsbereich der EMRK und der AMRK eine Vielfalt von Verfahrensgrundrechten wegen ihrer engen Verknüpfung mit dem Rechtsstaat als integrale Bestandteile einem regional einheitlichen Verständnis der *Rule of Law* angesehen werden[726].

Der Schutz von Menschenrechten, Wohlstand und Entwicklung, zivile Krisenprävention, die Stabilisierung der Gesellschaft, friedliche Streitbeilegung und rechtsstaatlicher Elemente selbst im bewaffneten Konflikt sind gute Argumente[727] dafür, dass eine internationale *Rule of Law* die Tätigkeit internationaler Organisationen und ihrer Organe nicht nur behindert, sondern das Wohl der Weltbevölkerung bedeutsam steigert und im Ergebnis ihr Handeln wieder legitimiert.

2. *Internationale Grund- und Menschenrechte als Begrenzung des Handelns des Sicherheitsrates*

Das Konzept des Menschenrechtsschutzes wurde in den letzten Jahrzehnten auf der gesamten Welt in den Vordergrund gerückt. Die Ziele der Vereinten Nationen in Art. 1 UN-Charta sind nicht mehr vorwiegend auf die Gewährleistung von Frieden – verstanden als die Abwesenheit von Krieg – gerichtet, sondern auch auf Gewährleistung von Menschenrechten und humanitäre, ökonomische und soziale Aspekte, wie dies auch schon die Art. 1 Abs. 2 und 3 UN-Charta darlegen. Diese Entwicklung wurde möglich, als 1990 die Sowjetunion zerfiel und die Auflösung der ‚Blöcke' die Arbeit des Sicherheitsrates nicht mehr so stark behinderte. Der Sicherheitsrat übt seitdem immer häufiger und verstärkt Hoheitsgewalt aus, die sich auch auf Individuen erstreckt und ihre Rechtsposition betrifft. Besonders deutlich wird dies mit der Einrichtung der Sondertribunale für Kriegsverbrecher und den zielgerichteten Sanktionen gegen Individuen nicht nur im Bereich der Terrorismusbekämpfung[728].

Übt ein Organ einer internationalen Organisation Hoheitsgewalt aus, muss auch aus dem Legitimationsaspekt heraus eine Begrenzung der Ausübung dieser

725 Siehe dazu die Untersuchungen von *Bianchi*, Counterterrorism, S. 400 ff.

726 Siehe EGMR, *Golder*, a.a.O., Rn. 34, 35 und IAGMR, *Advisory Opinion on Judicial Guarantees during States of Exception*, a.a.O., Rn. 29 f., 38.

727 Nach *Fitschen*, FS Fiedler, S. 504 ff.; *Fitschen*, MPUNYB 2008, S. 347 ff.

728 Siehe zu den Individualsanktionen die Untersuchungen von *Feinäugle*, Hoheitsgewalt im Völkerrecht, S. 1 ff.

Macht zugunsten der betroffenen Individuen herbeigeführt werden. Der Schutz des Individuums gegen die Macht des Nationalstaates hat sich in den letzten Jahrhunderten so stark weiterentwickelt, dass man sich fragen kann, ob diese Standards auch dann angewendet werden können, wenn eine internationale Organisation eine vergleichbare Hoheitsgewalt, wenn auch nur partiell ausübt[729].

Um das Kräfteverhältnis zwischen dem Sicherheitsrat und dem Individuum auszutarieren, bedarf es des Schutzes der Individualrechte vor der Herrschaftsgewalt des Sicherheitsrates, wenn die Mitgliedstaaten die Rechtsakte gegen Einzelne umsetzen.

Die Menschenrechte müssen für den Sicherheitsrat eine absolute Grenze darstellen, um die Ausübung seiner Hoheitsgewalt einzuschränken. Dies geht einher mit dem Gedanken der Glaubwürdigkeit des Sicherheitsrates, der weiterhin ein politisches Organ bleibt, das seine Legitimität vor allem aus der Überzeugung der Staaten speist, dass er das Ziel des internationalen Friedens und der Sicherheit verfolgt[730]. Auch die Frage, ob der Sicherheitsrat in der Ausübung seiner Aufgaben seitens anderer Organe im Sinne des Prinzips der *checks and balances* kontrolliert werden könnte, stellt sich in diesem Zusammenhang. Aber macht es überhaupt Sinn Grenzen der Kompetenzausübung des Sicherheitsrates auszuloten, ohne die Gewissheit einer effektiven Kontrolle?

Um die Bindung des Sicherheitsrates an Menschenrechte herzuleiten, kann man verschiedene Ansätze bemühen[731]. Zum einen kann man sie aus dem Völkergewohnheitsrecht ableiten, denn die Vereinten Nationen sind als Völkerrechtssubjekt zumindest an das Völkergewohnheitsrecht gebunden[732]. Dies ergibt sich

729 Das beste Beispiel ist in diesem Zusammenhang die EU, die sich in ihren Verträgen in den Bereichen, die die Ausübung von Hoheitsgewalt angehen, Schranken und Grenzen eingerichtet hat, die denen der Kompetenzbegrenzung in staatlichen Systemen ähneln. Auch hat die EU ein Gerichtssystem eingerichtet, das dem Schutz der Kompetenzen der Mitgliedstaaten – als die souveränen Staaten – aber auch dem Schutz der Individuen gilt. Dadurch ist gewährleistet, dass beispielsweise Grundrechte, so wie sie nunmehr in der EU GRC festgeschrieben sind, geschützt werden.

730 So auch Report of the High-level Panel on Threats, Challenges and Change – Part three Collective security and the use of force, A more secure world: our shared responsibility, GA Res A/59/565, Rn. 204 ff.

731 Vergleiche *Mégret/Hoffmann*, Human Rights Quarterly 2003, S. 317 f.

732 Siehe dazu grundlegend *Bleckmann*, ZaöRV 1977, S. 107 ff., der zwischen den Regelungen unterscheidet, die angesichts der Vergleichbarkeit der Interessenlage und der Sachverhalte übertragbar sind (im Wege eines Analogieschlusses) und den Regelungen, die keinem allgemeinen Rechtsprinzip zugrunde liegen und daher nicht ohne Weiteres auf die Situation der internationalen Organisationen übertragbar sind.

daraus, dass die Interessenlage für die Adressaten internationaler Rechtsakte vergleichbar ist und die dem zugrunde liegenden Sachverhalte im Wesentlichen die gleichen sind. Eine Bindung aus einschlägigen Menschenrechtsverträgen kommt mangels Mitgliedschaft der Vereinten Nationen nicht in Betracht.

Zum anderen kann die Bindung auch daher rühren, dass die Vereinten Nationen regelmäßig als Unterstützer der Menschenrechte auftreten, sodass sie zur Vermeidung von Wertungswidersprüchen auch selbst an diese Menschenrechte gebunden sein müssen. Wegen der internen Ordnung und der Organisation der Vereinten Nationen als internationale Organisation ist sie daher aus sich selbst heraus an Menschenrechte gebunden. Durch die Unterstützung des Menschenrechtsschutzes durch die Vereinten Nationen und den Sicherheitsrat in seinen Missionen, wäre es schlicht unglaubwürdig, wären sie nicht selbst daran gebunden. Dies ergibt sich aus der Wortlautauslegung einer Zusammenschau aus Art. 1 Abs. 3, Art. 13 b), Art. 55 c) und Art. 56 UN-Charta, die allesamt die Förderung der Menschenrechte durch die Vereinten Nationen betonen.

Nach der teleologischen Auslegung könnte dem Ziel der Vereinten Nationen niemals glaubwürdig gedient werden, wenn gleichzeitig ein Freibrief für Grundrechtsverletzungen in Anspruch genommen werden könnte. Nach der historisch-dynamischen Auslegung kommt die Tatsache hinzu, dass nach der Gründung der Vereinten Nationen durch die Staaten eine Vielzahl an internationalen Menschenrechtsverträgen abgeschlossen wurde, die Rechtsquellen des Völkerrechts im Sinne des Art. 38 IGH-Statut geworden sind. Auch ist der Schutz der Menschenrechte ein Völkerrechtssatz iSd. Art. 31 Abs. 3 c) WÜK, der bei der Auslegung der UN-Charta heranzuziehen ist[733]. Gemäß Art. 31 Abs. 3 c) WÜK müssten aber auch die menschenrechtsvertraglichen Verpflichtungen

Gewiss wurde das Gewohnheitsrecht zuerst durch die Staaten geprägt und sie waren als die zentralen Völkerrechtssubjekte die primären Adressaten des Völkergewohnheitsrechtes. Bei der Übertragung der Regeln aus dem Völkergewohnheitsrecht auf internationale Organisationen sollte dabei aber beachtet werden, dass es sich bei diesen um Zusammenschlüsse der Staaten handelt, die ihre Interessen bündeln, da sie von der Überzeugung sind, dass sie diese Interessen so besser erreichen können. Es geht dabei nicht um das Verhindern der Anwendung des allgemeinen Völkerrechts auf Staatenzusammenschlüsse, sondern lediglich um das etwas modifizierte Verhalten der Staaten auf der internationalen Ebene. Daher muss sinngemäß eine Bindung der internationalen Organisationen gelten, hinter denen eben die Staaten stehen. Siehe dazu auch *Janik*, Bindung internationaler Organisationen an internationale Menschenrechtsstandards, S. 438 ff.

733 So *Petersmann*, EJIL 2002, S. 633.

der Mitgliedstaaten bei der Auslegung des Gründungsdokumentes der Vereinten Nationen berücksichtigt werden, um eine Bindung des Sicherheitsrates an Menschenrechte daraus zu folgern[734]. Dies wird gleichfalls durch die These gestützt, dass die Menschenrechte, so wie sie in den verschiedenen Abkommen zum Schutz der Menschenrechte niedergelegt sind, die Basis der globalen Werteordnung[735] bilden.

Letztlich kann auch im Anschluss an die Bindung der Mitgliedstaaten der internationalen Organisationen die Bindung internationaler Organisationen an die Menschenrechte hergeleitet werden[736]. Die Vereinten Nationen wären damit zumindest insoweit an die Menschenrechte gebunden, wie ihre Mitgliedstaaten. Es handelt sich dabei um die Kehrseite des schon oben bemühten Arguments ‚Keine Flucht in die internationale Organisation' und ist damit ein Erst-recht-Argument, nach dem die internationale Organisation dann an Menschenrechte gebunden ist, wenn ihre Mitgliedstaaten an diese gebunden sind, damit sich die Staaten ihren Verpflichtungen aus dem Völkerrecht nicht entziehen können[737]. Würde eine solche Flucht in die internationale Organisation eine Entledigung der Bindung an das Völkerrecht für die Mitgliedstaaten bedeuten, wäre das gesamte System des Völkerrechts seines Sinnes entleert.

---

734 Vgl. *Peters*, Jenseits der Menschenrechte, S. 424.

735 *Nowak*, Einführung in das internationale Menschenrechtssystem, S. 89.

736 Mit dieser Argumentation begründet der EGMR die Bindung internationaler Organisationen an Grund- und Menschenrechte. Die Mitgliedstaaten können sich durch die Übertragung bestimmter Aufgaben auf internationale Organisationen nicht ihrer menschenrechtlichen Verantwortung entziehen, da sich dies gegen das Ziel und den Zweck der EMRK richten würde, siehe EGMR, Urteil vom 18. Februar 1999, n° 26083/94 – *Waite and Kennedy gg. Deutschland*, Rn. 67.

737 Insbesondere hinsichtlich der *ius-cogens*-Normen soll dies gelten, so *Bianchi*, EJIL 2006, S. 887; dem widerspricht *Frank*, FS Wildhaber, S. 251. Es gebe keinen allgemeinen Grundsatz, nach dem internationale Organisationen generell die Verpflichtungen ihrer Mitgliedstaaten übernehmen würden, da es sich um ein von den Staaten völlig losgelöstes Gebilde handele. Dem muss jedoch widersprochen werden. Die internationalen Organisationen werden von den Mitgliedstaaten ganz bewusst mit Teilen von ihren eigenen Kompetenzen ausgestattet. Mit diesen Kompetenzen sollen sie dann für und neben den Staaten handlungsfähig sein. Dies gilt insbesondere für die klassischen internationalen Organisationen, die sich noch nicht zu sehr verselbstständigt haben, im Gegensatz zu supranationalen Organisationen. Daher muss die internationale Organisation auch die mitgliedstaatlichen völkerrechtlichen Pflichten berücksichtigen.

a) *Aus dem Bestand des ius cogens*

Das Konzept des *ius cogens „partly transforms international law into a vertical system of law“*[738], in dem die zwingenden Normen eine besondere Vorrangstellung gegenüber den anderen Normen des Völkerrechts innehaben. Daher sollen diese Normen und ihr Konzept zuerst Gegenstand der Untersuchung der Grenzen der Kompetenzen des Sicherheitsrates sein.

1) Die Begründung der Bindung

Diese zwingenden Normen des Völkerrechts, von denen in keinem Fall abgewichen werden darf, sind nicht nur für die Staaten eine absolute Grenze für ihr Handeln, sondern müssen dies auch für internationale Organisationen sein. Denn den Staaten ist es nicht gestattet durch ihr Mitwirken in den Vereinten Nationen durch den Sicherheitsrat Maßnahmen zu erlassen, die sie schon als Staat, wegen ihrer Bindung an die *ius-cogens*-Normen, nicht erlassen dürften. Der Vorteil der Handlungsperspektiven internationaler Organisationen darf den Staaten nicht gereicht werden, um die Grenzen, die ihnen als Staaten auferlegt sind, zu umgehen. Das leitet sich aus dem Grundsatz ‚keine Flucht in die internationale Organisation‘[739] ab, was die spätere Verantwortung, aber auch die Vornahme der Maßnahme selbst angeht. Daraus folgt wiederum, dass auch der Sicherheitsrat an *ius cogens* gebunden ist[740]. Erst recht müssen die Organe der Vereinten Nationen an *ius cogens* gebunden sein, wenn es die Mitgliedstaaten auch sind[741].

---

738 *Rozakis*, The Concept of Jus Cogens in the Law of Treaties, S. 19.

739 Siehe *Bianchi*, EJIL 2006, S. 887; *Brownlie*, FS Zemanek, S. 299 ff., für die Fälle der sogenannten Satellitenstaaten; *Feinäugle*, The Exercise of Public Authority by International Institutions, S. 108; *Reinisch*, AJIL 2001, S. 858 und *Reinisch*, Global Governance 2001, S. 143.

740 *Crawford*, Recueil des cours de l'Académie de La Haye 2013, S. 309, er spricht von einer intuitiven Entscheidung für die Bindung des Sicherheitsrates an *ius cogens*; *Pellet*, Le chapitre VII de la Charte des Nations unies. Colloque de Rennes, SFDI, S. 237; *Reinisch*, AJIL 2001, S. 859; *de Wet*, The Chapter VII Powers of the United Nations Security Council, S. 187 ff., 190; siehe auch Separate Opinion des Richters *Lauterpacht* in IGH, Anordnung vom 13. September 1993, *Application of the Convention on the Prevention and Punishment of the Crime of Genocide (Bosnia and Herzegovina v. Serbia and Montenegro), Provisional Measures*, ICJ Reports 1993, S. 440 f.; Shaw/Wellens in: *ILA*, Report of the 71st Conference, S. 18.

741 *Bianchi*, EJIL 2006, S. 887; so auch EuG, Urteil vom 21. September 2005, Kadi/Rat und Kommission, T-315/01, ECLI:EU: T:2005:332, Rn. 228 f. Das EuG ist derzeit das einzige Gericht, das die Bindung des Sicherheitsrates an *ius cogens* eindeutig bejaht.

Die Bindung der internationalen Organisationen an *ius cogens* kann ferner damit begründet werden, dass es sich dabei um solche Normen handelt, die von besonderer Wichtigkeit und Bedeutung für die gesamte internationale Gemeinschaft sind, dass auf einen Verstoß eines Rechtsaktes einer internationalen Organisation die Rechtsfolgen des Art. 53 und 64 WÜV folgen und zu seiner Nichtigkeit führen. Im Hinblick auf Art. 103 UN-Charta, der den Vorrang der Charta-Verpflichtungen vor anderen vertraglichen Verpflichtungen der Mitgliedstaaten anordnet, steht dem auch nicht entgegen, da es nicht Sinn und Zweck dieser Regelung sein kann, dem Sicherheitsrat zu erlauben, Normen zu erlassen, die gegen *ius-cogens*-Normen verstoßen[742]. Zumal die Normen des *ius cogens* häufig gewohnheitsrechtlichen Ursprungs sind, auch wenn sie mittlerweile teilweise in internationalen Verträgen festgehalten sind.

Verstößt eine Resolution des Sicherheitsrates dennoch gegen *ius-cogens*-Normen, hat dies ihre Rechtswidrigkeit und Nichtigkeit zur Folge[743] und muss von den Mitgliedstaaten nicht befolgt werden[744]. Dies wird damit begründet, dass sich die Staaten sonst selbst des Völkerbruchs schuldig machen würden.

Dadurch werden in der Praxis jedoch Probleme aufgeworfen, denn es ist nicht geklärt, wer die Instanz zur Kontrolle des Sicherheitsrates ist, die die Rechtswidrigkeit einer Resolution feststellen kann[745]. Und wer entscheidet verbindlich, ob eine Resolution tatsächlich gegen *ius cogens* verstößt?

Bei einer differenzierten Betrachtung erscheint es jedoch möglich, Fallgruppen zu bilden. Bei einem offensichtlichen Verstoß gegen *ius cogens* kann man von einer Pflicht zur Umsetzung der Resolution, wie in Art. 25 UN-Charta festgeschrieben, wohl nicht mehr ausgehen. Art. 24 Abs. 2 Satz 1 UN-Charta sieht vor, dass der Sicherheitsrat im Einklang mit den Grundsätzen und Zielen der UN-Charta handelt, was im Umkehrschluss bedeutet, dass die Resolutionen des Sicherheitsrates im Einklang mit diesen Anforderungen sein müssen um rechtmäßig zu sein. Jedoch stellt sich dies bei einer weiteren Fallgruppe schwieriger dar, wenn die Rechtswidrigkeit einer Resolution umstritten und damit nicht offensichtlich geklärt ist. Wegen der Rechtsunsicherheit, die durch diese

---

742 So *Olivier*, Nordic Journal of International Law 2004, S. 414.

743 Siehe Bericht der Studiengruppe der Völkerrechtskommission der Vereinten Nationen (ILC), *Koskenniemi*, Fragmentation in International Law: Difficulties arising from the Diversification and Expansion of International Law, vom 13. April 2006, UN Doc A/CN.4/L.682, Rn. 367.

744 *Doehring*, MPUNYB 1997, S. 98.

745 Dazu unten unter IV.

Situation entsteht, wird zurecht gefordert[746], dass von einer allgemeinen Bindung der Resolutionen ausgegangen werden muss, damit das System der Vereinten Nationen nicht destabilisiert wird. Die UN-Charta würde sich damit selbst abschaffen und ein System, in dem die Resolutionen des Sicherheitsrates zwar bindende Wirkung haben, aber bei Rechtswidrigkeit von den Mitgliedstaaten nicht befolgt werden müssten, „*is no longer a legal system*“[747]. Daher wird man nur in den Fällen des offensichtlichen Völkerrechtsverstoßes gegen eine Umsetzungspflicht der Mitgliedstaaten votieren können.

2) Die Reichweite der Bindung

Dies ändert aber nichts an der Bindung des Sicherheitsrates an *ius-cogens*-Normen. Für diese Arbeit relevant sind die menschenrechtlichen Gewährleistungen und damit Individualrechte. In Bezug auf die gezielten Sanktionen muss das vorläufige Ergebnis zur Reichweite des *ius cogens* im Bereich der Menschenrechte jedoch nüchtern ausfallen, da nur wenige Individualrechte zum Bestand des zwingenden Völkerrechts gezählt werden[748].

Allein das Recht auf Leben[749] ist eine menschenrechtliche Gewährleistung, die zwar noch nicht universell als *ius-cogens*-Norm akzeptiert wird, der aber dennoch von einigen Stimmen zwingender Charakter zugesprochen wird[750]. Es

---

746 *Doehring*, MPUNYB 1997, S. 107.

747 *Doehring*, MPUNYB 1997, S. 107.

748 Siehe nur die Kommentierung der ILC aus dem Jahr 1966 ihres Entwurfes für das WÜV, Yearbook of the ILC II, A/CN.4/SER.A/1966/Add. 1, S. 248.

749 Zu verstehen als Schutz vor vorsätzlicher Tötung. Dieses Recht wird jedoch nicht absolut geschützt, sondern unterliegt Beschränkungen und enthält Ausnahmetatbestände, siehe Art. 6 Abs. 1 IPbpR, Art. 2 EMRK mit dem 6. ZP betreffend die Abschaffung der Todesstrafe zur EMRK und Art. 4 Abs. 1 AMRK.

750 Siehe *de Wet*, The Chapter VII Powers of the United Nations Security Council, S. 219 ff. und *Kadelbach*, Zwingendes Völkerrecht, S. 290 f., der überzeugend mit dem Verweis auf den Schutz des Lebens im humanitären Völkerrecht und auch die Notstandfestigkeit dieses Rechts in einigen Menschenrechtskonventionen, wie der EMRK, IPbpR und AMRK verweist. Die Arbeit der ILC zum *ius cogens* im Allgemeinen und den menschenrechtlichen Gewährleistungen durch das *ius cogens* ist derzeit leider noch nicht abgeschlossen. Sodass abzuwarten bleibt, inwieweit die ILC die Entwicklung beurteilt und die obigen Ansichten bestätigt. Seit dem Jahr 2015 hat die ILC entschieden sich mit dem Konzept näher zu befassen und hat es in sein Arbeitsprogramm aufgenommen. Bis dahin muss mit Entscheidungen gerechnet werden, wie HRC, Urteil vom 13. August 2003, *Judge gg. Canada*, CCPR/C/78/D/829/1998 (2003), Rn. 10.4, in der das HRC differenziert und ein Recht auf Leben nur in solchen Staaten als zwingendes Recht ansieht, in denen die Todesstrafe abgeschafft wurde.

handelt sich dabei um die Grundlage aller anderen Menschenrechte, so wird es in Art. 6 IPbpR formuliert ist.[751] Andererseits stellte schon *Verdross* im Jahr 1937 im Zusammenhang mit der Frage der verbotenen Verträge aufgrund Verstoßes gegen *ius cogens* fest, dass ein Vertrag gegen die guten Sitten verstoßen würde, der zur Folge hat „*to reduce its police or organization of courts in such a way that it is no longer able to protect all or in an adequate manner, the life, the liberty, the honour or property of men in its territory*“[752]. Die Bedeutung der Grundrechte in der ‚*empty box*‘ des *ius cogens* ist daher nicht zu vernachlässigen[753]. Dies wirft gleichzeitig die Frage auf, welches Gewicht eine Bindung des Sicherheitsrates an *ius-cogens*-Normen im Bereich der Ausübung von Hoheitsgewalt gegen Individuen dann überhaupt noch hat.

aa) In Analogie zu den notstandsfesten Rechten

Im Hinblick auf die menschenrechtlichen Gehalte zwingenden Völkerrechts wird in der Literatur häufig mit der Notstandsfestigkeit von Menschenrechten argumentiert, die einen Hinweis darauf gebe, ob es sich bei der jeweiligen Gewährleistung um *ius cogens* handelt[754]. Die Parallele liegt darin, dass es sich bei beiden Regelungen um solche handelt, von denen unter keinen Umständen abgewichen werden darf. Dies wird teilweise zwar dadurch relativiert, dass die notstandsfesten Rechte gerade keinen besonderen Status gegenüber den anderen Rechten haben sollen. Die notstandsfesten Rechte wurden allerdings nach dem Kriterium ihrer besonderen Gefährdung in Notstandszeiten ausgewählt. Grundsätzlich sollen alle Menschenrechte gleich effektiv gewährleistet werden. Es sei denn, ein Staat befindet sich in einem Ausnahmezustand, in dem unter engen Voraussetzungen bestimmte Rechte für eine begrenzte Zeit beschränkt werden

751 Siehe dazu auch HRC, General Comment No 6, The Right to Life (1982), HRI/GEN/1/Rev.1 at 6 (1994), Rn. 1.

752 *Verdross*, AJIL 1937, S. 574.

753 Vergleiche *Bianchi*, EJIL 2008, S. 491 ff.

754 Siehe nur *Seiderman*, Hierarchy in International Law, S. 67 ff.; *van Boven*, The International Dimensions of Human Rights, S. 45 f. Im American Law Institute sieht man das anders und betont, dass man aufgrund der Unterschiede der beiden Prinzipien nicht automatisch darauf schließen kann, dass eine Norm *ius-cogens*-Charakter hat, wenn sie zu den notstandsfesten Rechten des IPbpR gehört, siehe Restatement Third of Foreign Relations Law, 1987, Section 702, Reporter's note n°11. Daher überzeugt es, dass man die Notstandfestigkeit eines Rechts lediglich als einen Hinweis darauf verstehen kann, dass es sich gleichzeitig auch um eine Norm von zwingendem Charakter handelt. Hinzukommen muss aber gemäß Art. 53 WÜV die gemeinsame Überzeugung der Staaten hinsichtlich des *ius-cogens*-Charakters.

dürfen[755]. Im Ergebnis wird deutlich, dass es zwar eine textuelle Unterscheidung zwischen notstandsfesten Rechten und anderen Rechten in den Konventionen gibt, *de facto* ist diese Unterscheidung jedoch annähernd redundant.[756] Im Grundsatz bleibt es daher bei der Pflicht der Mitgliedstaaten dieser Konventionen zur Gewährleistung der Menschenrechte und damit bei einer imperativen Geltung aller Menschenrechte.

Die Voraussetzungen eines zulässigen Notstandes im Sinne der hier aufgeführten Vertragstexte[757] werden sehr restriktiv verstanden[758]. Zuerst muss festgestellt werden, ob ein Notstand vorliegt, dieser muss dann einem zuständigen Organ angezeigt werden. Die Dauer des Notstandes ist strikt begrenzt und die Maßnahmen im Rahmen des Notstandes dürfen nicht gegen andere völkervertragliche Verpflichtungen der Staaten verstoßen. Den im Folgenden dargestellten Vorschriften ist auch gemein, dass eine Verhältnismäßigkeitsprüfung der Maßnahmen im Notstand durchgeführt werden muss.

Derartige Notstandsregeln finden sich in Art. 15 EMRK, Art. 4 IPbpR und auch Art. 27 AMRK. Demnach sind nur einige wenige Menschenrechte notstandsfest, die weiterhin als Maßstäbe für das staatliche Handeln für den Fall gelten, dass ein Krieg oder ein ähnlicher Ausnahmezustand in dem betreffenden Staat herrscht. Art. 15 Abs. 1 EMRK schränkt diese Notstandsregelung auf die Erforderlichkeit (Übermaßverbot) ein und der Notstand darf nicht gegen andere völkerrechtliche Verpflichtungen des Staates verstoßen. Absolut notstandsfest sind Art. 3, Art. 4 Abs. 1 und Art. 7 EMRK, relativ notstandsfest ist Art. 2 EMRK, von dem abgewichen werden darf, wenn es um Todesfälle infolge von rechtmäßigen Kriegshandlungen geht. Demnach ist selbst das fundamentale Recht auf Leben beschränkbar, was sich aus dem Zusammenhang mit den Regeln des humanitären Völkerrechts und dem Kombattantenstatus ergibt.

755 So *Svensson-McCarthy*, International Commission of Jurists Review 1997, S. 11, die sich dabei auf die *travaux préparatoires* des IPbpR bezieht.

756 Von Art. 15 EMRK wurde zuletzt von Frankreich Gebrauch gemacht in Reaktion auf die Anschläge in Paris vom 13. November 2015. Frankreich hat am 25. November 2015 den Generalsekretär des Europarates gem. Art. 15 Abs. 3 EMRK darüber informiert, dass das Land gewisse Grundrechte im Zusammenhang mit der Terrorismusbekämpfung in Frankreich aussetzen wird und ist damit seiner Benachrichtigungspflicht nachgekommen.

757 Also der EMRK, der AMRK und des IPbpR.

758 Siehe zu der einschlägigen Rechtsprechung der jeweiligen Vertragsüberwachungsorgane den Überblick bei *Künzli*, Zwischen Rigidität und Flexibilität, S. 364 ff.

Nicht beschränkbar sind hingegen das Verbot der Folter, Sklaverei und Zwangsarbeit und der Grundsatz *nulla poena sine lege*.[759]

Die Regelung in Art. 4 IPbpR ist Art. 15 EMRK sehr ähnlich. Dort sind das Recht auf Leben, das Folter- und Sklavereiverbot, Haftverbot bei zivilrechtlichen Ansprüchen, der Grundsatz *nulla peona sine lege* und die Anerkennung der Rechtsfähigkeit eines jeden notstandsfest. Auch hier werden prozessuale Grundrechte nicht für notstandsfest erklärt. Die AMRK gewährt das Abweichen von einigen Grundrechten im Fall von Krieg, öffentlicher Gefahr oder jedem anderen Notstand für die Unabhängigkeit oder Sicherheit eines Staates. Notstandsfest sind ebenfalls die Rechtsfähigkeit der Person, das Recht auf Leben, das Verbot der Folter und der Sklaverei, der Grundsatz *nulla poena sine lege*, die Religionsfreiheit, das Recht der Familie, das Recht darauf einen Namen zu tragen, die Rechte des Kindes, das Recht auf eine Staatsangehörigkeit und das Recht an der Beteiligung einer Regierung. Relevant in diesem Zusammenhang ist, dass zusätzlich die prozessualen Durchsetzungsmechanismen für diese Rechte im Notstand weiterhin gewährleistet werden müssen. In diesem Punkt unterscheidet sich die AMRK deutlich von der EMRK und dem IPbpR, die demgegenüber keine prozessualen Mechanismen im Notstand gewähren.

Angelehnt an die Regelung aus der AMRK, die prozessuale Rechte zur Durchsetzung der notstandsfesten Rechte in Zeiten des Notstandes gewährleistet, könnte man auch für die anderen Pakte derartige implizite notstandsfeste Rechte ausmachen[760]. Denn auch die notstandsfesten Rechte aus der EMRK und dem IPbpR sind wertlos, wenn sie nicht gerichtlich durchgesetzt werden können. Daher muss zumindest bei der Geltendmachung der notstandsfesten Rechte, also insbesondere dem Recht auf Leben, dem Schutz vor Folter und Sklaverei

759 Siehe Näheres zu den Voraussetzungen der Notstandsklausel aus der EMRK bei *Kitz*, Die Notstandsklausel des Art. 15 der Europäischen Menschenrechtskonvention, S. 30 ff.

760 So jedenfalls: *Seiderman*, Hierarchy in International Law, S. 80 ff.; das ergibt sich aber auch aus HRC, General Comment 29, States of Emergency (article 4), CCPR/C/21/Rev.1/Add.11 (2001), Rn. 15; dies wird auch herausgearbeitet von *Kitz*, Die Notstandsklausel des Art. 15 der Europäischen Menschenrechtskonvention, S. 71 ff., in Bezug auf das Diskriminierungsverbot aus Art. 14 EMRK. Diesem Grundrecht kommt eine Schrankenfunktion im Rahmen des Art. 15 EMRK zu, so wie dies die Rechtsprechung des EGMR entwickelt hat. Dasselbe gilt für das Missbrauchsverbot aus Art. 17 EMRK und das Verbot des *„détournement de pouvoir"* aus Art. 18 EMRK. Ebenso kann auch bei den Grundsätzen einer demokratischen Gesellschaft, so wie es an einigen Stellen in der EMRK formuliert wird, von einer Schranke der Notstandsklausel ausgegangen werden.

und dem Grundsatz *nulla poena sine lege* den Betroffenen zugestanden werden, sich mithilfe prozessualer Rechte, wie dem Recht auf eine effektive Beschwerde und dem Recht auf ein faires Verfahren, gegen staatliche Einschränkungen ihrer Rechte auch in Notstandszeiten zu wehren[761].

Dies könnte man aus der Begrenzung der Notstandsklausel des Art. 15 EMRK im Sinne der Grundsätze einer demokratischen Gesellschaft ableiten[762]. Diese Grundsätze lassen sich auch aus Art. 17 und 18 EMRK und der Präambel herauslesen, aber auch die Art. 8 bis 11 Abs. 1 EMRK nehmen darauf Bezug. Sie sind der EMRK immanent, da sie bei der Beschränkung und Auslegung der Rechte aus der EMRK zu berücksichtigen sind. Als derartige Grundsätze gelten somit die rechtsstaatlichen Grundregeln wie das Willkürverbot und die Gesetzmäßigkeit des Verhaltens der staatlichen Behörden als auch die Einhaltung von prozessualen Grundrechten[763]. Berücksichtigt man also auch die Grundsätze einer demokratischen Gesellschaft die rechtsstaatliche Züge umfasst, ist es folgerichtig mit einigen Stimmen aus der Literatur[764] prozessuale Mindestgewährleistungen nach dem Vorbild der EMRK auch im Notstand zu gewährleisten. Dadurch sind sie als ein Annex zu den dortigen materiellen unabdingbaren Gewährleistungen auch zu den Rechten zu zählen, von denen im Notstand nicht abgewichen werden kann.

Sind prozessuale Rechte in Notstandszeiten zur Geltendmachung der grundlegenden Grundrechte impliziert und zählen die notstandsfesten Rechte zu dem *ius-cogens*-Korpus, dann kommt man zu der Schlussfolgerung, dass prozessuale Rechte lediglich dann zwingenden Charakter haben, wenn sie gerade zur Durchsetzung von (materiellen) *ius-cogens*-Normen benötigt werden. Ob diese relative Konstruktion eines *ius-cogens*-Charakters von prozessualen Grundrechten überhaupt zulässig und sinnvoll ist, kann bezweifelt werden. Dies würde nämlich bedeuten, dass prozessuale Rechte lediglich relativ und nur dann von imperativem Charakter wären, wenn sie der Durchsetzung imperativer oder eben notstandsfester Normen dienen. Prozessuale Gewährleistungen stellen aber nicht nur akzessorische Rechte dar, sondern sind auch als Aspekte der Rechtsstaatlichkeit selbst zu sehen, sodass sie ihrer Bedeutung entledigt würden, würde man

761 So schlägt es auch das HRC vor, siehe HRC, General Comment 29, States of Emergency (article 4), CCPR/C/21/Rev.1/Add.11 (2001), Rn. 16.

762 Vgl. *Kitz*, Die Notstandsklausel des Art. 15 der Europäischen Menschenrechtskonvention, S. 76 ff.

763 Im Sinne eines westlichen Verständnisses, siehe *Kitz*, Die Notstandsklausel des Art. 15 der Europäischen Menschenrechtskonvention, S. 78 ff.

764 *Nowak*, CCPR-Commentary, Art. 4, Rn. 22 m.w.N.

ihnen nur einen von der materiellen Gewährleistung abhängigen zwingenden Charakter zusprechen. Auch dienen die Verfahrensgrundrechte nicht nur dazu Grundrechte vor Gericht rügen zu können, sondern sämtliche Rechte des Bürgers geltend zu machen. Daher muss den prozessualen Rechten ein den materiellen notstandsfesten Rechten ebenbürtiger Status eingeräumt werden.

Daher spricht einiges dafür, den prozessualen Rechten allgemein den Status von zwingendem Völkerrecht zuzusprechen, angesichts der Relevanz dieser Rechte aus rechtsstaatlicher Perspektive. Denn bleibt man bei der Parallele der notstandsfesten Rechte mit den *ius-cogens*-Normen wird deutlich, dass auch in Zeiten des Notstandes die rechtsstaatlichen Grundsätze nicht verworfen werden dürfen. Beispielsweise für die Mitgliedstaaten der EMRK sind diese im Notstand nicht von rechtsstaatlichen Anforderungen entbunden, was sich aus der Präambel der EMRK ergibt. Und Rechtsstaatlichkeit umfasst insbesondere auch die prozessualen Gewährleistungen.

Im Ergebnis ist die Parallele zu den nicht derogierbaren Rechten aus den Menschenrechtsverträgen zwar ein wichtiger Hinweis darauf, ob es sich bei der jeweiligen menschenrechtlichen Gewährleistung um solche von zwingendem Charakter handelt, einen Automatismus kann man daraus aber nicht ableiten. Auch bedeutet dies im Umkehrschluss nicht, dass die Menschenrechte, die nicht notstandsfest sind, keine *ius-cogens*-Normen sein können. Aus diesem Grund spricht nichts dagegen über den zwingenden Charakter von prozessualen Rechten, wie dem Recht auf eine effektive Beschwerde und dem Recht auf ein faires Verfahren, nachzudenken. Schließlich wirken diese Rechte in rechtsstaatlichen Systemen als Katalysator um den Menschenrechtsschutz sicherzustellen. Allein die Gewährleistung materieller Grundrechte reicht eben nicht aus, um dem Individuum und seinen grundlegenden Bedürfnissen gerecht zu werden[765]. Zur effektiven und rechtsstaatlichen Gewährleistung gehört die Möglichkeit, die materiellen Rechte einzuklagen und ihre Verletzung von einem unabhängigen

765 Siehe zur Effektivität der Verknüpfung materieller individueller Rechte mit der Durchsetzbarkeit und der Einklagbarkeit dieser Rechte: *Peters*, Jenseits der Menschenrechte, S. 40 ff. *Peters* sieht kein Problem darin, dass eine solche Verknüpfung nicht immer gegeben ist, auch solle dies dem Effektivitätsprinzip im Völkerrecht nicht widersprechen. Dabei hat sie die Frage der Völkerrechtssubjektivität des Individuums im Blick, die nicht dadurch verneint werden könne, dass das Individuum seine Rechte nicht durchsetzen kann. Für die Frage der Effektivität des Menschenrechtsschutzes bedarf es jedoch auch der prozessualen Durchsetzungsmechanismen, die das Individuum gegen den Hoheitsträger, der gehandelt hat, einsetzen kann.

Richter prüfen zu lassen. Fehlen diese Aspekte, bleiben die materiellen Rechte Makulatur und verkommen zu reinen Absichtserklärungen.

bb) Grundlegende Rechte zur Gewährleistung der menschlichen Existenz

In Bezug auf die prozessualen Rechte gibt es keine einheitliche Überzeugung darüber, dass es sich um zwingende Normen des Völkerrechts handelt. Es gibt zwar Stimmen, die sich für einen solchen Rechtscharakter aussprechen[766], insbesondere für das grundlegende Recht auf ein faires Verfahren mitsamt der Unschuldsvermutung[767], von einer staatenübergreifenden Rechtsüberzeugung kann man diesbezüglich aber noch nicht sprechen. Nur das Recht auf Anhörung (*right to be heard*) wird von *Fassbender*[768] zu den zwingenden Normen gezählt, da es sich dabei um ein grundlegendes Recht handele, das mit der menschlichen

766 Vergleiche *Sanjosé Gil*, La protección de los derechos humanos en el ámbito del Derecho Internacional, S. 22, er zählt sämtliche Rechte aus der AEMR und der beiden UN-Pakte zum Korpus des *ius cogens*; siehe auch *de Wet*, The Chapter VII Powers of the United Nations Security Council, S. 344, sie hält die Kerngehalte des Rechts auf ein faires Verfahren für zwingendes Völkerrecht. Die Bindung des Sicherheitsrates leitet sie aus dem Prinzip des guten Glaubens ab: sind die Mitgliedstaaten gem. Art. 14 IPbpR zur Gewährleistung fairer Verfahren verpflichtet, muss dies auch eine Begrenzung für die Kompetenzen des Sicherheitsrates sein, alles andere widerspreche dem Prinzip des guten Glaubens. Dies passt zu dem obigen Argument, dass es den Mitgliedstaaten verboten ist, sich hinter dem ‚Schleier' einer internationalen Organisation vor ihren menschenrechtlichen Verpflichtungen zu verstecken. In ICTY, Urteil vom 27. Februar 2001, *Prosecutor gg. Tadič, Appeal Judgment on Allegations of Contempt against Prior Council, Milan Vujin,* IT-94-1-A-AR77, S. 3, hat das Gericht seiner Entscheidung die Feststellung zugrunde gelegt, dass die Gewährleistungen des Art. 14 IPbpR zwingende Normen des Völkerrechts sind. *Tzanakopoulos*, Hierarchy in International Law, S. 49 ff, 69, resümiert nach einer Untersuchung verschiedener nationaler Gerichtsentscheidungen, die vom *ius-cogens*-Charakter des Rechts auf ein faires Verfahren ausgehen, dass dieses Recht einen höheren Rang in der Normenhierarchie des Völkerrechts inne habe, aber der Status einer Norm als *ius cogens* oder als *ius dispositivum* nicht eindeutig festzustellen sei.

767 Siehe HRC, General Comment n° 29, States of Emergency (article 4), CCPR/C/21/Rev.1/Add.11 (2001), Rn. 11, stellt zwar klar, dass die Normen, die gem. Art. 4 IPbpR nicht derogierbar sind – von denen die Mitgliedstaaten eben auch im Notstandsfalle nicht abweichen dürfen –, nicht automatisch zum Bestand des *ius cogens* zu zählen sind. Hingegen seien einige grundlegende Menschenrechte, die notstandsfest sind, dem *ius cogens* zuzuordnen, wie eben das Recht auf ein faires Verfahren und der Unschuldsvermutung. So auch *Seiderman*, Hierarchy in International Law, S. 88 f.

768 *Fassbender*, Targeted Sanctions and Due Process, Rn. 5.3., Fn. 50.

Existenz im Zusammenhang stehe[769]. Das EuG[770] und der EGMR[771] halten die prozessualen Gewährleistungen nicht für zwingendes Völkerrecht. Nichtsdestotrotz kann die tendenzielle Entwicklung der prozessualen Gewährleistungen hin zu einer Norm mit zwingendem Charakter beobachtet werden, was zukünftig zu einer Bindung des Sicherheitsrates an diese Rechte führen würde.

Neben den prozessualen Rechten sind auch andere Grundrechte im Rahmen der Sanktionsregime des Sicherheitsrates relevant. Betroffen sind häufig das Recht auf Eigentum, das Recht auf Privatsphäre bzw. Familienleben. Diese sind jedoch auch nicht als zwingende Normen des Völkerrechts anerkannt[772].

cc) Fazit

Im Ergebnis ist zusammenzufassen, dass der Sicherheitsrat zwar an die *ius-cogens*-Normen gebunden ist, dies aber für die Grenzen des Sicherheitsrates im Bereich der Individualsanktionen nicht weiterhilft, da die betroffenen Rechte durchweg keine Anerkennung als zwingende Normen des Völkerrechts erhalten. Daher würde selbst eine Kontrolle der Sanktionen des Sicherheitsrates auf Vereinbarkeit mit dem *ius cogens* durch internationale oder regionale Gerichte[773] an dieser Stelle nicht weiterhelfen.

b) Aus der UN-Charta

Als Organ der Vereinten Nationen und durch die Gründungsstaaten geschaffen kann der Sicherheitsrat nur im Rahmen der ihm durch die UN-Charta übertragenen Kompetenzen handeln. Dies ergibt sich aus Art. 24 Abs. 2 und Art. 25 UN-Charta. Als allein durch die UN-Charta verfasstes Organ der Vereinten Nationen kann er der Natur der Sache nach nur zu dem Handeln berechtigt sein,

---

769 So die Formulierung von *Tomuschat*, Human Rights: Between Idealism and Realism, S. 35: „*core rights directly related to human existence*".

770 EuG, *Kadi*, a.a.O.

771 EGMR (GK), *Al-Dulimi*, a.a.O., Rn. 136; anders hingegen das Sondervotum zu diesem Urteil der Richter *Pinto de Albuquerque, Hajiyev, Pejchal* und *Dedov*, Rn. 35, die zumindest bei den Verfahrensgarantien in Strafverfahren von zwingendem Völkerrecht sprechen.

772 Dies hat schon das EuG herausgearbeitet, EuG, *Kadi*, a.a.O.

773 So wie es das EuG vorgeschlagen hat, EuG, *Kadi*, a.a.O., Rn. 226 ff. Das EuG wollte die Vereinbarkeit mit dem *ius cogens* inzident prüfen und verstand das *ius cogens* als internationale *ordre public*, sodass auch andere internationale Gerichte diese Frage prüfen dürften. Dem trat der EuGH in der Rechtsmittel-Entscheidung entschieden entgegen, Urteil des EuGH vom 3. September 2008, *Kadi/Rat und Kommision*, C-415/05, ECLI:EU:C:2008:461, Rn. 287.

zu dem die Staaten ihm verholfen haben und in dem Rahmen, der auch den Staaten selbst zusteht. Damit können die Staaten bei der Übertragung von Kompetenzen auf die Vereinten Nationen nicht über das hinausgehen, was ihnen völkerrechtlich zugestanden wird. Die Rechtsakte des Sicherheitsrates sind daher abgeleitetes Recht, weil sie sich von den ihm durch die Mitgliedstaaten übertragenen Kompetenzen ableiten.

Wenn sich eine Vorgabe aus der UN-Charta und dem allgemeinen Völkerrecht widersprechen, stellt sich die Frage nach der Auflösung der Normenkollision. Die UN-Charta, als Verfassung der Vereinten Nationen und ihrer Organe, bildet für diese jedoch Sonderrecht, das daher als *lex specialis* vorrangig zu beachten ist. Erst im zweiten Schritt, wenn keine Regelung in der UN-Charta zu finden ist, ist auf das allgemeine Völkerrecht zurückzugreifen. Die UN-Charta darf als Gründungsvertrag einer internationalen Organisation selbst nicht gegen das allgemeine Völkerrecht verstoßen[774], also kann der Sicherheitsrat, indem er an die UN-Charta gebunden ist, nur im Rahmen des geltenden Völkerrechts handeln[775].

Nach Kapitel VII der UN-Charta kann der Sicherheitsrat alle Maßnahmen ergreifen, die er für angemessen hält, um den Frieden oder die internationale Sicherheit wiederherzustellen. Gem. Art. 25 UN-Charta sind die Staaten dazu verpflichtet, diese Resolutionen umzusetzen. Zusammen mit Art. 103 UN-Charta ergibt sich gar eine vorrangige Verpflichtung zur Umsetzung vor allen anderen vertraglichen Verpflichtungen seitens der adressierten Staaten. Dies wird teilweise anders gesehen[776] mit dem Verweis darauf, dass zwar die in der Resolution formulierte Verpflichtung Vorrang habe, aber nicht die Resolution an sich, da sie selbst keine direkte Verpflichtung aus der UN-Charta darstelle. Dem ist jedoch entgegenzuhalten, dass es sich bei den Resolutionen um sekundäres Recht handelt, das aus Art. 24 UN-Charta abgeleitet wird. Damit genießen auch Resolutionen des Sicherheitsrates Vorrang vor widersprechendem Vertragsrecht.

Art. 24 Abs. 2 UN-Charta steckt die Grenzen des Handelns des Sicherheitsrates fest: *„the Security Council shall act in accordance with the Purposes and Principles of the United Nations“*. Dies wird vielfach eng ausgelegt, als dass sich der Sicherheitsrat keine neuen Kompetenzen aneignen dürfe, die keinen direkten

774 Bei Verstoß gegen *ius cogens* ist ein Gründungsvertrag gar nichtig, siehe Art. 53 und 5 WÜV.

775 So *Bedjaoui*, The New World Order and the Security Council, S. 34.

776 *Bowett*, EJIL 1995, S. 92, er widerspricht damit der Entscheidung des IGH in der *Lockerbie*-Sache.

Anhaltspunkt in der UN-Charta finden.[777] Andere erkennen zwar die Verpflichtung des Sicherheitsrates im Einklang mit den Zielen und Grundsätzen der Vereinten Nationen zu handeln an, er könne aber auch neues Recht für den konkreten Einzelfall schaffen.[778] Diese Ansicht berücksichtigt die faktische Rolle des Sicherheitsrates als Rechtsdurchsetzungsorgan und Verantwortungsträger für den internationalen Frieden.

1) Die Begründung einer Bindung

Gem. Art. 24 Abs. 2 UN-Charta ist der Sicherheitsrat also verpflichtet im Einklang mit den Zielen und Grundsätzen der Vereinten Nationen zu handeln. Jedoch auch aus einem allgemeinen Prinzip, das dem internationalen Recht der Verträge zugrunde liegt, ergibt sich seine Bindung an die Vorgaben aus der UN-Charta. Demnach hat jede Verletzung des konstituierenden Vertrages einer internationalen Organisation durch einen Mitgliedstaat oder eines seiner Organe zur Folge, dass sie durch Maßnahmen aus demselben Vertrag sanktioniert wird[779].

Die Ziele und Grundsätze der Vereinten Nationen finden sich in Art. 1 und Art. 2 UN-Charta. Auf die Menschenrechte und Grundfreiheiten nimmt insbesondere Art. 1 Abs. 3 UN-Charta Bezug. Der Verweis auf die Grundsätze und Ziele wird teilweise als eine zu schwache Begründung für eine strenge Bindung des Sicherheitsrates an Menschenrechte angesehen, da die Formulierung in Art. 1 Abs. 3 UN-Charta *„promoting and encouraging respect for human rights and for fundamental freedoms"* zu wenig dafür hergebe. Die Verpflichtung den Menschenrechtsschutz voranzutreiben, sei eben nicht mit einer Gewährleistungspflicht gleichzusetzen.[780] Dem widerspricht *Lauterpacht*[781], mit dem Hinweis auf die Bedeutung der Verpflichtung der Vereinten Nationen und ihrer Organe, den Schutz der Menschenrechte voranzutreiben. Der Schutz der Menschenrechte ist

---

777 So *Bowett*, EJIL 1995, S. 92 f.

778 *Kelsen*, The Law of the United Nations, S. 294 f.

779 Vergleiche *Bedjaoui*, The New World Order and the Security Council, S. 28.

780 Siehe die Bedenken von *Schott*, Northwestern Journal of International Human Rights 2007, S. 62.

781 *Lauterpacht*, International Law and Human Rights, S. 159: *„…the degree of legal obligation is particularly high with regard to a subject matter which, as in the case of human rights and freedoms, is a constant and fundamental theme of the Charter… It is an unescapable principle of interpretation that whenever an international instrument defines, in its constitution, the purposes of its being, the right and obligation to give effect to those purposes are inherent in it…"*.

im Recht der Vereinten Nationen so zentral, dass diese die Vereinten Nationen und ihre Organe binden.

Aus dem Grundsatz des guten Glaubens aus Art. 2 Abs. 2 UN-Charta in Verbindung mit den Art. 1 Abs. 1 und Abs. 3 UN-Charta kann schließlich auch eine Bindung des Sicherheitsrates und seiner Organe an die grundlegenden Prinzipien der Gerechtigkeit und das Völkerrecht und damit auch an einen Grundstock an Menschenrechten begründet werden[782]. Dieser Grundsatz schützt das grundlegende Vertrauen, das stabile internationale Beziehungen ermöglicht[783]. Daher spricht eine Auslegung der UN-Charta für eine Bindung des Sicherheitsrates an Menschenrechte.

Dies wird noch verstärkt durch Art. 55 c) UN-Charta, nach dem die Vereinten Nationen als solche die allgemeine Achtung und Verwirklichung der Menschenrechte und Grundfreiheiten fördern. Dadurch, dass die Vereinten Nationen bei der Entstehung dieser menschenrechtlichen Standards mitgewirkt haben, haben sie die Erwartung geweckt, dass sie sich auch selbst daran halten werden[784], dies gilt im Übrigen auch hinsichtlich humanitärer Prinzipien[785]. Im Bereich der Terrorismusbekämpfung haben die Vereinten Nationen in ihrer Global Counter-Terrorism Strategy aus dem Jahr 2006[786] den Staaten ein Strategiepapier vorgelegt, mit dem diese von den Vereinten Nationen darin unterstützt werden sollen, im Einklang mit den vier Grundsätzen der Vereinten Nationen, den internationalen Terrorismus zu bekämpfen. Dabei werden neben dem internationalen Frieden und der Sicherheit und der Entwicklung, die Menschenrechte und die *Rule of Law* genannt. Die Vereinten Nationen wollen die Staaten dabei unterstützen, menschenrechtskonform und rechtsstaatlich gegen den Terrorismus zu kämpfen. Dies ist aber nur glaubwürdig, wenn auch der Autor der Sanktionen gegen Individuen selbst an diese Grundsätze gebunden ist. Daher muss eine Bindung des Sicherheitsrates an Menschenrechte und rechtsstaatliche Grundsätze[787] denklogisch gelten.

---

782 Vergleiche de Wet in: *Wolfrum/Röben*, Developments of international law in treaty making, S. 189 ff.

783 Siehe zu den Erwartungen, die sich aus *erga-omnes*-Verpflichtungen ergeben, IGH, Urteil vom 20. Dezember 1974, *Nuclear Tests (Australia v. France)*, ICJ Reports 1974, S. 269.

784 So *de Wet*, The Chapter VII Powers of the United Nations Security Council, S. 199 f.

785 *De Wet*, The Chapter VII Powers of the United Nations Security Council, S. 206.

786 GA Res. A/Res/60/288, Part IV. Measures to ensure respect for human rights for all and the rule of law as the fundamental basis of the fight against terrorism.

787 Dazu unten.

Ähnlich ist der Ansatz von *Feinäugle*[788], der mit dem Prinzip der ‚UN-Treue' der Staaten gegenüber den Vereinten Nationen die Bindung der Vereinten Nationen und ihrer Organe an die Menschenrechte herleitet. Aus einer Zusammenschau verschiedener Normen aus der UN-Charta leitet er eine Unterlassungspflicht der Mitgliedstaaten ab, nach der sie mit den Vereinten Nationen kooperieren müssen und Handlungen unterlassen müssen, die ihren Zielen widersprächen. Insbesondere ergebe sich auch aus Art. 50 UN-Charta eine korrespondierende Rücksichtnahmepflicht der Vereinten Nationen auf ihre Mitgliedstaaten. Der Inhalt der Treuepflicht[789] umfasse den Menschenrechtsschutz, wie auch rechtsstaatliche Grundsätze, da ein gegenseitiges Interesse daran bestehe auf die Einhaltung dieser Grundsätze hinzuwirken.

Mit dem Argument der Einheit und Kohärenz der UN-Charta muss die Bindung des Sicherheitsrates an Menschenrechte schließlich befürwortet werden. Wie oben schon ausgeführt, steht dem Sicherheitsrat zwar ein weiter Ermessensspielraum bei der Ausübung seiner Kompetenzen zu, dieser ist aber dann beschränkt, wenn die Berücksichtigung von grundlegenden Menschenrechtsstandards erforderlich ist[790]. Darunter werden die Menschenrechte aus der AEMR von 1948 verstanden[791]. Die grundlegenden Menschenrechte sind *erga-omnes*-Verpflichtungen[792] und gelten daher auch für internationale Organisationen, ‚hinter' denen sich die Staaten befinden, die bereits an diese Verpflichtungen gebunden sind.

2) Inhalt und Reichweite der menschenrechtlichen Gewährleistungen

Wenn eine Bindung des Sicherheitsrates an Menschenrechte im Grunde hergeleitet ist, bedarf es der Konkretisierung, an welche menschenrechtlichen Gewährleistungen und in welchem Umfang er an diese gebunden ist. Es gibt heute eine große Zahl an internationalen Menschenrechtsabkommen, teilweise eingebettet in regionale Menschenrechtsschutzsysteme[793]. Der Schutzstandard ist trotzdem nicht in allen Staaten der Welt gleich, da nicht alle Staaten den einschlägigen Konventionen beigetreten sind oder auch extensive Vorbehalte hinsichtlich der einen oder anderen Gewährleistung formuliert haben. Die Vereinten Nationen

---

788 *Feinäugle*, Hoheitsgewalt im Völkerrecht, S. 111 ff.

789 *Feinäugle*, Hoheitsgewalt im Völkerrecht, S. 122 ff.

790 So *Brownlie*, FS Tieya, S. 102.

791 *Condorelli*, La Soumission des Organisations Internationales aux Normes Internationales relatives aux Droits de l'Homme, S. 133, 145.

792 Siehe IGH, *Barcelona Traction*, a.a.O., S. 3, 32.

793 Wie die EMRK oder die AMRK.

sind keiner dieser Konventionen beigetreten, sodass eine vertragliche Bindung an die UN-Pakte oder andere Konventionen ausscheidet.

Im Jahr 1948 hat die Generalversammlung die AEMR[794] verabschiedet, die als Anhaltspunkt auch für die von den Vereinten Nationen einzuhaltenden Gewährleistungen dienen kann. In der Präambel findet sich folgende Formulierung: „*Whereas Member States have pledged themselves to achieve, in co-operation with the United Nations, the promotion of universal respect for and observance of human rights and fundamental freedoms*". Die Betonung liegt auf der Unterstützung und Einhaltung der Menschenrechte durch die Staaten in Zusammenarbeit mit den Vereinten Nationen. Dies kann sicherlich auch so verstanden werden, dass die Vereinten Nationen nur unterstützend zugunsten der Mitgliedstaaten tätig werden, bei ihrem Weg zur umfassenden Gewährleistung der Menschenrechte.

Im Lichte einer dynamischen Auslegung wird dieser Satz jedoch noch bedeutender, da der Sicherheitsrat auf einem immer größeren Feld tätig wird und zum Beispiel im Bereich der Individualsanktionen Hoheitsgewalt wie ein Staat ausübt. Diese Gewalt kann er zwar nicht ohne die Mitgliedstaaten direkt gegen Individuen ausüben, der Sicherheitsrat bleibt aber der Initiator der Sanktionen und damit verantwortlich[795] für die Rechtsfolgen, die er vorgesehen hat. Vor dem Hintergrund dieser Entwicklung spricht die Präambel der AEMR nicht nur für eine Verpflichtung zur Unterstützung der Menschenrechte sondern gar für eine Bindung des Sicherheitsrates an die dort aufgeführten grundlegenden Rechte.

In diesem Zusammenhang werden auch die derogierbaren Menschenrechte aus Art. 4 IPbpR relevant, die in Zeiten des Notstandes nicht zwingend eingehalten werden müssen. Wenn der Sicherheitsrat von seinen Kompetenzen aus dem Kapitel VII der UN-Charta Gebrauch macht, könnte man daran denken, dass sich die Weltgemeinschaft aufgrund der Situation in einem Ausnahmezustand befindet[796]. In dieser Lage würde dann der Sicherheitsrat eingreifen, um die Gefährdung des internationalen Friedens oder Sicherheit zu verhindern. Daher könnte auch ihm, wie den Mitgliedstaaten, die Möglichkeit zugestanden werden, in Notstandszeiten von einem Notstandsrecht Gebrauch machen zu können. Diese Konstruktion steht jedoch auf keiner Grundlage, da das Kapitel VII dem Sicherheitsrat zwar

---

794 GA Res. A/RES/3/217 A.

795 In diesem Zusammenhang wird auf das sich hier anschließende Kapitel verwiesen, in dem die Frage der Verantwortlichkeit der beteiligten Akteure an den Sanktionen untersucht wird.

796 *Lysen*, Nordic Journal of International Law 2003, S. 296.

die Handhabe für außergewöhnliche und gefährdende Situationen gibt, es aber nicht im Sinne eines Notstandsrechts zugunsten des Sicherheitsrates ausgestaltet ist, damit er, ähnlich wie eine nationale Regierung mit Notstandsgesetzen regieren kann. Da der Sicherheitsrat auch nicht mit einer nationalen Regierung vergleichbar ist – so haben ihn die Mitgliedstaaten im Gründungsvertrag nicht ausgestaltet –, kann ihm der Gebrauch eines Notstandsrechts nicht zugestanden werden und die Situationen, die das Kapitel VII UN-Charta auslösen, nicht damit gleichgesetzt werden.

c) Aus dem allgemeinen Völkergewohnheitsrecht

1) Die Bindung an das bestehende Völkergewohnheitsrecht

Auch Organe internationaler Organisationen sind als Rechtssubjekte des Völkerrechts an das allgemeine Völkerrecht gebunden.[797] Dafür hat *Bleckmann*[798] den Weg frei gemacht, indem er dafür plädierte, dass das Völkergewohnheitsrecht, mitsamt der Normen, die später durch das Völkervertragsrecht der Staaten aufgenommen wurden, auch für internationale Organisationen gilt. Er leitete dies aus einer Analogie und dem Argument der Kontinuität der Rechtsordnung ab, da sich die Rechtsordnung automatisch an die faktische Entwicklungen anpasse. So auch im Fall der Geltung des durch die Staaten für die Staaten geschaffenen Völkergewohnheitsrechts für internationale Organisationen. Die Notwendigkeit dafür ergebe sich daraus, dass immer öfter staatliche Funktionen auf internationale Organisationen übertragen würden[799], sodass ein Rechtsrahmen dafür nötig werde. Auch *Scheinin*[800] leitet eine Bindung der Vereinten Nationen an Menschenrechte aus dem Völkergewohnheitsrecht her, weil es sich bei ihr um ein

---

797 Vergleiche IGH, *Interpretation of the Agreement of 25 March 1951*, a.a.O., Rn 37: „*international organizations are subjects of international law and, as such, are bound by any obligations incumbent upon them under general rules of international law*"; *Bedjaoui*, The New World Order and the Security Council, S. 32 ff.; *Doehring*, MPUNYB 1997, S. 92; *Schermers/Blokker*, International institutional law § 1579. Siehe auch das Abweichende Votum des Richters *Fitzmaurice* zu IGH, *Legal Consequences for States of the Continued Presence of South Africa in Namibia*, a.a.O., S. 294: „*This is a principle of international law that this is well established as any there can be – and the Security Council is as much subject to it (for the United Nations is itself a subject of international law) as any of its individual member States are*".

798 *Bleckmann*, ZaöRV 1977, S. 108 ff.

799 Siehe dazu *Bogdandy/Dann/Goldmann*, GLJ 2008, S. 1375 ff.

800 Report, Promotion and Protection of Human Rights and Fundamental Freedoms while countering Terrorism, UN Doc A/65/258, Rn. 17.

Völkerrechtssubjekt handele, sie aus der UN-Charta selbst an Menschenrechte gebunden sind, sich eine Bindung über die Verantwortlichkeit der Mitgliedstaaten ergebe und die Verpflichtungen aus der AEMR mithilfe einer autoritativen Interpretation auch auf die Vereinten Nationen anwendbar sei.

Hinsichtlich des Völkergewohnheitsrechts gilt es zu berücksichtigen, dass es sich dabei ursprünglich um von Staaten geschaffenes Recht handelt, dessen Adressaten auch vorrangig die Staaten waren. Vor allem seit der Mitte des 20. Jahrhunderts haben die Staaten jedoch immer mehr internationale Organisationen erschaffen, denen sie Hoheitsgewalt übertragen haben. Diese Organisationen wurden in der Folge durch ihre Organe immer aktiver und können nun auch zur Schaffung von Völkergewohnheitsrecht beitragen. Aber auch hier gilt, dass angesichts der Ausweitung der Tätigkeit des Sicherheitsrates, der Ausübung von Hoheitsgewalt in bestimmten Bereichen und der Völkerrechtssubjektivität der rechtsfähigen internationalen Organisationen, auch das Völkergewohnheitsrecht auf die internationalen Organisationen und damit auch auf den Sicherheitsrat angewendet werden kann[801].

Die internationalen Organisationen bewegen sich indessen in der Sphäre des Sonderrechts ihrer jeweiligen Statuten, dieses Sonderrecht ist aber nur als ein Ausschnitt des allgemeinen Völkerrechts anzusehen, an das alle Organe der internationalen Organisation gebunden sind[802]. Nach Art. 24 Abs. 2 UN-Charta ist der Sicherheitsrat zwar an die Ziele und Grundsätze der Vereinten Nationen gebunden, so wie sie sich aus Art. 1 und 2 UN-Charta ergeben. Es gibt aber auch Auffassungen, die eine Bindung des Sicherheitsrates an das Völkerrecht außerhalb der UN-Charta verneinen[803], mit dem Verweis darauf, dass die Beachtung des allgemeinen Völkerrechts aus Art. 1 Abs. 1 UN-Charta nur für die Maßnahmen zur friedlichen Streitbeilegung nach Kapitel VI UN-Charta gelten und gerade nicht für die Maßnahmen nach Kapitel VII. Diese Auffassung ist jedoch schon mit dem genannten Argument abzulehnen, dass auch die Vereinten Nationen, als internationale Organisation, nur in dem Rahmen handeln dürfen, der auch den Mitgliedstaaten zusteht, also keine Flucht in die internationale Organisation.

---

801 So *Bothe*, Journal of International Criminal Justice 2008, S. 541 ff.; *Fassbender*, Targeted Sanctions and Due Process, S. 437; *Reinisch*, Die Rechtskontrolle von Organen der Staatengemeinschaft, S. 16 ff.; *Reinisch*, AJIL 2001, S. 858.

802 Siehe *Dupuy*, Droit international public, Rn. 170.

803 Siehe *Krisch* in: *Simma/Khan/Nolte/Paulus*, The Charter of the United Nations. A Commentary, Introduction to Chapter VII, Rn. 44 f.

2) Der Sicherheitsrat als Schöpfer von Völkergewohnheitsrecht

Art. 1 Abs. 1 UN-Charta spricht von den Grundsätzen der Gerechtigkeit und des Völkerrechts und spricht damit in seinem Wortlaut für die Bindung der Vereinten Nationen an das geltende Völkerrecht. Berücksichtigt man bei der Auslegung aber die durchaus kreative Rolle des Sicherheitsrates, der mit seinem breiten Repertoire und weitem Ermessen Gefahren für den Frieden und die Sicherheit bannen soll, dann kommt man zu dem Schluss, dass ihm mehr zustehen muss, als lediglich das Handeln im Rahmen des schon geltenden Völkerrechts. Daher könnte ihm zumindest auch die Fortentwicklung des Völkerrechts auf der Grundlage des geltenden Rechts zustehen[804]. Als ein den Staaten ebenbürtiges Völkerrechtssubjekt[805], ist es den Vereinten Nationen und ihren Organen – neben den Staaten und deren Schaffung neuen Völkerrechts durch Verträge und Völkergewohnheitsrecht – möglich im Rahmen seiner Kompetenzen neues Recht zu schaffen. Denn der Sicherheitsrat ist nicht nur an das

---

804 Hier gilt aber auch die Einschränkung der Fortentwicklung des Rechts im Rahmen seiner Ermächtigung durch die UN-Charta, so *Akande*, ICLQ 1997, S. 320. Daher ist zu berücksichtigen, dass die Fortentwicklung des Völkerrechts ausschließlich der Generalversammlung zusteht, siehe Art. 13 Abs. 1 a) UN-Charta. Daher darf der Sicherheitsrat in diesem Bereich nicht tätig werden. Etwas anderes muss gelten, wenn dies mit der Auslegung seiner eigenen Kompetenzen einhergeht, die er autoritativ auslegen kann, wie die anderen Organe der Vereinten Nationen auch. Insoweit er die Kodifizierungsbemühungen und Förderung der Entwicklung des Völkerrechts durch die Generalversammlung nicht behindert, widerspricht dies einer weiten Auslegung seiner Kompetenzen nicht. Im Fall der SC Res. 1373 (2001) hat der Sicherheitsrat gar einer noch nicht ratifizierten Konvention (Convention for the Prevention and Punishment of Terrorism) durch ihre Aufnahme in den Regelungsbereich der Resolution zu ihrer Geltung verholfen.

805 Unter dem Begriff der Völkerrechtssubjektivität ist im Folgenden die Rechtsfähigkeit einer Person gemeint, also „die Fähigkeit, ein subjektives internationales Recht oder völkerrechtliche Pflichten inne zu haben und nicht lediglich dem objektiven Völkerrecht unterworfen zu sein", *Peters*, Jenseits der Menschenrechte, S. 29. Zwar sind die Staaten die primären Völkerrechtssubjekte, aber durch die Gründung internationaler Organisationen können sie diese willentlich mit Völkerrechtspersönlichkeit ausstatten, sodass man von abgeleiteter Völkerrechtspersönlichkeit in diesem Zusammenhang spricht, *Mosler* in: *Bernhardt*, Encyclopedia of Public International Law, S. 449. Die Tatsache, dass die Völkerrechtspersönlichkeit nur abgeleitet ist, beinhaltete auch die Erkenntnis, dass diese sekundären Völkerrechtssubjekte nur insoweit Träger völkerrechtlicher Rechte und Pflichten sein können, wie durch die primären Völkerrechtssubjekte – die Staaten – übertragen, *Casanovas*, Unity and Pluralism in Public International Law, S. 127 ff.

Völkerrecht gebunden, sondern auch an die „Grundsätze der Gerechtigkeit", siehe Art. 1 Abs. 1 UN-Charta. Und wenn in einem konkreten Fall das geltende Völkerrecht keine befriedigende Lösung aus gerechtigkeitsgeleiteten Gesichtspunkten ergibt, dann sollte es dem Sicherheitsrat zustehen, dadurch Gerechtigkeit herbeizuführen, dass er das geltende Recht fortentwickelt.[806]

Begrenzt wird diese Tätigkeit nur von dem Prinzip der begrenzten Einzelermächtigung. Demnach können die Vereinten Nationen und der Sicherheitsrat nur im Rahmen ihrer durch die Mitgliedstaaten übertragenen Kompetenzen handeln, da sie ihre eigenen Kompetenzen von denen der Mitgliedstaaten nur ableiten. Geht man, wie oben gesagt, von einem gewissen Spielraum aus, den die Staaten dem Sicherheitsrat bewusst überlassen haben, damit er handlungs- und anpassungsfähig bleibt, dann kann man dem Sicherheitsrat einen Raum zur Fortentwicklung des Völkerrechts einräumen.

Dieser Funktion des Sicherheitsrates widerspricht *Bedjaoui*[807] vehement. Dies würde nach seiner Auffassung dem Willen und Souveränitätsbegehren der Mitgliedstaaten widersprechen, die den Sicherheitsrat nur im Rahmen des geltenden Rechts Handlungsmöglichkeiten übertragen haben. Die Staaten wollen die Aufgabe der Rechtssetzung weiterhin in ihren Händen behalten, indem sie Verträge schließen und – vertreten in der Generalversammlung der Vereinten Nationen – im Sinne des Art. 13 UN-Charta das geltende Völkerrecht weiterentwickeln. Dies mag zwar zutreffend sein, jedoch ist der Sicherheitsrat in den letzten Jahren vor den Augen der Vereinten Nationen und der Mitgliedstaaten immer aktiver und kreativer geworden. Er hat deutlich dazu beigetragen, dass das geltende Recht fortentwickelt wurde, indem er zum Beispiel einem noch nicht in Kraft getretenen Vertrag im Bereich der Terrorismusbekämpfung zur Gültigkeit verholfen hat, da er noch nicht von einer ausreichenden Anzahl von Staaten ratifiziert worden war[808]. Die neue Rolle des Sicherheitsrates wurde zwar in der Öffentlichkeit und auch in der Generalversammlung diskutiert, im Grunde wurde dieses Verhalten anerkannt und das ‚neue' Recht befolgt.

---

806 Dies hat schon *Kelsen* auf den Punkt gebracht: „*The decision enforced by the Security Council may create new law for the concrete case*", *Kelsen*, The Law of the United Nations, S. 295.

807 *Bedjaoui*, The New World Order and the Security Council, S. 32 ff.

808 Siehe SC Res. 1373 (2001), in der der Sicherheitsrat die operativen Bestimmungen des Übereinkommens zur Bekämpfung der Finanzierung des Terrorismus aus dem Jahr 1999 und teilweise auch andere sektorale Terrorismusbekämpfungsabkommen aufgegriffen und um weitere Pflichten der Staaten ergänzt hat.

3) Zwischenergebnis

Im Ergebnis sind der Sicherheitsrat und die Vereinten Nationen an das allgemeine Völkergewohnheitsrecht gebunden, da sie gleichzeitig Teilnehmer und Akteure des Rechtssystems sind. Der Sicherheitsrat positioniert sich mit seiner Unterstützung der AEMR, die er immer wieder in seinen Resolutionen betont, und seiner Mitwirkung an und der Unterstützung der Verbreitung der Menschenrechte[809] und ist an der Herausbildung des Völkergewohnheitsrechts in Bezug auf die Menschenrechte beteiligt. Dazu haben auch die vielzähligen internationalen Gerichte mit ihrer langjährigen Judikatur beigetragen[810], sodass sich ein Korpus von Menschenrechten herausgebildet hat, der alle Staaten und internationalen Organisationen bindet.

Nicht gebunden ist er an Völkervertragsrecht, das nur zwischen den beteiligten Staaten gilt, aber auch hier gilt zu berücksichtigen, dass es sich dabei häufig um Völkergewohnheitsrecht handelt, das zu dem Korpus des für den Sicherheitsrat verbindlichen Rechts gehört. So liegt es bei den beiden Pakten aus dem Jahr 1966, die sich aus der AEMR entwickelt haben, die wiederum völkergewohnheitsrechtlich verbürgte Menschenrechte enthält[811]. Gar die Mitwirkung der Vereinten Nationen an der Vorbereitung solcher Menschenrechtsverträge[812], wie den beiden Pakten, führt dazu, dass diese Menschenrechte zu Völkergewohnheitsrechten erstarken, die dann nicht nur die Staaten, sondern auch die Vereinten Nationen binden.

4) Inhalt und Reichweite der menschenrechtlichen Gewährleistungen

Die grundlegenden Menschenrechte, die gewohnheitsrechtlich anerkannt sind, werden verletzt durch Völkermord, Sklaverei und Sklavenhandel, Mord und Verschwindenlassen von Menschen, Folter und unmenschliche Behandlung, anhaltende willkürliche Inhaftierung, systematische Rassendiskriminierung, die strukturelle und starke Verletzung von international anerkannten Menschenrechten[813]. In dieser Auflistung fehlen jedoch die Verfahrensrechte, die ihren

---

809 So wie die Hinweise zur Entstehung von Völkergewohnheitsrecht dargestellt sind: Restatement Third of Foreign Relations, § 703(1) (1987), Reporters note 2.

810 Siehe *Meron*, Human Rights and Humanitarian Norms as Customary International Law, S. 100.

811 *Fassbender/Gunsteren*, Menschenrechteerklärung, S. 19.

812 Siehe Restatement Third of Foreign Relations, § 703(1) (1987), Reporters note 2.

813 Siehe die Auflistung in Restatement Third of Foreign Relations, § 703(1) (1987).

Niederschlag in Art. 14 IPbpR gefunden haben[814], also das Recht auf Zugang zu einem unabhängigen und unparteiischen Gericht, das durch Gesetz errichtet wurde, die Unschuldsvermutung, das Recht, sich nicht selbst belasten zu müssen, das Recht, nur in seiner Anwesenheit verurteilt zu werden, die Verteidigungsrechte und das Recht auf einen Anwalt, das Recht auf eine Zeugenbefragung, das Recht auf eine Überprüfungsmöglichkeit einer Verurteilung durch ein anderes Gericht und der *„ne bis in idem"*-Grundsatz. Aufgrund einer Vermutung, dass ein in der AEMR verkündetes Recht auch völkergewohnheitsrechtlich gilt[815] und gewisse Verfahrensrechte und der Anspruch auf Rechtsschutz in Art. 8, 10, 11 AEMR genannt sind, sind die Gewährleistungen auf eine effektive Beschwerde, den Zugang zu einem Gericht und einem fairen Verfahren aus der AEMR und dem IPbpR als Garantien zu verstehen, die auch vom Völkergewohnheitsrecht umfasst sind. Damit finden sie auch Anwendung auf das Verhalten des Sicherheitsrates

Einen Mindeststandard bezüglich der prozessualen Rechte der Betroffenen, an die der Sicherheitsrat gebunden ist, hat auch *Fassbender*[816] herausgearbeitet: „*(a) the right of a person or entity against whom measures have been taken to be informed about those measures by the Council, as soon as this is possible without thwarting their purpose; b) the right of such a person or entity to be heard by the Council, or a subsidiary body, within a reasonable time; (c) the right of such a person or entity of being advised and represented in his or her dealings with the Council;(d) the right of such a person or entity to an effective remedy against an individual measure before an impartial institution or body previously established.*"[817]

Diese prozessualen Grundrechte werden durch die gegenwärtigen Sanktionsregime nicht gewährleistet. Zwar wurde das Büro der Ombudsperson durch die Resolution 1730 eingerichtet, dies dient aber lediglich als Mediator zwischen dem Sicherheitsrat und dem Betroffenen. Ein Anhörungsrecht im Sinne eines Rechts auf Anhörung durch die entscheidende Stelle, nämlich das Sanktionskomitee, ist nicht enthalten. Gleichsam fehlt die Gewährung einer effektiven Beschwerdemöglichkeit bei einer unabhängigen Steller gegen die Aufnahme einer Person auf eine Sanktionsliste des Sicherheitsrates. Eine Verletzung der

814 So auch *Meron*, Human Rights and Humanitarian Norms as Customary International Law, S. 95 f.

815 *Fassbender/Gunsteren*, Menschenrechteerklärung, S. 19.

816 *Fassbender*, Targeted Sanctions and Due Process, Rn. 12.

817 Diese Aufzählung lehnt sich an die Gewährleistungen aus Art. 4 IPbpR und Art. 6 und 13 EMRK an.

Verfahrensrechte durch die Sanktionen des Sicherheitsrates, insbesondere bevor der Focal Point und die Ombudsstelle eingerichtet wurden, lag in einer Vielzahl von Fällen vor. Daher monierten viele Gutachter[818] die Sanktionspraxis, ebenfalls die Generalversammlung[819].

d) Gesamtergebnis zur Bindung des Sicherheitsrates an die internationalen Menschenrechte

Der Sicherheitsrat geht im Übrigen selbst davon aus, an das allgemeine Völkerrecht[820] und auch die internationalen Menschenrechte gebunden zu sein[821]. Inhaltliche Grenzen für das Handeln des Sicherheitsrates im Rahmen des Kapitel VII der UN-Charta, wenn er wirtschaftliche oder militärische Zwangsmaßnahmen ergreift, ergeben sich daher aus dem allgemeinen Völkerrecht, wenn sie sich nicht schon aus der UN-Charta selbst ergeben. Dazu zählen insbesondere auch die Menschenrechte, die nicht schon *ius cogens* sind und auch das humanitäre Völkerrecht[822]. Damit sind also die Eigentumsfreiheit und die prozessualen Rechte, Recht auf eine effektive Beschwerde und faires Verfahren, so wie das Recht auf Familie und Privatleben, die auch von dem IPbpR und regionalen Menschenrechtsabkommen geschützt werden, als Teile der allgemeinen Völkerrechtsregime anzusehen, die der Sicherheitsrat einhalten muss[823].

---

818 *Cameron*, The ECHR, Due Process and UN Security Council Counter-Terrorism Sanctions, S. 1 ff.; *Fassbender*, Targeted Sanctions and Due Process, Rn. 1 ff.

819 Report of the High-level Panel on Threats, Challenges and Change – Part three Collective security and the use of force, A more secure world: our shared responsibility, GA Res A/59/565, Rn. 152.

820 So der Präsident des Sicherheitsrates *Akram* (Pakistan), siehe S/PV.4761 vom 22. Mai 2003, S. 11 f.

821 So kann man es zumindest aus den Erwägungsgründen der SC Res. 2253 (2015) herauslesen: „*Reaffirming the need to combat by all means, in accordance with the Charter of the United Nations and international law, including applicable international human rights law, international refugee law, and international humanitarian law, threats to international peace and security caused by terrorist acts, stressing in this regard the important role the United Nations plays in leading and coordinating this effort*".

822 *Bedjaoui*, The New World Order and the Security Council, S. 35.

823 Siehe zu der Verletzung dieser Rechte durch den Sicherheitsrat: *López-Jacoiste*, MPUNYB 2010, S. 320 ff.

3. *Das Verhältnismäßigkeitsprinzip als Begrenzung der Kompetenzen des Sicherheitsrates*

a) *Das Verhältnismäßigkeitsprinzip im Völkerrecht*

Im Völkerrecht wird das Verhältnismäßigkeitsprinzip teilweise als allgemeiner Grundsatz des Völkerrechts (*General Principle of International Law*) gemäß Art. 38 Abs. 1 lit. c) IGH-Statut angesehen[824]. Teilweise wird auch vertreten, dass es sich darüber hinaus um ein globales Verfassungsprinzip handele, also um die „Summe besonders wichtiger völkerrechtlicher und nationaler Rechtsnormen, die Ordnungsprinzipien, Institutionen und Verfahren festlegen, in Bezug auf Sachverhalte und Probleme, die mehr als einen einzigen Staat betreffen“[825].

Peters[826] arbeitete heraus, dass das Verhältnismäßigkeitsprinzip von substantieller Bedeutung sei und es das Völkerrecht fundamental verändert habe. Es habe dadurch Flexibilität im Völkerrecht geschaffen, sodass die Anwendung dieser Abwägung eine konstitutionelle Technik und zuletzt ein übergreifendes Strukturprinzip sei. Diese Indizien sprechen aus ihrer Sicht für die Einordnung des Verhältnismäßigkeitsprinzips als globales Verfassungsprinzip.

Insbesondere im Bereich der Menschenrechte und des humanitären Völkerrechts findet der Verhältnismäßigkeitsgrundsatz Anwendung[827]. Im klassischen Völkerrecht besagt er, dass eine staatliche Handlung in einem angemessenen und vernünftigen Verhältnis mit dem zu erreichenden Ziel stehen muss[828]. Er beinhalte darüber hinaus nach *Crawford* drei Aspekte: die Geeignetheit, Erforderlichkeit und Angemessenheit der Maßnahme[829]. Das bedeutet, dass eine

824 So *Bothe*, Le développement du rôle du Conseil de Sécurité, S. 76 ff., der von einem allgemeinen Prinzip spricht, ohne direkt auf Art. 38 Abs. 1 lit c) IGH-Statut Bezug zu nehmen; *Delbrück*, Proportionality in: *Bernhardt*, Encyclopedia of Public International Law, Vol. III, 1997, S. 1140 ff.

825 *Peters*, Verhältnismäßigkeit im Völkerrecht, S. 1 ff.

826 *Peters*, Verhältnismäßigkeit im Völkerrecht, S. 12 ff.; So auch *Cannizzaro*, Il principio della proporzionalità nell'ordinamento internazionale, S. 450 ff., der den Verhältnismäßigkeitsgrundsatz als allgemeinen Grundsatz des Völkerrechts ansieht; *Franck*, AJIL 2008, S. 716 ff.; *Henninger*, Menschenrechte und Frieden als Rechtsprinzipien des Völkerrechts, S. 263 ff.; *Stein*, Der Sicherheitsrat der Vereinten Nationen und die Rule of Law, S. 332 f.

827 Siehe *Delbrück*, Proportionality in: *Bernhardt*, Encyclopedia of Public International Law, Vol. III, 1997, S. 1141 ff.

828 Vergleiche *Clayton/Tomlinson*, The Law of Human Rights, S. 323 und *Crawford*, Proportionality in: *Wolfrum*, MPEPIL, Rn. 1.

829 *Crawford*, Proportionality in: *Wolfrum*, MPEPIL, Rn. 2.

Maßnahme verhältnismäßig ist, wenn sie die folgenden vier Voraussetzungen erfüllt: Sie ist zur Erreichung des legitimen Ziel zumindest förderlich, mildere Mittel zur Erreichung dieses Ziel sind nicht ersichtlich und die Beschränkungen, die zugunsten des legitimen Zieles einem Rechtsgut auferlegt werden, sind nicht übermäßig, also nicht unangemessen[830]. Die Angemessenheitsprüfung beinhaltet die Prüfung, ob das legitime Ziel und die Beeinträchtigung des Rechtsgut zumindest gleich zu gewichten sind, was jedenfalls ausreicht, um den Eingriff in das Rechtsgut zu rechtfertigen.[831]

Er wirkt in verschiedenen Teilbereichen des Völkerrechts, wie im Recht der Gegenmaßnahmen, im Recht der internationalen Verantwortung, im Recht der Selbstverteidigung, im Recht der natürlichen Ressourcen, im humanitären Völkerrecht, im internationalen und regionalen Menschenrechtsschutz[832], im Welthandelsrecht, im internationalen Investitionsschutzrecht und im Notstandsrecht.[833] Es wird beobachtet, dass das Verhältnismäßigkeitsprinzip zu einem Rechtmäßigkeitsmaßstab erstarkt, der daher Verbindlichkeit für die Anwendung und die Erzeugung völkerrechtlicher Normen beansprucht[834].

Der Verhältnismäßigkeitsgrundsatz ist jedoch kein selbstständiges Prinzip[835], sondern gewissermaßen ein Annex, das immer nur dann zur Anwendung

830 *Bothe*, Le développement du rôle du Conseil de Sécurité, S. 76: „*…tout exercice d'un pouvoir public doit être nécessaire, apte et approprié pour atteindre un but public et les restrictions que cet exercice impose à d'autres biens et intérêts ne doivent pas être excessives en relation avec l'avantage obtenu ou anticipé pour l'intérêt favirisé.*“; siehe auch *Klatt/Meister*, The constitutional structure of proportionality, S. 7 ff.

831 Diese differenzierte Ausgestaltung des Verhältnismäßigkeitsgrundsatzes im Völkerrecht ist wohl sehr stark durch die deutsche Grundrechtsdogmatik geprägt, die weltweit dafür bekannt ist, den Verhältnismäßigkeitsgrundsatz sehr detailliert ausgebildet zu haben. Die Unterschiede in den nationalen Rechtsordnungen sind allerdings sehr groß und es ist fraglich, ob ein Verhältnismäßigkeitsgrundsatz im Völkerrecht nach dem deutschen Vorbild besteht. Dies kann hier jedoch nicht abschließend untersucht werden.

832 Dabei auch im Notstandsrecht, dass von der Einhaltung der grundrechtlichen Gewährleistungen für einen Übergangszeitraum während eines Ausnahmezustandes befreien kann, siehe Art. 15 Abs. 1 EMRK, Art. 4 Abs. 1 IPbpR und Art. 27 Abs. 1 AMRK. Alle diese Vorschriften beinhalten die Formulierung „*…strictly required by the exigencies of the situation…*“.

833 Siehe näheres dazu bei *Peters*, Verhältnismäßigkeit im Völkerrecht, S. 2 ff.

834 *Rauber*, ZaöRV 2015, S. 272.

835 Siehe *Klatt/Meister*, The constitutional structure of proportionality, S. 7: „*The proportionality test per se is largely independant from any specific catalogue of basic rights*“.

kommt, wenn es im Zusammenhang mit einem materiellen Rechtssatz steht[836]. Er wirkt daher wie ein Korrektiv einer rechtlichen Zuordnung, wenn mehrere Interessen und Rechtsgüter miteinander in Relation stehen. Daher ist es nicht möglich, die abstrakte Vereinbarkeit einer Maßnahme des Sicherheitsrates zu überprüfen, sondern nur im Zusammenhang mit den materiellen Vorgaben. Für die Individualsanktionen des Sicherheitsrates wird das Verhältnismäßigkeitsprinzip nur dann als Annex relevant, wenn die Vereinbarkeit mit menschenrechtlichen Standards oder rechtsstaatlichen Grundsätzen überprüft wird.

Für die hiesige Arbeit ist das individualbezogene Verhältnismäßigkeitsprinzip von Relevanz, welches das Verhältnis zwischen öffentlichen Interessen und Individualinteressen betrifft[837]. Denn es stellt sich die Frage, ob der Sicherheitsrat beim Erlass von Sanktionen auf der Grundlage von Kapitel VII der UN-Charta das Verhältnismäßigkeitsprinzip beachten muss. Bei der Entscheidungsfindung gem. Art. 39 und 41 UN-Charta stehen sich der Weltfrieden und die internationale Sicherheit einerseits und die internationalen Grundrechte der betroffenen Individualpersonen andererseits gegenüber.

Wäre der Sicherheitsrat an das Verhältnismäßigkeitsprinzip gebunden, müsste er diese Rechtsgüter unter Berücksichtigung des konkreten Einzelfalls in ein angemessenes Verhältnis bringen. *Peters*[838] nennt diese Art des Verhältnismäßigkeitsgrundsatzes ‚diagonal', da sich dabei (nationale) öffentliche Interessen und Individualinteressen gegenüberstehen. Dieser Gedanke kann durchaus auch auf das internationale Gefüge im Bereich der Maßnahmen des Sicherheitsrates gemäß Kapitel VII übertragen werden. Schließlich handelt es sich bei dem öffentlichen Interesse, das in Art. 39 UN-Charta niedergeschrieben ist, um

836 So auch *Martenczuk*, Rechtsbindung und Rechtskontrolle des Weltsicherheitsrats, S. 276 f., wenn auch etwas undeutlich, da er hier nur die Unselbstständigkeit des Prinzips im Zusammenhang mit Kapitel VII der UN-Charta untersucht; *Starck*, Die Rechtmäßigkeit von UNO-Wirtschaftssanktionen in Anbetracht ihrer Auswirkungen auf die Zivilbevölkerung, S. 183.

837 *Peters* nennt diesen Verhältnismäßigkeitsgrundsatz ‚diagonal', da sich dabei nationale öffentliche Interessen und Individualinteressen gegenüberstehen, *Peters*, Verhältnismäßigkeit im Völkerrecht, S. 8 ff. Dieser Gedanke kann durchaus auf das internationale Gefüge im Bereich Maßnahmen des Sicherheitsrates gemäß Kapitel VII übertragen werden, da der Sicherheitsrat gleichfalls eine Abwägung zwischen dem internationalen öffentlichen Interesse an der Sicherheit und dem Frieden mit den Individualinteressen am Schutz der Grundrechte der Betroffenen vornehmen muss.

838 *Peters*, Verhältnismäßigkeit im Völkerrecht, S. 8.

nichts weiter, als um eine Bündelung der nationalen Sicherheitsinteressen gehoben auf die Ebene der Vereinten Nationen.

b) Die Bindung des Sicherheitsrates an das Verhältnismäßigkeitsprinzip

Die Bindung des Sicherheitsrates an ein Prinzip der Verhältnismäßigkeit ist derzeit noch stark umstritten[839]. Dies wird teilweise mit dem Argument abgelehnt, dass sich aus der UN-Charta, insbesondere aus dem Kapitel VII überhaupt keine Anhaltspunkte dafür ergäben, dass er seine Maßnahmen verhältnismäßig erlassen müsse. Dies würde den Sicherheitsrat dazu zwingen, zuerst mildere Mittel, wie nicht bindende Maßnahmen und nicht militärische, also zivile Durchsetzungsmechanismen zu wählen, bevor zu den harten Sanktionen gegriffen werden könnte. Seine Flexibilität und Effektivität würde dadurch erheblich behindert und dem globalen Interesse der Kriegsverhinderung widersprechen[840]. Andere sehen in Art. 40 und 42 UN-Charta Hinweise, die auf eine Bindung des Sicherheitsrates an den Verhältnismäßigkeitsgrundsatz deuten[841].

1) Der Wortlaut der UN-Charta

In Zeiten der Individualsanktionen rückt der Verhältnismäßigkeitsgrundsatz wieder in das Zentrum der Debatte. Dem Stellenwert der Menschenrechte im Rahmen des Handelns des Sicherheitsrates wird die Auffassung, der Sicherheitsrat sei an den Verhältnismäßigkeitsgrundsatz nicht gebunden, nicht mehr gerecht. Daher gibt es eine Vielzahl von Befürwortern[842] für die Anwendung des

---

839 Verneinend: *de Wet*, The Chapter VII Powers of the United Nations Security Council, S. 184 f.; für eine zumindest normative Steuerung des Sicherheitsrates durch den Verhältnismäßigkeitsgrundsatz im Rahmen seines Handlungsermessens spricht sich aus: *Herdegen*, Die Befugnisse des UN-Sicherheitsrates, S. 31.

840 So *Gowlland-Debbas*, International and Comparative Law Quarterly 1994, S. 62; *Martenczuk*, Rechtsbindung und Rechtskontrolle des Weltsicherheitsrats, S. 279; *de Wet*, The Chapter VII Powers of the United Nations Security Council, S. 184 f.

841 *Frowein/Krisch* in: *Simma/Randelzhofer/Tomuschat/Wolfrum*, The Charter of the United Nations, S. Introduction to Chapter VII, Rn. 30 (2. Auflage 2002).

842 *Fassbender*, Targeted Sanctions and Due Process, Rn. 11: „*Every measure having a negative impact on human rights and freedoms of a particular group or category of persons must be necessary and proportionate to the aim the measure is meant to achieve.*"; *Frowein/Krisch* in: *Simma/Randelzhofer/Tomuschat/Wolfrum*, The Charter of the United Nations, Rn. 30 (2. Auflage 2002); siehe auch *Angelet*, United Nations Sanctions and International Law, S. 72; *Kolb*, Ius contra bellum, S. 126 ff., *Kolb* schlägt vor, das Entscheidungsverfahren des Sicherheitsrates zu objektivieren und es nach den folgenden Kriterien zu beurteilen: das Gewicht der Bedrohung, das legitime Ziel, der

Verhältnismäßigkeitsgrundsatzes als Kontrollmechanismus des Handelns des Sicherheitsrates. Gerade aus dem Wortlaut des Art. 42 UN-Charta „*would be inadequat*" und „*as may be necessary*" in Verbindung mit Art. 41 UN-Charta ergibt sich, dass der Sicherheitsrat nur dann eine militärische Maßnahme erlassen darf, wenn sich eine nicht-militärische Maßnahme als unzulänglich erwiesen hat oder erweisen würde. Damit spielt auch die Erforderlichkeit, als ein Aspekt der Verhältnismäßigkeit, in die Entscheidungsfindung des Sicherheitsrates mit hinein. Das Erfordernis der Geeignetheit von Zwangsmaßnahmen bei Konflikten wird durch Art. 42 UN-Charta impliziert[843], da sie dem Sicherheitsrat dann an die Hand gegeben werden, wenn friedliche Maßnahmen nicht mehr ausreichen oder unzulänglich sind, um einen Konflikt zu beenden. Er entscheidet dabei nach eigenem Ermessen, ob und welche Zwangsmaßnahmen er für geeignet hält.

Auch bei den wirtschaftlichen Zwangsmaßnahmen nach Art. 41 UN-Charta kann er nach freiem Ermessen Maßnahmen erlassen, um der Gefährdung des internationalen Friedens zu begegnen. Dabei ist auch hier die Geeignetheit impliziert, wenn man sich bewusst macht, dass der Sicherheitsrat Zwangsmaßnahmen erlässt, wenn entweder die Möglichkeiten des Kapitel VI UN-Charta erschöpft sind oder angesichts des Fortschritts eines Konflikts nicht mehr zielführend wären oder schlicht und ergreifend zu spät kommen würden. Dies wird zwar auch von einigen Autoren bestritten[844].

Angesichts der oben herausgearbeiteten Bindung des Sicherheitsrates an das allgemeine Völkerrecht und insbesondere die internationalen Menschenrechte erscheint das Verhältnismäßigkeitsprinzip doch als genau jenes Korrektiv, mit dem der Sicherheitsrat die verschiedenen Interessen berücksichtigen und damit im Ergebnis in ein angemessenes Verhältnis bringen kann. Aus diesem

---

Einsatz von Gewalt als *ultima ratio*, die Verhältnismäßigkeit der Maßnahme und der Bedrohung und die Erforderlichkeit und Geeignetheit der Maßnahme für die Zielerreichung. Dabei geht es nicht um das Entscheidungsermessen, sondern um das Auswahlermessen. *López-Jacoiste*, MPUNYB 2010, S. 295; *Orakhelashvili*, Collective Security, S. 190 ff.; *Simon*, UN-Schutzzonen – ein Schutzinstrument für verfolgte Personen?, S. 95 f.; *Starck*, Die Rechtmäßigkeit von UNO-Wirtschaftssanktionen in Anbetracht ihrer Auswirkungen auf die Zivilbevölkerung, S. 177 ff.; *Weiß*, MPUNYB 2008, S. 91.

843 Siehe im Wortlaut: „*should the Security Council consider that measures provided for in Article 41 would be inadequate or have proved to be inadequate…*".

844 *Gowlland-Debbas*, International and Comparative Law Quarterly 1994, S. 62; *de Wet*, The Chapter VII Powers of the United Nations Security Council, S. 185.

Entscheidungsfindungsprozess folgt schließlich auch die Autorität und Anerkennung des Handelns des Sicherheitsrates durch die Mitgliedstaaten.

2) Das historische Argument

Angesichts der Entwicklungen des Völkerrechts, in dem internationale Organisationen Hoheitsgewalt ausüben und auch Individuen in den Fokus nehmen können, die zu partiellen Völkerrechtssubjekten geworden sind[845], muss auch für ein Organ einer internationalen Organisation die Bindung an grundlegende Maßstäbe gelten, wenn sich die Ausübung von Hoheitsgewalt rechtsverkürzend auf das Individuum auswirkt[846]. Für die Völkerrechtssubjektivität von Individuen und ihre besondere Stellung im Völkerrecht spricht die Entwicklung des Völkerrechts seit 1945[847]. Schon die Genfer und Haager Konventionen hatten die Absicht den Schutz des Individuums auf dem Gebiet des humanitären Völkerrechts zu gewährleisten. Und in den Nürnberger Prozessen hieß es: „*international law imposes duties and liabilities upon individuals as upon States*“[848]. Darüber hinaus sprechen auch Art. 25 des Rom-Statuts des IStGH und die Resolutionen des Sicherheitsrates, die das ICTY und das ICTR errichteten[849], dafür, dass Individuen Träger von Rechten und Pflichten im Völkerrecht sind.

Die historische Entwicklung des internationalen Strafrechts ist daher auch von Bedeutung, da hier zum ersten Mal Individuen für Verstöße gegen internationale Standards zur Rechenschaft gezogen werden können, wie dies die diversen Sonderstrafgerichte und der IStGH beweisen. Auch der EuGH, ebenso ein internationales Gericht, lässt Beschwerden von Individuen im Vorabentscheidungsverfahren gem. Art. 267 AEUV und mit der Nichtigkeitsklage gem. Art. 263 AEUV zu. Dadurch können indirekt Interessen von Individuen Gegenstand eines Verfahrens vor dem EuGH sein. Das Völkerrecht hat sich so weit

845 Siehe zu der Völkerrechtssubjektivität von Individuen: *Peters*, Jenseits der Menschenrechte, S. 43 ff., die sich für eine umfassende Völkerrechtssubjektivität von Individuen ausspricht, die gemessen an den Prototypen der Völkerrechtssubjekte immer defizitär bleiben wird.

846 Zu dem Ergebnis kam die Generalversammlung bezüglich der Verfahrensrechte der Betroffenen des Sanktionssystems des Sicherheitsrates, siehe Report of the High-level Panel on Threats, Challenges and Change – Part three Collective security and the use of force, A more secure world: our shared responsibility, GA Res. A/59/565, Rn. 152.

847 Siehe *Hafner*, Recueil des Cours de l'Académie de La Haye 2011, S. 347 ff.

848 Internationales Militärtribunal Nürnberg, Urteil vom 30. September 1946, *Frankreich u.a. gg. Herman Göring*, (1947) 22 IMT 203.

849 SC Res. 827 (1993) und 955 (1994).

entwickelt, dass es auch individuelle Verantwortlichkeit kennt und daher Private wegen internationaler Verbrechen verurteilt werden können und somit direkte Adressaten des Völkerrechts sein können. Auch die Individualsanktionen des Sicherheitsrates zeigen welche Wirkungskraft das Völkerrecht haben kann.

Dies und die Gewährung der Möglichkeit der Beschwerde wegen einer Verletzung subjektiver Rechte durch internationale Menschenrechtsverträge sind dahin gehend zu verstehen, dass das Individuum zumindest teilweise Völkerrechtssubjektivität besitzt[850]. Die anfängliche Rechtsprechung des US-amerikanischen Supreme Court ist dabei auch von Bedeutung[851]. Denn dieser hat schon in seinen ersten Entscheidungen im 18. bzw. 19. Jahrhundert Individuen Rechtspersönlichkeit im Völkerrecht zugesprochen. Demnach hatten Individuen schon internationale Rechte und Pflichten im System der Vereinigten Staaten. Diese Rechtsprechung kann als Vorreiter der heute wieder in den Fokus rückenden Frage gesehen werden, ob das Individuum zumindest partielle Völkerrechtspersönlichkeit innehat[852]. Geht man in dieser Frage gar davon aus, dass *„(i)ndividuals being the epicentre of international law, human rights are today the central factor of legitimation of international law“*[853], dann muss der besondere Status des Individuums und der Bedeutung des Menschenrechtsschutzes dazu führen, dass Menschenrechte im Verhältnis zu anderen Bereichen des Völkerrechts eine gewichtige Rolle erhalten.

Zu den Maßstäben gehört das *ius cogens*, die Vorgaben aus der UN-Charta und dem allgemeinen Völkerrecht, aber eben auch die Menschenrechte. Im Ergebnis führt das dazu, dass der Sicherheitsrat im Rahmen seiner Ermessensentscheidungen eine Abwägung der im konkreten Fall betroffenen und zu schützenden Rechtsgüter vornehmen muss. Er bleibt dabei nicht frei von einer

---

850 Siehe auch *Casanovas*, Unity and Pluralism in Public International Law, S. 152 ff., der zusätzlich noch auf den Schutz des Individuums durch die UN-Charta selbst und die Errichtung der Human Rights Commission im Jahr 1946 hinweist.

851 siehe *Ware v. Hylton*, 3 U.S. 3 Dall. 199 199 (1796) und *Foster & Elam v. Neilson*, 27 U.S. 2 Pet. 253 253 (1829).

852 Siehe auch Restatement Third of Foreign Relations, § 101 (1987), wo es heißt: *„rules and principles of general application dealing with the conduct of [S]tates and of international organizations and with their relations inter se, as well as with some of their relations with persons, whether natural or juridical“*.

853 Wie im Sondervotum der Richter *Pinto de Albuquerque, Hajiyev, Pejchal* und *Dedov* zu EGMR, *Al-Dulimi*, a.a.O., Rn. 7.

Rechtsbindung. Je größer die Machtbefugnis bei einer Einrichtung ist, desto gewichtiger müssen auch die Grenzen und Maßstäbe für dessen Machtausübung sein.[854]

Dies ist nicht nur rechtlich, sondern auch politisch erforderlich, damit weiterhin eine Akzeptanz der Weltgemeinschaft für das System der Vereinten Nationen und die Maßnahmen des Sicherheitsrates bestehen bleibt. Dasselbe gilt auch für das Willkürverbot, das zwar nicht in die UN-Charta hereingeschrieben wurde, aber teleologisch hergeleitet werden kann. Die Gründer der Vereinten Nationen hätten dem Sicherheitsrat für den Erlass seiner Maßnahmen wohl nicht die Befugnis zur Beliebigkeit und Willkür übertragen, da sonst eine Akzeptanz in der Weltgemeinschaft und damit die Legitimation der Vereinten Nationen nicht hätten erreicht werden können.[855] Schließlich wäre dadurch die staatliche Souveränität zu stark untergraben worden.

3) Das systematische Argument

Im Wege einer systematischen Auslegung sollte bei den Maßnahmen nach Kapitel VII, die allesamt Reaktionen auf einen Bruch des Völkerrechts und eine aktuelle bedrohliche Lage sind, ein Blick in Art. 51 der ILC-DARS geworfen werden. Dieser lautet: „*Countermeasures must be commensurate with the injury suffered, taking into account the gravity of the internationally wrongful act and the rights in question.*" Im Recht der Gegenmaßnahmen muss also das Verhältnismäßigkeitsprinzip beim Ergreifen der Gegenmaßnahme beachtet werden[856]. Natürlich bezieht sich Art. 51 DARS auf den ersten Blick lediglich auf staatliche Gegenmaßnahmen, als Reaktion auf den Bruch des Völkerrechts durch einen anderen Staat. Aber der dahinter stehende Gedanke, dass selbst eine Reaktion auf das völkerrechtswidrige Verhalten eines anderen Völkerrechtssubjekts im Rahmen der Verhältnismäßigkeit erfolgen muss, kann aufgrund der Vergleichbarkeit durchaus die Ebene des Sicherheitsrates und die Praxis der Sanktionen nach Kapitel VII UN-Charta übertragen werden.

---

854 Siehe eindringlich in Bezug auf die EU *Mosler*, FS Everling, S. 922 f. Vergleiche auch die Analyse zu den Macht- und Legitimationsstrukturen in internationalen Organisationen bei *Möllers*, Gewaltengliederung, S. 233 ff.

855 In diese Richtung geht die Argumentation der Angeklagten im *Tadič*-Fall, siehe ICTY, *Tadič*, a.a.O., Rn. 27.

856 Näheres dazu bei *Franck*, AJIL 2008, S. 715 ff.

4) Ergebnis

Darüber hinaus prüft der Sicherheitsrat in seiner Entscheidungspraxis die Verhältnismäßigkeit seiner Maßnahmen. Das zeigt zum Beispiel die Berücksichtigung humanitärer Aspekte beim Erlass von Sanktionen[857] oder wenn er die Effektivität der Maßnahme mit ihren Konsequenzen abwägt[858]. Dabei werden nach einer Prüfung der Angemessenheit der Maßnahme, bestimmte Personen oder Situation von der Sanktionierung ausgenommen. Dies erweckt den Eindruck, dass der Sicherheitsrat das Allgemeingut des Weltfriedens mit den Rechtsgutsverletzungen der betroffenen Personen abwägt und zu dem Ergebnis kommt, dass die Sanktionen in diesen bestimmten Konstellationen nicht erforderlich oder angemessen sind. Inwieweit der Sicherheitsrat dies lediglich aus politischen Erwägungen macht oder aus der Überzeugung an den Verhältnismäßigkeitsgrundsatz gebunden zu sein, ist derzeit noch nicht zu erkennen.

Die Praxis des Sicherheitsrates kann daher zumindest als ein zusätzliches Argument angeführt werden, um im Ergebnis die Anwendbarkeit des Verhältnismäßigkeitsgrundsatzes auf sein Handeln zu bejahen. Diese Entscheidungspraxis kann daher noch nicht zu Völkergewohnheitsrecht erklärt werden, aber zumindest eine Tendenz in diese Richtung aufzeigen.

c) *Die Anwendung des Verhältnismäßigkeitsprinzips auf der Ebene des Völkerrechts*

1) Im Bereich des humanitären Völkerrechts

In den Fällen von kriegerischen Auseinandersetzungen ist die offenkundigste Kollision von Grundaussagen im Völkerrecht zu beobachten. Es stehen sich dabei klassischerweise auf der einen Seite Grundrechte und auf der anderen Seite die staatliche Souveränität und auch das Gewaltverbot gegenüber[859]. Ein Beispiel stellt die Intervention der NATO im Kosovo im Jahr 1999 dar, die ohne

---

857 Siehe SC Res. 1325 (2000) und SC Res. 1333 (2000) und die humanitären Ausnahmen, die durch die SC Res. 1452 (2002), SC Res. 1735 (2006) und SC Res. 1904 (2009) eingeführt wurden. Siehe aber auch die Ausnahmen im Iraq-sanctions regime nach SC Res. 1518 (2003).

858 SC Res 1730 (2006).

859 Siehe *Annan*, „We the Peoples", S. 48, der auf die Prinzipienkollision bei humanitären Interventionen hinweist, aber auch den Weg für die Lösung dieser Kollision durch Abwägung aufzeigt.

ein Mandat des Sicherheitsrates erfolgte[860]. *Uerpmann* weist in diesem Zusammenhang zurecht auf einen bedeutsamen Aspekt hin, der bei der Abwägung von Prinzipien zu berücksichtigen ist, nämlich die Institutionalisierung der Abwägungsentscheidung[861].

Der Fall des NATO-Einsatzes im Kosovo und auch der Irakkrieg 2003 haben gezeigt, dass es der Entscheidung eines internationalen Organs bedarf, um die Akzeptanz einer Abwägungsentscheidung zwischen Prinzipien zu stärken[862]. Um die Qualität und die Akzeptanz von Abwägungsentscheidungen herbeizuführen, bedarf es unbedingt der Monopolisierung dieser Entscheidungen bei internationalen Organen, wie dem Sicherheitsrat, der Generalversammlung der Vereinten Nationen und internationalen Gerichten. Dies dient primär der Kontinuität, der Konsistenz und der Verfasstheit des Völkerrechts.

2) Im Bereich des Rechts der Gegenmaßnahmen

Daneben gibt es noch einen weiteren Fall der Anwendung des Verhältnismäßigkeitsgrundsatzes im Völkerrecht: im Recht der Staatenverantwortlichkeit im Zusammenhang mit staatlichen Gegenmaßnahmen. Art. 22 DARS und in Kapitel II des Teil III DARS finden sich Regeln, die die Zulässigkeit

---

860 Siehe *Seidel*, Archiv des Völkerrechts 2003, S. 457 f.; *Uerpmann*, JZ 2001, S. 572; auch *Thürer*, Archiv des Völkerrechts 2000, S. 7 ff., spricht von einer Güterabwägung zwischen Menschrechten und staatlicher Souveränität bei humanitären Interventionen, die jedoch nur unter strengen Bedingungen zu einem zulässigen Ergebnis führen kann; auch *Wolfrum* in: *Simma/Mosler/Randelzhofer/Tomuschat*, The Charter of the United Nations. A Commentary, Art. 1, Rn. 5 (2. Auflage 2010), spricht davon, dass die Ziele der Vereinten Nationen, die mit den Prinzipien des Völkerrechts übereinstimmen, bei einer Kollision in eine *practical concordance* gebracht werden müssen.

861 Siehe *Uerpmann*, JZ 2001, S. 572; so auch *Thürer*, Archiv des Völkerrechts 2000, S. 8, der darauf im Zusammenhang mit der Entscheidung über eine humanitäre Intervention auf die Zuständigkeit eines legitimen Organs hinweist, das die Abwägungsentscheidung zugunsten einer humanitären Intervention abschließend treffen soll.

862 Aber auch in den Fällen, in denen ein Mandat des Sicherheitsrates vorlag, wie im Falle des Irakkrieges im Jahr 1990 (durch die SC Res. 678 (1990) wurde eine Koalition, angeführt durch die USA, zum militärischen Eingriff ermächtigt), wird eine Abwägungsentscheidung des Sicherheitsrates auf der Grundlage des Kapitel VII UN-Charta immer Kritik ausgesetzt sein. Dies kann jedoch nur dann der Fall sein, wenn die berücksichtigten Abwägungsparameter nicht den Grundsätzen der UN-Charta und des Völkerrechts entsprechen, wenn also dem Völkerrecht wesensfremde Aspekte, die keine rationalen Maßstäbe bilden, in die Abwägungsentscheidung mit eingeflossen sind.

von Gegenmaßnahmen eines Staates betreffen. Nach Art. 22 sind Gegenmaßnahmen gegen Staaten, die das Völkerrecht brechen, ausnahmsweise zulässig. Art. 49 ff. DARS regeln die genaueren Voraussetzungen[863]. Näheres Interesse soll hier jedoch lediglich Art. 51 DARS erfahren, nach dem Gegenmaßnahmen dem Verhältnismäßigkeitsprinzip unterworfen sind. Verletzte Staaten dürfen also nur im Rahmen des Verhältnismäßigen handeln, wenn sie Gegenmaßnahmen gegen einen anderen Staat durchführen, um zu erreichen, dass der andere Staat den völkerrechtswidrigen Akt beendet und Wiedergutmachung leistet.

Diese Parallele könnte für die gezielten Sanktionen des Sicherheitsrates durchaus herangezogen werden, wenn sich die Anwendbarkeit der Verhältnismäßigkeit auch auf die Sanktionspraxis übertragen ließe. Das wäre dann der Fall, wenn das Regime der Gegenmaßnahmen aus dem Recht der Staatenverantwortlichkeit und das Sanktionsregime nach dem Kapitel VII UN-Charta vergleichbar wären. Dazu müssen die Begriffe der Gegenmaßnahme und der Sanktion nebeneinandergelegt werden.

Den Begriff der (wirtschaftlichen) Sanktion sucht man in Kapitel VII der UN-Charta vergebens und findet nur den Begriff der Maßnahme in Art. 39, 41 und 42 UN-Charta. Die Benutzung des Begriffs wirtschaftlicher Sanktionen kam erst auf, als der Sicherheitsrat erstmalig derartige Maßnahmen gegenüber Staaten erließ. Der Begriff der Sanktion wird typischerweise dann benutzt, wenn eine internationale Organisation ein Mandat für Maßnahmen gegen einen oder mehrere Staaten erteilt[864]. *Abi-Saab* definiert die Sanktion als Zwangsmaßnahme gegen einen völkerrechtswidrigen Akt, die durch ein zuständiges internationales Organ autorisiert wurde[865].

Die Begriffe der Sanktion und der Gegenmaßnahme überschneiden sich in der Weise, als dass beide Institute die Aspekte des Zwangs und die Reaktion auf den Bruch des Völkerrechts sind. Beide Begriffe zeichnen sich auch durch ihre nicht dauerhafte Anwendung aus. Gegenmaßnahmen können jedoch auch nur durch einen Staat und eben nicht durch ein kompetentes internationales Organ – wie bei den Sanktionen nach *Abi-Saab* – aus reinem Eigeninteresse erlassen werden. Die Zielrichtung der Gegenmaßnahme ist es den rechtsbrüchigen Staat wieder auf den Boden des Völkerrechts zu holen. Klassische Sanktionen, die lediglich einen Völkerrechtsbruch – die Bedrohung des Friedens und

863 Siehe Näheres dazu bei *Crawford*, International Law as an Open System, S. 375 ff.
864 Siehe Yearbook of the ILC, 2001, vol. II, Part Two, S. 75, Rn. 3 und S. 128, Rn. 3.
865 *Abi-Saab*, United Nations Sanctions and International Law, S. 39.

der internationalen Sicherheit – bestrafen möchten, sind in ihrer Stoßrichtung den Gegenmaßnahmen nicht gleichzusetzen.

Die wirtschaftlichen Sanktionen auf der Basis von Art. 41 UN-Charta werden nach dem Ermessen und der faktischen Entscheidungsfähigkeit des Sicherheitsrates erlassen, wenn der internationale Frieden und die Sicherheit bedroht sind. Sie verfolgen das Ziel, den Idealzustand des Friedens und der Sicherheit wiederherzustellen oder zu sichern. Dabei handelt es sich nicht unbedingt um eine Reaktion auf einen Bruch des Völkerrechts, sondern um eine politische Entscheidung, die nur dann gefällt werden kann, wenn eine Einigung im Sicherheitsrat erfolgen konnte. Eine solche Sanktion wird als eine vorübergehende Maßnahme erlassen, um auf einen Staat oder mehrere Staaten mit Zwang einzuwirken und diese zum Einlenken zu bewegen.

Dieser Sanktionsbegriff ist von der Verurteilung und Sanktionierung aufgrund eines gerichtlichen Urteils zu unterscheiden. Die Verurteilung einer Person durch ein nationales oder internationales Gericht und die darauffolgende Auferlegung einer Strafe ist eine strafrechtliche Maßnahme, die von einer bestimmten Dauer ist und aufgrund gerichtsfester Beweise und juristischer Begutachtung erfolgt. Also unterscheidet sich eine solche Sanktion von der Sanktion im Sinne des Art. 41 UN-Charta dadurch, dass sie endgültig ist und durch ein Gericht ein Verstoß gegen das Recht geahndet wird.

Eine Gegenmaßnahme im Sinne des Rechts der Staatenverantwortlichkeit kann nur durch einen Staat oder mehrere Staaten erfolgen. Die Gegenmaßnahme ist die Reaktion auf die Verletzung des Völkerrechts durch einen Staat[866]. Es handelt sich dabei um eine Maßnahme, die wenn sie unter den Voraussetzungen der Art. 49 DARS erfolgt, völkerrechtsgemäß ist und nicht die Verantwortlichkeit des die Gegenmaßnahme ausübenden Staates zur Folge hat[867].

Die beiden Institute der Gegenmaßnahme und Individualsanktion unterscheiden sich auch dadurch, dass im Rahmen der Gegenmaßnahmen grundsätzlich nur der Staat berechtigt ist zum Handeln, der auch von dem völkerrechtswidrigen Handeln des anderen Staates betroffen ist[868]. Im Rahmen der Sanktionen des Sicherheitsrates sind alle in der Resolution beauftragten Staaten, zumeist alle Mitgliedstaaten oder gar alle Staaten der Welt[869], aufgefordert, die genannten wirtschaftlichen Sanktionen gegen einen oder mehrere Staaten oder auch gegen

---

866 *Crawford*, State Responsibility in: *Wolfrum*, MPEPIL, Rn. 53.
867 Siehe Yearbook of the ILC, 2001, vol. II, Part Two, S. 128, Rn. 1.
868 *Crawford*, State Responsibility in: *Wolfrum*, MPEPIL, Rn. 57.
869 Wie in SC Res. 1373 (2001).

Individuen durchzuführen. Und zwar unabhängig davon, ob sie selbst von der Gefährdung des Friedens oder der Sicherheit betroffen sind.

Der Begriff der Gegenmaßnahme beschreibt also die Rechtsfolge auf eine Verletzung des Völkerrechts durch einen Staat und hat dadurch repressiven Charakter. Die Sanktion des Sicherheitsrates gemäß Art. 41 UN-Charta hingegen beschreibt eine exekutive Entscheidung, die auf ihre Weise präventiv wirkt. Die Sanktion soll zukünftige Völkerrechtsverletzungen und auch Gefahren für den Weltfrieden und die Sicherheit verhindern. Daher unterscheiden sich die beiden Institute in ihren Anwendungsgebieten zwar sehr, in Bezug auf ihre Ziele gibt es jedoch Ähnlichkeiten. Die Sanktionen des Sicherheitsrates und die staatlichen Gegenmaßnahmen zielen schließlich beide darauf ab, einen schon erfolgten oder bevorstehenden Völkerrechtsbruch durch einen Staat[870] oder ein Individuum und die daraus resultierenden Gefahren für die Weltgemeinschaft zu beenden.

Es bleibt noch die Gemeinsamkeit, dass es sich um völkerrechtsgemäße Maßnahmen handelt, die in zulässiger Weise ein Völkerrechtssubjekt zur Rückkehr in den Rahmen des jeweiligen Regimes zwingen soll, sei es eben durch eine militärische Gegenmaßnahme oder durch eine friedliche Wirtschaftssanktion.[871] Die Effekte beider Maßnahmen können für die betroffenen Völkerrechtssubjekte gleichermaßen schwerwiegend und einschneidend sein[872].

3) Übertragbarkeit dieser Grundsätze auf die Individualsanktionen des Sicherheitsrates?

Aufgrund der ähnlichen Interessenlage und ähnlichen Zielrichtung ist es durchaus sinnvoll das Verhältnismäßigkeitsprinzip aus dem Recht der Gegenmaßnahmen im Wege eines Analogieschlusses auch auf die Maßnahmen des Sicherheitsrates im Rahmen der Sanktionen auf der Basis des Kapitel VII UN-Charta zu übertragen, der sich dabei in einer vergleichbaren Situation, wie ein Staat bei einer Gegenmaßnahme befindet. Diese Erwägungen sprechen dafür, dass das Korrektiv des Verhältnismäßigkeitsgrundsatzes aus dem Recht der Gegenmaßnahmen gleichfalls auf die Sanktionspraxis übertragen werden kann.

Auch im Sinne von Art. 50 Abs. 1 b) DARS müssen die menschenrechtlichen Verpflichtungen durch den handelnden Staat eingehalten werden. Wie oben herausgearbeitet, ist dies eine Verpflichtung des Sicherheitsrates. Wie die

870 Siehe dazu die Sanktionen des Sicherheitsrates gegen Staaten, um diese wieder zu völkerrechtsgemäßem Handeln zu bewegen, dazu in Kapitel 1.

871 So auch *Künzli*, Zwischen Rigidität und Flexibilität, S. 397 ff.

872 Doch dazu erst in Kapitel 4.

Staaten im Falle der Gegenmaßnahmen, ist der Sicherheitsrat beim Erlass der Sanktionen nach Kapitel VII an das Völkerrecht gebunden und handelt somit nach einem vorgeschriebenen Regime. Da es sich bei dem Verhältnismäßigkeitsprinzip um einen unselbstständigen Grundsatz handelt, der im Sinne eines Zusatzes zu einem materiellen Rechtssatz zum Tragen kommt, bietet es sich auch im Bereich der Sanktionen an, den Verhältnismäßigkeitsgrundsatz zur Anwendung zu bringen, um auf den Einzelfall zugeschnittene vertretbare Ergebnisse zu erzeugen.

d) Die Verhältnismäßigkeit der Individualsanktionen des Sicherheitsrates

Auch in der Entscheidungspraxis des Sicherheitsrates wird deutlich, dass die Kollision mehrerer Prinzipien zu einer Abwägung führen muss, sodass die legitimen Abwägungsparameter bestimmt werden müssen. Im Fall der Individualsanktionen kollidiert die internationale Friedenssicherung mit den internationalen Grundrechten der Betroffenen, namentlich mit ihrem Eigentumsrecht, Recht auf eine effektive Beschwerde und ihrem Recht auf ein faires Verfahren, inklusive einer Anhörung. Diese Rechte stehen sich diametral gegenüber, wenn zur Bekämpfung des internationalen Terrorismus Einzelpersonen aufgrund undurchsichtiger Kriterien teilweise ohne hinreichende Verdachtsmomente auf die Listen des Sicherheitsrates gelangen.

Möchte sich eine Person gegen die Aufnahme in die Liste wenden, fehlt es jedoch an einem Rechtsweg und entsprechender prozessualer Ausgestaltungen. Sind Einzelpersonen oder juristische Personen außergewöhnlich hart durch die Sanktionen betroffen oder sind sie fälschlicherweise aufgelistet und sanktioniert worden, stellt sich die Frage, ob ihre Rechte oder das Ziel der Sicherung des Weltfriedens überwiegen sollte. Insbesondere die Frage nach der Zumutbarkeit stellt sich im Zusammenhang mit den fälschlicherweise gelistet und sanktionierten Personen.

1) Die Methode

Die Methode der Abwägung ist auch den internationalen Menschenrechten inhärent. Im System der EMRK kann der EGMR nach ständiger Rechtsprechung durch die Abwägung der jeweiligen Interessen und Rechtsgüter erst die Verletzung eines Grundrechts feststellen, wobei mit kollidierenden Rechten anderer oder der Allgemeinheit der Eingriff in das betroffene Grundrecht in Relation gesetzt wird. Auch den internationalen Menschenrechten, wie denen aus dem IPbpR ist der Abwägungsvorgang bekannt. Insbesondere die Entscheidungen des HRC veranschaulichen, dass auch hier eine Abwägung der jeweiligen Rechte und Interesse stattfindet, um konkrete Einzelfallentscheidungen treffen zu können.

Auch innerhalb der Vereinten Nationen werden Abwägungen vorgenommen, die als *balancing* oder *trade-off* bezeichnet werden[873]. Im Bereich der Terrorismusbekämpfung mit Sanktionen forderte die Generalversammlung den Sicherheitsrat dazu auf, die dabei in Rede stehenden Interessen in ein angemessenes Verhältnis zu bringen, insbesondere in Bezug auf ihr Ziel und ihre wirtschaftlichen und humanitären Konsequenzen für die Betroffenen[874]. Wohl infolge dessen nimmt der Sicherheitsrat in seiner Sanktionspraxis gegen Individuen[875] nunmehr[876] eine Abwägung zwischen dem legitimen Ziel der Sanktionen, nämlich dem Schutz des Weltfriedens und der Sicherheit und den Grundrechten der betroffenen Personen vor. Damit stellt er diese beiden Güter gegenüber und stellt durch Wertungen einen gerechten Ausgleich zwischen ihnen her. Der Sicherheitsrat behandelt daher beim Erlass seiner Maßnahmen nach Kapitel VII UN-Charta den Weltfrieden und die kollidierenden Menschenrechte als Rechtsgüter, denen er jeweils größtmögliche Verwirklichung verschaffen will.

Menschenrechte sind in der Rechtsprechung internationaler Gerichte und in der Anwendung des humanitären Völkerrechts als Rechtsgüter behandelt worden, die nicht in jeder Fallkonstellation absolut zu verwirklichen sind, sondern sie werden eher als ‚Richtlinien' wahrgenommen, an die sich die Verpflichteten im Rahmen des rechtlich und faktisch möglich zu halten haben. Im konkreten

---

873 Siehe Report of the Secretary-General on promoting social integration in post-conflict situations, A/AC.253/23 (2000), Rn. 17, 18; Brahimi-Report, A/55/305–S/2000/809 (2000), Rn. 6; Report of the Secretary-General on the rule of law and transitional justice in conflict and post-conflict societies, S/2004/616, Rn. 25.

874 Siehe GA Res. 60/1 (2005), Rn. 106 f.

875 Siehe zu der Berücksichtigung humanitärer Belange auch bei wirtschaftlichen Sanktionen gegen Staaten um die Folgen für die Zivilbevölkerung abzufedern: gegen Südrhodesien SC Res. 253 (1968) Rn. 3 d); gegen den Irak SC Res. 661 (1990) Rn. 3 c) und SC Res. 666 (1990) Rn. 1 und 3; gegen Jugoslawien SC Res. 757 (1992) Rn. 4 c) und SC Res. 820 (1993) Rn. 12; gegen Haiti SC Res. 841 (1993) Rn. 7 und SC Res. 917 (1994) Rn. 7.

876 Siehe die SC Res. 1452 (2002) Rn. 1 a) und b), in der humanitäre Ausnahmen von den Sanktionen gemacht werden, hinsichtlich eines nicht einzufrierenden Teil des Vermögens, der die Grundbedürfnisse der betroffenen Personen decken soll; SC Res. 1735 (2006) Rn. 5, die durch prozessuale Mittel die Rechte der Betroffenen berücksichtigen soll, in Rn. 15–18 wird auf die humanitären Ausnahmen in der SC Res. 1452 (2002) Bezug genommen und die Durchführung dieser Ausnahmen von den Mitgliedstaaten gefordert; in der SC Res. 1904 (2009) Rn. 7 wird diese Forderung wiederholt.

Einzelfall müssen die verschiedenen Menschenrechte gegeneinander oder mit einem Rechtsgut von allgemeinem Interesse in Einklang gebracht werden. Dies geschieht mithilfe der Abwägung. Dabei wird versucht diesen zu ihrer optimalen Verwirklichung zu verhelfen. Der optimalen Verwirklichung der Menschenrechte bedarf es im Völkerrecht wegen ihrer besonderen Stellung, die sich für die Vereinten Nationen insbesondere in Art. 1 Nr. 3 UN-Charta widerspiegelt und für die Mitgliedstaaten in den diversen Menschenrechtsabkommen niedergelegt ist. Die Vereinten Nationen sind in ihrem Handeln immens durch die Wirkung der Menschenrechte beeinflusst, da sie einer der zentralen Punkte der Arbeit der Vereinten Nationen geworden sind[877]. Sie fördern die Menschenrechte aktiv auf nationalem und internationalem Niveau, ganz im Sinne von Art. 1 Nr. 3 UN-Charta.

Damit wird aber auch deutlich, dass die relevanten Grundrechte von Betroffenen nur relativ verwirklicht werden können, wenn sie mit einem Allgemeininteresse abgewogen werden müssen. Damit der Sicherheitsrat zu einer von der Weltgemeinschaft anerkannten Lösung geraten kann, muss er diese Prinzipien in ein angemessenes Verhältnis bringen. Die Pflicht zu dieser Abwägung ergibt sich im Umkehrschluss aus der Tatsache, dass keines der Rechtsgüter vollständig durchgesetzt werden kann und ihnen jeweils nur graduell Rechnung getragen werden kann.

Das Ermessen des Sicherheitsrates ist zwar weit, aber nach dem Wortlaut des Kapitel VII nicht unbegrenzt. Möchte der Sicherheitsrat internationale terroristische Vereinigungen dadurch in ihrer Tatkraft beschränken, dass er sie in ihren finanziellen Ressourcen trifft, muss er auf der anderen Seite die menschenrechtlichen Gewährleistungen beachten, die materiellen und prozessualen Rechte der Betroffenen. Gemeint sind das Recht auf Anhörung im Verfahren, das Recht auf eine effektive Beschwerde und das allgemeine Recht auf ein faires Verfahren in Bezug auf die Verfahrensrechte. Der Spielraum des Sicherheitsrates reduziert sich, wenn die Erfordernisse der internationalen *Rule of Law* und die geltenden Grundrechte berücksichtigt werden.

Daher sollten die Abwägungsentscheidungen des Sicherheitsrates zumindest von den folgenden Verfahrensgesichtspunkten getragen sein: Transparenz der

877 Siehe bspw. GA Res. A/RES/60/1 – 2005 World Summit Outcome, Rn. 9: „*We acknowledge that peace and security, development and human rights are the pillars of the United Nations system and the foundations for collective security and well-being*". Darin hebt die Generalversammlung den Schutz der Menschenrechte durch die Vereinten Nationen und die Mitgliedstaaten als eines der zentralen Ziele der Vereinten Nationen hervor.

Abwägungsentscheidung – in inhaltlicher wie formeller Hinsicht –, damit der Weg zur Entscheidung und die Gründe für die Entscheidung nachvollziehbar sind. Diese Entscheidung müsste dafür auch der Öffentlichkeit zugänglich sein und begründet werden. Ferner wäre auch die Rationalität der Entscheidung, die durch vernünftige Argumente unterfüttert wird[878] ein Erfordernis im rechtsstaatlichen Sinne, da dadurch nur sachliche und sachbezogene Gewichtungen vorgenommen werden können[879]. Die Kontrolldichte im Rahmen der Verhältnismäßigkeitsprüfung wird jedoch variieren müssen, je nachdem wie stark der Eingriff in die Rechte erfolgt ist und wie groß die Gefahr für die Wahrung der internationalen Sicherheit und des Friedens ist.

2) Die Maßstäbe

Bei der Gewichtung der kollidierenden Rechtsgüter gilt es folgendes zu beachten: Die grundrechtlichen Gewährleistungen, die bei der Sanktionspraxis zu berücksichtigen sind, sind insbesondere die prozessualen Rechte, die zu denjenigen Rechten gehören, an die der Sicherheitsrat gebunden ist. Durch die individuellen und zielgerichteten Sanktionen, die die Mitgliedstaaten umsetzen, werden die sanktionierten Personen teilweise sehr hart getroffen. Insbesondere dann, wenn sie fälschlicherweise sanktioniert wurden und eine Verbindung zu einem internationalen Terrorismusnetzwerk nicht nachgewiesen werden kann.

Dann fehlt es diesen Personen an einer effektiven Möglichkeit, sich vor einer unabhängigen gerichtlichen oder auch nur gerichtsähnlichen Einrichtung gegen ihre Aufnahme in die Liste zu wehren. Auch die vorherige oder zeitnahe Anhörung nach der Durchführung der Maßnahme findet grundsätzlich nicht statt, sodass eventuelle Zweifel oder Verteidigungsgründe nicht vorgebracht werden können. Dadurch werden diese Personen sehr empfindlich in ihren Grundrechten verletzt[880].

In diesen Fällen muss bei der Abwägung berücksichtigt werden, ob es dem Betroffenen zumutbar ist, solch schwere Eingriffen in seine Rechte zu dulden oder ob ein derart schwerer Eingriff gar nicht mit dem Gewicht des legitimen

878 *Freihalter*, Gewissensfreiheit, S. 234 f., er betont den Vorteil der Abwägung, die dazu zwinge, die Hintergründe und damit die Ergebnisfindung offenzulegen. Dadurch würde das jeweilige Organ dazu gezwungen, die Argumente nach ihrer Rationalität zu wählen und die Öffentlichkeit könnte die Entscheidungsfindung nachvollziehen.

879 Hinsichtlich der Transparenz, siehe auch *Henninger*, Menschenrechte und Frieden als Rechtsprinzipien des Völkerrechts, S. 318 ff.; diese Aspekte sind auch in dem Vorschlag von *Fassbender*, Targeted Sanctions and Due Process, Rn. 12 enthalten.

880 Siehe EGMR (GK), Urteil vom 12. September 2012, n° 10593/08 – *Nada gg. Schweiz.*

Interesses auszugleichen ist, wenn doch von diesen Personen erwiesenermaßen keine Gefahr ausgeht. Aber auch in den Fällen, in denen eine Sanktionierung berechtigt erscheint, gebieten es die prozessualen Grundrechte, dass auch dann ein faires Verfahren und eine effektive Beschwerde gewährleistet werden. Denn erst mithilfe dieser Verfahrensrechte kann bestätigt werden, dass eine Entscheidung des Sicherheitsrates rechtmäßig ist.

3) Fazit

Zusammenfassend kann also festgestellt werden, dass die Verletzung der Betroffenen in ihren (prozessualen) Grundrechten, besonders tief greifend in den Fällen der unberechtigten Aufnahme in die schwarzen Listen ist. Diese tiefe Betroffenheit in ihren Grundrechten lässt Rückschlüsse auf die Gewichtung des Eingriffs in diese Rechte zu und lässt diesen Eingriff unzumutbar erscheinen. Die verfahrensrechtlichen Gewährleistungen als Rechtsgüter sprechen daher eher für einen dosierten Einsatz von Sanktionen, um den grundrechtlichen Schutzstandards gerecht zu werden. Auf der anderen Seite steht das Rechtsgut des Weltfriedens und der internationalen Sicherheit, das durch das enthaltene Gewaltverbot, das zu den *ius-cogens*-Normen gehört, ein besonderes Gewicht erfahren.

Bei der Gegenüberstellung der Rechtsgüter wird deutlich, dass sie in ihrer Gewichtung sehr ähnlich einzuordnen sind. Daher ist die Eingriffsintensität zu ermitteln. Demnach bietet es sich an den Eingriff grob in drei Stufen einzuteilen, um seine Intensität zu beschreiben[881]: leicht, mittel und schwer. Für den Fall des bewiesenen Terrorismusverdachtes spricht vieles für einen Vorrang des Weltfriedens, da diese Sanktionen gerade im Verborgenen stattfinden müssen, um die Finanzströme der einschlägigen Personen oder Organisationen abzuschneiden. Als präventive Maßnahme zu Verhinderung von Anschlägen und erfolgreicher Kriegsführung sind sie nur dann effektiv, wenn der Betroffene vorher nicht angehört wird und erst im Nachgang eine Begründung seiner Listung erhält. Durch die Einführung eines Mindestbehaltes zur Lebensführung dürfte für die Grundbedürfnisse dieser Personen und ihrer Familien gesorgt sein.

Aber auch diese Personen müssen sich mit dem Verfahren vor dem Ombudsman zufriedengeben, wenn sie sich gegen die Sanktionen wehren möchten. Der Eingriff in die Rechte dieser Personen erscheint daher lediglich mittelschwer. Bei der Abwägung mit dem Ziel des Schutzes des internationalen Friedens durch die Vereinten Nationen, die alle anderen Individuen vor den Gefahren des

881 Nach *Alexy*, GS Sonnenschein, S. 773.

Terrorismus bewahren möchten[882], erscheint die Entscheidung des Sicherheitsrates diese Personen zu sanktionieren, vertretbar. Schließlich ist der Schutz des Weltfriedens deutlich schwerer zu gewichten.

Hinsichtlich derjenigen Personen, die aufgrund einer unsicheren Tatsachenlage in eine schwarze Liste aufgenommen wurden, kommt der Unsicherheitsfaktor hinzu, der bei der Abwägung mit dem Ziel des Weltfriedens berücksichtigt werden muss. Diese Tatsache lässt das Gewicht des Eingriffs deutlich schwerer werden und sollte bei der Abwägung mit dem gewichtigen Weltfrieden zugunsten der Individualperson berücksichtigt werden. Insgesamt müsste dies dazu führen, dass der Sicherheitsrat bei der Abwägung nur solche Rechtsverletzungen in Kauf nimmt, die unbedingt nötig sind, um den Weltfrieden zu erreichen und die dem Betroffenen mithin zumutbar sind. Ist der Unsicherheitsfaktor zu groß und lässt das die Rechtsverletzung unangemessen erscheinen, kann die Abwägung nur zugunsten der Grundrechtspositionen gehen. Die Gefahr für den Weltfrieden besteht in diesen Fällen möglicherweise gar nicht, sodass sein Gewicht bei der Abwägung geringer ist.

In der Praxis rühren die Informationen, die dem Sanktionskomitee vorliegen, aus Geheimdienstinformationen der nationalen Geheimdienste her. Daher ist die Faktenlage zumeist sehr vage und durch die nationalen Behörden entsprechend gesteuert. Möchten der Sicherheitsrat und das Sanktionskomitee trotz alledem rationale Abwägungsentscheidungen treffen, müssen sie im höchstmöglichen Maße Sicherheiten bei der Faktenlage schaffen und die erheblichen Tatsachen, die zur Abwägungsentscheidung erforderlich sind, ermitteln. Verbleiben gewichtige Zweifel über den Verdacht einer vorgeschlagenen Person für die Liste, müssen sie zu dem Ergebnis des Überwiegens der grundrechtlichen Position des Individuums gelangen, um dieses nicht unzumutbar stark aufgrund einer ungeklärten Faktenlage in seinen Rechten zu verletzen.

Im Ergebnis hat der Sicherheitsrat aufgrund eines transparenten und rationalen Verfahrens eine Abwägungsentscheidung zu treffen, die je nachdem wie gesichert die Tatsachenlage ist, entsprechend ausfallen muss. Ist das Verdachtsmoment bei den betroffenen Personen zu schwach, spricht dies für die Abwägung zugunsten der individuellen Grundrechte des Betroffenen. Ist das Verdachtsmoment annähernd gesichert, ist die Entscheidung zugunsten einer Sanktionierung der betroffenen Person vertretbar. Diese Einschätzung kann

882 Dies wird in der Tat immer deutlicher, wenn man sich die Anschläge der letzten Jahre in Paris in Frankreich, in Jakarta in Indonesien, in Istanbul in der Türkei, in Tunesien, die ständigen Anschläge im Irak, Somalia, Pakistan, Nigeria usw. in Erinnerung ruft.

nach einem abgestuften Maßstab erfolgen, je sicherer die Tatsachengrundlage, desto eher sind Grundrechtseingriffe im Einzelfall zu rechtfertigen. Auch die anschließende gerichtliche Kontrolle sollte sich nach der Intensität des Grundrechtseingriffs im Einzelfall richten und entsprechend abgestuft erfolgen. Je stärker der Eingriff im Einzelfall, desto mehr sind die Listungsentscheidungen aufgrund der oben genannten Tatsachengrundlage zu überprüfen.

Nach *Wagner*[883] hingegen könne dem Sicherheitsrat nur dann ein Vorwurf gemacht werden, wenn er die Menschenrechte überhaupt nicht berücksichtigt. Daher bestehen in den Sanktionsregimen des Sicherheitsrates keine Verletzungen der Menschenrechte. Angesichts der oben herausgearbeiteten umfänglichen Bindung des Sicherheitsrates an die Menschenrechte und die Geltung des Verhältnismäßigkeitsgrundsatzes für die Maßnahmen nach Kapitel VII UN-Charta ist dieser Auffassung zu widersprechen. Es reicht nicht aus, dass der Sicherheitsrat die Menschenrechte in seinen Erwägungen lediglich berücksichtigt, da dies nicht bedeutet, dass er diesen zu ihrer relativ größtmöglichen Wirksamkeit verhilft. Er hat sie vielmehr in die Abwägung mit dem internationalen Frieden und der Sicherheit und in einen angemessenen Ausgleich zu bringen.

4. Die Rechtsfolge einer Verletzung der völkerrechtlichen Grenzen durch den Sicherheitsrat

Wenn eine Resolution des Sicherheitsrates der UN-Charta widerspricht, muss von ihrer Rechtswidrigkeit ausgegangen werden, da der Sicherheitsrat an diese gebunden ist. Auch der Verstoß einer Resolution gegen das restliche Völkerrecht, die Normen des *ius cogens* und auch das Völkergewohnheitsrecht, hat zur Folge, dass sie völkerrechtswidrig ist. Die Mitgliedstaaten sind grundsätzlich weiterhin an diese Resolutionen gebunden, auch wenn sie völkerrechtswidrig sind, das ergibt sich aus dem Prinzip der „Organisationstreue“[884]. Denn das gesamte System der Vereinten Nationen wäre in seinen Grundfesten erschüttert, wenn jeder Mitgliedstaat individuell darüber entscheiden könnte, ob eine Resolution völkerrechtswidrig ist und ob er dieser Folge leisten möchte. Daher bleibt

---

883 *Wagner*, ZaöRV 2003, S. 916.

884 *Doehring*, MPUNYB 1997, S. 105 ff., dieses Prinzip kann man für die Vereinten Nationen aus Art. 50 UN-Charta herauslesen, der vorsieht, dass sich die Mitgliedstaaten an den Sicherheitsrat wenden sollen, wenn sie Unterstützung bei der Umsetzung von Resolution im Bereich von Embargos brauchen. Das Prinzip ist angelehnt an das im Bundesstaat und der Europäischen Union bekannten Prinzip der Bundestreue und Unionstreue, siehe *Feinäugle*, Hoheitsgewalt im Völkerrecht, S. 101 ff.

es dem Sicherheitsrat überlassen, die Völkerrechtswidrigkeit seiner Rechtsakte zu erkennen und zu beheben. Jedoch muss den Mitgliedstaaten eine Weigerung zugestanden werden für die Fälle, in denen die Völkerrechtswidrigkeit offensichtlich und eklatant ist.

Grundsätzlich haben grobe Verstöße gegen die *Rule of Law* die Rechtswidrigkeit der Resolution zur Folge, jedoch kann dies nur im Hinblick auf die Gewährleistungen gelten, die hinreichend konkretisiert sind. Die allgemeinen Vorgaben der *Rule of Law*, abgesehen von den menschenrechtlichen Verpflichtungen, können lediglich als Richtlinien für den Sicherheitsrat angesehen werden, auf die die Mitglieder des Sicherheitsrates oder der Vereinten Nationen insgesamt pochen und durch politischen Druck ihre Einhaltung einfordern können[885]. Die Folgen dieses informellen Drucks seitens der Mitgliedstaaten haben sich in einigen Reformen des Sanktionssystems niedergeschlagen. Zur Verbesserung der Rechtsschutzmöglichkeiten der Betroffenen wurde zuerst der Focal Point[886] und später dann das Büro des Ombudsmannes[887] eingerichtet.

Dies zeigt, dass die Rechtsfolge nicht nur in der Nichtbefolgung der Resolutionen liegen muss, die zu einer Destabilisierung des Systems der Vereinten Nationen führen könnte, sondern auch in einer konstruktiven Verbesserung der Sanktionsregime, die die internationalen Menschenrechte und die Grundsätze der internationalen *Rule of Law* berücksichtigt.

5. *Ergebnis*

Die derzeitige Praxis des Sicherheitsrates zeigt deutlich, dass er selbst davon überzeugt ist an das Völkerrecht, samt der Vorgaben hinsichtlich der internationalen Menschenrechte, gebunden zu sein. Er muss also das allgemeine Völkerrecht, grundlegende Menschenrechte und rechtsstaatliche Grundsätze bei seinen Entscheidungen berücksichtigen. Ferner muss er beim Erlass der Sanktionen den Grundsatz der Verhältnismäßigkeit beachten. Dies bedeutet, dass er die erforderlichen Maßnahmen zur Wiederherstellung des internationalen Friedens und der Sicherheit erlassen kann und das Ziel der Maßnahme mit den betroffenen Grundrechten und Positionen in einen angemessenen Ausgleich bringen muss.

Wie oben aufgezeigt, gibt es im Rahmen seiner Sanktionspraxis gleich mehrere Anhaltspunkte, die für einen Verstoß der Individualsanktionen des

885 Vergleiche *Kanetake*, INTERFACES Research Paper 01 2012, S. 32.
886 Durch die SC Res. 1730 (2006).
887 Durch die SC Res. 1904 (2009).

Sicherheitsrates gegen Menschenrechte und die *Rule of Law* sprechen.[888] Die Sanktionen sind im Ergebnis unverhältnismäßig, wenn sie sich gegen Personen richten, deren Beteiligung an terroristischen Taten nicht hinreichend bewiesen ist. Der Rechtsweg gegen die Sanktionierung steht den Betroffenen nicht offen, unabhängig davon ob sie hinreichend verdächtig sind oder nicht.

C. Die Verantwortlichkeit für die Maßnahmen des Sicherheitsrates im Bereich der Terrorismusbekämpfung

Die Rechtsfolge bei einem Bruch des Völkerrechts ist die Verantwortlichkeit eines Staates oder einer internationalen Organisation, dies hat auch schon der StIGH in dem Fall *Chorzow Factory* geklärt: Bricht ein Staat das Völkerrecht und ist er dafür verantwortlich, dann hat er dafür Reparation zu leisten[889]. Im Falle des Erlasses und der Durchführung der Individualsanktionen des Sicherheitsrates stellt sich die Frage nach der Verantwortlichkeit immer dann, wenn einzelne Personen sich in ihren Rechten verletzt sehen und diese Verletzung durch ein (nationales oder regionales) Gericht bestätigt wurde.

Weil das Verfahren zweistufig ist, ist die Frage der Verantwortlichkeit für völkerrechtswidriges Verhalten per se von großer Komplexität behaftet. Der Sicherheitsrat erlässt zuerst die Sanktionen und beauftragt darin die Staaten entweder mit der Sanktionierung bestimmter benannter Personen. Oder aber er befasst sie mit der selbstständigen Auflistung von Personen, die einem vom Sicherheitsrat vorgegebenen Profil entsprechen und der anschließenden Sanktionierung dieser Personen, die die Mitgliedstaaten durch die Umsetzung dieser Anordnungen in ihre nationalen Rechtsordnungen durchführen.

I. Vorfrage: Das Verhältnis des Rechts der Verantwortlichkeit zum Friedenssicherungsrecht des Kapitel VII UN-Charta

Bevor die Frage nach der konkreten Verantwortlichkeit bestimmter Völkerrechtssubjekte untersucht werden kann, muss das Verhältnis des Rechts der (Staaten)Verantwortlichkeit zum Recht des Kapitel VII UN-Charta geklärt werden. Es handelt sich dabei um recht unterschiedliche Regelungsbereiche des

---

888 Zu diesem Ergebnis kommen auch *Cameron*, The ECHR, Due Process and UN Security Council Counter-Terrorism Sanctions, S. 1 ff. und *Fassbender*, Targeted Sanctions and Due Process, S. 1 ff.

889 Siehe StIGH, Urteil vom 13. September 1928, *Factory at Chorzow, Merits*, Series A, No. 17, S. 29.

Völkerrechts, die sich beide mit der Reaktion auf einen Rechtsbruch befassen. Das Recht der UN-Charta ist dabei eher ein politischer Mechanismus, wobei das Recht der Staatenverantwortlichkeit konkrete Rechtsfolgen anordnet. Trotzdem kann es zu Überschneidungen beider Rechtsgebiete kommen, nämlich dann wenn die Frage nach der Staatenverantwortlichkeit bei der Umsetzung einer Resolution nach dem Kapitel VII durch einen Mitgliedstaat aufkommt, weil dabei Völkerrechtsnormen verletzt werden.

In den Fällen der Umsetzung der Sanktionen des Sicherheitsrates durch die Mitgliedstaaten in ihre nationale Rechtsordnung kann es zu einer Rechtsverletzung betroffener Personen kommen, wenn sie zu Unrecht aufgelistet wurden oder bei dem Versuch sich gegen die Aufnahme in die Sanktionsliste zu wehren, den mangelnden Rechtsschutz bemerken. Ob in der Folge nun die Staaten und daneben auch die Vereinten Nationen verantwortlich für die Grundrechtsverletzungen sind, soll im Anschluss herausgearbeitet werden.

In Art. 59 DARS findet sich eine Vorschrift, die das Verhältnis der Regelungen über die Staatenverantwortlichkeit und die der UN-Charta betrifft[890]. Die DARS sind eine Sammlung von gewohnheitsrechtlich geltenden Normen und Rechtsfortbildungen zur Staatenverantwortlichkeit, die noch nicht Gegenstand eines internationalen Vertrages sind[891]. Die Regeln über die Staatenverantwortlichkeit dürfen gemäß Art. 59 DARS das Recht der UN-Charta und den Aufgabenbereich der Friedenssicherung des Sicherheitsrates nicht behindern. Damit hat das Recht der Staatenverantwortlichkeit keinen Effekt auf die Verpflichtungen der Staaten aus der UN-Charta. In der kommentierten Version der DARS[892] wird auf Art. 103 UN-Charta Bezug genommen, der einen Vorrang der Regelungen der UN-Charta proklamiert, was durch die Formulierung „*without prejudice*" in Art. 59 DARS bereits verdeutlicht wird. In der Kommentierung[893] wird noch darauf hingewiesen, dass die DARS im Lichte der UN-Charta auslegt werden müssen.

Art. 103 UN-Charta ordnet jedoch nur den Vorrang der UN-Charta vor anderen vertraglichen Verpflichtungen der Mitgliedstaaten an, ein Vorrang vor Völkergewohnheitsrecht wird darin nicht angeordnet. Dies verdeutlicht, dass Art. 59 DARS in Anbetracht des Art. 103 UN-Charta keine unnötige Wiederholung ist,

---

890 Dieser lautet: „*These articles are without prejudice to the Charter of the United Nations.*".
891 Siehe Yearbook of the ILC, 2001, vol. II, Part Two, S. 31 ff.; siehe dazu auch *Crawford*, International Law as an Open System, S. 303 ff.; *Crawford/Peel/Olleson*, EJIL 2001, S. 936 ff.
892 Siehe Yearbook of the ILC, 2001, vol. II, Part Two, S. 143.
893 Yearbook of the ILC, 2001, vol. II, Part Two, S. 143.

sondern dass er – über die vertragliche Vorrangregel aus Art. 103 UN-Charta hinaus – auch einen Vorrang der UN-Charta vor den völkergewohnheitsrechtlichen Regeln der DARS anordnet[894].

Gleichwohl ist in Art. 59 DARS eine besondere Berücksichtigung der UN-Charta geregelt, sodass auch ein Nebeneinander der beiden Regelungsbereiche angenommen werden könnte[895]. Bei der UN-Charta kann jedenfalls nicht von einem *self-contained regime* gesprochen werden. Das Recht der Staatenverantwortlichkeit ergänzt vielmehr das Recht des Kapitel VII der UN-Charta in Fragen der Rechtsfolge bei der Verletzung von Völkerrecht durch die Staaten[896]. Die Regeln der Staatenverantwortlichkeit sollen dabei im Sinne der UN-Charta ausgelegt werden. Dies macht vor dem Hintergrund der Auslegungsregel des Art. 31 Abs. 3 c) WÜK durchaus Sinn, der eben die systemische Auslegung verschiedener völkerrechtlicher Normen vorsieht. Damit ergänzen sich die beiden Rechtsregime und stehen nebeneinander.

Im Folgenden soll nun untersucht werden, welches Völkerrechtssubjekt oder welche Völkerrechtssubjekte im konkreten Fall verantwortlich sind und welche Rechtsfolgen sich daraus ergeben.

II. Die Verantwortlichkeit der Vereinten Nationen

1. Die Voraussetzungen ihrer Verantwortlichkeit

Im Bereich der individuellen Sanktionen ist der Sicherheitsrat der Vereinten Nationen der primäre Autor der Maßnahmen. Trotzdem kann er nicht isoliert betrachtet werden, da seine Sanktionen ohne die Mitwirkung der Mitgliedstaaten keinerlei Wirkung gegenüber den jeweiligen Personen entfalten könnten. Einerseits sind sie Erfüllungsgehilfen des Sicherheitsrates und führen verpflichtend seine Aufträge gem. Art. 25 UN-Charta aus, andererseits ist der Sicherheitsrat auf die Mitwirkung der Mitgliedstaaten elementar angewiesen.

---

894 *Gowlland-Debbas*, The Law of International Responsibility, S. 121.

895 Das Nebeneinander wird durch einige Entscheidungen des IGH unterstrichen, in denen er betonte, dass Völkergewohnheitsrecht und das Recht der UN-Charta nebeneinander Anwendung finden können. Wobei das Völkergewohnheitsrecht als Auslegungshilfe der UN-Charta dienen kann, siehe IGH, Urteil vom 26. November 1984, *Case concerning military and paramilitary activities in and against Nicaragua (Nicaragua v. USA)*, ICJ Reports 1984, Rn. 73 und IGH, Gutachten vom 8. Juli 1996, *Legality of the threat of use of Nuclear Weapons*, ICJ Reports 1996, Rn. 41.

896 *Gowlland-Debbas*, International Law Enforcement New Tendencies, S. 73.

Im Ergebnis stellt es sich so dar, dass der Staat die Maßnahmen gegenüber dem Individuum durchsetzt und diesen in seinen Rechten trifft. Daher ist auch der Staat verantwortlich für die Umsetzung der Rechtsakte des Sicherheitsrates, insbesondere dann, wenn ein Spielraum bei der Umsetzung zugunsten der Staaten bestand. Auch bei den Individualsanktionen des Sicherheitsrates werden sie als Intermediär tätig, um die Sanktionen umzusetzen. Ohne sie wäre der Sicherheitsrat nicht handlungsfähig und seine Resolutionen könnten keine Wirkung entfalten, da ihm die direkte Durchgriffsmöglichkeit fehlt[897].

Wenn man den Sicherheitsrat lediglich als eine Zusammenkunft der Mitgliedsstaaten auf übergeordneter Ebene betrachtete, könnte man zu dem Schluss kommen, dass eine individuelle Verantwortlichkeit des Sicherheitsrates der Vereinten Nationen ausscheiden müsse, da er als Autor der Norm hinter dem Durchsetzer der Norm, den Staat, zurücktritt. Die Staaten blieben die Hauptakteure und damit auch die Hauptverantwortungsträger. Andererseits ist jedoch zu bedenken, dass sich die Staaten gerade zu internationalen Organisationen zusammenschließen, um ihre übergeordneten Ziele gemeinsam zu verwirklichen. Dieser Zusammenschluss ist Ausfluss der staatlichen Souveränität und dient der Verstärkung der staatlichen Einflusssphären auf internationaler Ebene, indem gewisse Tätigkeiten kollektiv wahrgenommen werden. Die Ausübung von staatsähnlicher Hoheitsgewalt durch den Sicherheitsrat als unabhängigen Akteur hat sich seit den 90er Jahren immer stärker ausgeprägt[898].

Daher würde eine Verantwortungslosigkeit des Sicherheitsrates im Völkerrecht seiner besonderen Rolle nicht gerecht. Die Konsequenzen der Anordnung der Individualsanktionen und ihr teils schwerwiegender Eingriff in die Grundrechte der Betroffenen, die sich insbesondere im direkten Sanktionsregime zeigen, und ihre Rechtsfolgen deuten darauf hin, dass auch der Sicherheitsrat internationalen Verantwortungsregeln unterworfen werden muss.

---

897 Anders sieht dies hinsichtlich der Durchgriffsmöglichkeit *Bothe*, Journal of International Criminal Justice 2008, S. 545, er argumentiert bei den direkten Sanktionen des Sicherheitsrates mit der Verpflichtung der Mitgliedstaaten zur Umsetzung, bei der kein Ermessensspielraum bleibt und der Sicherheitsrat sozusagen ‚direkt' auf die von ihm adressierten Personen zugreift.

898 Die steigende Übernahme von Hoheitsgewalt durch internationale Organisationen beobachtet *Arsanjani* schon in den 1980er Jahren und spricht sich daher für die Regelung der Verantwortlichkeit von internationalen Organisationen für ihr Handeln aus, siehe *Arsanjani*, Yale J. World Pub. Ord. 1981, S. 132 ff.

2. *Das Recht der Verantwortlichkeit internationaler Organisationen*

Internationale Organisationen sind für das Verhalten ihrer Organe grundsätzlich verantwortlich[899]. Die Vereinten Nationen besitzen auch die dazu erforderliche Völkerrechtsfähigkeit[900], die sich zwar nicht aus der UN-Charta selbst ergibt, ihr aber vom IGH[901] früh zuerkannt wurde, da die Vereinten Nationen sonst ihre Aufgaben nicht erfüllen könnten. Bis zu einem Vorschlag der ILC bestand das allgemeine Verständnis, dass das Recht der Staatenverantwortlichkeit, mit gewissen Anpassungen, analog auf die Verantwortlichkeit von internationalen Organisationen anwendbar ist[902].

In den ILC Draft Articles on the Responsibility of International Organizations (DARIO)[903] wird die Verantwortlichkeit internationaler Organisationen bei völkerrechtswidrigem Handeln beschrieben, siehe Art. 3 DARIO. Bei dem Grundsatz der Verantwortlichkeit internationaler Organisationen handelt es sich nach der Auffassung einiger um Völkergewohnheitsrecht[904]. Andere sehen darin lediglich einen allgemeinen Völkerrechtsgrundsatz[905]. In Art. 4 wird definiert, welche Voraussetzungen ein solches Handeln erfordert. Das Handeln einer internationalen Organisation ist dann völkerrechtswidrig, wenn ihr das Verhalten zurechenbar ist und sie dabei eine ihrer internationalen Verpflichtungen im Sinne des Art. 10 Abs. 1 DARIO verletzt hat.

---

899 So *ILA*, Report of the 71st Conference, S. 210.

900 Die Völkerrechtspersönlichkeit und damit eine gewisse Unabhängigkeit und Unterscheidbarkeit von den Mitgliedstaaten äußere sich in einer „*volonté distincte*" des Organs der internationalen Organisation von dem Willen der Mitgliedstaaten, siehe *ILA*, Report of the 71st Conference, S. 26.

901 IGH, Gutachten vom 11. April 1949 – *Bernadotte*, ICJ Rep. 1949, S. 179: „*It is difficult to see how such a convention could operate except upon the international plane and as between parties possessing international personality*".

902 Siehe *ILA*, Report of the 71st Conference, S. 27.

903 Siehe zur Entstehungsgeschichte der DARIO: *Ginther/Hafner*, FS Zemanek, S. 285 ff.

904 Siehe *ILA*, Report of the 71st Conference, S. 26; zu beachten ist, dass nicht alle Regeln aus dem DARIO Völkergewohnheitsrechts-Charakter haben, sondern teilweise auch rechtsfortbildende Vorschläge darstellen, die das Recht der Staatenverantwortlichkeit weiterentwickeln. Dies ist der Tatsache mangelnder Praxis in diesem Bereich geschuldet, siehe DARIO, with commentaries, 2011, Yearbook of the ILC, 2011, vol. II, Part Two, general commentaries, Rn. 5.

905 Siehe *Arsanjani*, Yale J. World Pub. Ord. 1981, S. 131 ff.; so auch schon StIGH, *Chorzow*, a.a.O., S. 29.

3. *Die Verantwortlichkeit des Sicherheitsrates*

Kommt man zu dem Ergebnis, dass die Resolutionen des Sicherheitsrates auf der Grundlage des Kapitel VII UN-Charta insbesondere gegen die Verfahrensgrundrechte der betroffenen Personen verstoßen, die der Sicherheitsrat einzuhalten verpflichtet ist, handelt es sich um völkerrechtswidriges Handeln des Sicherheitsrates im Sinne des Art. 4 DARIO. Er erlässt die Resolutionen in ihm zurechenbarer Weise, unterstützt durch das Sanktionskomitee. Dieses Verhalten ist gemäß Art. 6 DARIO den Vereinten Nationen zuzurechnen und sie sind dafür gemäß Art. 3 DARIO verantwortlich. Einen Ausschluss der Verantwortlichkeit im Sinne des Kapitel V der DARIO ist nicht ersichtlich.

Eine Besonderheit besteht hier darin, dass der Sicherheitsrat diese Sanktionen nicht selbst durchführt, sondern die Mitgliedstaaten dazu verpflichtet diese durchzuführen. Damit kommt das Kapitel IV der DARIO ins Spiel, das Regeln für die Fälle der Verantwortlichkeit internationaler Organisationen im Zusammenhang mit staatlichem Handeln oder dem Handeln anderer internationaler Organisationen vorsieht. Die Verantwortlichkeit internationaler Organisationen für bindende Rechtsakte kommt dann in Betracht, wenn sie die Mitgliedstaaten dadurch zu einem völkerrechtswidrigen Verhalten auffordern, siehe Art. 15 DARIO. Dazu ist es erforderlich, dass die internationale Organisation den oder die Mitgliedstaaten dahin gehend lenkt oder kontrolliert („*direction and control*“). Des Weiteren muss die Organisation Kenntnis von der Völkerrechtswidrigkeit des Handelns haben und der Rechtsakt müsste auch dann völkerrechtswidrig sein, wenn die internationale Organisation ihn selbst durchgeführt hätte.

Der Kommentar zu den DARIO gibt Aufschluss darüber, was unter den Begriffen der Lenkung oder Kontrolle der Staaten oder anderer internationaler Organisationen zu verstehen ist. Demnach handelt es sich um einen solchen Fall, wenn die internationale Organisation Rechtsakte an seine Mitgliedstaaten oder eine andere internationale Organisation richtet, die für diese bindend sind[906]. Für die Mitgliedstaaten sind die Resolutionen nach Kapitel VII UN-Charta aufgrund des Art. 25 UN-Charta verbindlich. Daher hat der Sicherheitsrat über die Umsetzungsakte der Mitgliedstaaten eine gewisse Kontrolle, da er diese verpflichtend angeordnet hat. Je mehr Freiraum der Sicherheitsrat den Mitgliedstaaten bei der Umsetzung überlässt, desto weniger Lenkung bzw. Kontrolle hat er noch über die nationale Umsetzung. Mit Blick auf die Umsetzung der Resolutionen des Sicherheitsrates durch die EU fehlt es dem Sicherheitsrat völlig an

---

906 Siehe DARIO, with commentaries, 2011, Yearbook of the ILC, 2011, vol. II, Part Two, Art. 15, Rn. 4.

Lenkung und Kontrolle, da sie als Nichtmitglied der Vereinten Nationen nicht zur Umsetzung verpflichtet ist[907], sondern diese Aufgabe für ihre Mitgliedstaaten übernimmt[908]. Das Gleiche gilt für Staaten, die keine Mitglieder der Vereinten Nationen sind, die Resolutionen aber trotzdem umsetzen.

Aus der Praxis des Sicherheitsrates geht hervor, dass er sich seiner menschenrechtlichen Verpflichtungen durchaus bewusst ist[909]. Daher wird man davon ausgehen müssen, dass er bei der Anordnung der direkten und indirekten Sanktionen um die Lücke hinsichtlich der Verfahrensrechte wusste und trotzdem die Mitgliedstaaten zur unbedingten Befolgung der Resolutionen aufforderte. Dieser Passus aus Art. 15 DARIO erinnert an Art. 16 DARS und meint die Fälle, in denen dem Akteur die Umstände des völkerrechtswidrigen Aktes nicht bewusst sind[910].

Des Weiteren muss die letzte Voraussetzung erfüllt sein, nach der es erforderlich ist, dass der Umsetzungsrechtsakt auch völkerrechtswidrig wäre, wenn die internationale Organisation ihn selbst durchgeführt hätte. Hier stellt sich jedoch das Problem, dass der Sicherheitsrat selbst keine Rechtsakte erlassen kann, die direkt in der nationalen Rechtsordnung anwendbar sind[911], geschweige denn seine Resolutionen selbst ausführen könnte. Könnte er dies, wären seine Ausführungshandlungen gleichfalls völkerrechtswidrig, wenn sie die internationalen Grundrechte der Betroffenen verletzen.

4. Fazit

Im Ergebnis ist der Sicherheitsrat als ein Organ der Vereinten Nationen für sein Handeln im Rahmen seiner Sanktionspraxis völkerrechtlich verantwortlich und die Rechtsfolgen der Art. 28 ff. DARIO treten ein. Gemäß Art. 30 DARIO hat der Sicherheitsrat sein völkerrechtswidriges Verhalten zu beenden und muss versichern, dass keine Wiederholung eintritt. Des Weiteren kommt die Pflicht zur Wiedergutmachung hinzu, nach der eingetretene Schäden, materieller oder immaterieller Art, wieder gut gemacht werden müssen, siehe Art. 31 DARIO.

---

907 Siehe EuG, *Kadi*, a.a.O., Rn. 192.

908 Dabei handelt es sich um ein zweistufiges Verfahren im Rahmen der GASP, zuerst wird ein GASP-Beschluss gemäß Art. 25 EUV erlassen. Danach werden Wirtschaftssanktionen gemäß Art. 215 AEUV erlassen; siehe Näheres dazu bei *Cremer* in: *Calliess/Ruffert*, EUV/AEUV Kommentar, Art. 215, Rn. 1 ff.

909 Siehe oben unter III. A.

910 Siehe DARIO, with commentaries, 2011, Yearbook of the ILC, 2011, vol. II, Part Two, Art. 14, Rn. 3.

911 Mit der Ausnahme der *self-executing* Akte.

Die Wiedergutmachung besteht, wie im Recht der Staatenverantwortlichkeit, aus Entschädigung, Kompensation und Satisfaktion, siehe Art. 34 ff. DARIO.

Für den Fall der Verantwortlichkeit wegen Grundrechtsverletzungen kommt die Kompensation und damit die Schadensersatzzahlung gem. Art. 36 DARIO in Betracht. Jedoch können Individualpersonen wegen Art. 33 Abs. 1 DARIO ihren Schaden aufgrund der Verletzung in ihren Grundrechten nicht nach den DARIO geltend machen. Individuen können im Recht der Verantwortlichkeit internationaler Organisationen, genauso wie im Recht der Staatenverantwortlichkeit, selbst keine Ansprüche geltend machen. Dies ist Ausfluss eines traditionellen Völkerrechtsverständnisses in dem der Staat im Fokus steht[912]. Zwar lassen die DARIO gemäß Art. 33 Abs. 2 solche Fälle unberührt, die die direkte Verletzung internationaler Verpflichtungen gegenüber Individuen angehen, die Abwicklung der Wiedergutmachung wird jedoch nicht von den DARIO gewährleistet.

Im Ergebnis ist es daher nicht möglich, das verletzte Individuen gegen die Vereinten Nationen wegen Schadensersatz und Wiedergutmachung vorgehen. Die Verantwortlichkeit der Vereinten Nationen könnte nur durch einen Staat geltend gemacht werden. Daher bliebe den Individuen nur die Möglichkeit im Wege einer Prozessstandschaft durch ihren Heimatstaat die Verantwortlichkeit der Vereinten Nationen geltend zu machen. Dies gestaltet sich in der Handhabung sehr schwierig, da die Staaten zur Gewährleistung diplomatischen Schutzes[913] und zur Durchsetzung der Rechte der Individuen gegen internationale Organisationen oder anderer Staaten derzeit nicht verpflichtet sind. Daher garantiert dieser Weg dem betroffenen Individuum keinen Rechtsschutz und Wiedergutmachung gegen die Vereinten Nationen.

III. Die Verantwortlichkeit der ausführenden Mitgliedstaaten

Die Verantwortung der an der Sanktionspraxis beteiligten Mitgliedstaaten wird im Folgenden ebenfalls untersucht, da deutlich wurde, dass sich das Sanktionsverfahren aus einem Zusammenwirken des Sicherheitsrates und der Mitgliedstaaten zusammensetzt. Die Tatsache, dass die Staaten ihre Kompetenzen und auch Verantwortung im Bereich der Friedenssicherung an den Sicherheitsrat abgeben und ihm ein breites Feld zur Fortentwicklung seiner Kompetenzen

912 So auch *Möldner*, MPUNYB 2012, S. 308; zu der Situation im Recht der Staatenverantwortlichkeit, siehe *Weiss Brown*, AJIL 2002, S. 798 ff.

913 Siehe Art. 50 DARIO; siehe auch die Draft Articles on Diplomatic Protection, ILC Report of the 58th Session, 2006, Doc. A/61/10.

überlassen, kann jedoch nicht dazu führen, dass sie sich auch ihrer völkerrechtlichen Verantwortlichkeit entziehen können[914].

1. Die menschenrechtlichen Verpflichtungen der Mitgliedstaaten

Nach Art. 25 UN-Charta sind die Mitgliedstaaten dazu verpflichtet, die Resolutionen des Sicherheitsrates umzusetzen, mit einer wichtigen Einschränkung, nämlich nur im Einklang mit der UN-Charta. Dies bedeutet, dass die Mitgliedstaaten nicht nur aus den internationalen Menschenrechtsverträgen, wie dem IPbpR, der EMRK, der AMRK oder anderen Verträgen, sondern auch aus der UN-Charta direkt zur Einhaltung der Menschenrechte verpflichtet sind. Art. 25 UN-Charta verpflichtet die Mitgliedstaaten dazu, die Resolutionen des Sicherheitsrates im Sinne der Präambel und Art. 1 Nr. 3 UN-Charta völkerrechtskonform durchzuführen. Die Mitgliedsstaaten sind daher gehalten die Menschenrechtsstandards aus der UN-Charta zu befolgen – konkretisiert durch die AEMR und den IPbpR – und auch den regionalen Menschenrechtsschutz – im Sinne der EMRK oder AMRK – zu gewähren.

Aus dem IPbpR ergeben sich das Recht auf ein faires Verfahren, Art. 14 IPbpR, und das Recht auf eine effektive Beschwerde, Art. 2 Abs. 3 a) IPbpR. Die EMRK gewährleistet das Recht auf ein faires Verfahren in Art. 6 EMRK und das Recht auf eine effektive Beschwerde in Art. 13 EMRK. An diese Verpflichtungen sind die Unterzeichnerstaaten dieser Konventionen auch bei der Umsetzung der Resolutionen des Sicherheitsrates gebunden.

2. Verantwortlichkeit der Mitgliedstaaten

Angesichts der Besonderheit des Sanktionssystems, in dem der Sicherheitsrat und die Mitgliedstaaten eng zusammenarbeiten, kommt es neben der Verantwortlichkeit der Vereinten Nationen auch zu einer möglichen Verantwortlichkeit der Mitgliedstaaten, die die Resolutionen durchführen und auf nationaler Ebene gegen den Einzelnen durchsetzen. Bei der Umsetzung und Durchführung der Resolutionen, sei es das direkte oder indirekte Sanktionsregime, üben die Staatsorgane Hoheitsgewalt aus. Die Verantwortlichkeit der Staaten wegen der Verletzung von Normen des Völkerrechts kann sich entweder aus dem Recht der

914 Siehe *Reinisch*, Global Governance 2001, S. 143, demnach im Entstehungszeitraum der Sanktionspraxis des Sicherheitsrates das Problem erkannt werden muss und die fortbestehende Verantwortlichkeit der Mitgliedstaaten neben dem Sicherheitsrat besteht. Diese ergebe sich aus dem Prinzip ‚keine Flucht in die internationale Organisation'; siehe auch *ILA*, Report of the 71st Conference, S. 18.

Staatenverantwortlichkeit, siehe Art. 1 DARS, oder aus dem Recht der Verantwortlichkeit internationaler Organisationen, siehe Art. 1 Abs. 2 DARIO, ergeben.

a) *Zurechnung*

Insbesondere in der Rechtsprechung des EGMR kam es immer wieder zu Fällen, in denen die Frage untersucht werden musste, ob der nationale Rechtsakt, der lediglich eine Anordnung einer internationalen Organisation umsetzte, auch dem Mitgliedstaat zuzurechnen ist oder ausschließlich der internationalen Organisation.

Nach den Regeln der Zurechnung sollte unterschieden werden zwischen den Resolutionen des Sicherheitsrates, die den Mitgliedstaaten einen Spielraum einräumen (1373-Sanktionsregime) und solchen, die keinen Spielraum bei der Umsetzung lassen (1267-Sanktionsregime). Wie oben bereits erwähnt, stuft sich die Verantwortlichkeit des Sicherheitsrates, aber auch der Mitgliedstaaten nach der Stärke des Einflusses („*direction and control*") des Sicherheitsrates auf die Umsetzung ab.

1) Im Regime der direkten Sanktionen

Da das 1267-Sanktionssystem die Mitgliedstaaten dazu auffordert, die durch das Sanktionskomitee aufgelisteten Personen zu sanktionieren, handelt es sich um eine konkrete Anordnung, der die Mitgliedstaaten Folge leisten müssen. Lediglich bei der Umsetzung der Sanktionen, die auch durch die Resolutionen des Sicherheitsrates ausformuliert sind, bleibt den Mitgliedstaaten im Einzelfall ein geringer Anwendungsspielraum. In den Fällen der direkten Listen des Sicherheitsrates kam der EGMR zu dem überraschenden Ergebnis, dass dem Mitgliedstaat der Umsetzungsrechtsakt voll und ganz zugerechnet werden könne, da er einen, wenn auch nur kleinen, Spielraum bei der Umsetzung gehabt habe[915].

Im Fall der Irak-Resolutionen[916] wurde den Mitgliedstaaten hingegen kein Handlungsspielraum bei der Umsetzung überlassen, denn der Adressatenkreis der finanziellen Sanktionen war auf *Saddam Hussein* und die Mitglieder der ehemaligen irakischen Regierung bis 2003 zugeschnitten. Der EGMR hat in einer Entscheidung zu diesem Sanktionsregime dennoch einen Umsetzungsspielraum gesehen und daher eine Verantwortlichkeit der Schweiz festgestellt[917].

---

915 Siehe EGMR (GK), *Nada*, a.a.O., Rn. 176 ff.

916 SC Res. 1483 (2003).

917 Siehe EGMR (GK), *Al-Dulimi*, a.a.O.

In anderen Fällen, in denen es nicht um das Sanktionssystem des Sicherheitsrates, sondern um militärische Zwangsmaßnahmen nach Kapitel VII UN-Charta ging, arbeitete der EGMR mit dem Maßstab der „*effective control*"[918] aus Art. 5 DARS, um den Mitgliedstaaten die Umsetzung der Resolutionen zurechnen zu können. In dem Fall *Al-Jedda*[919] wendete der EGMR diesen Maßstab erneut an und kam bei der UNAMI Mission im Irak zu dem Ergebnis, dass die Mitgliedstaaten die militärische Kontrolle der Mission innehatten. Im Gegensatz dazu kam er im Fall *Behrami und Saramati*[920] beim Einsatz der KFOR und UNMIK im Kosovo zum gegenteiligen Ergebnis. Diese UN-Missionen haben jeweils die Aufsicht über die militärischen Einsätze, die Festnahme von Personen, die Entfernung von Minen und die Kontrolle der Mission innegehabt[921], sodass die Akte nicht den Mitgliedstaaten zugerechnet werden konnten und eine Verantwortlichkeit ausschied.

Der Handlungsspielraum der Mitgliedstaaten bei der Umsetzung der Resolutionen im 1267-Sanktionssystem bezieht sich ausschließlich darauf, das Mittel zu wählen, das das nationale Recht für die Umsetzung internationaler Rechtsakte vorsieht um der bindenden Resolution Wirkung zu verschaffen. Hinsichtlich der Auswahl der Adressaten der Sanktionen und der zu ergreifenden Maßnahmen sind die Mitgliedstaaten durch die Sanktionen festgelegt. Lediglich bei der Anwendung im Einzelfall, also beim Einfrieren der Konten, Verweigern der Aus- und Einreise der Personen, als auch bei der weiteren Beschlagnahme

918 Dieser wurde durch IGH, *Nicaragua*, a.a.O., Rn. 109 ff., 115 geprägt. Der EGMR hat das Zurechnungskriterium der *effective control* in seiner Rechtsprechung im Fall *Bankovič* erarbeitet, siehe EGMR (GK), Urteil vom 12. Dezember 2001, n° 52207/99 – *Bankovič u.a. gg. Belgien u.a.*, Rn. 70 ff., in dem es um die extraterritoriale Anwendbarkeit der EMRK ging; siehe dazu auch schon EGMR, *Loizidou*, a.a.O., Rn. 62 (‚*effective overall control*').

919 EGMR (GK), *Al-Jedda*, a.a.O., Rn. 84; siehe auch EGMR, *Al-Skeini*, a.a.O., Rn. 138 ff., 149 f., in dem Fall ging es um die extraterritoriale Anwendbarkeit der EMRK im Zusammenhang mit der Invasion der USA und des Vereinigten Königreichs im Irak im Jahr 2003; siehe zu dieser Rechtsprechung *Milanovic*, DJCIL 2009, S. 85 ff.; *Milanovic*, European Journal of International Law 2012, S. 121 ff.; *Pejic*, Yearbook of International Humanitarian Law 2011, S. 237 ff.; *Schott*, Northwestern Journal of International Human Rights 2007, S. 70 ff.

920 EGMR (GK), *Behrami*, a.a.O., Rn. 127; siehe dazu *Benoît-Rohmer*, Revue trimesterielle des droits de l'homme 2010, S. 19 ff.; *Flauss*, Sanzioni „individuali", S. 80 ff.; *Knoll*, ZaöRV 2008, S. 431 ff.; *Milanovic*, DJCIL 2009, S. 85 ff.; *Tomuschat*, Constituting Europe, S. 347 ff.

921 Siehe EGMR, *Behrami*, a.a.O., Rn. 125 f.

des Vermögens bleibt ihnen noch ein gewisses Durchführungsermessen, da die nationalen Behörden nach ihren nationalen Modalitäten handeln. Der Spielraum der Mitgliedstaaten in diesen Fällen ist also verschwindend gering, die Lenkung und Kontrolle durch den Sicherheitsrat ist hier sehr stark.

Daher liegt es in den Fällen der direkten Sanktionen nahe, die Umsetzung und Anwendung der Resolutionen den Vereinten Nationen zuzurechnen, da diese die volle Regelungsmacht haben und die Mitgliedstaaten aufgrund ihrer Verpflichtung aus der UN-Charta die Sanktionen für die Vereinten Nationen ausführen. Zusätzlich kann die Umsetzung der Sanktionen den Mitgliedstaaten zugerechnet werde, da sie mit der Umsetzung, auch wenn sie verpflichtend war, im nationalen System willentlich hoheitlich tätig wurden und die Folgen der Umsetzung in Kauf genommen haben. Da die Mitgliedstaaten die Resolutionen jedoch umsetzen müssen und dadurch ebenfalls gesetzgeberisch tätig werden, kann ihre Verantwortlichkeit nicht gänzlich ausgeschlossen werden. Sie kann jedoch nur sekundär sein. Schließlich ist der Sicherheitsrat Autor der Maßnahmen und die Mitgliedstaaten zur Umsetzung nach Art. 25 UN-Charta verpflichtet.

2) Im Regime der indirekten Sanktionen

Im Fall des 1373-Sanktionssystems ist die Arbeitsteilung zwischen dem Sicherheitsrat und den Mitgliedstaaten größer. Der Sicherheitsrat gibt den Mitgliedstaaten nur eine Anordnung hinsichtlich des zu erreichenden Ziels, nämlich die Finanzierung und Vorbereitung von terroristischen Akten zu unterbinden, das mithilfe der bekannten wirtschaftlichen Sanktionen erreicht werden soll. Er nimmt seine Lenkungsbefugnis („*direction and control*") im Gegensatz zu dem zuvor dargestellten Regime deutlich zurück.

Der entscheidende Unterschied zu dem 1267-Regime ist der Spielraum hinsichtlich der Adressaten. Hier gibt es keine Sanktionsliste, die durch das Sanktionskomitee erstellt wird, sondern jeder Mitgliedstaat oder jede Regionalorganisation – wie die EU – führen eigene Listen über Personen, die sie entsprechender Taten verdächtigen. Dies gibt den Mitgliedstaaten einen weitaus größeren Spielraum und erinnert an die Funktionsweise der europäischen Richtlinien aus Art. 288 Abs. 3 AEUV[922].

Das Regime reduziert auch den Unsicherheitsfaktor, den das 1267-Regime enthält. Nach dem 1373-Regime können die nationalen Nachrichtendienste

---

922 Der folgendermaßen lautet: „Die Richtlinie ist für jeden Mitgliedstaat, an den sie gerichtet wird, hinsichtlich des zu erreichenden Ziels verbindlich, überlässt jedoch den innerstaatlichen Stellen die Wahl der Form und der Mittel".

und die Polizei eigenverantwortlich Informationen zusammentragen, die eine Person nach dem 1373-Regime zu einer Gefahr macht. Die nationalen Behörden müssen nicht mit anderen nationalen Behörden kooperieren und daher auch nicht mit der Diskretion arbeiten, mit der sie auf internationalem Niveau arbeiten würden, wo sie Informationen austauschen müssten. Dort findet der Informationsaustausch in deutlich geringerem Maße statt, angesichts der Zurückhaltung der Geheimdienste, mit fremden Mächten sensible Informationen auszutauschen, die auch die staatliche Integrität und Sicherheit betreffen könnten. Der bessere Informationsaustausch auf nationaler Ebene kann einerseits dazu führen, dass die nationalen Behörden gründlicher arbeiten und daher seltener unschuldige Personen sanktionieren[923]. Es kann aber auch zum Gegenteil führen[924], und zwar dazu, dass andere Staaten die Resolution dazu nutzen, sämtliche unliebsame oder kritische Personen im eigenen Land in Schach zu halten.

Dies führt zu dem Ergebnis, dass die Mitgliedstaaten lediglich im Fall des 1373-Regimes über einen nennenswerten Ermessensspielraum verfügen. Im Ergebnis sind die Mitgliedstaaten – wie oben – völkerrechtlich für die Umsetzung der Sanktionen verantwortlich.

b) Rechtsfolgen

1) Bei allen Sanktionsregimen

Wie oben schon dargelegt, bleiben die Vereinten Nationen verantwortlich, soweit ein Mitgliedstaat im Sinne von Art. 15 DARIO auf den Plan tritt. Da die Resolutionen des Sicherheitsrates nach Kapitel VII UN-Charta für die Mitgliedstaaten bindend sind, behält er die lenkende Kontrolle, gleichwohl es die Mitgliedstaaten sind, die die Resolutionen durchführen. Dies schließt jedoch die Kontrolle der Staaten nach dem Recht der Staatenverantwortlichkeit und Art. 58 DARIO nicht aus.

Art. 62 Abs. 1 DARIO regelt die Verantwortlichkeit eines Mitgliedstaates im Zusammenhang mit dem völkerrechtswidrigen Handeln einer internationalen Organisation. Gem. Art. 62 Abs. 2 DARIO wird die Verantwortlichkeit der Staaten als subsidiär vermutet. Inwieweit die einfache Mitgliedschaft in einer internationalen Organisation zur Verantwortlichkeit des Mitgliedstaates führen kann,

---

923 So zumindest in den rechtsstaatlich konstituierten Ländern.

924 Eben in den Ländern, die rechtsstaatliche, demokratische und menschenrechtliche Grundsätze nicht im gleichen Maße gewährleisten, zum Beispiel in China, Israel, Russland und anderen Ländern.

soll hier nicht von Interesse sein[925], da hier nur die Fälle gegenständlich sind, in denen ein Mitgliedstaat der Vereinten Nationen die Sanktionen des Sicherheitsrates umsetzt und gegen eine oder mehrere Personen durchführt.

Die Konstellation des Art. 62 Abs. 1 a) DARIO scheidet nach seinem Wortlaut schon aus, jedoch ist eine Verantwortlichkeit nach der Variante b) denkbar. Dabei geht es um die Fälle, in denen ein Staat bei einer dritten Person den Anschein erweckt, als würde er für das Handeln verantwortlich sein, worauf diese dritte Person vertraut hatte und berechtigterweise auch vertrauen durfte. Da diese Regelung noch nicht hinreichend in der Praxis und in der Literatur konkretisiert wurde, kommt es bei dem hier vertretenen weiten Verständnis durchaus in Betracht, eine Verantwortlichkeit zulasten der Staaten zu konstruieren, die die Sanktionen umsetzen.

Bei der Umsetzung der Resolutionen des Sicherheitsrates erlassen die meisten Staaten ein Umsetzungsgesetz[926], welches die Resolution in die nationale Rechtsordnung implementiert und ihre Anwendung durch die Exekutive erst ermöglicht[927]. Damit wird der Staat hoheitlich tätig und macht den internationalen Rechtsakt zu einem Rechtssatz seiner eigenen Rechtsordnung. Wendet ein Mitgliedstaat das nationale Umsetzungsgesetz mitsamt den Anordnungen aus den Resolutionen an, handelt er aus der Sicht des Individuums auf der Grundlage der nationalen Umsetzungsregelung, die auch als Rechtsgrundlage für den Eingriff in seine Grundrechte durch die nationalen Behörden gilt. Die betroffene Person kann daher in vertretbarer Weise nur den nationalen Rechtsakt als den Rechtsakt erkennen, der sie in ihren Rechten verletzt. Eine Verbindung zu der Anordnung des Sicherheitsrates gibt es für den Adressaten der Sanktion vorerst nicht. Er vertraut also darauf, dass der Staat Urheber seiner Rechtsverletzung ist und dass er sich in der Folge bei Rechtsschutz- und Schadenersatzbegehren auch an diesen wenden kann.

Angesichts der Umstände und des Wortlautes des Art. 62 Abs. 1 b) DARIO und des Bedürfnisses der betroffenen Einzelpersonen gegen einen Verantwortlichen vorzugehen, ist die oben skizzierte Lösung vorzugswürdig. Denn zugunsten

925 Siehe DARIO, with commentaries, 2011, Yearbook of the ILC, 2011, vol. II, Part Two, Art. 62, Rn. 5.

926 Ebenso macht es die EU als Regionalorganisation, die für ihre Mitgliedstaaten die Resolutionen im Bereich der Sanktionsregime für die Mitgliedstaaten gem. Art. 215 AEUV umsetzt.

927 Dies ist zumindest in den Ländern der Fall, in denen das dualistische Verständnis vorherrscht und daher internationale Rechtsakte nicht direkt in der nationalen Rechtsordnung anwendbar sind.

der betroffenen Personen, die sich wegen Art. 33 DARIO nicht auf die Verantwortlichkeit internationaler Organisationen berufen können, kommt die Möglichkeit des Art. 62 Abs. 1 DARIO in Betracht. Dies kann aus dem Begriff der „*injured party*" herausgelesen werden, der im Gegensatz zu der Formulierung in Art. 33 Abs. 1 DARIO auch andere Völkerrechtssubjekte als Staaten zulässt[928]. Damit können auch natürliche und juristische Personen die Verantwortlichkeit der Staaten im Zusammenhang mit völkerrechtswidrigen Akten internationaler Organisationen geltend machen.

Nach diesem Verständnis macht es im Ergebnis keinen Unterschied, ob der Mitgliedstaat der Vereinten Nationen einen Umsetzungsspielraum bei den Sanktionen hatte oder nicht. Dieser Aspekt kann nur noch dann ins Gewicht fallen, wenn die Gewichtung der geteilten Verantwortlichkeit festgelegt werden soll. Im direkten Sanktionsregime wird die Beteiligung der Mitgliedstaaten geringer ins Gewicht fallen, da sie die Anordnungen nur schwer so modifizieren konnten, dass sie mit internationalen Grundrechten zu vereinbaren sind.

Die Abwicklung der Verantwortlichkeit richtet sich schließlich nach Art. 48 DARIO. Demnach kann auf den subsidiär Verantwortlichen nur zugegriffen werden, wenn die Berufung auf die Verantwortlichkeit des Hauptverantwortlichen nicht zur Wiedergutmachung führt, siehe Art. 48 Abs. 2 DARIO. Im Ergebnis bedeutet dies, dass sich die Mitgliedstaaten auf die Verantwortlichkeit des jeweils durchführenden Mitgliedstaates berufen und Wiedergutmachungen fordern können.

2) Bei den indirekten Sanktionsregimen

Im indirekten Sanktionsregime kommt neben der subsidiären Verantwortlichkeit der Staaten gem. Art. 62 Abs. 1 DARIO noch die selbstständige Verantwortlichkeit gem. Art. 1 DARS hinzu. Hier steht den Mitgliedstaaten zumindest ein erwähnenswerter Ermessensspielraum hinsichtlich der Adressatenwahl und auch hinsichtlich der Einrichtung von Verfahrensgarantien zum Schutz der Betroffenen zu. Nutzen sie diesen Ermessensspielraum nicht, wie es die EU immerhin seit dem *Kadi*-Urteil[929] macht, muss auch eine selbstständige Verantwortlichkeit für den Umsetzungsakt bei dem jeweiligen Mitgliedstaat liegen, die sich aus dem Recht der Staatenverantwortlichkeit ergibt. Verletzen die Mitgliedstaaten der Vereinten Nationen internationale und regionale Menschenrechtskonventionen,

928 So DARIO, with commentaries, 2011, Yearbook of the ILC, 2011, vol. II, Part Two, Art. 62, Rn. 11.

929 EuGH, *Kadi*, a.a.O.

weil sie keinen Rechtsschutz und kein faires Verfahren gewährleisten, verletzen sie ihre Pflichten aus dem Völkerrecht in zurechenbarer Weise und haften daher nach den Vorschriften der DARS.

Aber auch hier gilt, dass sich Individualpersonen nicht direkt auf die Staatenverantwortlichkeit berufen können. Dies war und ist noch immer ein großer Kritikpunkt an den Vorschlägen der ILC zur Staatenverantwortlichkeit und Verantwortlichkeit von internationalen Organisationen, die die Rolle des Individuums und sein Erstarken zu einem zumindest partiellen Völkerrechtssubjekt durch ihr Verschweigen in den Entwürfen negieren.[930]

c) *Fazit*

Die Mitgliedstaaten der Vereinten Nationen sind also bei den indirekten und direkten Sanktionsregimen des Sicherheitsrates nach dem Recht der Staatenverantwortlichkeit für die Umsetzung und Anwendung der Sanktionen gegenüber dem betroffenen Individuum verantwortlich, soweit sie dabei das geltende Völkerrecht verletzen und dem Individuum ein Schaden zugefügt wurde. Das bedeutet auch für die Mitgliedstaaten der EMRK, dass sie bei der Umsetzung der Resolution, die die Individualsanktionen enthalten, für die Verletzung von Grund- und Menschenrechten aus der EMRK verantwortlich sind, unabhängig davon ob die Sanktionen aus dem direkten oder aus dem indirekten Sanktionsregime herrühren.

D. Die Kontrolle des Handelns des Sicherheitsrates

Ob der Sicherheitsrat überhaupt kontrolliert werden darf, kann mit dem Verweis darauf bestritten werden, dass verschiedene nationale Rechtsordnungen die gerichtliche Kontrolle von Regierungsakten dann verwehren, wenn es sich um politische Entscheidungen handelt. Diese Auffassung basiert auf der sogenannten „*Act of State*"-Doktrin aus dem US-amerikanischen Recht[931], nach der sich die Gerichte nicht in die politischen Angelegenheiten der Exekutive einmischen dürfen. Dies wird mit dem Argument begründet, dass dadurch chaotische Zustände in der Politik herbeigeführt würden, was auch auf die Praxis des Sicherheitsrates zuträfe.[932] Aber auf nationaler Ebene gilt diese Doktrin nur eingeschränkt, insbesondere dann, wenn es um menschenrechtliche Fragen geht. Gerade vor dem Hintergrund

930 So auch *Weiss Brown*, AJIL 2002, S. 802.
931 Siehe zur „*Act of State*"-Doktrin: *Zander*, AJIL 1959, S. 826 ff.
932 Siehe *Doehring*, MPUNYB 1997, S. 92 ff.

der Verletzung individueller Rechte durch die Sanktionen des Sicherheitsrates ist es nicht angemessen, die „*Act of State*"-Doktrin auf den Sicherheitsrat zu übertragen. Es würde an Willkür grenzen, würde man einem Exekutivorgan eine absolut unkontrollierbare Entscheidungsmacht einräumen. Dies würde auch gegen die oben herausgearbeiteten Grundsätze der internationalen *Rule of Law* verstoßen, die gerade die Begrenzung der Macht der Exekutive zum Gegenstand hat.

Eine Kontrolle des Sicherheitsrates ist vonnöten, da er seit seinem Bestehen eine enorme Entwicklung vollzogen hat, eine Zunahme seiner Aufgaben zu beobachten ist und damit eine große Machtausübung einhergeht. Gerade aus diesen Gründen bedarf es einer gesteigerten Kontrolle des Verhaltens des Sicherheitsrates.[933] Wie sich aus den *traveaux préparatoires* und den Debatten zur Entstehungsgeschichte der Vereinten Nationen ergibt, war eine externe Kontrolle des Sicherheitsrates nicht gewollt[934]. Auch weil es einen Gewaltenteilungsgrundsatz auf der Ebene der Vereinten Nationen nach nationalem Verständnis derzeit nicht gibt, ist eine institutionalisierte Kontrolle nach dem „*checks and balances*"-Prinzip, nach dem ein Gleichgewicht zwischen den zentralen Organen der Vereinten Nationen geschaffen würde, im strengen Sinne in der UN-Charta nicht verankert. Das ist der Tatsache geschuldet, dass der intergouvernementale Charakter dieser Institutionen im Vordergrund stand.

Im Folgenden soll jedoch herausgearbeitet werden, dass der Sicherheitsrat nicht jeder Form der gerichtlichen Kontrolle entzogen ist. Denn schon im Jahr 1957 hat das Institut de Droit International vorgeschlagen, dass es gegen jede Entscheidung eines Organs einer internationalen Organisation, die die Rechtspositionen Privater betrifft, einen Rechtsweg geben muss[935]. Vor diesem Hintergrund soll im Folgenden untersucht werden, welche Rechtswege es gibt und welche eingerichtet werden müssen, damit die Rechte von Individuen in diesen Fällen geltend gemacht werden können.

I. Im Wege der Selbstkontrolle

Zum einen kommt eine Kontrolle durch den Sicherheitsrat selbst in Betracht. Dies folgt aus einer genaueren Betrachtung des Art. 24 UN-Charta. Dieser sieht in Absatz 2 vor, dass der Sicherheitsrat nur im Rahmen der Ziele und Grundsätze der UN-Charta handeln darf. Wenn er dazu befugt ist, seine Kompetenzen

---

933 So auch *Reinisch*, Die Rechtskontrolle von Organen der Staatengemeinschaft, S. 81 ff.
934 Siehe dazu die Darstellungen bei *Bedjaoui*, The New World Order and the Security Council, S. 19 ff.
935 *IDI*, Annuaire de l'Institut de Droit International 1957 (Vol. II), S. 478 (III. 1.).

selbst auszulegen, muss der Sicherheitsrat in einem Umkehrschluss auch das Vorliegen der Voraussetzungen seiner Befugnisse aus der UN-Charta prüfen und positiv feststellen. So geschieht es in seiner langjährigen Praxis, in der er in seinen Resolutionen nach Kapitel VII die Tatbestandsmerkmale herausarbeitet.

Daher kann er durch Selbstkontrolle die Einhaltung des Völkerrechts sicherstellen. Der Nachteil dieser Selbstkontrolle ist selbstredend, dass sie nicht unabhängig ist und daher aus der Sicht der anderen Organe und Beteiligten unzureichend und unvollkommen erscheint. Unter rechtsstaatlichen Gesichtspunkten liegt der Vorteil der Kontrolle durch ein fremdes Organ insbesondere darin, dass die Kontrolle dann strenger und genauer durchgeführt wird.

II. Durch die Generalversammlung

Der Sicherheitsrat hat die Verantwortung zur Wahrung des Weltfriedens und der Sicherheit nicht alleine inne, sondern hat nur ein Vorrangrecht, was die Handlungsmöglichkeiten angeht. Dies ergibt sich aus der Lektüre von Art. 24 Abs. 1 UN-Charta, wo von der *Haupt*verantwortung des Sicherheitsrates die Rede ist, und aus Art. 10 UN-Charta, der der Generalversammlung die Kompetenz zuweist, sich mit allen Fragen und Angelegenheiten betreffend die UN-Charta zu befassen. Dies bedeutet zwar, dass sie nur dann handeln kann – im Sinne einer Subsidiarität –, wenn sich der Sicherheitsrat einer Sache nicht angenommen hat und damit untätig geblieben ist[936]. Sie kann aber auch durch die Bestätigung oder Kritik an den Maßnahmen des Sicherheitsrates auf diesen einwirken. Auch die Berichtspflicht des Sicherheitsrates aus Art. 24 Abs. 3 UN-Charta deutet darauf hin, dass er der Generalversammlung zumindest politisch Rechenschaft für sein Handeln schuldig ist. Dies schränkt Art. 12 Abs. 1 UN-Charta wiederum ein, der ein Handeln der Generalversammlung ausschließt, sobald sich der Sicherheitsrat damit befasst.

Auch wenn das Verhältnis zwischen dem Sicherheitsrat und der Generalversammlung nicht von einem Gewaltenteilungsgrundsatz geprägt ist, der auch eine gegenseitige Kontrollmöglichkeit mitumfassen würde, ist die Kompetenzzuweisung aus der UN-Charta deutlich und impliziert eine zumindest politische Kontrolle des Sicherheitsrates durch die Generalversammlung. Dies ergibt sich daraus, dass in diesem Gremium alle Mitgliedstaaten der Vereinten Nationen vertreten sind. Damit soll gewährleistet werden, dass die Mitgliedstaaten durch die Generalversammlung das Organ des Sicherheitsrates kontrollieren können,

936 Wie in dem spektakulären Fall der ‚*Uniting for Peace*' Resolution vom 3. November 1950, GA Res. 377.

damit dort keine Handlungen vollzogen werden, die den mitgliedstaatlichen Verpflichtungen zuwiderlaufen würden.

III. Durch den IGH oder andere internationale Gerichte und Einrichtungen

In der UN-Charta ist kein gerichtlicher Kontrollmechanismus des Sicherheitsrates und seiner Rechtsakte vorgesehen, ausgeschlossen ist die justizielle Kontrolle des Sicherheitsrates damit aber nicht. Angesichts des weiten Ermessensspielraums muss dem IGH jedoch zugestanden werden, den Sicherheitsrat zu kontrollieren, um die Einhaltung der UN-Charta und der Grundsätze des Völkerrechts, an die er gebunden ist, zu gewährleisten.[937]

Nach der Lesart von *Franck*[938] soll sich aus der Rechtsprechung des IGH im *Lockerbie* Fall ergeben, dass eine Kontrolle des Sicherheitsrates am Maßstab der UN-Charta als Konstitution der Vereinten Nationen möglich sei. Dies begründet er mit einem Urteil des US Supreme Court in der Sache *Marbury v. Madison* aus dem Jahr 1803, in dem sich der US Supreme Court selbst die Kompetenz zusprach, politische Handlungen der Regierung auf ihre Verfassungsmäßigkeit zu überprüfen[939]. Damit hatte der US Supreme Court seine Kontrolle von Bundesgesetzen am Maßstab der Verfassung eingeführt (*judicial review*). Diese Entscheidung gilt als Vorreiter der Begrenzung der Macht der Staatsorgane durch Gerichte und könnte für den IGH durchaus ein Ansatzpunkt sein, um seine Kompetenz zur Kontrolle der Handlungen des Sicherheitsrates zu begründen. So machte es auch der ICTY in der *Tadič*-Entscheidung aus dem Jahr 1995[940], in der er, auf der Basis des Prinzips der Kompetenz-Kompetenz, sich selbst die Kompetenz zusprach, seine Zuständigkeit zu untersuchen[941].

---

937 Siehe *Akande*, ICLQ 1997, S. 314 ff. und *Doehring*, MPUNYB 1997, S. 92 ff.

938 *Franck*, AJIL 1992, S. 522 f.

939 5 U.S. (1 Cranch) 137 (1803): „*… where the heads of departments are the political or confidential agents of the Executive, merely to execute the will of the President, or rather to act in cases in which the Executive possesses a constitutional or legal discretion, nothing can be more perfectly clear than that their acts are only politically examinable. But where a specific duty is assigned by law, and individual rights depend upon the performance of that duty, it seems equally clear that the individual who considers himself injured has a right to resort to the laws of his country for a remedy*".

940 ICTY, *Tadič*, a.a.O., Rn. 20–22.

941 So auch das ICTR, *Kanyabashi*, a.a.O., Rn. 25 ff., in der es entschied, dass es die Resolutionen des Sicherheitsrates zumindest überprüfen kann, soweit es um die Frage der Zuständigkeit des Gerichtes geht; anders entschied das STL, Urteil vom

Grundsätzlich hielt sich der IGH bei der Kontrolle der Rechtsakte der Organe der Vereinten Nationen zurück[942] und betonte zuerst seine Unzuständigkeit zur Kontrolle von ihren Rechtsakten[943]. Heute sind wohl zwei Möglichkeiten der Kontrolle denkbar: Zum einen kann der IGH die Resolutionen des Sicherheitsrates indirekt überprüfen, wenn er gemäß Art. 96 UN-Charta ein Gutachten anfertigen soll, in dem er *„on any legal question"* entscheiden kann. Dabei sind die Ergebnisse des Gutachtens zwar nicht bindend. Gleichwohl geht von diesem Gutachten eine gewisse (Präzedenz-)Wirkung aus, die entweder zur Folge hat, dass Völkergewohnheitsrecht entsteht oder der IGH selbst oder andere internationale Gerichte in ihrer Rechtsprechung auf das Gutachten verweisen und es dadurch die Wirkung einer *‚chose jugée'* erhält.

Des Weiteren kann in einem Rechtsstreit zwischen zwei Staaten vor dem IGH eine Resolution des Sicherheitsrates streitgegenständlich sein, sodass sich der IGH auch mit der Rechtmäßigkeit der Resolution befassen muss[944]. Richter am IGH *Lauterpacht* bestätigte die Kontrollbefugnis des IGH, als er betonte, dass der Sicherheitsrat *ius cogens* zu beachten habe[945]. Im *Lockerbie*-Fall gestand sich der IGH dann eine Kontrolle der Resolution des Sicherheitsrates auf ihre Rechtmäßigkeit zu[946]. Ein früheres Gutachten des IGH relativierte dies zwar noch[947],

---

24. Oktober 2012, *Ayyash et al.*, STL-11-01/AC/AR90.1, Rn. 39 ff., es sprach sich nicht die Kompetenz zu, die Resolution des Sicherheitsrates zu überprüfen.

942 Vgl. *Bedjaoui*, The New World Order and the Security Council, S. 22 ff.

943 Siehe IGH, *Legal Consequences for States of the Continued Presence of South Africa in Namibia*, a.a.O., Rn. 89: „*Undoubtedly, the Court does not possess powers of judicial review or appeal in respect of the decisions taken by the United Nations organs concerned*".

944 so war es in IGH, *Nicaragua*, a.a.O., Rn. 95, 98: Daher stellte der IGH in Rn. 95 klar: „*The Council has functions of a political nature assigned to it, whereas the Court exercises purely judicial functions. Both organs can therefore perform their separate but complementary functions with res- pect to the same events.*".

945 Abweichende Meinung des Richters *Lauterpacht* in IGH, *Application of the Convention on the Prevention and Punishment of the Crime of Genocide*, a.a.O., Rn. 100.

946 Siehe IGH, *Lockerbie (Provisional Measures)*, a.a.O., Rn. 36.

947 IGH, *Legal Consequences for States of the Continued Presence of South Africa in Namibia*, a.a.O., Rn. 89: „*Undoubtedly, the Court does not possess powers of judicial review or appeal in respect of the decisions taken by the United Nations organs concerned. The question of the validity or conformity with the Charter of General Assembly resolution 2145 (XXI) or of related Security Council resolutions does not form the subject of the request for advisory opinion. However, in the exercise of its judicial function and since objections have been advanced the Court, in the course of its reasoning, will consider*

es betont aber nur, dass der IGH kein Verfassungsgericht sei, das abstrakt die Rechtmäßigkeit der Rechtsakte der Organe der Vereinten Nationen überprüft, aber ihre Legalität dann überprüfen darf, wenn sie Gegenstand des Rechtsstreits oder des Gutachtens ist.

Es wird teilweise auch gefordert, dass bei jedem Sanktionsregime des Sicherheitsrates ein Monitoring-Mechanismus eingerichtet werden sollte, der die Einhaltung der Menschenrechte im Zuge der Sanktionspraxis überwacht und Verstöße anmahnt.[948] Dies wäre im Hinblick auf den Schutz der Individualrechte die praktikabelste und effektivste Lösung. Dazu fehlt es bislang jedoch an einem Handlungswillen des Sicherheitsrates, der ohne Weiteres einen solchen Mechanismus einführen könnte, sie wie er es bereits mit der Einrichtung der Ombudsstelle gemacht hat.

Im Ergebnis ist einer indirekten Kontrolle der Resolutionen des Sicherheitsrates durch den IGH oder auch anderer internationale Gerichte zu befürworten, insbesondere wegen der Rolle des IGH als Hüter der UN-Charta, der Geltung der internationalen *Rule of Law* für die Vereinten Nationen[949] und der Gewährleistung der Kontinuität und Einheitlichkeit der Entscheidungen internationaler Gerichte. Die UN-Charta verbietet eine Kontrolle der Resolutionen offensichtlich nicht. Daher kann nach dem derzeitigen Wortlaut der UN-Charta und des IGH-Statuts nur eine indirekte und inzidente Kontrolle der Resolutionen durch die Gerichte durchgeführt werden.

Die einschränkende Auffassung, dass sich eine solche Kontrolle nur auf die Entscheidungsgründe beziehen soll, die sich mit der Zuständigkeit des Gerichtes befassen[950], überzeugt nicht, da die Überprüfbarkeit der Resolutionen insbesondere für die substantiellen Aspekte eines Urteils von Relevanz sein kann und daher den Gerichten eine umfassende inzidente Kontrollmöglichkeit zugesprochen werden muss.

these objections before determining any legal consequences arising from those resolutions.".

948 So *de Wet*, The Chapter VII Powers of the United Nations Security Council, S. 225, nach ihrer Auffassung hängt davon gar die Rechtmäßigkeit der Resolution ab.

949 So auch *Amr*, The Role of the International Court of Justice as the Principal Judicial Organ of the United Nations, S. 304 f.

950 *Zappalà*, Securing Human Rights, S. 178.

IV. Durch die Mitgliedstaaten

Es kann festgehalten werden, dass eine zentrale und direkte gerichtliche Kontrolle der Resolutionen des Sicherheitsrates auf internationaler Ebene derzeit nicht vorgesehen ist. Übrig bleibt damit die dezentrale Kontrolle durch die Mitgliedstaaten[951], im Rahmen der Umsetzung der Resolutionen in die nationalen Rechtsordnungen und durch nationale Gerichtsverfahren, in denen die nationalen Umsetzungsakte der Resolutionen Verfahrensgegenstand sind.[952]

Die Mitgliedstaaten sind gem. Art. 25 UN-Charta in Verbindung mit Art. 2 Abs. 5 UN-Charta dazu verpflichtet die Resolutionen des Sicherheitsrates umzusetzen, was sich auch auf die Sanktionen gegen Individuen bezieht. Dabei drängt sich die Frage nach dem Spielraum der Mitgliedstaaten auf, da der Wortlaut des Art. 25 UN-Charta die Umsetzungspflicht „*in accordance with the Charter*" enthält.[953] Man könnte dies dahin gehend verstehen, dass die Staaten verpflichtet sind die Resolutionen umzusetzen, die im Einklang mit der Charta stehen. Ist dies nicht der Fall besteht keine Umsetzungspflicht der Staaten. Dies würde den Staaten einen Spielraum bei der Umsetzung der Resolutionen einräumen und ihnen damit die Möglichkeit einer Kontrolle der Inhalte der Resolutionen auf Vereinbarkeit mit dem Völkerrecht oder dem nationalen Recht eröffnen. Ein großer Spielraum bei der Umsetzung internationaler Verpflichtungen der Mitgliedstaaten besteht ohnehin, denn sie legen die Vertrags- oder Resolutionsbestimmungen aus und setzen sie nach ihrem Verständnis in ihre eigenen Rechtsordnungen um[954]. Auch kommt es auf die Formulierung der Resolution

---

951 Im Rahmen der Kontrollmöglichkeiten, die der Ermessensspielraum bei der Umsetzung der Resolutionen durch die mitgliedstaatlichen Stellen erlaubt, siehe zu Differenzierung oben unter 3. Kapitel, C., III., 2., a).

952 Die Resolutionen selbst können wegen der Immunität der Vereinten Nationen und ihrer Organe nicht Gegenstand eines Verfahrens vor einem nationalen Gericht sein, siehe Art. 105 Abs. 1 UN-Charta.

953 So auch *de Wet*, The Chapter VII Powers of the United Nations Security Council, S. 376 f.

954 Dies zeigt sich gerade bei *self-executing* Rechtsakten. Denn hier sind es die Staaten, die eine Regelung für *self-executing* erklären. Diese Einordnung kann aber von Staat zu Staat differieren, sodass eine internationale Regelung in einem Staat direkt angewendet wird und in einem anderen eines Umsetzungsaktes bedarf. Siehe *Frowein/Oellers-Frahm*, L'intégration du droit international et communautaire dans l'ordre juridique national, S. 18. Hier zeigt sich das staatliche Ermessen bei der Umsetzung internationaler Verpflichtungen, das keinesfalls völkerrechtswidrig ist, sondern Ausfluss der staatlichen Souveränität.

an. Je weiter die jeweiligen zu erreichenden Ziele in der Resolution formuliert sind, desto größer ist der Spielraum der Staaten bei der Umsetzung.

Die UN-Charta verbietet die (indirekte) Kontrolle der Rechtsakte des Sicherheitsrates durch nationale Gerichte nicht, eine solche Kontrolle würde jedoch die Existenzberechtigung der internationalen Organisationen erheblich in Zweifel ziehen. Denn sie sollen doch gerade unabhängig von ihren Mitgliedstaaten sein, damit sie effektiv handeln können und nicht durch einzelstaatliche Interessen geleitet sind. Würden dann aber nationale Gerichte wiederum die Rechtsakte der internationalen Organisation kontrollieren, würde ihre Eigenständigkeit verneint.[955] Ebenfalls würde das einheitliche Verständnis und die Auslegung dieser Rechtsakte durch die Kontrolle nationaler Gerichte konterkariert.

Dieser Kritik wäre grundsätzlich zuzustimmen, ginge es in den Anwendungsfällen nicht um individuelle grundrechtliche Positionen. In diesem Zusammenhang muss es zumindest Kontrollmöglichkeiten nationaler oder regionaler Gerichte im Hinblick auf die nationalen Umsetzungsrechtsakte geben, um den individuellen menschenrechtlichen Positionen der Betroffenen gerecht zu werden.[956] Auch spricht dafür die verantwortungsvolle Rolle der nationalen Gerichte, die in einer internationalen Sache entscheiden, da sie bei globalen Fragen ihre Bindung an das Völkerrecht auch berücksichtigen müssen.

Der EGMR hat bereits im Jahr 1999[957] entschieden, dass die nationalen Gerichte die Immunität internationaler Organisationen nur dann anerkennen müssen, wenn diese über einen eigenen Rechtsschutzmechanismus verfügen. Der direkte Rechtsschutz gegen Resolutionen und die Überprüfbarkeit ihrer Rechtmäßigkeit fehlt zurzeit auf der Ebene der Vereinten Nationen noch, was für die indirekte Kontrolle der Resolutionen des Sicherheitsrates durch die nationalen Gerichte spricht, insbesondere wegen der Bedeutung des Rechts auf ein faires Verfahren und eine effektive Beschwerde. *Wolfrum*[958] argumentiert mit der These des *self-executing*-Effektes, zumindest hinsichtlich der Resolutionen des Sicherheitsrates, die Sanktionen gegen Individuen aussprechen, um die Kompetenz der nationalen Gerichte zur Kontrolle der Resolutionen zu begründen.

---

955 Vergleiche *Zappalà*, Securing Human Rights, S. 191.

956 Siehe dazu Kapitel 4.

957 EGMR, *Waite and Kennedy*, a.a.O., Rn. 65. und EGMR, *Beer and Reagan*, a.a.O., Rn. 58; siehe dazu die Reaktion der nationalen Gerichte auf diese Urteile bei *Reinisch*, The Provileges and Immunities of International Organizations in Domestic Courts, S. 11.

958 Siehe *Wolfrum*, Annuaire de l'Institut de droit international 2013, S. 15 ff.

Darüber hinaus hat die ILA in ihrem Report aus dem Jahr 2004 unter Bezugnahme auf die Rechtsprechung des EGMR herausgearbeitet, dass durchaus eine rechtliche Pflicht der Mitgliedstaaten bestehe, dass sie durch eine angemessene Aufsicht der internationalen Organisation und ihrer Organe dazu beitragen und gewährleisten müssen, dass diese das anwendbare Völkerrecht einhalten[959]. Diese Pflicht der Mitgliedstaaten besteht, da sie ihre Bindung an das Völkervertragsrecht nicht durch die Gründung und das Handeln in und durch internationale Organisationen umgehen können[960]. Eine ähnliche Verpflichtung soll sich auch aus dem Völkergewohnheitsrecht ergeben[961]. Zudem steht den Mitgliedstaaten eine politische Kontrolle des Handelns des Sicherheitsrates zu, indem sie entweder als Mitglieder des Sicherheitsrates oder durch die Generalversammlung eine Änderung des Verhaltens des Sicherheitsrates herbeiführen können.

E. Ergebnis

In diesem Kapitel wurde die Tätigkeit des Sicherheitsrates in Bezug auf die Individualsanktionen aus verschiedenen Perspektiven beleuchtet. Eine Bindung des Sicherheitsrates an internationale Menschenrechte und eine internationale *Rule of Law* wurde begründet, insbesondere dann, wenn er seine Aufgaben nach dem Kapitel VII UN-Charta erfüllt. Auch wurde der Verhältnismäßigkeitsgrundsatz im Völkerrecht hergeleitet und als eine Grenze des Handelns des Sicherheitsrates festgelegt.

Die Rechtsfolgen der Völkerrechtswidrigkeit der Sanktionen des Sicherheitsrates sind zum einen die Verantwortlichkeit der Vereinten Nationen, aber auch der daran mitwirkenden Staaten. Die derzeitigen Kontrollmöglichkeiten des Sicherheitsrates waren daher auch gegenständlich, da die Frage der Verantwortlichkeit gleichzeitig die Frage nach der Kontrollinstanz aufwirft.

Die gerichtliche Überprüfung der nationalen Umsetzungsakte der Individualsanktionen durch nationale oder regionale Gerichte ist eine grundlegende Prämisse dieser Arbeit, die auf der Annahme gründet, dass die Mitgliedstaaten der Vereinten Nationen bei der Anwendung dieser Individualsanktionen gleichzeitig ihrer Bindung aus den nationalen und regionalen Grund- und Menschenrechten gerecht werden müssen. Die tatsächliche Verpflichtung aus

959 Siehe *ILA*, Report of the 71st Conference, S. 186 f.

960 ‚Keine Flucht in die internationale Organisation', ein Grundsatz den der EGMR in seiner ständigen Rechtsprechung herausgearbeitet hat: siehe auch *Reinisch*, Global Governance 2001, S. 143.

961 *ILA*, Report of the 71st Conference, S. 187.

dem Völkerrecht zur Umsetzung reicht nicht aus, diese Bindung aufzuheben, die Staaten bleiben völkerrechtlich verantwortlich.[962]

Würde man die derzeitige Situation hinnehmen, führte dies dazu, dass mit der Argumentation der Bekämpfung des internationalen Terrorismus durch den Sicherheitsrat der Vereinten Nationen jedwede grund- und menschenrechtliche Gewährleistung ignoriert und die Möglichkeit einer rechtsstaatlichen Kontrolle der Maßnahmen der Mitgliedstaaten verhindert würde. Damit würde letztlich dieser Ansatz der Terrorismusbekämpfung wiederum delegitimiert. Schließlich würde man ein Phänomen, das den Weltfrieden und die Sicherheit der Staatengemeinschaft bedroht, mit intransparenten und unkontrollierbaren Maßnahmen bekämpfen. Sollen die Prinzipien der Rechtsstaatlichkeit und Grund- und Menschenrechte nicht ausgehöhlt werden, für die sich der Sicherheitsrat grundsätzlich stark macht, bleibt lediglich der Weg der gerichtlichen Kontrolle dieser Sanktionen auf der nationalen und regionalen Ebene. Dazu müssen die Mitgliedstaaten einen ausbalancierten Weg finden, den Verpflichtungen aus der UN-Charta und den menschenrechtlichen Verpflichtungen gleichsam nachzukommen.

Für diese Fragestellung wird im Folgenden ein praktikabler Vorschlag gemacht. Zurzeit werden schließlich kaum Kontrollbefugnisse nationaler oder regionaler Einrichtungen vorgesehen, sodass im folgenden Kapitel – bezogen auf dem Anwendungsbereich der EMRK – eine Kontrollbefugnis des EGMR im Rahmen seiner Kompetenzen rekonstruiert wird.

962 Siehe dazu die Ausführungen oben zur völkerrechtlichen Verantwortlichkeit der Staaten bei der Umsetzung der Resolutionen des Sicherheitsrates.

„it is a general and indisputable rule that where there is a legal right, there is also a legal remedy by suit or action at law whenever that right is invaded.“

(Blackstone, Commentaries on the Law of England, third volume, S. 23)

4. Kapitel: Der Schutz der Verfahrensrechte der von den Individualsanktionen betroffenen Personen durch die EMRK

Im letzten Kapitel werden die Fragen nach der Zuständigkeit des EGMR und der nationalen Gerichte behandelt. Dabei wird der Fokus auf die Beschwerden von Betroffenen gegen einen nationalen Umsetzungsakt eines Mitgliedstaates der EMRK gelegt, der die Individualsanktionen des Sicherheitsrates umsetzt. Dabei werden nur die Fälle betrachtet, in denen es sich um Staaten handelt, die keine Mitgliedstaaten der EU sind. Die Zuständigkeit des EGMR und der nationalen Gerichte wird im Folgenden mit dem völkerrechtlichen Grundsatz der Subsidiarität konstruiert.

Des Weiteren werden die prozessualen grundrechtlichen Gewährleistungen aus der EMRK – Art. 6 und 13 EMRK – aufgefächert und ihr Anwendungsbereich für diese Fälle beleuchtet.

A. Das Verhältnis der EMRK zu anderen internationalen Regimen und die Zuständigkeit des EGMR

Die Zuständigkeit des EGMR ist durch Art. 1 EMRK definiert: „*The High Contracting Parties shall secure to everyone within their jurisdiction the rights and freedoms defined in Section I of this Convention.*“ Diese Norm wird durch Art. 32 EMRK ergänzt: „*The jurisdiction of the Court shall extend to all matters concerning the interpretation and application of the Convention and the Protocols thereto which are referred to it as provided in Articles 33, 34, 46 and 47.*“[963] Er kann also nur über eine Beschwerde entscheiden, wenn der Sachverhalt seiner Jurisdiktion

963 Der Gerichtshof selbst wurde durch Art. 19 EMRK errichtet, der seine Aufgaben als ständiger Gerichtshof wahrnimmt.

unterfällt. Es handelt sich dabei um eine Voraussetzung, die der EGMR im Rahmen der Zulässigkeitsprüfung bei jeder Beschwerde durchführt, um seine Zuständigkeit zu ermitteln. Es wird unterschieden zwischen der Zuständigkeit *ratione personae, ratione loci, ratione temporis* und ratione *materiae*[964], siehe Art. 35 Abs. 3 (a) und 32 Abs. 1 EMRK.

Die Zuständigkeit *ratione personae* fragt nach der Verletzung der Konvention durch einen Mitgliedstaat oder ein ihm zumindest zurechenbares Verhalten. Hier sind insbesondere die Fälle problematisch, in denen das Handeln eines Mitgliedstaates gerügt wird, das sich außerhalb des territorialen Anwendungsbereiches der EMRK zugetragen hat[965]. Die Fälle der Individualsanktionen des Sicherheitsrates und der nationalen Umsetzungsakte werden in den Konstellationen relevant, in denen es um die Verantwortlichkeit eines Mitgliedstaates im Rahmen von Rechtsakten geht, die im Zusammenhang mit ihrer Mitwirkung in anderen internationalen Organisationen erlassen wurden.

Die Zuständigkeit *ratione loci* fordert, dass die verletzende Handlung in dem Herrschaftsgebiet des beklagten Mitgliedstaates oder in einem Gebiet stattfand, das unter seiner Kontrolle steht[966]. Es bedarf also eines Zusammenhangs zwischen dem Verhalten des beklagten Mitgliedstaates und dem Herrschaftsgebiet des Mitgliedstaates, um die Zuständigkeit des EGMR zu begründen[967].

Die Zuständigkeit *ratione temporis* beschreibt das zeitliche Moment. Ein Mitgliedstaat kann im Sinne des völkerrechtlichen Rückwirkungsverbotes in Bezug auf internationale Verträge nur für das Verhalten im Sinne der EMRK verantwortlich

---

964 Siehe zur Zuständigkeit des EGMR die Übersicht in *Europarat/EGMR*, Practical Guide on Admissibility Criteria, S. 41 ff. mit weiteren Verweisen auf die Rechtsprechung des EGMR zu den einzelnen Fragen.

965 Siehe dazu EGMR, Urteil vom 16. November 2004, n° 31821/96 – *Issa u.a. gg. Türkei*, Rn. 71; EGMR; Urteil (GK) vom 4. Juli 2006, n° 49450/00 – *Sánchez Ramirez gg. Frankreich*; EGMR (GK), Urteil vom 12. Mai 2005, n° 46221/99 – *Öcalan gg. Türkei*, Rn. 91; EGMR (GK), Urteil vom 29. März 2010, n° 3394/03 – *Medvedyev u.a. gg. Frankreich*, Rn. 66–67; siehe zu Militäraktionen im Ausland: EGMR (GK), *Al-Skeini*, a.a.O., Rn. 149. Siehe zum Einsatz von militärischen Missionen der Vereinten Nationen und die Verantwortlichkeit der mitwirkenden Staaten in diesen Einsätzen: EGMR (GK), *Al-Jedda*, a.a.O., Rn. 84–85. Siehe zu Handlungen, die in Pufferzonen der Vereinten Nationen stattfinden: EGMR, Urteil vom 24. Juni 2008, n° 44587/98 – *Isaak u.a. gg. Türkei.*

966 Siehe EGMR (GK), *Zypern gg. Türkei*, a.a.O., Rn. 75–81; EGMR, *Drozd und Janousek*, a.a.O., Rn. 84–90; siehe schon EGMR, *Tyrer*, a.a.O., Rn. 23.

967 Siehe dazu EGMR, *Loizidou*, a.a.O., Rn. 55; EGMR; Urteil vom 7. Januar 2010, n° 25965/04 – *Rantsev gg. Zypern und Russland*, Rn. 203.

sein, das er nach dem Inkrafttreten der EMRK im Anwendungsbereich seiner Rechtsordnung an den Tag gelegt hat[968]. Der letzte Aspekt ist die Zuständigkeit *ratione materiae*. Sie betrifft die materielle Zuständigkeit des EGMR, es geht dabei um die Prüfung, ob sich der Beschwerdeführer auf ein Recht beruft, das von der EMRK geschützt wird[969]. Hier nimmt der EGMR also eine Untersuchung der möglichen Verletzung eines Beschwerdeführers in seinen durch die EMRK garantierten Rechten vor. Ist die Verletzung einer der Grund- und Menschenrechte der EMRK nicht vorgetragen und wird die gerügte Rechtsposition nicht durch die EMRK gewährleistet, weist der EGMR die Beschwerde als unzulässig zurück.

Im Folgenden wird die relevante Rechtsprechung dargestellt und auf ihre Überzeugungskraft hin untersucht (I.). Darauf folgt die Ausarbeitung einer Lösung zur Konstruktion der Zuständigkeit des EGMR, die für die Beschwerden gegen nationale Rechtsakte der Mitgliedstaaten der EMRK gelten soll, die Rechtsakte anderer internationaler Organisationen umsetzen (II.).

I. Die Rechtsprechung des EGMR

Aus dem Vorangegangenen wurde deutlich, dass insbesondere die Zuständigkeit *ratione personae* des EGMR in Bezug auf die nationalen Umsetzungsakte problematisch ist, da zwar der Umsetzungsakt der nationalen Herrschaftsgewalt entspringt, dieser aber letztlich auf einem verpflichtendem internationalen Rechtsakt beruht. Das zeitliche Moment spielt kaum eine Rolle, da es um Handlungen der Mitgliedstaaten der EMRK geht, die unproblematisch nach dem Inkrafttreten der EMRK für diese durchgeführt wurden.

Auch geht es bei den Individualsanktionen um Maßnahmen, die im räumlichen Herrschaftsgebiet eines Staates erlassen wurden, da sie sich auf die Vermögensgüter der Betroffenen in diesem Mitgliedstaat beziehen und ihre Reisefreiheit in diesem Land betreffen. Die inhaltliche Anwendbarkeit der prozessualen Rechte ist hier relevant (*ratione materiae*), da die Kritik an der Rechtsweggarantie und dem fairen Verfahren im Rahmen der Individualsanktionen Grund- und Menschenrechte aus der EMRK betrifft.

Damit bleibt also die Frage nach dem persönlichen Anwendungsbereich der EMRK offen, der das Handeln eines Mitgliedstaates erfordert, damit der

968 Siehe EGMR (GK), Urteil vom 8. März 2006, n° 59532 – *Blečić gg. Kroatien*, Rn. 70; EGMR (GK), Urteil vom 9. April 2009, n° 71463/01 – *Šilih gg. Slovenien*, Rn. 140; EGMR (GK), Urteil vom 18. September 2009, n° 16064/90 – *Varnava u.a. gg. Türkei*, Rn. 130.

969 Siehe EKMR, Urteil vom 7. März 1977, n° 7705/76 – *X. gg. Deutschland*.

Anwendungsbereich der EMRK gemäß Art. 1 EMRK eröffnet und auch die Zuständigkeit des EGMR bei Individualbeschwerden gemäß Art. 32 EMRK gegeben ist. Es folgt eine Analyse der Rechtsprechung des EGMR, die zwar grob eingeteilt werden kann in die ältere Rechtsprechung seit den 90er Jahren und die neuere Rechtsprechung seit 2012, die sich auch explizit auf die Sanktionsregime des Sicherheitsrates im Bereich der *smart sanctions* bezieht. Jedoch soll die Rechtsprechung hier nach den internationalen Organisationen, auf die sie sich bezieht, kategorisiert werden.

1. Die Entwicklung der equivalent-protection-Formel zugunsten der EU

Seit den 1990er Jahren beschäftigt den EGMR immer wieder die Frage, ob er zuständig ist, wenn Beschwerden gegen Rechtsakte von Mitgliedstaaten gerichtet werden, die sich aus ihrer Mitgliedschaft in anderen internationalen Organisationen ergeben. In diesen Fällen geht es jeweils um die Frage, ob ein Mitgliedstaat nach Art. 1 EMRK verantwortlich für ein Verhalten im Zusammenhang mit der Mitgliedschaft in einer anderen internationalen Organisation ist und ob der EGMR in der Folge dafür zuständig ist, über die gerügte Verletzung der Grund- und Menschenrechte aus der EMRK zu entscheiden. Der EGMR hat in diesem Zusammenhang den Grundsatz herausgearbeitet, dass Beschwerden gegen die EU selbst *ratione personae* unzulässig sind, da die EU und ihre Vorgängerorganisationen kein Mitglied der EMRK sind und waren[970]. Damit hat er geklärt, dass er sich für die direkte Kontrolle von Rechtsakten anderer internationaler Organisationen nicht zuständig hält.

Von Relevanz sind hier die Entscheidungen, die sich mit der EU und ihrer Vorgängerorganisation befasst haben. Aber auch die Entscheidungen zu anderen europäischen Organisationen, die ihre Mitgliedstaaten zu einem bestimmten Handeln verpflichten können, sind hier interessant. Das Merkmal der „anderen internationalen Organisation" ist ein Unterscheidungsmerkmal zu der neueren Rechtsprechung, die sich, bezogen auf ihre Sachverhalte, nicht mehr ausschließlich im europäischen Kontext bewegt, sondern mittlerweile auch im globalen Kontext. Die Fallgruppen können eingeteilt werden in solche, in denen Rechtsakte der Mitgliedstaaten aufgrund von europäischen Unionsrechtsakten und solche, in denen Rechtsakte der Mitgliedstaaten aufgrund von Anweisungen anderer europäischer Organisationen erlassen wurden.

---

970 EKMR, Urteil vom 10. Juli 1978, n° 8030/77 – *Confédération francaise démocratique du Travail (CFDT) gg. Europäische Gemeinschaften oder ihre Mitgliedstaaten*, Rn. 4.

Ein Ausnahmefall soll in diesem Zusammenhang schon hier kurz erwähnt werden, da es sich dabei um eine Konstellation handelt, in der die sogleich noch zu untersuchende *equivalent-protection*-Formel gar nicht erst zur Anwendung kam. Bei diesem Ausnahmefall handelte es sich um die direkte Kontrolle eines Rechtsaktes einer anderen internationalen Organisation, nämlich der damaligen EG.

Im Jahr 1999 hatte sich der EGMR in der Sache *Matthews*[971] mit dem Ausschluss der Enklave Gibraltars von den Wahlen zum Europäischen Parlament beschäftigen müssen. Bei Gibraltar handelt es sich um ein britisches Überseegebiet, das sich an der Südspitze der iberischen Halbinsel befindet, das aber nicht Teil des Vereinigten Königreichs ist. Eine britische Staatsangehörige aus Gibraltar wehrte sich gegen den Rechtsakt der EG zu den Direktwahlen aus dem Jahr 1976[972], der die Bürger Gibraltars nicht zu den Wahlen zum Europäischen Parlament zuließ. Sie argumentierte damit, dass die Europäischen Verträge sehr wohl in einigen Teilen in Gibraltar anwendbar seien[973]. Sie rügte eine Verletzung ihres Wahlrechts aus Art. 3 des 1. Zusatzprotokolls (ZP) zur EMRK und eine Diskriminierung gem. Art. 14 EMRK.

Der EGMR betonte, dass seine Zuständigkeit gem. Art. 1 EMRK dann nicht eröffnet sei, wenn es sich bei dem streitgegenständlichen Rechtsakt um einen Rechtsakt der EG handelt, den die Mitgliedstaaten nur noch ausführen und nicht mehr in ihre nationale Rechtsordnung umsetzen müssen[974]. Die Mitgliedstaaten blieben aber grundsätzlich verantwortlich für die Folgen aus den abgeschlossenen Verträgen[975]. Damit meinte der EGMR zum einen die europäischen Verträge, aber auch den Wahlrechtsakt von 1976.

Das Vereinigte Königreich habe mit Beitritt zur EG zugestimmt, das bestimmte Bereiche des Europarechts auf Gibraltar anwendbar sind. Daraus folge, dass das Vereinigte Königreich für die Verwehrung des Wahlrechts – gewährleistet durch Art. 3 des 1. ZP zur EMRK – der Einwohner von Gibraltar zum Europäischen Parlament gem. Art. 1 EMRK verantwortlich ist und der EGMR damit auch zuständig zur Entscheidung in der Sache ist[976].

---

971 EGMR, *Matthews*, a.a.O.

972 EG – Entscheidung des Rates, Akt zur Einführung allgemeiner unmittelbarer Wahlen der Abgeordneten der Versammlung, vom 20. September 1976, ABl. Nr. L 278 vom 08/10/1976 S. 5 – 11 und Entscheidung des Rates 76/787.

973 Siehe ehemals Art. 227 Abs. 4 EGV, heute Art. 52 EUV in Verbindung mit Art. 355 AEUV, siehe auch die 55. Erklärung zur Schlussakte der Regierungskonferenz.

974 EGMR, *Matthews*, a.a.O., Rn. 32.

975 EGMR, *Matthews*, a.a.O., Rn. 33.

976 EGMR, *Matthews*, a.a.O., Rn. 34 f.

a) Die Zuständigkeit des EGMR bei Rechtsakten der EU ohne Umsetzungsspielraum für die Mitgliedstaaten

1) Die Rechtsprechung des EGMR

In der Entscheidung vom 9. Februar 1990[977] befasste sich die EKMR in der Sache *M&Co.* mit einer Beschwerde, die sich im Wesentlichen gegen eine Entscheidung der damaligen EG-Kommission – heute Europäische Kommission – vom 14. Dezember 1979[978] richtete. Diese legte dem Beschwerdeführer ein Bußgeld wegen der Verletzung von Art. 85 Abs. 1 EGV – heute Art. 105 AEUV – auf. Dem Beschwerdeführer wurde zur Last gelegt, gemeinsam mit anderen Akteuren gegen europäische Wettbewerbsregeln verstoßen zu haben, indem die betroffenen Firmen ihre Verhaltensweise abgestimmt hatten, nämlich die Verhinderung von Importen von Elektronik-Geräten aus der Bundesrepublik Deutschland nach Frankreich. Weitere Firmen hatten ihre Verhaltensweise insoweit abgestimmt, um Importe aus dem Vereinigten Königreich nach Frankreich zu unterbinden. Diese Entscheidung der Kommission wurde in der Sache vom EuGH bestätigt, sodass der zuständige deutsche Justizminister eine Vollstreckungsklausel erließ[979].

Vor der EKMR rügte der Beschwerdeführer die Entscheidung des deutschen Justizministers, die gegen die Unschuldsvermutung aus Art. 6 Abs. 2 EMRK und das Recht, sich selbst vor Gericht zu verteidigen aus Art. 6 Abs. 3 c) EMRK verstoße. Nach Ansicht des Beschwerdeführers habe der Justizminister vor Erteilung der Vollstreckungsklausel prüfen müssen, ob das Urteil mit den Garantien aus Art. 6 EMRK vereinbar sei. Die Bundesrepublik brachte zu ihrer Verteidigung vor, dass sie für Verletzungen der EMRK nicht verantwortlich sein könne, wenn sie im Rahmen der schon teilweise übertragenen Hoheitsgewalt auf eine internationale Organisation Rechtsakte dieser Organisation in ihrer nationalen Rechtsordnung zur Anwendung bringe.

---

977 EKMR, *M. & Co.*, a.a.O.

978 ABl. L 60 vom 5. 3. 1980, S. 21; zuvor erschöpften sie auch den Rechtsweg vor dem EuGH und den deutschen Gerichten.

979 Die Vollstreckung der Urteile des EuGH erfolgt heute nach Art. 280 AEUV in Verbindung mit Art. 299 EUV, die sich wiederum auf die nationalen Vorschriften zur Zwangsvollstreckung beziehen. Im deutschen Recht bedeutet das, dass die Urteile des EuGH gem. Art. 328 ZPO vollstreckt werden.

Die EKMR betonte in ihrer Entscheidung, dass sie *ratione personae* nicht zuständig sei, Beschwerden über Entscheidungen der Organe der damaligen EG zur Entscheidung anzunehmen, da die EU nicht Mitglied der EMRK ist. Damit bestätigte sie ihre bisherige Rechtsprechung[980]. Nichtsdestotrotz bestehe die Verantwortlichkeit der Mitgliedstaaten der EMRK gem. Art. 1 EMRK fort, infolge von Handlungen oder Unterlassen im Zusammenhang mit nationalen Rechtsakten, die der Umsetzung internationaler Rechtsakte einer anderen internationalen Organisation in das nationale Recht, dienen[981].

In dieser Entscheidung erfolgte die Erfindung der *equivalent-protection*-Formel: „*the Convention does not prohibit a Member State from transferring powers to international organisations (…). Therefore the transfer of powers to an international organisation is not incompatible with the Convention provided that within that organisation fundamental rights will receive an equivalent protection (…) The Commission has also taken into consideration that it would be contrary to the very idea of transferring powers to an international organisation to hold the member States responsible for examining, in each individual case before issuing a writ of execution for a judgment of the European Court of Justice, whether Article 6 (Art. 6) of the Convention was respected in the underlying proceedings.*“[982]

In der später folgenden Sache *Bosphorus*[983] hat der EGMR die *equivalent-protection*-Formel dann weiter ausformuliert. In der Sache ging es um ein Flugzeug der Fluggesellschaft „Bosphorus Airways“, das eine türkische Gesellschaft gechartert und von einer jugoslawischen Gesellschaft geleast hatte. Die irischen Behörden beschlagnahmten dieses Flugzeug aufgrund der Verordnung EG/990/93 des europäischen Rates, die wiederum eine Resolution des Sicherheitsrates der Vereinten Nationen gegen die jugoslawische Bundesrepublik (Serbien und Montenegro) umgesetzt hatte. Vor dem irischen High Court hatte die Beschwerdeführerin Erfolg, da das Gericht die Verordnung in diesem Fall für unanwendbar erklärte. Der irische Supreme Court legte dem EuGH dann aber die Frage vor, ob das Flugzeug von der Verordnung überhaupt umfasst sei, was dieser bejahte. In der Folge setzte der Supreme Court das Urteil des EuGH um und gab nach Beendigung der Sanktionen gegen Jugoslawien das Flugzeug

980 Siehe EKMR, *CFDT*, a.a.O., S. 231; EKMR, Urteil vom 19. Januar 1989, n° 13539/88 – *Dufay gg. Europäische Gemeinschaften*.

981 Dies ergibt sich auch schon aus EGMR, Urteil vom 28. Mai 1975, n° 6231/73 – *Ilse Hess gg. Vereinigtes Königreich*, S. 72, 74.

982 EKMR, *M. & Co.*, a.a.O.

983 Urteil des EGMR (GK), *Bosphorus*, a.a.O.

direkt an die jugoslawische Gesellschaft heraus, da unterdessen der Leasing-Vertrag endete. Dadurch verlor die türkische Gesellschaft drei Jahre der vierjährigen Leasingdauer des Flugzeuges.

Vor dem EGMR berief sich die Beschwerdeführerin auf ihr Eigentumsrecht aus Art. 1 des 1. ZP zur EMRK durch Irland, da Irland bei der Umsetzung der europäischen Verordnung und der Resolution des Sicherheitsrates einen Spielraum gehabt habe und daher für die Beschlagnahme des Flugzeuges im Sinne des Art. 1 EMRK verantwortlich sei. Der EGMR sah jedoch keinen Spielraum der irischen Regierung bei der Umsetzung der europäischen Verordnung, sodass sich die Verpflichtung Irlands direkt aus dem europäischen Primärrecht ergebe[984]. Angesichts des gleichwertigen Schutzes der Grundrechte durch die Europäische Union sah sich der EGMR nicht veranlasst, den nationalen Umsetzungsakt am Maßstab der EMRK zu überprüfen. Er vermutete, dass Irland bei der Umsetzung seiner Verpflichtungen aus dem Europarecht die Vorgaben der EMRK eingehalten hat.

Auch der Begriff der Äquivalenz des Grundrechtsschutzes wurde durch den EGMR näher ausgeführt: „*State action taken in compliance with such legal obligations is justified as long as the relevant organisation is considered to protect fundamental rights, as regards both the substantive guarantees offered and the mechanisms controlling their observance, in a manner which can be considered at least equivalent to that for which the Convention provides (…). By ‚equivalent' the Court means ‚comparable'; any requirement that the organisation's protection be ‚identical' could run counter to the interest of international cooperation pursued (…)*"[985]. Damit reicht also ein vergleichbarer – *comparable* – Schutzstandard aus, um den *equivalent-protection*-Test des EGMR zu bestehen.

Diese Vermutung zugunsten des äquivalenten Grundrechtsschutzes in der Europäischen Union könne jedoch widerlegt werden, wenn bewiesen würde, dass der Grundrechtsschutz offensichtlich mangelhaft wäre. Dies begründete der EGMR folgendermaßen: „*If such equivalent protection is considered to be provided by the organisation, the presumption will be that a State has not departed from the requirements of the Convention when it does no more than implement legal obligations flowing from its membership of the organisation. However, any such presumption can be rebutted if, in the circumstances of a particular case, it is considered that the protection of Convention rights was manifestly deficient. In such cases, the interest of international cooperation would be outweighed by the*

984 EGMR (GK), *Bosphorus*, a.a.O., Rn. 148.
985 EGMR (GK), *Bosphorus*, a.a.O., Rn. 155.

Convention's role as a ,constitutional instrument of European public order' in the field of human rights (...). It remains the case that a State would be fully responsible under the Convention for all acts falling outside its strict international legal obligations."[986]

Bei der Prüfung der offensichtlichen Mangelhaftigkeit des Grundrechtsschutzes durch die andere internationale Organisation am Maßstab der EMRK nimmt der EGMR also implizit eine Abwägung zwischen der Rolle der EMRK als ein Verfassungsinstrument des europäischen *ordre public* im Bereich der Menschenrechte und dem staatlichen Interesse an internationaler Kooperation vor. Der EGMR stellt die Freiheit der Staaten zum Zusammenschluss zu internationalen Organisation in keiner Weise infrage. Er betont jedoch, dass die Staaten beim Handeln aufgrund der Anordnung durch die andere internationale Organisation weiterhin an ihre Verpflichtungen aus der EMRK gebunden sind und damit die menschenrechtlichen Verpflichtungen auch bei der Umsetzung von Rechtsakten anderer internationaler Organisationen beachten müssen.

Seine Prüfungskompetenz nimmt der EGMR schließlich nur aus Rücksicht auf die internationale Kooperation grundsätzlich zurück, soweit der Grundrechtsschutz innerhalb der anderen Organisation äquivalent, also vergleichbar mit dem aus der EMRK ist. Ist der Grundrechtsschutz in der anderen internationalen Organisation jedoch offenkundig unzureichend, dann sieht er seine Vermutung als widerlegt an und beruft sich auf seine Kontrollbefugnis aus Art. 1 EMRK.

In der Sache *Connolly*[987] ging es um einen Beamten der Europäischen Kommission, der im Bereich der europäischen Geldpolitik tätig war und im Jahr 1995 ein Buch mit dem Titel „*The Rotten Heart of Europe. The dirty War for Europe's Money*" ohne das Einverständnis seines Vorgesetzten verfasste, welches gemäß Art. 17 des Beamtenstatuts der Europäischen Gemeinschaften in solchen Fällen jedoch erforderlich ist. Ein Disziplinarverfahren wurde gegen ihn eingeleitet, weil er mit seiner im Buch vertretenen persönlichen Auffassung, die nicht der der Europäischen Kommission entspräche, den Ruf der EU beschädigen würde. Dies sei aber durch die nicht autorisierte Veröffentlichung des Buches, die Ausschnitte des Buches in der *Financial Times* und das Interview für *The Times* geschehen.

In der Folge wurde der Beschwerdeführer erst von seinen Aufgaben suspendiert und dann entlassen. Dagegen wehrte er sich ohne Erfolg vor dem Gericht

---

986 EGMR (GK), *Bosphorus*, a.a.O., Rn. 156 f.
987 EGMR, *Connolly*, a.a.O.

Erster Instanz und dem Gerichtshof. Vor dem EGMR berief sich der Beschwerdeführer unter anderem auf die Verletzung seines Rechts auf ein faires Verfahren, insbesondere auf das Recht auf Waffengleichheit und ein kontradiktorisches Verfahren.

Auch in diesem Fall wehrte sich der Beschwerdeführer gegen eine Entscheidung eines Organs der damaligen EG. Der EGMR verwies daher auf seine ständige Rechtsprechung, so wie sie sich aus den Urteilen in der Sache *Bosphorus* und *M&Co* ergibt. Nach der *equivalent-protection*-Formel konnte daher auch in dem Fall *Connolly* die Vermutung zugunsten des äquivalenten Grundrechtsschutzes in der EG nicht widerlegt werden[988]. Auch die Haftung der Europäischen Union selbst wird mangels ihrer Mitgliedschaft in der EMRK ausgeschlossen, im Anschluss an die Sache *Boivin*[989].

In dem Fall *Cooperatieve* wendeten sich die Beschwerdeführer gegen die Tatsache, dass ihnen in einem Verfahren vor dem EuGH nicht die Möglichkeit eröffnet wurde, auf den Schlussantrag des Generalanwaltes zu antworten[990]. Sie rügten die Verletzung ihres Rechts auf ein faires Verfahren aus Art. 6 Abs. 1 EMRK durch den EUGH, durch die EU und die Niederlande. Der EGMR arbeitete heraus, dass die Niederlande weiterhin verantwortlich blieben, da ein niederländisches Gericht dem EuGH im Wege des Vorabentscheidungsverfahrens eine Entscheidung über die Frage der Auslegung von Europarecht vorgelegt hatte[991]. Der EGMR zog auch in diesem Fall die *equivalent-protection*-Formel heran, da es nicht um die Umsetzung eines EU-Rechtsaktes durch einen Mitgliedstaat ging, sondern um die Grundrechtsgarantien, die die EU und der EUGH gewährt. Dabei betonte der EGMR den ‚Nexus' zwischen der Entscheidung des EuGH, die für das vorlegende nationale Gericht bindend war und die Vorlage durch das Gericht, was dazu führe, dass die Niederlande hier verantwortlich sei und der EGMR gemäß Art. 1 EMRK zuständig ist[992]. Im Ergebnis war die Vermutung zugunsten des gleichwertigen Grundrechtsschutz durch die EU nicht widerlegt worden[993].

---

988 Siehe EGMR, *Connolly*, a.a.O.

989 Siehe EGMR, Connolly, a.a.O.

990 EGMR, Urteil vom 20. Januar 2009, n° 13645/05 – *Cooperatieve Producentenorganisatie van de Nederlandse Kokkelvisserij u.a. gg. Niederlande.*

991 EGMR, *Cooperatieve*, a.a.O.; dieser Fall lag anders als der *Boivin*-Fall (siehe dazu unten), in dem es um die Entscheidung eines internationalen Gerichts in einem arbeitsrechtlichen Streit zwischen dem Beschwerdeführer und der internationalen Organisation ging. In der Sache war der Mitgliedstaat gar nicht involviert und konnte daher nicht zur Verantwortung gezogen werden.

992 EGMR, *Cooperatieve*, a.a.O.

993 EGMR, *Cooperatieve*, a.a.O.

Die Vermutung zugunsten des äquivalenten Grundrechtsschutzes durch die EU und ihre Rechtsakte wurde damit auch auf ihre Gerichte erstreckt.

2) Fazit

Der EGMR hat eine gefestigte Rechtsprechung hinsichtlich seiner Zuständigkeit zur Kontrolle von nationalen Umsetzungsakten im Hinblick auf die EU entwickelt. Bezüglich der Rechtsakte der EU, die den Mitgliedstaaten keinerlei Spielraum bei der Umsetzung überlassen, übt der EGMR seine Kompetenz aus Art. 1 EMRK solange nicht aus, wie die EU einen der EMRK gleichwertigen Grundrechtestandard (*equivalent protection*) gewährleistet. Dies gilt aber nur solange, wie diese Vermutung nicht widerlegt wird und ein offensichtliches Defizit im Grundrechtsschutz bei der EU durch den EGMR diagnostiziert wird.

Diese Vermutung einer *equivalent protection* muss eben erst erschüttert werden, bevor sie zu Fall gebracht werden kann. Die Beweislast dafür liegt bei dem Beschwerdeführer, da er im Verfahren der Individualbeschwerde nach Art. 34 EMRK eine Grundrechtsverletzung glaubhaft machen muss. Ihm wird es nicht leichtfallen, eine offensichtliche Mangelhaftigkeit des Grundrechtsschutzes in der EU aufzuzeigen. Insbesondere seitdem der GRC bindender Charakter zukommt und angesichts des weitgehenden faktischen Gleichlaufs der Rechtsprechung des EuGH und des EGMR in Grundrechtsfragen durch Art. 6 Abs. 3 EUV wird die Vermutung nur schwer zu widerlegen sein. Jedoch reicht es – wie oben ausgeführt – aus, dass er das offensichtliche Defizit im Einzelfall beweist, um die Zuständigkeit des EGMR zu verneinen.

b) Die Zuständigkeit des EGMR bei Rechtsakten der EU mit Umsetzungsspielraum für die Mitgliedstaaten

Neben der *equivalent-protection*-Formel, die für die Rechtsakte der EU ohne Spielraum bei der Umsetzung entwickelt wurde, verbleiben noch die Fälle, in denen sich Beschwerdeführer gegen Rechtsakte mit Umsetzungsspielraum zugunsten der Mitgliedstaaten wehren. Denn für diese Rechtsakte hat die Judikatur des EGMR eine Lösung gefunden, mit der sie ihre Zuständigkeit weiterhin ausüben kann.

In diesem Zusammenhang ist die Entscheidung in der Sache *Cantoni*[994] von Bedeutung, in der ein Supermarktmanager in rechtswidriger Weise pharmazeutische Produkte verkaufte. Dafür wurde er von den Strafgerichten in Frankreich in allen Instanzen aufgrund Art. L-511 des Code de santé publique, der auf eine

994 EGMR, Urteil vom 11. November 1996, n° 17862/91 – *Cantoni gg. Frankreich.*

europäischen Richtlinie (65/65) zurückging, zu einer Geldstrafe verurteilt. Der Beschwerdeführer rügte, dass die Definition der medizinischen Produkte in diesem Gesetz nicht hinreichend klar und präzise formuliert sei und daher eine Verletzung der Grundsätze *nulla poena sine lege* und *nullum crimen sine lege* aus Art. 7 EMRK darstelle.

Eine europäische Richtlinie ist gemäß Art. 288 Abs. 3 AEUV zwar für die Mitgliedstaaten, an die sie gerichtet ist bindend, überlässt den Mitgliedstaaten jedoch einen Spielraum im Hinblick auf die Wahl der Form und der Mittel. Daher handelt es sich bei dem nationalen Umsetzungsakt um einen Rechtsakt, der aus der Sicht des EGMR dem Mitgliedstaat zugerechnet werden kann und für den er vollumfänglich im Sinne des Art. 1 EMRK verantwortlich ist. Daran ändert sich auch nichts, wenn der nationale Rechtsakt die europäische Richtlinie wortgleich übernimmt[995].

Auch in der Sache *M.S.S.*[996] hat der EGMR festgehalten, dass die Mitgliedstaaten der EMRK insbesondere dann umfassend an die EMRK gebunden bleiben, wenn sie nicht verbindliche Rechtsakte einer anderen Organisation umsetzen oder auch solche, die ihnen einen Spielraum bei der Umsetzung überlassen. In dem Fall ging es um die Abschiebung von Asylantragstellern nach Griechenland nach der Dublin-Verordnung 343/2003/EG, die den Mitgliedstaaten jedoch ein Ermessen bei der Abschiebung im Falle von zu befürchteten unmenschlichen Zuständen im Zielland einräumte.

In der Sache *Michaud*[997] ging es um die Umsetzung einer europäischen Richtlinie durch den nationalen Rat der französischen Anwaltsvereinigung, mit der die Verpflichtungen im Bereich der juristischen Berufe zur Verhinderung von Geldwäsche erfüllt werden sollten. Rechtsanwälte sollten dazu verpflichtet werden, ihre Mandanten anzuzeigen, wenn sie den Verdacht haben, dass diese Geldsummen aus illegalen Geschäften besäßen. Gegen die französische Umsetzung der europäischen Richtlinie hatte der Beschwerdeführer den innerstaatlichen Rechtsweg erfolglos erschöpft. Er sah in der Richtlinie und dem nationalen Umsetzungsakt eine Verletzung des Art. 8 EMRK, nach dem der Anwalt ein Recht auf vertrauliche Korrespondenz zu seinem Mandanten hat.

Auch dieser Fall befasste sich mit der verpflichtenden Umsetzung eines europäischen Sekundärrechtsakts. Um dieser Verpflichtung nachzukommen, setzte Frankreich die Richtlinie entsprechend um. Da hier jedoch ein

995 Siehe EGMR, *Cantoni*, a.a.O., Rn. 30.
996 EGMR (GK), *M.S.S.*, a.a.O., Rn. 338.
997 EGMR, *Michaud*, a.a.O.

Ermessensspielraum bei der Umsetzung bestand, wandte der EGMR die *equivalent-protection*-Formel nicht an, sondern prüfte den nationalen Umsetzungsrechtsakt direkt am Maßstab der EMRK[998]. Hinzu kam, dass das oberste Gericht Frankreichs, der Conseil d'Etat, dem EuGH die Frage zur Auslegung der Richtlinie nicht vorgelegt hatte, obwohl diese Frage noch nicht abschließend geklärt war. Die Missachtung der europäischen Rechtswegmechanismen durch das französische Gericht wertete der EGMR als ein zusätzliches Argument für seine Zuständigkeit[999].

Im Ergebnis ist also festzuhalten, dass der EGMR seine Zuständigkeit zur Kontrolle von nationalen Rechtsakten bejaht, die Rechtsakte der EU, bei denen sie einen Spielraum haben, umsetzen. Daher misst er die nationalen Umsetzungsmaßnahmen am Maßstab der EMRK. Dies wird später durch die Sache *Nada*[1000] in Bezug auf Rechtsakte der Vereinten Nationen bestätigt. Damit wendet der EGMR die Grundsätze aus dem Recht der Staatenverantwortlichkeit an, nach denen ein Rechtsakt einem Staat dann zugerechnet werden kann, wenn es sich um einen Willensakt des Staates handelt[1001].

2. *Die Rechtsprechung, die die Formel auf andere europäische und internationale Organisationen überträgt*

a) *Andere europäische Organisationen*

In der Sache *Boivin*[1002] hat der EGMR die *equivalent-protection*-Formel auf die European Organisation for the Safety of Air Navigation (Eurocontrol) übertragen. In diesem Fall rügte der Beschwerdeführer eine Verletzung seiner Verfahrensrechte aus Art. 6 Abs. 1, Art. 13 und 14 EMRK, weil ihm gegen die Entscheidung des zuständigen Verwaltungsgerichts (ILOAT) der International Labour Organization der Rechtsweg zum IGH nicht offenstand, im Gegensatz zum Executive Board von Eurocontrol. Der Entscheidung des ILOAT lag ein arbeitsrechtlicher Streit zwischen dem Beschwerdeführer und Eurocontrol zugrunde, da sich der Beschwerdeführer gegen die Rücknahme des ihm zugesagten Postens des Director General aufgrund einer erfolgreichen Konkurrentenklage richtete.

---

998 EGMR, *Michaud*, a.a.O., Rn. 115.

999 EGMR, *Michaud*, a.a.O., Rn. 115.

1000 EGMR (GK), *Nada*, a.a.O., Rn. 175 ff., 180.

1001 Art. 2 ILC DARS, Art. 4 ff. ILC DARS, siehe auch DARIO, with commentaries, 2011, Yearbook of the ILC, 2011, vol. II, Part Two, Chapter II, commentary, Rn. 1 ff; siehe dazu auch Kapitel 3, C.

1002 EGMR, *Boivin*, a.a.O.

Der EGMR nahm die Unzulässigkeit der Beschwerde an, da sich der Beschwerdeführer gegen ein Handeln und auch Unterlassen einiger Staaten im Rahmen ihrer Mitwirkung in einer internationalen Organisation wendete und verwies diesbezüglich auf das *Bosphorus*-Urteil[1003]. Die streitgegenständliche Entscheidung des ILOAT wurde außerhalb der Jurisdiktion der Mitgliedstaaten im Rahmen einer internationalen Organisation getroffen. Diese hat eine eigene Rechtspersönlichkeit und ist unabhängig von ihren Mitgliedstaaten. Die Verantwortlichkeit lag aus der Sicht des EGMR ausschließlich bei Eurocontrol, die kein Mitglied der EMRK ist, somit erklärte er sich für unzuständig. Er wendete die *equivalent-protection*-Formel[1004] an und sprach sich für einen grundsätzlich der EMRK entsprechenden Grundrechtsschutz durch Eurocontrol aus, den der Beschwerdeführer nicht widerlegen konnte.

Kurz darauf weitete der EGMR die *equivalent-protection*-Formel dann auch auf das Europäische Patentamt[1005] aus.

b) Andere internationale Organisationen

In der Sache *Gasparini*[1006] ging es um einen Beamten der NATO, der im Hauptquartier der NATO in Belgien tätig war. Als der Anteil des Eigenbeitrages zur Rentenversicherung der Beamten durch den NATO-Rat angehoben wurde, wehrte sich der Beschwerdeführer dagegen vor dem Verwaltungsgericht der NATO und verlangte die Aufhebung dieser Entscheidung. Schon während dieses Verfahrens rügte er die Verletzung von Art. 6 EMRK, weil die Verhandlungen nicht öffentlich waren.

Das Gericht wies sowohl die Verfahrensrüge als auch den Antrag auf Aufhebung zurück. In dem Verfahren vor dem EGMR gegen Italien und Belgien berief sich der Beschwerdeführer erneut auf die Verletzung von Art. 6 Abs. 1 EMRK durch das Verfahren vor dem Verwaltungsgericht der NATO angesichts des Ausschlusses der Öffentlichkeit und des Verfahrens der Richterbenennung.

Der EGMR betonte in seiner Entscheidung seine ständige Rechtsprechung, nach der die Mitgliedstaaten der EMRK bei der Übertragung von Hoheitsrechten auf andere internationale Organisationen dazu verpflichtet sind, die Rechte

---

1003 EGMR, *Bosphorus*, a.a.O.

1004 EGMR, *Boivin*, a.a.O., Rn. 2.

1005 EGMR, *Rambus*, a.a.O. Im Anschluss an EKMR, Urteil vom 9. September 1998, n° 39025/97 – *Lenzing AG gg. Deutschland*; bestätigt durch EGMR, Urteil vom 6. Januar 2015, n° 415/07 – *Klausecker gg. Deutschland* und Urteil vom 6. Januar 2015, n° 47287/99 – *Perez gg. Deutschland* in Bezug auf den Ausschluss des nationalen Rechtsweges gegen eine Entscheidung des Europäischen Patentamts aufgrund seiner Immunität.

1006 EGMR, *Gasparini*, a.a.O.

aus der EMRK weiterhin zu gewährleisten und darüber zu wachen, dass dort ein gleichwertiger Schutzstandard gilt[1007]. Wenn diese Organisation die EMRK-Rechte in seiner Gesamtheit respektiert, kann dem Staat keine Verletzung der EMRK vorgeworfen werden, weil eine Maßnahme oder eine Entscheidung einer internationalen Organisation oder einer seiner Organe gegen die EMRK verstoße[1008]. Damit wurde die *equivalent-protection*-Formel auch auf die NATO übertragen.

c) *Die Sonderfälle vor dem Hintergrund der Immunität internationaler Organisationen vor nationalen Gerichten*

Der EGMR hat in den Fällen *Waite and Kennedy*[1009] und *Beer and Regan*[1010] die *equivalent-protection*-Formel zwar nicht direkt auf die European Space Agency (ESA) übertragen, ihnen liegen jedoch ganz ähnliche Erwägungen zugrunde. Die Beschwerdeführer waren in beiden Fällen aufgrund einer Arbeitnehmerüberlassung zugunsten der ESA mit dieser in arbeitsrechtlichen Streitigkeiten vor deutschen Gerichten verwickelt. Aufgrund der Immunität internationaler Organisationen hatten sich die deutschen Gerichte für unzuständig erklärt. Diese Entscheidungen verletzten aus der Sicht der Beschwerdeführer ihr Recht auf eine faire Anhörung durch ein Gericht aus Art. 6 Abs. 1 EMRK.

Der EGMR hat in seiner Entscheidung das Recht auf Zugang zu einem Gericht mit der Immunität internationaler Organisationen abgewogen und ist zu dem Ergebnis gekommen, dass es für die Effektivität und Unabhängigkeit internationaler Organisationen vonnöten sei, dass diese nicht vor internationalen Gerichten verklagt werden können[1011]. Auf die Immunität können die nationalen Gerichte jedoch nur dann verweisen, wenn die betroffene internationale Organisation selbst über einen hinreichenden Rechtsschutzmechanismus verfügt[1012]. Diese Schlussfolgerung macht deutlich, dass der EGMR ebenfalls bei anderen europäischen Organisationen einen Äquivalenz-Test durchführt[1013], indem er

1007 EGMR, *Gasparini*, a.a.O.
1008 EGMR, *Gasparini*, a.a.O.
1009 EGMR (GK), *Waite and Kennedy*, a.a.O.
1010 EGMR (GK), *Beer and Regan*, a.a.O.
1011 EGMR, *Waite and Kennedy*, a.a.O., Rn. 63 ff.
1012 EGMR, *Waite and Kennedy*, a.a.O., Rn. 67 ff., 73: „*Taking into account in particular the alternative means of legal process available to the applicants, it cannot be said that the limitation on their access to the German courts with regard to ESA impaired the essence of their ‚right to a court‘ or was disproportionate for the purposes of Article 6 § 1 of the Convention*".
1013 *Gaja*, FS Tomuschat, S. 523.

den Rechtsweg vor den nationalen Gerichten und den Rechtsweg innerhalb der internationalen Organisation vergleicht.

In dem jüngeren Urteil in der Sache *Stichting Mothers of Srebenica*[1014] hat der EGMR in einem ähnlich gelagerten Fall vor dem Hintergrund des Srebrenica-Massakers während des Bosnienkrieges das Recht des Beschwerdeführers auf eine effektive Beschwerde und ein faires Verfahren gegen die Immunität der Vereinten Nationen vor nationalen Gerichten aus Art. 105 UN-Charta abgewogen. Er ist dabei aber zu dem Ergebnis gekommen, dass die Immunität der Vereinten Nationen ein legitimes Ziel zur Beschränkung der Grundrechte war und letztlich überwog. Damit war der Eingriff in die Rechte des Betroffenen gerechtfertigt, obwohl keine anderen Rechtsmittel, insbesondere auf der Ebene der Vereinten Nationen, zur Verfügung standen[1015].

Der EGMR verwies die Beschwerdeführer auf den nationalen Rechtsweg gegen die Niederlande, der nicht völlig aussichtslos erschien[1016]. Damit weicht dieses Urteil die Rechtsprechung *Gasparini* zumindest im Hinblick auf Fälle im Zusammenhang mit den Vereinten Nationen auf. Das Erfordernis eines effektiven Rechtsweges innerhalb der anderen internationalen Organisation, um eine Rücknahme der Zuständigkeit des EGMR zu begründen, scheint daher für die Vereinten Nationen nicht zu gelten.

3. *Die Rechtsprechung in Bezug auf die Vereinten Nationen*

a) *Der Einsatz von Missionen der Vereinten Nationen*

In den Entscheidungen *Behrami* und *Saramati*[1017] wurde der EGMR mit dem Einsatz der KFOR[1018] im Kosovo, einer von Frankreich angeführten Mission mit einem Mandat des Sicherheitsrates[1019], konfrontiert. Im Fall *Behrami* explodierte im Jahr 2000 in Mitrovica, dem heutigen Kosovo, beim Spielen von Kindern ein Sprengsatz, der noch von den Angriffen der NATO auf die Ehemalige Republik Jugoslawiens herrührte, tötete eines der Kinder und verletzte ein anderes Kind schwer. Dagegen ging der Vater eines der Kinder vor dem Kosovo Claims Office vor, wurde aber mit der Begründung abgewiesen, dass die Vereinten Nationen seit Juli 1999 für die Minenräumung zuständig seien.

1014 EGMR, Urteil vom 11. Juni 2013, n° 65542/12 – *Stichting Mothers of Srebenica u.a. gg. Niederlande*, Rn. 135 ff., 169.

1015 EGMR, *Stichting Mothers of Srebenica*, a.a.O., Rn. 161 ff.

1016 EGMR, *Stichting Mothers of Srebenica*, a.a.O., Rn. 166 ff.

1017 EGMR (GK), *Behrami*, a.a.O.

1018 NATO Kosovo Force.

1019 SC Res. 1244 (1999).

Im Fall *Saramati* wurde der Beschwerdeführer aufgrund strafrechtlicher Ermittlungen von der UNMIK[1020]-Polizei festgenommen. Nach seiner Freilassung wurde er erneut von UNMIK-Polizisten auf Anordnung des norwegischen KFOR-Kommandanten festgenommen. Die KFOR berief sich darauf, dass sie aufgrund der Resolution des Sicherheitsrates Festnahmen unter bestimmten Voraussetzungen durchführen dürfe. Der Supreme Court of Kosovo hob die Anklage wegen Mordes auf.

Die Beschwerdeführer beriefen sich im Verfahren vor dem EGMR auf eine Verletzung von Art. 2 EMRK in der Sache *Behrami* und von Art. 5 EMRK in der Sache *Saramati*. Im Rahmen der Frage nach der Zuständigkeit, musste der EGMR die Verantwortlichkeit der Staaten untersuchen und herausarbeiten, wem die Handlungen der jeweiligen Akteure zuzurechnen waren. Der EGMR rechnete das Handeln der KFOR und der UNMIK über die KFOR dem Sicherheitsrat zu, der die höchste Autorität und Kontrolle (*overall control*) über ihr Handeln behalten habe und weil das operative Kommando durch die Resolution 1244 des Sicherheitsrates lediglich delegiert worden sei[1021].

Anstelle anschließend nach der *equivalent-protection*-Formel zu prüfen, ob die Vereinten Nationen einen der EMRK gleichwertigen Grundrechtestandard gewährleisten, ging der EGMR auf die besondere Rolle der Vereinten Nationen und des Sicherheitsrates ein. Er betont die Ziele aus Kapitel VII – die Wahrung des internationalen Friedens und der Sicherheit – und die Aufgaben des Sicherheitsrates[1022]. Die Bedeutung der Vereinten Nationen für die Gewährleistung des internationalen Friedens und der Sicherheit wird hier als Begründung dafür herangezogen, ihre Handlungen und Rechtsakte nicht am Maßstab des EGMR zu messen. Der EGMR greift dazu auf das Mittel der harmonischen Auslegung[1023]

1020 United Nations Mission in Kosovo.

1021 EGMR (GK), *Behrami*, a.a.O., Rn. 133 ff.

1022 EGMR (GK), *Behrami*, a.a.O., Rn. 148: *„Of even greater significance is the imperative nature of the principle aim of the UN and, consequently, of the powers accorded to the UNSC under Chapter VII to fulfil that aim. In particular, it is evident from the Preamble, Articles 1, 2 and 24 as well as Chapter VII of the Charter that the primary objective of the UN is the maintenance of international peace and security. While it is equally clear that ensuring respect for human rights represents an important contribution to achieving international peace (see the Preamble to the Convention), the fact remains that the UNSC has primary responsibility, as well as extensive means under Chapter VII, to fulfil this objective, notably through the use of coercive measures. The responsibility of the UNSC in this respect is unique and has evolved as a counterpart to the prohibition, now customary international law, on the unilateral use of force"*.

1023 EGMR (GK), *Behrami*, a.a.O., Rn. 147.

zurück, um die Verpflichtungen aus der EMRK und aus der UN-Charta in Einklang zu bringen, sodass die Kollisionsnorm des Art. 103 UN-Charta nicht mehr zur Anwendung kommen musste. Letztlich erklärte sich der EGMR für unzuständig, da er das Handeln der KFOR und der UNMIK den Mitgliedstaaten nicht zugerechnet hat[1024].

b) Entscheidungen der Gerichte der Vereinten Nationen

Des Weiteren hatte der EGMR über zwei Fälle mit Beschwerden gegen das Verfahren vor dem ICTY[1025] zu entscheiden. Die Beschwerdeführer rügten die Verletzung des Rechts auf ein faires Verfahrens aus Art. 6 Abs. 1 EMRK durch ihre Verurteilungen durch den ICTY. Der ICTY wurde durch die Resolution des Sicherheitsrates 827 (1993) als sein Unterorgan geschaffen.

Der EGMR arbeitete in diesen Fällen heraus, dass es sich bei den Entscheidungen des ICTY um Akte handele, die den Vereinten Nationen als eine internationale Organisation mit eigener Rechtspersönlichkeit zuzurechnen sei und gerade nicht den Mitgliedstaaten[1026]. Mit Verweis auf die Entscheidungen *Behrami* und *Saramati* betont der EGMR wieder die Bedeutung des Sicherheitsrates für den internationalen Frieden und die Sicherheit, in die der EGMR nicht eingreifen wolle[1027]. Daher zog er auch nicht die Niederlande als Sitzstaat des ICTY zur Verantwortung[1028]. Die *equivalent-protection*-Formel kam aufgrund der Zurechnung der Entscheidungen des Gerichtes zu den Vereinten Nationen erneut nicht zur Anwendung.

1024 EGMR (GK), *Behrami*, a.a.O., Rn. 151.

1025 EGMR, Urteil vom 9. Juni 2009, n° 49042/07 – *Blagojević gg. Niederlande* und EGMR, Urteil vom 9. Juni 2009, n° 22617/07 – *Galić gg. die Niederlande.*

1026 EGMR, *Blagojević*, a.a.O., Rn. 31 ff. und EGMR, *Galić*, a.a.O., Rn. 31 ff.

1027 EGMR, *Blagojević*, a.a.O., Rn. 47 und EGMR, *Galić*, a.a.O., Rn. 47: *„The Court stresses that the present case involves an international tribunal established by the Security Council of the United Nations, an international organisation founded on the principle of respect for fundamental human rights, and that moreover the basic legal provisions governing that tribunal's organisation and procedure are purposely designed to provide those indicted before it with all appropriate guarantees".*

1028 EGMR, *Blagojević*, a.a.O., Rn. 37 ff. und EGMR, *Galić*, a.a.O., Rn. 37 ff.

c) *Entscheidungen zum Sanktionsregime des Sicherheitsrates in Bezug auf Individuen*

1) Die Entscheidung der Großen Kammer in der Sache *Nada*

In dem Fall *Nada*[1029] hat der EGMR seine Zuständigkeit zur Kontrolle eines nationalen Rechtsaktes, der Sanktionen im Rahmen des 1267-Sanktionsregimes des Sicherheitsrates zur internationalen Terrorismusbekämpfung umsetzte, zum ersten Mal bejaht und eine vollständige Überprüfung des nationalen Umsetzungsaktes am Maßstab der EMRK vorgenommen. Dies begründete die Große Kammer mit dem Umsetzungsspielraum der Resolution zugunsten der Mitgliedstaaten, in dessen Rahmen die Schweiz ihre Verpflichtungen aus der EMRK hätte berücksichtigen können und müssen.

Der Geschäftsmann Herr Nada, ägyptischer und italienischer Staatsbürger, lebte in der italienischen Enklave Campione, die im schweizerischen Kanton Tessin am Luganer See liegt. Seit November 2001 wurde er auf der Liste des 1267-Sanktionsregimes des Sicherheitsrates geführt, da ihm eine Verbindung zu al-Quaida nachgesagt worden war. In der Folge wurde ihm ein Reiseverbot seitens der Schweiz auferlegt, das es ihm verwehrte, in oder durch die Schweiz zu reisen. Darüber hinaus wurde auch sein Vermögen beschlagnahmt. Als er im Jahr 2002 zu einer ärztlichen Behandlung in die Schweiz und durch die Schweiz nach Italien reisen wollte, wurde ihm dies verwehrt. Im Jahr 2005 haben die schweizerischen Behörden die Ermittlungen gegen Herrn Nada mangels Verdachtsmomente wieder eingestellt. Daraufhin stellte er einen Antrag bei den schweizerischen Behörden auf Löschung von dieser Liste, was ihm die Behörden mit dem Verweis auf Art. 25 UN-Charta und der Begründung verwehrten, dass dies nicht in ihrem Herrschaftsbereich liege. Er schaltete auch die italienische Regierung ein, die an das Sanktionskomitee des Sicherheitsrates einen Streichungsantrag stellte, dem das Komitee im Jahr 2009 nachkam.

In seiner Beschwerde vor dem EGMR rügte er die Verletzung seines Rechts auf Privatsphäre und die effektive Beschwerde aus Art. 8 und Art. 13 EMRK dadurch, dass die schweizerischen Behörden seinem Antrag auf Streichung nicht nachgekommen sind, obwohl in dem Ermittlungsverfahren keine Verbindung des Beschwerdeführers zu al-Quaida bewiesen werden konnte.

1029 EGMR (GK), *Nada*, a.a.O.

aa) Zur Zuständigkeit des EGMR gem. Art. 1 EMRK

Der EGMR setzte sich mit der Zuständigkeit *ratione personae* des Gerichtes im Sinne des Art. 1 EMRK auseinander. Die Schweiz brachte vor, dass die schweizerischen Rechtsakte, gegen die sich Herr Nada wehrte, auf der Grundlage der Resolution 1267 des Sicherheitsrates erlassen wurden. Aus diesem Grund seien der Schweiz die angegriffenen Rechtsakte nicht zuzurechnen. Dies habe zur Konsequenz, dass der EGMR für die Kontrolle dieser Rechtsakte nicht zuständig sei. Diese Rechtsakte haben nach schweizerischer Auffassung gem. Art. 25 und 103 UN-Charta auch Vorrang vor allen anderen vertraglichen Verpflichtungen aus anderen internationalen Abkommen der Mitgliedstaaten und damit Vorrang vor der EMRK.

Herr Nada brachte hingegen vor, dass die Umsetzungsakte der Schweiz zuzurechnen seien, da sie in das schweizerische Recht umgesetzt wurden. Bei einer Kontrolle der nationalen Umsetzungsakte durch den EGMR würde nicht der Vorrang der UN-Charta gem. Art. 103 infrage gestellt, sondern darüber gewacht, dass die Charta nicht dazu missbraucht wird, um die menschenrechtlichen Mindeststandards zu missachten.

Dabei ging es um die Frage der völkerrechtlichen Zurechnung, demnach sich die Verantwortlichkeit des Völkerrechtssubjektes und die Zuständigkeit des EGMR gemäß Art. 1 und 34 EMRK bemessen. Der EGMR rechnete den Umsetzungsrechtsakt mitsamt seinen Regelungen und Durchführung zulasten des Beschwerdeführers ausschließlich der Schweiz zu[1030]. Er betonte, dass die Schweiz als Mitgliedstaat der Vereinten Nationen die Resolutionen selbstständig und auf eigene Verantwortung umgesetzt habe. Die Resolutionen überließen den Mitgliedstaaten die freie Wahl bei den Modalitäten der Umsetzung in ihre nationalen Rechtsordnungen und schließlich hätten die Staaten nur eine Pflicht hinsichtlich des Ergebnisses – im Sinne einer Erfüllungsverpflichtung –, seien aber frei im Hinblick auf die Umsetzungsmittel.

In seiner Begründung hat der EGMR mit den gängigen Zurechnungskriterien gearbeitet, die er in seiner Rechtsprechung[1031] entwickelt hatte. Die Jurisdiktion des EGMR bezieht sich demnach auf das gesamte Territorium der

---

1030 EGMR (GK), *Nada*, a.a.O., Rn. 120 ff., 176 (mit einen Verweis auf EuGH, *Kadi*, a.a.O., Rn. 298.

1031 EGMR (GK), *Bankovic*, a.a.O., Rn. 59 ff.; EGMR (GK), Urteil vom 8. April 2004, n° 71503/01 – *Assanidze gg. Georgien*, Rn. 137 ff.; EGMR, *Ilascu*, a.a.O., Rn. 312 ff.

Mitgliedstaaten. Dazu arbeitete er mit den klassischen völkerrechtlichen Zurechnungskriterien, so wie sie in den ILC DARS zu finden sind[1032].

Der EGMR bezieht sich in seiner Begründung auch auf das *Bosphorus*-Urteil, da es sich um einen nationalen Umsetzungsakt handelt, der eine Resolution des Sicherheitsrates umsetzte. Dieser Rechtsakt sei jedoch eindeutig der Schweiz zuzurechnen[1033]. Anders in der Sache *Behrami* und *Saramati*[1034], in der er die Handlungen nationaler Streitkräfte den Missionen der Vereinten Nationen zugerechnet hatte. Der EGMR betonte in dem *Nada*-Urteil daher erneut[1035], dass die Mitgliedstaaten der EMRK grundsätzlich nach Art. 1 EMRK für jedes Handeln und Unterlassen ihrer Organe verantwortlich sind, unabhängig davon ob diese aus Verpflichtungen aus dem nationalen oder internationalen Recht herrühren. Besteht also ein Umsetzungsspielraum für die Mitgliedstaaten der EMRK, hat der EGMR eine Prüfungskompetenz in Bezug auf die nationalen Umsetzungsrechtsakte.

bb) Zum Verhältnis der EMRK zu den Resolutionen des Sicherheitsrates

Der EGMR sprach sich im Rahmen der Prüfung der Rechtfertigung des Eingriffs durch die Schweiz in Art. 8 EMRK für die harmonische Auslegung der verschiedenen internationalen Verpflichtungen der Staaten aus[1036]. Der EGMR untersuchte daher primär den schweizerischen Rechtsakt und – im Sinne einer ‚UN-Charta-freundlichen Auslegung' – die zugrunde liegenden Resolutionen des Sicherheitsrates. Er kam zu dem Ergebnis, dass eine Kollision der jeweiligen Verpflichtungen nicht entstehe, da die Schweiz einen Spielraum bei der Umsetzung der Resolutionen in das nationale Recht gehabt habe[1037]. Aufgrund dieses Spielraums hätte die Schweiz die Verpflichtungen aus der EMRK ohne Weiteres berücksichtigen und den entsprechenden Rechtsschutz bei der Umsetzung

1032 Siehe Art. 4 der ILC DARS, der einen Rechtssatz des Völkergewohnheitsrechts enthält, der schon in der internationalen Rechtsprechung angewandt wurde. Siehe die Kommentierung des Art. 4 und die Einleitung dieser Kommentierung in Yearbook of the ILC, 2001, vol. II, Part Two, S. 62, 87 ff.

1033 EGMR (GK), *Nada*, a.a.O., Rn. 121.

1034 EGMR (GK), *Behrami*, a.a.O.

1035 EGMR (GK), *Nada*, a.a.O., Rn. 168.

1036 EGMR (GK), *Nada*, a.a.O., Rn. 169 ff. mit einem Verweis auf EGMR (GK), Urteil vom 6. Juli 2010, n° 41615/07 – *Neulinger und Shuruk gg. Schweiz*, Rn. 131; EGMR, *Al-Adsani*, a.a.O., Rn. 55; EGMR, *Golder*, a.a.O., Rn. 29, 55; EGMR, Urteil vom 2. März 2010, n° 61498/08 – *Al-Saadoon und Mufdhi gg. Vereinigtes Königreich*, Rn. 126; EGMR, *Bankovic*, a.a.O., Rn. 55–57.

1037 Siehe EGMR, *Nada*, a.a.O., Rn. 176.

der Resolution in das nationale Recht gewähren können. Bei der harmonischen Auslegung gehe es darum, die verschiedenen internationalen Verpflichtungen der Staaten derart in Einklang zu bringen, um ihnen jeweils die größtmögliche Wirksamkeit zu verleihen und Widersprüche zu vermeiden[1038]. Sie beruht auf Art. 31 Abs. 3 c) WÜV, der vorsieht, dass ein internationaler Vertrag unter der Berücksichtigung aller anderen internationalen Verpflichtungen der Mitgliedstaaten untereinander auszulegen ist.

Des Weiteren wendete der EGMR[1039] im Wege der harmonischen Auslegung eine Vermutung zugunsten des Sicherheitsrates an[1040]. Im Falle einer Mehrdeutigkeit einer Resolution möchte der EGMR dem Sicherheitsrat nicht unterstellen, dass er den Mitgliedstaaten Verpflichtungen auferlegen wolle, die ihrerseits grundlegende Menschenrechte verletzten würden. Diese Vermutung kann jedoch widerlegt werden, wenn der Wortlaut der Resolution offensichtlich die Verletzung von Menschenrechten verlangt. Lässt die Formulierung der Resolution mehrere Deutungen zu, dann muss der EGMR die Interpretation wählen, die mit der EMRK in Einklang zu bringen ist.

Damit möchte der EGMR Rücksicht auf die Rolle des Sicherheitsrates als den Hauptverantwortlichen für die internationale Sicherheit und den Weltfrieden nehmen, die sich aus Art. 24 Abs. 1 UN-Charta ergibt[1041]. Die Vermutung wurde jedoch widerlegt, weil die Resolution[1042] eindeutig die Beschränkung der Menschenrechte der betroffenen Personen anordnete[1043]. Die Auslegung zur Verhinderung jedweder Normenkonflikte führte dazu, dass der Widerspruch zwischen der Resolution und der EMRK aufgelöst wurde und die Frage nach ihrem Verhältnis zueinander nicht mehr geklärt werden musste[1044].

Diese Vermutung geht auf eine Entscheidung in der Sache *Al-Jedda*[1045] zurück, der eine Resolution mit Umsetzungsspielraum zugrunde lag und in der sich der EGMR schon einmal mit der Frage des Verhältnisses der menschenrechtlichen Verpflichtungen aus der EMRK und den Resolutionen des Sicherheitsrates auseinandersetzen musste. Dabei führte er Art. 103 UN-Charta an, der bei einem

---

1038 EGMR (GK), *Nada*, a.a.O., Rn. 170 mit Verweis auf EGMR, *Al-Saadoon*, a.a.O., Rn. 126; EGMR, *Al-Adsani*, a.a.O., Rn. 55; EGMR, *Banković*, a.a.O., Rn. 55–57.

1039 EGMR (GK), *Nada*, a.a.O., Rn. 171 f.

1040 Schon bekannt aus EGMR (GK), *Al-Jedda*, a.a.O., Rn. 101 f.

1041 EGMR (GK), *Nada*, a.a.O., Rn. 171 f.

1042 SC Res. 1390 (2002), im Rahmen des 1267-Sanktionsregimes.

1043 EGMR (GK), *Nada*, a.a.O., Rn. 172.

1044 EGMR (GK), *Nada*, a.a.O., Rn. 197.

1045 EGMR (GK), *Al-Jedda*, a.a.O., Rn. 101 f.

Widerspruch einen Vorrang der Verpflichtungen aus der Charta vor allen anderen vertraglichen Verpflichtungen der Mitgliedstaaten anordnet[1046].

Bereits in diesem Urteil hätte sich der EGMR positionieren können, was das Verhältnis der beiden Regime zueinander angeht. Doch er umging die Antwort, indem er die Resolution 1546 – die die Gefangennahme von Personen im Irak regelt – dahingehen auslegt, dass man dem Sicherheitsrat nicht unterstellen könne, dass er bewusst Menschenrechte verletzten möchte[1047]. Er argumentiert mit den Zielen der Vereinten Nationen aus Art. 1 UN-Charta: dem Erhalt des Friedens und der internationalen Sicherheit, wie auch die Fortentwicklung und Unterstützung der Menschenrechte, ähnlich wie schon in dem Urteil *Behrami* und *Saramati*.

Es bestand zwar ein Widerspruch zwischen den Sanktionsregimen des Sicherheitsrates und den Gewährleistungen aus der EMRK, die einen Mindestschutz prozessualer Rechte in Art. 6 und 13 EMRK vorsieht. Der EGMR stellte jedoch ausschließlich auf den schweizerischen Umsetzungsakt ab und sah eine Verletzung der Rechte des Beschwerdeführers aus Art. 8 und 13 EMRK darin, dass die Schweiz nicht alles in ihrer Macht Stehende getan hatte, um das Sanktionsregime an die Situation des Beschwerdeführers unter Berücksichtigung der Gewährleistungen der EMRK anzupassen[1048]. Die Schweiz habe keinen angemessenen Ausgleich zwischen den Rechten des Beschwerdeführers aus der EMRK und dem legitimen Ziel strafbare Handlungen zur Gefährdung des internationalen Friedens und der Sicherheit erreicht[1049].

cc) Kritische Bewertung

Obwohl die Streitparteien in der Sache *Nada* das Verhältnis der EMRK zu den Resolutionen des Sicherheitsrates geklärt wissen wollten, hat der EGMR die Antwort darauf nicht gegeben[1050]. Er betonte in dem Urteil[1051] lediglich, dass der zu bestreitende Handlungsspielraum in der Resolution des Sicherheitsrates keinen Widerspruch zwischen den menschenrechtlichen Verpflichtungen aus der EMRK und dem Sanktionsmechanismus des Sicherheitsrates beinhalte. Dies erlaubte dem EGMR, die Umsetzungsrechtsrechtsakte der Schweiz am Maßstab der EMRK zu messen und eine Verletzung der Art. 8 und 13 EMRK festzustellen.

1046 EGMR (GK), *Al-Jedda*, a.a.O., Rn. 101 f.
1047 EGMR (GK), *Al-Jedda*, a.a.O., Rn. 102.
1048 EGMR (GK), *Nada*, a.a.O., Rn. 196.
1049 EGMR (GK), *Nada*, a.a.O., Rn. 198.
1050 Siehe EGMR (GK), *Nada*, a.a.O., Rn. 197.
1051 EGMR (GK), *Nada*, a.a.O., Rn. 196 f.

Diese Argumentation ist jedoch problematisch. Zum einen war es eine verpasste Gelegenheit, sich zum Verhältnis der Regime zueinander zu äußern. Zum anderen ist es angesichts der Regelungen im 1267-Sanktionsregime nicht vertretbar, einen Handlungsspielraum der Mitgliedstaaten hinsichtlich der Wahl des Adressaten oder gar der Mittel anzunehmen. Dieses Sanktionsregime zeichnet sich dadurch aus, dass es die Adressaten direkt anvisiert, da das Sanktionskomitee des Sicherheitsrates die Listen selbst führt.

Auch die wirtschaftlichen Sanktionsformen sind in dem 1267-Sanktionsregime formuliert und überlassen den Mitgliedstaaten keinen nennenswerten Handlungsspielraum. Befindet sich eine aufgelistete Person oder ihr Vermögen auf dem Hoheitsgebiet eines der Mitgliedstaaten der Vereinten Nationen, hat der Mitgliedstaat das Vermögen dieser Person einzufrieren, ihre Güter zu beschlagnahmen oder ihre Reisefreiheit zu beschränken und Waffenembargos durchzusetzen. Ein Ermessensspielraum der Mitgliedstaaten ist dabei weder ausdrücklich noch implizit vorgesehen.

An diesem Ergebnis ist darüber hinaus zu kritisieren, dass der EGMR die verschiedenen Sanktionsregime in Bezug auf die Terrorismusbekämpfung verwechselt. Zwischen dem 1267-Regime, das den Mitgliedstaaten keinen Handlungsspielraum überlässt[1052], und dem 1373-Regime, bei dem die Mitgliedstaaten eigenständige Listen führen und damit die Adressaten der Sanktionen selbst bestimmen, ist unbedingt zu unterscheiden. Unstreitig ist, dass die Mitgliedstaaten bei der Anwendung der Sanktionen zwar auf Handlungsbefehl des Sicherheitsrates handeln, aber nur beim 1373-Regime innerhalb der Ausführungsentscheidung hinsichtlich der Adressaten einen Spielraum besitzen. Im 1267-Sanktionsregime bleibt den Mitgliedstaaten hingegen überhaupt kein Umsetzungsspielraum mehr, da sie gegen die vom Sicherheitsrat benannten Adressaten die jeweiligen Sanktionen sofort umsetzen müssen. Daher ist das Ergebnis der Auslegung der Großen Kammer in der *Nada*-Sache nicht überzeugend.

Die *Al-Jedda*-Vermutung, die der EGMR im Urteil *Nada* zugunsten des Sicherheitsrates aussprach, erinnert außerdem an die *equivalent-protection*-Formel, da hier gleichwohl mit einer Vermutung zugunsten der Gewährleistung der internationalen Grundrechte durch eine andere internationale Organisation gearbeitet wird. Im Fall der *equivalent-protection*-Formel geht die Vermutung zwar weiter, als dass sie einer anderen internationalen Organisation insgesamt

---

1052 Anders hingegen: Sondervotum des Mitgliedes *Shearer* zu HRC, *Sayadi*, a.a.O., S. 32; EuGH, *Kadi*, a.a.O., Rn. 298.

zutraut, einen der EMRK gleichwertigen Grundrechtsschutz zu gewährleisten. Im Falle *Nada* geht die Vermutung jedoch nur soweit, dass der EGMR im Falle einer Mehrdeutigkeit einer Resolution, dem Sicherheitsrat nicht unterstellen möchte, dass er den Mitgliedstaaten menschenrechtswidrige Verpflichtungen auferlegen wolle. Welchen genauen Standard der Sicherheitsrat dabei einhalten soll, wird aber nicht deutlich gemacht. Auch führt diese Vermutung zugunsten des Sicherheitsrates nicht dazu, dass der EGMR in der Folge auf seine Zuständigkeit und damit auf seine Kontrollmöglichkeit der nationalen Umsetzungsrechtsakte verzichtet, sondern lediglich dazu, dass er im Wege der Auslegung zu einer Harmonisierung der jeweiligen Verpflichtungen gelangt[1053].

Hinzukommt, dass der EGMR von einer – im Wege der Rechtsfortbildung eingeräumten[1054] – Kompetenz des Sicherheitsrates zum Erlass entsprechender Individualsanktionen auf der Grundlage des Kapitel VII UN-Charta ausgeht. Diese Kompetenz wurde durch die Anerkennung der Mitgliedstaaten der Vereinten Nationen bestätigt. Mit der Anwendung der *Al-Jedda*-Rechtsprechung bedient der EGMR sich daher eines Kunstgriffs, diese Kompetenz im Hinblick auf die Einhaltung der Menschenrechte durch die Mitgliedstaaten der EMRK wieder einzuschränken.

Dies wirkt sich lediglich auf die Konfliktlage zwischen der Resolution des Sicherheitsrates und den an die EMRK gebundenen Mitgliedstaat bei der Umsetzung der Resolution aus[1055]. Beinhaltet die Resolution des Sicherheitsrates keinen Verstoß gegen internationale Grundrechte, befindet sich der Mitgliedstaat erst gar nicht in einem Dilemma und bleibt für seine Verletzungen der EMRK-Gewährleistungen verantwortlich. Beinhaltet die Resolution entgegen der Vermutung einen Verstoß gegen internationale Grundrechte, befindet sich der Mitgliedstaat zwar in einem Dilemma, muss aber bei der Umsetzung der Resolution die Gewährleistungen der EMRK berücksichtigen[1056]. Der Mitgliedstaat ist damit weiterhin nach Art. 1 EMRK verantwortlich und die Zuständigkeit des EGMR besteht.

Der Umfang der Pflichten der Mitgliedstaaten unterscheidet sich jedoch in den beiden Hypothesen stark. Bei der Umsetzung einer grundrechtswidrigen Resolution des Sicherheitsrates haben die Mitgliedstaaten eine erhöhte Sorgfaltspflicht und müssen dabei die Gewährleistungen der EMRK beachten und den

1053 Siehe EGMR, *Al-Jedda* (GK), a.a.O., Rn. 101 f.
1054 Siehe oben 3. Kapitel, A., II., 3., b).
1055 Siehe auch EGMR (GK), *Al-Jedda*, a.a.O., Rn. 101 f.
1056 EGMR (GK), *Nada*, a.a.O., Rn. 172.

erforderlichen Grundrechtsschutz im Sinne der EMRK bei der Umsetzung ins nationale Recht einrichten. Im Ergebnis bedeutet dies, dass die Mitgliedstaaten bei der Umsetzung der Resolutionen des Sicherheitsrates diese nicht ungeprüft ins nationale Recht umsetzen dürfen, sondern müssen aufgrund ihrer Verpflichtungen aus der EMRK die entsprechenden Gewährleistungen im Umsetzungsrechtsakt berücksichtigen, wenn sie in der Resolution des Sicherheitsrates fehlen.

An dieser Stelle hätte auch mit einer anderen Vermutung gearbeitet werden können, nach der dem Sicherheitsrat unterstellt wird, dass er den Mitgliedstaaten im Sinne des Art. 103 UN-Charta nur die Verpflichtung zur Umsetzung auferlegen möchte, aber gerade nicht die Missachtung der anderen Verpflichtungen der Mitgliedstaaten[1057]. Schließlich ist der Sicherheitsrat zur Durchsetzung seiner Resolutionen von den Staaten abhängig und könnte sie durch die Berücksichtigung der internationalen Verpflichtungen der Mitgliedstaaten aus dem Pflichtendilemma befreien.

2) Die Entscheidung der Kammer in der Sache *Al-Dulimi*

In dem Kammerurteil[1058] hat der EGMR seine Zuständigkeit und seine Kontrollbefugnis angesichts nationaler Umsetzungsakte von Resolutionen des Sicherheitsrates ohne Handlungsspielraum bejaht. Er begründete dies mit der Anwendung der *equivalent-protection*-Formel, wobei er die Vermutung des gleichwertigen Grundrechtsschutzes innerhalb der Vereinten Nationen als widerlegt ansah. Nach der Auffassung der Kammer handelte es sich um eine Resolution des Sicherheitsrates ohne Spielraum bei der Umsetzung durch die Mitgliedstaaten.

In der Sache *Al-Dulimi* ging es um die Sanktionen des Sicherheitsrates gegen den Irak aus dem Jahr 1990[1059], die sich gegen die Regierung, Regierungsmitglieder und alle Unternehmen und Geschäfte richtet, die von ihnen geführt oder kontrolliert wurden. Die nach panamaischem Recht errichtete Firma Al-Dulimi und ihr Geschäftsführer irakischer Staatsangehörigkeit wurden im Jahr 2004 aufgrund einer Resolution des Sicherheitsrates[1060] durch das Sanktionskomitee auf der entsprechende Liste aufgeführt. In der Folge wurde durch die Schweiz ihr dort befindliches Vermögen beschlagnahmt und an den *Development Fund*

1057 So *Funke*, Umsetzungsrecht, S. 344; *Sauer* in: *Matz-Lück/Hong*, Grundrechte und Grundfreiheiten im Mehrebenensystem, S. 37

1058 EGMR, Urteil vom 26. November 2013, n° 5809/08 – *Al-Dulimi gg. Schweiz.*

1059 SC Res. 661 (1990).

1060 SC Res. 1483 (2003).

for Iraq überwiesen. Ihr in der Schweiz befindliches Vermögen war schon seit 1990 eingefroren worden. Das Ziel dieser Maßnahmen war die Wahrung des internationalen Friedens und der Sicherheit, da sie die Konfiszierung des Vermögens ehemaliger Angehöriger des irakischen Regimes vorsieht um es durch den *Development Fund for Iraq* der irakischen Zivilbevölkerung wieder zuzuführen[1061]. Seit dem Jahr 2004 strebten die Beschwerdeführer eine Streichung von der Liste des Sicherheitsrates an.

Die schweizerischen Gerichte lehnten das Begehren der Beschwerdeführer mit dem Verweis auf Art. 103 UN-Charta und dem daraus folgenden Vorrang der Resolutionen des Sicherheitsrates vor anderen Verpflichtungen ab. Eine Überprüfung der Resolutionen des Sicherheitsrates stünde den nationalen Gerichten nicht zu. Die Beschwerdeführer rügten in ihrer Beschwerde vor dem EGMR die Verletzung ihres Rechts auf ein faires Verfahren aus Art. 6 EMRK dadurch, dass die schweizerischen Behörden ihrem Streichungsantrag nicht nachgekommen sind, obwohl in dem Ermittlungsverfahren keine Verbindung zum irakischen Regime bewiesen werden konnte.

aa) Zur Zuständigkeit des EGMR aus Art. 1 EMRK

Die Schweiz brachte in Bezug auf die Zuständigkeit des EGMR *ratione personae* vor, dass die schweizerischen Umsetzungsrechtsakte auf den genannten Resolutionen des Sicherheitsrates basierten, die gemäß Art. 25 und 103 UN-Charta bindend seien und Vorrang vor allen anderen internationalen Verpflichtungen haben. Daher bestehe keine Verantwortlichkeit der Schweiz für die Durchführung der Maßnahmen in dem Fall.

Die gemäß Art. 36 Abs. 2 EMRK zugelassene Drittpartei Frankreich verwies des Weiteren auf die Sachen *Behrami und Saramati* und eine internationale Normenhierarchie, an dessen Spitze die UN-Charta stehe. Nach den Zurechnungsprinzipien aus der Judikatur des EGMR ergebe sich, dass die streitigen Maßnahmen dem Sicherheitsrat und den Vereinten Nationen zuzurechnen seien, so wie es auch Art. 4 und 6 ILC DARIO vorsehen. Die Beschwerdeführer argumentieren wie in *Nada*, dass die streitigen Maßnahmen der Schweiz zuzurechnen seien und damit der EGMR zuständig sei.

Hinsichtlich seiner Zuständigkeit verwies der EGMR auf seine ständige Rechtsprechung und das *Nada*-Urteil[1062]. Er stellte auf die nationalen

---

1061 Siehe EGMR, *Al-Dulimi*, a.a.O., Rn. 132 f.

1062 EGMR (GK), *Bosphorus*, a.a.O., Rn. 137; im Gegensatz dazu EGMR (GK), *Behrami*, a.a.O., Rn. 151. Siehe zu der Zurechnung der Verletzung der EMRK der Schweiz, EGMR (GK), *Nada*, a.a.O., Rn. 121.

Umsetzungsrechtsakte ab, die das Einfrieren der Konten und die Beschlagnahme des Vermögens anordnen[1063]. Es handele sich dabei eindeutig um nationale Rechtsakte, die der Schweiz zuzurechnen seien[1064]. Die Zuständigkeit *ratione personae* wird wie in der Sache Nada mit der Zurechnung des nationalen Umsetzungsaktes dem Mitgliedstaat begründet, jedoch unabhängig von einem eventuellen Handlungsspielraum der Mitgliedstaaten. Auch im Zusammenhang mit der Zuständigkeit *ratione materiae,* im Hinblick auf den ‚zivilen' Aspekt des Art. 6 EMRK, erklärte sich der EGMR entgegen des Vorbringens der Schweiz für zuständig[1065].

Der EGMR konnte daher im Ergebnis eine Verletzung der Verfahrensrechte der Betroffenen feststellen, da er die *equivalent-protection*-Formel im Zusammenhang mit den Vereinten Nationen zur Anwendung brachte, aber die Vermutung für einen äquivalenten Grundrechtsschutz innerhalb der Vereinten Nationen als widerlegt ansah.

bb) Das Verhältnis der EMRK zu den Resolutionen des Sicherheitsrates

Erneut betonte der EGMR die Verantwortlichkeit der Mitgliedstaaten nach Art. 1 EMRK für jedes Handeln oder Unterlassen ihrer Organe, unabhängig von der Herkunft der Verpflichtung zum Erlass der Norm[1066]. Auch der Grundsatz der systemischen Auslegung aus Art. 31 Abs. 3 c) WÜV[1067] und die Vermutung, dass der Sicherheitsrat keine Resolutionen erlassen würde, die die Prinzipien des Menschenrechtsschutzes konterkarieren würden[1068], kamen zum Tragen. Im Gegensatz zu der *Nada*-Entscheidung brachte der EGMR im *Al-Dulimi* Fall die *equivalent-protection*-Formel zur Anwendung[1069], da er keinen Handlungsspielraum der Schweiz bei der Umsetzung des 1267-Sanktionsregimes sah[1070].

Der EGMR sah in dem mangelnden Rechtsschutz gegen die Auflistung durch das Sanktionskomitee einen Grund dafür, die Vermutung für einen gleichwertigen Grundrechtsschutz im Sanktionssystem des Sicherheitsrates als widerlegt anzusehen[1071]. Zwar habe sich der Rechtsschutz gegen die Sanktionen im

---

1063 EGMR, *Al-Dulimi*, a.a.O., Rn. 91 f.

1064 EGMR, *Al-Dulimi*, a.a.O., Rn. 91.

1065 EGMR, *Al-Dulimi*, a.a.O., Rn. 94 ff.

1066 EGMR, *Al-Dulimi*, a.a.O., Rn. 111.

1067 EGMR, *Al-Dulimi*, a.a.O., Rn. 112.

1068 EGMR, *Al-Dulimi*, a.a.O., Rn. 113; mit Verweis auf EGMR (GK), *Nada*, a.a.O., Rn. 171 f. und EGMR (GK), *Al-Jedda*, a.a.O., Rn. 101 f.

1069 EGMR, *Al-Dulimi*, a.a.O., Rn. 116 ff.

1070 EGMR, *Al-Dulimi*, a.a.O., Rn. 117.

1071 EGMR, *Al-Dulimi*, a.a.O., Rn. 118 ff.

Sanktionsregime des Sicherheitsrates gegen den Irak durch die Einrichtung eines *Focal Points* verbessert, dies genüge jedoch den Standards der EMRK nicht[1072]. Zumindest eine *Ombudsperson*, wie im 1267-Regime, hätte den gelisteten Personen zur Verfügung gestellt werden müssen[1073].

Im Ergebnis erweiterte der EGMR seine Zuständigkeit auf die Kontrolle von Umsetzungsrechtsakten der Mitgliedstaaten aus, die auf Resolutionen des Sicherheitsrates basieren. Er überprüfte diese umfassend, unabhängig davon, ob den Mitgliedstaaten bei der Umsetzung ein Handlungsspielraum eingeräumt worden war. Denn diese Vermutung eines gleichwertigen Menschenrechtsschutz wurde angesichts des mangelhaften Rechtsschutzes im Irak-Sanktionsregime widerlegt.

cc) Kritische Bewertung

Diese Entscheidung spiegelt die Bedenken des schweizerischen Richters am EGMR *Malinverni* in seinem Sondervotum zur *Nada*-Entscheidung aus dem Jahr 2012 wider. Er hatte die Entscheidung dahin gehend kritisiert, dass sie die Frage nach dem Normenverhältnis nicht beantworte[1074]. Er wies auf die Erwägungen des EuGH in der *Kadi*-Sache und die grundlegenden Prinzipien des Menschenrechtsschutzes hin, die nicht nur Mitgliedstaaten, sondern auch die internationalen Organisationen binden[1075]. Daher sei es bei einem nicht ausreichenden Schutz der internationalen Grundrechte durch das System der Vereinten Nationen geboten, dass der EGMR die nationalen Umsetzungsakte auf ihre Vereinbarkeit mit der EMRK überprüft um die Einhaltung der Gewährleistungen zu erreichen[1076].

Zu begrüßen sind die Ausführungen im Rahmen der harmonischen Auslegung der Pflichten und das Verständnis der Resolution 1483. Das 1483-Sanktionsregime des Sicherheitsrates gegen den Irak wird zutreffend als ein solches eingestuft, das den Mitgliedstaaten keinen Handlungsspielraum bei der Umsetzung überlässt. Die Resolution 1483 sieht ausdrücklich keinen Rechtsschutz vor und die Mitgliedstaaten sind darin auch nicht dazu ermächtigt worden Rechtsschutzmechanismen einzurichten[1077]. Ein Spielraum oder Flexibilität zugunsten

1072 EGMR, *Al-Dulimi*, a.a.O., Rn. 118.

1073 EGMR, *Al-Dulimi*, a.a.O., Rn. 120.

1074 EGMR (GK), *Nada*, a.a.O., Rn. 12 ff. des Sondervotums des Richters *Malinverni*.

1075 EGMR (GK), *Nada*, a.a.O., Rn. 16 ff. des Sondervotums des Richters *Malinverni*.

1076 EGMR (GK), *Nada*, a.a.O., Rn. 20 des Sondervotums des Richters *Malinverni*.

1077 Siehe dazu den Wortlaut der Resolution 1483 (2003) in Rn. 23: „*Decides that all Member States in which there are: (a) funds or other financial assets or economic resources of the previous Government of Iraq or its state bodies, corporations, or agencies, located outside Iraq as of the date of this resolution, or (b) funds or other financial assets or economic resources that have been removed from Iraq, or acquired, by Saddam*

der Mitgliedstaaten im Hinblick auf die Gewährleistung von Rechtsschutz ist der Resolution 1483 nicht zu entnehmen. Im Gegenteil, sie verlangt von den Mitgliedstaaten, das Vermögen der auf der Liste befindlichen Personen umgehend – also ohne Verzögern – einzufrieren und zu beschlagnahmen.

Das *Al-Dulimi*-Urteil der Kammer ist des Weiteren vom Ergebnis des *Kadi*-Urteils des EuGH aus dem Jahr 2008[1078] beeinflusst. Die Kammer möchte ebenfalls die nationalen Umsetzungsrechtsakte der Resolutionen des Sicherheitsrates am Maßstab der europäischen Grundrechte überprüfen und damit den Betroffenen einen Rechtsbehelf an die Hand geben. Der EuGH hatte im Kadi-Urteil die Umsetzungsakte der EU am Maßstab der Unions-Grundrechte überprüft. Angesichts der Autonomie der Rechtsordnung der EU sei eine Kontrolle der Rechtmäßigkeit der EU-Rechtsakte durch den EuGH unerlässlich, auch dann, wenn sie die Verpflichtungen der Mitgliedstaaten aus anderen internationalen Verträgen wahrnehmen[1079].

Durch das Urteil wurde der Grundrechtsschutz in Europa gestärkt, da auf der Ebene der Vereinten Nationen – trotz der Einführung einer Streichungsmöglichkeit bei einem *Focal Point*[1080] für das 1483-Sanktionsregime und der *Ombudsperson*[1081] im Rahmen des 1267-Sanktionsregime – den Betroffenen immer noch kein hinreichender Rechtsschutz im Sinne der EMRK geboten wird. Eine gerichtliche Kontrolle der Sanktionen des Sicherheitsrates auf der Ebene der Vereinten Nationen gibt es noch immer nicht und es fehlt an einem prozessualen Mindeststandard zur Wahrung der Rechte der Betroffenen.

Hussein or other senior officials of the former Iraqi regime and their immediate family members, including entities owned or controlled, directly or indirectly, by them or by persons acting on their behalf or at their direction, shall freeze without delay those funds or other financial assets or economic resources and, unless these funds or other financial assets or economic resources are themselves the subject of a prior judicial, administrative, or arbitral lien or judgement, immediately shall cause their transfer to the Development Fund for Iraq, it being understood that, unless otherwise addressed, claims made by private individuals or non-government entities on those transferred funds or other financial assets may be presented to the internationally recognized, representative government of Iraq; and decides further that all such funds or other financial assets or economic resources shall enjoy the same privileges, immunities, and protections as provided under paragraph 22".

1078 EuGH *Kadi*, a.a.O.

1079 EuGH, *Kadi*, a.a.O., Rn. 282 ff.

1080 SC Res. 1730 (2006).

1081 SC Res. 1904 (2009) und SC Res. 1989 (2011), lediglich für die Sanktionen gegen internationale Terroristen.

3) Die Entscheidung der Großen Kammer in der Sache *Al-Dulimi*

Auf Antrag der Schweiz wurde der Fall an die Große Kammer verwiesen, die am 21. Juni 2016 entschieden hat[1082]. Die Parteien und Beteiligten des Verfahrens brachten die gleichen Argumente vor wie im Verfahren vor der Kammer. Die Zuständigkeit des EGMR *rationae personae* und *ratione materiae* wurde bestritten, ebenfalls seine Kontrollbefugnis im Verhältnis zum Regime der Vereinten Nationen und die Verletzung des Art. 6 Abs. 1 EMRK.

Die Große Kammer entschied im Ergebnis zwar wie die Kammer und sprach sich für eine Kontrolle des nationalen Umsetzungsaktes an dem Maßstab der EMRK aus. Anders als die Kammer sah sie jedoch einen Spielraum zugunsten der Mitgliedstaaten bei der Umsetzung der Sanktionen, sodass die *equivalent-protection*-Formel nicht zur Anwendung kam. Im Ergebnis wurde eine Verletzung des Art. 6 Abs. 1 EMRK festgestellt, da die Schweiz die Resolution des Sicherheitsrates vor ihrer Umsetzung ins nationale Recht nicht auf Willkür überprüft hatte und sie dem Beschwerdeführer zumindest die Möglichkeit hätte einräumen müssen, Beweismittel vorzubringen die belegen, dass sein Name zu Unrecht auf der Liste des Sicherheitsrates geführt wurde.

aa) Zur Zuständigkeit des EGMR gem. Art. 1 EMRK

Seine Zuständigkeit *ratione personae* begründete der EGMR wie in seiner ständigen Rechtsprechung: „*a Contracting Party is responsible under Article 1 of the Convention for all acts and omissions of its organs regardless of whether the act or omission in question was a consequence of domestic law or of international legal obligations. Article 1 makes no distinction as to the type of rule or measure concerned and does not exclude any part of a Contracting Party's ‚jurisdiction' from scrutiny under the Convention*"[1083].

Die Zuständigkeit *ratione materiae* bestand nach Ansicht des EGMR ebenso, da die Schweiz die Sanktionen des Sicherheitsrates gegenüber dem Beschwerdeführer umgesetzt hatte und dadurch seine Eigentumsrechte betroffen waren. Angesichts der fehlenden Rechtsschutzmöglichkeiten gegen diesen Rechtsakt, sei Art. 6 EMRK in seinem „zivilen" Aspekt betroffen, als dass die Schweiz den Beschwerdeführer individuell sanktioniert hatte.

1082 EGMR (GK), Urteil vom 21. Juni 2016, n° 5809/08 – *Al-Dulimi Montana Management Inc. gg. Schweiz.*

1083 EGMR (GK), *Al-Dulimi*, a.a.O., Rn. 95.

bb) Das Verhältnis der EMRK zu den Resolutionen des Sicherheitsrates

Die Beschwerdeführer brachten vor, dass die Schweiz in keinem Dilemma hinsichtlich der Verpflichtungen aus der UN-Charta und der EMRK sei, da es keine Normkollision gebe. Die Verpflichtungen könnten konsistent ausgelegt werden. Auch die Anwendung der *equivalent-protection*-Formel sei angebracht[1084]. Angesichts der vollständigen Verwehrung prozessualer Gewährleistungen sei der Eingriff in seine Grundrechte nicht gerechtfertigt[1085].

Die Schweiz berief sich auf den fehlenden Spielraum bei der Umsetzung der Resolution des Sicherheitsrates[1086]. Der absolute Vorrang der UN-Charta führe bei einer Pflichtenkollision dazu, dass bei der Abwägung zugunsten der Pflichten aus der UN-Charta entschieden werden müsse, sodass die Sanktionierung des Beschwerdeführers durch die Schweiz gerechtfertigt sei[1087]. Aufgrund des Art. 103 UN-Charta gingen die Pflichten aus den Resolutionen des Sicherheitsrates den Pflichten aus der EMRK vor, eine andere Lösung, wie die des EuGH in Sachen *Kadi*[1088] würde zu einer gefährlichen Fragmentierung führen und die Rolle des Sicherheitsrates für den internationalen Frieden und die Sicherheit anzweifeln[1089]. Auch betonte sie ihre Bemühungen um die Verbesserung des Sanktionsregimes, die ihren Willen zur Pflichtenerfüllung dokumentiere[1090].

Frankreich, eine der Streitbeteiligten, sprach sich darüber hinaus auch gegen die Anwendung der *equivalent-protection*-Formel aus, die gerade dann nicht infrage käme, wenn die internationale Organisation in ihren Statuten einen absoluten Vorrang ihrer Verpflichtungen vorsehe, wie die Vereinten Nationen in Art. 103 UN-Charta[1091].

Der EGMR griff das Pflichtendilemma in der Verhältnismäßigkeitsprüfung auf, als er nach dem legitimen Ziel der Maßnahme fragte, das in der Sicherung

---

1084 Siehe EGMR (GK), *Al-Dulimi*, a.a.O., Rn. 102.

1085 EGMR (GK), *Al-Dulimi*, a.a.O., Rn. 105.

1086 SC Res. 1483 (2003).

1087 EGMR (GK), *Al-Dulimi*, a.a.O., Rn. 107; interessant in diesem Zusammenhang ist, dass die Schweiz sich hier auf den absoluten Vorrang der Pflichten aus der UN-Charta berief, diesen aber gleichzeitig wieder relativierte, wenn es um eine Kollision der Pflichten aus der UN-Charta mit Pflichten aus dem zwingenden Völkerrecht ging. *Ius-cogens*-Verpflichtungen würden also nach der schweizerischen Auffassung der UN-Charta vorgehen. Im Ergebnis ändert dies aber nichts an der Position der Schweiz, da sie die Verfahrensrechte nicht zu den *ius-cogens*-Normen zählte.

1088 EuGH, *Kadi*, a.a.O.

1089 EGMR (GK), *Al-Dulimi*, a.a.O., Rn. 109 ff.

1090 EGMR (GK), *Al-Dulimi*, a.a.O., Rn. 117.

1091 EGMR (GK), *Al-Dulimi*, a.a.O., Rn. 123.

des internationalen Friedens und der Sicherheit liege und danach untersuchte, ob die Maßnahme verhältnismäßig und insbesondere in einer demokratischen Gesellschaft erforderlich war, um den Eingriff in das Grundrecht rechtfertigen zu können. Auch wenn Art. 6 Abs. 1 EMRK selbst keine Schranken des Rechts auf ein faires Verfahren festschreibe, gelte er nicht absolut, sondern sei dadurch geprägt, dass er staatlicher Regelung[1092] bedarf.[1093] Die Beschränkung selbst müsse sich aber wiederum am Grundsatz der Verhältnismäßigkeit messen lassen.

An dieser Stelle legte der EGMR seinen Fokus auf die Rechtsstaatlichkeit[1094], eine der Grundfesten der EMRK, so wie sie sich aus der Präambel der EMRK[1095] und der Rechtsprechung des EGMR ergibt[1096]. In Bezug auf Art. 6 Abs. 1 EMRK zog der EGMR das Recht auf Zugang zu einem Gericht in zivilen Angelegenheiten heran und betonte: „*the Convention is intended to guarantee not rights that are theoretical or illusory but rights that are practical and effective (…). This is particularly so of the right of access to the courts in view of the prominent place held in a democratic society by the right to a fair trial (…).*“[1097].

Im Sinne des Rechtsstaatlichkeitsgebots bedeutet dies, dass der Gerichtshof die EMRK als ein Werkzeug sieht, das effektiv die darin enthaltenen Grund- und Menschenrechte schützen möchte, was nur dann erfolgen könne, wenn die prozessuale Geltendmachung dieser Rechte auch praktisch möglich ist. Daher stehe die Gewährleistung eines effektiven Rechtsweges und eines fairen Verfahrens im Zentrum der EMRK und des Prinzips der Rechtsstaatlichkeit.

Dadurch dass das Prinzip der Rechtsstaatlichkeit die Begründung des gesamten Urteils durchzog, machte der EGMR deutlich, welche Bedeutung er diesem Prinzip beimisst. Im Ergebnis haben die nationalen Gerichte gemäß Art. 6 Abs. 1 EMRK grundsätzlich die volle Jurisdiktion, um sich der Beschwerden der Betroffenen anzunehmen und alle Rechts- und Tatsachenfragen zu klären[1098].

1092 Innerhalb derer die Mitgliedstaaten wiederum einen Ermessensspielraum nach der „*margin of appreciation*“-Doktrin haben, siehe ebenso EGMR (GK), *Al-Dulimi*, a.a.O., Rn. 129.

1093 EGMR (GK), *Al-Dulimi*, a.a.O., Rn. 129 ff.

1094 EGMR (GK), *Al-Dulimi*, a.a.O., Rn. 126.

1095 Sie besagt: „…entschlossen, als Regierungen europäischer Staaten, die vom gleichen Geist beseelt sind und ein gemeinsames Erbe an politischen Überlieferungen, Idealen, Achtung der Freiheit und Rechtsstaatlichkeit besitzen…“

1096 Siehe EGMR, *Golder*, a.a.O., Rn. 34 f.

1097 EGMR (GK), *Al-Dulimi*, a.a.O., Rn. 127.

1098 EGMR (GK), *Al-Dulimi*, a.a.O., Rn. 128.

Die Beschränkung der Rechtsweggarantie erfolgte dadurch, dass das Schweizerische Bundesgericht nur die Identität der aufgelisteten Personen geprüft und die Zuordnung des zu beschlagnahmenden Vermögens zu dieser Person vorgenommen hatte. Jedoch überprüfte es nicht, ob das Verfahren zur Konfiszierung des Vermögens nach den Grundsätzen des Art. 6 Abs. 1 EMRK erfolgt war.[1099] Das Ziel dieser Maßnahme war es die Wahrung des internationalen Friedens und der Sicherheit, da die schweizerische Gesetzgebung in Umsetzung der Resolution 1483 des Sicherheitsrates erging, die eine Konfiszierung des Vermögens ehemaliger Angehöriger des irakischen Regimes vorsieht um dieses durch den *Development Fund for Iraq* der irakischen Zivilbevölkerung wieder zuzuführen[1100].

Im Rahmen der Abwägung der Beschränkung der Verfahrensrechte mit dem legitimen Ziel beschäftigte sich der EGMR mit dem Verhältnis der EMRK zu den Resolutionen und brachte den Grundsatz der harmonischen Auslegung gem. Art. 31 Abs. 3 c) WÜV zur Anwendung um eine Pflichtenkollision zu vermeiden[1101]: „*the provisions of the Convention cannot be interpreted and applied in a vacuum. (…) the Convention is an international treaty to be interpreted in accordance with the relevant norms and principles of public international law*"[1102].

Damit leitete der EGMR den Passus ein, der die grundrechtlichen Gewährleistungen aus der EMRK den Regeln und Prinzipien des Völkerrechts gegenüberstellt. In einem solchen Fall stehen sich auf der einen Seite die grundrechtlichen Verpflichtungen aus der EMRK und auf der anderen Seite die Resolution des Sicherheitsrates der Vereinten Nationen gegenüber, der gemäß Art. 25 und Art. 103 UN-Charta für die Mitgliedstaaten verpflichtender Charakter zukommt. Die Große Kammer betonte dabei, dass sie zur harmonischen Auslegung der Verpflichtungen zwar nur den nationalen Umsetzungsakt überprüfen darf, jedoch zur Auslegung auch die Resolution des Sicherheitsrates heranziehen können muss, um eine effektive und kohärente Auslegung zu gewährleisten[1103].

Angesichts der Bindung des Sicherheitsrates an menschenrechtliche Gewährleistungen[1104], von der der EGMR in ständiger Rechtsprechung ausgeht, legte er der Auslegung der Resolution des Sicherheitsrates eine Vermutung zugrunde, die

1099 Siehe EGMR (GK), *Al-Dulimi*, a.a.O., Rn. 131.
1100 Siehe EGMR (GK), *Al-Dulimi*, a.a.O., Rn. 132 f.
1101 EGMR (GK), *Al-Dulimi*, a.a.O., Rn. 134 ff.
1102 EGMR (GK), *Al-Dulimi*, a.a.O., Rn. 134.
1103 Siehe EGMR (GK), *Al-Dulimi*, a.a.O., Rn. 139, mit einem Verweis auf EGMR (GK), *Al-Jedda*, a.a.O., Rn. 76
1104 Siehe dazu Kapitel 3, B. II.

beinhaltet, dass der Sicherheitsrat seinen Mitgliedstaaten keine Verpflichtungen auferlegen möchte, die gegen Menschenrechte verstoßen würden[1105]. Daher: „*In the event of any ambiguity in the terms of a UN Security Council resolution, the Court must therefore choose the interpretation which is most in harmony with the requirements of the Convention and which avoids any conflict of obligations. (…) in a spirit of systemic harmonisation, it will in principle conclude that there is no conflict of obligations capable of engaging the primacy rule in Article 103 of the UN Charter*“[1106].

Da die Resolutionen des Sicherheitsrates in Bezug auf den Irak[1107] keine ausdrücklichen Regelungen zum Rechtsschutz der Personen beinhalten, die sich auf der Sanktionsliste befinden, konnte der EGMR die Vermutung nicht bestätigen[1108]. Ebenso sah er keinen Spielraum bei der Umsetzung hinsichtlich der Wahl der Mittel der Mitgliedstaaten[1109]. Trotzdem habe das Sanktionsregime eine gewisse Flexibilität aufgewiesen, die die schweizerischen Behörden auch zugunsten des Beschwerdeführers nutzten[1110]. Dies begründete der EGMR damit, dass der Wortlaut der Resolution 1483[1111] eben keine Anordnung enthalte, die die Gewährleistung von Rechtsschutz durch nationale Gerichte ausschließe. Daraus folgerte er, dass dies die Gerichte dazu ermächtige nationale Umsetzungsakte der Resolutionen des Sicherheitsrates zu kontrollieren, um jedwede Willkür zu verhindern[1112].

Hinzu käme die grundsätzliche Verantwortlichkeit der Mitgliedstaaten gemäß Art. 6 Abs. 1 EMRK dafür, dass sie eine Person auf eine der Listen durch das Sanktionskomitee aufführen lassen und Sanktionen durchführen, aber zuvor nicht prüfen, ob es sich bei der Aufnahme in die Liste um einen willkürlichen Akt gehandelt hat[1113]. Zusätzlich wurde der EGMR nicht müde zu betonen, dass die EMRK, „*a constitutional instrument of European public order*“[1114] sei, der die

1105 EGMR (GK), *Al-Dulimi*, a.a.O., Rn. 139 f., so auch in EGMR (GK), *Al-Jedda*, a.a.O., Rn. 101 f.

1106 EGMR (GK), *Al-Dulimi*, a.a.O., Rn. 140.

1107 SC Res. 1483 (2003) und SC Res. 1518 (2003).

1108 EGMR (GK), *Al-Dulimi*, a.a.O., Rn. 141 ff.

1109 Im Gegensatz zu EGMR (GK), *Nada*, a.a.O., Rn. 144.

1110 Siehe EGMR (GK), *Al-Dulimi*, a.a.O., Rn. 31 ff.

1111 SC Res 1483 (2003), Rn. 23.

1112 EGMR (GK), *Al-Dulimi*, a.a.O., Rn. 143, 146.

1113 EGMR (GK,) *Al-Dulimi*, a.a.O., Rn. 147.

1114 Siehe EGMR (GK), *Al-Dulimi*, a.a.O., Rn. 145 mit Verweis auf EGMR, *Loizidou*, a.a.O., Rn. 75 und EGMR, *Al-Skeini*, a.a.O., Rn. 141.

Mitgliedstaaten verpflichtet sind. Im Zentrum dieser *european public order* stehe die *Rule of Law*, die eben jede Willkür verbiete[1115].

Das Ergebnis der harmonischen Auslegung der Resolutionen des Sicherheitsrates durch den EGMR war aufgrund der bedeutenden Rolle des europäischen Menschenrechtsschutzes das folgende: die Verpflichtungen aus dem 1483-Sanktionsregime kollidieren nicht mit den Verpflichtungen der Mitgliedstaaten aus der EMRK. Denn selbst, wenn diese Resolution keinen Rechtsschutz vorsähe, hätten die Mitgliedstaaten und damit die Schweiz die hinreichende Flexibilität gehabt, bei der Umsetzung der Resolution den erforderlichen Rechtsschutz einzurichten. Die obligatorische Bindung der Mitgliedstaaten der Vereinten Nationen an die UN-Charta entlaste diese nicht von ihren Verpflichtungen aus der EMRK und sie müssen daher nachweisen, dass sie alles Mögliche getan haben, um das jeweilige Sanktionsregime der individuellen Situation des Betroffenen anzupassen, damit sie einer Verurteilung des EGMR wegen Verletzung des Art. 6 Abs. 1 EMRK wegen Willkür der Sanktionierung entgehen[1116].

Die schweizerischen Gerichte hätten es dem Beschwerdeführer zumindest bei der Kontrolle des Umsetzungsaktes ermöglichen müssen, Beweise für die Willkür seiner Aufnahme in die Liste vorzubringen. Die Tatsache, dass es den Beschwerdeführern jahrelang unmöglich war, gegen ihre Auflistung und die Konfiszierung ihres Vermögens vorzugehen, sei unvorstellbar in einer demokratischen Gesellschaft[1117] und daher eine Verletzung des Art. 6 Abs. 1 EMRK. Auf die Kollisionsregel des Art. 103 UN-Charta käme es ohnehin nicht mehr an, ebenso fände die *equivalent-protection*-Formel hier keine Anwendung, da die Pflichtenkollision durch die harmonische Auslegung aufgelöst werden könne[1118].

cc) Kritische Bewertung des Urteils

Im Fokus der Kritik stehen das Auslegungsergebnis der Resolution, die Abwägung der Pflichten des Mitgliedstaates, die Bedeutung der EMRK und das Verständnis des Verhältnisses der EMRK zu den Vereinten Nationen.

1115 EGMR (GK) *Al-Dulimi*, a.a.O., Rn. 145, 148.

1116 EGMR (GK) *Al-Dulimi*, a.a.O., Rn. 149 mit einem Verweis auf EGMR (GK), *Nada*, a.a.O., Rn. 196.

1117 EGMR (GK) *Al-Dulimi*, a.a.O., Rn. 152 mit Verweis auf EGMR (GK), *Nada*, a.a.O., Rn. 186.

1118 EGMR (GK) *Al-Dulimi*, a.a.O., Rn. 149 mit Verweis auf EGMR (GK), *Nada*, a.a.O., Rn. 197.

(1) Die harmonische Auslegung der Pflichten der Schweiz

Das Ergebnis der harmonisierenden Auslegung der Großen Kammer kann nicht überzeugen. Das 1483-Sanktionsregime sieht ausdrücklich keinen Rechtsschutz vor und die Mitgliedstaaten sind durch die Resolutionen des Sicherheitsrates auch nicht dazu ermächtigt worden, eigene Rechtsschutzmechanismen einzurichten[1119]. Der EGMR kam nach seiner Auslegung des Wortlautes der Resolutionen[1120] gleichwohl zu dem Ergebnis, dass sie den Mitgliedstaaten den Raum („*flexibility*") bieten würden, eigene Rechtsschutzmechanismen einbauen zu können[1121]. Ein Spielraum oder eine etwaige Flexibilität zugunsten der Mitgliedstaaten im Hinblick auf die Gewährleistung von Rechtsschutz sind der Resolution 1483 aber nicht zu entnehmen[1122]. Es erscheint daher äußerst widersprüchlich, dass der EGMR zunächst feststellte, dass es sich bei dem Sanktionsregime in Bezug auf den Irak um ein Sanktionsregime ohne Umsetzungsspielraum handele, um schließlich doch eine Flexibilität der nationalen Stellen bei der Umsetzung zu sehen.

Das Sanktionsregime in Bezug auf die ehemaligen Regierungsmitglieder von *Saddam Hussein* sieht das Einfrieren und die Beschlagnahme des Vermögens

---

1119 Siehe dazu den Wortlaut der Resolution 1483 (2003) in Rn. 23: „*Decides that all Member States in which there are: (a) funds or other financial assets or economic resources of the previous Government of Iraq or its state bodies, corporations, or agencies, located outside Iraq as of the date of this resolution, or (b) funds or other financial assets or economic resources that have been removed from Iraq, or acquired, by Saddam Hussein or other senior officials of the former Iraqi regime and their immediate family members, including entities owned or controlled, directly or indirectly, by them or by persons acting on their behalf or at their direction, shall freeze without delay those funds or other financial assets or economic resources and, unless these funds or other financial assets or economic resources are themselves the subject of a prior judicial, administrative, or arbitral lien or judgement, immediately shall cause their transfer to the Development Fund for Iraq, it being understood that, unless otherwise addressed, claims made by private individuals or non-government entities on those transferred funds or other financial assets may be presented to the internationally recognized, representative government of Iraq; and decides further that all such funds or other financial assets or economic resources shall enjoy the same privileges, immunities, and protections as provided under paragraph 22*".

1120 Im Grunde geht es ja um die SC Res. 1483 (2003) und SC Res. 1526 (2003).

1121 Dies kritisieren berechtigterweise auch die Richter *Pinto de Albuquerque, Hajiyev, Pejchal* und *Dedov* in ihrem Sondervotum zu EGMR (GK), *Al-Dulimi*, a.a.O., Rn. 52; siehe auch Sondervotum des Richters *Sicilianos* zu demselben Urteil, Rn. 18 ff. und der Richterin *Nußberger*, S. 141.

1122 Siehe oben Fn. 156.

von Personen vor, die dem irakischen Regime angehörten und ein eigenes Sanktionskomitee führt eine Liste mit den Personen, die durch die Mitgliedstaaten sanktioniert werden sollen. Ein Spielraum bei der Umsetzung und Durchführung bleibt den Mitgliedstaaten nicht mehr, da die Resolution eindeutig von ihnen verlangt, das Vermögen der auf der Liste befindlichen Personen umgehend einzufrieren und zu beschlagnahmen[1123]. Der Wortlaut der Resolution ist sehr deutlich dahin gehend, dass er die Staaten dazu verpflichtet, umgehend das Vermögen der betreffenden Personen einzufrieren oder zu beschlagnahmen. Diese Formulierung schließt freilich schon einen zeitlichen Rahmen für Rechtsschutz im Sanktionierungsverfahren aus.

Bloß weil die Resolution den Rechtsschutz nicht explizit verbietet, bedeutet dies im Umkehrschluss aber nicht, dass Rechtsschutzmöglichkeiten gegeben sein sollen. Insbesondere die Wortwahl „*immediately*" und „*without delay*", also das sofortige und umgehende Einfrieren des Vermögens durch die Mitgliedstaaten unterstreicht, dass die Sanktionen so schnell wie möglich durchgeführt werden sollen und daher gar keine Zeit für effektiven Rechtsschutz bleiben soll[1124], der den Ablauf des Sanktionsverfahrens nur unterbrechen würde.

Der Wortlaut der Resolutionen und des schweizerischen Umsetzungsaktes ist daher in keiner Hinsicht mit Art. 6 Abs. 1 EMRK und dem Recht auf Zugang zu einem Gericht in Einklang zu bringen, als dass er gerade keine Flexibilität zugunsten der Mitgliedstaaten bei der Umsetzung zulässt[1125]. Aufgrund dieser Erkenntnis ist die systemische bzw. harmonische Auslegung hier erfolglos und der Normenkonflikt konnte nicht aufgelöst werden. In der Konsequenz hätte sich der EGMR zu dem Verhältnis der EMRK zur UN-Charta äußern und nach der *equivalent-protection*-Formel fortfahren können.

Hinzukommt, dass der EGMR nicht untersucht oder auch nur angezweifelt hat, ob die Resolution des Sicherheitsrates völkerrechtsgemäß ist und damit den menschenrechtlichen Standards entspricht, an die der Sicherheitsrat gebunden ist[1126]. Der EGMR ist zwar nicht zur Kontrolle der Rechtmäßigkeit der Resolutionen des Sicherheitsrates berufen. Trotzdem kann er die Resolution indirekt kontrollieren, insoweit er sie im Rahmen der harmonischen Auslegung untersucht und sie als Auslegungshilfe heranzieht, wenn er die Vereinbarkeit des nationalen

1123 So sieht das auch die Richterin *Keller* in ihrem Sondervotum, Rn. 6 zu EGMR (GK), *Al-Dulimi*, a.a.O.

1124 So sieht das auch die Richterin *Nußberger* in ihrem Sondervotum zum Urteil, S. 140 ff. und Sondervotum der Richterin *Keller*, Rn. 6.

1125 So sieht das auch die Richterin *Keller* in ihrem Sondervotum, Rn. 6.

1126 Siehe Kapitel 3, B., II.

Umsetzungsaktes mit der EMRK beurteilt. Dies ermöglicht es ihm im Zusammenhang mit der Auslegung einer Resolution seine Zweifel an der Rechtmäßigkeit der Resolutionen anzumelden und daraus entsprechende Schlüsse zu ziehen.

Schließlich wird schon länger darüber diskutiert, ob die Mitgliedstaaten Resolutionen, die offensichtlich gegen fundamentale Prinzipien der Vereinten Nationen verstoßen oder *ultra-vires*-Akte sind, noch eine Verpflichtung zur Umsetzung beinhalten[1127]. Wäre der EGMR in der *Al-Dulimi*-Sache von der Völkerrechtswidrigkeit der Resolution ausgegangen, weil die Resolution gegen die internationalen Grundrechte verstößt, dann hätte er eine Verantwortlichkeit der Schweiz konstruieren können. Er hätte nämlich eine Verpflichtung zur Umsetzung völkerrechtswidriger Resolutionen verneinen und in derart offensichtlichen Fällen zumindest von den Mitgliedstaaten verlangen können, die Verstöße gegen die Grundrechte bei der Umsetzung der Resolution ins nationale Recht auszubessern.

Des Weiteren berührte der EGMR mit seiner harmonischen Auslegung die Bedeutung des Art. 103 UN-Charta. Letztlich untergrub er die Kollisionsregel, indem er sie nicht zur Anwendung brachte, obwohl seine harmonische Auslegung nicht zum Erfolg führte[1128]. Indem er die Mitgliedstaaten der EMRK dazu verpflichtet, die EMRK-Gewährleistungen bei der Umsetzung der Resolutionen des Sicherheitsrates einzuhalten und sie für mangelnden Rechtsschutz verantwortlich macht, impliziert er zwar die besondere Bedeutung des Menschenrechtsschutzes durch die EMRK in Europa und stellt die Einhaltung dieser Pflichten letztlich über die Verpflichtungen aus der UN-Charta. Von einem absoluten Vorrang der Verpflichtungen aus der UN-Charta ist der EGMR aber nicht überzeugt. Einmal mehr wog der EGMR die Verpflichtungen aus der UN-Charta mit den Verpflichtungen aus der EMRK ab. Das Urteil kann daher so verstanden werden, dass der EGMR im Falle einer Kollision mit den Verpflichtungen aus der UN-Charta mithilfe einer nicht überzeugenden Auslegung einen Vorrang der Verpflichtungen aus der EMRK konstruieren wollte. Er relativierte damit den Vorrang der UN-Charta zumindest für die Fälle, in denen es um den Schutz der internationalen Grundrechte geht.

1127 Siehe *Payandeh*, ZaöRV 2006, S. 62.

1128 Dazu sei er jedoch nach der Auffassung von der Richterin *Nußberger* in ihrem Sondervotum, S. 145, verpflichtet gewesen, wenn er nach erfolgloser harmonischer Auslegung keine Vereinbarkeit der Verpflichtungen aus der EMRK und der UN-Charta feststellt.

Im Hinblick auf die Auslegungsmethodik des EGMR von Rechtsakten der Mitgliedstaaten zur Umsetzung von Rechtsakten anderer Organisationen muss das Urteil *Al-Dulimi* als Fortsetzung der *Nada*-Rechtsprechung angesehen werden. Denn auch im *Al-Dulimi*-Urteil sah der EGMR einen Handlungsspielraum, den er als Flexibilität bei der Auslegung der Resolution des Sicherheitsrates bezeichnete, die bei genauerer Betrachtung die Anordnungen enthielt, inhaltlich unverändert und unmittelbar umgesetzt zu werden. Dieser ergebnisorientierten Vorgehensweise lag wohl der Wille zugrunde, um jeden Preis eine Verantwortlichkeit der Schweiz zu begründen, um zu einer Zuständigkeit des EGMR zu gelangen.

(2) Die Abwägung der Verpflichtungen

Aufgrund des Verständnisses der Resolution 1483, nach dem sie die Einrichtung von Rechtsschutz durch die Mitgliedstaaten bei der Umsetzung der Maßnahmen in die nationale Rechtsordnung nicht behindere, kam der EGMR zu der Frage nach der Verhältnismäßigkeit der schweizerischen Maßnahme, wobei er schließlich die Pflichten aus der EMRK mit denen aus der Resolution abwog.

Im Ergebnis handelte es sich bei dem Vorgehen des EGMR im Rahmen der Prüfung der Verhältnismäßigkeit der schweizerischen Maßnahme nicht nur um eine Interpretation der – sich widersprechenden – Verpflichtungen. Darüber hinaus fand damit auch eine Aufwertung des internationalen Menschenrechtsschutzes und der individuellen Grundrechte im Verhältnis zur Aufgabenerfüllung des Sicherheitsrates im Zusammenhang mit seiner Funktion als Hüter des internationalen Friedens und der Sicherheit statt. Dies geschah dadurch, dass er dem System der Vereinten Nationen, das durch die Resolution 1483 keinen Rechtsschutz errichtet hatte, das System der EMRK gegenüberstellte, das ein „*constitutional instrument of European public order*" sei und auf dem Rechtsstaatsprinzip fuße[1129]. Da die Mitgliedstaaten eine – vorrangige – Pflicht zur Berücksichtigung der EMRK bei der Umsetzung der Resolutionen haben, konnte die Schweiz wegen einer Verletzung des Art. 6 Abs. 1 EMRK verurteilt werden. Bei einem so schweren Grundrechtseingriff wie durch die gezielten Sanktionen sei daher die Kontrolle der nationalen Umsetzungsakte durch den EGMR geboten[1130].

1129 EGMR (GK), *Al-Dulimi*, a.a.O., Rn. 145.

1130 EGMR (GK), *Al-Dulimi*, a.a.O., Rn. 146: „*As a result, in view of the seriousness of the consequences for the Convention rights of those persons, where a resolution such as that in the present case, namely Resolution 1483, does not contain any clear or explicit wording excluding the possibility of judicial supervision of the measures taken for its implementation, it must always be understood as authorising the courts of the respondent State to exercise sufficient scrutiny so that any arbitrariness can be avoided*".

In den darauffolgenden Erwägungen nimmt der EGMR eine Abwägung der Pflichten der Schweiz aus der EMRK mit den Verpflichtungen aus der UN-Charta vor[1131]. Diese vorrangige Pflicht der Mitgliedstaaten der EMRK die europäischen Menschenrechte einzuhalten, wird durch die derzeitige Entwicklung des Völkerrechts unterstrichen, die sich von einem lediglich staatenzentrierten System, das vorwiegend die staatliche Souveränität im Blick hat, zu einem System entwickelt, das auch die Menschenrechte und damit das Individuum stärker ins Zentrum stellt. Diese Auffassung wirkt sich auch auf das Verständnis der Souveränität der Staaten aus.

Versteht man den Schutz der Menschenrechte als eine zentrale internationale Verpflichtung der Staaten, dann muss dieses Konzept die Staatensouveränität zumindest begrenzen, indem sie im Lichte des Menschenrechtsschutzes ausgelegt wird. Der Richter am EGMR *Pinto*[1132] geht gar soweit, dem Menschenrechtsschutz eine höhere Bedeutung als der Souveränität der Staaten im Völkerrecht beizumessen und bezeichnet ihn daher als das *„new epicentre of International Law"*.

Die Bedeutung der Menschenrechte wird zwar dadurch relativiert, dass es noch kein einheitliches Verständnis der Menschenrechte gibt. Jedoch zeigt die Entwicklung des Völkerrechts beispielsweise im Hinblick auf die humanitären Interventionen[1133] oder die regionalen Menschenrechtsgerichtshöfe, welche Bedeutung die internationale Gemeinschaft den Menschenrechten mittlerweile beimisst[1134]. Damit wird eine Verpflichtung der Staaten gegenüber dem Individuum betont, aber auch eine Verpflichtung gegenüber der internationalen Gemeinschaft als solcher, da die Staaten in dieser Staatengemeinschaft nicht nur ‚nach innen', sondern auch ‚nach außen' Verantwortung tragen.

Im Sinne einer *„regional constitution"*[1135] könnte der EMRK daher eine besondere Rolle zukommen, die den Mitgliedstaaten die besondere Verantwortung für die europäischen Menschenrechte auferlegt, die anschließend vom EGMR am Maßstab der Verfassung der EMRK kontrolliert werden könnte.

1131 EGMR (GK), *Al-Dulimi*, a.a.O., Rn. 145 ff.

1132 So *Pinto* in seinem Vortrag „Constitutionalisation of International Law" am MPI für ausländisches öffentliches Recht und Völkerrecht in Heidelberg am 8. Juli 2016.

1133 Siehe Näheres dazu bei Bothe, Friedenssicherung und Kriegsrecht in: *Vitzthum*, VölkerrechtRn. 22 ff.

1134 Vergleiche *Kau*, Der Staat und der Einzelne als Völkerrechtssubjekte in: *Vitzthum*, Völkerrecht, Rn. 230.

1135 Siehe Sondervotum der Richter *Pinto de Albuquerque, Hajiyev, Pejchal* und *Dedov*, Rn. 71 zu EGMR (GK), *Al-Dulimi*, a.a.O.

Da der EGMR die Pflichten der Schweiz aus der EMRK und aus der Resolution 1483 gegenüberstellte, sind die Richter *Pinto*, *Hajiyev*, *Pejchal* und *Dedov* in ihrem Sondervotum der Auffassung, dass der EGMR eigentlich doch die *equivalent-protection*-Formel angewendet habe, auch wenn er dies mit einer anderen Terminologie zu verschleiern versuchte[1136]. Diese Lösung wird von den Richtern auch favorisiert[1137]. Der EGMR betonte zwar, dass die *equivalent-protection*-Formel nicht zur Anwendung kam, da die harmonische Auslegung erfolgreich war[1138].

Später dann aber überprüfte der EGMR das Sanktionsregime und die Rechtsschutzmöglichkeiten im Rahmen der Vereinten Nationen doch noch und kommt zu dem Ergebnis, dass dieses Regime dem Betroffenen keine „*satisfactory protection*" böte[1139], da weder das 1518-Komitee noch der Focal Point einen unabhängigen und objektiven Rechtsschutz bei der Überprüfung des Auflistungsmechanismus bieten. Die Große Kammer hat damit den Rechtsschutz innerhalb der Vereinten Nationen doch noch auf seine Äquivalenz zu dem Rechtsschutzsystem der EMRK untersucht, um letztlich zu klären, ob sie die Maßnahme am Maßstab der EMRK messen konnte.

Angesichts einer Resolution ohne Spielraum für die Mitgliedstaaten bei der Umsetzung und einer erfolglosen harmonischen Auslegung wäre nach der Rechtsprechungslinie des EGMR die *equivalent-protection*-Formel anwendbar, vorausgesetzt er möchte sie denn auf die Vereinten Nationen übertragen. Im Ergebnis wäre dem EGMR nichts anderes übrig geblieben, als die Vermutung des gleichwertigen Schutzniveaus als widerlegt anzusehen, da das Rechtsschutzsystem innerhalb der Vereinten Nationen mangelhaft ist und daher keinen der EMRK annähernd adäquaten Rechtsschutz bietet.

Daher wäre der EGMR mit dieser Begründung zu demselben Ergebnis gekommen, hätte aber seine Entscheidung zulasten der Schweiz überzeugender

---

1136 Siehe Sondervotum der Richter *Pinto de Albuquerque, Hajiyev, Pejchal* und *Dedov*, Rn. 55 zu EGMR (GK), *Al-Dulimi*, a.a.O.

1137 Rn. 65 ff. des Sondervotums der Richter *Pinto de Albuquerque, Hajiyev, Pejchal* und *Dedov*. So auch die Richterin *Nußberger* in ihrem Sondervotum, Rn. 145.

1138 EGMR (GK), *Al-Dulimi*, a.a.O., Rn. 149.

1139 EGMR (GK), *Al-Dulimi*, a.a.O., Rn. 153: „*the system applicable in the present case, even in its improved form following Resolution 1730 (2006), enabling applicants to apply to a ‚focal point' for the deletion of their names from the Security Council lists, does not afford satisfactory protection (...). Access to these procedures could not therefore replace appropriate judicial scrutiny at the level of the respondent State or even partly compensate for the lack of such scrutiny*".

begründen können. Mit dem Urteil hat die Große Kammer jedoch deutlich gemacht, dass sie die *equivalent-protection*-Formel vorerst nicht auf die Vereinten Nationen übertragen möchte und ihren Anwendungsbereich auf die europäischen Organisationen beschränkt. Nach der abweichenden Auffassung der Richterin *Nußberger* hätte der EGMR gar im Anschluss an die widerlegte Vermutung die Kollisionsregel des Art. 103 UN-Charta anwenden müssen und die Schweiz aus der Verantwortung nehmen müssen[1140].

Im Rahmen der Frage nach der Möglichkeit der Beschränkung des Rechts auf Zugang zu einem Gericht aus Art. 6 Abs. 1 EMRK nahm der EGMR eine Abwägung der Interessen vor und stellte die Rechtsverletzung des Beschwerdeführers dem Ziel der Sanktionen, nämlich den Schutz des internationalen Friedens und der Sicherheit, gegenüber. Im Rahmen der Verletzung des Grundrechts stellte der EGMR eine schwerwiegende Verletzung fest, da es dem Beschwerdeführer gänzlich unmöglich gemacht worden sei, sein Recht auszuüben[1141].

Wenn es sich dabei aber um eine Aushöhlung eines Grundrechts handeln soll, so bleibt die berechtigte Frage offen, wie dies in einer demokratischen Gesellschaft zu rechtfertigen ist und warum ein solch schwerwiegender Eingriff überhaupt der Abwägung mit dem legitimen Zweck zugänglich ist. Denkbar wäre es gewesen, die Aushöhlung des Grundrechts festzustellen und zu betonen, dass es dafür keinen legitimen Zweck im Sinne der EMRK gebe. Diese Lösung stützt Art. 17 EMRK, nach dem ein Missbrauch der Rechte der EMRK verboten ist. Die Mitgliedstaaten der EMRK dürfen mit außerordentlich starken Eingriffen die Gewährleistung der Grundrechte nicht endlos torpedieren[1142]. Dies muss auch dann gelten, wenn sie lediglich Rechtsakte anderer internationaler Organisationen umsetzen, da eine ‚Flucht in die internationale Organisation' unzulässig ist.

Schließlich brachte die schweizerische Richterin am EGMR *Keller* den berechtigten Einwand vor, dass es der EGMR versäumt habe, seinen Mitgliedstaaten eine Handhabe zu reichen, nach der sie bei der Umsetzung der Sanktionen des Sicherheitsrates einer Verletzung der EMRK-Gewährleistungen vermeiden können[1143] um damit bei der Abwägung der Verpflichtungen zu einem EMRK-konformen Ergebnis zu gelangen.

1140 Sondervotum der Richterin *Nußberger*, S. 145.

1141 EGMR (GK), *Al-Dulimi*, a.a.O., Rn. 152.

1142 Vergleiche *Meyer-Ladewig*, Europäische Menschenrechtskonvention, Art. 17, Rn. 1.

1143 Sondervotum der Richterin *Keller*, Rn. 27.

(3) Die EMRK, eine europäische Verfassung?

Aufgrund der Bedeutung der *european public order*, die die EMRK in Europa errichtet habe[1144] sprachen sich einige Richter des EGMR dafür aus, dass es sich bei der EMRK um eine regionale Verfassung handele[1145]. Den Begriff der *european public order* hatte der EGMR erschaffen[1146] und meint damit ein effektives System, das nicht durch mitgliedstaatliche Klauseln zur Begrenzung der Durchsetzung der Urteile des EGMR geschwächt werden kann. In dem grundlegenden Urteil *Loizidou* stellte der EGMR die überragende Bedeutung der effektiven Durchsetzung der Urteile für die Erreichung der Ziele der EMRK, nämlich der Schutz der individuellen Menschenrechte, heraus.

Insbesondere der Richter *Pinto*[1147] setzt sich für ein Verständnis der EMRK als eine regionale Verfassung ein. Durch die Auslegung der EMRK durch den EGMR sei eine echte Verfassung geschaffen worden[1148], es handele sich dabei um das „*supreme law of the european continent*", das den Charakter einer autonomen Rechtsordnung habe[1149]. *Pinto* versteht unter einer Verfassung eine Rechtsquelle in der die grundlegenden Regeln einer Gesellschaft niedergelegt sind und in der durch die Einrichtung einer gerichtlichen Kontrolle - ein Verfassungsgericht - die Macht der öffentlichen Gewalt begrenzt wird und diese Begrenzung der Macht gerichtlich durchgesetzt werden kann[1150].

Diese Argumentation beruht unter anderem auf dem Wortlaut der Präambel, die von einem europäischen Konsens im Sinne eines „*common heritage of values*" spricht. Eine Folge des konstitutionellen Charakters der EMRK sei in dem Pilotverfahren zu sehen, das in systematischer Weise strukturelle Probleme in den einzelnen Mitgliedstaaten beheben wolle. Hinzukomme der *erga-omnes*-Effekt

1144 EGMR (GK), *Al-Dulimi*, a.a.O., Rn. 145.

1145 Siehe Sondervotum der Richter *Pinto de Albuquerque, Hajiyev, Pejchal* und *Dedov*, Rn. 59 ff.; daran schließt sich der Richter *Küris* in seinem Sondervotum an; andere Richter sehen das in ihren Sondervoten kritisch. Siehe die Richter *Ziemele*, Rn. 15 und *Nußberger*, S. 140 ff.; siehe auch die Einschätzungen von *Nußberger* zu einer europäischen Verfassung in einem Interview des juwiss-Blog: https://www.juwiss.de/sechs-fragen-an-prof-dr-dr-h-c-angelika-nussberger-m-a/.

1146 Ausgangspunkt war EGMR, *Loizidou*, a.a.O., Rn. 75, 93.

1147 Wie er in seinem Vortrag am MPI am 8. Juli 2016 sehr deutlich bewies.

1148 Siehe Sondervotum der Richter *Pinto de Albuquerque, Hajiyev, Pejchal* und *Dedov*, Rn. 59 ff.

1149 Siehe Sondervotum der Richter *Pinto de Albuquerque, Hajiyev, Pejchal* und *Dedov*, Rn. 59.

1150 So in seinem Vortrag am MPI vom 8. Juli 2016.

der Anordnungen (*prescriptive orders*) in den Entscheidungen[1151]. Sie sind für alle Mitgliedstaaten und ihre Einrichtungen bindend. Des Weiteren habe sich der EGMR bereits zu einem Verfassungsgericht entwickelt, was sich aus seiner umfassenden Rechtsprechung ergebe[1152].

Die lettische Richterin *Ziemele* sieht in der EMRK eine solche europäische Verfassung nicht. Die EMRK „*has not yet consolidated a constitutional framework for Europe which could be the context for the development of a more demanding human-rights standard, if that is what the Court had in mind. For the time being, the Convention is part of an international legal system*“[1153]. Aufgrund der teilweise zu beobachtenden Zurückhaltung der nationalen Stellen bei der Befolgung der Urteile des EGMR[1154] ist derzeit nicht von einem absolut einheitlichen Verständnis der Menschenrechte in Europa – mit der EMRK als europäischer Verfassung – auszugehen.

(4) Das Verhältnis der EMRK zu anderen internationalen Regimen

Der EGMR betonte zwar in seinem Urteil, dass er die Hierarchie zwischen der EMRK und der UN-Charta nicht klären müsse, da er der Auffassung ist, die harmonische Auslegung sei erfolgreich. Dennoch lässt sich aus dem Urteil, insbesondere aus den Ausführungen zur Abwägung, herauslesen, dass die Große Kammer in dieser Entscheidung dem Grundrechtsschutz ein höheres Gewicht beimaß als der Sicherung des internationalen Friedens und der Sicherheit. Die Richter *Pinto, Hajiyev, Pejchal* und *Dedov* lasen dies in ihrem Sondervotum schon aus dem Urteil *Loizidou* heraus, das schon die *european public order* geprägt hatte[1155].

1151 Sondervotum der Richter *Pinto de Albuquerque, Hajiyev, Pejchal* und *Dedov*, Rn. 60.

1152 Siehe nur EGMR, *Zypern gg. Türkei*, a.a.O.; EGMR, Urteil vom 22. Dezember 2009, n° 27996/06 und 34836/06 – *Sejdic und Finci gg. Bosnien-Herzegowina*; EGMR (GK), *Al-Dulimi*, a.a.O.

1153 Sondervotum des Richters *Ziemele*, Rn. 15.

1154 Siehe dazu nur die britische Reaktion auf die Verurteilung wegen der Verletzung des Wahlrechts durch das britische Verbot zur Teilnahme an Wahlen von Strafgefangenen, Urteil des EGMR vom 6. Oktober 2005, n° 74025/01 – *Hirst gg. Vereinigtes Königreich*; aber siehe auch ein Beispiel aus Deutschland, EGMR, Urteil vom 26. Februar 2004, n° 74696/01 – *Görgülü gg. Deutschland*; siehe auch die seit 2013 eingeführte Kontrolle der Urteile des EGMR durch das russische Verfassungsgericht auf Vereinbarkeit mit der russischen Verfassung, bevor es ins russische Recht umgesetzt werden kann.

1155 Siehe Sondervotum der *Richter Pinto de Albuquerque, Hajiyev, Pejchal* und *Dedov*, zu EGMR (GK), *Al-Dulimi*, a.a.O., Rn. 59.

Diesem Urteil[1156] ist ein solches Hierarchieverständnis jedoch nicht direkt zu entnehmen. Die Tatsache, dass der EGMR den europäischen Grundrechtsschutz mit dem Friedens- und Sicherheitsbestreben der Vereinten Nationen abwägt, bedeutet lediglich, dass er einen absoluten Vorrang der UN-Charta vor der EMRK nicht akzeptiert. Wie oben schon bemerkt, untergräbt der EGMR mit seiner sehr extensiven harmonischen Auslegung der Verpflichtungen aus der UN-Charta im *Al-Dulimi*-Urteil und dem *Nada*-Urteil die Kollisionsregel des Art. 103 UN-Charta, da er in den jeweiligen Resolution einen Handlungsspielraum der Mitgliedstaaten bei der Umsetzung sah.

Das Urteil der Großen Kammer in Sache *Al-Dulimi* zeigt, dass die Große Kammer davon ausgeht, dass das System der EMRK dem System der Vereinten Nationen in Bezug auf den Menschenrechtsschutz überlegen ist und daher die Verpflichtungen in diesem Kontext der UN-Charta vorgehen müssen. Ganz im Gegensatz zur Kammer, die in der gleichen Sache noch die *equivalent-protection*-Formel anwendete, mit der das Regime der Vereinten Nationen im Sinne eines pluralistischen Verständnisses respektiert wurde. In der Entscheidung der Kammer erschien es noch so, als bestätige sie das Urteil in Sachen *Nada* und lege sich auf ein pluralistisches Weltbild in Bezug auf das Völkerrecht fest, das aus mehreren nebeneinanderstehenden Systemen bestehe, die mit Rücksicht aufeinander koexistieren. Diese Auffassung durch Art. 1 c) der Satzung des Europarates gestützt, der vorsieht, dass die Beteiligung der Mitglieder an den Arbeiten des Europarates ihre Mitwirkung am Werk der Vereinten Nationen und der anderen internationalen Organisationen oder Vereinigungen, denen sie angehören, nicht beeinträchtigen darf.

Das neuere Urteil der Großen Kammer hat aufgrund der Gewichtung zugunsten der EMRK eher abgrenzende Züge, da es der EMRK als *european public order* eine besondere Stellung im Völkerrecht beimaß und damit weniger Rücksicht auf die Ziele der UN-Charta nahm. Der Vorrang der EMRK wird schließlich mit der besonderen Stellung der EMRK in Europa begründet, nämlich einer *european public order* mit verfassungsrechtlichen Zügen.

Von Bedeutung ist im Zusammenhang mit Normkollisionen im internationalen Kontext, dass die EMRK keine Kollisionsregel beinhaltet, die auf einen Vorrang der UN-Charta hindeuten würde. Selbst die Präambel, die auf die AEMR aus dem Jahr 1948 – im Sinne einer Inspirationsquelle – Bezug nimmt, erwähnt die UN-Charta nicht. In vielen anderen internationalen Verträgen, wie in Art. 46 IPbpR und Art. 30 Abs. 1 WÜV gibt es Verweise auf den Vorrang der

1156 EGMR, *Loizidou*, a.a.O., Rn. 75.

UN-Charta für Kollisionsfälle. Die Verfasser der EMRK haben hingegen ein sehr offenes System geschaffen, wie sich aus Art. 1 c) der Satzung des Europarates und Art. 53 EMRK ergibt, der die Völkerrechtsfreundlichkeit der EMRK anordnet. Es berücksichtigt auf der einen Seite das internationale Recht, insbesondere im Wege der systemischen Auslegung[1157] und es trägt den Besonderheiten im nationalen Recht mit der *„margin of appreciation“*-Doktrin Rechnung.

4. *Die Rechtsprechung des EGMR in Bezug auf die Individualsanktionen*

Zusammenfassend besteht die Judikatur des EGMR zur Kontrolle der nationalen Umsetzungsakte der Resolutionen des Sicherheitsrates und ihrer Durchführung durch die Mitgliedstaaten aus zwei Schritten: 1. wird die Pflichtenkollision, die hinter der Frage der Zuständigkeit des EGMR steckt, mit dem Hilfsmittel der harmonischen oder systemischen Auslegung im Sinne des Art. 31 Abs. 3 c) WÜV gelöst. Im Zuge dessen wird mit einer widerlegbaren Vermutung gearbeitet, die besagt, dass der Sicherheitsrat mit seinen Resolutionen die Mitgliedstaaten nicht zu der Verletzung grundlegender Menschenrechte anstiften möchte. Dabei wird seit *Nada* und *Al-Dulimi* nicht mehr zwischen Rechtsakten mit Spielraum und ohne Spielraum zugunsten der Mitgliedstaaten unterschieden. Denn was den Spielraum der Mitgliedstaaten angeht, legt der EGMR nach seiner Rechtsprechung ein sehr weites Verständnis an den Tag und liest in die Resolutionen des Sicherheitsrates einen Handlungsrahmen zugunsten der Mitgliedstaaten hinein, der bei genauerer Betrachtung jedoch nicht zu begründen ist.

2. Besitzt der Mitgliedstaat einen Spielraum bei der Umsetzung des internationalen Rechtsaktes, so erklärt sich der EGMR gem. Art. 1 EMRK zur Kontrolle des Rechtsaktes für zuständig und kontrolliert den nationalen Umsetzungsrechtsakt am Maßstab der EMRK. Dies begründet er mit der besonderen Bedeutung der EMRK als *european public order*. Wenn der Mitgliedstaat auch nach erfolgter Auslegung durch den EGMR keinen Spielraum bei der Umsetzung des internationalen Rechtsaktes hat, müsste sich der EGMR grundsätzlich für unzuständig erklären. Im Anschluss an die Rechtsprechung des EGMR in Bezug auf europäische Organisationen müsste im Grunde die *equivalent-protection*-Formel zur Anwendung kommen. Der EGMR würde demnach die Äquivalenz des Grundrechtsschutzes in der anderen internationalen Organisation – und damit auch in den Vereinten Nationen – überprüfen. Hielte er seinen Maßstäben stand, dann

---

1157 Ein Beispiel ist der Fall *Golder*, in dem der EGMR in Art. 6 EMRK auch das Recht auf Zugang zu einem Gericht hineinliest, weil dies auch von anderen internationalen Menschenrechtsabkommen so vorgesehen ist, siehe EGMR, *Golder*, a.a.O., Rn. 35.

gilt die allgemeine Vermutung, dass die jeweilige Organisation einen der EMRK grundsätzlich gleichwertigen Grundrechtsschutz gewährleistet und der EGMR würde auf seine Kontrolle verzichten. Angesichts der Rechtsprechung der Großen Kammer des EGMR in Bezug auf die Individualsanktionen des Sicherheitsrates erscheint es vorerst jedoch ausgeschlossen, dass er von einer Resolution ohne Handlungsspielraum bei der Umsetzung ausgeht. Daher ist zu erwarten, dass er in Zukunft mit der gleichen Argumentation seine Zuständigkeit begründen wird.

5. *Eine zusammenfassende Bewertung der Rechtsprechung des EGMR zu den Individualsanktionen des Sicherheitsrates*

Der EGMR betont in seiner Rechtsprechung zur Kontrolle von Rechtsakten der Mitgliedstaaten, die Rechtsakte anderer internationaler Organisationen in die nationale Rechtsordnung umsetzen, die Pflicht dieser Mitgliedstaaten bei Beitritt oder Gründung einer anderen internationalen Organisation die Verpflichtungen aus der EMRK weiterhin zu wahren. Bei einem Beitritt oder Neugründung einer internationalen Organisation müssen sich die Mitgliedstaaten der EMRK versichern, ob die Gewährleistung der Menschenrechte dort ebenfalls und in adäquater Weise erfolgt. Ist dies nicht der Fall, müssen die Mitgliedstaaten auf einen ausreichenden Menschenrechtsschutz in der anderen internationalen Organisation hinwirken. Unterlassen sie dies, machen sie sich wegen einer Verletzung der EMRK verantwortlich. Damit legt der EGMR eine hohe Messlatte an das Handeln der Mitgliedstaaten und verpflichtet sie zu der Einhaltung des hohen Menschenrechtsstandards aus der EMRK im Zusammenhang mit hoheitlichem Handeln und bei ihrer Mitwirkung in anderen internationalen Organisationen.

Diese Rechtsprechung ist im Ergebnis trotz – oder eher gerade wegen – der hohen Anforderungen an die Mitgliedstaaten zu begrüßen. Es ist folgerichtig, dass der hohe Standard der EMRK nicht dadurch umgangen werden kann, dass ein Mitgliedstaat sich einer anderen internationalen Organisation anschließt. Sonst würden die Mitgliedstaaten ihren Verpflichtungen aus der EMRK widersprechen und den Menschenrechtsschutz der EMRK konterkarieren. Andererseits wird den Mitgliedstaaten die Gründung neuer Organisationen oder der Beitritt zu einer Organisation erheblich erschwert, weil der EGMR sehr stark in das Handeln der Mitgliedstaaten im internationalen Kontext hineinwirkt.

Der sehr stark durch den EGMR fortentwickelte und dadurch hochkomplexe Menschenrechtsschutz aus der EMRK stellt die Mitgliedstaaten freilich vor sehr hohe Anforderungen, wie der EGMR in der Sache *Al-Dulimi* verdeutlich hatte.

Andererseits erhält die EMRK dadurch eine Ausstrahlungswirkung auf andere Systeme und kann damit indirekt Standards auch für andere internationale Organisationen setzen. Dies ist im Sinne des internationalen Menschenrechtsschutzes und führt zu einer Verstärkung desselben. Einmal eingegangene menschenrechtlichen Verpflichtungen müssen daher von den Mitgliedstaaten bei jedwedem hoheitlichen Handeln berücksichtigt werden, sei es im nationalen oder internationalen Kontext.

Die oben skizzierten Entscheidungen der Großen Kammer des EGMR in Bezug auf die Sanktionsregime des Sicherheitsrates sind im Hinblick auf ihre Begründungen nicht immer nachvollziehbar. Insbesondere dann, wenn man sie im Kontext mit der langjährigen Rechtsprechung des EGMR in Bezug auf das Verhältnis der EMRK zu anderen internationalen Organisationen – in Europa – betrachtet. Im Gegensatz zu der *Kadi*-Rechtsprechung des EuGH hätte der EGMR das Argument einer ‚autonomen Rechtsordnung' der EMRK nicht heranziehen dürfen. Gleichwohl er in *Al-Dulimi* mit einer ähnlichen Argumentation arbeitet: die Besonderheit des Menschenrechtsschutzes durch die EMRK und ihrer Eigenschaft als *european public order*.

Eine autonome Rechtsordnung der EMRK ist nicht erkennbar, sie ist noch nicht einmal ein *self-contained regime*, das sich als *lex specialis* zum Völkerrecht verhält[1158]. Dagegen spricht die starke Integration, wie sie bei der EU vorkommt, die zu einer Ausformung einer umfassenden europäischen Rechtsordnung geführt hat, die mittlerweile viele Kompetenzbereiche umfasst. Die EMRK hingegen hat sich auf den Bereich der Grund- und Menschenrechte fokussiert und hat auch gar nicht den Anspruch ein abschließendes System zu sein. Auch kann der Ministerrat des Europarates kein eigenes Recht setzen, wie es die europäischen Institutionen können.

Das EMRK-Recht und das Gerichtssystem des EGMR ist an die nationalen Rechtsordnungen gekoppelt und nicht von diesen zu abstrahieren, weil der nationale Rechtsweg zuerst erschöpft werden muss, bevor vor dem EGMR Beschwerde eingelegt werden kann. Andererseits müssen die nationalen Stellen das EMRK-Recht selbst berücksichtigen. Aufgrund einer Eigenständigkeit des EMRK-Systems das Verhältnis der EMRK zur UN-Charta in einem streng pluralistischen Kontext zu sehen, so wie es die Große Kammer in *Al-Dulimi* und *Nada* tat, kann daher nicht überzeugen.

1158 Siehe zur Definition des *self-contained regime: Klein*, Self-contained Regime in: *Wolfrum*, MPEPIL, S. Rn. 1 ff.

Das Verhältnis der EMRK zu den Vereinten Nationen ist allerdings recht eng, da alle Mitgliedstaaten der EMRK auch den Vereinten Nationen angehören und gar drei ständige Mitglieder des Sicherheitsrates auch Mitglieder der EMRK sind und damit einen entscheidenden Einfluss auf die Rechtsakte des Sicherheitsrates nehmen können.

Des Weiteren kann die Funktion des EGMR wohl nicht als Verfassungsgericht beschrieben werden[1159], da seine Befugnisse nicht mit denen eines nationalen Verfassungsgerichtes zu vergleichen sind. Der EGMR kann die nationalen Rechtsakte oder Handlungen nur wegen einer Verletzung der EMRK verurteilen, die Nichtigkeitserklärung eines nationalen Rechtsaktes steht ihm nicht zu. Außerdem bezieht sich die Jurisdiktion des EGMR lediglich auf Grundrechtsverletzungen und befasst sich nicht mit staatsorganisationsrechtlichen Fragen, wie nationale Verfassungsgerichte.

Die EMRK ist eine europäische Grundrechtsquelle, die das gemeinsame Verständnis der Menschenrechte in Europa dokumentiert und aufgrund der umfassenden Judikatur des EGMR eine herausragende Bedeutung in der Entwicklung und Durchsetzung der Menschenrechte, auch über Europa hinaus, erlangt hat. Die EMRK hat daher eine Vorbildfunktion für einen effektiven regionalen Grundrechtsschutz erlangt, nicht zuletzt wegen der ausgesprochen umfassenden Auslegung der EMRK durch den EGMR.

Die Große Kammer verdeutlichte in ihrem letzten Urteil in Sachen Individualsanktionen, dass die *equivalent-protection*-Formel auf die Kontrolle von nationalen Umsetzungsrechtsakten ihrer Meinung nach nicht anzuwenden ist. Wie sich in den Entscheidungen der großen Kammer *Nada* und *Al-Dulimi* zeigt, versucht der EGMR die Normenkonflikte primär mit der harmonischen Auslegung zu lösen, indem er in Resolution des Sicherheitsrates einen Spielraum für die Mitgliedstaaten hinein interpretiert, um seine Zuständigkeit in jedem Fall zu begründen.

Lediglich die widerlegbare Vermutung, dass der Sicherheitsrat nicht bewusst internationale Grundrechte verletzten möchte, bleibt noch anwendbar. Diese Vermutung muss jedoch in jedem Einzelfall erneut geprüft werden. Lediglich der Funktion des Sicherheitsrates für die Wahrung des internationalen Friedens und der Sicherheit wird dadurch Respekt gezollt. In dem Urteil *Al-Dulimi* kommt mehr als deutlich zum Ausdruck, dass das Gericht von einer Gleichwertigkeit des Grundrechtsschutzes nicht ausgeht. Im Ergebnis kommt es daher nur

1159 So wie Sondervotum der Richter *Pinto de Albuquerque, Hajiyev, Pejchal* und *Dedov*, zu EGMR, *Al-Dulimi*, a.a.O., Rn. 60.

auf das jeweilige Verhalten des Mitgliedstaates an, dem eine erhöhte Sorgfaltspflicht im Hinblick auf die Grundrechte bei der Umsetzung von Resolutionen des Sicherheitsrates zukommt, da er auf nationaler Ebene einen der EMRK entsprechenden Rechtsschutz wahren muss.

Daher hatte die Schweiz im Rahmen des *Nada*-Verfahrens vor dem EGMR im Jahr 2010 der Parlamentarischen Versammlung des Europarates einen Antrag im schweizerischen Parlament angezeigt[1160]. In dem erklärte sie ihre Absicht, die Individualsanktionen nicht mehr gegen solche Personen umzusetzen, die seit mindestens drei Jahren keine Möglichkeit auf Rechtsschutz erhalten haben, ihre Beschwer vor keinem Gericht monieren konnten, die vor keinem Gericht angeklagt wurden und gegen die keine neuen Vorwürfe vorliegen. Die Schweiz macht damit deutlich, dass sie auf nationaler Ebene gegen den mangelnden Rechtsschutz gegen die Individualsanktionen des Sicherheitsrates vorgehen möchte und die Umsetzung der Sanktionen zumindest dann aussetzt, wenn die obigen Voraussetzungen vorliegen. Dies hat die Schweiz jedoch nicht vor einer weiteren Verurteilung in Sachen *Al-Dulimi* bewahrt.

Die Begründung der Kontrolle durch den EGMR kann als Ausfluss eines strengen pluralistisches Verständnisses gesehen werden, da der EGMR mit dieser Argumentation von einem Nebeneinander der Regime ausgeht und alle nationalen Rechtsakte an seinem Maßstab überprüfen möchte, unabhängig von der Herkunft der Regelungen. Von einem absoluten Vorrang der UN-Charta aufgrund der Kollisionsregel des Art. 103 UN-Charta kann hier nicht die Rede sein.

Das Urteil der Kammer in der Sache *Al-Dulimi* zeugte hingegen noch von einer offeneren Auffassung, da angesichts von Resolutionen des Sicherheitsrates ohne Spielraum für die Mitgliedstaaten Vertrauen auf einen gleichwertigen Grundrechtsschutz in den Vereinten Nationen gesetzt wurde und dadurch zumindest unter bestimmten Voraussetzungen der Vorrang der UN-Charta anerkannt wurde.

Die *equivalent-protection*-Formel ist zwar auf den ersten Blick lediglich eine Kollisionsregel, auf den zweiten Blick macht sie aber deutlich, dass der EGMR seine Zuständigkeit und damit die EMRK dem anderen System unterordnet, solange sein Standard dort adäquat gewährleistet ist. Das Urteil der Kammer zeugte daher noch von einem normenhierarchischen Verständnis mit der UN-Charta an der Spitze, da der Vorrang der UN-Charta aus Art. 103 UN-Charta

---

1160 Europarat, Committee on Legal Affairs and Human Rights, Information note: Compatibility of UN Security Council and EU, Black Lists with European Convention on Human Rights requirements, AS/Jur/Inf (2010) 05, vom 7. Dezember 2010, S. 6.

grundsätzlich gewahrt werden sollte. Dem hat die Große Kammer aber eine Absage erteilt und ihr Verständnis eines pluralistischen Systems im Völkerrecht deutlich gemacht.

6. *Ausblick*

Angesichts des oben Dargestellten ist damit zu rechnen, dass der EGMR zukünftig ergebnisorientiert vorgeht, um zur Begründung seiner Kontrolle der nationalen Umsetzungsakte zu gelangen[1161]. Dies trägt dem Bedürfnis des EGMR Rechnung die Rechtsschutzlücken, die die Resolutionen des Sicherheitsrates offenlassen, zu schließen. Eine Resolution, die offensichtlich keinen Spielraum für die Mitgliedstaaten bei der Umsetzung lässt, kann jedoch nicht so interpretiert werden, dass sie zumindest eine ‚Flexibilität' zugunsten der Mitgliedstaaten enthält. Damit verstößt der EGMR gegen den Wortlaut und die Absichten des Sicherheitsrates und geht im Rahmen der Auslegung zu weit. Die *equivalent-protection*-Formel hätte im Kontext von Resolutionen, die keinen Handlungsspielraum enthalten, durchaus zur Anwendung kommen können. Bis zu der Garantie der grundlegenden Verfahrensrechte auf der Ebene der Vereinten Nationen, muss diese Vermutung jedoch als widerlegt gelten. Solange sollte sich der EGMR für die Kontrolle der nationalen Rechtsakte zuständig erklären.

Mit seiner Rechtsprechung hat der EGMR zwar die Rechtsschutzlücken im System der Individualsanktionen des Sicherheitsrates vorerst geschlossen, dem Vorwurf des unbegründeten Verstoßes gegen Art. 103 UN-Charta muss er sich trotzdem aussetzen. Aufgrund der vielfachen Kritik an dem Ergebnis der harmonischen Auslegung und der Frage nach dem Vorrang der UN-Charta aus Art. 103 UN-Charta durch einige Richter in ihren Sondervoten, erscheint eine Änderung der Rechtsprechung auch nicht ausgeschlossen.

Bliebe es zumindest bei dem Ergebnis der Großen Kammer, können vorerst alle nationalen Gerichte und der EGMR die nationalen Umsetzungsrechtsakte an ihrem nationalen Grundrechtestandard – im Lichte des Mindeststandards der EMRK – messen. Ein einheitlicher Grundrechtsschutz der Betroffenen gegen die Aufnahme auf eine sog. schwarze Liste ist damit jedenfalls im Geltungsbereich der EMRK gewährleistet. Und zumindest eine regionale Kohärenz

---

1161 Trefflich drückt es dieser Kommentar aus: „Der EGMR hat heute klar gemacht, dass keine Institution, egal wie mächtig, ganz ohne gerichtliche Überprüfung in das Leben von Menschen eingreifen darf.", siehe http://www.humanrights.ch/de/menschenrechte-schweiz/egmr/ch-faelle-dok/egmr-al-dulimi-grosse-kammer.

mit Vorbildcharakter für die Staaten außerhalb Europas könnte damit gewährleistet werden.

II. Die Konstruktion einer Zuständigkeit der regionalen und nationalen Gerichte aus dem Subsidiaritätsprinzip

Im Folgenden wird die Zuständigkeit des EGMR und der nationalen Gerichte nach dem Grundsatz der Subsidiarität hergeleitet. Dazu wird zuerst die Notwendigkeit einer überzeugenden Konstruktion dargelegt. Anschließend wird die Rekonstruktion herausgearbeitet und für den Anwendungsfall der Individualsanktionen konkretisiert.

1. Das Fehlen des Rechtsschutzes auf der internationalen Ebene

Vor dem Hintergrund der Bedeutung der Verfahrensgrundrechte ist es ein wichtiges Anliegen, die Rechtsschutzlücken auf der Ebene der Vereinten Nationen zu schließen. Da aber die Einrichtung eines Sondertribunals oder einer anderen gerichtsähnlichen Institution auf der Ebene der Vereinten Nationen mit einer Zuständigkeit für Rechtsbehelfe gegen Individualsanktionen derzeit – politisch – nicht möglich erscheint, muss der Grundrechtsschutz auf nationaler oder regionaler Ebene gewährleistet werden. Insbesondere in den Regionen der Welt, in denen es bereits effektive Schutzmechanismen gibt, besteht ein gesteigertes Interesse daran, dass dort die nationalen Umsetzungsakte an den hohen nationalen und regionalen Standards gemessen werden. Mit Sicherheit differieren die Standards weltweit stark, vor allem im Bereich des Menschenrechtsschutzes. Dies bedeutet jedoch nicht, dass im System der EMRK der Schutzstandard abgesenkt werden müsste, wenn es um die Umsetzung internationaler Rechtsakte auf nationaler Ebene geht. Der EGMR hat für das EMRK-System schließlich betont, dass die Mitgliedstaaten weiterhin der EMRK verpflichtet bleiben, auch wenn sie an einer anderen internationalen Organisation mitwirken[1162]. Über die Einhaltung der Grund- und Menschenrechte durch die Mitgliedstaaten möchte der EGMR weiterhin wachen, wie er dies anschaulich in seiner *equivalent-protection*-Formel formulierte.

Die Fälle *Nada* und *Al-Dulimi* aus der Rechtsprechung des EGMR haben verdeutlicht, dass die Frage nach dem Verhältnis der EMRK zur UN-Charta weiterhin offenbleibt und gerade deshalb von großem Interesse ist. Solange es Unstimmigkeiten der Sanktionsregime des Sicherheitsrates mit den europäischen

1162 EKMR, *M. & Co.*, a.a.O., S. 152; EGMR, *Waite and Kennedy*, a.a.O., Rn. 32.

Menschenrechtsgewährleistungen gibt, die nicht überzeugend durch eine harmonische Auslegung behoben werden können, dann bedarf es der Gewährung von Rechtsbehelfen auf der nationalen Ebene und im europäischen Raum zusätzlich auf der Ebene der EMRK.

Eine Lösung über die Anwendung des Art. 103 UN-Charta, der als Kollisionsregel den Vorrang der Verpflichtungen aus der UN-Charta anordnet, ist eben solange nicht zufriedenstellend, wie auf der Ebene der Vereinten Nationen kein effektiver Rechtsschutz für die Personen eingerichtet wird, die durch den Sicherheitsrat sanktioniert werden. Im Ergebnis wäre dann eine Verletzung der EMRK durch die Umsetzungsakte der Mitgliedstaaten gar nicht feststellbar, da die EMRK nicht der Maßstab und der EGMR nicht zuständig zur Kontrolle dieser Rechtsakte wären.

Beachtenswert ist aber auch, dass die Kollisionsregel aus Art. 103 UN-Charta und Art. 25 UN-Charta nichts darüber aussagen, wie die Mitgliedstaaten mit ihren innerstaatlichen Pflichten und den Pflichten aus anderen Verträgen umgehen sollen, wenn eine echte Kollision mit der UN-Charta besteht. Art. 103 UN-Charta kann nicht entnommen werden, dass die Mitgliedstaaten ihre innerstaatlichen Umsetzungsakte von Bindungen frei halten sollen, die sich aus dem innerstaatlichen Recht oder anderen Rechtsquellen ergeben, an die die Mitgliedstaaten gebunden sind. Dagegen spricht auch die völkerrechtliche Staatenverantwortlichkeit, die eine Verantwortlichkeit der Staaten in Fällen der Verletzung von Völkerrecht festschreibt.

Im Zusammenhang mit dem Pflichtendilemma der Mitgliedstaaten der Vereinten Nationen wird daher teilweise vorgeschlagen, dass sich die Mitgliedstaaten in einer Notsituation befänden. Sie könnten sich daher ausnahmsweise auf höhere Gewalt (*force majeure*) berufen, um die Nichtbefolgung der Resolutionen des Sicherheitsrates und der Bevorzugung der menschenrechtlichen Verpflichtungen zu begründen.[1163] Dieser Ansatz des EGMR führt sicherlich zum gewünschten Ziel der bestmöglichen Gewährleistung des Menschenrechtsschutzes. Andererseits kann mit dieser Argumentation ebenso gegenteilig argumentiert werden: dass aus Gründen der höheren Gewalt, getragen durch das internationale Sicherheitsinteresse, gerade die menschenrechtlichen Pflichten suspendiert werden müssten, um das Pflichtendilemma zu beenden. Dies würde zu einem absoluten Vorrang der Pflichten aus den Resolutionen des

1163 Siehe *Peters* in: *Simma/Khan/Nolte/Paulus*, The Charter of the United Nations. A Commentary, Art. 25, Rn. 190.

Sicherheitsrates führen und das Pflichtendilemma einer Lösung im Einzelfall nicht zugänglich machen.

Daher müssen noch andere Lösungsansätze erwogen werden, die im Ergebnis zu einem Vorrang der Menschenrechtsverpflichtungen vor den Verpflichtungen aus Kapitel VII der UN-Charta und damit auch eine Zuständigkeit des EGMR in Europa zur Kontrolle der nationalen Umsetzungsakte führen können. Eine solche Kontrollmöglichkeit könnte schließlich auch auf das regionale System der AMRK mit dem IAGMR übertragen werden, und zu einer Zuständigkeit der nationalen Gerichte der Mitgliedstaaten und des IAGMR führen. Denn auch bei diesem System handelt es sich um ein sehr effektives regionales Menschenrechtsschutzsystem[1164].

2. *Das Fehlen einer überzeugenden Lösung des EGMR*

Die Lösung von Normenkollisionen durch eine harmonische Auslegung sich widersprechender Vorschriften aus der *Al-Jedda*-Rechtsprechung des EGMR erscheint zwar durchaus praktikabel. Fraglich ist jedoch, ob im Rahmen des Sanktionsregimes des Sicherheitsrates darauf vertraut werden kann, dass der Sicherheitsrat die Mitgliedstaaten gerade nicht dazu ermuntert, Menschenrechte zu verletzen. Könnte die Vermutung aufrechterhalten werden, könnten die nationalen Gerichte und der EGMR auf ihre Kontrolle verzichten.

Diese Vermutung muss jedoch widerlegbar bleiben, damit der EGMR den nationalen Umsetzungsakt auf seine Vereinbarkeit mit den Grund- und Menschenrechten untersuchen und bei einer Verletzung den jeweiligen Mitgliedstaat verurteilen kann. Geht man im Allgemeinen nicht von einem ausreichenden Menschenrechtsschutz in den Vereinten Nationen aus, wie in der *equivalent-protection*-Hypothese, könnte der EGMR, wie die Kammer in Sachen *Al-Dulimi*, sich für zuständig erklären. An einer überzeugenden Begründung für diese Lösung fehlte es in dem Urteil der Kammer jedoch. Auch wenn sie sich auf das *Kadi*-Urteil des EuGH bezog, muss sie sich dem Vorwurf aussetzen, dass sie das Pflichten-Dilemma um Art. 103 UN-Charta nicht gelöst hat.

1164 Über die Afrikanische Erklärung der Menschenrechte und der Völker über die die Afrikanische Kommission der Menschenrechte und der Rechte der Völker wacht, kann man dies leider nicht behaupten. Es gibt kein Individualbeschwerdeverfahren vor der Kommission, in dem ein Individuum seine Rechte aus dem Abkommen geltend machen könnte, sondern nur ein Staatenbeschwerdeverfahren gemäß Art. 49, in dem ein Staat die Verletzung der Rechte durch einen anderen Staat geltend machen kann.

Das Urteil der Großen Kammer in *Al-Dulimi* und die kritischen Sondervoten der Richter verdeutlichen aber auch, dass das Werkzeug der harmonischen Auslegung an dieser Stelle nicht überstrapaziert werden sollte. In dem Fall wurde die ergebnisorientierte Argumentation offenkundig, da es lediglich darum ging die Kontrolle des nationalen Rechtsaktes durch den EGMR zu gewährleisten. Ebenso überdehnte der EGMR in der *Nada*-Sache den Begriff des Ermessensspielraums, indem er annahm, dass das 1267-Sanktionsregime des Sicherheitsrates den Mitgliedstaaten einen Spielraum bei der Umsetzung überlasse.

Indessen bleibt die Frage offen, in welchen Fällen der EGMR in der Zukunft davon ausgehen wird, dass es sich um einen internationalen Rechtsakt ohne jeglichen Handlungsspielraum handelt oder ob der EGMR die Unterscheidung nach dem Ermessensspielraum völlig aufgeben wird und nur noch auf die generelle Verantwortlichkeit seiner Mitgliedstaaten nach der EMRK abstellt. Beabsichtigt er dies, kann man jedoch nicht mehr von einer Harmonisierung des Völkerrechts sprechen, sondern von einer Abschottung und Beanspruchung einer Sonderstellung der EMRK.

Da die Begründungsansätze des EGMR im Hinblick auf die Kontrolle der Resolutionen des Sicherheitsrates nicht überzeugen, wird im Folgenden eine andere Konstruktion vorgeschlagen, die auf dem Gedanken der Subsidiarität im Völkerrecht basiert und die Rechtskontrolle der Umsetzungsakte der Mitgliedstaaten der EMRK durch den EGMR, aber natürlich auch durch die mitgliedstaatlichen Gerichte selbst, begründet. Damit wird ein Vorschlag unterbreitet, mit dem gewährleistet werden kann, dass zumindest die Mitgliedstaaten der EMRK dem Pflichtendilemma entgehen können – in dem sie sich befinden, wenn sie die der internationalen Sicherheit dienenden Sanktionen des Sicherheitsrates mit ihren grundrechtlichen Pflichten in Einklang bringen wollen.

3. *Begründung und Inhalt*

Mit dem Subsidiaritätsgedanken ist es möglich eine Kontrollbefugnis des EGMR und der nationalen Gerichte herzuleiten, damit sie nationale Umsetzungsrechtsakte überprüfen können, mit denen sie die Resolutionen des Sicherheitsrates in ihre Rechtsordnungen umgesetzt haben. Diese Rekonstruktion soll sich jedoch nicht nur auf Resolutionen des Sicherheitsrates im Bereich des Kapitel VII und der Berührung von Individuen mit dem Völkerrecht beziehen. Sie soll auf alle Rechtsakte internationaler Organisationen anwendbar sein, die gegen ihre Rechtsakte keinen effektiven gerichtlichen Rechtsschutz garantieren[1165].

1165 Zwar haben einige internationale Organisationen ständige Mechanismen eingerichtet, die aber nicht gerichtlicher Natur sind: bspw. das *Inspection Panel* der

Im Ergebnis wird damit gewährleistet, dass das Individuum als partielles Rechtssubjekt des Völkerrechts und Rechtssubjekt des nationalen Rechts bei einer belastenden Maßnahme der öffentlichen Gewalt den Rechtsweg vor einem Gericht oder einer gerichtsähnlichen Einrichtung innerhalb der internationalen Organisation einschlagen kann und zumindest vor einem nationalen Gericht gegen den nationalen Umsetzungsrechtsakt vorgehen kann. Dies soll auch dann möglich sein, wenn die Mitgliedstaaten bei der Umsetzung des internationalen Rechtsaktes über keinerlei Umsetzungsspielraum verfügen und ihn daher ohne Abänderung in die nationale Rechtsordnung übertragen haben.

a) Transparenz und Fairness

Der Subsidiaritätsgrundsatz muss als eine wichtige Grundlage und systemtragende Komponente im Völkerrecht und insbesondere im System der Vereinten Nationen im Verhältnis zu ihren Mitgliedstaaten verstanden werden, siehe Art. 2 Abs. 7 und Art. 52 UN-Charta. Hinzukommt, dass seine Anwendung im Zusammenhang mit den sich aus den Grundsätzen der internationalen Rechtsstaatlichkeit ableitenden Transparenz und Fairness dazu führt, dass Entscheidungen internationaler Organisationen bei ihrer Umsetzung durch die Mitgliedstaaten eine höhere Akzeptanz im Einzelfall erfahren. Diese rechtsstaatlichen Grundsätze können im Zusammenhang der Individualsanktionen des Sicherheitsrates der Vereinten Nationen dazu beitragen, dass bei der Umsetzung der Resolutionen durch die mitgliedstaatlichen Stellen und der anschließenden gerichtlichen Kontrolle durch die mitgliedstaatlichen Gerichte eine möglichst sichere, transparente und vorhersehbare Lage für das Individuum herbeigeführt wird.

Die Resolutionen des Sicherheitsrates werden zwar im Sinne der UN-Charta umgesetzt, letztlich aber durch die mitgliedstaatlichen Stellen ausgeführt und kontrolliert. Diese sind unmittelbarer am betroffenen Bürger und sind daher – durch die Existenz von Gerichten und Rechtswegen – in der Lage, die Anwendung der Sanktionen im Einzelfall besser zu bewerkstelligen und damit Einzelfallgerechtigkeit herzustellen. Transparenz und Fairness bei der Umsetzung der Resolutionen unter Berücksichtigung der nationalen und regionalen Menschenrechte führen zu einer Verstärkung der Legitimation des Sicherheitsrates in den Mitgliedstaaten einerseits und einer stärkeren Verwebung der Ebenen im Mehrebenensystem andererseits. Diese Akzeptanz ist wichtig für das

---

Weltbankinspektion, die Kontrollkommission der INTERPOL-Akten, der Weltbank-Sanktionsrat, die Beschwerdekammer der Europäischen Schulen, die Beschwerdekammern des Europäischen Patentamts.

Sanktionssystem des Sicherheitsrates, da sie das System legitimiert. Im Ergebnis führt dies zu einer besseren Umsetzung und einer effektiveren Terrorismusbekämpfung. Gleichzeitig wird die Akzeptanz der Individualsanktionen durch die einzelnen Bürger aufgrund der Kontrollbefugnisse der mitgliedstaatlichen Einrichtungen erhöht. In jeder (demokratischen) Rechtsordnung steht der Bürger als Subjekt der Rechtsordnung – also als Mensch – im Mittelpunkt, da seine Rechte durch den Staat gewährleistet werden müssen. Dieser Gedanke findet sich in der Präambel der UN-Charta wieder, die von den individuellen Bedürfnissen der Völker spricht. Durch den Subsidiaritätsgrundsatz im Völkerrecht wird letztlich den individuellen Interessen aller Träger der Grund- und Menschenrechte Rechnung getragen, dadurch dass die Mitgliedstaaten bei der Umsetzung der Resolutionen des Sicherheitsrates auch die Menschenrechte gewährleisten.

Im Grunde werden bei der Anwendung des Grundsatzes der Subsidiarität die Aspekte der Weltgerechtigkeit und der internationale Menschenrechtsschutz einander gegenübergestellt. Konkret stehen sich zwei materielle Güter gegenüber: die Aufgaben des Sicherheitsrates aus Kapitel VII der UN-Charta zur Sicherung des Weltfriedens und der internationalen Sicherheit und die Aufgaben der Staatengemeinschaft insgesamt auf Einhaltung der Menschenrechte, wie sie sich aus der AEMR der Generalversammlung der Vereinten Nationen ergeben. Bei den Individualsanktionen stehen sich die Verpflichtungen der Mitgliedstaaten zur Umsetzung von Sanktionen gegen Individuen, die durch undurchsichtige und rechtsstaatlich bedenklich erlangte Beweise[1166] oder gerichtliche Anordnungen in ihren Rechten betroffen werden, dem Anspruch auf rechtsstaatliche Einhaltung von Menschenrechten gegenüber. Zwar sind die Ziele des Weltfriedens und der internationalen Sicherheit – als Aspekte der Gerechtigkeit – Schutzgüter des Kapitel VII der UN-Charta und besitzen einen hohen Rang, der sich aus der Nennung in Art. 1 Abs. 2 und Art. 2 Abs. 6 UN-Charta ergibt. Andererseits ist auch die transparente und faire Einzelfallgerechtigkeit unter Berücksichtigung der Menschenrechte im Bereich der Sanktionen nicht zu vernachlässigen, da das Sanktionssystem des Sicherheitsrates individuelle Rechtspositionen beschneidet. Damit stehen sich die Schutzpflichten des Sicherheitsrates im Hinblick auf die internationale Friedenssicherung und die Schutzpflichten der Mitgliedstaaten auf Gewährleistung der Grund- und Menschenrechte gegenüber, die bei der

---

1166 siehe die Kritik bei *Cameron*, The ECHR, Due Process and UN Security Council Counter-Terrorism Sanctions, S. 1 ff.; *Fassbender*, Targeted Sanctions and Due Process, S. 1 ff.

Durchführung der Individualsanktionen in einen schonenden Einklang zu bringen sind.

Die Defizite auf der Seite der Einzelfallgerechtigkeit, die sich darin äußern, dass der Prozess der Aufnahme einer Personen auf einer der Listen des Sicherheitsrates undurchsichtig und rechtsstaatlich bedenklich vonstatten geht und ein adäquates Rechtsschutzsystem auf der Ebene der Vereinten Nationen fehlt, führen zu einem starken Ungleichgewicht zwischen den Zielen der (Welt-) Gerechtigkeit und der Einzelfallgerechtigkeit. Das Gewicht auf der Seite der Einzelfallgerechtigkeit wird dadurch erhöht, dass das Fehlen eines effektiven Rechtsschutzes dazu führt, dass das System der Vereinten Nationen und damit das gesamte Völkerrecht mit dem Makel der Menschenrechtswidrigkeit behaftet ist und zu Unsicherheit in der Bevölkerung führt. Daher kann der Subsidiaritätsgrundsatz an dieser Stelle Abhilfe schaffen und mithilfe der Grundsätze der Transparenz und Fairness den Menschenrechten bei der Umsetzung auf nationaler Ebene Wirkung verschaffen und schließlich durch eine gerichtliche Kontrolle auch zu Rechtssicherheit bei der Einzelfallanwendung führen.

b) Effektivität

Angesichts der Tatsache, dass ein umfassendes Rechtsschutzsystem gegen die Sanktionen durch ein Individuum auf der Ebene der Vereinten Nationen fehlt, ist es zur Schließung von Rechtsschutzlücken vonnöten, dass mitgliedstaatliche Gerichte und der EGMR die Einhaltung der Grund- und Menschenrechte gewährleisten. Dabei bleibt nur der Rechtsweg vor den nationalen Gerichten, da dort zumindest diejenigen Rechtsschutz suchen können, die durch die nationalen Umsetzungsakte betroffen sind und beim Löschungsversuch vor dem Sanktionskomitee des Sicherheitsrates keinen Erfolg hatten.

Damit sind primär die nationalen Gerichte dazu berufen, effektiven Rechtsschutz gegen die Umsetzung der Individualsanktionen zu gewähren. Dabei wenden die Gerichte der Mitgliedstaaten im Sinne ihrer Verpflichtung aus Art. 1 EMRK die Gewährleistungen aus der EMRK, konkretisiert durch die Rechtsprechung des EGMR, neben dem nationalen Grundrechtestandard an. Lediglich bei der spezifischen Verletzung der Gewährleistungen aus der EMRK kann der EGMR gem. Art. 34 EMRK angerufen werden und die Einhaltung der Grund- und Menschenrechte aus der EMRK überprüfen. Damit kommt dem EGMR bei der Kontrolle der Einhaltung der Grund- und Menschenrechte lediglich eine subsidiäre Rolle zu, vorrangig sind die nationalen Stellen und Gerichte zur Wahrung der EMRK-Rechte berufen.

Im Ergebnis wird also auch hier wieder deutlich, dass es sich dabei um eine Abwägung der oben genannten Rechtsgüter – Weltgerechtigkeit und Menschenrechte – handelt, um die Frage nach der Kontrollbefugnis und daher auch nach der Zuständigkeit *ratione materie* der nationalen und regionalen Gerichte zu beantworten. Auf der Seite der Vereinten Nationen steht der Grundsatz der Gerechtigkeit, der zum Schutz der Allgemeinheit das Ziel des Schutzes der internationalen Sicherheit und des Weltfriedens verfolgt. Um dies zu erreichen, erlässt der Sicherheitsrat Individualsanktionen im Bereich der Terrorismusbekämpfung und um ehemalige Regierungsmitglieder von Staaten zu isolieren, die zu Instabilitäten oder gar Völkerrechtsverstößen beigetragen haben. Auf der anderen Seite steht der Schutz der individuellen Grund- und Menschenrechte durch die EMRK, denen die Mitgliedstaaten ebenso wie den Resolutionen des Sicherheitsrates verpflichtet sind. Die betroffenen Individuen sind durch das Verfahren der Aufnahme in eine Liste sowie durch den eingeschränkten Rechtsschutz auf der Ebene der Vereinten Nationen tief greifend in ihren Verfahrensgrundrechten aus Art. 6 und 13 EMRK betroffen. Würden die nationalen Gerichte den Rechtsschutz verweigern, würde ein Vakuum entstehen, innerhalb dessen auf den Grundrechtsschutz weitestgehend verzichtet würde. Daher müssen die Mitgliedstaaten und ihre Gerichte diese beiden Verpflichtungen in jedem Einzelfall miteinander abwägen.

Ein Vakuum des Rechtsschutzes widerspräche dem Anspruch der EMRK als rechtsstaatliches Menschenrechtsschutzsystem, das der EGMR gar als *european public order* bezeichnet.[1167] Bei einer evolutiven Auslegung der EMRK, die sich aus der Präambel der EMRK herauslesen lässt, in der sie sich als ein Instrument mit dem Ziel des *„achievement of greater unity between its Members“*[1168] sieht, wird deutlich, dass die EMRK und die darin enthaltenen Grund- und Menschenrechte als ein transformationelles und den Menschenrechtsschutz vorantreibendes Konzept verstanden werden sollen.

Es widerspräche aber auch dem Anspruch der Vereinten Nationen, die als eines ihrer Ziele die Achtung der Menschenrechte in Art. 1 Nr. 3 UN-Charta aufzählt und in ihrer Praxis auf einen umfassenden Schutz hinwirkt[1169], wenn Rechtsschutzlücken durch das Zusammenspiel der verschiedenen Ebenen entstünden. An der Zuständigkeit des Sicherheitsrates für den Erlass der entsprechenden Resolutionen und an der Institution der Vereinten Nationen werden

1167 EGMR, *Loizidou*, a.a.O., Rn. 75.
1168 Siehe EGMR, *Tyrer*, a.a.O., Rn. 31.
1169 Siehe dazu Kapitel 3.

mit diesem schonenden Ausgleichsmechanismus über den Grundsatz der Subsidiarität auch keine Zweifel aufkommen. Die Verpflichtung zur Umsetzung der Resolution wird nicht berührt, sie wird jedoch im Hinblick auf die sich ggf. anschließende gerichtliche Kontrolle der Umsetzungsakte der Mitgliedstaaten dahin gehend konkretisiert, dass (zumindest) die Mitgliedstaaten der EMRK den rechtsstaatlich gebotenen Rechtsschutz gewährleisten. Wie oben schon erwähnt, wird das System der Vereinten Nationen dadurch eher gestärkt, da es mit rechtsstaatlichen Grundsätzen und unter Berücksichtigung der Menschenrechte angewendet und durchgesetzt wird.

Bei einer Abwägung des kollektiven und des individuellen Rechtsguts muss unter Berücksichtigung der Schwere des Eingriffs in die Position des Betroffenen zugunsten der individuellen Rechtsgüter im Einzelfall entschieden werden. Und nur durch die nationalen und regionalen Gerichte kann der effektive Rechtsschutz unter Wahrung der Verfahrensgrundrechte gewährleistet werden, den die EMRK gebietet. Innerhalb der Mitgliedstaaten der EMRK kann sich damit ein einheitlicher Rechtsschutzstandard entwickeln.

Von Europa aus könnte damit gar eine Signalwirkung an die anderen Staaten und Regionalsysteme der Welt gehen, damit auch dort eine Kontrolle der nationalen Umsetzungsakte am Maßstab der nationalen oder regionalen Grund- und Menschenrechte vorgenommen wird. Schließlich könnte damit auch ein Anreiz bei den Vereinten Nationen gesetzt werden, die durch die nationale und regionale gerichtliche Kontrolle der nationalen Umsetzungsakte der Individualsanktionen dazu ermutigt sein könnten, auf der Ebene der Vereinten Nationen ein effektives Rechtsschutzsystem zu errichten.

4. *Herleitung*

Die Kollisionsproblematik schlägt sich erst in den nationalen Umsetzungsbemühungen nieder, da die internationalen Verpflichtungen ohne den nationalen Umsetzungsakt keine direkte Wirkung in der nationalen Rechtsordnung entfalten können und daher auch noch nicht zu einer konkreten Pflichtenkollision führen. Die Folgen der Kollision internationaler Verpflichtungen sind daher meist erst bei der Umsetzung durch die nationalen Stellen erkennbar, da sich hier die widersprechenden internationalen Verpflichtungen im nationalen Recht auswirken[1170]. Im Folgenden soll der Subsidiaritätsgedanke hergeleitet werden.

1170 Siehe *Funke*, Umsetzungsrecht, S. 334.

a) Zum historischen Hintergrund

Die Idee der Subsidiarität ist ein europäischer Gedanke[1171] und geht auf die Alten Griechen und die Katholische Sozialphilosophie zurück[1172]. Dabei ging es um die Einfügung des Einzelnen in die Gesellschaft, die ihn, wenn nötig, auffängt. Man kann sich die Gesellschaft im Zeitalter der Griechen in verschachtelter Form vorstellen, in der der Einzelne zum einen in seine Familie eingebettet war, die Familie in die Gemeinde und die Gemeinde in den Staat. Dadurch ergeben sich die Verbindungen und das Verhältnis der jeweiligen Einheiten zueinander.

Das Ziel der verschachtelten Einordnung des Einzelnen in das System der Gesellschaft ist schlicht und ergreifend des Wohlbefinden des Einzelnen, indem ihm Wertschätzung widerfährt und das Erreichen einer ‚guten Gesellschaft'[1173]. Dieses System dient dem Schutz des schwächsten Gliedes der Gesellschaft, nämlich des Einzelnen, indem er durch die jeweiligen Ebenen der Gesellschaft aufgefangen und in das Gesellschaftssystem integriert wird.[1174] Im Ergebnis entsteht dadurch ein System der Hierarchie von der kleinsten zur größten Einheit[1175]. Auch im System des modernen Völkerrechts geht es um die Selbstentfaltung und die Einbettung des Einzelnen in der Gesellschaft und der einzelnen Staaten in der Staatengemeinschaft. Dieser Subsidiaritätsgedanke ist Ausdruck der Selbstbestimmung des Einzelnen[1176] und ist dem zentralistischen System gegenüber zu stellen[1177].

Im heutigen Zeitalter kann man das Subsidiaritätsprinzip so verstehen, dass die größere gesellschaftliche Einheit, insbesondere in einem föderalen System, nur dann eintritt, wenn die kleinere gesellschaftliche Einheit die Aufgabe nicht

1171 Eine schöne Formulierung zu der heutigen Bedeutung der Subsidiarität in Europa findet sich bei *Delsol* in: *Blickle/Hüglin/Wyduckel*, Subsidiarität als rechtliches und politisches Ordnungsprinzip, S. 89: *„La subsidiarité est la bonne étoile qui garantit la sauvegarde des valeurs européens"*.

1172 *Feichtner*, Subsidiarity in: *Wolfrum*, MPEPIL, Rn. 2.

1173 Dieses Ziel findet auch Anklang bei *Kant*, der eine vernünftige Ordnung des Zusammenlebens in Freiheit als die beste Ordnung für das Individuum propagiert.

1174 Siehe *Delsol* in: *Blickle/Hüglin/Wyduckel*, Subsidiarität als rechtliches und politisches Ordnungsprinzip, S. 86.

1175 Siehe *Fastenrath* in: *Blickle/Hüglin/Wyduckel*, Subsidiarität als rechtliches und politisches Ordnungsprinzip, S. 475 ff.

1176 So *Shelton*, HRLJ 2006, S. 5.

1177 Siehe dazu *Delsol* in: *Blickle/Hüglin/Wyduckel*, Subsidiarität als rechtliches und politisches Ordnungsprinzip, S. 85 ff.

erfüllen kann[1178]. Daher handelt es sich um eine Aufgabenzuweisungsnorm und eine Kompetenzregel, da sie vorgibt, wer die Aufgaben in einem System übernimmt, in dem mehrere Kompetenzträger und daher auch mehrere Ebenen als Zuständige infrage kommen.

Im Völkerrecht regelt dieser Grundsatz das Verhältnis der Verteilung und Ausübung öffentlicher Gewalt im Mehrebenensystem und gibt der niedrigsten Ebene dabei den Vorrang[1179]. Im Ergebnis stärkt dieses Prinzip die Teilhabe des Einzelnen[1180] an politischen Prozessen, als das letzte, aber schutzwürdigste Glied in der Kette der vielen Einheiten. Damit wird zum einen die Demokratie durch die Teilhabemöglichkeit gestützt, aber auch ein effektiverer Grundrechtsschutz und eine Transparenz zugunsten des Bürgers erreicht.

Das schließt nicht aus, dass auf der Ebene der höchsten Einheiten keine Rechtsakte oder sonstige Entscheidungen erlassen werden dürfen, die den Schutz des Einzelnen im Blick haben. Jedoch fehlt es der höchsten Eben gewöhnlicherweise an Umsetzungsmaßnahmen und Durchsetzungsmechanismen, um den Rechtsschutz des Einzelnen zu gewährleisten.

Dieser Grundsatz will das Individuum schützen und ist Ausfluss seiner ihm inhärenten Menschenwürde aus Art. 1 AEMR, die den individuellen Menschen ins Zentrum einer Gesellschaft stellt. Die Brüderlichkeit, die sich ebenso aus Art. 1 AEMR ergibt, legt darüber hinaus auch die Gemeinschaftsverbundenheit der Menschenrechte dar, als Rechtsgüter in einer Gemeinschaft, die von gegenseitiger Rücksichtnahme geprägt ist[1181]. Der Grundsatz der Subsidiarität stellt das Individuum aus ontologischen und moralischen Gründen über den Staat oder andere soziale Gruppen.[1182]

b) Das Subsidiaritätsprinzip im nationalen Recht, am Beispiel Deutschlands

Eine Regelung, die den Subsidiaritätsgedanken widerspiegelt, findet sich auch im föderalen System des deutschen Grundgesetzes für die Organisation der

---

1178 Vergleiche die Definition bei *Petzold* in: *Macdonald*, The European System for the protection of Human Rights, S. 41.

1179 Siehe *Feichtner*, Subsidiarity in: *Wolfrum*, MPEPIL, Rn. 1.

1180 Dies spiegelt sich im vielfachen Schutz der Teilhabe des Einzelnen an dem politischen Geschehen und dem Staat durch das Wahlrecht, die Meinungsfreiheit, die Versammlungsfreiheit, die Vereinigungsfreiheit etc. wieder. Diese Grundrechte sind Schutzgüter in vielzähligen Konventionen, wie dem IPbpR, EMRK, AMRK, OAS und der AEMR, siehe dazu *Shelton*, HRLJ 2006, S. 6 f.

1181 *Fassbender/Gunsteren*, Menschenrechteerklärung, S. 73.

1182 Siehe dazu *Carozza*, AJIL 2003, S. 42 f.

Bundesrepublik. Beispielsweise im Bereich der Gesetzgebung ist grundsätzlich die Landesebene zuständig, es sei denn dem Bund wurde die Zuständigkeit zugewiesen, siehe Art. 70 GG. Was die Ausübung der staatlichen Befugnisse angeht, sind primär die Länder zuständig, siehe Art. 30 GG, demnach die Ausübung der staatlichen Befugnisse und die Erfüllung der staatlichen Aufgaben Sache der Länder ist. Dies ergibt sich auch aus Art. 83 ff. GG in Bezug auf die Ausführung der Bundesgesetze.

Die Berücksichtigung der Länder im Rahmen der EU ist in Art. 23 Abs. 4 bis 7 GG verankert[1183]. Eine zusätzliche Ebene unter den Ländern wurde für die Gemeinden eingerichtet, denen nach Art. 28 Abs. 2 GG ein Selbstverwaltungsrecht in Bezug auf alle Angelegenheiten der örtlichen Gemeinschaft eingeräumt wurde.

Der Subsidiaritätsgrundsatz ist im deutschen Grundgesetz zwar an einigen Stellen angelegt, aber durch Ausnahmen auch deutlich relativiert. Nichtsdestotrotz ist das deutsche System aufgrund seiner Bundesstaatlichkeit von dem grundsätzlichen Vorrang der Zuständigkeit der Länderebene bestimmt.

c) Das Subsidiaritätsprinzip im Unionsrecht

Auch in der EU findet sich ein verwaltungsorganisatorischer Subsidiaritätsgrundsatz in Bezug auf die Verwaltungs- und Kompetenzebenen. Gemäß Art. 5 Abs. 3 EUV dürfen ihre Organe im Rahmen der ausschließlichen Zuständigkeit nach Art. 3 AEUV nur dann tätig werden, „sofern und soweit die Ziele der in Betracht gezogenen Maßnahmen von den Mitgliedstaaten weder auf zentraler noch auf regionaler oder lokaler Ebene ausreichend verwirklicht werden können". Der Subsidiaritätsgrundsatz ist dabei Teil der Vorprüfung bei jedem legislativen Rechtsakt der europäischen Gesetzgebungsorgane. Gemäß Art. 5 Abs. 4 EUV und Art. 263 AEUV können die nationalen Parlamente die Einhaltung des Subsidiaritätsgrundsatzes vor dem EuGH rügen[1184]. Die nationalen Parlamente werden auch im Rahmen von Art. 12 EUV berücksichtigt, nicht nur bei der Einhaltung der Subsidiarität, sondern auch beim europäischen Gesetzgebungsverfahren nach Art. 294 AEUV, siehe Art. 12 a) EUV[1185]. Diese Regelungen sind

---

1183 Siehe auch das Gesetz über die Zusammenarbeit von Bund und Ländern in Angelegenheiten der Europäischen Union vom 12. März 1993 (BGBl. I S. 313), das zuletzt durch Artikel 1 des Gesetzes vom 22. September 2009 (BGBl. I S. 3031) geändert worden ist.

1184 Siehe dazu Art. 8 des Protokolls über die Anwendung der Grundsätze der Subsidiarität und der Verhältnismäßigkeit vom 13. September 2007, ABl. Nr. C 306 S. 150.

1185 Dazu finden sich in Art. 4 und 6 des Protokolls über die Anwendung der Grundsätze der Subsidiarität und der Verhältnismäßigkeit vom 13. September 2007, ABl.

Ausdruck des Gedankens, dass die ‚oberste' Ebene der Verwaltung nur dann tätig wird, wenn die ‚unteren' Ebenen dies nicht besser und effektiver erledigen könnten. Zumindest muss jedoch eine Beteiligung der nationalen Ebene stattfinden.

Des Weiteren findet sich in Art. 1 Abs. 2 EUV eine allgemeinere Variante des Subsidiaritätsgrundsatzes als in Art. 5 Abs. 3 EUV, da es dort heißt, dass der EUV „eine neue Stufe bei der Verwirklichung einer immer engeren Union der Völker Europas" darstellt, „in der die Entscheidungen (…) möglichst bürgernah getroffen werden". Dies bedeutet, dass die EU grundsätzlich nicht nur auf die mitgliedstaatlichen Belange Rücksicht nimmt, sondern insgesamt – im Sinne einer politischen Zielbestimmung – die weitere Übertragung und Ausübung von Hoheitsgewalt innerhalb der EU steuern und die Beteiligung am Entscheidungsprozess stärken möchte[1186].

In der Praxis zeigt sich jedoch die Tendenz, dass der europäische Gesetzgeber immer wieder Begründungsansätze dafür findet, warum vom Subsidiaritätsgrundsatz abgewichen werden muss, insbesondere mit dem Argument, dass eine Maßnahme aufgrund ihres grenzüberschreitenden Kontextes, ihres Umfangs oder ihrer Wirkungen besser und effektiver durch die EU geregelt wird. Argumente für eine europaweite Regelung lassen sich in Zeiten der immer stärkeren Integration der EU leicht finden. Daraus wird die Zuständigkeit des europäischen Gesetzgebers hergeleitet und der Subsidiaritätsgrundsatz in der Praxis aufgeweicht.

a) *Das Subsidiaritätsprinzip im EMRK-Recht*

Auch das System der EMRK ist im Verhältnis zu den Mitgliedstaaten von dem formellen Subsidiaritätsgrundsatz geprägt[1187]. Das heißt, dass die mitgliedstaatlichen Stellen vorrangig die Einhaltung der EMRK gewährleisten sollen: durch ihre staatlichen Einrichtungen, insbesondere ihre Gerichte und erst in der letzten Instanz durch den EGMR. Denn, *„the task of ensuring respect for the rights enshrined in the Convention lies first and foremost with the authorities in the*

Nr. C 306 S. 150 noch weitere Spezifika, wie die nationalen Parlamente genau zu beteiligen sind.

1186 Siehe *Feichtner*, Subsidiarity in: *Wolfrum*, MPEPIL, Rn. 14.

1187 Siehe dazu die Dokumente zu der Interlaken Conference 2010 der Ministerkonferenz des Europarates zur der Zukunft der EMRK, http://www.echr.coe.int/Pages/home.aspx?p=court/reform&c= insbesondere das Follow-Up des Jurisconsulte vom 08. Juli 2010, der eine Definition des Begriffes der Subsidiarität liefert; siehe auch *Spielmann*, CELS Working Paper Series 2012, S. 26 f.

Contracting States rather than with the Court. The Court can and should intervene only where the domestic authorities fail in that task“[1188].

Der Subsidiaritätsgrundsatz der EMRK ergibt sich aus Art. 13 und Art. 35 Abs. 1 und 3 EMRK. Er beinhaltet die Vorgabe, dass der EGMR im Verhältnis zu den nationalen Rechtsordnungen und den nationalen Gerichten die Rolle eines regulierenden Akteurs einnehmen soll, damit er sich seiner grundlegenden Aufgabe der Garantie der Menschenrechte widmen kann[1189].

Auch der EGMR hat den Subsidiaritätsgrundsatz in seiner Rechtsprechung betont: „*the primary responsibility for implementing and enforcing the rights and freedoms guaranteed by the Convention is laid on the national authorities. The machinery of complaint to the Court is thus subsidiary to national systems safeguarding human rights*“[1190].

Des Weiteren schlägt sich der Subsidiaritätsgrundsatz in der Rechtsprechung des EGMR durch die „*margin of appreciation*“-Doktrin nieder. Bei der Kontrolle der Vereinbarkeit des Verhaltens der Mitgliedstaaten mit der EMRK spricht der EGMR den Mitgliedstaaten einen gewissen Handlungsspielraum in den Bereichen zu, die besonders sensibel sind und zu regionalen Unterschieden führen[1191].

Aber auch auf andere Art und Weise berücksichtigt der EGMR die nationalen Besonderheiten und überlässt aufgrund seiner subsidiären Zuständigkeit den Mitgliedstaaten die Lösung der menschenrechtlichen Probleme selbst, indem er beispielsweise die rechtlichen und faktischen Hintergründe der Fälle in dem jeweiligen Mitgliedstaaten nicht vollständig durchleuchtet, um nicht als ‚vierte Tatsacheninstanz‘ zu dienen[1192]. Diese Rücksichtnahme findet sich insbesondere in Fällen mit umweltrechtlichem und planungsrechtlichem Bezug[1193].

1188 Siehe Follow-Up des Jurisconsulte vom 08. Juli 2010, a.a.O., S. 2.

1189 Siehe dazu Punkt 2 des Action Plan der Interlaken Conference 2010, a.a.O.

1190 Siehe EGMR (GK), Urteil vom 26. März 2006, n° 36813/97 – *Scordino gg. Italien (Nr. 1)*, Rn. 140; zuvor schon EGMR, Urteil 23. Juli 1968, n° 1474/62, 1677/62, 1691/62, 1769/63, 1994/63, 2126/64 – *Case „relating to certain aspects of the laws on the use of languages in education in Belgium“ gg. Belgien (Belgium lingustic case)*, Rn. 10; siehe auch EGMR (GK), *Varnava*, a.a.O., Rn. 164.

1191 Siehe zur *margin of appreciation: Spielmann*, CELS Working Paper Series 2012, S. 1 ff.

1192 Vergleiche EGMR, *Belgium lunguistic case*, a.a.O., Rn. 10; sind die nationalen Gerichte nicht dazu in der Lage gewesen, die erforderlichen Tatsachen zu ermitteln, übernimmt dies nur ausnahmsweise der EGMR, vergleiche EGMR, Urteil vom 4. April 2000, n° 28883/95 – *McKerr gg. Vereinigtes Königreich*, Rn. 116 ff.

1193 Siehe EGMR, Urteil vom 25. September 1996, n° 20348/92 – *Buckley gg. Vereinigtes Königreich*, Rn. 75 f.

e) Das Subsidiaritätsprinzip im Völkerrecht

1) Materielle Subsidiarität

Auch im Völkerrecht findet sich der Gedanke der Subsidiarität zum Verhältnis völkerrechtlicher Regelungen zu den nationalen Regelungen recht häufig. Damit wird auf die Belange – insbesondere auf die staatliche Souveränität – der Mitgliedstaaten Rücksicht genommen. Im westfälischen System des Völkerrechts war der Gedanke der Subsidiarität am stärksten ausgeprägt, da dort grundsätzlich auf der untersten völkerrechtlichen Ebene, nämlich auf der Ebene der Staaten, entschieden wurde.[1194] Auch bei der Gründung der Vereinten Nationen[1195] und vieler anderer internationaler Organisationen, denen staatliche Souveränität übertragen wurde, hat der Gedanke der Subsidiarität Berücksichtigung gefunden.

Das moderne Völkerrecht zeigt mit seiner substanziellen Fragmentierung, mit der Emergenz des Menschenrechtsschutzes, der Individualisierung des Völkerrechts im Zuge des internationalen Strafrechts sowie dem Klimaschutz zur Wahrung der Existenzgrundlage des Menschen, dass die staatliche Souveränität eingeschränkt wird. Bestimmte Belange von weltweitem Interesse wurden damit vermehrt auf die Ebene des Völkerrechts übertragen und eben nicht mehr der kleinstmöglichen Ebene überlassen. Die grundsätzliche Einigung auf die Belange von weltweitem Interesse, wie wirtschaftliche Anliegen, Klimaschutz und Menschenrechtsschutz[1196] und internationale Friedenssicherung und die

1194 Vergleiche *Fastenrath* in: *Blickle/Hüglin/Wyduckel*, Subsidiarität als rechtliches und politisches Ordnungsprinzip, S. 480.

1195 Siehe zu der Ordnungsfunktion der Vereinten Nationen, in der sich die Staaten mit einer gemeinsamen Überzeugung wiederfanden: *Fastenrath* in: *Blickle/Hüglin/Wyduckel*, Subsidiarität als rechtliches und politisches Ordnungsprinzip, S. 481 ff. Den Vereinten Nationen wurden durch die souveräne Kompetenzübertragung durch die Staaten Aufgaben übertragen.

1196 Auch der Menschenrechtsschutz lässt sich auf internationaler Ebene besser erreichen. Dies zeigt sich insbesondere an der Historie der Menschenrechte seit 1945. Durch eine Vielzahl an internationalen Abkommen, die die unterzeichnenden Staaten dazu verpflichten in ihrer nationalen Rechtsordnung Grund- und Menschenrechtsstandards einzuhalten, haben dazu geführt, dass überhaupt in vielen Staaten hinreichende Grund- und Menschenrechte eingeführt wurden bzw. der Schutz deutlich verbessert wurde. Nicht zuletzt der Grundrechtsschutz in Deutschland hat von der EMRK und der Rechtsprechung des EGMR profitiert, sodass an einigen Stellen eine Verbesserung des Schutzes erzielt werden konnte, bspw. im Bereich der Verfahrensgrundrechte oder im Bereich Gleichbehandlung und Schutz der Privatsphäre bzw. Persönlichkeit. Auch hatte die EMRK einen großen Einfluss auf die Entwicklung der

Vereinbarung auf entsprechende Maßnahmen werden schließlich auf globaler Ebene viel besser erreicht als auf kleinstaatlicher Ebene.

Andererseits finden sich im Völkerrecht Klauseln, die die Souveränität der Staaten konservieren und damit gewährleisten, dass die staatliche Machteinheit nicht übergangen wird. Dies zeigt sich besonders an dem Beispiel einer internationalen Organisation, mit der weitestgehenden Übertragung von Souveränitätsrechten, die EU. Des Weiteren wird auch durch die Berücksichtigung des Individuums im Völkerrecht[1197] – als Träger von (Grund- und Menschen-)Rechten, aber auch Verpflichtetem, wie im Kriegsrecht und Völkerstrafrecht – die Geltung des Völkerrechts auf der niedrigsten Ebene, nämlich der des einzelnen Individuums, angelegt.

Ein weiteres Anzeichen der Subsidiarität des Völkerrechts zeigt sich in der grundsätzlichen Freiheit der Staaten, das Völkerrecht umzusetzen, anzuwenden und gar zu erschaffen. Sie sind zwar völkerrechtlich dazu verpflichtet, bestimmte Verträge oder abgeleitete Rechtsakte in ihre nationalen Rechtsordnungen umzusetzen. Sie können sich aber auch dazu entscheiden, gegen diese Anordnung zu verstoßen und die Umsetzung zu unterlassen. Ihnen droht dann zwar die völkerrechtliche Verantwortlichkeit, da es aber an Durchsetzungsmechanismen im Völkerrecht fehlt, ist es weiterhin in diesem Zusammenhang auf die Befolgung durch die Staaten angewiesen.

Die Schaffung des Völkerrechts und dessen Um- und Durchsetzung liegt damit bei den Staaten. Der Staatengemeinschaft als solcher und den gegründeten internationalen Organisationen und den eingerichteten internationalen Gerichten fehlt es daher an Durchsetzungsmechanismen für das Völkerrecht. Selbst die Urteile des IGH, auch wenn Sie gem. Art. 38 Abs. 1 IGH-Statut als Auslegungshilfe im Völkerrecht gelten und eine wichtige materielle Ausstrahlungswirkung haben, können nicht mit Zwang durchgesetzt werden und sind in ihrer Durchsetzung von dem Willen der beteiligten Staaten abhängig.

Es zeigt sich eine fundamentale Abhängigkeit des Völkerrechts, nicht nur in seiner Kreation, sondern auch in seiner Durchsetzung im Einzelfall, von

---

Grundrechte innerhalb der EU und damit einen Standard für die Rechtsakte der EU errichtet. Durch internationale Verträge erhöht sich die Verpflichtung auf die Staaten im nationalen Kontext Grund- und Menschenrechte einzuhalten, was im Ergebnis dazu führt, dass dadurch ein effektiverer Grundrechtsschutz herbeigeführt wird.

1197 Die Arbeit von Nichtregierungsorganisationen hat dahin gehend zugenommen und sie werden daher als Interessenvertreter von Individuen mittlerweile in Verfahren vor dem EGMR gem. Art. 34 EMRK und dem IAGMR gem. Art. 44 IAMRK berücksichtigt.

den Mitgliedstaaten, die weiterhin die Hauptakteure des Völkerrechts bleiben und daher auch auf der Ebene unterhalb internationaler Organisationen und Gerichte das Völkerrecht prägen.

2) Formelle Subsidiarität

Im Völkerrecht findet sich der Gedanke der Subsidiarität des Weiteren in den Regelungen zur Zulässigkeit von Verfahren vor internationalen Gerichten wieder.

aa) *Local remedies rule*

Bei den meisten internationalen Gerichten oder gerichtsähnlichen Einrichtungen findet sich das Gebot der Rechtswegerschöpfung vor den nationalen Gerichten (*local remedies rule*), das besagt, dass sich dieses Gericht erst dann mit der Beschwerde befasst, wenn der Rechtsweg vor den nationalen Gerichten erschöpft ist. Dabei handelt es sich um ein anerkanntes Prinzip des Völkerrechts, das anhand von Fällen der diplomatischen Schutzgewährung eines Staates zugunsten eines seiner Staatsangehörigen entwickelt wurde[1198]. Eine solche Regelung findet sich in der EMRK[1199], der AMRK[1200], dem IPbpR[1201] und der Afrikanischen Charta der Menschenrechte und der Völker (AChPR)[1202].[1203] Auch Art. 8 AEMR enthält den Grundsatz der Subsidiarität im Hinblick auf den Rechtsschutz, da er den wirksamen Rechtsschutz vor den nationalen Gerichten garantiert, vor

1198 Siehe *Nowak*, CCPR-Commentary, Art. 41, Rn. 27 m.w.N.

1199 Siehe Art. 35 Abs. 1 EMRK; vergleiche auch EGMR, Urteil vom 18. Juni 1971, n° 2832/66, 2835/66, 2899/66 – *De Wilde, Ooms und Versyp gg. Belgien*, S. 29; EGMR, Urteil vom vom 7. Dezember 1976, n° 5493/72 – *Handyside gg. Vereinigtes Königreich*, Rn. 48; EGMR, Urteil vom 19. März 1991, n° 11069/84 – *Cardot gg. Frankreich*, Rn. 34; EGMR, Urteil vom 16. September 1996, n° 21893/93 – *Akdivar gg. Türkei*; siehe zur Subsidiarität der EMRK *Petzold* in: *Macdonald*, The European System for the protection of Human Rights, S. 41 ff. und *Shelton*, HRLJ 2006, S. 8 ff.

1200 Siehe Art. 46 Abs. 1 a) AMRK.

1201 Siehe Art. 41 Abs. 1 c) S. 1 IPbpR.

1202 Siehe Art. 56 Nr. 5 AChPR.

1203 Sehr interessant ist in diesem Zusammenhang der Unterschied in der Formulierung, wie die Rechtswegerschöpfung im Einklang mit den allgemeinen Regeln des Völkerrechts vonstattengehen soll. Im IPbpR heißt es *„in conformity with the generally recognized principles of international law"*. Diese Formulierung verweist auf die allgemeinen Prinzipien des Völkerrechts aus Art. 38 Abs. 1 c) IGH-Statut. Wohingegen Art. 35 EMRK von *„according to the generally law recognised rules of international"* spricht und sich damit auf alle Regeln des Völkerrechts bezieht, also auch das Völkergewohnheitsrecht und die internationalen Verträge.

denen Grundrechtsverletzungen zunächst geltend gemacht werden sollen, bevor eine internationale Instanz angerufen wird[1204].

Diese Regelungen bekräftigten den Grundsatz, dass zuerst auf nationaler Ebene gerichtlich Abhilfe geschaffen und dann auf internationaler Ebene die Einhaltung individueller Rechte gewährleistet werden soll, wenn die nationalen Gerichte den Fall erschöpfend behandelt haben. Dies hat zum einen den Schutz der Souveränität der Staaten zum Ziel, denn dadurch liegt der Schutz der internationalen Menschenrechte vorerst in der Hand der Staaten selbst, bevor von einer den Staaten ‚übergeordneten' Instanz darüber entschieden wird, ob eine nationale Stelle individuelle Rechte verletzt hat. Zum anderen hat dies auch einen entlastenden Effekt zugunsten der internationalen Gerichte, da sie erst in letzter Instanz entscheiden. Dadurch werden viele Fälle schon vorab von der Kontrolle des internationalen Gerichts ausgenommen.

bb) *Lis alibi pendens*

Eine weitere Regelung im Sinne der Subsidiarität findet sich in vielen internationalen Vertragstexten und besagt, dass sich ein internationales Gericht nicht der Fälle annimmt, die schon vor einem anderen internationalen Gericht oder ähnlichen Einrichtung verhandelt werden oder bereits entschieden wurden. Dieser „*lis alibi pendens*"-Grundsatz findet sich beispielsweise in Art. 35 Abs. 2 b) EMRK, Art. 46 Abs. 1 c) AMRK und Art. 5 Abs. 2 a) ZP zum IPbpR vom 16. Dezember 1966.

In Art. 44 IPbpR befindet sich eine lediglich abgeschwächte Form des „*lis alibi pendes*"-Grundsatzes. Er sieht vor, dass es den Mitgliedstaaten unbenommen ist, „*having recourse to other procedures for settling a dispute in accordance with general or special international agreements in force between them*". Damit eröffnet der Pakt seinen Mitgliedstaaten die Möglichkeit vor anderen Organen oder Organisationen seine Streitigkeiten auszutragen. Diese Regelung bezieht sich jedoch nicht nur auf gerichtliche Streitigkeiten, sondern allgemein auf Verfahren zur friedlichen Streitbeilegung. Wie die *local remedies rule* soll der „*lis alibi pendens*"-Grundsatz die internationalen Gerichte entlasten und die Souveränität der Staaten berücksichtigen. Beides sind formale Argumente für die Subsidiarität der internationalen Ebene zugunsten der Zuständigkeit der nationalen oder regionalen Gerichte.[1205]

Diese Form der Subsidiarität kann auch als eine prozessuale oder verfahrensrechtliche Subsidiarität bezeichnet werden, die veranschaulicht, dass es

---

1204 Siehe *Fassbender/Gunsteren*, Menschenrechteerklärung, S. 95.

1205 *Peters*, Jenseits der Menschenrechte, S. 429 ff.

zuvörderst die Staaten selbst sind, die die Einhaltung des Völkerrechts und auch der Garantien der Menschenrechtsabkommen garantieren müssen. Erst wenn dies nicht mehr gewährleistet wird, ist das dafür eigens eingerichtete internationale Gericht zuständig. Damit wird den Mitgliedstaaten zum einen (Eigen-)Verantwortung für ihre internationalen Verpflichtungen übertragen, zum anderen wird damit auch Rücksicht auf ihre Souveränität genommen.

cc) Untätigkeit oder Unfähigkeit der nationalen Gerichte

Ein weiterer Ausfluss des formellen Subsidiaritätsgrundsatzes sind die Regelungen der Zuständigkeit des IStGH. Nach Art. 17 Abs. 1 des IStGH-Statuts ist er erst dann zuständig, wenn die gerichtliche Verfolgung eines der im Statut aufgeführten Verbrechen in dem jeweiligen Mitgliedstaat nicht ernsthaft durchgeführt wird, der Staat nicht dazu in der Lage ist das Verfahren und die Ermittlungen durchzuführen oder der Staat das Ermittlungsverfahren aufgrund Unvermögens oder mangelnden Willens das Verfahren durchzuführen eingestellt hat. Dieser Regelung liegt der Gedanke zugrunde, dass der IStGH nur subsidiär in der Verfolgung internationaler Verbrechen tätig wird. Vorrangig sind die Staaten dazu berufen, die jeweiligen Personen abzuurteilen.

Auch befindet sich eine Regelung nach dem „*lis alibi pendens*"-Grundsatz in Art. 17 Abs. 1 c) IStGH-Statut, der gemeinsam mit dem Grundsatz *ne bis in idem* vorsieht, dass der IStGH sich nicht der Fälle annimmt, in denen der Angeklagte schon gerichtlich für diese Tat belangt wurde.

dd) Fazit

Bei der formellen Subsidiarität wird deutlich, dass es sich um eine Beschreibung des Verhältnisses handelt, das sich auf die prozessuale Berücksichtigung nationaler Gerichte und Einrichtungen bezieht. Dabei soll erreicht werden, dass die völkerrechtlichen Vorgaben primär durch die nationale Ebene – erweitert durch die regionale Ebene des Europarates – durchgesetzt werden. Erst wenn dies nicht möglich ist, sollen internationale Gerichte oder Einrichtungen die Einhaltung des Völkerrechts überwachen.

f) Zwischenergebnis

Daraus ergibt sich, dass der Subsidiaritätsgedanke durchaus auch auf der Ebene des Völkerrechts zu finden ist. Er beschreibt das Verhältnis der Mitgliedstaaten zu den jeweiligen internationalen Organisationen und der nationalen Rechtsordnungen zum Völkerrecht. Er enthält eine formelle und eine materielle Facette. Damit wird zwar einerseits der staatlichen Souveränität Rechnung getragen, andererseits wird aber auch eine flächendeckende Anerkennung und Einhaltung des Völkerrechts auf der Ebene der nationalen Rechtsordnungen erzielt. Das Zusammenwirken der verschiedenen Ebenen – also der verschiedenen globalen und regionalen Ebenen und der Ebene der Nationalstaaten – wirkt damit auf das Ziel hin, die allgemeingültigen Vorgaben des Völkerrechts weltweit zur Anwendung zu bringen.

g) Das Subsidiaritätsprinzip im Recht der Vereinten Nationen

Auch im Verhältnis der Vereinten Nationen und der EMRK und ihrer Mitgliedstaaten ist es denkbar, den Gedanken der Subsidiarität zur Herbeiführung gerichtlicher Kontrolle auf der Regionalebene fruchtbar zu machen, trotz der Existenz des Art. 103 UN-Charta. Im Bereich der judikativen Kompetenzen im Mehrebenensystem kann das Subsidiaritätsprinzip dazu beitragen, dass vorrangig die Mitgliedstaaten oder eine Regionalorganisation auf die Einhaltung der internationalen Grund- und Menschenrechte hinwirken und damit den Individualrechtsschutz gewährleisten. Dies würde es dem EGMR und den Mitgliedstaaten der EMRK ermöglichen, ihre nationalen Umsetzungsrechtsakte der Resolutionen des Sicherheitsrates an den EMRK-Standards zu messen und damit einer menschenrechtlichen Kontrolle zu unterziehen.

Dabei findet der grundsätzliche Vorrang der materiellen Verpflichtungen aus der UN-Charta nach Art. 103 UN-Charta zwar grundsätzlich Beachtung, muss jedoch angesichts des auf der Ebene der Vereinten Nationen nicht vorhandenen Rechtsschutzes eng ausgelegt werden. Damit kann im Bereich der Gewährleistung eines effektiven Rechtsschutzes gegen die nationalen Umsetzungsakte der Resolutionen des Sicherheitsrates – also in prozessualer Hinsicht – ohne Weiteres mit der Subsidiarität gearbeitet werden, die formal eine Zuständigkeit des EGMR für den Bereich der gerichtlichen Kontrolle der nationalen Umsetzungsrechtsakte begründet. Dieser Gedanke findet sich ebenfalls im System der Vereinten Nationen (s.o.), damit die jeweilige nationale Einheit auf globaler und nationaler Ebene ihren Aufgaben gerecht werden kann.

Unter Zuhilfenahme des formellen Subsidiaritätsgrundsatzes wird ermöglicht, dass nationale und regionale Gerichte zur Kontrolle der nationalen Umsetzungsakte einschreiten können, auch wenn die internationalen Rechtsakte den nationalen Stellen keinen Spielraum bei der Umsetzung überlassen und die Mitgliedstaaten lediglich Anordnungen der Vereinten Nationen befolgen.

Damit soll im Ergebnis auch verhindert werden, dass die Staaten, die jeweils verschiedenen Verpflichtungen ausgesetzt sind, in eine Pflichtenkollision geraten. Mit dem Subsidiaritätsgrundsatz wird innerhalb der Vereinten Nationen Rücksicht auf die Eigenheiten der Mitgliedstaaten genommen, damit diese sich überhaupt unter einem Dach zusammenfinden können. Andererseits, so hat es *Carozza* treffend auf den Punkt gebracht, ist der Subsidiaritätsgrundsatz immer dann einschlägig, „*whenever a community cannot be said to be capable of achieving that common good in a self-sufficient manner.*“[1206]

1) Im Hinblick auf exekutive und legislative Funktionen

Es handelt sich dabei um ein funktionales und strukturelles Prinzip zur Abgrenzung von Kompetenzen im Mehrebenensystem, das auch im Verhältnis der Vereinten Nationen und ihrer Mitgliedstaaten vorkommt, was schon von *Tsagourias* anhand der legislativen Akte der Vereinten Nationen herausgearbeitet wurde[1207]. Er untersucht dabei jedoch nicht die Frage nach dem daran anknüpfenden Rechtsschutz.

Die Ansätze für eine formelle Subsidiarität der Vereinten Nationen und ihrer Organe finden sich insbesondere in Art. 52 und Art. 2 Abs. 7 UN-Charta. Aber auch an anderen Stellen in der UN-Charta finden sich Ausformungen des Subsidiaritätsgrundsatzes, so zum Beispiel im Verhältnis des Sicherheitsrates zur Generalversammlung im Bereich der Sicherung des Friedens und der internationalen Sicherheit, siehe Art. 10 bis 14 UN-Charta[1208]. Denn weil der Sicherheitsrat die Hauptverantwortung für den Frieden und die internationale Sicherheit nach Art. 24 UN-Charta innehat, darf die Generalversammlung in diesem Bereich nicht tätig werden. Solange „*the Security Council is exercising in respect of any dispute or situation the functions assigned to it in the present Charter*“, besteht kein Handlungsraum für die Generalversammlung, es sei denn der Sicherheitsrat ersucht sie um Hilfe, siehe Art. 12 Abs. 1 UN-Charta. Des Weiteren kann die Generalversammlung tätig werden, wenn der Sicherheitsrat in einer Situation,

1206 *Carozza*, AJIL 2003, S. 57.

1207 Siehe *Tsagourias*, Security Council Legislation, Art. 2 (7) of the UN-Charter and the Principle of Subsidiarity, S. 539 ff. Er bezieht sich zwar primär auf die Abgrenzung der legislativen Kompetenzen und zieht dazu das Subsidiaritätsprinzip heran, diese Gedanken sind aber auch auf die Abgrenzung judikativer Kompetenzen im Mehrebenensystem übertragbar. Auch der IGH hat in zweier seiner Gutachten die Subsidiarität der UN-Charta angenommen, siehe IGH, Gutachten vom 7. Dezember 1948, *Reparation for Injuries Suffered in the Service of the United Nations*, ICJ Reports 1949 und IGH, Gutachten vom 20. Juli 1962, *Certain Expenses of the United Nations*, ICJ Reports 1962, S.; siehe auch *Tsagourias*, LJIL 2011, S. 539 ff.

1208 Mit dem Verhältnis der Generalversammlung zum Sicherheitsrat in Fragen des internationalen Friedens und der Sicherheit befasste sich auch der IGH in Gutachten vom 20. Juli 1962, *Certain Expenses of the United Nations*, ICJ Reports 1962, S. 162 ff.

in der er tätig werden sollte, sich nicht auf Maßnahmen einigen kann[1209]. Damit wird die Generalversammlung immer nur subsidiär im Bereich der Sicherung des Friedens und der internationalen Sicherheit tätig.

Nach Art. 52 UN-Charta bleiben die Regionalorganisationen weiterhin zuständig, wenn sie bestimmte Aufgaben intern genauso gut oder besser lösen können als die Vereinten Nationen. Dies soll insbesondere in Bereichen gelten, in denen die Mitgliedstaaten den Vereinten Nationen Hoheitsgewalt übertragen haben, wie im Bereich der Sicherung des Friedens und der internationalen Sicherheit. Dies gilt gemäß Art. 52 Abs. 2 UN-Charta in Bezug auf die friedliche Lösung von regionalen Streitigkeiten, die vorrangig durch Regionalorganisationen erfolgen soll. Abs. 1 der gleichen Regelung ist viel weiter gefasst und begrenzt die Zuständigkeit der Regionalorganisationen nicht nur auf die friedliche Lösung von Streitigkeiten, sondern lässt auch andere Tätigkeiten der Regionalorganisationen zu[1210]. Der Sicherheitsrat hat in den Angelegenheiten aus dem Kapitel VI und VII jedoch die vorrangige exekutive Verantwortung zur Sicherung und Wiederherstellung der internationalen Sicherheit und des Friedens.

Historisch betrachtet, berücksichtigte Art. 52 UN-Charta bei der Gründung der Vereinten Nationen das Bestehen der Organization of American States (OAS)[1211] und ebnete damit den Weg für alle anderen Regionalorganisationen, sei es in Europa, Afrika, Asien oder im arabischen Raum. Damit verhält sich der Sicherheitsrat der Vereinten Nationen im Verhältnis zu Regionalorganisationen in Fragen der Sicherung des Friedens und der Sicherheit subsidiär[1212]. Er greift erst dann ein, wenn er durch diese mit der Sache befasst wurde. Er bleibt also im Hintergrund für die Mitgliedstaaten erreichbar, sodass sie ihn weiterhin anrufen können, wenn es ihnen doch nicht möglich ist, den Konflikt regional zu lösen.

Art. 52 Abs. 2 UN-Charta sieht daher vor, dass sich der Sicherheitsrat bei regionalen Angelegenheiten betreffend die Wahrung des Weltfriedens und der internationalen Sicherheit zurücknimmt, sobald eine Regionalorganisation Maßnahmen zur Sicherung des Weltfriedens angemessen durchsetzen kann. Dies soll erfolgen, obwohl er der Garant des internationalen Friedens und der Sicherheit ist. Eine Regionalorganisation kann sich daher, bevor sich der Sicherheitsrat mit der Angelegenheit befasst, eigenhändig um die Angelegenheit in

---

1209 Siehe Uniting for Peace Resolution der Generalversammlung A/Res/377 (V) vom 3. November 1950.

1210 So *Kelsen*, The Law of the United Nations, S. 325 f.

1211 Siehe *Walter* in: *Simma/Khan/Nolte/Paulus*, The Charter of the United Nations. A Commentary, Introduction to Chapter VIII, Rn. 10 ff.

1212 Anders jedoch *Knauff*, Der Regelungsverbund, S. 408 f.

ihrer Region kümmern. Damit wird der Sicherheitsrat zumindest in regionalen Fragen von seiner Rolle als Hauptverantwortlicher für den internationalen Frieden und die Sicherheit aus Art. 24 Abs. 1 UN-Charta entlastet. Zum anderen wird nach dem Prinzip der Subsidiarität der Einrichtung der Vorrang gewährt, die näher an dem Geschehen in der Region ist und daher über die entsprechenden Kompetenzen und Fähigkeiten zur Lösung der Konflikte verfügt.

Angesichts der demokratischen und rechtsstaatlichen Defizite auf der Ebene der Vereinten Nationen in diesem Bereich sollte es weiterhin den Mitgliedstaaten und ihren Gerichten überlassen sein, dem individuellen Menschenrechtsschutz dadurch gerecht zu werden, indem den Betroffenen geeigneter Rechtsschutz gewährt wird, was sich aus Art. 2 Abs. 7 UN-Charta ergibt. Das dort geregelte Interventionsverbot der Vereinten Nationen in die alleinigen Angelegenheiten seiner Mitgliedstaaten – die *domaine reservée* – ist Ausfluss des Subsidiaritätsgrundsatzes, da er im Sinne der Souveränität der Mitgliedstaaten diesen die vorrangige Zuständigkeit in ihren eigenen Angelegenheiten zuspricht[1213], obwohl gewisse Kompetenzen auf den Sicherheitsrat übertragen wurden.

Mit dem Subsidiaritätsprinzip wird zum einen gewährleistet, dass der Sicherheitsrat seinen exekutiven Funktionen nachgehen und daher auch die hier zentralen Individualsanktionen erlassen kann. Andererseits wird damit auch der Effektivität der regionalen und nationalen Rechtsschutzsysteme Rechnung getragen, die einen besseren Rechtsschutz als die Vereinten Nationen anbieten. Im Sinne der Subsidiarität könnten dadurch auch ihre judikativen Kompetenzen wieder erstarken, um die nationalen Umsetzungsakte an dem Maßstab der regionalen und nationalen Menschenrechtsstandards messen zu können.

Durch den Art. 2 Abs. 7 UN-Charta sollten gerade die gerichtlichen Kompetenzen der Mitgliedstaaten der Vereinten Nationen gesichert werden, wie sich aus den *travaux préparatoires* der UN-Charta ergibt[1214]. Dieser Gedanke kann für die vorliegende Arbeit fruchtbar gemacht werden, indem die judikativen Kompetenzen der Mitgliedstaaten, selbst wenn exekutive Kompetenzen auf die Vereinten Nationen übertragen wurden, im Zusammenhang mit den Individualsanktionen des Sicherheitsrates bewahrt werden.

Die Berücksichtigung der Zuständigkeit nationaler Gerichte ist insbesondere dann bedeutsam, wenn die Mitgliedstaaten Rechtsakte erlassen, mit denen sie die Resolutionen des Sicherheitsrates umsetzen. Es bedarf bei dieser Rechtsetzung der Kontrolle durch Gerichte im Sinne der oben herausgearbeiteten

---

1213 *Tsagourias*, LJIL 2011, S. 547 ff.

1214 Siehe UNCIO VI, S. 508.

rechtsstaatlichen Vorgaben[1215], wenn dadurch Rechte von Bürgern tangiert werden. Gerade die gerichtliche Kontrolle und die Einrichtung individueller Rechtsbehelfe gegen staatliches Handeln, machen ein demokratisches und rechtsstaatliches System, in dem auch die Menschenrechte nicht zu kurz kommen, aus.

2) Im Hinblick auf judikative Funktionen

Aus der Zusammenschau des Art. 2 Abs. 7 und 52 Abs. 2 UN-Charta ergibt sich damit ein übergreifender Subsidiaritätsgrundsatz, der das Verhältnis der verschiedenen Ebenen zueinander in Bezug auf die Wahrnehmung exekutiver und legislativer Kompetenzen beschreibt. An einer ausdrücklichen Regelung in Bezug auf die gerichtliche Kontrolle der internationalen Rechtsakte auf dem Weg durch das Mehrebenensystem fehlt es hingegen. Daher soll hier aufgezeigt werden, dass selbst wenn der Sicherheitsrat bindende und umsetzungsbedürftige Rechtsakte erlässt, gegen diese nationalen Umsetzungsakte eine gerichtliche Kontrolle auf der nationalen und regionalen Ebene möglich ist. Denn dies ist in den Fällen nötig, in denen auf der Ebene der Vereinten Nationen ein effektiver Rechtsschutz nicht gewährleistet ist.

Aufgrund der Konnexität des Grundsatzes der Subsidiarität und des Grundsatzes der Verhältnismäßigkeit[1216] kann die Zuständigkeit der nationalen und regionalen Gerichte insbesondere damit begründet werden, dass es erforderlich ist, dass die nationalen Gerichte Rechtsschutz bei Individualsanktionen des Sicherheitsrates gewährleisten. Denn gerade diese sind dazu in der Lage, den erforderlichen und nach europäischen und internationalen Standards angemessenen Rechtsschutz auf der untersten Ebene im Mehrebenensystem im Sinne des Individualschutzes zu gewähren.

Solange es dabei bleibt, dass auf der Ebene der Vereinten Nationen kein effektives Gericht eingerichtet wird, das einen angemessenen Rechtsschutz für Individuen bietet, müssen die nationalen und regionalen Gerichte als subsidiäre Lösung herangezogen werden um Rechtsschutz gegen belastende internationale Rechtsakte zu gewähren. Damit können sie gar eine Vorreiterrolle für Lösungen auf der Ebene der Vereinten Nationen spielen. Bis dahin sollen nationale und regionale Gerichte eine Rechtsschutzlücke schließen, die der Sicherheitsrat der Vereinten Nationen derzeit offenlässt.

1215 Kapitel 3, B., I.

1216 *Feichtner*, Subsidiarity in: *Wolfrum*, MPEPIL, Rn. 4.

Schließlich ist das Subsidiaritätsprinzip im Hinblick auf die Verteilung von Kompetenzen zwischen dem nationalen und internationalen Niveau und im Hinblick auf die Ausübung von Hoheitsgewalt durch internationale Institutionen, die von den Staaten auf internationale Institutionen übertragen wurde, anerkannt[1217]. Aber eben auch für die Ausübung judikativer Begrenzungen der Ausübung öffentlicher Gewalt durch internationale Einrichtungen kann der Grundsatz der Subsidiarität herangezogen werden. Dies drängt sich gerade da auf, wo durch die Rechtsakte internationaler Organisationen individuelle Rechtspositionen direkt betroffen werden und im Hinblick auf den Grundrechtsschutz im Mehrebenensystem ein Modus entwickelt werden muss, der die Einhaltung dieser Rechte und die unabhängige Kontrolle dieser Rechtsakte gewährleistet. Um die Rechtsverletzungen geltend zu machen, bedarf es also judikativer Mechanismen zur Kontrolle der Ausübung der exekutiven Gewalt einer internationalen Institution.

Immer dann wenn nationale Stellen die Resolutionen des Sicherheitsrates im Bereich der Individualsanktionen umsetzen, muss die gerichtliche Kontrolle auf die mitgliedstaatlichen Gerichte übergehen, da sie näher an den nationalen Umsetzungsakten und den Betroffenen sind und derzeit einen viel effektiveren Rechtsschutz gewährleisten können als die Vereinten Nationen. Dieser Ansatz soll solange verfolgt werden, wie es keinen gleichwertigen und effektiven Rechtsschutz auf der Ebene der Vereinten Nationen gibt. Würde ein Rechtsschutzsystem für Individuen in den Vereinten Nationen eingerichtet, sollte dieses die Jurisdiktion für Beschwerden erhalten, die sich direkt gegen die Resolutionen des Sicherheitsrates richten.

Den nationalen Gerichten bliebe demnach die Jurisdiktion über die nationalen Rechtsakte vorbehalten, die Resolutionen mit Spielraum umsetzen. Die Resolutionen ohne Umsetzungsspielraum sollten dann Gegenstand vor dem Gericht der Vereinten Nationen werden, da die nationalen Gerichte und der EGMR diese nach der *equivalent-protection*-Formel nicht mehr kontrollieren müssten und damit eine einheitliche Rechtsprechung auf der Ebene der Vereinten Nationen gewährleistet würde.

Diese Subsidiarität der Vereinten Nationen in Bezug auf Regionalorganisationen kann daher auch auf das Verhältnis der EMRK zu den Vereinten Nationen im Zusammenhang mit der Kontrolle der nationalen Umsetzungsrechtsakte der Sanktionen des Sicherheitsrates übertragen werden. In diesen Fällen geht es um die Wahrung des internationalen Friedens und der Sicherheit vor den

1217 *Feichtner*, Subsidiarity in: *Wolfrum*, MPEPIL, Rn. 18 ff.

Bedrohungen des internationalen Terrorismus und anderer Akteure. Dies will der Sicherheitsrat erreichen, indem er gezielte wirtschaftliche Sanktionen gegen Individuen erlässt, um ihre Handlungsfähigkeit zu beschneiden. Durch die Umsetzung dieser Sanktionen werden sie Teil der nationalen Rechtsordnungen und sind den Staaten zurechenbar.

Angesichts des fehlenden Rechtsschutzes im Bereich der Individualsanktionen klafft eine Rechtsschutzlücke auf der Ebene der Vereinten Nationen und des Sicherheitsrates. Es wäre daher angebracht, die besondere Berücksichtigung der nationalen und regionalen Gerichte in Art. 2 Abs. 7 UN-Charta nicht aus den Augen zu verlieren und diesen Subsidiaritätsgedanken zur Anwendung zu bringen. Durch den effektiven Menschenrechtsschutz in Europa, einerseits durch die EMRK mit dem EGMR, andererseits auch durch die EU mit dem EuGH, ist es möglich, zumindest den gerichtlichen Rechtsschutz und die Wahrung der Menschenrechte in Europa in die Hände des EGMR zu legen. Dieser Ansatz wird auch von den Zielen der Vereinten Nationen getragen, die sich dem Menschenrechtsschutz und der Rechtsstaatlichkeit verschrieben haben[1218].

Im europäischen Raum hat die EMRK eine herausragende Stellung eingenommen und der EGMR den Grundrechtsschutz in Europa stark vorangetrieben. Auch den Einfluss, den die EMRK und der EGMR auf die EU genommen haben, ist immens. Nicht nur findet die EMRK Berücksichtigung in Art. 6 Abs. 3 EUV als allgemeine Grundsätze des Unionsrechts, auch ein Beitritt der EU zur EMRK ist in Art. 6 Abs. 2 S. 2 EUV vorgesehen. Die Grundrechtsrechtsprechung des EuGH war schon lange vor dem Lissaboner Vertrag von der EMRK und dem EGMR geprägt[1219]. Dadurch wurde ein effektives und komplexes System des Grund- und Menschenrechtsschutzes in Europa geschaffen. Somit liegt es nahe, dass die EMRK den Menschenrechtsschutz in Europa auch dann gewährleisten kann, wenn die Mitgliedstaaten die Resolutionen des Sicherheitsrates ohne Ermessensspielraum umsetzen.

Hinter dieser Argumentation stecken schließlich auch Effektivitätserwägungen, da die vorbildliche Ausprägung regionaler Menschenrechtsschutzsysteme berücksichtigt wird. Zum anderen können mit dem Subsidiaritätsgedanken in der UN-Charta Erwägungen zum Tragen kommen, die sich auch in anderen Zusammenhängen bewährt haben.

1218 Siehe dazu Kapitel 3, B.

1219 *Kingreen* in: *Calliess/Ruffert*, EUV/AEUV Kommentar, Art. 6 EUV, Rn. 8 ff.

3) Diskussion

aa) Die Einwände

Ein Einwand, der dieser Konstruktion entgegengehalten werden kann, zielt darauf ab, dass die prozessuale Subsidiarität einen Vorgang künstlich aufteile. Denn einerseits wird nach der hier vorgestellten Konstruktion an der Verpflichtung zur Umsetzung der Resolutionen des Sicherheitsrates aus Art. 24 Abs. 2 UN-Charta festgehalten, die Frage nach dem Rechtsschutz davon jedoch abgetrennt. Denn die Kollisionsregel aus Art. 103 UN-Charta soll durch diese Rekonstruktion eben nicht berührt werden. An der Geltung des materiellen Vorranges der Verpflichtungen aus der UN-Charta vor anderen vertraglichen Verpflichtungen der Mitgliedstaaten unter der Prämisse, dass es sich bei den Verpflichtungen aus der UN-Charta um solche handelt, die völkerrechtsgemäß sind, ändert sich daher auch bei der Anwendung des Subsidiaritätsgrundsatzes nichts.

Stellen die Vereinten Nationen die Mitgliedstaaten vor das Dilemma, dass sie einerseits die Verpflichtungen zur Sicherheitsgewährleistung aus Kapitel VII UN-Charta einhalten müssen, aber andererseits an Grundrechte, wie diejenigen aus der EMRK gebunden sind, kann aus diesem Dilemma mit dem Subsidiaritätsgrundsatz ein Ausweg gefunden werden. Ohne den materiellen Vorrang zu untergraben, kann unter Berücksichtigung des formellen Subsidiaritätsgrundsatzes ein den regionalen oder nationalen Vorschriften entsprechender Rechtsschutz eingerichtet werden, der den Betroffenen im Sanktionsverfahren die Möglichkeit einräumt, sich gerichtlich gegen die Sanktionierung zu wehren. Im Ergebnis werden dadurch rechtsstaatliche Standards gestärkt.

Die materielle Verpflichtung zur Umsetzung der Resolutionen verlangt jedoch eine effektive und rechtmäßige Durchsetzung der Resolutionen. Einerseits wird sie durch die Kontrolle auf Wahrung der Grund- und Menschenrechte relativiert, andererseits kann nach Maßgabe des Verhältnismäßigkeitsgrundsatzes im Einzelfall ein Ergebnis herbeigeführt werden, dass unter den konkreten Begebenheiten allen Rechtsgütern ausreichend Rechnung getragen wird. Wird im konkreten Einzelfall durch ein Gericht festgestellt, dass eine Individualsanktion nicht durchgesetzt werden kann, weil sie eklatant gegen Grund- und Menschenrechte verstößt, liegt auch keine Vereitelung der materiellen Verpflichtung aus Art. 25 UN-Charta vor.

Kritik könnte man dahin gehend äußern, dass damit eine künstliche Aufteilung der Kompetenzen bezogen auf die Art der Gewaltausübung stattfindet. Subsidiarität kommt dann zur Anwendung, wenn Aufgabenbereiche verteilt werden, die thematisch entweder dem einen oder dem anderen Akteur zufallen. Für die Individualsanktionen würde das bedeuten, dass man dem Sicherheitsrat zwar die quasi-legislativen Aufgaben im Bereich der Friedens- und Sicherheitspolitik überlässt, aber die Kontrolle dieser Rechtsakte hinsichtlich der potentiellen Verletzung von Grundrechten dennoch den nationalen Gerichten vorbehält.

Allerdings ist das System der Vereinten Nationen nicht streng dem Grundsatz der Gewaltenteilung verschrieben, was sich daran zeigt, dass sein Gerichtssystem nicht vollumfänglich zur Kontrolle des Sicherheitsrates tätig werden kann. Zwar hat der Sicherheitsrat mit der Zeit seine Kompetenz hinsichtlich der Tätigkeit gegenüber Individuen ausgeweitet und damit Individuen zu partiellen Rechtssubjekten im Völkerrecht gemacht. Aber das Gerichtssystem wurde nicht weiterentwickelt, sodass ein effektiver Rechtsschutz gegen seine Maßnahmen noch nicht eingerichtet wurde. Unter diesem Gesichtspunkt erscheint es wiederum folgerichtig diese Aufgaben auf der Ebene der Mitgliedstaaten zu belassen, die ihre Umsetzungsakte dann am Maßstab der nationalen oder regionalen Menschenrechtsstandards überprüfen.

Ein weiteres Gegenargument ist eine mögliche Rechtszersplitterung. Dadurch, dass die Mitgliedstaaten von Regionalorganisationen und auch als Nationalstaaten die nationalen Umsetzungsakte der Individualsanktionen an ihrem eigenen Grundrechtestandard messen, der oft sehr unterschiedliche Schutzstandards hat, könnte das Völkerrecht weiter fragmentiert werden[1220]. Doch diesem Argument kann entgegengehalten werden, dass es in der Hand der Vereinten Nationen und damit der Mitgliedstaaten liegt, den entsprechenden Rechtsschutz innerhalb ihres Systems einzurichten, sodass sich die Mitgliedstaaten und auch der Sicherheitsrat nicht auf dieses Argument berufen können.

Im Grunde ist dies widersprüchliches Verhalten (*venire contra factum proprium*), wenn die Vereinten Nationen keinen Rechtsschutz vorsehen, aber auch ihren Mitgliedstaaten, die die Resolutionen umsetzen, die Errichtung von Rechtsschutz absprechen würden. Diese würde gegen alle menschenrechtlichen Standards verstoßen, die die Vereinten Nationen selbst propagieren, und auch dem Verständnis des Völkerrechts als Garant des individuellen Menschenrechtsschutzes widersprechen.

Mithilfe dieses partiellen Subsidiaritätsgrundsatzes in Bezug auf die vorrangige staatliche Gewährung von Rechtsschutz würde auch nicht der materielle Vorrang der UN-Charta gemäß Art. 103 UN-Charta angetastet, wenn sich die Verpflichtungen aus der UN-Charta und anderer internationaler Abkommen widersprechen und sich auch nicht durch eine harmonische Auslegung aus der

1220 Siehe zu diesem Argument auch die Abweichende Meinung der Richter *Rupp*, *Hirsch* und *Wand* zu BVerfGE 37, 271, 298 – *Solange I*.

Welt schaffen lassen. Dadurch würde den Mitgliedstaaten nur die Kompetenz der richterlichen Kontrolle über ihre Umsetzungsrechtsakte belassen, so lange wie die Vereinten Nationen keinen effektiven Rechtsschutz anbieten. Auch dem anerkannten Prinzip ‚keine Flucht in die internationale Organisation' würde dadurch Rechnung getragen, da sich die Mitgliedstaaten an ihren Umsetzungsrechtsakten messen lassen müssten und sich nicht hinsichtlich der Verantwortlichkeit hinter den Vereinten Nationen verstecken könnten. Dieser Grundsatz besagt schließlich, dass die Mitgliedstaaten sich ihren Verpflichtungen nicht entledigen können, indem Sie sich auf Ihre konkurrierenden Verpflichtungen aus anderen internationalen Verträgen berufen[1221], siehe auch Art. 61 Abs. 1 ILC DARIO.

Durch die Anwendung des Subsidiaritätsgrundsatzes findet daher kein Verstoß gegen Art. 103 UN-Charta statt, wenn man die Kollisionsnorm einer evolutiven Auslegung zugänglich macht[1222]. Er dient zwar dazu, der Effektivität der UN-Charta durch ihren Vorrang Ausdruck zu verleihen. Heute könnte Art. 103 UN-Charta jedoch gar als Grenze des Handelns des Sicherheitsrates verstanden werden, denn Art. 103 UN-Charta bezieht sich zwar auch auf die neue Generation der Resolutionen des Sicherheitsrates mit Wirkung auf Individualpersonen. Bei der Redaktion der UN-Charta waren aber eher solche Maßnahmen von vorübergehendem Charakter im Blick, die sich auf konkrete und kurzweilige Konflikte beziehen sollten. Langfristige quasi-legislative Maßnahmen und Resolutionen, die eine Situation dauerhaft regeln, waren ursprünglich nicht vom Kapitel VII UN-Charta anvisiert.

Da sich das Aufgabenfeld des Sicherheitsrates jedoch vergrößert hat und er nunmehr auch Resolutionen erlässt, die quasi-legislativen Charakter haben, kann die Vorrangregel relativiert werden, da die Praxis der Individualsanktionen durch den Sicherheitsrat sonst zur Folge hätte, dass die Grundrechte dieser Personen auf unbestimmte Zeit außer Kraft gesetzt würden. In der Folge wird bei einem Widerspruch der Sanktionierung mit den grundlegenden Menschenrechten der Betroffenen zumindest ein Gleichrang der menschenrechtlichen Verpflichtungen der Mitgliedstaaten aus den einschlägigen internationalen und regionalen Vertragswerken zu den Verpflichtungen aus der UN-Charta erreicht. Die Gewichtung der jeweiligen Positionen wird dann erst im Einzelfall durch die zuständigen Gerichte vorgenommen.

1221 Siehe dazu: *Funke*, Umsetzungsrecht, S. 345 f.

1222 siehe *Gowlland-Debbas* in: *Fassbender*, Securing Human Rights, S. 68 ff.

Die Bedeutung der staatlichen Verpflichtungen zur Einhaltung der Grund- und Menschenrechte wird noch dadurch erhöht, dass ein Teil der Menschenrechte[1223] zum Völkergewohnheitsrecht zu zählen ist. Die Verpflichtungen aus dem Völkergewohnheitsrecht werden jedoch von Art. 103 UN-Charta gar nicht berührt. Dies unterstreicht, dass die UN-Charta keinen absoluten Vorrang vor allen anderen völkerrechtlichen Normen, insbesondere den internationalen Grundrechten genießen kann. Aufgrund der Bindung des Sicherheitsrates an internationale Grundrechte und die internationale *Rule of Law*[1224] wird bereits deutlich, dass die Kollisionsregel ohnehin keine absolute Regelung enthält.

Berücksichtigt man bei einer evolutiven Auslegung des Art. 103 UN-Charta den Bedeutungsgewinn der Menschenrechte und die Stellung des Individuums im Völkerrecht, muss dies zu dem Ergebnis führen, dass ein Vorrang der Verpflichtungen aus der UN-Charta nur dann gelten kann, wenn sie im Einklang mit den Grundsätzen der Vereinten Nationen ergangen sind[1225]. Ist dies nicht der Fall, muss es möglich sein, Rechtsweggarantien auf der nationalen oder regionalen Ebene zu gewährleisten, um die Einhaltung der Grundrechte bei der Durchführung der Resolutionen des Sicherheitsrates zu kontrollieren.

Darüber hinaus kann die Vorrangwirkung des Art. 103 UN-Charta hinsichtlich der Sanktionen des Sicherheitsrates als abgeleitetes UN-Recht im Zusammenhang mit dem Telos des Art. 24 UN-Charta relativiert werden. Denn der Sicherheitsrat soll im Sinne der UN-Charta und damit im Einklang mit den Menschenrechten handeln. Auch die Bindung an die *ius-cogens*-Normen der Organe der Vereinten Nationen bliebe zu berücksichtigen. Unter diesen Gesichtspunkten kann die Wirkung des Art. 103 UN-Charta in Bezug auf die Resolutionen abgeschwächt werden und der Vorrang lediglich für solche Fälle statuiert werden, in denen eine Resolution mit dem Recht der Vereinten Nationen und dem allgemeinen Völkerrecht im Einklang steht[1226].

1223 Wie der Schutz des Lebens, zumindest vor willkürlicher Tötung. Ebenso das Folterverbot, das Verbot der Sklaverei, das Recht auf Schutz vor willkürlicher Freiheitsentziehung und das Verbot der Diskriminierung aus rassistischen Gründen. *Fassbender* geht noch weiter und führt eine Vermutung an, die einem Recht aus der AEMR völkergewohnheitsrechtliche Geltung verleiht, siehe *Fassbender/Gunsteren*, Menschenrechteerklärung, S. 19.

1224 Siehe dazu Kapitel 3.

1225 *Peters* in: *Simma/Khan/Nolte/Paulus*, The Charter of the United Nations. A Commentary, Art. 25, Rn. 188 ff.

1226 So *López-Jacoiste*, MPUNYB 2010, S. 291 ff.

bb) Die Argumente für die formelle Subsidiarität

Der Subsidiaritätsgrundsatz in der UN-Charta hat zum Ziel, die Souveränität der Mitgliedstaaten zu schützen, aber auch die Kompetenzen der Regionalorganisationen und Nationalstaaten zu achten, insbesondere im Bereich des Menschenrechtsschutzes. Des Weiteren wird damit die Pluralität im internationalen Gefüge geschützt. Der Nachteil bei diesem Ansatz ist zwar, dass dadurch keine Einheitlichkeit der indirekten Auslegung der Resolutionen des Sicherheitsrates stattfindet und die Rechtsschutzstandards der Mitgliedstaaten unterschiedlich sein werden. Dadurch würden nicht in jedem Mitgliedstaat der Vereinten Nationen die gleichen Rechtsschutzmöglichkeiten zur Verfügung stehen, aber den Betroffenen würde damit zumindest eine Möglichkeit des Rechtsschutzes an die Hand gegeben, der über den Standard der Vereinten Nationen hinausgeht. Im räumlichen Anwendungsbereich der EMRK würde das den Mindeststandard aus Art. 5, 6 und 13 EMRK bedeuten und damit große Vorteile zum System der Vereinten Nationen mit der Ombudsperson führen. Und das bedeutet, dass dadurch zumindest in den Mitgliedstaaten der EMRK ein einheitlicher regionaler Standard gewährleistet werden könnte.

Zwar kann dieser Lösungsweg die pluralistische Ansichtsweise stärken, die von einem Nebeneinander der verschiedenen nationalen und internationalen Rechtssysteme ausgeht. Es ist jedoch unter der aktuellen Rechtslage innerhalb der Vereinten Nationen mit Blick auf den Menschenrechtsschutz kaum vertretbar, von einem in sich geschlossenen Völkerrechtssystem auszugehen, mit einem hierarchischen Aufbau der Normen unter Berücksichtigung vertikaler und horizontaler Vielfalt der Ebenen. Ein adäquater Schutz der Grund- und Menschenrechte auf dem Niveau der Vereinten Nationen ist zurzeit nicht vorhanden und auch zukünftig nicht zu erwarten.

Diese Sichtweise würde daher nur dazu führen, dass die betroffenen Individuen in ihren Rechten verletzt würden, auch wenn das Ideal eines ‚Völkerbundes' im Sinne von *Kant*[1227], der den Frieden und die Freiheit garantiert, nicht unattraktiv erscheint.[1228] Das Völkerrecht hat jedoch keinen Selbstzweck und seine Normen, die Individuen immer stärker in den Fokus nehmen, sprechen dafür, dass hier eine Rechtslage geschaffen werden muss, die den Interessen aller Betroffenen gerecht wird. Und zwar dem Interesse der Staaten für einen

---

1227 *Kant*, Zum ewigen Frieden, S. 3 ff.

1228 An dieses Ideal reichen die Vereinten Nationen schon sehr nah heran. Sie sind jedoch mit dem Makel des nicht hinreichenden internen Grund- und Menschenrechtsschutzes behaftet.

internationalen Frieden und Sicherheit zu sorgen, aber auch dem Interesse der Individuen, ihre Grund- und Menschenrechte gegenüber den Staaten und internationalen Organisationen zu gewährleisten und durchzusetzen.

Art. 103 UN-Charta, der einen Vorrang der materiellen Verpflichtungen aus der UN-Charta vor allen anderen vertraglichen Verpflichtungen anordnet, wird aufgrund der obigen Ausarbeitungen im Kontext der Fragmentierung des Völkerrechts und der Bedeutung internationaler Grund- und Menschenrechte, eng ausgelegt. Diese Auslegung lässt die oben entwickelte formelle Subsidiarität der UN-Charta zu, um den effektiven Schutz dieser Rechte durch regionale und nationale Gerichte zu gewährleisten.

Für die formelle Subsidiarität der UN-Charta im Verhältnis zur EMRK im Bereich des Menschenrechtsschutzes spricht auch die Tatsache, dass sich in der EMRK kein Verweis auf Art. 103 UN-Charta findet, wie in Art. 46 IPbpR und Art. 30 Abs. 1 WÜV. Diese Regelungen sehen vor, dass sie den Verpflichtungen aus der UN-Charta in keinem Fall widersprechen wollen. Auch die Präambel der EMRK formuliert keine Berücksichtigung des Systems der Vereinten Nationen. Dies deutet auf einen Eigenständigkeitsanspruch der EMRK hin, die für den Bereich des Menschenrechtsschutzes in Europa ein Spezialregime bildet, die von der Kollisionsregel des Art. 103 UN-Charta ausgenommen werden muss. Dafür spricht auch die historische Betrachtung, da die Vereinten Nationen und der Europarat mit der EMRK in kurzer zeitlicher Abfolge gegründet wurden und für die Gründer der EMRK eine derart einflussreiche Rolle des Sicherheitsrates und ein hinreichender Menschenrechtsschutz durch die Vereinten Nationen nicht abzusehen war. Lediglich in der Satzung des Europarates findet sich der Hinweis in Art. 1 c) auf die Berücksichtigung der Verpflichtungen der Mitgliedstaaten aus der UN-Charta, einen absoluten Vorrang zugunsten der Verpflichtungen aus der UN-Charta umfasst diese Berücksichtigungspflicht jedoch nicht.

Das System der Vereinten Nationen und die Funktion des Sicherheitsrates als Garant der internationalen Sicherheit und des internationalen Friedens würden jedoch nicht geschwächt, wenn der EGMR die nationalen Rechtsakte am Maßstab der EMRK messen würde, auch wenn sie ihren Ursprung in einem Rechtsakt der Vereinten Nationen haben. Lediglich eine judikative Kontrolle der nationalen Umsetzungsrechtsakte würde mit dem Subsidiaritätsgrundsatz begründet, die nur solange durchgeführt würde, bis die Vereinten Nationen einen angemessenen Grundrechtsschutz gegen die Rechtsakte mit Umsetzungsspielraum und unter Berücksichtigung der *equivalent-protection* der Grundrechte durch die Vereinten Nationen einrichten.

dd) Ergebnis

Mit diesem Ansatz wird also die Zuständigkeit des EGMR – und der mitgliedstaatlichen Gerichte – für Beschwerden gegen die Umsetzungsrechtsakte der Mitgliedstaaten durch die Anwendung des Subsidiaritätsgrundsatzes hergeleitet. Er betrifft die Fälle, in denen die Mitgliedstaaten dazu verpflichtet sind, einen internationalen Rechtsakt umzusetzen, ein adäquater Menschenrechtsschutz auf der Ebene der Vereinten Nationen aber nicht gewährt wird. In den Fällen, in denen die Mitgliedstaaten einen Spielraum bei der Umsetzung dieser Rechtsakte haben, sind die nationalen Gerichte nach wie vor zuständig.

Den betroffenen Personen, die Sanktionen des Sicherheitsrates ausgesetzt sind, würde dadurch effektiver Rechtsschutz zur Verfügung stehen, um sich gegen die nationale Durchführung der Sanktionen zur Wehr zu setzen. Allerdings kann dadurch keine Löschung von einer unmittelbaren Liste des Sanktionskomitees des Sicherheitsrates herbeigeführt werden. Diesbezüglich müssen sich die Betroffenen also weiterhin an das Sanktionskomitee des Sicherheitsrates halten und sind dabei auf die Unterstützung ihres Heimatstaates angewiesen. Dieser Staat müsste im Sanktionskomitee auf eine Löschung der Person von der Liste hinwirken, wenn die ‚Unschuld' der betroffenen Person festgestellt wurde. Er ist in diesem Zusammenhang aus der EMRK gar dazu verpflichtet, alles Notwendige dafür zu tun, um die Löschung einer Person von der entsprechenden Liste des Sicherheitsrates zu beantragen und voranzutreiben. Hinzu kommt, dass er dies in einer angemessenen Zeit bewerkstelligen, den Betroffenen mit einer entsprechenden Entschädigung ausstatten und den Löschungsantrag veröffentlichen muss.[1229] Der betroffene Staat könnte durch die Entscheidung eines Gerichts daher dazu verpflichtet werden, die konkrete Sanktion entweder nicht mehr durchzuführen oder im Sanktionskomitee auf die Löschung hinzuwirken.

Daher schließt sich die Frage an, was in der Phase nach einem Verfahren gegen die Sanktionen vor einem nationalen Gericht oder dem EGMR passiert. Könnten die Mitgliedstaaten gar verpflichtet werden, auf der Ebene der Vereinten Nationen dazu beizutragen, den Rechtsschutz dort besser auszugestalten? Die Mitgliedstaaten der Vereinten Nationen und auch die Mitglieder des Sicherheitsrates sind unzweifelhaft an menschenrechtliche Verträge und das Völkergewohnheitsrecht gebunden. Daher müssen sie in ihren nationalen Systemen die Menschenrechte implementieren und wahren. Gleichzeitig sind sie wegen des Grundsatzes ‚keine Flucht in die internationale Organisation' dazu verpflichtet,

1229 So zu Recht auch HRC, *Sayadi und Vinck*, a.a.O., Rn. 12.

die internationalen Grundrechte auch dann einzuhalten, wenn sie ein neues Völkerrechtssubjekt schaffen und auf dieses Kompetenzen übertragen. Sie müssen daher beachten, dass nur solche Rechtsakte erlassen werden oder Handlungen durch die internationale Organisation vorgenommen werden, die mit den internationalen Grundrechten vereinbar sind.

Dies darf jedoch nicht darüber hinwegtäuschen, dass die Einflussmöglichkeit eines einzelnen Staates in einem Organ einer internationalen Organisation sehr gering ist. Schließlich sind die Organe in internationalen Organisationen mit mehreren Staatenvertretern besetzt, die nach dem Grundsatz ‚*one state, one vote*' jeweils nur eine Stimme haben, die in der Abstimmung zu einer Mehrheits- oder Konsensentscheidung führen kann. Daher wäre es nicht angemessen, einen einzelnen Staat völkerrechtlich nur deshalb zur Verantwortung zu ziehen, weil ein Organ einer internationalen Organisation, dem er angehört, einen grundrechtswidrigen Akt erlässt. Andererseits muss er aber alles in seiner Macht Stehende tun, um auch präventiv auf grundrechtsgemäße und völkerrechtsgemäße Rechtsakte und Handlungen dieses Organs hinzuwirken. Für den Sicherheitsrat der Vereinten Nationen bedeutet dies, dass alle seine Mitglieder die größtmöglichen Anstrengungen unternehmen müssen, um eine den Menschenrechten adäquate Praxis des Sicherheitsrates zu gewährleisten.

Es fehlt also an einer internationalen Gerichtsbarkeit, die die Rechtsakte der Organe der Vereinten Nationen, insbesondere die Resolutionen des Sicherheitsrates, überprüfen kann und an die sich die Individuen wenden können. Die Einrichtung der Stelle der Ombudsperson im Rahmen des 1267-Sanktionsregimes hatte nicht dazu geführt, dass ein unabhängiges Gericht unter Berücksichtigung der Grundsätze des fairen Verfahrens Beschwerden eines Betroffenen prüft[1230]. Die Ombudsperson ist nicht unabhängig, sondern dem Sanktionskomitee untergeordnet und damit auch dem Sicherheitsrat. Sie wurde lediglich auf Druck der Mitgliedstaaten eingeführt[1231], entspricht aber nicht den Standards der EMRK und der Rechtsprechung des EGMR.

Fraglich ist letztlich aber noch, ob bei einer Herleitung der Zuständigkeit der nationalen Gerichte und des EGMR nach dem Subsidiaritätsgrundsatz der in Art. 35 Abs. 2 b) EMRK enthaltene „*lis alibi pendens*"-Grundsatz die Zuständigkeit des EGMR dann ausschließen könnte, wenn vor oder gleichzeitig mit der Erhebung der Klage vor dem EGMR ein Löschungsverfahren vor dem

1230 Siehe die Kritik von *Prost* in: *Salinas de Frias/Samuel/White*, Counter-Terrorism, International Law and Practice, S. 409 ff.

1231 Siehe die Präambel der SC Res 1904 (2009) vom 17. Dezember 2009.

Sanktionskomitee eingeleitet wurde. Ausschlaggebend ist an dieser Stelle, ob das Sanktionskomitee mitsamt der Stelle der Ombudsperson als eine internationale Untersuchungs- oder Vergleichsinstanz im Sinne der EMRK angesehen werden kann. In Ermangelung von Rechtsstaatlichkeit und der Einhaltung der Verfahrensrechte[1232], wird man dabei jedoch nicht von einem tatsächlich zugänglichen Rechtsbehelf ausgehen können[1233]. Andererseits ist es nicht ausgeschlossen, dass das Löschungsverfahren im Einzelfall doch noch zum gewünschten Erfolg führt, sodass der EGMR trotzdem erst dann über die Beschwerde entscheiden sollte, wenn das Sanktionskomitee seinerseits über den Löschungsantrag entschieden hat, soweit der Antrag dort schon anhängig war.

Angesichts dessen erscheint es zielführend, dass es die Vereinten Nationen im Sinne des Subsidiaritätsgrundsatzes einer Regionalorganisation wie dem Europarat mit der EMRK und ihren Mitgliedstaaten überlassen können, Umsetzungsrechtsakte der Mitgliedstaaten auf ihre Vereinbarkeit mit den nationalen Grundrechtestandards und der EMRK zu überprüfen. Damit werden die Umsetzungsrechtsakte an einem gemeinsamen Maßstab gemessen und zumindest in Europa ein einheitlicher Rechtsschutz gewährleistet.

5. *Ein Lösungsweg für das System der EMRK und die Mitgliedstaaten der EMRK basierend auf dem Subsidiaritätsgedanken*

Im Ergebnis findet die Kollisionsregel des Art. 103 UN-Charta auch dann Anwendung, wenn es zu einer Kollision einer Verpflichtung aus der UN-Charta mit einer menschenrechtlichen Verpflichtung aus der EMRK kommt. Dies lässt sich zwar nicht direkt aus der EMRK herleiten, die nicht explizit Bezug auf die UN-Charta nimmt, dieser Bezug findet sich hingegen in Art. 1 c) der Satzung des Europarates. Dies ist angesichts regionaler Abkommen keine Seltenheit, auch die AMRK beinhaltet keinen Verweis auf die Kollisionsregel des Art. 103 UN-Charta. Aus systematischen Gesichtspunkten ist es auch nicht schädlich, wenn das ‚nachrangige' Regelwerk keinen Bezug auf die Kollisionsregel aus dem ‚vorrangigen' Regelwerk nimmt. Es genügt, wenn der Vertrag, der den Vorrang beansprucht, die entsprechende Vorrangregel enthält.

1232 Siehe dazu nur *Cameron*, The ECHR, Due Process and UN Security Council Counter-Terrorism Sanctions, S. 1 ff.; *Fassbender*, Targeted Sanctions and Due Process, S. 1 ff.

1233 siehe dazu *Frowein/Peukert*, EMRK-Kommentar, Art. 35, Rn. 11 ff., 26; *Karpenstein/Mayer*, EMRK, Art. 35, Rn. 84 ff.; *Meyer-Ladewig*, Europäische Menschenrechtskonvention, Art. 35, Rn. 37.

a) Harmonische Auslegung

Bevor diese Kollisionsnorm jedoch zur Anwendung kommt, sollten zuerst im Wege der harmonischen Auslegung die jeweiligen Verpflichtungen einander gegenübergestellt werden und herausgearbeitet werden, ob sich die Verpflichtungen auch noch bei genauerer Betrachtung widersprechen oder ob diese durch eine Harmonisierung miteinander in Einklang gebracht werden können. Bei der harmonisierenden Auslegung der jeweiligen Norm ist es erforderlich, insbesondere wenn der Wortlaut und der Sinn und Zweck ausgelegt wird, die Auslegungsparameter des Abschnittes III des WÜV kunstgerecht anzuwenden.

Die Fälle *Nada* und *Al-Dulimi* sind leider anschauliche Fälle dafür, wie sich die Große Kammer des EGMR über die Wortlautgrenze bei der Auslegung der Resolutionen des Sicherheitsrates der Vereinten Nationen hinweggesetzt hat, um zu einer Harmonisierung der Verpflichtungen zu gelangen und damit die Grenzen der Auslegung überschreitet. Denn wie die kritischen Richter in ihren Sondervoten zu den beiden Urteilen betonten, blieb dem EGMR kein Auslegungsspielraum beim Verständnis der Resolution 1267 (2001) und der Resolution 1483 (2008). Wie oben herausgearbeitet, ließen diese Resolutionen den Mitgliedstaaten weder einen Spielraum bei der Umsetzung in die nationale Rechtsordnung noch beinhalteten sie hinreichende Vorgaben zu Rechtsschutzmechanismen.

Bei einer korrekten Anwendung des Grundsatzes der harmonischen Auslegung kann der EGMR lediglich zu zwei Ergebnissen kommen. Wird die Kollision der Verpflichtungen aufgelöst, kann der EGMR eine Kontrolle des nationalen Rechtsaktes, der die Resolution des Sicherheitsrates umgesetzt hat[1234], durchführen. Hier sollte unterschieden werden, ob der durch die Mitgliedstaaten umzusetzende Rechtsakt der internationalen Organisation diesen einen Spielraum bei der Umsetzung überlässt, der ihnen die hinreichende Freiheit dazu gibt, den Rechtsakt unter Berücksichtigung der EMRK-Verpflichtungen in die nationale Rechtsordnung umzusetzen. Hat der Mitgliedstaat einen hinreichenden Umsetzungsspielraum, dann muss sich der Mitgliedstaat einen Verstoß seiner Rechtsakte gegen die EMRK vorwerfen lassen, da er alle Freiheit gehabt hat, ihn so auszugestalten, dass er EMRK-konform ist.

1234 So in EGMR (GK), *Nada*, a.a.O. und EGMR (GK), *Al-Dulimi*, a.a.O.

b) *Vermutung zugunsten der Rechtsakte des Sicherheitsrates der Vereinten Nationen*

Haben die Mitgliedstaaten nach erfolgter Auslegung keinen Spielraum bei der Umsetzung der Resolution in die nationale Rechtsordnung, so wie in den Fällen *Nada* und *Al-Dulimi*, dann sollte mit der *Al-Jedda*-Vermutung weiter verfahren werden. Sie spricht dem Sicherheitsrat aufgrund seiner Funktion als Hauptverantwortlichem für den internationalen Frieden und die Sicherheit das Vertrauen aus, dass er den Mitgliedstaaten nur solche Verpflichtungen auferlegen möchte, die sie nicht zu Menschenrechtsverletzungen zwingen[1235]. Der Sicherheitsrat beabsichtigt nach dieser Vermutung keine Verletzung des Völkerrechts und der internationalen Menschenrechte anzuordnen.

Diese Vermutung ist jedoch lediglich eine besondere Ausformung des Grundsatzes der harmonischen Auslegung und ist nur auf die Situation anwendbar, in der menschenrechtliche Verpflichtungen aus der EMRK mit den Verpflichtungen aus einer Resolution des Sicherheitsrates nach Kapitel VII der UN-Charta kollidieren. Diese Auslegung widerspricht auch nicht der Autorität der Resolutionen des Sicherheitsrates aus Art. 25 UN-Charta, da sie gerade auf der Grundannahme basiert, dass alle Verpflichtungen der Staaten, auch derer aus den Menschenrechten, miteinander vereinbart werden[1236]. Besteht nach dieser Vermutung kein Widerspruch der Resolution zu den staatlichen Verpflichtungen aus den internationalen Menschenrechten, bleiben die Staaten an ihre menschenrechtlichen Verpflichtungen gebunden und sind daher verpflichtet, die Resolutionen des Sicherheitsrates grundrechtskonform umzusetzen und anzuwenden. Daher bleiben die Mitgliedstaaten auch in diesen Fällen an die EMRK gebunden und der EGMR bleibt zuständig.

c) *Equivalent protection*

Besteht nach der harmonischen Auslegung und der Anwendung der *Al-Jedda*-Vermutung kein Spielraum mehr zugunsten der Mitgliedstaaten, müsste nun die Kollisionsregel des Art. 103 UN-Charta zur Anwendung kommen. Im Falle der

---

1235 Siehe *Peters* in: *Simma/Khan/Nolte/Paulus*, The Charter of the United Nations. A Commentary, Art. 25, Rn. 206; Sondervotum des Mitgliedes des HRC *Sir Nigel Rodley* HRC, *Sayadi und Vinck*, a.a.O., S. 36; siehe auch *Lagrange*, Revue belge de droit international 2004, S. 575 ff.; *Paulus* in: *Simma/Khan/Nolte/Paulus*, The Charter of the United Nations. A Commentary, Art. 103, Rn. 47.

1236 *Peters* in: *Simma/Khan/Nolte/Paulus*, The Charter of the United Nations. A Commentary, Art. 25, Rn. 206.

Resolutionen ohne Umsetzungsspielraum für die Mitgliedstaaten muss zuvor noch die *Bosphorus*-Rechtsprechung[1237] geprüft werden, die mit der *equivalen-protection*-Formel eine weitere Vermutung zugunsten der Vereinten Nationen aufstellt. Mit dieser Formel kann, soweit die Gleichwertigkeit des Schutzstandards innerhalb der Vereinten Nationen verneint wird, die subsidiäre Zuständigkeit des EGMR begründet werden. Entspricht der Schutzstandard der internationalen Organisation den Standards der EMRK, kann sich der EGMR wieder zurückziehen.

Mit diesem Ansatz kann schließlich gewährleistet werden, dass die Bemühungen der Vereinten Nationen im Bereich der Individualsanktionen Berücksichtigung finden, als dass bei jeder erneuten Beschwerde vor dem EGMR untersucht wird, ob sich der Schutzstandard innerhalb der Vereinten Nationen verbessert hat und zwischenzeitlich den Ansprüchen des EGMR genügt. Würden die Vereinten Nationen einen angemessenen Rechtsschutz installieren, würde sich der EGMR zumindest in Bezug auf die direkten Sanktionsregime, bei denen kein Ermessenspielraum der Mitgliedstaaten besteht, seine Zuständigkeit infolge dessen verneinen.

Die *equivalent-protection*-Formel bietet sich als ein sehr gutes Hilfsmittel in diesem Zusammenhang an, da sie den Beitritt der EMRK-Mitgliedstaaten zu anderen internationalen Organisation respektiert, aber Rücksicht auf den materiellen Vorrang der UN-Charta und anderer internationaler Regime nimmt. Diese Formel basiert auf einer Akzeptanz des grundsätzlichen Gleichrangs anderer internationaler Regime mit dem der EMRK, wobei sich der EGMR eine Hintertür offenhalten kann, um den Grundrechtsschutzstandard der EMRK in allen Fällen zu gewährleisten. Dadurch bliebe es dem EGMR auch in Gegenwart der Individualsanktionen des Sicherheitsrates unbenommen, weiterhin seinen regionalen Menschenrechtsstandard durchzusetzen, indem er die jeweiligen nationalen Umsetzungsrechtsakte dann überprüft, wenn das Vertrauen in die Vereinten Nationen im Hinblick auf die Einhaltung der Menschenrechte enttäuscht wurde. Die *equivalent-protection*-Formel hält dem EGMR schließlich die Möglichkeit offen, auch die Umsetzungsakte ohne Spielraum zu kontrollieren, sobald die Vermutung widerlegt ist und der Grundrechtsschutz unter dem der EMRK erheblich – im Sinne von *manifestly deficient* – herabsinkt.

Mit der *equivalent-protection*-Formel könnte den Bemühungen des Sicherheitsrates, einen effektiven Rechtsschutz im Rahmen seiner Sanktionsregime

---

1237 Diese lehnt die Richterin *Nußberger* in ihrem Sondervotum jedoch ab, siehe EGMR (GK), *Al-Dulimi*, a.a.O., S. 145.

einzuführen[1238], zukünftig Rechnung getragen werden. Käme der EGMR bei der Prüfung mit der *equivalent-protection*-Formel zu dem Ergebnis, dass die Vereinten Nationen mit ihren Sanktionsregimen einen der EMRK entsprechenden Grundrechtsschutz gewährleisten[1239], dann könnte der EGMR seine Kontrollbefugnis zurücknehmen und auf die Funktionsfähigkeit der Vereinten Nationen vertrauen. So weit ist es derzeit jedoch nicht und der EGMR muss seine Vermutung zugunsten der Vereinten Nationen als widerlegt ansehen.

Diese Kontrollbefugnis des EGMR bedarf über die *equivalent protection*-Doktrin hinaus einer weiteren Begründung im Zusammenhang mit den Vereinten Nationen, da eine Formel über die Ausgestaltung des Verhältnisses europäischer Organisationen zueinander auf den globalen Kontext übertragen wird. Da das Verhältnis der EMRK zu den Vereinten Nationen nicht besonders eng ist, bedarf es daher der Begründung mit dem Subsidiaritätsgrundsatz. Der oben ausgeführte Subsidiaritätsgedanke, der trotz der materiellen Geltung des Art. 103 UN-Charta eine Kontrollbefugnis des EGMR begründet, beinhaltet eine adäquate Begründung für die Lösung der Normkollision mit dem System der Vereinten Nationen, um die Einhaltung der Grund- und Menschenrechte zu garantieren.

d) Sonstige Zuständigkeit des EGMR und der nationalen Gerichte

Nach den Grundsätzen der Staatenverantwortlichkeit[1240] ist schließlich noch zu berücksichtigen, dass den Mitgliedstaaten die Verletzung der Verfahrensrechte – infolge der Umsetzungsrechtsakte und der Ausführung der Sanktionen im Wege der ultimativen Ausübung der Herrschaftsgewalt – durch die mitgliedstaatlichen Einrichtungen (*ultimate authority and control*[1241]) und die Ausübung der effektiven Kontrolle (*effective control*[1242]) auch dann zuzurechnen sind, wenn sie keinen Umsetzungsspielraum haben und lediglich Erfüllungsgehilfen für den Sicherheitsrat sind.

1238 Siehe schon die SC Res. 1730 (2006), 1822 (2006), 1904 (2009).

1239 Beispielsweise mit der Einrichtung eines Gerichtes entsprechend der Vorschläge bei *Hovell*, The Power of Process, S. 22 ff.

1240 Siehe Kapitel 3, C. II.

1241 Nach der Rechtsprechung EGMR, *Behrami*, a.a.O., Rn. 133 ff.

1242 Siehe Art. 4, 5 und 8 ILC DARS und die Kommentierungen dazu, die belegen, dass das Recht der Staatenverantwortlichkeit insgesamt mit Zurechnungskriterium der *effective control* arbeitet: ILC DARS, with commentaries, 2001, Yearbook of the ILC, 2001, vol. II, Part Two, Art. 8, Rn. 8, Art. 10, Rn. 2; siehe auch Art. 7 DARIO und ILC DARIO, with commentaries, 2011, Yearbook of the ILC 2011, vol. II, Part. 2, Art. 7, Rn. 1 ff.

Daher würde es selbst bei Vorliegen eines effektiven Rechtsschutzsystems innerhalb der Vereinten Nationen gegen die Individualsanktionen vonnöten sein, dass der Betroffene auch weiterhin im nationalen Rechtssystem gegen den nationalen Umsetzungsrechtsakt vorgehen kann, damit neben der Sanktionierung durch den Sicherheitsrat auch der Umsetzungsakt aus der Welt geschafft werden kann. Jedoch wird man in diesen Fällen die Kontrolle auf der Ebene der Vereinten Nationen als Präjudiz-Verfahren ansehen müssen, sodass der nationale Umsetzungsrechtsakt erst dann vor den nationalen Gerichten angefochten werden kann, wenn die Sanktionierung des Betroffenen durch die Einrichtung bei den Vereinten Nationen aufgehoben wurde.

6. *Die Konsequenzen der Anwendung des Subsidiaritätsgrundsatzes für die Mitgliedstaaten der EMRK*

Die Zuständigkeit der mitgliedstaatlichen Gerichte und des EGMR nach Art. 1, 33, 34 EMRK für die Kontrolle der nationalen Umsetzungsakte der Resolutionen des Sicherheitsrates im Wege der Subsidiarität, solange wie die Vereinten Nationen kein Gericht zur individuellen Kontrolle der Sanktionen des Sicherheitsrates im Einklang mit den internationalen Grundrechten eingerichtet haben, muss zu einer erhöhten Wachsamkeit bei den nationalen Stellen führen.

Zu beachten ist daher, dass im Fall der direkten Listen, die durch das Sanktionskomitee des Sicherheitsrates geführt werden, das Löschungsverfahren bei dem zuständigen Sanktionskomitee vor einem Verfahren vor den nationalen Gerichten erfolglos durchgeführt werden muss, damit das Rechtsschutzinteresse vorliegt. Es handelt sich dabei um eine Form der Rechtswegerschöpfung, die der Beschwerdeführer herbeiführen muss, bevor er sich an die nationalen Gerichte und später auch an den EGMR wendet.

Um zu verhindern, dass die Beschwerden der Betroffenen von Sanktionen des Sicherheitsrates infolge ihrer Auflistung durch das Sanktionskomitee vor den nationalen Gerichten und schließlich vor dem EGMR klagen, könnten die nationalen Stellen und die nationalen Gesetzgeber die folgenden Aspekte bei der Umsetzung und Anwendung der gezielten Sanktionen des Sicherheitsrates beachten. Schon bei der Umsetzung der Resolutionen des Sicherheitsrates sollten die nationalen Stellen die Resolution auf ihre Vereinbarkeit mit den nationalen Grundrechten und der EMRK, insbesondere im Hinblick auf die Willkür bei der Auflistung der Person, prüfen[1243]. Nach der Rechtsprechung des EGMR ist das Willkürverbot ein Aspekt der Rechtsstaatlichkeit und damit eine formelle

1243 Siehe EGMR (GK), *Al-Dulimi*, a.a.O., Rn. 147.

Garantie, die die Mitgliedstaaten bei jedwedem Handeln gewähren müssen. Daher haben die nationalen Stellen vor der Umsetzung der Resolutionen in das nationale Recht gar die Pflicht zu kontrollieren, ob die Auflistung der betroffenen Person willkürlich erfolgte[1244].

Kommen sie zu dem Ergebnis, dass die Resolution den nationalen und europäischen Standards nicht entspricht, sind sie nach der Rechtsprechung des EGMR dazu verpflichtet, alles ihnen Mögliche zu tun, um die Gewährleistungen der EMRK bei der Umsetzung zu garantieren[1245]. Dies würde im Falle der Sanktionen bedeuten, dass ein gesetzlicher Rechtsweg eingerichtet wird oder aber die entsprechenden Gerichte sich gemäß des Gebotes des effektiven Rechtswegs gem. Art. 13 EMRK für zuständig zur Kontrolle der Zulässigkeit der Auflistung der Person und ihrer Sanktionierung erklären. Dabei sollten die Gerichte alle Beweise, die der Beschwerdeführer vorbringt, untersuchen und die Anzeichen für seine Beteiligung am internationalen Terrorismus oder anderer Bedrohungen gemäß dem Grundsatz des fairen Verfahrens gem. Art. 6 Abs. 1 EMRK suchen.

Dabei müssen die Gerichte zusätzlich eine Abwägung der Rechtsgüter in jedem konkreten Einzelfall vornehmen, um ihren Kontrollmaßstab zu bestimmen. Sie bringen den Eingriff in die Rechte des Betroffenen, insbesondere die Verfahrensrechte, aber auch sein Eigentumsrecht und sein Recht auf Privatsphäre und Familienleben, in ein Verhältnis mit dem Ziel des Schutzes des internationalen Friedens und der Sicherheit, das den internationalen Terrorismus und andere Bedrohungen mit präventiven Maßnahmen verhindern möchte. Als ein Kriterium zur Bestimmung des konkreten Gewichts der Rechtsgüter kann zum einen die Intensität des Eingriffs in die Rechte des Betroffenen dienen, zum anderen die Beweislage in Bezug auf den Vorwurf gegen den Betroffenen. Je stärker die Betroffenheit der Grundrechte und je dünner die Beweislage, desto schwerer werden diese Aspekte im Verhältnis zum Ziel der Sanktionen den internationalen Frieden und die Sicherheit zu gewährleisten, gewichtet.

Die Sanktionen werden ohne vorherige Ankündigung erlassen und betreffen den Adressaten in seinen Grundrechten aus den schon genannten Gründen sehr schwer. Stellt sich heraus, dass es sich um eine Person handelt, gegen die sich die Vorwürfe nicht erhärten und eine Verbindung zum internationalen Terrorismus oder ähnlichem nicht nachgewiesen werden kann, dann kann das Abwägungsergebnis nur zugunsten der Rechtsgüter dieser Person gehen. Bestätigt sich bei

1244 Urteil des EGMR (GK), *Al-Dulimi*, a.a.O., Rn. 150.
1245 Siehe EGMR (GK), *Al-Dulimi*, a.a.O., Rn. 149.

der gerichtlichen Kontrolle der Verdacht aufgrund der vorliegenden Beweise, dass es sich um eine Person handelt, die den internationalen Terrorismus unterstützt, so muss ihr zwar der Rechtsweg eröffnet und humanitäre Ausnahmen bei der Sanktionierung gewährleistet werden. Das Ziel der Sicherung des internationalen Friedens und der Sicherheit im Sinne des Kapitel VII der UN-Charta wird in diesen Fällen jedoch höher anzusiedeln zu sein, sodass das Recht am Eigentum an den wirtschaftlichen Gütern, die beschlagnahmt werden und die Bewegungsfreiheit, die durch die Reisebeschränkungen beeinträchtigt wird, in der Abwägung zurücktreten müssen.

Erhärtet sich der Verdacht gegen diese Person nicht, dann muss der betroffene Mitgliedstaat im Verfahren vor dem Sanktionskomitee des Sicherheitsrates darauf hinwirken, dass der Beschwerdeführer von der jeweiligen Liste gestrichen wird. Kann sie dies aufgrund der Ausgestaltung des Verfahrens vor der Ombudsperson oder den *Focal Points* nicht erreichen, dann müssen sich die nationalen Gerichte für zuständig erklären und dem Betroffenen den Rechtsweg zugestehen, damit die Zulässigkeit der umgesetzten Sanktion überprüft werden kann. Stellt ein nationales Gericht oder der EGMR die (Grund-)Rechtswidrigkeit des nationalen Umsetzungsaktes oder der konkreten Sanktion fest, muss die jeweilige nationale oder europäische Stelle, die bei den indirekten Listen zur Führung dieser Liste befugt ist, den Betroffenen von der Liste streichen.

Im Falle der direkten Listen, die durch das Sanktionskomitee des Sicherheitsrates geführt werden, wird das Verfahren komplizierter. Die Entscheidung des nationalen Gerichtes kann daher durchaus im Widerspruch zu der Liste des Sanktionskomitees des Sicherheitsrates stehen, wenn der Betroffene dort erfolglos gegen die Sanktionierung vorgegangen ist. In diesen Konstellationen könnten die nationalen Stellen allerdings mit einer Fiktion arbeiten, mit der die Gerichte anordnen, dass der Beschwerdeführer, zumindest in diesem Staat so behandelt wird, also würde er nicht mehr auf der Liste des Sanktionskomitees geführt. Die Rechtsfolge wäre dann, dass die Resolution des Sicherheitsrates mitsamt der Auflistung des Betroffenen durch das Sanktionskomitee von dem einzelnen Mitgliedstaat nicht befolgt wird.

Aufgrund der oben hergeleiteten Möglichkeit der Mitgliedstaaten der Vereinten Nationen eine völkerrechtswidrige Resolution des Sicherheitsrates nicht anzuwenden, verstieße dies nicht gegen die Verpflichtung der Mitgliedstaaten zur Befolgung der Resolutionen des Sicherheitsrates aus Art. 25 UN-Charta. Das hieße, dass der Beschwerdeführer in dem jeweiligen Land so behandelt wird, als stünde er nicht auf der Liste und seine Sanktionen in dem jeweiligen Mitgliedstaat werden aufgehoben.

Dies darf aber nicht darüber hinwegtäuschen, dass er weiterhin Sanktionen in anderen Staaten ausgesetzt sein kann, die seinen Fall (noch) nicht untersucht haben oder bei einer Kontrolle der Sanktionierung zu einem anderen Ergebnis gekommen sind. Das hat zur Folge, dass diese Lösung lediglich dazu führt, dass sich ein Beschwerdeführer nur in einem einzelnen Staat oder der EU durch ein Gerichtsverfahren der Sanktionen entledigen kann. Er muss daher leider damit rechnen, in anderen Staaten der Durchführung der Sanktionen ausgesetzt zu sein.

Freilich ist dieses Ergebnis für die jeweiligen Beschwerdeführer nicht vollständig zufriedenstellend. Andererseits kann aber bis zur Einrichtung eines effektiven Gerichts auf der Ebene der Vereinten Nationen nur der nationale oder regionale Weg gewählt werden. Es bleibt nur zu hoffen, dass die Urteile der nationalen Gerichte und des EGMR eine gewisse Ausstrahlungswirkung auf die anderen Mitgliedstaaten haben, sodass ein Beschwerdeführer dann zwar den beschwerlichen Weg wählen muss, in jedem Land die Gerichte zu beschäftigen, diese jedoch die Entscheidung des nationalen Gerichtes zum Vorbild nehmen und damit dem Beschwerdeführer zu seinem Recht verhelfen.

Zumindest innerhalb des Anwendungsbereichs der EMRK haben die Entscheidungen des EGMR eine Präjudizwirkung, da der EGMR die EMRK autoritativ auslegt. Dies führt dazu, dass die mitgliedstaatlichen Gerichte unter Berücksichtigung der Rechtsprechung des EGMR ihre nationalen Grundrechte in der Regel EMRK-konform auslegen müssen und damit dem Beschwerdeführer Rechtsschutz gewährleisten und im Falle der erfolgreichen Beschwerde die Wirkung der Sanktionen aussetzen. Die einheitliche Handhabung dieser Fälle bleibt aber weiterhin erstrebenswert und würde zu einer einheitlichen Rechtslage führen, die der Sicherheitsrat der Vereinten Nationen mit der Einrichtung eines Gerichtes herbeiführen sollte.

7. Zusammenfassung

Im Ergebnis wird diese Rekonstruktion gewährleisten, dass eine auf einer Sanktionsliste des Sicherheitsrates aufgeführte Person, die ihre Unschuld in Bezug auf den Terrorismusvorwurf beweisen möchte, vor den nationalen Gerichten und dem EGMR gegen die nationalen Umsetzungshandlungen vorgehen kann, wenn es der betreffende Mitgliedstaat versäumt hat, bei der Umsetzung der Resolutionen seine internationalen Verpflichtungen miteinander in Einklang zu bringen. Diese Person kann infolgedessen gegen die staatliche Gesetzgebung und individuelle Durchführung der Resolutionen des Sicherheitsrates durch die Mitgliedstaaten vorgehen und letztlich vor dem EGMR Beschwerde gegen diesen Staat erheben. Ausgeschlossen bleibt es nach dieser Konstruktion, dass der Betroffene direkt gegen die Resolutionen des Sicherheitsrates und das Sanktionskomitee wegen Verletzung seiner Grundrechte vor den nationalen Gerichten und dem EGMR klagen kann.

Des Weiteren gilt die Immunität internationaler Organisationen[1246] vor nationalen Gerichten[1247] und dem EGMR, um die Funktion und unabhängige Arbeit der internationalen Organisationen zu gewährleisten und vor einseitigen Akten der Staaten zu schützen. Diesen Grundsatz hat der EGMR nur in einer einzigen Entscheidung für den Fall eingeschränkt, dass die internationale Organisation keinen hinreichenden Rechtsschutzmechanismus anbietet[1248]. Schließlich hat die Immunität einer internationalen Organisation immer zur Folge, dass der Rechtsschutz des betroffenen Individuums vor den nationalen Gerichten eingeschränkt wird und seine Klagen oder Beschwerden als unzulässig abgewiesen werden.

In dem Urteil *Stichting Mothers of Srebenica* hat der EGMR das Recht des Individuums auf eine effektive Beschwerde und ein faires Verfahren gegen das internationale Rechtsprinzip der Immunität internationaler Organisationen zwar abgewogen[1249], ist dabei aber zu dem Ergebnis gekommen, dass die Immunität überwog und damit der Eingriff in die Rechte des Betroffenen gerechtfertigt war. Dies wurde mit der Rechtsprechung des IGH in Sachen *Deutschland gegen Italien* aus dem Jahr 2012 begründet[1250]. In dem Urteil[1251] hatte der IGH herausgearbeitet, dass die Immunität von Staaten und internationalen Organisationen

1246 Siehe *Flauss*, La Soumission des Organisations Internationales aux Normes Internationales relatives aux Droits de l'Homme, S. 71 ff.

1247 siehe zur Immunität der Vereinten Nationen: Art. 105 Abs. 1 UN-Charta; siehe auch ILC DARIO in: Yearbook of the ILC, 2011, vol. II, Part Two; Art. 67 und *ILA*, Report of the 71st Conference, S. 164 ff., 209; *Higgins*, Annuaire de l'Institut de droit international 1995, S. 251 ff.

1248 EGMR (GK), *Waite and Kennedy*, a.a.O., Rn. 67 ff.

1249 EGMR, *Stichting Mothers of Srebenica*, a.a.O., Rn. 139 ff.

1250 EGMR, *Stichting Mothers of Srebenica*, a.a.O., Rn. 158: „*International law does not support the position that a civil claim should override immunity from suit for the sole reason that it is based on an allegation of a particularly grave violation of a norm of international law, even a norm of ius cogens. In respect of the sovereign immunity of foreign States this has been clearly stated by the ICJ in Jurisdictional Immunities of the State (Germany v. Italy: Greece intervening), judgment of 3 February 2012, §§ 81–97. In the Court's opinion this also holds true as regards the immunity enjoyed by the United Nations*".

1251 IGH, Urteil vom 3. Februar 2012, *Jurisdictional Immunities of the State (Germany v. Italy: Greece intervening)*, ICJ Reports 2012, S. 99 ff., Rn. 81–97.

auch dann nicht aufgehoben werden kann, wenn eine Individualklage gegen einen Staat oder eine internationale Organisation auf der besonders schweren Verletzung einer Norm des Völkerrechts fußt. Diese Entscheidung des EGMR stärkt daher die Rechtsposition der internationalen Organisationen und schützt ihre Arbeit und Funktion vor einseitigen Zugriffen aus den Mitgliedstaaten.

Dies ist angesichts der Abhängigkeit der internationalen Organisationen von den Mitgliedstaaten zu begrüßen und deswegen sollte es auch bei einer Immunität der internationalen Organisationen vor nationalen Gerichten bleiben. Damit der Schutz der Grundrechte der Individuen gewährleistet werden kann, muss aber wahlweise entweder ein Gericht der Vereinten Nationen den Betroffenen der Sanktionen offen stehen, das die Resolutionen des Sicherheitsrates direkt kontrolliert oder nationale und regionale Gerichte müssen die nationalen Umsetzungsrechtsakte kontrollieren können, um die Rechtsschutzlücken im Mehrebenensystem zu schließen.

Zurzeit gibt es auf der Ebene der Vereinten Nationen lediglich die Möglichkeit einen Streichungsantrag vor dem jeweiligen Sanktionskomitee bei einem *Focal Point* einzureichen, im Rahmen des 1267-Sanktionsregimes wurde zusätzlich noch die Mediationsstelle der Ombudsperson zwischengeschaltet. Die Errichtung eines Gerichts auf der Ebene der Vereinten Nationen ist derzeit nicht abzusehen[1252], da sich die fünf ständigen Mitglieder des Sicherheitsrates dagegen aussprechen[1253].

Mit den Worten von Sir Nigel Rodley aus dem Jahr 2008 kann daher nur mit der Einsicht geschlossen werden: „*It is not easy to see why nearly a decade after the first resolution 1267 (1999) and seven years after 9/11 the Council could not have evolved procedures more consistent with the human rights values of transparency, accountability and impartial, independent assessment of facts. It may be hoped that it will not too much longer delay adjusting the procedures in line with these values. This would avoid putting States, including States party to the Covenant or other international human rights treaties, when determining the legislative or executive action to be taken, in the unenviable position of having to engage in*

1252 Siehe zu der Aufbereitung der verschiedenen Vorschläge zur Verbesserung der Verfahrensvorschriften für die Sanktionsregime des Sicherheitsrates und die Herausforderungen, vor denen diese stehen, bei *Hovell*, The Power of Process, S. 31 ff.

1253 Siehe Security Council Report, Update Report No. 9: „Counter-Terrorism: Al Qaida and Taliban" vom 26. Juni 2008, http://www.securitycouncilreport.org/update-report/lookup-c-glKWLeMTIsG-b-4294269.php?print=true.

difficult exercises in interpretation of or even challenges to the validity of provisions of Security Council resolutions.“[1254]

B. Die prozeduralen Gewährleistungen der EMRK im Kontext der Individualsanktionen des Sicherheitsrates

Im Anschluss an den technischen Teil zur Normenstruktur und der Herleitung einer Kompetenz der nationalen Gerichte und des EGMR zur Kontrolle der nationalen Umsetzungsakte der Individualsanktionen des Sicherheitsrates folgt eine nähere Untersuchung der Gewährleistungen der EMRK im Hinblick auf die Verfahrensrechte auf ihre Relevanz für die Individualsanktionen. An diesem Mindestmaßstab kontrollieren der EGMR und auch die Gerichte der Mitgliedstaaten der EMRK die nationalen Umsetzungsrechtsakte.

Daher sollen im Folgenden die prozessualen Gewährleistungen aus der EMRK, geprägt durch die Rechtsprechung des EGMR, auf ihre Anwendbarkeit für die nationalen Umsetzungsrechtsakte der Individualsanktionen untersucht werden. Die Sanktionen des Sicherheitsrats betreffen im Ergebnis insbesondere die Eigentumsfreiheit und die Bewegungsfreiheit, da Konten eingefroren werden und das Verlassen des Landes verboten wird. Die vorliegende Arbeit fokussiert sich auf die Lösung der prozessualen Fragen, die letztlich die Überprüfung der Einhaltung der anderen Grundrechte ermöglicht.

Es gibt eine starke Verbindung zwischen der *Rule of Law* und den einzelnen Verfahrensgrundrechten. Daraus folgt, dass alle Verfahrensbeteiligten einen Anspruch auf einen effektiven Zugang zu einem Rechtsbehelf haben müssen, um ihre Rechte geltend machen zu können[1255]. Darüber hinaus müssen die Verfahrensrechte aus Art. 6 EMRK im Kontext des völkerrechtlichen Prinzips des *denial of justice* (Rechtsverweigerung) gelesen werden[1256].

I. Art. 6 EMRK – Das Recht auf ein faires Verfahren

Art. 6 Abs. 1 EMRK gewährleistet das Recht auf ein faires Verfahren der Person im zivilrechtlichen und strafrechtlichen Verfahren. Dies umfasst nach dem Abs. 1 das Recht auf ein unabhängiges, unparteiisches und auf dem Gesetz beruhendes Gericht. Aber auch, dass das Verfahren öffentlich und in einer angemessenen

---

1254 Sondervotum des Mitgliedes des HRC *Sir Nigel Rodley* zu HRC, *Sayadi*, a.a.O., S. 37 f.

1255 EGMR, Urteil vom 12. November 2002, n° 47273/99 – *Běleš u.a. gg. Tschechische Republik*, Rn. 49.

1256 EGMR, *Golder*, a.a.O., Rn. 34 f.

Frist durchgeführt werden muss. Der Schutz des Angeklagten in einem Strafprozess geht noch weiter und umfasst nach Abs. 2 und 3 die Unschuldsvermutung und Gewährleistungen, die eine angemessene Verteidigung ermöglichen. Das Recht auf ein faires Verfahren umfasst damit einerseits institutionelle und andererseits prozessuale Garantien.

1. Der Gewährleistungsbereich im Einzelnen

Der Gewährleistungsbereich der beiden Aspekte des Art. 6 EMRK unterscheidet sich inhaltlich, je nachdem, ob sich der Betroffene in einem zivilrechtlichen Verfahren oder in einem strafrechtlichen Verfahren befindet. Diese Unterscheidung ist für die gerichtliche Kontrolle der nationalen Rechtsakte, die die Sanktionen des Sicherheitsrates umsetzen, von erheblicher Relevanz, da sich der Schutzstandard danach richtet. Die Frage nach der Natur der Sanktionen des Sicherheitsrates, insbesondere die Konteneinfrierungen und Reisebeschränkungen, ist fundamental. Denn danach richtet sich der Anwendungsbereich des Art. 6 EMRK. Dieser schützt zwar grundsätzlich das Recht auf ein faires Verfahren in allen Verfahren, der Schutz der Rechte im Strafverfahren ist jedoch stärker als der im Zivilverfahren. Dies rührt daher, dass ein Strafverfahren für die fundamentalen Rechte des Betroffenen einschneidender ist als ein Zivilverfahren.

a) Im zivilrechtlichen Verfahren

1) Der Anwendungsbereich für zivilrechtliche Streitigkeiten

Ob es sich bei einer Streitigkeit um eine von zivilrechtlicher Natur handelt, ergibt sich aus dem materiellen Kontext und den Rechtsfolgen des Streits für die Betroffenen in der nationalen Rechtsordnung; dabei berücksichtigt der EGMR den Gegenstand und Zweck der EMRK, aber auch das infrage stehende Rechtssystem des Mitgliedstaates[1257]. Grundsätzlich sind daher zivilrechtliche Streitigkeiten im Sinne des Art. 6 Abs. 1 EMRK solche, in denen sich zwei Privatpersonen gegenüberstehen und einen nach dem nationalen Recht einzuordnenden Streit um zivilrechtliche Positionen führen[1258].

Der EGMR fasst auch Streitigkeiten unter den zivilrechtlichen Aspekt, die im nationalen Recht als öffentlich-rechtliche Streitigkeiten zu verstehen sind, jedoch Auswirkungen auf privatrechtliche Positionen haben, weil sie auf Zahlungen

1257 EGMR, Urteil vom 28. Juni 1978, n° 6232/73 – *König gg. Deutschland*, Rn. 89.
1258 EGMR, Urteil vom 9. Oktober 1979, n° 6289/73 – *Airey gg. Irland*, Rn. 21.

bezogen sind[1259]. Des Weiteren zählt der EGMR in seiner Rechtsprechung Disziplinarverfahren vor Fachverbänden zu den zivilrechtlichen Streitigkeiten[1260], sowie Nebenklagen im Strafprozess[1261]. Dies erklärt sich mit der Weite des Wortlautes aus Art. 6 Abs. 1 EMRK, der in seinen Originalfassungen von *civil rights and obligations* oder *droits et obligations de caractère civil* spricht[1262].

2) Die in zivilrechtlichen Streitigkeiten gewährten Garantien

Zur Anwendung kommt Art. 6 Abs. 1 EMRK im Bereich zivilrechtlicher Angelegenheiten, wenn eine ernsthafte Streitigkeit über zivilrechtliche Ansprüche oder Verpflichtungen (*civil rights*) aus dem nationalen Recht vorliegt. Die Verfahrensrechte, die in diesem Zusammenhang gewährt werden, sind daher nicht unabhängig von den nationalen Rechtssystemen zu betrachten. Der EGMR schafft daher auch keine weiteren materiellen Rechte, die keine Grundlage im nationalen Recht haben[1263].

Es besteht somit ein Anspruch auf rechtliches Gehör, der im Lichte des Rechtsstaatsprinzips so verstanden werden muss, dass jeder ein Recht auf einen

---

1259 EGMR, Urteil vom 16 Juli 1971, n° 2614/65 – *Ringeisen gg. Austria*, Rn. 94; EGMR, *König*, a.a.O., Rn. 94–95; EGMR, Urteil vom 23. September 1982, n° 7151/75 und 7152/75 – *Sporrong and Lönnroth gg. Schweden*, Rn. 79; EGMR; Urteil vom 23. Oktober 1985, n° 8848/80 – *Benthem gg. Niederlande*, Rn. 36; EGMR, Urteil vom 7. Juli 1989, n° 10873/84 – *Tre Traktörer Aktiebolag gg. Schweden*, Rn. 43; EGMR, Urteil vom 29. Oktober 2009, n° 49037/06 – *Chaudet gg. Frankreich*, Rn. 30; EGMR, Urteil vom 12. Januar 2010, n° 48107/99 – *Greco Catholic Parish Sâmbata Bihor gg. Rumänien*, Rn. 65.

1260 Siehe EGMR, Urteil vom 23. Juni 1981, n° 6878/75 7238/75 – *Le Compte, Van Leuven und De Meyere gg. Belgien*; EGMR, Urteil vom 31. März 1992, n° 18020/91 – *X gg. Frankreich*; EGMR, Urteil vom 16. Dezember 1992, n° 12964/87 – *De Geouffre de la Pradelle gg. Frankreich*; EGMR, Urteil vom 27. Juni 1997, n° 19773/92 – *Philis gg. Griechenland (Nr. 2)*, Rn. 45; EGMR, Urteil vom 10. Juli 1998, n° 20390/92 – *Tinnelly & Sons Ltd u.a. und McElduff u.a. gg. Vereinigtes Königreich*, Rn. 61; EGMR, Urteil vom 28. Juli 2005, n° 33538/96 – *Alatulkkila and Others u.a. gg. Finnland*, Rn. 49.

1261 EGMR (GK), *Perez*, a.a.O., Rn. 70 f.; EGMR, Urteil vom 22. September 2005, n° 19754/02 – *Sigalas gg. Griechenland*, Rn. 29; EGMR, Urteil vom 30. März 2010, n° 25000/07- *Mihova gg. Italien*; EGMR (GK), Urteil vom – 20. März 2009, n° 12686/03 – *Gorou gg. Griechenland (Nr. 2)*, Rn. 24.

1262 Siehe dazu Näheres bei *Grabenwarter/Pabel*, Europäische Menschenrechtskonvention, S. 472 ff.

1263 Siehe EGMR, Urteil vom 21. September 1994, n° 17101/90 – *Fayed gg. Vereinigtes Königreich*, Rn. 65; EGMR (GK), Urteil vom 19. Oktober 2005, n° 32555/96 – *Roche gg. Vereinigtes Königreich*, Rn. 119.

effektiven Rechtsweg hat, um sein Recht durchsetzen zu können[1264]. Dazu zählt auch das Recht auf Zugang zu einem Gericht[1265], vor dem zivilrechtliche Ansprüche geltend gemacht werden können[1266]. Die Ausübung dieser Rechte muss „*practical and effective*“[1267] sein, was sich aus dem Stellenwert eines solchen Rechts in einer demokratischen Gesellschaft und dem Rechtsstaatsprinzip ergibt[1268].

Zu den institutionellen Garantien gehört, dass der Rechtsweg durch Gesetz geregelt sein muss[1269] und dass das Gericht unabhängig und unparteiisch ist[1270]. Das Gericht muss durch Gesetz errichtet sein, da es nur so den Anforderungen einer demokratischen Gesellschaft gerecht werden kann, um über einzelne Fälle zu entscheiden. Zu den prozessualen Garantien zählen die Fairness, mitsamt der Waffengleichheit, des kontradiktorischen Verfahrens, des fairen Beweisverfahrens und der Begründungspflicht[1271], die Öffentlichkeit des Prozesses[1272] und eine angemessene Dauer des Verfahrens[1273].

b) *Im Strafverfahren*

1) Der Anwendungsbereich für strafrechtliche Verfahren

Ebenso wie für zivilrechtliche Streitigkeiten, hat der EGMR in seiner Judikatur die strafrechtlichen Streitigkeiten näher definiert. Auch hier versteht er die Natur der Streitigkeit autonom[1274]. Strafrechtliche Streitigkeiten charakterisieren

1264 EGMR, *Běleš*, a.a.O., Rn. 49.

1265 Erstmals durch den EGMR anerkannt in EGMR, *Golder*, a.a.O., Rn. 26 ff.

1266 EGMR (GK), Urteil vom 23. März 2010, n° 15869/02 - *Cudak gg. Litauen*, Rn. 54; EGMR, *Golder*, a.a.O., Rn. 36; EGMR, *Prinz Hans-Adam II*, a.a.O., Rn. 43.

1267 EGMR, Urteil vom 13. Mai 1980, n° 6694/74 - *Artico gg. Italien*, Rn. 33.

1268 EGMR, Urteil vom 28. Oktober 1998, n° 22924/93 - *Aït-Mouhoub gg. Frankreich*, Rn. 52.

1269 EGMR, Urteil vom 28. November 2002, n° 58442/00 - *Lavents gg. Lettland*, Rn. 81.

1270 EGMR (GK), Urteil vom 6. Mai 2003, n° 39343/98, 39651/98, 43147/98, 46664/99 - *Kleyn u.a. gg. Niederlande*, Rn. 192.

1271 Siehe insbesondere EGMR, *Airey*, a.a.O., Rn. 24.

1272 EGMR, Urteil vom 26. September 1995, n° 18160/91 - *Diennet gg. Frankreich*, Rn. 33; EGMR (GK), Urteil vom 12. April 2006, n° 58675/00 - *Martinie gg. Frankreich*, Rn. 39.

1273 Siehe insbesondere EGMR (GK), *Scordino*, Rn. 224.

1274 EGMR, *König*, a.a.O.; EGMR, Urteil vom 23. September 1998, n° 27812/95 - *Malige gg. Frankreich*; EGMR; Fälle, in denen der EGMR, anders als nach der nationalen Rechtsordnung, zu der Einordnung einer Maßnahme mit strafrechtlichem Charakter kommt: EGMR, *Engel*, a.a.O.; EGMR, Urteil vom 21. Februar 1984,

sich nach dem EGMR als *„deprivations of liberty liable to be imposed as punishment, except those which by their nature, duration or manner of execution cannot be appreciably detrimental“*[1275].

Zur Einordnung der Maßnahme ist die Entscheidung *Engel* aus dem Jahr 1976[1276] heranzuziehen. Darin hat der EGMR die drei Kriterien für die Einordnung einer Maßnahme als strafrechtliche Maßnahme herausgearbeitet. Demnach sind folgende Aspekte relevant: 1. Die Einordnung im nationalen Recht, 2. die Art der Straftat und 3. die Schwere der Strafe und ihrer Rechtsfolge[1277]. Dem ersten Kriterium kommt nur ein geringes Gewicht zu, da der EGMR auch in den Fällen, in denen das nationale Recht die Maßnahme nicht als strafrechtlich definiert, diese Einordnung auch nach seinen Maßstäben vornehmen kann.

Das zweite Kriterium ist zentraler[1278]. Der EGMR berücksichtigt dabei im Hinblick auf die Art der Straftat verschiedene Faktoren: Ist die nationale Regelung gegen eine bestimmte Gruppe gerichtet oder von generell bindendem Charakter[1279]? Werden die Verfahren durch eine Körperschaft des öffentlichen Rechts mit Rechtsdurchsetzungsmacht durchgeführt[1280]? Hat die Regelung einen bestrafenden oder abschreckenden Charakter[1281]? Ist die Verhängung einer Strafe von der Schuld des Täters abhängig[1282]? Was ergibt die rechtsvergleichende Analyse mit vergleichbaren Verfahren in anderen Mitgliedstaaten der EMRK[1283]?

Das dritte Kriterium richtet sich nach der angedrohten Höchststrafe, die die entsprechende Regelung enthält, mitsamt den Vollstreckungsmodalitäten[1284]. Dabei muss diese Strafe nicht zwingend eine Freiheitsstrafe sein, um ein schwere

---

n° 8544/79 – *Öztürk gg. Deutschland*; siehe dazu *Clayton/Tomlinson*, Fair Trial Rights, S. 85.

1275 EGMR, *Engel*, a.a.O., Rn. 82.

1276 EGMR, *Engel*, a.a.O.

1277 EGMR, *Engel*, a.a.O., Rn. 81 ff.

1278 EGMR (GK), Urteil vom 32. November 2006, n° 73053/01 – *Jussila gg. Finnland*, Rn. 38.

1279 EGMR, Urteil vom 24. Februar 1994, n°12547/86 – *Bendenoun gg. Frankreich*, Rn. 47.

1280 EGMR, *Bendenoun*, a.a.O., Rn. 56.

1281 EGMR, *Öztürk*, a.a.O., Rn. 53; EGMR, *Bendenoun*, a.a.O., Rn. 47.

1282 EGMR, Urteil vom 10. Juni 1996, n° 19380/92 – *Benham gg. Vereinigtes Königreich*, Rn. 56.

1283 EGMR, *Öztürk*, a.a.O., Rn. 53.

1284 EGMR, Urteil vom 25. März 1992, n° 13590/88 – *Campbell und Fell gg. Vereinigtes Königreich*, Rn. 72; EGMR, Urteil vom 27. August 1991, n° 13057/87 – *Demicoli gg. Malta*, Rn. 34.

Strafe zu sein[1285], dies können auch Geldstrafen und andere freiheitsbeschränkende Maßnahmen sein. Das zweite und dritte Kriterium verhalten sich lediglich alternativ[1286]. Kann eines der beiden Kriterien im konkreten Fall nicht eindeutig festgestellt werden kann, muss aber das andere der beiden Kriterien vorliegen[1287].

Neben den üblichen, nach dem nationalen Recht als Strafverfahren einzuordnenden Fällen, hat der EGMR auch Ordnungswidrigkeiten als strafrechtliche Maßnahmen im Sinne des Art. 6 EMRK bezeichnet[1288]. Ebenso Maßnahmen nach dem Zollrecht[1289], Verfahren zur Nachzahlung von Steuern[1290] und Verfahren zur Auslieferung und Ausweisung[1291]. Die zielgerichteten Sanktionen des Sicherheitsrates sind aus der Sicht des EGMR jedoch keine strafrechtlichen Maßnahmen[1292].

2) Die in strafrechtlichen Verfahren gewährten Garantien

Wie im zivilrechtlichen Verfahren gilt auch im Strafprozess das Recht auf Zugang zu einem Gericht und die schon oben erwähnten institutionellen und prozessualen Garantien zum Recht auf ein faires Verfahren. Zusätzlich kommen noch die in Art. 6 Abs. 2 und 3 EMRK genannten Garantien hinzu. Zentral sind dabei die Unschuldsvermutung aus Abs. 2 und die Verteidigungsrechte aus Abs. 3[1293]. Die Unschuldsvermutung bedeutet, dass die Beweislast hinsichtlich der Schuld des Angeklagten auf der Seite der Anklage liegt[1294]. Damit gilt der Betroffene erst dann als schuldig, wenn er durch ein Gericht rechtskräftig verurteilt wurde.

1285 EGMR, *Öztürk*, a.a.O., Rn. 53.

1286 EGMR, Urteil vom 25. August 1987, n° 9912/82 – *Lutz gg. Deutschland*, Rn. 55; EGMR, *Öztürk*, a.a.O., Rn. 54; ein kumulatives Vorliegen der Voraussetzungen forderte der EGMR jedoch in diesen Fällen: EGMR, Urteil vom 23. Juli 2001, n°34619/97 – *Janosevic gg. Schweden*, Rn. 67; EGMR, Urteil vom 1. Februar 2005, n°61821/00 – *Ziliberberg gg. Moldawien*, Rn. 31.

1287 EGMR, *Bendenoun*, a.a.O., Rn. 47; EGMR, *Jussila*, a.a.O., Rn. 31 ff.

1288 EGMR, *Lutz*, a.a.O., Rn. 182; EGMR, *Malige*, a.a.O.

1289 EGMR, Urteil vom 7. Oktober 1988, n° 10519/83 – *Salabiaku gg. Frankreich.*

1290 EGMR, *Bendenoun*, a.a.O.; EGMR (GK), Jussila, a.a.O., Rn. 38.

1291 EGMR (GK), Urteil vom 5. Oktober 2000, n° 39652/98 – *Maaouia gg. Frankreich*, Rn. 39; EGMR, Urteil vom 16. April 2002, n° 65964/01 – *Peñafiel Salgado gg. Spanien.*

1292 EGMR (GK), *Al-Dulimi*, a.a.O., Rn. 126 ff.

1293 Siehe nähere Ausführungen zu den einzelnen Gewährleistungen bei *Gaede*, Fairness als Teilhabe, S. 213 ff.; *Grabenwarter/Pabel*, Europäische Menschenrechtskonvention, S. 484 ff.

1294 EGMR, Urteil vom 13. Juni 1994, n° 10588/83, 10589/83, 10590/83 – *Barberà, Messegué and Jabardo gg. Spanien*, Rn. 77; EGMR, *Janosevic*, a.a.O., Rn. 97; EGMR, Urteil vom 20. März 2001, n° 33501/96 – *Telfner gg. Österreich*, Rn. 15.

Die Verteidigungsrechte dienen dazu, dass der Angeklagte einen ausreichenden Einfluss auf das Verfahren hat und seine Unschuld beweisen kann. Das Recht auf Unterrichtung über den Grund und die Art der Anklage ist daher eine essenzielle Voraussetzung für ein faires Verfahren[1295]. Dieses Recht ermöglicht erst das Recht des Angeklagten darauf, seine Verteidigung vorzubereiten[1296]. Dazu muss ihm die Möglichkeit eingeräumt werden, seine Verteidigung in einem angemessenen Rahmen vorzubereiten, um alle Argumente zu sammeln und damit auf das Verfahren einwirken zu können[1297].

Das Recht, sich selbst zu verteidigen, umfasst das Recht auf einen Anwalt, sich mithilfe eines Vertreters zu verteidigen und unter bestimmten Voraussetzungen diesen Verteidiger selbst auszuwählen[1298]. Das Recht auf die Befragung von Zeugen bezieht sich nicht nur auf Zeugen im engen Sinne, sondern auch auf Mitangeklagte, Opfer und Sachverständige[1299]. Schließlich hat der Angeklagte noch das Recht auf einen kostenfreien Übersetzer beziehungsweise Dolmetscher in den Fällen, in denen er die Sprache des Gerichts nicht spricht oder versteht[1300] und in Verfahren, in denen Aussagen verwertet werden, die der Beschuldigte durch Maßnahmen getätigt hat, die gegen Art. 3 EMRK verstoßen, also unter Folter und unmenschlicher Behandlung erfolgt sind[1301].

3) Die extraterritoriale Wirkung des Art. 6 EMRK

Angesichts des Ursprungs der in den Mitgliedstaaten umgesetzten Sanktionen in den Resolutionen des Sicherheitsrates der Vereinten Nationen, also einer Institution mit eigener Hoheitsgewalt, darf die Judikatur des EGMR in Bezug auf die extraterritoriale Wirkung des Art. 6 EMRK in dieser Darstellung nicht fehlen.

1295 EGMR (GK), Urteil vom 25. März 1999, n° 25444/94 – *Pélissier und Sassi gg. Frankreich*, Rn. 52; EGMR (GK), Urteil vom 1. März 2006, n° 56581/00 – *Sejdovic gg. Italien*, Rn. 90.

1296 EGMR, *Pélissier*, a.a.O., Rn. 54.

1297 EGMR. Urteil vom 30. September 1985, n° 9300/81 – *Can gg. Österreich*, Rn. 53.

1298 EGMR, Urteil vom 25. April 1981, n° 8398/78 – *Pakelli gg. Deutschland*, Rn. 31, 84.

1299 EGMR, Urteil vom 4. Dezember 2008, n° 1111/02 – *Trofimov gg. Russland*, Rn. 37; EGMR, Urteil vom 24. Juli 2008, n° 41461/02 – *Vladimir Romanov gg. Russland*, Rn. 97; EGMR, Urteil vom 26. März 1996, n° 20524/92 – *Doorson gg. Niederlande*, Rn. 81–82.

1300 EKMR, Urteil vom 7. Dezember 1983, n° 10210/82 – *K. gg. Frankreich*.

1301 EGMR, Urteil vom 17. Januar 2012, n° 8139/09 – *Othman (Abu Qatada) gg. Vereinigtes Königreich*, Rn. 267; EGMR, Urteil vom 25. September 2012, n° 649/08 – *El Haski gg. Belgien*, Rn. 85.

Zwar finden die Garantien der EMRK in Drittstaaten oder Territorien außerhalb des Anwendungsbereichs der EMRK grundsätzlich keine Anwendung[1302], jedoch bleiben sie in gewissen Fällen auch bei Handlungen mit Auswirkungen außerhalb ihres Territoriums zur Einhaltung der EMRK-Gewährleistungen verpflichtet.

Beispielsweise in den Fällen einer Auslieferung oder Ausweisung verletzt ein Mitgliedstaat seine Verpflichtungen aus Art. 6 EMRK, wenn dem Betroffenen in dem Drittstaat ein *„flagrant denial of justice“*[1303] droht. Dies liegt laut EGMR dann vor, wenn dem Betroffenen ein Verfahren droht, das offenkundig gegen die Garantien des Art. 6 EMRK und die darin enthaltenen Prinzipien verstößt[1304]. Er hat diesbezüglich einige Fallgruppen herausgearbeitet: bei Verurteilungen in Abwesenheit des Angeklagten, ohne die anschließende Möglichkeit, die Begründung des Urteils anzugreifen[1305], bei Verfahren, in denen das Recht auf Verteidigung völlig ignoriert wurde[1306], wenn Inhaftierungen drohen, die nicht mehr vor einem unabhängigen und unparteiischen Gericht überprüft werden können[1307] und wenn eine systematische Verweigerung des Zugangs zu einem Anwalt herrscht, insbesondere für Ausländer[1308].

Der EGMR spricht Art. 6 EMRK eine gewisse extraterritoriale Wirkung zu, indem er den Mitgliedstaaten Schutzpflichten auferlegt, um bei Fällen mit Auslandsbezug zu verhindern, dass die Verfahrensgarantien aus Art. 6 EMRK ausgehöhlt und in ihrem Kerngehalt auch außerhalb des direkten Einwirkungsbereichs des Mitgliedstaates betroffen werden[1309].

Eine solche Ausweitung des Anwendungsbereichs durch den EGMR der *fair-trial*-Garantien aus Art. 6 EMRK auf extraterritoriale oder zumindest

---

1302 EGMR, *Drozd und Janousek*, a.a.O., Rn. 110.

1303 EGMR, *Soering*, a.a.O., Rn. 113; bestätigt durch neuere Urteile: EGMR, *Mamatkulov*, a.a.O., Rn. 90 f.; EGMR, *Al-Saadoon*, a.a.O., Rn. 149; EGMR, Urteil vom 27. Oktober 2011, n° 37075/09 – *Ahorugeze gg. Schweden*, Rn. 115; EGMR, *Othman (Abu Qatada)*, a.a.O., Rn. 258.

1304 EGMR (GK), *Sejdovic*, a.a.O., Rn. 84; EGMR, Urteil vom 24. März 2005, n° 9808/02 – *Stoichkov gg. Bulgarien*, Rn. 56; EGMR, *Drozd and Janousek*, a.a.O., Rn. 110.

1305 EGMR, Urteil vom 16. Oktober 2001, n° 71555/01 – *Einhorn gg. Frankreich*, Rn. 33; EGMR (GK), *Sejdovic*, a.a.O., Rn. 84; EGMR, *Stoichkov*, a.a.O., Rn. 56.

1306 EGMR, Urteil vom 8. November 2005, n° 13284/04 – *Bader und Kanbor gg. Schweden*, Rn. 47.

1307 EGMR, Urteil vom 20. Februar 2007, n° 35865/03 – *Al-Moayad gg. Deutschland*, Rn. 101.

1308 EGMR, *Al-Moayad*, a.a.O., Rn. 101.

1309 EGMR, *Ahorugeze*, a.a.O., Rn. 115; EGMR, *Othman (Abu Qatada)*, a.a.O., Rn. 260.

extraterritorial wirkende Maßnahmen der Mitgliedstaaten spricht dafür, dass – im Umkehrschluss – auch die Fälle, die die Umsetzung internationaler Rechtsakte durch die Mitgliedstaaten betreffen, am Maßstab der EMRK gemessen werden müssen. Der Kerngehalt der Gewährleistungen des Art. 6 EMRK würde unterlaufen, wenn die Mitgliedstaaten sich darauf zurückziehen könnten, dass sie aufgrund der Verpflichtung einen externen Rechtsakt ins nationale Rechtssystem zu übertragen, die Gewährleistungen aus Art. 6 EMRK nicht mehr einhalten müssten.

Der Gedanke hinter der extraterritorialen Anwendung des Art. 6 EMRK auf die Fälle des *flagrant denial of justice* hat sich vor der Sorge entwickelt, dass sich die Mitgliedstaaten nicht darum bemühen, die Rechte der Person, die noch in ihrer Obhut sind, hinreichend zu schützen. Solange, wie die betreffende Person im Einwirkungsbereich des Mitgliedstaates ist, hat er zu beweisen, dass ein hinreichender *fair-trial*-Mindeststandard in dem Drittstaat herrscht. Liefert er trotzdem aus, ist er seiner Schutzpflicht nicht gerecht geworden. Der EGMR knüpft also daran an, dass sich die betroffene Person im entscheidungserheblichen Zeitpunkt noch in der Jurisdiktion des EMRK-Staates befindet.

Daraus kann man eine Parallele zu den Fällen der Individualsanktionen des Sicherheitsrates der Vereinten Nationen ziehen, da auch dort die Mitgliedstaaten die Resolution umgesetzt haben und sie gegen eine Person durchsetzen, die sich selbst oder ihre Vermögenswerte sich in ihrer Jurisdiktion befinden, obwohl der ursprüngliche Rechtsakt von einer internationalen Organisation angeordnet wurde. Solange dies der Fall ist, gelten die Mindeststandards des Art. 6 EMRK.

c) Diskussion

Der EGMR geht in seiner Rechtsprechung in Bezug auf die Individualsanktionen davon aus, dass es sich nicht um strafrechtliche Maßnahmen handelt, sondern um verwaltungsrechtliche Maßnahmen und wendet daher nur den geringeren Standard aus Art. 6 Abs. 1 EMRK in Bezug auf zivilrechtliche Verfahren an. Die Unschuldsvermutung und die Verteidigungsrechte fallen daher aus dem Schutzgehalt heraus. Damit befindet er sich auf gleicher Linie mit dem EuGH[1310], dem Menschenrechtsausschuss[1311] und anderen Einrichtungen.

Allen voran geht das *1267-Sanctions-Committee* davon aus, dass es sich bei den Sanktionen um präventive Maßnahmen handele, die keinen Strafcharakter

1310 EuGH, *Kadi*, a.a.O.

1311 HRC, *Sayadi*, a.a.O., Rn. 10.11.

haben. Dies wird damit begründet, dass es keine Voraussetzung der Auflistung einer Person sei, dass diese angeklagt oder verurteilt wurde[1312].

Aus dem Urteil des EuG in Sachen *El Morabit*[1313] lässt sich herauslesen, dass das Gericht davon ausging, dass es sich bei diesen Maßnahmen nicht um strafrechtliche Sanktionen handelt, denn es wendete auf diese Sanktionen nicht das Unschuldsprinzip aus dem Strafrecht an. Die Sanktionen hält das Gericht für lediglich vorläufige (Verwaltungs-)Maßnahmen. In der Fortsetzung der Sache *Kadi* hatte das EuG[1314] jedoch feststellen müssen, dass die Sanktionen teilweise zehn Jahre auf den Betroffenen lasten können, sodass mitnichten von vorläufigen Maßnahmen gesprochen werden kann. In seinem Schlussantrag sprach sich der Generalanwalt *Maduro* in der Sache *Kadi* trotzdem dafür aus, dass es sich bei den Sanktionen um keine strafrechtlichen Maßnahmen handele, sondern um einfache Verwaltungsmaßnahmen[1315].

Der portugiesische Richter *Pinto* hingegen hatte sich in seinem Sondervotum zur Entscheidung der Großen Kammer des EGMR in der Sache *Al-Dulimi* für den strafrechtlichen Charakter[1316] der Individualsanktionen ausgesprochen, mit der Begründung, dass die in der Resolution 1483 angeordneten Konfiszierungen von Vermögenswerten des Beschwerdeführers den Voraussetzungen strafrechtlicher Maßnahmen der Rechtsprechung des EGMR entsprächen. Er nahm auf die *Engel*-Rechtsprechung des EGMR Bezug, die die oben genannten drei Kriterien herausgearbeitet hatte. Auch der *High Commissioner for Human Rights* der Vereinten Nationen bezeichnet die Sanktionen als strafrechtliche Maßnahmen, da sie durch ihre dauerhafte Anwendung „*may amount to criminal punishment due to the severity of the sanction*“[1317].

1312 Siehe Al-Quaida Sanctions Committee, Guidelines of the Committee for the conduct of its work, vom 15. April 2013, 6. (d), S. 4.

1313 Urteil des EuG vom 2. September 2009, *El-Morabit/Rat*, T-37/07und T-323/07, ECLI:EU: T:2009:296, Rn. 40, 51 f.

1314 Urteil des EuG, *Kadi III*, a.a.O., Rn. 149 f., mit Verweis auf Urteil des EuGH, *Kadi*, a.a.O., Rn. 358, der von einer „erheblichen“ Maßnahme spricht.

1315 Schlussantrag des Generalanwaltes *Yves Bot* vom 19. März 2013, *Kommission/Kadi*, ECLI:EU:C:2013:176, Rn. 68.

1316 siehe Sondervotum der Richter *Pinto de Albuquerque, Hajiyev, Pejchal* und *Dedov*, EGMR (GK), *Al-Dulimi*, a.a.O., Rn. 37.

1317 Report of the United Nations High Commissioner for Human Rights on the Protection of Human Rights and Fundamental Freedoms while countering Terrorism, vom 2. September 2009, A/HRC/12/22, Rn. 42.

1) Einordnung der Maßnahme nach nationalem Recht

Zur Einordnung der Maßnahmen der Mitgliedstaaten, mit denen sie die Resolutionen des Sicherheitsrates umsetzen, muss weiter nach der Zielrichtung der Sanktionen des Sicherheitsrates gefragt werden. Es könnte danach differenziert werden, ob die Sanktionen tatsächlich der Bestrafung dienen, anknüpfend an ein völkerrechtliches Verbot des Terrorismus[1318] oder ob sie der einfachen Rechtsdurchsetzung dienen, indem sie durch die Rechtsfolgen der Sanktionen das Ziel der Vereinten Nationen aus Art. 1 Abs. 1 UN-Charta - den kollektiven Frieden und Sicherheit - durchsetzen[1319].

Jedoch setzen die Sanktionen nicht nur den kollektiven Frieden und die Sicherheit durch, sie knüpfen auch an das vorangegangene mutmaßliche Verhalten der Betroffenen an. Dies ist für die nationalen Nachrichtendienste ausschlaggebend dafür, dass die Person dem Sanktionskomitee genannt wird, um sie auf die Listen zu setzten. Auch die Sanktionspraxis des Sicherheitsrates spricht vielmehr für einen Strafcharakter der Maßnahmen, mithilfe derer der Sicherheitsrat klassischerweise eine Verletzung völkerrechtlicher Pflichten des Staates oder mehrerer Staaten oder Individuen feststellt. Er stellt gemäß Art. 41 UN-Charta ähnlich einem Richter die Verletzung von Völkerrecht oder die Bedrohung des Weltfriedens und der kollektiven Sicherheit fest und knüpft daran Rechtsfolgen im Sinne von Sanktionen. Dies deutet auf den Charakter eines Richterspruches hin und entspricht damit einer quasi-judikativen Tätigkeit[1320].

Auch sind terroristische Taten und die Beihilfe zu solchen Taten zugleich auch Verbrechen im Sinne des Völkerstrafrechts[1321]. Dies spricht dafür, dass die

---

1318 Hierüber geben die vielzähligen Verträge, die den internationalen Terrorismus ächten, genug Aufschluss. Schließlich sprechen auch die Vielzahl an Resolutionen des Sicherheitsrates, die den internationalen Terrorismus ächten, für ein allgemeines Verbot: Siehe dazu SC Res. 1373 (2001): Terrorismus als eines der schlimmsten Bedrohungen für den Weltfrieden und die kollektive Sicherheit; aber auch SC Res. 1566 (2004), die eine Definition des internationalen Terrorismus liefert. Auch sind terroristische Taten und solche, die damit im Zusammenhang stehen, wie Beihilfe, meist auch gleichzeitig Verbrechen im Sinne des Völkerstrafrechts bzw. des internationalen Strafrechts. Dies spricht dafür, dass die Maßnahmen strafrechtlichen Charakter haben, da das (deutsche) Strafrecht an ein normwidriges Verhalten anknüpft und mit Maßnahmen wie Freiheitsentzug, Maßregeln der Besserung und Sicherung reagiert. Siehe auch Art. 4 Abs. 2 d) des 2. ZP zu den Genfer Konventionen.

1319 Siehe *Gowlland-Debbas*, Recueil des Cours de l'Académie de La Haye 2012, S. 233.

1320 Siehe *Gowlland-Debbas*, Recueil des Cours de l'Académie de La Haye 2012, S. 257 ff.

1321 Siehe Art. 5 Abs. 1 und Art. 6 ff. IStGH-Statut.

Maßnahmen strafrechtlichen Charakter haben, da auch das (deutsche) Strafrecht immer an ein normwidriges Verhalten anknüpft und mit Maßnahme wie Freiheitsentzug, Maßregeln der Besserung und Sicherung etc. reagiert. Die Individualsanktionen des Sicherheitsrates entsprechen in der Tat strafbaren Handlungen nach dem nationalen Recht, wo sie als Straftaten verfolgt werden[1322]. Dieser Aspekt lässt unter dem Gesichtspunkt der ersten Voraussetzung nach der *Engel*-Rechtsprechung des EGMR die Sanktionen des Sicherheitsrates als strafrechtliche Maßnahmen erscheinen.

2) Die Natur des Vergehens

Des Weiteren kann auch der Gedanke der Funktionen der Strafe, nämlich der Schutz legitimer Individual- oder Kollektivinteressen, zu Nutze gemacht werden. Die Individualsanktionen des Sicherheitsrates haben das Ziel, den Weltfrieden und die internationale Sicherheit zu schützen, die zu den gewichtigsten Allgemeininteressen gehören. Mit den Präventivmaßnahmen wird daher auch die Schutzfunktion einer Strafe verwirklicht. Sie haben spezialpräventiven Charakter, da sie einzelne Personen sanktionieren und generalpräventiven Charakter, da sie eine abschreckende Wirkung auf potentielle Täter haben sollen, um sie davon abzuhalten, terroristische Vereinigungen oder gefährliche Regime zu unterstützen[1323]. Diese Aspekte lassen auch auf einen strafrechtlichen Charakter der Maßnahme schließen, da sie an strafrechtliche Maßnahmen im nationalen Recht erinnern.

Auch das Verfahren der Sanktionierung im Sicherheitsrat erinnert an das Verfahren bei Ermittlungsmaßnahmen im Strafverfahren. Der Unterschied ist hier jedoch, dass die Betroffenen nur teilweise Gegenstand eines nationalen Ermittlungsverfahrens werden, geschweige denn eines internationalen Ermittlungsverfahrens. Auch werden die erforderlichen ‚Beweise' nicht durch staatliche Ermittlungsbehörden, die repressiv tätig werden, gesammelt, sondern durch die nationalen Geheimdienste, die einen Gefahrenverdacht einer Person untermauern sollen und damit präventiv arbeiten. Die Maßnahmen des Sicherheitsrates sind daher nicht von vorbereitender Natur, wie die Maßnahmen in Ermittlungsverfahren, die den Strafprozess lediglich vorbereiten und Beweise sichern sollen, sondern sie sind von endgültiger Natur und können nur dann beendet werden,

1322 Siehe *Gowlland-Debbas*, Securing Human Rights, S. 60: Sie argumentiert dort, dass die Sanktionen „wie strafrechtliche Maßnahmen funktionieren".

1323 Siehe zu den relativen Straftheorien *Baurmann*, Die moderne Gesellschaft im Rechtsstaat, S. 122.

wenn das Sanktionskomitee des Sicherheitsrates einstimmig von der Unschuld des Betroffenen überzeugt ist.

Das führt dazu, dass die Maßnahmen ähnliche Auswirkungen, wie eine Anklage oder ein Strafurteil auf den Betroffenen haben, was die besondere Schwere der Auswirkung dieser Maßnahmen dokumentiert. Das Sanktionskomitee wirft dem Betroffenen schließlich vor, Verbindungen zum internationalen Terrorismus oder das Völkerrecht verletzende Regimen zu haben und belegt sie daraufhin mit Sanktionen. Eine Anklage im Sinne des Art. 6 Abs. 1 EMRK ist nicht nur *„the official notification given to an individual by the competent authority of an allegation that he has commited a criminal offence“*[1324], sondern auch eine Maßnahme, die einen solchen Vorwurf impliziert und den Betroffenen in seiner Situation stark beeinträchtigt[1325]. Dies rührt daher, dass der EGMR diesen Begriff autonom definiert[1326]. Der Sicherheitsrat der Vereinten Nationen hat seine Mitgliedstaaten in den einschlägigen Resolutionen[1327] gar dazu aufgefordert, die dort genannten Taten unter Strafe zu stellen.

Die Sanktionen des Sicherheitsrates dienen der Gefahrenabwehr und erscheinen daher von verwaltungsrechtlichem Charakter, was unter dem zweiten Gesichtspunkt der *Engel*-Rechtsprechung des EGMR zur Einordnung einer Maßnahme als strafrechtliche Maßnahme zu berücksichtigen ist. Jedoch fasst der EGMR diese Art der Streitigkeiten nicht unter *civil rights*, die dem Kernbereich des öffentlichen Rechts angehören, sondern unter das Strafrecht, mitsamt der Freiheitsstrafen, der vermögensrechtlichen Strafmaßnahmen und bestimmten Verfahren zum Freiheitsentzug.

Die Nähe der Sanktionen des Sicherheitsrates und des Verfahrens der Sanktionierung durch das Sanktionskomitee – aufgrund der Informationssammlung durch Geheimdienste – zu den vermögenswerten Geldstrafen im Strafprozess ist offensichtlich. Die wirtschaftlichen Sanktionen in der Form der Konteneinfrierungen und der Beschlagnahme von unbeweglichen Vermögenswerten weisen eine große Ähnlichkeit mit Geldstrafen auf. Ihre Auswirkung durch die Schmälerung des Vermögens des Betroffenen ist die Gleiche. Das Ergebnis dieser wirtschaftlichen Sanktionen ist die Betroffenheit des Adressaten der Sanktionen in

---

1324 EGMR, Urteil vom 27. Februar 1980, n° 6903/75 – *Deweer gg. Belgien*, Rn. 46; EGMR, Urteil vom 15. Juli 1982, n° 8130/78 – *Eckle gg. Deutschland*; EGMR, Urteil vom 20. Oktober 1997, n° 20225/92 – *Serves gg. Frankreich*, Rn. 42.

1325 EGMR, Urteil vom 10. Dezember 1982, n° 7604/76, 7719/76, 7781/77, 7913/77 – *Foti u.a. gg. Italien*; EGMR, *Deweer*, a.a.O.

1326 EGMR, *Deweer*, a.a.O.

1327 SC Res. 1267 (1999); SC Res. 1373 (2001); SC Res. 1483 (2003).

seiner Eigentumsfreiheit aus Art. 1 des 1. ZP zur EMRK. Die Sanktionen in der Form der Reisebeschränkungen haben einen freiheitsbeschränkenden Charakter, da sie den Effekt eines Hausarrestes haben können, wie im Falle *Nada*, in dem der Betroffene in einer schweizerischen Enklave wohnte[1328]. Diese Maßnahmen beschränken den Betroffenen in seiner Fortbewegungs- und Reisefreiheit und führen dazu, dass er in seinen Rechten aus Art. 8 EMRK betroffen ist. Daher ist es möglich, die Sanktionen des Sicherheitsrates, umgesetzt durch die nationalen Gesetze, dem Kernbereich des öffentlichen Rechts nach der Rechtsprechung des EGMR zuzuordnen.

Des Weiteren werden diese Maßnahmen auf der Grundlage von ‚Tatsachen' erlassen, die die Gefährlichkeit einer Person aufgrund ihrer Verbindung zum internationalen Terrorismus nahelegen, daher haben sie auch einen reaktiven Charakter. Jedoch ist zu berücksichtigen, dass auch präventive Maßnahmen immer auf einer Grundlage von Beweisen erlassen werden müssen, die die Gefährlichkeit eines Beschuldigten untermauern. Die Hauptzielrichtung ist bei den Individualsanktionen die Verhinderung von zukünftigen terroristischen Aktivitäten und die Garantie der internationalen Sicherheit und des Friedens. Die Legitimation der präventiven Maßnahmen ist die Bekämpfung der Finanzierung des internationalen Terrorismus und gefährlicher Regime zur Erhaltung des Weltfriedens und der internationalen Sicherheit. Dazu soll die Finanzierung von terroristischen Vereinigungen oder gefährlichen Regimemitgliedern unterbunden und ihre Reisemöglichkeiten beschränkt werden. Diese Ziele sind zwar gewichtige und legitime Ziele, die Maßnahmen greifen aber unverhältnismäßig stark in zentrale Grundrechte der Betroffenen, deren Schuld nicht bewiesen ist, ein.

3) Die Art und Schwere der Strafe

Betrachtet man die Wirkung der wirtschaftlichen Sanktionen des Sicherheitsrates, sobald sie durch die Mitgliedstaaten oder eine Regionalorganisation – wie die EU – umgesetzt werden, wird deutlich, wie schwer der Eingriff in das Recht auf ein faires Verfahren und eine effektive Beschwerde und die Grundrechte auf Eigentumsfreiheit und die Privatsphäre ist. Dieser Aspekt ist unter dem dritten Gesichtspunkt der *Engel*-Rechtsprechung des EGMR zu berücksichtigen.

Die besondere Schwere dieses Eingriffs durch die Sanktionen macht deutlich, dass sie trotz ihres verwaltungsrechtlichen und präventiven Charakters die Schutzbedürftigkeit der betroffenen Personen

1328 Siehe EGMR, *Nada*, a.a.O.

untergräbt[1329]. Zeitlich unbegrenzte Vermögensblockierungen, wie sie durch die Individualsanktionen des Sicherheitsrates angeordnet werden, erscheinen mit zunehmender Dauer als *de-facto*-Beschlagnahmung oder Konfiszierung, welche nur im Rahmen einer Verurteilung im Strafverfahren möglich sind, dasselbe gilt für ein zeitlich unbegrenztes Reiseverbot[1330]. Daher ist die Dauer der Sanktionen ein wichtiges Kriterium, um die Schwere und Bedeutung der Maßnahme beurteilen zu können und sie in den Fällen der Individualsanktionen des Sicherheitsrates als strafrechtliche Maßnahmen anzusehen.

4) Ergebnis

Im Ergebnis handelt es sich bei den Sanktionen des Sicherheitsrates in der Umsetzung durch die Mitgliedstaaten um strafrechtliche Maßnahmen. Daher sind höhere Maßstäbe an das Verfahren zu setzen. Die Sanktionen dienen nicht nur der Gefahrenabwehr, sondern sie knüpfen auch an ein mutmaßliches vorheriges Verhalten der Betroffenen an, ihnen wird ein nach nationalem oder internationalem Recht strafbares Verhalten vorgeworfen, für das sie Verschulden tragen und sie werden durch die Sanktionen in ihren Grundrechten tief greifend beeinträchtigt. Insbesondere die Schwere dieser Sanktionen ist nach der Rechtsprechung des EGMR ausschlaggebend. Dies führt auch nach der Judikatur des EGMR – entgegen der Einschätzungen des EGMR in *Nada* und *Al-Dulimi* – dazu, dass die Individualsanktionen als strafrechtliche Maßnahmen angesehen werden müssen.

In ergänzender Auslegung des Begriffes der strafrechtlichen Maßnahme in Art. 6 Abs. 1 EMRK kann die Definition der Strafe und des Strafvorwurfs aus Art. 14 Abs. 1 IPbpR herangezogen werden, so wie er im General Comment n°32[1331] verstanden wird. Dort wird ein Strafvorwurf als eine Maßnahme bezeichnet, die Handlungen bestraft, die nach dem nationalen Recht strafbar sind. Dieser Begriff soll jedoch auch auf solche Maßnahmen erweitert werden, die unabhängig von ihrer Einordnung nach dem nationalen Recht aufgrund ihrer Zielrichtung, ihres Charakters oder ihrer Schwere als Strafen angesehen werden müssen.[1332] Dies unterstützt die Rechtsprechung des EGMR in Sachen

1329 Siehe dazu auch EuGH, Urteil vom 15. November 2012, *Stichting Al-Aqsa*, C-539/10 P, ECLI:EU:C:2012:711, Rn. 120, in dem er die Schwere der Maßnahme in Bezug auf den Eingriff in das Eigentumsrecht anerkennt.

1330 Siehe *Frank*, FS Wildhaber, S. 244.

1331 HRC, General Comment No. 32, Article 14: Right to Equality before Courts and Tribunals and to a Fair Trial, U.N. Doc. CCPR/C/GC/32 (2007), Rn. 15.

1332 Siehe auch *Joseph/Castan*, The International Covenant on Civil and Political Rights, Art. 14, Rn. 14.02 ff.

Engel und lässt die Sanktionen des Sicherheitsrates als strafrechtliche Maßnahmen erscheinen.

Würden lediglich die Garantien aus Art. 6 Abs. 1 EMRK in Bezug auf die zivilrechtlichen Streitigkeiten zur Anwendung kommen, würde der tiefen Betroffenheit der Personen in ihre Rechte nicht Rechnung getragen. Es spricht viel dafür, dass die zusätzlichen Garantien aus Art. 6 Abs. 2 und 3 EMRK zur Anwendung kommen müssen. Im Kontext strafrechtlicher Maßnahmen muss dann durch das Gericht die individuelle Schuld und die Vorwerfbarkeit des Handelns des Beschwerdeführers geprüft werden, was dazu führt, dass die Beweise für den mutmaßlichen Vorwurf untersucht werden. Es liegt somit auf der Hand, dass in den Fällen, in denen die Ausmaße der präventiven Maßnahme die Ausmaße von Sanktionen im strafrechtlichen Sinne haben, auch der erhöhte Schutzstandard in Bezug auf strafrechtliche Maßnahmen im Sinne von Art. 6 Abs. 1 EMRK anzuwenden ist[1333]. Somit müssen auf die Fälle der präventiven Maßnahmen, die im Ergebnis das Gewicht einer strafrechtlichen Maßnahme haben, die Gewährleistungen des Art. 6 Abs. 1 EMRK angewendet werden.

2. *Schranken*

Das Recht auf Zugang zu einem Gericht, ein faires Verfahren und die darüber hinausgehenden Garantien aus Art. 6 Abs. 2 und 3 EMRK können durch staatliche Maßnahmen beschränkt werden. Die Staaten haben bei der Ausgestaltung des Rechts auf Zugang zu einem Gericht einen Ermessensspielraum (*margin of appreciation*)[1334], der jedoch dort endet, wo das Recht in seinem Kerngehalt betroffen ist. Die Letztentscheidung über die Einhaltung dieses Rechts hat weiterhin der EGMR[1335]. Die Beschränkungen des Rechts auf Zugang zu einem Gericht sind jedoch nur dann zulässig, wenn sie eines der in Art. 6 Abs. 1 EMRK genannten legitimen Ziele[1336] verfolgt, die Verfolgung dieses Ziels und die Beschränkung des Rechts in einem angemessenen Verhältnis zueinander stehen[1337].

1333 Dies wird unterstützt durch *Cameron* in Bezug auf die EMRK und *Fassbender* in Bezug auf die internationalen Grundrechte; siehe Fn. 1232.

1334 Siehe EGMR, *Tinnelly Sons*, a.a.O., Rn. 72.

1335 Siehe EGMR (GK), *Al-Dulimi*, a.a.O., Rn. 129.

1336 Im Interesse der Moral, der öffentlichen Ordnung oder der nationalen Sicherheit in einer demokratischen Gesellschaft oder im Interesse von Jugendlichen oder der Schutz des Privatlebens der Prozessparteien.

1337 EGMR, Urteil vom 22. Oktober 1996, n° 22083/93, 22095/93 – *Stubbings u.a. gg. Vereinigtes Königreich*, Rn. 50; EGMR, *Cudak*, a.a.O., Rn. 55; EGMR, *Waite and Kennedy*, a.a.O., Rn. 59; EGMR, *Stichting Mothers of Srebrenica*, a.a.O., Rn. 139.

Dies gilt auch im Zusammenhang mit Maßnahmen zur Bekämpfung des (internationalen) Terrorismus oder ähnlichen Bedrohungen. Eine Abschwächung des Schutzes der Gewährleistungen aus Art. 6 EMRK erkennt der EGMR nicht an[1338]. Dabei gelten die Garantien des fairen Verfahrens für alle Delikte gleichermaßen, unabhängig davon ob die Taten einen terroristischen Hintergrund haben oder nicht[1339]. Es gelten die gleichen legitimen Ziele zur Durchführung der Sanktionen des Sicherheitsrates durch die Mitgliedstaaten.

In den Fällen der Individualsanktionen beriefen sich die Mitgliedstaaten der EMRK auf die Aufrechterhaltung der internationalen Sicherheit und des Friedens, was der EGMR als legitimes Ziel im Sinne des Art. 6 Abs. 1 EMRK anerkennt[1340]. Dies ist möglich, da die Liste der Ziele dort nicht abschließend ist und dieses Ziel vom EGMR als legitim angesehen wird. Dieser Rechtfertigungsgrund steht der nationalen Sicherheit sehr nahe und Beschränkungen des Rechts auf Zugang zu einem Gericht in diesem Sinne sind nur unter den strengen Voraussetzungen der Verhältnismäßigkeit zulässig[1341]. Aber auch in diesen Fällen muss ein Mindeststandard gelten.

Da es sich bei den Maßnahmen um hauptsächlich präventive Maßnahmen handelt, kann von dem Erfordernis der Bekanntgabe der Maßnahme *ex ante* abgewichen werden, da ein legitimes Interesse daran besteht, dass die verdächtige Person durch den Überraschungseffekt getroffen wird. Jedoch muss der Betroffene, auch unter dem Gesichtspunkt der Unschuldsvermutung, zumindest im Anschluss darüber unterrichtet werden. Daran muss eine Möglichkeit des Rechtsschutzes vor nationalen Gerichten eingeschlossen werden, damit er im Falle der Behauptung seiner Unschuld diese vor einem Gericht geltend machen kann.

Im Ergebnis muss daher die Möglichkeit bestehen, dass die entsprechende Sanktion in dem Staat ausgesetzt oder gar aufgehoben wird und mit der Hilfe seines Heimatstaates zumindest die Löschung des Betroffenen von der Liste des Sanktionskomitees erreicht werden kann. Daher muss ihm in diesem schwierigen Verfahren auch ein Anwalt zur Verfügung stehen, mit dem er seine

1338 Siehe EGMR, Urteil vom 9. Juni 1998, n° 25829/94 – *Teixeira de Castro gg. Portugal*, Rn. 36; EGMR, Urteil vom 17. Dezember 1996, n° 19187/91 – *Saunders gg. Vereinigtes Königreich*, Rn. 74.

1339 Siehe EGMR, *Teixeira de Castro*, a.a.O., Rn. 36; EGMR; Urteil vom 18. März 1997, n° 22209/93 – *Foucher gg. Frankreich*, Rn. 34 ff.; EGMR, *Saunders*, a.a.O., Rn. 74.

1340 EGMR (GK), *Al-Dulimi*, a.a.O., Rn. 133; EGMR (GK), *Nada*, a.a.O., Rn. 174.

1341 Siehe EGMR, *Tinnelly Sons*, a.a.O., Rn. 77.

Verteidigung in dem schwierigen Verfahren vorbereiten kann. Im Hinblick auf die Dauer der Wirtschaftssanktionen und der Reisebeschränkungen muss die Erforderlichkeit einer dauerhaften Belastung geprüft werden. Eine vorläufige Maßnahme kann nach jahrelanger Anwendung einen dauerhaften Charakter erhalten, der den Eingriff in die Grundrechte noch schwerer macht.

Den Betroffenen wird durch die Aufführung ihres Namens in einer direkten Liste des Sanktionskomitees des Sicherheitsrates oder in einer Liste der Mitgliedstaaten im indirekten Sanktionsverfahren ein schwerer Vorwurf gemacht, da ihnen der Verdacht schwerer Straftaten vorgeworfen wird. Im Einzelfall muss immer danach unterschieden werden, ob echte Verdachtsmomente gegen den Betroffenen vorliegen, ob es sich eventuell um eine Verwechslung handelt, die Dauer der Sanktionen muss berücksichtigt werden und ob die Sanktionen nur vorläufig sind oder einer dauerhaften Regelung der Situation dienen. Es muss auch berücksichtigt werden, wie stark die Auswirkungen des Eingriffs in die anderen Rechte der Betroffenen dadurch sind, dass seine Verfahrensrechte beeinträchtigt werden. Denn dadurch, dass dem Betroffenen kein Rechtsschutz gewährt wird, kann er auch seine anderen Rechte, wie den Eigentumsschutz oder seine Privatsphäre in Bezug auf seine Lebenssphäre nicht ausüben[1342].

3. *Ergebnis*

Der EGMR hat in seiner jüngsten Entscheidung zu den Individualsanktionen herausgearbeitet, dass die Gerichte das Recht auf Zugang zu den Gerichten und damit den Anspruch auf rechtliches Gehör beeinträchtigten, wenn die Gerichte lediglich prüfen, ob der Name der Person auf der Liste des Sanktionskomitees des Sicherheitsrates zu finden ist und die betreffenden Wirtschaftsgüter dieser Person zuzuordnen sind. Wenn die Gerichte die Anträge des Betroffenen auf Überprüfung der Zulässigkeit der Beschlagnahme der Güter nicht bescheiden, kommen sie dem Gewährleistungsgehalt nicht nach[1343].

Bei der Abwägung der kollidierenden Rechtsgüter, also des Rechts auf Zugang zu einem Gericht und dem Schutz des Weltfriedens und der internationalen Sicherheit ist die Schwere der individuellen Beeinträchtigung zu berücksichtigen. Diese ergibt sich daraus, dass die Betroffenen über Jahre hinweg überhaupt keine Möglichkeit hatten, ihre Löschung von der Liste des Sanktionskomitees

1342 So auch Report of the United Nations High Commissioner for Human Rights on the Protection of Human Rights and Fundamental Freedoms while countering Terrorism, 2. September 2009, A/HRC/12/22, Rn. 42.

1343 EGMR (GK), *Al-Dulimi*, a.a.O., Rn. 131.

zu erreichen und ihre wirtschaftlichen Güter daher so lange beschlagnahmt waren und ihre Reisefreiheit stark beeinträchtigt wurde. Dies ist in einer demokratischen Gesellschaft nicht angemessen[1344]. Auch das Streichungsverfahren auf der Ebene der Vereinten Nationen entspricht nicht den Ansprüchen eines zufriedenstellenden Schutzes im Sinne der EMRK, sodass auch diese nicht die Defizite der Rechtslage in den Mitgliedstaaten ausgleichen können[1345].

II. Art. 13 EMRK

Eine weitere Verfahrensgarantie – das Recht auf eine effektive Beschwerde – wird durch Art. 13 EMRK gewährleistet. Dieses Recht findet auch seine Berücksichtigung im allgemeinen Völkerrecht[1346]. Gemäß Art. 13 EMRK steht jeder Person das Recht zu, bei einer innerstaatlichen Instanz eine wirksame Beschwerde zu erheben.

1. Der Anwendungs- und Gewährleistungsbereich

Es handelt sich bei Art. 13 EMRK um ein akzessorisches Recht, dessen Verletzung nur dann gerügt werden kann, wenn eine andere materielle Gewährleistung der EMRK betroffen ist. Dabei reicht es nach der Rechtsprechung des EGMR[1347] aus, dass der Beschwerdeführer zumindest mit einer gewissen Plausibilität die Verletzung in anderen Konventionsrechten vorbringt, damit er auch eine Verletzung des Art. 13 EMRK rügen kann.

Das Recht auf eine wirksame Beschwerde beinhaltet, dass die Mitgliedstaaten sicherstellen müssen, dass alle in der Konvention garantierten Rechte wirksam geschützt werden[1348]. Dabei gibt der EGMR den Mitgliedstaaten nicht vor,

---

1344 EGMR (GK), *Al-Dulimi*, a.a.O., Rn. 152; EGMR (GK), *Nada*, a.a.O., Rn. 186.

1345 EGMR (GK), *Al-Dulimi*, a.a.O., Rn. 153; EGMR (GK), *Nada*, a.a.O., Rn. 188 f.: bestätigt durch die Kritik des Sonderberichterstatters der Vereinten Nationen *Scheinin*, in der Pressemitteilung „Human Rights/Counter Terrorism: The new UN Listing Regimes for the Taliban and Al-Qaida-Statement" vom 29 Juni 2011; Council of Europe's Parliamentary Assembly, Resolution 1597 (2008); EuGH, *Kadi*, a.a.O., Rn. 323 ff.; Federal Court of Canada, *Abdelrazik*, a.a.O.; UK Supreme Court, *Ahmed, a.a.O.*

1346 siehe Art. 2 Abs. 3 IPbpR und Art. 8 AEMR; siehe auch Sondervotum der Richter *Pinto de Albuquerque, Hajiyev, Pejchal* und *Dedov*, EGMR (GK), *Al-Dulimi*, a.a.O., Rn. 28 ff.

1347 Siehe EGMR, Urteil vom 22. September 1993, n° 15473/89 – *Klass gg. Deutschland*, Rn. 64.

1348 Siehe Travaux Préparatoires du Conseil de l'Europe, Band 1, S. 166 ff.

auf welche Weise sie diese Garantie erfüllen müssen[1349]. Er fordert jedoch, dass sie innerstaatliche Rechtsbehelfe einrichten, die *„deal with the substance of the relevant Convention complaint and to grant appropriate relief"*[1350]. Somit muss dem Einzelnen innerstaatlich ein Beschwerderecht eingeräumt werden. Die Beschwerde muss nicht nur in rechtlicher Hinsicht, sondern auch tatsächlich wirksam sein[1351] und nicht unzulässig durch andere nationale Stellen behindert werden[1352]. Die Wirksamkeit des Rechtsbehelfs beurteilt sich in jedem Einzelfall nach den Befugnissen der jeweiligen nationalen Instanz und den dort vorgesehenen Verfahrensgarantieren[1353]. Es steht jeder Person im Anwendungsbereich der EMRK zu, die in einem anderen Konventionsrecht verletzt ist.[1354]

Darüber hinaus besteht ein besonderes Verhältnis zwischen den Verfahrensgarantien aus Art. 13 EMRK und Art. 6 EMRK. Art. 13 EMRK lässt zum Beispiel auch außergerichtliche Rechtsbehelfe genügen[1355], wohingegen Art. 6 Abs. 1 EMRK eine gerichtliche Kontrollinstanz fordert[1356]. Des Weiteren wurde Art. 6 EMRK in Teilbereichen vom EGMR als *lex specialis* zu Art. 13 EMRK verstanden[1357].

Dies wird von *Vospernik*[1358] vor dem Hintergrund des *Kudla*-Urteils des EGMR[1359] kritisch gesehen. Sie vertritt die Auffassung, dass selbst in Teilbereichen

---

1349 EGMR, Urteil vom 18. Januar 1978, *Irland gg. Vereinigtes Königreich*, Rn. 239; EGMR, Urteil vom 19. Februar 1998, n° 22729/93 – *Kaya gg. Türkei*, Rn. 106.

1350 EGMR, *Kaya*, a.a.O., Rn. 106; siehe auch EGMR, Urteil vom 3. Juni 2004, n° 33097/96, 57834/00 – *Bati u.a. gg. Türkei*, Rn. 135.

1351 EGMR, Urteil vom 26. Oktober 2000, n°30210/96 – *Kudla gg. Polen*, Rn. 157; EGMR, Urteil vom 13. Dezember 2012, n° 22689/07 – *Souza Ribieiro gg. Frankreich*, Rn. 78; EGMR, Urteil vom 2. Februar 2012, n° 9125/09 – *I.M. gg. Frankreich*, Rn. 154, 159.

1352 EGMR, Urteil vom 8. Juli 1999, n° 23657/84 – *Gakici gg. Türkei*, Rn. 112; EGMR, *Souza Ribieiro*, a.a. O., Rn. 80; EGMR, Urteil vom 24. Juli 2014, n° 28761/11 – *Al Nashiri gg. Polen*, Rn. 54; EGMR, Urteil vom 21. Dezember 2000, n° 28340/95 – *Büyükdağ gg. Türkei*, Rn. 64; EGMR, Urteil vom 18. Dezember 1996 – *Aksoy gg. Türkei*, Rn. 95.

1353 Siehe grundlegend EGMR, *Klass*, a.a.O., Rn. 67 ff.

1354 Siehe dazu zusammenfassend: EGMR, *Silver*, a.a.O., Rn. 113; EGMR, Urteil vom 12. Mai 2000, n° 35394/97 – *Khan gg. Vereinigtes Königreich*, Rn. 44; EGMR, *Bati*, a.a.O., Rn. 135.

1355 EGMR, *Klass*, a.a.O., Rn. 67.

1356 Siehe dazu *Vospernik*, ÖJZ 2001, S. 361 ff.

1357 Siehe EGMR, *Kudla*, a.a.O., Rn. 146; EGMR, Urteil vom 11. Dezember 2008, n° 31556/03 – *Efendiyeva gg. Azerbaidschan*, Rn. 59; EGMR, Urteil vom 20. September 2012, n° 31720/02 – *Titarenko gg. Ukraine*, Rn. 81.

1358 *Vospernik*, ÖJZ 2001, S. 362 ff.

1359 EGMR, *Kudla*, a.a.O., Rn. 146.

kein Spezialverhältnis bestehe, da Art. 6 EMRK und Art. 13 EMRK in einem vertikalen Verhältnis zueinander stehen. Art. 13 EMRK sei Art. 6 EMRK, wie auch allen anderen materiellen Gewährleistungen, „vorgeschaltet", da er mit der Rechtsweggarantie überhaupt erst die Einhaltung der Verfahrensrechte im Prozess ermöglicht. Eine Absorption des Art. 13 EMRK durch die anderen Garantien der EMRK, insbesondere Art. 6 EMRK, sollte daher restriktiv durchgeführt werden[1360]. Diese Auffassung ist überzeugend, da sich Art. 13 EMRK zu Art. 6 EMRK wie auch zu den anderen materiellen Gewährleistungen verhält und ein akzessorisches Recht darstellt. Zumindest im Hinblick auf die Garantie eines Rechtsweges zu einem Gericht im Sinne des Art. 6 EMRK besteht eine Spezialität zu Art. 13 EMRK, der lediglich einen Rechtsweg zu einer außergerichtlichen Instanz garantiert.

Art. 13 EMRK garantiert eine wirksame und eigenständige[1361] Beschwerde in den Fällen einer gerügten Verletzung in Art. 6 EMRK durch eine überlange Verfahrensdauer[1362], da er eine Gerichtsentscheidung innerhalb einer angemessenen Frist garantiert[1363]. Die Garantie aus Art. 13 EMRK ist des Weiteren eine Mindestgarantie, die grundsätzlich keine Abweichungen zulässt, außer im Notstand gem. Art. 15 EMRK.

2. *Diskussion*

Das Ziel der Individualsanktionen ist zwar primär die Beschränkung des Eigentumsrechts aus Art. 1 des 1. ZP zur EMRK und der Privatsphäre aus Art. 8 EMRK, die mit den Reisebeschränkungen tangiert werden. Dadurch sind aber eben auch das Recht auf Zugang zu einem Gericht und einem fairen Verfahren aus Art. 6 EMRK betroffen. In diesem Zusammenhang wird auch das Recht auf eine effektive Beschwerde relevant, da eine solche dadurch verhindert wird, dass es in den Mitgliedstaaten nicht möglich ist, dass sich die Betroffenen vor einem nationalen Gericht effektiv gegen falsche Vorwürfe und Sanktionen wehren können, die aus internationalen Rechtsakten herrühren.

Abzugrenzen davon ist die Vereinbarkeit des fehlenden Rechtsschutzes auf der Ebene der Vereinten Nationen. Dies ist nicht Gegenstand der Jurisdiktion der nationalen Gerichte und des EGMR. Nichtsdestotrotz können sie die

---

1360 *Vospernik*, ÖJZ 2001, S. 367.

1361 In Bezug auf Art. 6 EMRK.

1362 Siehe EGMR, *Kudla*, a.a.O., Rn. 146 ff.

1363 Dabei muss auch die letzte Gerichtsinstanz miteinbezogen werden, siehe EGMR, Urteil vom 7. Dezember 2006, n° 37301/03 – *Hauser-Sporn gg. Österreich*, Rn. 36 ff.

Vereinbarkeit der nationalen Umsetzungsakte der Individualsanktionen am Maßstab der nationalen Grundrechte und des Mindeststandards der EMRK messen.

Im Fall *Nada*[1364] prüfte die Große Kammer die Einräumung einer effektiven Beschwerde im nationalen Recht durch die schweizerischen Stellen gegen die nationalen Umsetzungsakte der Individualsanktionen als Annex zu Art. 8 EMRK. Der Gerichtshof stellte fest, dass dem Beschwerdeführer im nationalen Recht keine effektiven Rechtsbehelfe zur Verfügung standen, um seine Löschung von der Sanktionsliste zu erreichen und um die Verletzung seiner Konventionsrechte geltend zu machen.[1365]

Im Fall *Al-Dulimi* rügte der Beschwerdeführer die Verletzung von Art. 6 EMRK ohne Art. 13 EMRK, denn die Gewährleistung einer wirksamen Beschwerde wurde bereits bei der Verletzung des Art. 6 EMRK berücksichtigt.[1366] Auch in diesem Fall stellte der EGMR eine Verletzung der Konvention fest, da die schweizerischen Gerichte dem Beschwerdeführer keinen wirksamen Rechtsschutz gegen die nationale Umsetzung der Auflistung durch das 1483-Sanktionsregime zur Verfügung stellten.[1367]

Eine effektive Beschwerde vor den nationalen Gerichten oder Einrichtungen wäre nur dann gewährleistet, wenn zum einen der Rechtsweg vor den nationalen Gerichten oder anderen Einrichtungen überhaupt erst eröffnet wäre. Dieser ist nur dann eröffnet, wenn sich die nationalen Gerichte mit der oben ausgeführten Begründung nach dem Subsidiaritätsprinzip für zuständig erklären und damit die Verletzung der materiellen Rechte durch die Individualsanktionen feststellen und die Rechtsverletzung im Fall der Unverhältnismäßigkeit oder Unschuld des Betroffenen beenden können.

III. Die Abwägung der Beschränkung der prozessualen Rechte mit den völkerrechtlichen Pflichten der Mitgliedstaaten der EMRK aus der UN-Charta

Die Große Kammer des EGMR hat in beiden Urteilen zu den Individualsanktionen des Sicherheitsrates deutlich gemacht, dass sie die Grundrechte der betroffenen Personen mit der Pflicht der Mitgliedstaaten zur Umsetzung der

---

1364 EGMR, *Nada*, a.a.O., Rn. 209 ff.
1365 EGMR, *Nada*, a.a.O., Rn. 212 f.
1366 EGMR, *Al-Dulimi*, a.a.O., Rn. 126 ff.
1367 EGMR, *Al-Dulimi*, a.a.O., Rn. 153 ff.

Resolutionen des Sicherheitsrates in Verhältnis setzt[1368]. Damit wägte sie die Individualrechtsgüter der Eigentumsfreiheit, des Rechts auf Privatleben und die Verfahrensrechte mit dem Allgemeingut der internationalen Sicherheit ab und prüfte, welche Möglichkeiten der Mitgliedstaat bei der Umsetzung der Resolutionen in das nationale Recht im Hinblick auf die Einhaltung der Konventionsrechte hatte[1369].

Der EGMR stellt damit zwar klar, dass der Schutz der internationalen Sicherheit und des Friedens ein legitimes Ziel ist und an der grundsätzlichen Verpflichtung zur Umsetzung der Resolutionen des Sicherheitsrates nicht gerüttelt werden kann. Dies befreit die Mitgliedstaaten der EMRK nicht davon, bei der Umsetzung der Resolutionen in das nationale Recht die nationalen und internationalen Grundrechte zu beachten und die Rechtsweggarantien und ein faires Verfahren zu gewährleisten.

Im Ergebnis müssen der EGMR und die nationalen Gerichte eine Abwägung der Rechtsgüter der betroffenen Personen und der Allgemeingüter vornehmen. Mit der Entscheidung für die Kontrolle der nationalen Umsetzungsakte nehmen die Gerichte konkludent eine Abwägung vor. Bei dieser Abwägung müssen die oben herausgearbeiteten Aspekte[1370] berücksichtigt werden, also die individuelle Schwere des Eingriffs in die Grundrechte des Betroffenen, die Beweislage im Hinblick auf die individuellen Vorwürfe und eventuelle Fehler im Auflistungsverfahren des jeweiligen Sanktionskomitees des Sicherheitsrates. Erfolgte die Auflistung durch ein Sanktionskomitee des Sicherheitsrates, müssen die Mitgliedstaaten das Sanktionsverfahren zumindest auf Willkür untersuchen. Ist die Auflistung willkürlich, aufgrund eines Fehlers im Sanktionsverfahren oder ohne hinreichenden Verdacht erfolgt, muss dies bei der Abwägung mit dem Allgemeinwohlinteresse an der internationalen Sicherheit dazu führen, dass die Individualrechtsgüter überwiegen. Schließlich ist die Beeinträchtigung der Grundrechte auch dann besonders schwer, wenn die Sanktionierung dauerhaft erfolgte. Lediglich in den Fällen der erdrückenden Beweislast und zuverlässiger Informationen über die individuelle Schuld des Betroffenen kann die Abwägung mit dem Allgemeininteresse zu seinen Lasten gehen und die Beschränkung der Rechte rechtfertigen.

Diese Abwägung bezieht sich aber nicht auf die Möglichkeit eines Zugangs zu einem unabhängigen Gericht mitsamt einer effektiven Beschwerde. Diese

---

1368 EGMR, *Nada*, a.a.O., Rn. 196 und EGMR, *Al-Dulimi*, a.a.O., Rn. 134 ff.

1369 EGMR, *Nada*, a.a.O., Rn. 181 ff. und EGMR, *Al-Dulimi*, a.a.O., Rn. 150 ff.

1370 Kapitel 3., B., II., 3., d).

Mindeststandards stehen nicht zur Disposition der Mitgliedstaaten und sind die Grundlage dafür, dass die Gerichte eine Abwägung der materiellen Grundrechte wie der Eigentumsfreiheit und der Privatsphäre mit der internationalen Sicherheit und dem Weltfrieden vornehmen können.

IV. Die EMRK im Kontext des Völkerrechts

Aufgrund der Völkerrechtsfreundlichkeit der EMRK[1371] müssen die oben aufgezeigten Grundrechte vor dem Hintergrund der internationalen Grundrechte verstanden werden. Die Bedeutung der prozessualen Grundrechte ist schließlich auch für den Menschenrechtsschutz und die Rechtsstaatlichkeit im internationalen Kontext zentral. Prozessuale Rechte machen erst den Weg frei, um den materiellen Menschenrechten ihre Durchschlagskraft durch Richtersprüche zu verleihen, soweit sie durch die ausführende Gewalt verletzt wurden.

1. Die Situation der Betroffenen

Typischerweise möchte ein Betroffener wegen einer ärztlichen Behandlung, Urlaub oder einer Geschäftsreise verreisen. Wenn er am Flughafen an der Passkontrolle seinen Pass vorweist, wird der Betroffene von dem zuständigen Beamten darauf hingewiesen, dass sich sein Name auf einer sogenannten *No-fly*-Liste befindet und aufgrund einer Resolution des Sicherheitsrates, die der jeweilige Mitgliedstaat umgesetzt hat, nicht ausreisen kann. Es kann auch vorkommen, dass ein Betroffener eine Banküberweisung tätigen will. Das jeweilige Kreditinstitut ist nicht in der Lage, den Überweisungsantrag ausführen, da ihm dies aufgrund einer Wirtschaftssanktion des Sicherheitsrates in der Form des nationalen Umsetzungsaktes untersagt ist. Diese Sanktionen sehen meist eine Beschlagnahme des unbeweglichen Vermögens und das Einfrieren des beweglichen Vermögens mitsamt der Konten vor.

2. Die Rechtsschutzmöglichkeiten auf einen Blick

Wenn sich der Betroffene dagegen wehren möchte, stehen ihm die folgenden Wege offen:

1. Er kann bei dem zuständigen Sanktionskomitee des Sicherheitsrates einen Antrag auf Löschung stellen, dieser wird jedoch einige Zeit in Anspruch

---

1371 Siehe Präambel der EMRK, Art. 53 EMRK und die ständige Rechtsprechung des EGMR.

nehmen und kann nur nach den Regeln des jeweiligen Sanktionskomitees erfolgen.

2. Des Weiteren kann er danach oder zeitgleich vor den nationalen Gerichten des jeweiligen Mitgliedstaates klagen und die Feststellung erwirken, dass die Anordnung der Konteneinfrierung und das Ausreiseverbot rechtswidrig waren. Um dies zu erreichen, bedarf es der oben entwickelten Begründung der Zuständigkeit der nationalen Gerichte zur Kontrolle der nationalen Umsetzungsakte der Sanktionen und eines Mindeststandards an prozessualen Rechten, um die Grundrechtsverletzungen geltend machen zu können.

Die Rolle der Mitgliedstaaten unterscheidet sich erheblich in den jeweiligen Verfahren. Im Verfahren vor dem Sanktionskomitee kann der Mitgliedstaat lediglich einen Streichungsantrag zugunsten des Betroffenen stellen. Im Verfahren vor den nationalen Gerichten ist der Staat dazu verpflichtet, die nationalen und internationalen Grundrechte und einen effektiven Rechtsschutz zu gewährleisten. Fraglich ist in diesem Zusammenhang, welche Pflichten den Staaten in der jeweiligen Situation aufzuerlegen sind. Sind die Staaten vielleicht schon vor der Aufnahme einer Person in eine Sanktionsliste dazu verpflichtet, dagegen zu stimmen, wenn es keine hinreichenden Tatsachen gibt, die seine Verbindung zum Terrorismus bestätigen?

In den Fällen der direkten Listen kann den Mitgliedstaaten der EMRK die Pflicht auferlegt werden, im Sinne der EMRK auf die Einhaltung der internationalen Grundrechte einzuwirken und Willkür zu verhindern. Dies ergibt sich aus der Schutzpflichtdimension der Grund- und Menschenrechte aus der EMRK. Dies muss erst recht im indirekten Verfahren gelten, das auf der nationalen Ebene stattfindet und bei dem es in der alleinigen Herrschaftsgewalt des Staates liegt, die Grundrechte zu garantieren. Jedoch muss die Einflussmöglichkeit der EMRK-Staaten in den Sanktionskomitees relativiert werden, da die Entscheidungen in diesem Organ einstimmig erfolgen müssen. Dies gilt auch für Entscheidungen zur Löschung einer Person von einer Liste.

3. *Die internationalen Verfahrensgarantien*

In dem General Comment n°29 des Menschenrechtsausschusses zum Notstandsrecht werden die Verfahrensrechte als besonders wichtige Rechte hervorgehoben: „*It is inherent in the protection of rights explicitly recognized as non-derogable in article 4, paragraph 2, that they must be secured by procedural guarantees, including, often, judicial guarantees. The provisions of the Covenant relating to procedural safeguards may never be made subject to measures that would circumvent the protection of non-derogable rights. Article 4 may not be resorted to in a way that would result in derogation from non-derogable rights. Thus, for example, as article 6 of the Covenant is non-derogable in its entirety, any trial leading to the imposition of the death penalty during a state of emergency must conform to the provisions of the Covenant, including all the requirements of articles 14 and 15.*[1372] Daraus ergibt sich, dass die grundlegenden internationalen Verfahrensrechte notstandsfest sind, im Gegensatz zu denen aus der EMRK, die in Art. 15 die Verfahrensrechte gerade nicht für notstandsfest erklärt. Dieser Umstand sollte sich bei der völkerrechtsfreundlichen Auslegung der EMRK niederschlagen und zu einer Stärkung der Verfahrensrechte aus der EMRK führen.

Die besondere Bedeutung der Verfahrensrechte wird ebenfalls dadurch unterstrichen, dass die Organe der Vereinten Nationen die Einhaltung materieller und auch prozessualer Rechte in verschiedenen Bereichen des Völkerrechts regelmäßig betonen und bewerben. Daraus lässt sich ein internationaler Konsens ableiten, der einen gewissen Mindeststandard der Grundrechte beinhaltet, der nicht nur für die Mitgliedstaaten, sondern für die gesamte Staatengemeinschaft gilt und daher auch internationale Organisationen bindet.

Fassbender[1373] und der ehemalige Generalsekretär der Vereinten Nationen *Annan*[1374] haben daher einen Mindeststandard von prozessualen Grundrechten vorgeschlagen, die sich aber schon auf das Verfahren der Sanktionskomitees beziehen, die Personen aufgrund der ihnen zur Verfügung stehenden Personen auflisten, damit die Mitgliedstaaten sie mit Sanktionen belegen. Dazu gehört das Recht, über die Maßnahmen – zumindest nach ihrer Durchführung – unterrichtet zu werden, das Recht auf eine Anhörung, das Recht auf einen effektiven Beschwerdeweg mit einem Kontrollmechanismus und das Recht auf eine regelmäßige Nachprüfung der Sanktionslisten.

Der EuGH stellt als das ausschlaggebende Verfahrensrecht in diesem Zusammenhang das Recht auf Information über die Listung und die Begründung der Listung heraus[1375]. Denn dieses wird zum Ausgangspunkt des gesamten Rechtsschutzverfahrens und gibt erst Anlass dazu, Rechtsschutz zu suchen. Hat der Betroffene erst mal Kenntnis von der Aufnahme in die Liste und den Sanktionen erlangt, kann er gegebenenfalls gerichtlich dagegen vorgehen.

1372 Siehe HRC, General Comment n°29, States of Emergency (Art. 4), CCPR/C/21/Rev.1/Add.11 (2001), Rn. 15.

1373 *Fassbender*, Targeted Sanctions and Due Process, S. 1 ff.

1374 Siehe S/2004/616 – Report of the Secretary-General on the Rule of Law and Transitional Justice in Conflict and Post-Conflict Societies.

1375 Dies ergibt sich aus EuGH, *OMPI*, a.a.O., Rn. 89, 93, 139, 143, 145 und EuGH, *Kadi*, a.a.O., Rn. 348–351.

Darüber hinaus bedarf es auch einer begründeten Entscheidung, damit der Betroffene die Möglichkeit hat, gegen diese vorzugehen. In der Phase vor der Aufnahme in die Liste kann die Bekanntgabe der Maßnahme und das Recht auf Anhörung in bestimmten Fällen vorerst nicht gewährleistet werden. Denn das Ziel der Auflistung ist das Überraschungsmoment und der damit verbundene direkte Erfolg der Maßnahme. Dieser bliebe aus, wenn die Maßnahme angekündigt würde[1376].

Da solche Maßnahmen aus dem nationalen Strafprozess bekannt sind, ist nichts daran auszusetzen, dass bei einer Gefahr der Vereitelung die Auflistung und die Sanktionen erst nach ihrem Erlass den betroffenen Personen bekannt gegeben werden. Jedoch muss dies dem Betroffenen während oder unmittelbar nach der Aufnahme auf eine Liste umgehend angezeigt werden und ihm auch eine Begründung ausgehändigt werden (*statement of reason*)[1377]. Die Rechte, die der EuGH in diesen Fällen gewährleistet, sind das Recht auf rechtliches Gehör, das Recht auf Information und das Recht auf effektive, unabhängige und unparteiische Beschwerde innerhalb der EU. Auch an diesen Erwägungen kann sich der EGMR ein Beispiel nehmen und diese Aspekte im Rahmen der Individualsanktionen übernehmen.

C. Schluss und Ausblick

Die Rechtsprechung des EGMR in Bezug auf die Individualsanktionen ist damit nur im Ergebnis zu begrüßen, da sie dazu führt, dass der EGMR und die nationalen Gerichte die nationalen Umsetzungsrechtsakte der Resolutionen des Sicherheitsrates am Maßstab der EMRK und der nationalen Grundrechte messen. Nur dadurch kann derzeit gewährleistet werden, dass die Waage zwischen dem erforderlichen Kampf gegen den internationalen Terrorismus und andere Individuen, die die internationale Sicherheit und den Frieden bedrohen, und dem allgemeinen Grundrechtsschutz gehalten werden kann.

Die Begründung des EGMR in der Rechtsprechung *Al-Dulimi* und *Nada* hingegen ist nicht überzeugend, da die Große Kammer in beiden Fällen verkannt hat, dass es sich gerade nicht um Resolutionen des Sicherheitsrates mit einem Ermessensspielraum zugunsten der Mitgliedstaaten handelte. Durch diese fehlerhafte Einordnung kam die Große Kammer zu dem falschen Ergebnis, dass die Mitgliedstaaten daher im Rahmen ihres Ermessensspielraums an die

---

1376 Siehe EuGH, *Kadi*, a.a.O., Rn. 339 und EuGH, *OMPI*, a.a.O., Rn. 128.
1377 Siehe EuGH, Kadi, a.a.O., Rn. 336 und EuGH, *OMPI*, a.a.O., Rn. 131.

Konventionsrechte gebunden seien. Diese haben sie aber auch dann zu beachten, wenn die Resolution ihnen keinen Ermessensspielraum einräumt. In allen Fällen der Individualsanktionen müssen die Mitgliedstaaten wegen ihrer Bindung an die internationalen und europäischen Grundrechte das Recht auf Eigentum, Privatleben und auch die Verfahrensrechte einhalten, obwohl sie dazu verpflichtet sind die bindenden Resolutionen, soweit sie völkerrechtsgemäß sind, ins nationale Recht umzusetzen.

Dies führt nicht zu einem Rechtsschutzvakuum, da die nationalen und regionalen Gerichte weiterhin zur Kontrolle der Rechtmäßigkeit der Sanktionen nach dem Subsidiaritätsgrundsatz (umgekehrte Subsidiarität) zuständig bleiben. Auch wenn der ursprüngliche Rechtssatz von einem Organ einer internationalen Organisation herrührt, bleibt der nationale Umsetzungsakt in der nationalen (und regionalen) Rechtsordnung justiziabel. Das Argument des uneinheitlichen Grundrechtestandards kann daher lediglich in Bezug auf die globale Situation eingewendet werden. Innerhalb der EU und dem Anwendungsbereich der EMRK gilt derzeit ein einheitlicher Mindeststandard der Grundrechte.

Wenn diese Auffassung auch auf andere Regionalorganisationen wie die AMRK übertragen würde, und zusätzlich vor dem Hintergrund des internationalen Grundrechtestandards verstanden würde, dann kann auch weltweit ein annähernd einheitlicher Standard eingehalten werden, wenn einzelne nationale Gerichte die Kontrolle der nationalen Umsetzungsakte durchführen.

Diese Lösung basiert auf der Annahme, dass die Einführung von unmittelbaren Rechtsschutzmöglichkeiten auf der Ebene der Vereinten Nationen gegen die Resolution des Sicherheitsrates und die Maßnahmen des Sanktionskomitees zwar wünschenswert, aber derzeit nicht absehbar ist. Daher gibt es eine Vielzahl von Reformvorschlägen aus der Literatur[1378], den Vereinten Nationen selbst[1379] und anderer Einrichtungen. Zum Beispiel hat die Financial Action Task Force (FATF) in einem Bericht aus dem Jahr 2013 vorgeschlagen, dass die Staaten schon im Verwaltungsverfahren, also im Sanktionsverfahren die Grundsätze des fairen Verfahrens gewährleisten und gerichtliche Kontrollmechanismen einrichten, die nach einem transparenten Verfahren und öffentlich entscheiden[1380]. Die FATF legte dabei den Fokus ebenso auf die Verbesserung der Verfahren auf der nationalen Ebene in Bezug auf das Sanktionsverfahren und den Rechtsschutz.

1378 Siehe *Hovell*, The Power of Process, S. 57 ff.

1379 Generalversammlung, World Summit Outcome Document, A/Res/60/1; Generalsekretär S/PV.5474; Scheinin Reports, A/61/267.

1380 *FATF*, Targeted Financial Sanctions related to Terrorism and Terrorist Financing, Rn. 25 ff.

Eine informelle Gruppe von Staaten[1381], die sich mit der Verbesserung der *targeted sanctions* befasst, hat den Bericht „*Security Council working methods Group-targeted sanctions*" vorgestellt[1382], in dem sie die Fairness und Transparenz der Sanktionen hervorhebt. Darin wird insbesondere gefordert, die Position der Ombudsperson zu stärken. Andere fordern die Einrichtung eines *ad-hoc*-Tribunals zur Aburteilung von Terroristen auf der Ebene der Vereinten Nationen[1383], das sich dann ausschließlich mit diesen Fällen befasst und als Sondertribunal wie die Kriegsverbrechertribunale funktioniert und auch dort Rechtsbehelfe von Sanktionierten eingelegt werden könnten. Des Weiteren wird vorgeschlagen, dass auf der Ebene der Vereinten Nationen Einrichtungen zur unabhängigen Rechtskontrolle geschaffen werden[1384]. Mit der Einrichtung eines effektiven Rechtsschutzes auf der Ebene der Vereinten Nationen, von der die Individualsanktionen auch erlassen werden, könnte das Sanktionskomitee und der Sicherheitsrat direkt kontrolliert und überwacht werden.

Die ultimative Lösung wäre daher die Einrichtung eines unabhängigen Gerichts auf der Ebene der Vereinten Nationen zur Kontrolle der direkten Sanktionen des Sicherheitsrates, das die Befugnis erhält, die Vereinbarkeit der Resolutionen mit dem Völkerrecht, insbesondere mit den Maßstäben der internationalen Menschenrechte zu bestimmen und ihre Völkerrechtswidrigkeit für den Sicherheitsrat bindend festzustellen. Bis eine solche Reform stattfindet, kann angesichts des derzeitigen Reformstillstands beim Sicherheitsrat eine Verletzung der Grundrechte der Betroffenen nicht hingenommen werden. Bis dahin kann der hier entwickelte Lösungsweg mithilfe des Subsidiaritätsgrundsatzes die Zuständigkeit der nationalen und regionalen Gerichte begründen, um einen effektiven Grundrechtsschutz zu gewährleisten.

1381 Bestehend aus Norwegen, Österreich, Belgien, Costa Rica, Dänemark, Finnland, Deutschland, Liechtenstein, Niederlande, Schweden und der Schweiz.

1382 SG Res. (S/2014/286) vom 21. April 2014.

1383 *de Wet*, The Chapter VII Powers of the United Nations Security Council, S. 354 ff.

1384 *Fremuth*, DÖV 2012, S. 81 ff., 87.

Zusammenfassung

Die vorliegende Arbeit illustriert, wie vielschichtig die Probleme der Individualsanktionen des Sicherheitsrates im Mehrebenensystem sind. Die präventiven Maßnahmen mit quasi-legislativem Charakter, die aufgrund ihrer völkerrechtlichen Verbindlichkeit für die Mitgliedstaaten der Vereinten Nationen zur Folge haben, dass Individuen durch die Mitgliedstaaten sanktioniert werden, sind aus grund- und menschenrechtlicher Sicht höchst problematisch. Denn aufgrund des undurchsichtigen Sanktionsverfahrens in Sanktionskomitees des Sicherheitsrates ist die ‚Schuld' des Betroffenen aufgrund der Ausgestaltung des Sanktionsverfahrens nicht zweifelsfrei bewiesen. Auch die Effektivität der Maßnahmen kann kritisiert werden, da trotz des nunmehr seit fast zwei Jahrzehnten bestehenden al-Quaida-Sanktionsregimes, internationale terroristische Vereinigungen weltweit weiterhin sehr aktiv sind.

Diese Individualsanktionen sind ein sehr anschauliches Beispiel für die enge Verknüpfung der verschiedenen Ebenen im internationalen Kontext des Mehrebenensystems. Die Resolutionen des Sicherheitsrates werden durch verschiedene Gesetzgeber, seien sie national oder regional in das nationale bzw. regionale Recht umgesetzt. Und diese nationalen Umsetzungsrechtsakte werden dann wiederum durch nationale, regionale und internationale Grund- und Menschenrechte bestimmt. Diese Verpflichtungen, denen die Mitgliedstaaten ausgesetzt sind, kollidieren bei den Individualsanktionen des Sicherheitsrates gerade wegen der oben beschriebenen zweifelhaften Sanktionspraxis des Sicherheitsrates.

Da das Verhältnis der internationalen Ebenen zueinander derzeit nur nach einem pluralistischen Verständnis verstanden werden kann und eine Hierarchie im Völkerrecht mit einem absoluten Vorrang der UN-Charta nicht gilt, bedeutet dies für die Individualsanktionen des Sicherheitsrat das Folgende: das regionale oder das nationale Gericht, das mit einem Einzelfall befasst ist, prüft mithilfe der Auslegungsparameter, die in dieser Arbeit aufgezeigt wurden, die Vereinbarkeit der Sanktionen mit den Grundrechten. Diese Befugnis leitet sich aus dem formellen Subsidiaritätsgrundsatz ab. Dabei wird es im Wege der Abwägung das Ziel der internationalen Sicherheit und die Grundrechte des Betroffenen miteinander in Einklang bringen müssen.

Eine Konstitutionalisierung des Völkerrechts im Sinne einer verfassten Rechtsordnung ist dadurch jedoch nicht entstanden, auch wenn sich in einigen Teilbereichen sehr ausdifferenzierte Systeme mit eigenen Gerichtsbarkeiten entwickelt haben. Insbesondere die UN-Charta ist keine Weltverfassung, da sie sich lediglich auf die Wahrung des internationalen Friedens und der Sicherheit konzentriert und dazu nach dem Willen der Staaten gegründet wurde. Daher führt auch die Kollisionsnorm aus Art. 103 UN-Charta nicht zu einem absoluten Vorrang aller Verpflichtungen aus der UN-Charta vor dem sonstigen Völkerrecht, sondern sie ist eng auszulegen.

Des Weiteren wurde in dieser Arbeit gezeigt, dass auch der Sicherheitsrat an die internationalen Grund- und Menschenrechte und die internationale *Rule of Law* gebunden ist. Diese Tatsache unterstreicht umso mehr das Ergebnis dieser Arbeit, als dass die nationalen und regionalen Gerichte, mangels Rechtsschutz auf der internationalen Ebene, den Betroffenen der Individualsanktionen den entsprechenden Rechtsschutz gewährleisten müssen.

Durch das undurchsichtige Verfahren der Auflistung und Sanktionierung der Personen durch das Sanktionskomitee des Sicherheitsrates oder die zuständigen nationalen Stellen kommt es zu Verwechselungen und Missverständnissen, die durch unabhängige Untersuchungen aufgeklärt werden müssen. Aus diesen Gründen muss es aufgrund der Bindung des Sicherheitsrates an die internationalen Grund- und Menschenrechte möglich sein, dass sich die Individuen, die sich zu Unrecht sanktioniert sehen, vor einer unabhängigen Stelle gegen die Sanktionen wehren können. Des Weiteren muss der Sicherheitsrat beim Erlass der Sanktionen auf der Grundlage des Kapitel VII UN-Charta den Grundsatz der Verhältnismäßigkeit berücksichtigen, der von ihm verlangt, nur die Maßnahmen zu erlassen, die zum Schutz der Gemeinschaftsgüter erforderlich sind und die mit der geringsten Beeinträchtigung ihrer Rechte einhergehen.

Aufgrund der fehlenden Rechtsschutzmöglichkeiten auf der Ebene der Vereinten Nationen kann mithilfe des Grundsatzes der Subsidiarität und einer engen Auslegung des Art. 103 UN-Charta die Zuständigkeit der nationalen und effektiven regionalen Gerichte hergeleitet werden. Dies wurde in dieser Arbeit am Beispiel der EMRK und des EGMR aufgezeigt. Der Maßstab für die Mitgliedstaaten ist die EMRK, die in Art. 6 und 13 EMRK ein faires Verfahren und eine effektive Beschwerde gewährleistet. Für die Individualsanktionen des Sicherheitsrates gelten dabei die Maßstäbe des strafrechtlichen Verfahrens, da die Sanktionen der Schwere nach strafrechtlichen Maßnahmen gleichkommen.

Der Grundsatz der Subsidiarität führt daher im Ergebnis dazu, dass die nationalen Umsetzungsakte der Individualsanktionen des Sicherheitsrates am Maßstab der EMRK kontrolliert werden können. Damit ist der Rechtsschutz der Betroffenen gewährleistet.

Der Ansatz dieser Arbeit wurde für die Fälle herausgearbeitet, die nicht schon dem Unionsrecht unterfallen. Im Gegensatz zur Rechtsprechung des EuGH, der die europäischen Umsetzungsrechtsakte der Resolutionen des Sicherheitsrates am Maßstab der Unionsgrundrechte prüft und sich zur Begründung auf die ‚Autonomie des Unionsrechts' beruft, kann sich der EGMR im Recht der EMRK auf dieses Argument nicht stützen. Aus diesem Grund wurde in dieser Arbeit ein anderer Ansatz gesucht, um für die im Ergebnis begrüßenswerte Rechtsprechung des EGMR eine nachvollziehbare und den europäischen Menschenrechtsschutz wertschätzende Argumentationslinie bereitzustellen.

Auf der Grundlage des Subsidiaritätsgrundsatzes kann daher eine konsequente gerichtliche Kontrolle der nationalen Umsetzungsakte durchgeführt werden, bei der im Wege der Einzelfallgerechtigkeit die sich gegenüberstehenden Rechtsgüter miteinander in Einklang gebracht werden.

Literaturverzeichnis

Abi-Saab, Georges, Keynote Address. The Concept of Sanction in International Law, in: Gowlland-Debbas, Vera/Rubio, Mariano Garcia/Hadj-Sahraoui, Hassiba (Hrsg.), United Nations Sanctions and International Law, The Hague 2001 (United Nations Sanctions and International Law)

Akande, Dapo, The International Court of Justice and the Security Council: Is there Room for Judicial Control of Decisions of the Political Organs of the United Nations?, in: ICLQ 1997, S. 309–343

Akehurst, Michael, The Hierarchy of the Sources of International Law, in: British Yearbook of International Law 1974–75, S. 273–285

Akram, Munir/Shah, Syed Haider, Legislative Powers of the Security Council in: Macdonald, Ronald St. John/Johnston, Douglas M. (Hrsg.), Towards World Constitutionalism. Issues in the Legal Ordering of the World Community, Leiden 2005 (Towards World Constitutionalism)

Alexy, Robert, Die Gewichtsformel, in: Jickeli, Joachim/Kreutz, Peter/Reuter, Dieter (Hrsg.), Gedächtnisschrift für Jürgen Sonnenschein: 22. Januar 1938 bis 6. Dezember 2000, Berlin 2003, S. 771–792 (GS Sonnenschein)

Amr, Mohammed Sameh M., The Role of the International Court of Justice as the Principal Judicial Organ of the United Nations, The Hague 2003 (The Role of the International Court of Justice as the Principal Judicial Organ of the United Nations)

Amrhein-Hofmann, Christine, Monismus und Dualismus in den Völkerrechtslehren, Berlin 2003 (Monismus und Dualismus in den Völkerrechtslehren)

Andreae, Lisette, Reform in der Warteschleife: Ein deutscher Sitz im UN-Sicherheitsrat?, Oldenburg 2002 (Reform in der Warteschleife: Ein deutscher Sitz im UN-Sicherheitsrat?)

Angelet, Nicolas, International Law Limits to the Security Council, in: Gowlland-Debbas, Vera/Rubio, Mariano Garcia/Hadj-Sahraoui, Hassiba (Hrsg.), United Nations Sanctions and International Law, The Hague 2001 (United Nations Sanctions and International Law)

Annan, Kofi, „We the Peoples": the role of the United Nations in the 21st century, 1. Auflage, New York 2000 („We the Peoples")

Anter, Andreas, Staat – Souveränität – Nation, in: Voigt, Rüdiger (Hrsg.), Sicherheit versus Freiheit: Verteidigung der staatlichen Ordnung um jeden Preis?, Wiesbaden 2012, S. 127–140 (Sicherheit versus Freiheit)

Anzilotti, Dionisio, Einführung. Allgemeine Lehren, – Vom Verf. durchges. und autorisierte Übertragung nach der 3. erw. und revid. ital. Auflage, Berlin 1929 (Völkerrecht)

Arangio-Ruiz, Gaetano, On the Security Council's Law-Making, in: Rivista di diritto internazionale 2000, S. 609-725

Arnauld, Andreas von, Grundgesetzkommentar, 6., neu bearb. Auflage, München 2012 (Grundgesetzkommentar)

Arnauld, Andreas von, Völkerrecht, Heidelberg; München; Landsberg; Frechen; Hamburg 2012 (Völkerrecht)

Arnauld, Andreas von, Der Weg zu einem Solange 1 1/2, in: EuR 2013, S. 236–247

Arnauld, Andreas von, Verfahrensrechtliche Aspekte der Rechtskontrolle/Staatengemeinschaft, Organen der, Die Rechtskontrolle von Organen der Staatengemeinschaft: Vielfalt der Gerichte – Einheit des Prozessrechts?, 42, 2007 (Die Rechtskontrolle von Organen der Staatengemeinschaft)

Arnold, Roberta, Human Rights in Times of Terrorism, in: ZaöRV 2006, S. 297–319

Arsanjani, Mahnoush, Claims Against International Organizations: Quis custodiet isos custodes, in: Yale J. World Pub. Ord. 1981, S. 131–176

Aust, Helmut Philipp/Nolte, Georg, International law and the rule of law at the national level, in: Zürn, Michael/Nollkaemper, André/Peerenboom, Randall (Hrsg.), Rule of Law Dynamics in an Era of International and Transnational Governance, 1. Auflage, New York 2012 (Rule of Law Dynamics)

Bartelt, Sandra/Zeitler, Helge Elisabeth, „Intelligente Sanktionen" zur Terrorismusbekämpfung in der EU, in: EuZW 2003, S. 712–717

Bartmann, Julia, Terrorlisten: ebenenübergreifende Sanktionsregime zur Bekämpfung der Terrorismusfinanzierung, Stuttgart; München; Hannover; Berlin; Weimar; Dresden 2011 (Terrorlisten)

Bassiouni, M. Cherif, International criminal law; Volume 1: Sources, subjects and contents, 3. Auflage, Leiden 2008 (International Criminal Law, Vol. 1)

Bassiouni, M. Cherif, An International Control Scheme for the Prosecution of International Terrorism, in: Evans, Alona E./Murphy, John F. (Hrsg.), Legal Aspects of International Terrorism, Lexington, Mass. [u.a.] 1978, S. 485–491 (Legal Aspects of International Terrorism)

Baurmann, Michael, Strafe im Rechtsstaat, in: Ballestrem, Karl/Baurmann, Michael (Hrsg.), Die moderne Gesellschaft im Rechtsstaat, Freiburg, München 1990, S. 219 (Die moderne Gesellschaft im Rechtsstaat)

Bedjaoui, Mohammed, The New World Order and the Security Council: Testing the Legality of Its Acts, Dordrecht, Boston,1995 (The New World Order and the Security Council)

Beier, Christian, Implementierung der UN-Resolution 1373 in Deutschland, in: Peilert, Andreas (Hrsg.), Kriminalitätsbekämpfung durch die Vereinten Nationen, Bonn, 1. Auflage, 2010, S. 60-153 (Kriminalitätsbekämpfung durch die Vereinten Nationen)

Benoît-Rohmer, Florence, Bienvenue aux enfants de Bosphorus: La Cour Européenne des Droits de l'homme et les Organisations Internationales, in: Revue trimesterielle des droits de l'homme 2010, S. 19–37

Bergström, Maria, The Place of Sanctions in the EU System for Combatting the Financing of Terrorism, in: Cameron, Iain (Hrsg.), EU Sanctions: Law and Policy Issues Concerning Restrictive Measures, Cambridge, Antwerp, Portland 2013, S. 97–116 (EU Sanctions)

Bernhardt, Rudolf/Hestermeyer, Holger (Hrsg.), Coexistence, cooperation and solidarity: liber amicorum Rüdiger Wolfrum, 1. Auflage, Leiden 2012, S. 1369–1376 (FS Wolfrum)

Bernhardt, Rudolf/Hestermeyer, Holger (Hrsg.), Die Auslegung völkerrechtlicher Verträge: insbesondere in der neueren Rechtsprechung internationaler Gerichte, Köln [u.a.] 1963 (Die Auslegung völkerrechtlicher Verträge)

Bernhardt, Rudolf/Hestermeyer, Holger (Hrsg.), Encyclopedia of Public International Law, [Consolidated library ed.], Amsterdam [u.a.] 1997 (Encyclopedia of Public International Law)

Bernhardt, Rudolf, Hestermeyer, Holger (Hrsg.), Encyclopedia of Public International Law. 4, Quirin, ex Parte to Zones of Peace, 1. Auflage, Amsterdam 2000 (Encyclopedia of Public International Law, Band 4, 2000)

Beutel, Jochen/Vedder, Christoph, Europäischer Verfassungsvertrag: Handkommentar, 1. Auflage, Baden-Baden 2007 (EVV)

Bianchi, Andrea, Assessing the Effectiveness of the UN Security Council's Anti-terrorism Measures: The Quest for Legitimacy and Cohesion, in: EJIL 2006, S. 881–919

Bianchi, Andrea, International Law, Counterterrorism and the Quest for Checks and Balances: Why the Calling Sirens of Constitutionalism Should Be Resisted, in: Bianchi, Andrea/Keller, Alexis (Hrsg.), Counterterrorism: Democracy's Challenge, 1. Auflage, Oxford, Portland 2008 (Counterterrorism)

Bianchi, Andrea, Human Rights and the Magic of Jus Cogens, in: EJIL 2008, Band 19, Nr. 3, S. 491–508

Birkhäuser, Noah, Sanktionen des Sicherheitsrats der Vereinten Nationen gegen Individuen, Bern 2007 (Sanktionen des Sicherheitsrats der Vereinten Nationen gegen Individuen)

Bleckmann, Albert, Grundgesetz und Völkerrecht: ein Studienbuch, Berlin 1975 (Grundgesetz und Völkerrecht)

Bleckmann, Albert, Zur Verbindlichkeit des Allgemeinen Völkerrechts für Internationale Organisationen, in: ZaöRV 1977, Band 37, S. 107–121

Blickle, Peter/Hüglin, Thomas O./Wyduckel, Dieter, Subsidiarität als rechtliches und politisches Ordnungsprinzip in Kirche, Staat und Gesellschaft: Genese,

Geltungsgrundlagen und Perspektiven an der Schwelle des dritten Jahrtausends, 20, Berlin, 2002 (Subsidiarität als rechtliches und politisches Ordnungsprinzip)

Bogdandy, Armin von, Pluralism, direct effect, and the ultimate say: On the relationship between international and domestic constitutional law, in: International Journal of Constitutional Law 2008, S. 397–413

Bogdandy, Armin von/Dann, Phillip/Goldmann, Matthias, Developing the Publicness of Public International Law: Towards a Legal Framework for Global Governance Activities, in: GLJ 2008, S. 1375–1400

Bolton, J.R., Is There Really „Law“ in International Affairs, in: Transnational Law and Contemporary Problems 2000, S. 1–48

Borowski, Martin, Concretized Norm and Sanction qua Fact in the Vienna School's Stufenlehre, in: Ratio Juris 2014, S. 79–93

Bothe, Michael/Dupuy, René-Jean (Hrsg.), Le développement du rôle du Conseil de Sécurité: peace-keeping and peace-building; Colloque/Académie de Droit Internationale de La Haye, 21–23 Juillet 1992, 1. Auflage, Dordrecht, Boston, 1993 (Le développement du rôle du Conseil de Sécurité)

Bothe, Michael/Dupuy, René-Jean (Hrsg.), Security Council's Targeted Sanctions against Presumed Terrorists. The Need to Comply with Human Rights Standards, in: Journal of International Criminal Justice 2008, S. 541–555

Bothe, Michael/Dupuy, René-Jean (Hrsg.), Das Gewaltverbot im allgemeinen, in: Schaumann, Wilfried/Bothe, Michael (Hrsg.), Völkerrechtliches Gewaltverbot und Friedenssicherung: Berichte, Referate, Diskussionen einer Studientagung der Deutschen Gesellschaft für Völkerrecht, 1. Auflage, Baden-Baden 1971, S. 11–31 (Völkerrechtliches Gewaltverbot und Friedenssicherung)

Bowett, Derek, The Impact of Security Council Decisions on Dispute Settlement Procedures, in: EJIL 1995, S. 89–101

Bowring, Bill, Fragmentation, Lex Specialis and the Tensions in the Jurisprudence of the European Court of Human Rights, in: Journal of Conflict and Security Law 2010, S. 485–498

Brownlie, Ian, The Decisions of Political Organs of the United Nations and the Rule of Law, in: Macdonald, Ronald St. John (Hrsg.), Essays in Honour of Wang Tieya, Dordrecht 1994, S. 91–103 (FS Tieya)

Brownlie, Ian, State Responsibility: The Problem of Delegation, in: Ginther, Konrad/Hafner, Gerhard (Hrsg.), Völkerrecht zwischen normativem Anspruch und politischer Realität: Festschrift für Karl Zemanek zum 65. Geburtstag, Berlin 1994, S. 299–306 (FS Zemanek)

Bruha, Thomas, Gewaltverbot und humanitäres Völkerrecht nach dem 11. September 2001, in: Archiv des Völkerrechts 2002, S. 383–421

Bryde, Brun-Otto, Konstitutionalisierung des Völkerrechts und Internationalisierung des Verfassungsrechts, in: Der Staat 2003, S. 61–75

Bryde, Brun-Otto, International Democratic Constitutionalism, in: Macdonald, Ronald St. John/Johnston, Douglas M. (Hrsg.), Towards World Constitutionalism. Issues in the Legal Ordering of the World Community, Leiden 2005 (Towards World Constitutionalism)

Bultermann, Mielle, Fundamental Rights and the United Nations Financial Sanction Regime: The Kadi and Yusuf Judgments of the Court of First Instance of the European Communities, in: Leiden Journal of International Law 2006, S. 753–772

Burns, Vincent/Peterson, Kate Dempsey, Terrorism: a documentary and reference guide, 1. Auflage, Westport, Conn. [u.a.] 2005 (Terrorism: a documentary and reference guide)

Caldwell, Bruce, The road to serfdom: texts and documents; the definitive edition, in: Caldwell, Bruce (Hrsg.), The Collected Works of F.A. Hayek Volume II, 1. Auflage, New York [u.a.] 2008, (The Collected Works of F.A. Hayek)

Calliess, Christian/Ruffert, Matthias, EUV, AEUV: das Verfassungsrecht der Europäischen Union mit Europäischer Grundrechtecharta; Kommentar, 5. Auflage, München 2016 (EUV/AEUV Kommentar)

Cameron, Gavin, Weapons of Mass Destruction – Terrorism Research: Past and Future, in: Silke, Andrew (Hrsg.), Research on Terrorism: Trends, Achievements and Failures, London 2004, S. 72–90 (Research on Terrorism)

Cameron, Iain, The European Convention on Human Rights, Due Process and United Nations Security Council Counter-Terrorism Sanctions, 1. Auflage, Straßburg, 2006 (The ECHR, Due Process and UN Security Council Counter-Terrorism Sanctions)

Cameron, Iain, UN Targeted Sanctions, Legal Safeguards and the European Convention on Human Rights, in: Nordic Journal of International Law 2003, S. 159–210

Cannizzaro, Enzo, Il principio della proporzionalità nell'ordinamento internazionale, 2000 (Il principio della proporzionalità nell'ordinamento internazionale)

Carozza, Paulo G., Subsidiarity as a Structural Principle of International Human Rights Law in: AJIL 2003, S. 38–79

Casanovas, Oriol, Unity and Pluralism in Public International Law, Leiden 2001 (Unity and Pluralism in Public International Law)

Cassese, Antonio, International criminal law, 2. Auflage, Oxford [u.a.] 2008 (International Criminal Law)

Cassese, Antonio, International law, 2. Auflage, Oxford [u.a.] 2005 (International Law)

Cassese, Antonio, The Multifaceted Criminal Notion of Terrorism in International Law, in: Journal of International Criminal Justice 2006, S. 933–958

Cassese, Antonio., Terrorism is Also Disrupting Some Crucial Legal Categories of International Law, in: EJIL 2001, S. 993–1001

Charney, Jonathan I., The Impact on the International Legal System of the Growth of International Courts and Tribunals, in: N.Y.U. Journal of International Law and Politics 1999, S. 697–708.

Charron, Andrea, UN Sanctions and Conflict. Responding to peace and security threads, London 2011 (UN Sanctions and Conflict)

Chesterman, Simon, An International Rule of Law?, in: American Journal of Comparative Law 2008, S. 331–361

Chesterman, Simon, The UN Security Council and the Rule of Law. Final Report and Recommendations from the Austrian Initiative, 2004–2008, Wien 2008 (The UN Security Council and the Rule of Law)

Chetail, Vincent, Post-Conflict Peacebulding: A Lexicon, 1. Auflage, Oxford/New York 2009 (Post-Conflict Peacebulding: A Lexicon)

Chionos, Tatjana/Hauck, Sué González/Haßfurther, Isabelle, Suprastaatliche Konstitutionalisierung: Perspektiven auf die Legitimität, Kohärenz und Effektivität des Völkerrechts, in: Fassbender, Bardo/Siehr, Angelika (Hrsg.), Die Dialektik zwischen der völkerrechtlichen Fragmentierung und Konstitutionalisierung – Zur Auflösung eines Scheinwiderspruchs, 1. Auflage, Baden-Baden 2012, S. 59–100 (Suprastaatliche Konstitutionalisierung)

Ciampi, Annalisa, Security Council Targeted Sanctions and Human Rights, in: Fassbender, Bardo (Hrsg.), Securing Human Rights? Achievements and Challenges of the UN Security Council, London, New York 2011, S. 98–140 (Securing Human Rights?)

Clark, Christopher M., Die Schlafwandler: wie Europa in den Ersten Weltkrieg zog, 1. Auflage, München 2015 (Die Schlafwandler)

Clayton, Richard/Tomlinson, Hugh, Fair Trial Rights, Oxford 2006 (Fair Trial Rights)

Clayton, Richard/Tomlinson, Hugh, The Law of Human Rights, Oxford New York 2009 (The Law of Human Rights)

Combaceau, Jean, Le chapitre VII de la Charte des Nations unies: Résurrection ou métamorphose?, in: Ben Achour, Rafaa/Laghmani, Slim (Hrsg.), Les nouveaux aspects du droit international: colloque des 14, 15 et 16 avril 1994, Paris 1994 (Les nouveaux aspects du droit international)

Condorelli, Luigi, Conclusions générales in: SFDI, La Soumission des Organisations Internationales aux Normes Internationales relatives aux Droits de l'Homme, Strasbourg 2009 (La Soumission des Organisations Internationales aux Normes Internationales relatives aux Droits de l'Homme)

Craig, Paul, The ECJ, national courts and the supremacy of Community law, in: Miccù, Roberto/Pernice, Ingolf (Hrsg.), The European Constitution in the Making, Baden-Baden 2004 (The European Constitution in the Making)

Crawford, James, Brownlie's Principles of Public International Law, 7. Auflage, Oxford [u.a.] 2008 (Brownlie's Principles of Public International Law)

Crawford, James, Chance, Order, Change: The Course of International Law, in: Recueil des cours de l'Académie de La Haye 2013, S. 9–390

Crawford, James, International Law as an Open System: Selected Essays, 2002 (International Law as an Open System)

Crawford, James/Peel, Jacqueline/Olleson, Simon, The ILC's Articles on Responsibility of States for Internationally Wrongful Acts: Completion of the Second Reading, in: EJIL 2001, S. 936–991

Crawford, James/Pellet, Allain/Olleson, Simon, The Law of International Responsibility, Oxford, New York 2010 (The Law of International Responsibility)

Cremer, Hans-Joachim, „Caroline II – Zwischenschritt auf dem Weg zu einem Kooperationsverhältnis Straßburg-Karlsruhe?" – Eine kurze Stellungnahme –, in: ZaöRV 2014, S. 215–222

Crenshaw, Martha, The Causes of Terrorism, in: O'Kane, Rosemary H. T. (Hrsg.), Terrorism/1, Cheltenham 2005, S. 313–333 (Terrorism/1)

Czempiel, Ernst-Otto, Friedensstrategien: Systemwandel durch internat. Organisationen, Demokratisierung u. Wirtschaft, Paderborn [u.a.] 1986 (Friedensstrategien)

Dahm, Georg/Delbrück, Jost/Wolfrum, Rüdiger, Völkerrecht I/1 – Die Grundlagen. Die Völkerrechtssubjekte, 2. völlig neu bearb. Auflage, Berlin 1989 (Völkerrecht I/1)

De Búrca, Gráinne, The European Court of Justice and the International Legal Order after Kadi, in: Harvard International Law Journal 2010, S. 1–49

de Hert, Paul/Korenica, Fisnik The Doctrine of Equivalent Protection: Its Life and Legitimacy Before and After the European Union's Accession to the European Convention on Human Rights, in: German Law Journal 2012, S. 874–895

de Wet, Erika, The chapter VII powers of the United Nations Security Council, Oxford [u.a.] 2004 (The Chapter VII Powers of the United Nations Security Council) *de Wet, Erika*, The Emergence of International and Regional Value Systems as a Manifestation of the Emerging International Constitutional Order, in: LJIL 2006, S. 611–632

de Wet, Erika, The International Constitutional Order, in: ICLQ 2006, S. 51–76

Dederer, Hans-Georg, Die Architektonik des europäischen Grundrechtsraums, in: ZaöRV 2006, S. 575–624

Degenhart, Christoph, Staatsorganisationsrecht: mit Bezügen zum Europarecht; mit ebook: Lehrbuch, Entscheidungen, Gesetzestexte, 31. neu bearb. Auflage, Heidelberg 2015 (Staatsrecht I)

Delbrück, Jost, Peacekeeping by the United Nations and the Rule of Law, in: Akkerman, Robert J. (Hrsg.), Declarations on Principles: a Quest for Universal Peace – liber amicorum discipulorumque Prof. Dr. Bert V. A. Röling, Leiden 1977, S. 73–99 (FS Röling)

Delbrück, Jost, Prospects for a „World (Internal) Law"? Legal Developments in a Changing International System, in: IndJGLS 2002, S. 401–431

Dicey, Albert Venn, Lectures Introductory to the Study of the Law of the Constitution, 2. Auflage, London 1886 (Lectures Introductory to the Study of the Law of the Constitution)

Doehring, Karl, Vertragskollision – Der Soering-Fall, in: Ipsen, Jörn (Hrsg.), Recht, Staat, Gemeinwohl: Festschrift für Dietrich Rauschning, Köln 2001, S. 419–426 (FS Rauschning)

Doehring, Karl, Unlawful Resolutions of the Security Council and their Legal Consequences, in: MPUNYB 1997, S. 91–109

Dominicé, Christian, Methodology of International Law, in: Bernhardt, Rudolf (Hrsg.), Encyclopedia of Public International Law, Amsterdam 1997 (Encyclopedia of Public International Law)

Dörr, Oliver/Grothe, Rainer/Marauhn, Thilo, EMRK/GG Konkordanzkommentar, Kapitel 1 – 19, 2. Auflage, Tübingen 2013 (EMRK/GG Konkordanzkommentar)

Dreier, Horst, Grundgesetz Kommentar, 2. Auflage, Tübingen 2006 (Grundgesetz Kommentar)

Duguit, Léon, La règle de droit: le problème de l'État, 3. Auflage, Paris 1927 (Traité de droit constitutionnel, Bd. I)

Dupuy, Pierre-Marie, The Constitutional Dimension of the Charter of the United Nations Revisited, in: MPUNYB 1997, S. 1–33

Dupuy, Pierre-Marie, The Danger of Fragmentation or Unification of the International Legal System and the International Court of Justice, in: New York University Journal of International Law and Politics 1999, S. 791–807

Dupuy, Pierre-Marie, Droit international public, 8. Auflage, Paris 2006 (Droit international public)

Dupuy, Pierre-Marie, Sécurité collective et construction de la paix dans la pratique contemporaine du Conseil de sécurité, in: Beyerlin, Ulrich/Bothe, Michael/Hofmann, Rainer/Petersmann, Ernst-Ulrich (Hrsg.), Recht zwischen Umbruch und Bewahrung: Völkerrecht, Europarecht, Staatsrecht; Festschrift für Rudolf Bernhardt, 1. Auflage, Berlin, Heidelberg [u.a.] 1995, S. 41–56 (FS Bernhardt)

Dworkin, Ronald, Law as Interpretation, in: Texas Law Review 1982, S. 527–550

Eckes, Christina, Sanctions against Individuals, in: European Constitutional Law Review 2008, S. 205–224

El Khoury, Nicole, Implementing Human Rights and Rule of Law Aspects of the UN Global Counter-Terrorism Strategy – the UNODC/TPB Experience, in: Salinas de Frias, Ana Maria/Samuel, Katja L.H./White, Nigel D. (Hrsg.), Counter-Terrorism. International Law and Practice, 1. Auflage, Oxford, New York 2012 (Counter-Terrorism. International Law and Practice)

Emmerich-Fritsche, Angelika, Vom Völkerrecht zum Weltrecht, Berlin 2007 (Vom Völkerrecht zum Weltrecht)

Epping, Volker/Hillgruber, Christian, Beck'scher Online-Kommentar Grundgesetz, Stand: 01.06.2015, Ed. 25. Auflage, München 2015 (Beck'scher Online-Kommentar GG)

Europarat/EGMR, Practical Guide on Admissibility Criteria, 3. Auflage, Strasbourg 2014 (Practical Guide on Admissibility Criteria)

Fabbrini, Federico/Larik, Joris, The Accession of the EU to the ECHR and its Effects: Nada v. Switzerland, the Clash of Legal Orders and the Constitutionalization of the ECtHR, in: SSRN 2013, S. 1–11600

Farrall, Jeremy Matam, United Nations Sanctions and the Rule of Law, 1. Auflage, New York 2007 (United Nations Sanctions and the Rule of Law)

Farrior, Stephanie, Introductory Note to R (Al-Jedda) v secretary of State for Defence, United Kingdom House of Lords, in: International Legal Materials 2008, S. 607–610

Fassbender, Bardo, The Security Council, in: Cassese, Antonio (Hrsg.), Realizing Utopia. The Future of International Law, Oxford 2012 (Realizing Utopia)

Fassbender, Bardo, Securing Human Rights? Achievements and Challenges of the UN Security Council, London, New York 2011 (Securing Human Rights)

Fassbender, Bardo, Targeted Sanctions and Due Process. The responsibility of the UN Security Council to ensure that fair and clear procedures are made available to individuals and entities targeted with sanctions under Chapter VII of the UN Charter, Berlin 2006 (Targeted Sanctions and Due Process)

Fassbender, Bardo, The Meaning of International Constitutional Law, in: Macdonald, Ronald St. John/Johnston, Douglas M. (Hrsg.), Towards World Constitutionalism. Issues in the Legal Ordering of the World Community, Leiden 2005, S. 837–851 (Towards World Constitutionalism)

Fassbender, Bardo, The Meaning of International Constitutional Law, in: Tsagourias, Nicholas (Hrsg.), Transnational Constitutionalism, New York 2007, S. 307–328 (Transnational Constitutionalism)

Fassbender, Bardo, The UN Security Council Reform and the Right to Veto: A Constitutional Perspective, 1. Auflage, The Hague/London/Boston 1998 (The UN Security Council Reform and the Right to Veto)

Fassbender, Bardo, The United Nations Charter as Constitution of the International Community, in: Columbia JTL 1998, S. 529–619

Fassbender, Bardo/Gunsteren, Dirk van, Menschenrechteerklärung: the Universal Declaration of Human Rights – Allgemeine Erklärung der Menschenrechte; Neuübersetzung, Synopse, Erläuterungen, Materialien, Stand der Bearbeitung: 1.9.2009, München 2009, S. XIX, 268 S. (Menschenrechteerklärung)

Fastenrath, Ulrich, Subsidiarität im Völkerrecht, in: Blickle, Peter/Hüglin, Thomas O./Wyduckel, Dieter (Hrsg.), Subsidiarität als rechtliches und politisches Ordnungsprinzip in Kirche, Staat und Gesellschaft: Genese, Geltungsgrundlagen und Perspektiven an der Schwelle des dritten Jahrtausends, Berlin 2002, S. 475–535 (Subsidiarität als rechtliches und politisches Ordnungsprinzip)

FATF, International Best Practices: Targeted Financial Sanctions related to Terrorism and Terrorist Financing (recommendation 6), Paris 2013 (Targeted Financial Sanctions related to Terrorism and Terrorist Financing)

Feinäugle, Clemens A., The UN Security Council Al-Quaida and Taliban Sanctions Committee, in: Bogdandy, Armin von/Bernstorff, Jochen von/Dann, Philipp/Goldmann, Matthias/Wolfrum, Rüdiger (Hrsg.), The Exercise of Public Authority by International Institutions: Advancing International Institutional Law, Berlin, Heidelberg 2010, S. 101–131 (The Exercise of Public Authority by International Institutions)

Feinäugle, Clemens A., Hoheitsgewalt im Völkerrecht: Das 1267-Sanktionsregime der UN und seine rechtliche Fassung, Berlin, Heidelberg 2011 (Hoheitsgewalt im Völkerrecht)

Feinäugle, Clemens A., The UN Security Council Al-Qaida and Taliban Sanctions Committee: Emerging Principles of International Institutional Law for the Protection of Individuals?, in: German Law Journal 2008, S. 1513–1538

Finke, Jasper/Wandscher, Christiane, Terrorismusbekämpfung jenseits militärischer Gewalt, in: Zeitschrift für die Vereinten Nationen und Sonderorganisationen 2001, S. 168–173

Fischer-Lescano, Andreas, Die Emergenz der Globalverfassung, in: ZaöRV 2003, S. 717–760

Fischer-Lescano, Andreas/Teubner, Gunther, Regime-Kollisionen: zur Fragmentierung des globalen Rechts, 1. Auflage, Frankfurt am Main 2006 (Regime-Kollisionen)

Fish, Stanley Eugene, Doing what comes naturally: change, rhetoric and the practice of theory in literary and legal studies, Durham [u.a.] 1989 (Doing what comes naturally)

Fish, Stanley Eugene, Is there a text in this class? The authority of interpretive communities, Cambridge, Mass. [u.a.] 1980 (Is there a text in this class?)

Fitschen, Thomas, Inventing the Rule of Law for the United Nations, in: MPUNYB 2008, S. 347–380

Fitschen, Thomas, „Strengthening the rule of law at the national and international levels" – Konzeptionelle Erwägungen zur Förderung der Rechtsstaatlichkeit in den internationalen Beziehungen, in: Wittinger, Michaela (Hrsg.), Verfassung – Völkerrecht – Kulturgüterschutz: Festschrift für Wilfried Fiedler zum 70. Geburtstag, Berlin 2011, S. 499–517 (FS Fiedler)

Flauss, Jean-François, Immunités des organisations internationales et droit international des droits de l'homme, in: SFDI (Hrsg.), La Soumission des Organisations Internationales aux Normes Internationales relatives aux Droits de l'Homme, Strasbourg 2009 (La Soumission des Organisations Internationales aux Normes Internationales relatives aux Droits de l'Homme)

Flauss, Jean-François, La primauté de la Charte et la Convention européenne des droits de l'homme, in: Salerno, Francesco (Hrsg.), Sanzioni „individuali" del consiglio di sicurezza e garanzie processuali fondamentalo, Padova 2010 (Sanzioni „individuali")

Focarelli, Carlo, Promotional Jus Cogens: A Critical Appraisal of Jus Cogens ' Legal Effects, in: Nordic Journal of International Law 2008, S. 429–459

Franck, Thomas M., On Proportionality of Countermeasures in International Law, in: AJIL 2008, S. 715–767

Franck, Thomas M., The Power of Legitimacy and the Legitimacy of Power: International Law in an Age of Power Disequilibrium in: AJIL 2006, S. 88–106

Franck, Thomas M., The „Powers of Appreciation"; Who is the Ultimate Guardian of UN Legality?, in: AJIL 1992, S. 519–523

Franck, Thomas M., The United Nations as a Guarantor of International Peace and Security: Past, Present, Future, in: Tomuschat, Christian (Hrsg.), The

United Nations at Age Fifty: A Legal Perspective, The Hague 1995 (The United Nations at Age Fifty)

Franck, Thomas M., Is the U.N. Charter a Constitution?, in: Frowein, Jochen A. (Hrsg.), Verhandeln für den Frieden: Liber amicorum Tono Eitel, Berlin, Heidelberg 2003, S. 95–106 (FS Eitel)

Frank, Daniel, Die UNO-Sanktionen gegen Terrorismus und Europäische Menschenrechtskonvention, in: Breitenmoser, Stephan/Ehrenzeller, Bernhard/Sassòli, Marco (Hrsg.), Human Rights, Democracy and the Rule of Law: liber amicorum Luzius Wildhaber, Zürich, St. Gallen, Baden-Baden 2007 (FS Wildhaber)

Franzius, Claudio, Recht und Politik in der transnationalen Konstellation, in: AöR (138) 2013, S. 204–288

Freihalter, Gerd U., Gewissensfreiheit: Aspekte eines Grundrechts, Berlin 1973 (Gewissensfreiheit)

Fremuth, Michael Lysander, Ein Prozess…: Zum Ausgleich zwischen der effektiven Bekämpfung des Terrorismus und der Beachtung der Menschenrechte in der Sanktionspraxis des Sicherheitsrates, in: DÖV 2012, S. 81–89

Friauf, Karl Heinrich/Höfling, Wolfram/Axer, Peter/Boehl, Henner Jörg, Berliner Kommentar zum Grundgesetz, Stand: 2017, Berlin (Berliner Kommentar zum Grundgesetz)

Frowein, Jochen A., Konstitutionalisierung des Völkerrechts, in: Dicke, Klaus (Hrsg.), Völkerrecht und Internationales Privatrecht in einem sich globalisierenden internationalen System, Heidelberg 2000, S. 427–448 (Berichte der Deutschen Gesellschaft für Völkerrecht 39)

Frowein, Jochen A., Konstitutionalisierung des Völkerrechts, in: Dicke, Klaus/Hummer, Waldemar/Girsberger, Daniel/Boele-Woelki, Katharina (Hrsg.), Völkerrecht und Internationales Privatrecht in einem sich globalisierenden internationalen System: Auswirkungen der Entstaatlichung transnationaler Rechtsbeziehungen, Heidelberg 2000, S. 427–448 (Völkerrecht und Internationales Privatrecht in einem sich globalisierenden internationalen System)

Frowein, Jochen A./Oellers-Frahm, Karin, Rapports nationaux/National Reports: Allemagne/Germany, in: Eisemann, Pierre Michel (Hrsg.), L'intégration du droit international et communautaire dans l'ordre juridique national, Leiden 1996 (L'intégration du droit international et communautaire dans l'ordre juridique national)

Frowein, Jochen A./Wolfrum, Rüdiger, Max Planck Yearbook of United Nations Law, 1, 1997 (MPUN)

Frowein, Jochen A., Reactions by not directly affected states to breaches of public international law, in: Recueil des cours de l'Académie de La Haye 1994, Vol. 248

Frowein, Jochen A./Peukert, Wolfgang, Europäische Menschenrechtskonvention: EMRK-Kommentar, 3. vollst. neu bearb. Auflage, Kehl am Rhein 2009 (EMRK-Kommentar)

Funke, Andreas, Umsetzungsrecht: zum Verhältnis von internationaler Sekundärrechtsetzung und deutscher Gesetzgebungsgewalt, Tübingen 2010 (Umsetzungsrecht)

Gaede, Karsten, Fairness als Teilhabe – das Recht auf konkrete und wirksame Teilhabe durch Verteidigung gemäß Art. 6 EMRK: ein Beitrag zur Dogmatik des fairen Verfahrens in europäischen Strafverfahren und zur wirksamkeitsverpflichteten Konventionsauslegung unter besonderer Berücksichtigung des Rechts auf Verteidigerbeistand, Berlin 2007 (Fairness als Teilhabe)

Gaja, Giorgio, The Review by the European Court of Human Rights of Member States' Acts Implementing European Union law: „Solange" Yet Again, in: Dupuy, Pierre-Marie (Hrsg.), Völkerrecht als Wertordnung: Festschrift für Christian Tomuschat, Kehl 2006, S. 517–526 (FS Tomuschat)

Galicki, Zdzislaw, Hierarchy in International Law within the Context of Its Fragmentation, in: Buffard, Isabelle/Crawford, James/Pellet, Alain/Wittich, Stephan (Hrsg.), International Law between Universalism and Fragmentation: Festschrift in Honour of Gerhard Hafner, Leiden 2008, S. 41–60 (FS Hafner)

Ginther, Konrad/Hafner, Gerhard, Völkerrecht zwischen normativem Anspruch und politischer Realität: Festschrift für Karl Zemanek zum 65. Geburtstag, Berlin 1994 (FS Zemanek)

Glennon, Michael J./Sur, Serge, Les livres de droit de l'Académie, in: Terrorisme et droit international, Leiden [u.a.] 2008, 813 S. (Terrorisme et droit international)

Goldsmith, Jack L./Posner, Eric A., The Limits of International Law, Oxford [u.a.] 2005 (The limits of international law)

Gowlland-Debbas, Vera, Revisiting the Role of UN Sanctions in the International Legal System, in: Koufa, Kalliopi (Hrsg.), International Law Enforcement New Tendencies, 1. Auflage, Athens, Thessaloniki 2010 (International Law Enforcement New Tendencies)

Gowlland-Debbas, Vera, Responsibility and the United Nations Charter, in: Crawford, James/Pellet, Alain/Olleson, Simon (Hrsg.), The Law of International Responsibility, 1. Auflage, Oxford, New York 2010 (The Law of International Responsibility)

Gowlland-Debbas, Vera, National implementation of United Nations sanctions, Leiden 2004 (National implementation of United Nations sanctions)

Gowlland-Debbas, Vera, The Security Council as Enforcer of Human Rights, in: Fassbender, Bardo (Hrsg.), Securing Human Rights? Achievements and Challenges of the UN Security Council, London, New York 2011 (Securing Human Rights)

Gowlland-Debbas, Vera, The Security Council and Issues of Responsibility under International Law, in: Recueil des Cours de l'Académie de La Haye 2012

Gowlland-Debbas, Vera, Security Council Enforcement Action And Issues of State Responsibility, in: International and Comparative Law Quarterly 1994, S. 55–98

Grabenwarter, Christoph/Pabel, Katharina, Europäische Menschenrechtskonvention: ein Studienbuch, 6. Auflage, München, Basel 2016 (Europäische Menschenrechtskonvention)

Greer, Steven, The Margin of appreciation: Interpretation and discretion under the European Convention on Human Rights, 1. Auflage, Strasbourg 2000 (The Margin of appreciation)

Griller, Stefan, Die Bindung der Europäischen Union an das Recht der Vereinten Nationen unter besonderer Berücksichtigung der Rechtswirkungen von Beschlüssen des Sicherheitsrates im Unionsrecht, in: Europarecht-Beiheft 2012, S. 103–121

Guazzarotti, Andrea, Security Council Resolutions before European Courts: The Elusive Virtue of Non Direct Effect, in: Perspectives of Federalism 2012, S. E-125–E-148

Guillaume, Gilbert, Terrorism and International Law, in: International and Comparative Law Quarterly 2004, S. 537–548

Gundmann, Stefan, § 10 Systemdenken und Systembildung, in: Riesenhuber, Karl (Hrsg.), Europäische Methodenlehre: Handbuch für Ausbildung und Praxis, Berlin 2006, S. 286–315 (Europäische Methodenlehre)

Habermas, Jürgen, The Constitutionalization of International Law and the Legitimation Problems of a Constitution for World Society, in: Constellations 2008, S. 444–455

Habermas, Jürgen, Der gespaltene Westen, Orig.-Ausg., 1. Auflage, Frankfurt am Main 2004 (Der gespaltene Westen)

Habermas, Jürgen, Eine politische Verfassung für die pluralistische Weltgesellschaft?, in: Kritische Justiz 2005, S. 222–247

Hafner, Gerhard, The Emancipation of the Individual from the State under International Law in: Recueil des Cours de l'Académie de La Haye 2011, Vol. 358

Halberstam, Daniel/Stein, Eric, The United Nations, the European Union, and the King of Sweden: Economic Sanctions and Individual Rights in a Plural World Order, in: CMLR 2009, S. 13–72

Hammarberg, Thomas, Human rights in Europe: no grounds for complacency, Strasbourg 2011 (Human rights in Europe)

Hannikainen, Lauri, Peremptory Norms (jus cogens) in International Law: Historical Development, Criteria, Present Status, Helsinki 1988 (Peremptory Norms in International Law)

Haratsch, Andreas, Die Solange-Rechtsprechung des Europäischen Gerichtshofs für Menschenrechte – Das Kooperationsverhältnis zwischen EGMR und EuGH –, in: ZaöRV 2006, S. 927–947

Hart, H. L. A., The Concept of Law, with a postscript ed. by Penelope A. Bulloch 2. Auflage, Oxford [u.a.] 1994 (The Concept of Law)

Hart, H. L. A., Essays in Jurisprudence and Philosophy, Oxford 1983 (Essays in Jurisprudence and Philosophy)

Hayek, Friedrich A. von, The constitution of liberty, London 1963 (The Constitution of Liberty)

Henninger, Hartmut, Menschenrechte und Frieden als Rechtsprinzipien des Völkerrechts: das Handeln der Vereinten Nationen in der Konfliktnachsorge aus der Perspektive einer völkerrechtlichen Prinzipienlehre, Tübingen 2013 (Menschenrechte und Frieden als Rechtsprinzipien des Völkerrechts)

Herdegen, Matthias, Die Befugnisse des UN-Sicherheitsrates: aufgeklärter Absolutismus im Völkerrecht?; [Vortrag: 15. Juni 1998], Heidelberg 1998 (Die Befugnisse des UN-Sicherheitsrates)

Herdegen, Matthias, Der Sicherheitsrat und die autoritative Konkretisierung des VII. Kapitels der UN-Charta, in: Beyerlin, Ulrich/Bothe, Michael/Hofmann, Rainer/Petersmann, Ernst-Ulrich (Hrsg.), Recht zwischen Umbruch und Bewahrung: Völkerrecht, Europarecht, Staatsrecht; Festschrift für Rudolf Bernhardt, 1. Auflage, Berlin, Heidelberg [u.a.] 1995, S. 103–119 (FS Bernhardt)

Heusel, Wolfgang, „Weiches" Völkerrecht: eine vergleichende Untersuchung typischer Erscheinungsformen, 1. Auflage, Baden-Baden 1991 („Weiches" Völkerrecht)

Hidalgo, Oliver, Freiheit und Sicherheit als antinomische Gegenpole im demokratischen Rechtsstaat, in: Voigt, Rüdiger (Hrsg.), Sicherheit versus Freiheit: Verteidigung der staatlichen Ordnung um jeden Preis?, Wiesbaden 2012, S. 269–291 (Freiheit und Sicherheit)

Higgins, Rosalyn, The Legal Consequences for Member States of the Non-fulfilment by International Organizations of their Obligations toward Third Parties, Lisbon Session, in: Annuaire de l'Institut de droit international 1995, S. 251 ff.

Higgins, Rosalyn, Terrorism and international law, 1. publ. Auflage, London [u.a.] 1997, 382 S. (Terrorism and International Law)

Hilgenberg, Hartmut, Soft Law im Völkerrecht, in: ZeuS 1998, S. 81 ff.

Hobe, Stephan, Die Präambel der UN-Charta im Lichte der aktuellen Völkerrechtsentwicklung, 120, 1997 (Die Präambel der UN-Charta)

Hobe, Stephan, Die Zukunft des Völkerrechts im Zeitalter der Globalisierung, in: AVR 1999, S. 253–282

Hoffman, Bruce, Inside terrorism, New York 2006 (Inside Terrorism)

Hoffmeister, Frank, Die europäische Menschenrechtskonvention als Grundrechtsverfassung und ihre Bedeutung in Deutschland, in: Der Staat 2001, S. 349–381

Hovell, Devika, Kadi: King-Slayer or King-Maker? The Shifting Allocation of Decision-Making Power between the UN Security Council and Courts, in: The Modern Law Review 2016, S. 147–182

Hovell, Devika, The Power of Process: The Value of Due Process in Security Council Sanctions Decision-Making, 1. Auflage, London 2016 (The Power of Process)

Huber, Peter M., Die EU als Herausforderung für das Bundesverfassungsgericht, in: Pernice, Ingolf (Hrsg.), Europa in der Welt - von der Finanzkrise zur Reform der Union, 1. Auflage, Baden-Baden 2013, S. 329–368 (Europa in der Welt)

Huber, Peter M., Verfassungsstaat und Finanzkrise, 1. Auflage, Baden-Baden 2014 (Verfassungsstaat und Finanzkrise)

Huntington, Samuel P., The clash of civilizations and the remaking of world order, New York 1996 (The Clash of Civilizations)

Hurd, Ian, The UN Security Council and the International Rule of Law, in: Chinese Journal of International Politics 2014, S. 361–379

ICJ, Assessing Damage, Urging Action. Report of the Eminent Jurists Panel on Terrorism, Counter-terrorism and Human Rights (International Commission of Jurists), Genf 2009 (Assessing Damage, Urging Action. Report of the Eminent Jurists Panel on Terrorism, Counter-terrorism and Human Rights (International Commission of Jurists))

IDI, Session d'Amsterdam, Septembre 1957, in: Annuaire de l'Institut de Droit International 1957 (Vol. II)

ILA, Report of the 71st Conference in Berlin, 16–21 August 2004, London 2004 (Report of the 71st Conference)

Isensee, Josef, Das Grundrecht auf Sicherheit: zu den Schutzpflichten des freiheitlichen Verfassungsstaates; Vortrag gehalten vor der Berliner Juristischen Gesellschaft am 24. November 1982, Erw. Fassung 1. Auflage, 1983 (Das Grundrecht auf Sicherheit)

Isiksel, Türküler N., Fundamental Rights in the EU after Kadi and Al-Barakaat, in: European Law Journal 2010, S. 551–577

Istrefi, Kushtrim, The Application of Article 103 of the United Nations Charter in the European Courts: the Quest for Regime Compatibility on Fundamental Rights, in: European Journal of Legal Studies 2012, S. 81–93

Istrefi, Kushtrim/Ratniece, Zane, Think Globally, Act Locally. Al-Jedda's Oscillation between the Coherence of International Law and Autonomy of the European Legal Order, in: The Hague Yearbook of International Law 2011, S. 231–263

Jakab, Andràs, The Rule of Law and the Terrorist Challenge: A Map of Possible Arguments and the Dilemma of Security vs. Liberty, in: Iliopoulos-Strangas, Julia/Diggelmann, Oliver/Bauer, Hartmut (Hrsg.), Rechtsstaat, Freiheit und Sicherheit in Europa: [Kongress vom 4. bis 7. Juni in Budapest], Athen Baden-Baden 2009, S. 17–43 (Rechtsstaat, Freiheit und Sicherheit in Europa)

Janik, Cornelia, Die Bindung internationaler Organisationen an internationale Menschenrechtsstandards: eine rechtsquellentheoretische Untersuchung am Beispiel der Vereinten Nationen, der Weltbank und des Internationalen Währungsfonds, Tübingen 2012 (Bindung internationaler Organisationen an internationale Menschenrechtsstandards)

Janik, Cornelia, Die EMRK und internationale Organisationen – Ausdehnung und Restriktion der equivalent protection-Formel in der neuen Rechtsprechung des EGMR –, in: ZaöRV 2010, S. 127–179

Jenks, Wilfried C., The Conflict of Law-Making Treaties, in: British Yearbook of International Law 1953 S. 401–453

Jennings, Robert Y./Watts, Arthur, Oppenheim's International Law. Parts 2 to 4, 9. Auflage, Harlow 1992 (Oppenheim's International Law)

Johnstone, Ian, Security Council Deliberations: The Power of the Better Argument, in: EJIL 2003, S. 437–480

Joseph, Sarah/Castan, Melissa, The International Covenant on Civil and Political Rights: cases, materials, and commentary, 3. Auflage, Oxford 2013 (The International Covenant on Civil and Political Rights)

Kadelbach, Stefan, Zwingendes Völkerrecht, Berlin 1992 (Zwingendes Völkerrecht)

Kadelbach, Stefan/Kleinlein, Thomas, Überstaatliches Verfassungsrecht. Zur Konstitutionalisierung im Völkerrecht, in: Archiv des Völkerrechts 2006, S. 235–266

Kahl, Wolfgang/Abraham, Hans Jürgen/Dolzer, Rudolf, Bonner Kommentar zum Grundgesetz, Heidelberg, Hamburg, 2017 (Bonner Kommentar zum Grundgesetz)

Kanetake, Machiko, The Interfaces between the National and International Rule of Law: The Case of UN Targeted Sanctions, in: INTERFACES Research Paper 01, 2012 , S. 1–58

Kant, Immanuel, Zum ewigen Frieden: ein philosophischer Entwurf, Bibliogr. aktualisierte Ausg. 2008, [Nachdr.] Auflage, Stuttgart 2010 (Zum ewigen Frieden)

Karl, Wolfram, Conflict Between Treaties, in: Bernhardt, Rudolf (Hrsg.), Encyclopedia of Public International Law, Band 4, 2002, 2002 (Encyclopedia of Public International Law, Band 4, 2002)

Karpenstein, Ulrich/Mayer, Franz C., Konvention zum Schutz der Menschenrechte und Grundfreiheiten: EMRK; Kommentar, München 2012 (EMRK)

Katz, Milton/Schlesinger, Rudolf B./Rheinstein, Max, International Association of Legal Science. The Colloquia at Chicago, September 8–16, 1957, in: The American Journal of Comparative Law 1957, S. 518–525

Kau, Marcel, Proelß, Alexander/Vitzthum, Wolfgang/Bothe, Michael (Hrsg.), Völkerrecht, 6. Auflage, Berlin [u.a.] 2013 (Völkerrecht)

Kelsen, Hans, Allgemeine Theorie der Normen, Wien 1979 (Allgemeine Theorie der Normen)

Kelsen, Hans, Das Problem der Souveränität und die Theorie des Völkerrechts: Beitrag zu einer reinen Rechtslehre, Tübingen 1920 (Das Problem der Souveränität)

Kelsen, Hans, The Law of the United Nations: A critical analysis of its fundamental problems; With bound in supplement, 4. Auflage, London 1964 (The Law of the United Nations)

Kelsen, Hans, Reine Rechtslehre, 2. vollst. neu bearb. und erw. Auflage, Wien 1960 (Reine Rechtslehre)

Khan, L. Ali, A Theory of International Terrorism. Understanding Islamic Militancy, Leiden/Boston 2006 (A Theory of International Terrorism)

Kirchhof, Paul, Richterliche Rechtsfindung gebunden an „Gesetz und Recht“, in: NJW 1986, S. 2275–2280

Kirchmann, Julius H. von (Hrsg.), Immanuel Kant's Metaphysik der Sitten, Berlin 1870 (Immanuel Kant's Metaphysik der Sitten)

Kirschner, Adele J., Security Council Resolution 1904 (2009): A Significant Step in the Evolution of the Al-Qaida and Taliban Sanctions Regime?, in: ZaöRV 2010, S. 585–607

Kitz, Heinz-Eberhard, Die Notstandsklausel des Art. 15 der Europäischen Menschenrechtskonvention, Berlin 1982 (Die Notstandsklausel des Art. 15 der Europäischen Menschenrechtskonvention)

Klatt, Matthias/Meister, Moritz, The constitutional structure of proportionality, Oxford 2012 (The constitutional structure of proportionality)

Klein, Eckart/Schmahl, Stefanie, Die Internationalen und die Supranationalen Organisationen, in: Proelß, Alexander/Vitzthum, Wolfgang/Bothe, Michael (Hrsg.), Völkerrecht, Berlin 2013, S. 237–350 (Völkerrecht)

Knauff, Matthias, Der Regelungsverbund: Recht und Soft Law im Mehrebenensystem, Tübingen 2010 (Der Regelungsverbund)

Knoll, Bernhard, Rights Without Remedies: The European Court's Failure to Close the Human Rights Gap in Kosovo, in: ZaöRV 2008, S. 431–451

Koh, Jae-myong, Suppressing terrorist financing and money laundering, Berlin; Heidelberg [u.a.] 2006 (Suppressing Terrorist Financing and Money Laundering)

Kolb, Robert, Ius contra bellum: le droit international relatif au maintien de la paix; Précis, 2. Auflage, Basel 2009 (Ius contra bellum)

König, Doris, Die Übertragung von Hoheitsrechten im Rahmen des europäischen Integrationsprozesses – Anwendungsbereich und Schranken des Art. 23 des Grundgesetzes, Berlin 2000 (Die Übertragung von Hoheitsrechten)

König, Thomas/Rieger, Elmar/Schmitt, Hermann, Das europäische Mehrebenensystem, Frankfurt/Main [u.a.] 1996, 434 S. (Das europäische Mehrebenensystem)

Koskenniemi, Martii, Hierarchy in International Law: A Sketch, in: EJIL 1997, S. 566–582

Koskenniemi, Martii/Leino, Paivi, Fragmentation of International Law? Postmodern Anxieties, in: LJIL 2002, S. 553–579

Kotzur, Markus, Entscheiden(d) für die Welt – zur Rationalität und Legitimität der Entscheidungen des UN-Sicherheitsrates, in: Jahrbuch des öffentlichen Rechts der Gegenwart 2007, S. 23 ff.

Krause, Skadi, Antiterrorkampf und die Verteidigung der Grundrechte, in: Brodocz, André/Llanque, Marcus/Schaal, Gary S. (Hrsg.), Bedrohungen der Demokratie, Wiesbaden 2008, S. 152–166 (Bedrohungen der Demokratie)

Kreuder-Sonnen, Christian, Der UN-Sicherheitsrat als Diktator: Globale Terrorismusbekämpfung à la Carl Schmitt in: Kocks, Alexander/Harbrich, Kai/Spencer, Alexander (Hrsg.), Terrorismusforschung in Deutschland, Wiesbaden 2011 (Terrorismusforschung in Deutschland)

Krieger, Heike, Verfassung im Völkerrecht – Konstitutionelle Elemente jenseits des Staates?, in: VVdStRL 2016, S. 439–468

Kunig, Philip, Das Rechtsstaatsprinzip: Überlegungen zu seiner Bedeutung für das Verfassungsrecht der Bundesrepublik Deutschland, Tübingen 1986 (Das Rechtsstaatsprinzip)

Kunig, Philip, Proelß, Alexander/Vitzthum, Wolfgang/Bothe, Michael (Hrsg.), Völkerrecht, 6. Auflage, Berlin 2013 (Völkerrecht)

Künzli, Jörg, Zwischen Rigidität und Flexibilität: der Verpflichtungsgrad internationaler Menschenrechte: ein Beitrag zum Zusammenspiel von Menschenrechten, humanitärem Völkerrecht und dem Recht der Staatenverantwortlichkeit, Berlin 2001 (Zwischen Rigidität und Flexibilität)

Kushner, Harvey W., Encyclopedia of Terrorism, Thousand Oaks [u.a.] 2003 (Encyclopedia of Terrorism)

Lagrange, Evelyne, Le Conseil de Sécurité des Nations Unies peut-il violer le droit international?, in: Revue belge de droit international 2004, S. 568–591

Larenz, Karl/Canaris, Klaus-Wilhelm, Methodenlehre der Rechtswissenschaft, 4. Auflage, Berlin, Heidelberg 2018 (Methodenlehre der Rechtswissenschaft)

Lauterpacht, Hersch, International Law and Human Rights, New York 1950 (International Law and Human Rights)

Lauterpacht, Hersch, International Law: Volume 1, The General Works: Being the Collected Papers of Hersch Lauterpacht, 1970 (International Law: Volume I)

Lavalle, Roberto, A Novel, if Awkward, Exercice in International Law-Making: Security Council Resolution 1540 (2004), in: Netherland International Law Journal 2004, S. 411–437

Leathley, Christian, An institutional Hierarchy to combat the Fragmentation of International Law: Has the ILC missed an opportunity?, in: International Law and Politics 2007, S. 259–306

Lescano-Fischer, Andreas, Monismus, Dualismus? – Pluralismus. Selbstbestimmung des Weltrechts bei Hans Kelsen und Niklas Luhmann, in: Brunkhorst, Hauke (Hrsg.), Rechts-Staat: Staat, internationale Gemeinschaft und Völkerrecht bei Hans Kelsen, 1. Auflage, Baden-Baden 2008 (Rechts-Staat)

López-Jacoiste, Eugenia, The UN Collective Security System and its Relationship with Economic Sanctions and Human Rights, in: MPUNYB 2010, S. 273–335

Ludwig, Bernd, Immanuel Kant. Metaphysische Anfangsgründe der Rechtslehre. Metaphysik der Sitten. Erster Teil, 2. verb. Auflage, Hamburg 1998 (Immanuel Kant. Metaphysische Anfangsgründe der Rechtslehre)

Lysen, Göran, Targeted UN Sanctions: Application of Legal Sources and Procedural Matters, in: Nordic Journal of International Law 2003, S. 291–304

Macdonald, Ronald St. John, The European system for the protection of human rights, Dordrecht [u.a.] 1993, S. XXIX, 940 S. (The European System for the protection of Human Rights)

Macdonald, Ronald St. John, The International Community as a Legal Community, in: Macdonald, Ronald St. John/Johnston, Douglas M. (Hrsg.), Towards World Constitutionalism. Issues in the Legal Ordering of the World Community, Leiden 2005, S. 853–901 (Towards World Constitutionalism)

Marauhn, Thilo, § 7, in: Schulze, Reiner/Zuleeg, Manfred/Kadelbach, Stefan (Hrsg.), Europarecht: Handbuch für die deutsche Rechtspraxis, 3. Auflage, Baden-Baden 2015 (Europarecht: Handbuch)

Marschik, Axel, Legislative Powers of the Security Council in: Macdonald, Ronald St. John/Johnston, Douglas M. (Hrsg.), Towards World Constitutionalism. Issues in the Legal Ordering of the World Community, 1. Auflage, Leiden 2005 (Towards World Constitutionalism)

Martenczuk, Bernd, Rechtsbindung und Rechtskontrolle des Weltsicherheitsrats: die Überprüfung nichtmilitärischer Zwangsmaßnahmen durch den Internationalen Gerichtshof, Berlin 1996 (Rechtsbindung und Rechtskontrolle des Weltsicherheitsrats)

Martinez, Luis Miguel Hinojosa, The Legislative Role of the Security Council in its Fights against Terrorism: Legal, Political and Practical Limits, in: International and Comparative Law Quarterly 2008, S. 333–359

Martini, Stefan, Die Pluralität von Rule-of-Law-Konzeptionen in Europa und das Prinzip einer europäischen Rule of Law, in: Kötter, Matthias/Schuppert, Gunnar Folke (Hrsg.), Normative Pluralität ordnen. Rechtsbegriffe, Normenkollisionen und Rule of Law in Kontexten dies- und jenseits des Staates, 1. Auflage, Baden-Baden 2009 (Normative Pluralität ordnen)

Marty, Dick/Karagiannis, Syméon, UN Security Council black lists (Marty Report), AS/Jur (2007) 14* Strasbourg 2007 (UN Security Council black lists (Marty Report))

Matz-Lück, Nele/Hong, Mathias, Grundrechte und Grundfreiheiten im Mehrebenensystem – Konkurrenzen und Interferenzen, Berlin, Heidelberg 2012 (Grundrechte und Grundfreiheiten im Mehrebenensystem)

Maunz, Theodor/Dürig, Günter, *Grundgesetz*: Kommentar, München (GG-Kommentar)

Mayer, Franz C., Kompetenzüberschreitung und Letztentscheidung: das Maastricht-Urteil des Bundesverfassungsgerichts und die Letztentscheidung über Ultra-vires-Akte in Mehrebenensystemen; eine rechtsvergleichende Betrachtung von Konflikten zwischen Gerichten am Beispiel der EU und der USA, München 2000, 425 S. (Kompetenzüberschreitung und Letztentscheidung)

McLachlan, Campbell, The Principle of Systemic Integration and Article 31(3)(c) of the Vienna Convention, in: ICLQ 2005, S. 279–320

Mégret, Frédéric/Hoffmann, Florian, The UN as a Human Rights Violator? Some Reflections on the United Nations Changing Human Rights Responsibilities, in: Human Rights Quarterly 2003, S. 314–342

Meiser, Christian/Buttlar, Christian von, Militärische Terrorismusbekämpfung unter dem Regime der UN-Charta, 1. Auflage, Baden-Baden 2005 (Militärische Terrorismusbekämpfung unter dem Regime der UN-Charta)

Merkel, Wolfgang, Measuring the quality of rule of law: virtues, perils, results, in: Zürn, Michael/Nollkaemper, André/Peerenboom, Randall (Hrsg.), Rule of Law Dynamics in an Era of International and Transnational Governance, 1. Auflage, New York 2012 (Rule of Law Dynamics)

Meron, Theodor, Human Rights and Humanitarian Norms as Customary International Law, Oxford 1991, 263 S. (Human Rights and Humanitarian Norms as Customary International Law)

Messineo, Francesco, The House of Lords in Al-Jedda and Public International Law: Attribution of Conduct to Unauthorized Forces and the Power of the Security Council to Displace Human Rights, in: Netherland International Law Journal 2009, S. 35–67

Meyer-Ladewig, Jens, Europäische Menschenrechtskonvention: EMRK; Handkommentar, 4. Auflage, Baden-Baden, Basel 2017 (Europäische Menschenrechtskonvention)

Meyer, Frank, Strafrechtsgenese in Internationalen Organisationen: eine Untersuchung der Strukturen und Legitimationsvoraussetzungen strafrechtlicher Normbildungsprozesse in Mehrebenensystemen, Baden-Baden 2012 (Strafrechtsgenese in Internationalen Organisationen)

Michaels, Ralf/Pauwelyn, Joost, Conflict of Norms or Conflict of Laws? Different Techniques in the Fragmentation of Public International Law, in: DJCIL 2012, S. 349–376

Miko, Samantha A., Norm Conflict, Fragmentation and The European Court of Human Rights, in: Boston College Law Review 2013, S. 1351–1383

Milanovic, Marko, Al-Skeini and Al-Jedda in Strasbourg, in: European Journal of International Law 2012, S. 121–139

Milanovic, Marko, The Human Rights Committee's Views in Sayadi v. Belgium: A Missed Opportunity, in: GOJIL 2009, S. 519–538

Milanovic, Marko, Norm Conflict in International Law: Whither Human Rights?, in: DJCIL 2009, S. 69–161

Möldner, Mirka, Responsibility of International Organizations – Introducing the ILC's DARIO, in: MPUNYB 2012, S. 281–328

Möllers, Christoph, Gewaltengliederung: Legitimation und Dogmatik im nationalen und internationalen Rechtsvergleich, Tübingen 2005 (Gewaltengliederung)

Monshipouri, Mahmoud, Terrorism, Security, and Human Rights: Harnessing the Rule of Law, 1. Auflage, London 2012 (Terrorism, Security, and Human Rights)

Mosler, Hermann, Die Erweiterung des Kreises der Völkerrechtssubjekte, in: ZaöRV 1962, S. 1–48

Mosler, Hermann/Bernhardt, Rudolf (Hrsg.), Encyclopedia of Public International Law, Amsterdam 1997 (Encyclopedia of Public International Law)

Mosler, Hermann, Die europäische Integration aus der Sicht der Gründungsphase, in: Due, Ole (Hrsg.), Festschrift für Everling. Band 2, Baden-Baden 1995, S. 911–924 (FS Everling)

Mosler, Hermann, The international society as a legal community, Alphen aan den Rijn 1980 (The International Society as a Legal Community)

Mosler, Hermann, Völkerrecht als Rechtsordnung, in: ZaöRV 1976, S. 6–49

Nadrai, Valérie, Rechtsstaatlichkeit als internationales Gerechtigkeitsprinzip, in: Kohler, Georg (Hrsg.), Konturen der neuen Welt(un)ordnung: Beiträge zu einer Theorie der normativen Prinzipien internationaler Politik, 1. Auflage, Berlin 2003 (Konturen der neuen Welt(un)ordnung)

Neuhold, Hanspeter, Terminological Ambiguity in the Field of International Security. Legal and Political Aspects, in: Dicke, Klaus (Hrsg.), Weltinnenrecht: liber amicorum Jost Delbrück, 1. Auflage, Berlin 2005 (FS Delbrück)

Nolte, Georg, Practice of the UN Security Council with Respect to Humanitarian Law, in: Dicke, Klaus (Hrsg.), Weltinnenrecht: Liber amicorum Jost Delbrück, 1. Auflage, Berlin 2005 (FS Delbrück)

Norodon, Anne-Thida, Typologie des Résolutions de l'ONU Créatrices de Droit International Général, in: Crawford, James/Nouwen, Sarah (Hrsg.), Select proceedings of the European society of international law. Third Volume, International Law 1989–2010, Oxford/Portland 2012 (Select proceedings of the European society of international law. Third Volume)

Nowak, Manfred, CCPR-Commentary, Kehl am Rhein [u.a.] 1993 (CCPR-Commentary)

Nowak, Manfred, Einführung in das internationale Menschenrechtssystem, Wien, Graz 2002 (Einführung in das internationale Menschenrechtssystem)

O'Connell, Daniel P., International law, 2. Auflage, London 1970 (International Law)

Olivier, Clémentine, Human Rights Law and the International Fight Against Terrorism: How do Security Council Resolutions Impact on States' Obligations Under International Human Rights Law? (Revisiting Security Council Resolution 1373), in: Nordic Journal of International Law 2004, S. 399–419

Oosthuizen, Gabriel H., Playing the Devil's Advocate: the United Nations Security Council is Unbound by Law, in: LJIL 1999, S. 549–563

Ooyen, Robert Christian van, Die Staatstheorie des Bundesverfassungsgerichts und Europa: von Solange über Maastricht zu Lissabon und Euro-Rettung, 5. Auflage, Baden-Baden 2014 (Die Staatstheorie des Bundesverfassungsgerichts und Europa: von Solange über Maastricht zu Lissabon und Euro-Rettung)

Orakhelashvili, Alexander, Collective Security, New York 2011 (Collective Security)

Orakhelashvili, Alexander, Peremptory norms in international law, Oxford [u.a.] 2008 (Peremptory norms in international law)

Orakhelashvili, Alexander, R (on the Application of Al-Jedda) (FC) v. Secretary of State for Defence. [2007] UKHL 58, in: American Journal of International Law 2008, S. 337–345

Papastavridis, Efthymios, Interpretation of Security Council Resolutions under Chapter VII in the Aftermath of the Iraqi Crisis, in: ICLQ 2007, S. 83–118

Paulus, Andreas, Die internationale Gemeinschaft im Völkerrecht: eine Untersuchung zur Entwicklung des Völkerrechts im Zeitalter der Globalisierung; the „international community" in public international law; english summary, München 2001 (Die internationale Gemeinschaft im Völkerrecht)

Pauwelyn, Joost, Conflict of Norms in Public International Law: how WTO Law relates to other Rules of International Law, Cambridge 2003 (Conflict of Norms in Public International Law)

Payandeh, Mehrdad, Internationales Gemeinschaftsrecht: Zur Herausbildung gemeinschaftsrechtlicher Strukturen im Völkerrecht der Globalisierung, Berlin, Heidelberg 2010 (Internationales Gemeinschaftsrecht)

Payandeh, Mehrdad, Rechtskontrolle des UN-Sicherheitsrates durch staatliche und überstaatliche Gerichte, in: ZaöRV 2006, S. 41–61

Peerenboom, Randall, Human Rights and the Rule of Law: What's the relationship?, in: Georgetown Journal of International Law 2005, S. 809–945

Pejic, Jelena, The ECtHR's Al-Jedda Judgment: Implications for IHL, in: Yearbook of International Humanitarian Law 2011, S. 237–253

Pellet, Alain, Rapport Introductif, Peut-on et doit-on controller les actions du Conseil de Securité?, in: Bedjaoui, Mohammed (Hrsg.), Le chapitre VII de la Charte des Nations unies. Colloque de Rennes, SFDI, 1. Auflage, Paris 1995 (Le chapitre VII de la Charte des Nations unies. Colloque de Rennes, SFDI)

Peterke, Sven, Die Bekämpfung der Terrorismusfinanzierung unter Kapitel VII der UN-Charta: Die Resolution 1373 (2001) des UN-Sicherheitsrates, in: Humanitäres Völkerrecht Informationsschriften 2001, S. 217–221

Peters, Anne, Compensatory Constitutionalism: The Function and Potential of Fundamental International Norms and Structures, in: LJIL 2006, S. 579–610

Peters, Anne, Conclusions, in: Klabbers, Jan/Peters, Anne/Ulfstein, Geir (Hrsg.), The Constitutionalization of International Law, Oxford 2009, S. 342–352 (The Constitutionalization of International Law)

Peters, Anne, Jenseits der Menschenrechte: die Rechtsstellung des Individuums im Völkerrecht, Tübingen 2014 (Jenseits der Menschenrechte)

Peters, Anne, Are we Moving towards Constitutionalization of the World Community?, in: Cassese, Antonio (Hrsg.), Realizing Utopia. The Future of International Law, 1. Auflage, Oxford 2012, S. 118–135 (Realizing Utopia)

Peters, Anne, Proportionality as a Global Constitutional Principle, in: Baade, Björnstern/Ehricht, Sebastian/Fink, Matthäus/Frau, Robert/Möldner, Mirka/Risini, Isabella/Stirner, Torsten (Hrsg.), Verhältnismäßigkeit im Völkerrecht, 1. Auflage, Tübingen 2016 (Verhältnismäßigkeit im Völkerrecht)

Peters, Anne, Global Constitutionalism in a Nutshell, in: Dicke, Klaus (Hrsg.), Weltinnenrecht: liber amicorum Jost Delbrück, 1. Auflage, Berlin 2005 (FS Delbrück)

Petersmann, Ernst-Ulrich, Time for a United Nations 'Global Compact' for Integrating Human Rights into the Law of Worldwide Organizations: Lessons from European Integration, in: EJIL 2002, S. 621–650

Pfeffer, Robert, Das Verhältnis von Völkerrecht und Landesrecht: eine kritische Betrachtung alter und neuer Lehren unter besonderer Berücksichtigung der Europäischen Menschenrechtskonvention, Tübingen 2009 (Das Verhältnis von Völkerrecht und Landesrecht)

Philipps, Lothar, Normentheorie, in: Kaufmann, Arthur/Hassemer, Winfried/Neumann, Ulfrid (Hrsg.), Einführung in die Rechtsphilosophie und Rechtstheorie in der Gegenwart, 8. überarb. Auflage, Heidelberg, München, Landsberg, Frechen, Hamburg 2011, 515 S. (Einführung in die Rechtsphilosophie)

Pimlott, John, International Encyclopedia of Terrorism, Chicago [u.a.] 1997, S. 805 S. (International Encyclopedia of Terrorism)

Porter, Noah, Webster's international dictionary of the English language, London 1903 (Webster's international dictionary)

Prost, Mario, Fair Process and the Security Council, in: Salinas de Frias, Ana Maria/Samuel, Katja L.H./White, Nigel D. (Hrsg.), Counter-Terrorism. International Law and Practice, Oxford, New York 2012, S. 409–425 (Counter-Terrorism)

Radbruch, Gustav, Rechtsphilosophie: Studienausgabe, 2. überarb. Auflage, Heidelberg 2003 (Rechtsphilosophie)

Ramcharan, Bertrand G., The Security Council and the Protection of Human Rights, The Hague, London, New York 2002 (The Security Council and the Protection of Human Rights)

Randelzhofer, Albrecht, Der normative Gehalt des Friedensbegriffs im Völkerrecht der Gegenwart, in: Delbrück, Jost (Hrsg.), Völkerrecht und Kriegsverhütung: zur Entwicklung des Völkerrechts als Recht friedenssichernden Wandels, Berlin 1979 (Völkerrecht und Kriegsverhütung)

Rauber, Jochen, Verhältnismäßigkeit und völkerrechtliche Systembildung – Überlegungen zur einheitsbildenden Funktion des Verhältnismäßigkeitsgrundsatzes im Völkerrecht der Konstitutionalisierung, in: ZaöRV 2015, S. 259–298

Raz, Joseph, The Authority of Law: Essays on Law and Morality, Oxford [u.a.] 1979 (The Authority of Law: Essays on Law and Morality)

Reese-Schäfer, Walter, Sicherheit, Freiheit und Terrorismus, in: Zeitschrift für Menschenrechte 2007, S. 37–51

Reinisch, August, Developing Human Rights and Humanitarian Law. Accountability of the Security Council for the Imposition of Economic Sanctions, in: AJIL 2001, S. 851–872

Reinisch, August, Verfahrensrechtliche Aspekte der Rechtskontrolle von Organen der Staatengemeinschaft, in: Hofmann, Rainer/Reinisch, August/Pfeiffer, Thomas/Oeter, Stefan/Stadler, Astrid (Hrsg.), Die Rechtskontrolle von Organen der Staatengemeinschaft: Vielfalt der Gerichte – Einheit des Prozessrechts?, Heidelberg 2007 (Die Rechtskontrolle von Organen der Staatengemeinschaft)

Reinisch, August, The Privileges and Immunities of International Organizations in Domestic Courts, Oxford 2013 (The Provileges and Immunities of International Organizations in Domestic Courts)

Reinisch, August, Securing the Accountability of International Organisations, in: Global Governance 2001, S. 131–149

Roach, Kent, The 9/11 effect: comparative counter-terrorism, Cambridge; New York 2011 (The 9/11 effect)

Rohleder, Kristin, Grundrechtsschutz im europäischen Mehrebenen-System: unter besonderer Berücksichtigung des Verhältnisses zwischen Bundesverfassungsgericht und Europäischem Gerichtshof für Menschenrechte, Baden-Baden 2009 (Grundrechtsschutz im europäischen Mehrebenen-System)

Roth-Isigkeit, David, Konstitutionalisierung des internationalen Menschenrechtsschutzes, in: Fassbender, Bardo/Siehr, Angelika (Hrsg.), Suprastaatliche Konstitutionalisierung: Perspektiven auf die Legitimität, Kohärenz und Effektivität des Völkerrechts, 1. Auflage, Baden-Baden 2012 (Suprastaatliche Konstitutionalisierung)

Rozakis, Christos L., The Concept of Jus Cogens in the Law of Treaties, Amsterdam 1976 (The Concept of Jus Cogens in the Law of Treaties)

Rudolf, Walter, Völkerrecht und deutsches Recht: theoretische und dogmatische Untersuchungen über die Anwendung völkerrechtlicher Normen in der Bundesrepublik Deutschland, Tübingen 1967 (Völkerrecht und deutsches Recht)

Rüthers, Bernd/Fischer, Christian/Birk, Axel, Rechtstheorie: mit juristischer Methodenlehre, 8. überarb. Auflage, München 2015 (Rechtstheorie)

Sachs, Michael/Battis, Ulrich/Pagenkopf, Martin, Grundgesetz: Kommentar, 7. Auflage, München 2014 (GG)

Salcedo, Juan Antonio Carrillo, Reflections on the Existence of a Hierarchy of Norms in International Law in: EJIL 1997, S. 583–595

Salinas de Frias, Ana Maria/Samuel, Katja L.H./White, Nigel D., Counter-Terrorism. International Law and Practice, Oxford, New York 2012, S. 1156 (Counter-Terrorism, International Law and Practice)

Salmon, Jean, Dictionnaire de droit international public, Bruxelles 2001 (Dictionnaire de droit international public)

Sands, Philippe, Treaty, Custom and the Cross-fertilization of International Law, in: Yale Human Rights and Development Law Journal 1998, S. 85–105

Sanjosé Gil, Amparo, La protección de los derechos humanos en el ámbito del Derecho Internacional, Valencia 1993 (La protección de los derechos humanos en el ámbito del Derecho Internacional)

Santos, Sofia, Die Reform des Sicherheitsrates der Vereinten Nationen und ihre Auswirkungen auf die internationale Ordnung, 1. Auflage, Baden-Baden 2011 (Die Reform des Sicherheitsrates der Vereinten Nationen)

Sauer, Heiko, Grundrechtskollisionsrecht für das europäische Mehrebenensystem, in: Matz-Lück, Nele/Hong, Mathias (Hrsg.), Grundrechte und Grundfreiheiten im Mehrebenensystem – Konkurrenzen und Interferenzen, 1. Auflage, Berlin, Heidelberg 2012 (Grundrechte und Grundfreiheiten im Mehrebenensystem)

Sauer, Heiko, „Solange" geht in Altersteilzeit – Der unbedingte Vorrang der Menschenwürde vor dem Unionsrecht, in: NJW 2016, S. 1134–1138

Saul, Ben, Attemps to Define „Terrorism" in International Law, in: Netherland International Law Journal 2005, S. 57–83

Saul, Ben, Definition of „Terrorism“ in the UN Security Council: 1985–2004, in: Chinese Journal of International Law 2005, S. 141–166

Scelle, Georges, Introduction: le milieu intersocial, Paris 1932 (Précis de droit des gens, Bd. I)

Scelle, Georges, Manuel de droit international public, Paris 1948 (Manuel de droit international public)

Schachtschneider, Karl Albrecht, Die existenzielle Staatlichkeit der Völker Europas und die staatliche Integration der Europäischen Union, in: Blomeyer, Wolfgang/Schachtschneider, Karl Albrecht (Hrsg.), Die Europäische Union als Rechtsgemeinschaft, Berlin 1995, S. 185 S. (Die existenzielle Staatlichkeit der Völker Europas)

Scharf, Michael, Defining Terrorism as the Peacetime Equivalent of War Crimes: Problems and Prospects, in: Case Western Reserve Journal of International Law 2004, S. 359–374

Schermers, Henry G./Blokker, Niels, International institutional law: unity within diversity, 5. rev. Auflage, Leiden [u.a.] 2011 (International institutional law)

Scheuing, Dieter, Deutsches Verfassungsrecht und europäische Integration, in: EuR Beiheft 1997, S. 7 ff.

Schmid, Alex P., The Routledge handbook of terrorism research, London 2011 (The Routledge handbook of terrorism research)

Schmitt, Eva Mareike, Weltordnung in der Revision – Die deutsche Politik zu der Reform des Sicherheitsrates 1990–2005, Wiesbaden 2013 (Weltordnung in der Revision)

Schöbener, Burkhard, Völkerrecht und nationales Recht, in: Breuer, Marten/Schöbener, Burkhard (Hrsg.), Völkerrecht: Lexikon zentraler Begriffe und Themen, Heidelberg; München; Landsberg; Frechen; Hamburg 2014, S. XVI, 602 S. (Völkerrecht-Lexikon)

Schott, Jared, Chapter VII as Exception: Security Council Action and the Regulative Ideal of Emergency, in: Northwestern Journal of International Human Rights 2007, S. 24–80

Schwarzenberger, Georg, International law: as applied by international courts and tribunals, Vol. III: International Constitutional Law, 1. Auflage, London 1976 (International law, Vol. III: International Constitutional Law)

Schweitzer, Michael, Staatsrecht, Völkerrecht, Europarecht, 10., völlig neu bearb. Auflage, Heidelberg; München; Landsberg; Frechen; Hamburg 2010 (Staatsrecht III)

Seidel, Gerd, Quo vadis Völkerrecht?, in: Archiv des Völkerrechts 2003, S. 449–483

Seiderman, Ian D., Hierarchy in International Law, Antwerpen 2001 (Hierarchy in International Law)

Seidl-Hohenveldern, Ignaz/Stein, Torsten, Völkerrecht, 10. neubearb. Auflage, Köln, Berlin, Bonn, München 2000 (Völkerrecht)

Shelton, Dinah, Hierarchy in International Law, in: AJIL 2006, S. 291–323

Shelton, Dinah, Subsidiarity and Human Rights Law, in: HRLJ 2006, S. 4–11

Shklar, Judith, An International Rule of Law?, in: American Journal of Comparative Law 2008, S. 332–361

Simma, Bruno, The Charter of the United Nations/2, 3. Auflage, Oxford 2012 (The Charter of the United Nations. A Commentary)

Simma, Bruno, From bilateralism to community interest in international law, in: Recueil des cours de l'Académie de La Haye 1994, Vol. 250

Simma, Bruno, Gestaltwandel im Völkerrecht und in der Organisation der Vereinten Nationen, in: Hummer, Waldemar (Hrsg.), Paradigmenwechsel im Völkerrecht zur Jahrtausendwende. Ansichten österreichischer Völkerrechtler zu aktuellen Problemlagen, Wien 2002, S. 45–63 (Paradigmenwechsel im Völkerrecht)

Simma, Bruno/Khan, Daniel-Erasmus/Nolte, Georg/Paulus, Andreas, The Charter of the United Nations/1, 3. Auflage, Oxford 2012 (The Charter of the United Nations. A Commentary)

Simma, Bruno/Mosler, Hermann/Randelzhofer, Albrecht/Tomuschat, Christian, The Charter of the United Nations/1, 2. Auflage, Oxford 2010 (The Charter of the United Nations. A Commentary)

Simma, Bruno/Pulkowski, Dirk, Of Planets and the Universe: Self-contained Regimes in International Law, in: EJIL 2006, S. 483–529

Simma, Bruno/Randelzhofer, Albrecht/Tomuschat, Christian/Wolfrum, Rüdiger, The Charter of the United Nations/1, 2. Auflage, Oxford 2002 (The Charter of the United Nations)

Simon, Annette, UN-Schutzzonen – ein Schutzinstrument für verfolgte Personen?: Eine Analyse anhand der internationalen Schutzzonen im Irak, in Ruanda und Bosnien-Herzegowina mit besonderem Blick auf die schweren Menschenrechtsverletzungen in der safe area Srebrenica, Berlin, Heidelberg [u.a.] 2005 (UN-Schutzzonen – ein Schutzinstrument für verfolgte Personen?)

Skubiszewski, Krzysztof, Use of Force by States. Collective Security. Law of War and Neutrality, in: Sørensen, Max (Hrsg.), Manual of Public International Law, 1. Auflage, London 1968 (Manual of Public International Law)

Sohn, Louis B., The Security Council's Role in the Settlement of International Disputes, in: The American Journal of International Law 1984, S. 402–404

Sorel, Jean-Marc, Some Questions About the Definition of Terrorism and the Fight Against Its Financing, in: European Journal of International Law 2003, S. 365–378

Sossai, Mirko, UN SC Res. 1373 (2001) and International Law-making: A Transformation in the Nature of the Legal Obligations for the Fight against Terrorism?, in: Founding Conference ESIL 2005, S. 1–8

Spielmann, Dean, Allowing the Right Margin the European Court of Human Rights and the National Margin of Appreciation Doctrine: Waiver or Subsidiarity of European Review?, in: CELS Working Paper Series 2012

Starck, Dorothee, Die Rechtmäßigkeit von UNO-Wirtschaftssanktionen in Anbetracht ihrer Auswirkungen auf die Zivilbevölkerung: Grenzen der Kompetenzen des Sicherheitsrates am Beispiel der Maßnahmen gegen den Irak und die Bundesrepublik Jugoslawien, Berlin 2000 (Die Rechtmäßigkeit von UNO-Wirtschaftssanktionen in Anbetracht ihrer Auswirkungen auf die Zivilbevölkerung)

Stein, Andreas, Der Sicherheitsrat der Vereinten Nationen und die Rule of Law: Auslegung und Rechtsfortbildung der Friedensbedrohung bei humanitären Interventionen auf der Grundlage des Kapitels VII der Charta der Vereinten Nationen, 1. Auflage, Baden-Baden 1999 (Der Sicherheitsrat der Vereinten Nationen und die Rule of Law)

Stein, Torsten/Buttlar, Christian von, Völkerrecht, 13. neu bearb. Auflage, München 2012 (Völkerrecht)

Stenhammar, Fredrik, United Nations Targeted Sanctions, the International Rule of Law and the European Court of Justice's Judgment in Kadi and al-Barakaat, in: Nordic Journal of International Law 2010, S. 113–140

Straßner, Alexander, Sozialrevolutionärer Terrorismus: Theorie, Ideologie, Fallbeispiele, Zukunftsszenarien, 1. Auflage, Wiesbaden 2008 (Sozialrevolutionärer Terrorismus)

Streinz, Rudolf, Europarecht, 9. Auflage, Heidelberg 2012 (Europarecht)

Sur, Serge, Conclusions, in: Bedjaoui, Mohammed (Hrsg.), Le chapitre VII de la Charte des Nations unies. Colloque de Rennes, SFDI, 1. Auflage, Paris 1995 (Le chapitre VII de la Charte des Nations unies. Colloque de Rennes, SFDI)

Suy, Eric, The Constitutional Character of Constituent Treaties of International Organizations and the Hierarchy of Norms, in: Beyerlin, Ulrich/Bothe, Michael/Hofmann, Rainer/Petersmann, Ernst-Ulrich (Hrsg.), Recht zwischen Umbruch und Bewahrung: Völkerrecht, Europarecht, Staatsrecht; Festschrift für Rudolf Bernhardt, 1. Auflage, Berlin, Heidelberg [u.a.] 1995, S. 267–277 (FS Bernhardt)

Svensson-McCarthy, Anna-Lena, Minimum Humanitarian Standards – From Capetown Towards the Future, in: International Commission of Jurists Review 1997, S. 1–29

Thirlway, Hugh, The Sources of International Law, in: Evans, Malcolm D. (Hrsg.), International Law, Oxford 2014 (International Law)

Thompson, Edward P., Whigs and Hunters: the Origin of the Black Act, London 1977 (Whigs and Hunters: the Origin of the Black Act)

Thürer, Daniel, Der Kosovo-Konflikt im Lichte des Völkerrechts: von drei – echten und scheinbaren – Dilemmata, in: Archiv des Völkerrechts 2000, S. 1–22

Thürer, Daniel, „Soft Law“ – Eine neue Form von Völkerrecht, in: Zeitschrift für schweizerisches Recht 1985, S. 429–453

Tladi, Dire/Taylor, Gilian, On the Al Qaida/Taliban Sanctions Regime: Due Process and Sunsetting, in: Chinese Journal of International Law 2011, S. 771–789

Tomuschat, Christian, The European Court of Human Rights and the United Nations, in: Follesdal, Andreas/Peters, Birgit/Ulfstein, Geir (Hrsg.), Constituting Europe. The European Court of Human Rights a National, European and Global Context, New York 2013 (Constituting Europe)

Tomuschat, Christian, Die internationale Gemeinschaft, in: Archiv des Völkerrechts 1995, S. 1–20

Tomuschat, Christian, Entscheidung für die internationale Offenheit, in: Isensee, Josef/Kirchhof, Paul (Hrsg.), Handbuch des Staatsrechts, Band XI – Internationale Bezüge, 3. Auflage, Heidelberg; München; Landsberg; Frechen; Hamburg 2013 (Handbuch des Staatsrechts, Band XI)

Tomuschat, Christian, Human Rights: Between Idealism and Realism, 2. Auflage, Oxford [u.a.] 2008 (Human Rights: Between Idealism and Realism)

Tomuschat, Christian, Obligations Arising for States Without or Against their Will, in: Recueil des cours de l'Académie de La Haye 1993, Vol. 241

Tomuschat, Christian, The United Nations at Age Fifty: A Legal Perspective, The Hague 1995 (The United Nations at Age Fifty)

Tomuschat, Christian, Weltordnungsmodelle für das 21. Jahrhundert: völkerrechtliche Perspektiven, 1. Auflage, Baden-Baden 2009, 211 S. (Weltordnungsmodelle für das 21. Jahrhundert)

Triepel, Heinrich, Völkerrecht und Landesrecht, Leipzig 1899 (Völkerrecht und Landesrecht)

Tsagourias, Nicholas, Security Council Legislation, Art. 2 (7) of the UN-Charter and the Principle of Subsidiarity, Glasgow 2011 (Security Council Legislation, Art. 2 (7) of the UN-Charter and the Principle of Subsidiarity)

Tsagourias, Nicholas, Security Council Legislation, Article 2(7) of the UN Charter, and the Principle of Subsidiarity, in: LJIL 2011, S. 539–559

Tschentscher, Axel, Verfassung im Völkerrecht – Konstitutionelle Elemente jenseits des Staates?, in: VVdStRL 2016, S. 407–435

Tzanakopoulos, Antonios, Domestic Court Reactions to UN Security Council Sanctions, in: Reinisch, August (Hrsg.), Challenging Acts of International Organizations, Oxford 2010 (Challenging Acts of International Organizations)

Tzanakopoulos, Antonios, Human Rights and United Nations Security Council Measures, in: De Wet, Erika/Vidmar, Jure (Hrsg.), Hierarchy in International Law, 1. Auflage, London, New York 2012 (Hierarchy in International Law)

Tzanakopoulos, Antonios, Domestic Courts as the „Natural Judge" of International Law: A Change in Physiognomy, in: Crawford, James/Nouwen, Sarah (Hrsg.), Select proceedings of the European society of international law. Third Volume, International Law 1989–2010, Oxford, Portland 2012 (Select proceedings of the European society of international law. Third Volume)

Tzanakopoulos, Antonios, United Nations Sanctions in Domestic Courts. From Interpretation to Defiance in Abdelrazik v. Canada, in: Journal of International Criminal Justice 2010, S. 249–267

Uerpmann, Robert, Internationales Verfassungsrecht, in: JZ 2001, S. 565–573

van Boven, Theodoor, Notstandfestigkeit von Menschenrechten und ihre Bedeutung für das ius cogens Konzept, in: Vasak, Karel/Alston, Philip (Hrsg.), The International Dimensions of Human Rights, 1. Auflage, Westport 1982 (The International Dimensions of Human Rights)

Vashakmadze, Mindia, Der Terrorismus und das Völkerrecht: Aktuelle Herausforderungen, in: Kocks, Alexander/Harbrich, Kai/Spencer, Alexander (Hrsg.), Terrorismusforschung in Deutschland, Wiesbaden 2011 (Terrorismusforschung in Deutschland)

Venzke, Ingo, International Bureaucracies from a Political Science Perspective – Agency, Authority and International Institutional Law, in: GLJ 2008, S. 1401–1428

Verdross, Alfred, Die Einheit des rechtlichen Weltbildes: auf Grundlage der Völkerrechtsverfassung, Tübingen 1923 (Die Einheit des rechtlichen Weltbildes)

Verdross, Alfred, Die Verfassung der Völkerrechtsgemeinschaft, Wien [u.a.] 1926 (Die Verfassung der Völkerrechtsgemeinschaft)

Verdross, Alfred, Forbidden Treaties in International Law, in: AJIL 1937, S. 571–577

Verdross, Alfred/Simma, Bruno, Universelles Völkerrecht: Theorie und Praxis, 3. völlig neubearb. Auflage, Berlin 1984 (Universelles Völkerrecht)

Vest, Hans, Terrorismus als Herausforderung des Rechts, Zürich, Basel, Genf 2005 (Terrorismus als Herausforderung des Rechts)

Vicuña, Francisco Orrego/Pinto, Christopher, Peaceful Settlements of Disputes Prospects for the 21st Century, in: Kalshoven, Frits (Hrsg.), The Centennial of the First International Peace Conference, 1. Auflage, Boston 2000 (The Centennial of the First International Peace Conference)

Viellechner, Lars, Berücksichtigungspflicht als Kollisionsregel, in: Matz-Lück, Nele/Hong, Mathias (Hrsg.), Grundrechte und Grundfreiheiten im Mehrebenensystem – Konkurrenzen und Interferenzen, Berlin, Heidelberg 2012 (Grundrechte und Grundfreiheiten im Mehrebenensystem)

Vitzthum, Wolfgang, Proelß, Alexander/Vitzthum, Wolfgang/Bothe, Michael (Hrsg.), Völkerrecht, 6. Auflage, Berlin [u.a.] 2013 (Völkerrecht)

Vöneky, Silja, Verfassungsrecht und völkerrechtliche Verträge, in: Isensee, Josef/ Kirchhof, Paul (Hrsg.), Handbuch des Staatsrechts, Band XI – Internationale Bezüge, Heidelberg; München; Landsberg; Frechen; Hamburg 2013, S. 413–428 (Handbuch des Staatsrechts, Band XI)

Vospernik, Tanja, Das Verhältnis zwischen Art. 13 und Art. 6 EMRK – Absorption oder „Apfel und Birne"?, in: ÖJZ 2001, S. 361–368

Voßkuhle, Andreas, Der europäische Verfassungsgerichtsverbund, in: NVwZ 2010, S. 1-8

Vranes, Erich, Lex Superior, Lex Specialis, Lex Posterior – Zur Rechtsnatur der „Konfliktlösungsregeln", in: ZaöRV 2005, S. 391–405

Wagner, Markus, Die wirtschaftlichen Maßnahmen des Sicherheitsrates nach dem 11. September 2001 im völkerrechtlichen Kontext – von Wirtschaftssanktionen zur Wirtschaftsgesetzgebung?, in: ZaöRV 2003, S. 879–920

Wahlgren, Peter, Soft law, Stockholm 2013 (Soft Law)

Walter, Christian, Constitutionalizing (Inter)national Gouvernance, in: GYIL 2001, S. 170–201

Walz, Gustav Adolf, Völkerrecht und staatliches Recht: Untersuchungen über die Einwirkungen des Völkerrechts auf das innerstaatliche Recht, Stuttgart 1933 (Völkerrecht und staatliches Recht)

Wassermann, Rudolf, Sicherung oder Aushöhlung des deutschen Rechtsstaates, in: Augstein, Joseg/Wassermann, Rudolf (Hrsg.), Terrorismus contra Rechtsstaat, Darmstadt [u.a.] 1976, S. 128-266 (Terrorismus contra Rechtsstaat)

Watts, Arthur, The International Rule of Law, in: German Yearbook of International Law 1993, S. 15–45

Weiler, J. H. H./Paulus, Andreas, The Structure of Change in International Law or Is There a Hierarchy of Norms in International Law?, in: EJIL 1997, S. 545–565

Weiss Brown, Edith, Invoking State Responsibility in the Twenty-First Century, in: AJIL 2002, S. 798–816

Weiß, Norman, Kompetenzlehre internationaler Organisationen, Berlin, Heidelberg 2009 (Kompetenzlehre internationaler Organisationen)

Weiß, Wolfgang, § 5 Unionsrecht und nationales Recht, in: Gruber, Joachim/Niedobitek, Matthias (Hrsg.), Europarecht – Grundlagen der Union, 1. Auflage, Berlin 2014 (§ 5 Unionsrecht und nationales Recht)

Weiß, Wolfgang, Security Council Powers and the Exigencies of Justice after War, in: MPUNYB 2008, S. 45–111

Weschler, Joanna, The Evolution of Security Council Innovations in Sanctions, in: Canada's Journal of Global Policy Analysis 2010, S. 31–43

Wetzel, Jens, Stolperstein Terrorismusbekämpfung. Der Raum der Freiheit, der Sicherheit und des Rechts vor einem unlösbaren Zielkonflikt?, in: Jäger, Thomas (Hrsg.), Die Welt nach 9/11: Auswirkungen des Terrorismus auf Staatenwelt und Gesellschaft, Wiesbaden 2011, S. 548–566 (Die Welt nach 9/11)

Wiegandt, Jan, Internationale Rechtsordnung oder Machtordnung? Eine Anmerkung zum Verhältnis von Macht und Recht im Völkerrecht, in: ZaöRV 2011, S. 31–76

Wolff, Sarah, The Rule of Law in the Area of Freedom, Security and Justice: Monitoring at home what the European Union preaches abroad, in: The Hague Journal on the Rule of Law 2013, S. 119–131

Wolfrum, Rüdiger, Judicial Control of Security Council Decisions, in: Annuaire de l'Institut de droit international 2013, S. 1–66

Wolfrum, Rüdiger, The Max Planck Encyclopedia of Public International Law, Oxford [u.a.] (MPEPIL)

Wolfrum, Rüdiger/Röben, Volker, Developments of international law in treaty making, 177, 2005 (Developments of international law in treaty making)

Wolny, Kerstin, Die völkerrechtliche Kriminalisierung von modernen Akten des internationalen Terrorismus: unter besonderer Berücksichtigung des Statuts des Internationalen Strafgerichtshofs, Berlin 2008 (Die völkerrechtliche Kriminalisierung von modernen Akten des internationalen Terrorismus)

Wood, Michael C., The Interpretation of Security Council Resolutions, in: MPUNYB 1998, S. 73–95

Yemin, Edward, Legislative Powers in the United Nations and Specialized Agencies, Leyden 1969 (Legislative Powers in the United Nations and Specialized Agencies)

Zander, Michael, The Act of State Doctrine, in: AJIL 1959, S. 826–852

Zangl, Bernhard, Is there an international rule of law?, in: European Review 2005, S. 73–91

Zappalà, Salvatore, Reviewing Security Council Measures in the Light of International Human Rights Principles, in:Fassbender, Bardo (Hrsg.), Securing Human Rights? Achievements and Challenges of the UN Security Council, London, New York 2011 (Securing Human Rights)

Zimmermann, Andreas/Tomuschat, Christian/Oellers-Frahm, Karin/Tams, Christian J., The Statute of the International Court of Justice: A Commentary, 2012 (The Statute of the International Court of Justice: A Commentary)

Zorn, Albert, Grundzüge des Völkerrechts, 1. Auflage, Leipzig 1903 (Grundzüge des Völkerrechts)

Studien zum Internationalen, Europäischen und Öffentlichen Recht

Herausgegeben von Eibe Riedel

Band 1 Christian Jutzi: Das Brandwaffenprotokoll. Regelungen und Verbindlichkeit. 1997.

Band 2 Jutta Schumann: Faktische Gleichberechtigung. Die Grundgesetzerweiterung des Art. 3 II S. 2. 1997.

Band 3 Christian Keim: Der institutionelle Rahmen im Wettbewerbsrecht der Europäischen Union und mögliche Reformmodelle. Eine Darstellung des europäischen institutionellen Gefüges und eine Entwicklung eines neuen Modells durch Vergleich mit dem institutionellen Rahmen in den USA, Deutschland, Großbritannien und Frankreich. 1998.

Band 4 Andreas Torka: Nichtnavigatorische Wassernutzungen. Mechanismen der Internationalen Zusammenarbeit. Von der Konfrontation über die Kooperation zu koadministrativen Formen der Zusammenarbeit. 1999.

Band 5 Markus Reimann: Die nicht-navigatorische Nutzung internationaler Süßwasserressourcen im Umweltvölkerrecht. 1999.

Band 6 Felix William Stoecker: NGOs und die UNO. Die Einbindung von Nichtregierungsorganisationen (NGOs) in die Strukturen der Vereinten Nationen. 2000.

Band 7 Torsten Weigt: Die ökologische Aktion zur Vermeidung und Bekämpfung transnationaler Umweltkatastrophen. Ein Beitrag zu Möglichkeiten und Problemen der Durchsetzung umweltschützender Verpflichtungen im Völkerrecht. 2000.

Band 8 Markus Tjaden: Genanalyse als Verfassungsproblem. Zulässigkeit genanalytischer Anwendungen im Lichte von Menschenwürde und genetischem Selbstbestimmungsrecht. 2001.

Band 9 Thorsten Wagner: Funktion und praktische Auswirkungen der richterlichen Vorlagen an den Gerichtshof der Europäischen Gemeinschaften. Dargestellt an Beispielen aus der Rechtsprechung zur Anwendung und Auslegung der Richtlinie 77/187/EWG und deren Einfluss auf das deutsche Recht. 2001.

Band 10 Thomas F. Kremer: Die „wissenschaftliche Rechtsphilosophie" Carl Magnus Bergbohms. Versuch einer analytisch-kritischen Rekonstruktion. 2001.

Band 11 Hüseyin Özcan: Rundfunkfreiheit in Deutschland und in der Türkei. Unter Berücksichtigung der Staatsferne des Rundfunks. 2002.

Band 12 Valentin Aichele: Nationale Menschenrechtsinstitutionen. Ein Beitrag zur nationalen Implementierung von Menschenrechten. 2003.

Band 13 Seong-Woo Ji: Die Ausgestaltung der Rundfunkfreiheit im dualen System. Eine rechtsvergleichende Untersuchung zum deutschen und koreanischen Verfassungsrecht. 2004.

Band 14 Andreas Blüthner: Welthandel und Menschenrechte in der Arbeit. The Compatibility of Human Rights at Work with the WTO-System. 2004.

Band 15 Christoph Steiner: Das Recht auf soziale Gesundheitsversorgung. Unter besonderer Berücksichtigung des Artikel 9 ICESCR. 2004.

Band 16 Joachim Spalcke: Arzneimittelzulassungsverfahren in der Europäischen Union und den Vereinigten Staaten von Amerika. Entwicklung und Harmonisierung. 2004.

Band 17 Bernd Neumann: Zeugnisverweigerungsrechte und strafprozessuale Ermittlungsmaßnahmen. 2005.

Band 18 Randolf Straky: Das Privatleben Prominenter als Verfassungsproblem. Ein Rechtsvergleich mit Frankreich und England unter Einbezug von Internetpublikationen. 2006.

Band 19 Fabian Böhm: Strukturen internationalen Subventionsrechts. EG-Beihilfenrecht und WTO-Subventionsrecht aus rechtsvergleichender Perspektive. 2007.

Band 20 Katharina Engbruch: Das Menschenrecht auf einen angemessenen Lebensstandard. Ernährung, Wasser, Bekleidung, Unterbringung und Energie als Elemente des Art. 11 (1) IPWSKR. 2008.

Band 21 Sandra Reinheimer: Das Verbindungskonzept der Bundeswasserstraßenverwaltung. 2008.

Band 22 Danny Reinhold: Der Schutz der Umwelt in der Binnenschifffahrt unter besonderer Berücksichtigung ausgewählter zukünftiger Handlungsansätze auf dem Weg zu einer ökologischen Binnenschifffahrtspolitik. 2009.

Band 23 Katrin Träbert: Sanktionen der Europäischen Union gegen ihre Mitgliedstaaten. Die Sanktionsverfahren nach Art. 228 Abs. 2 EGV und Art. 7 EUV. 2010.

Band 24 Ana Maria Suárez Franco: Die Justiziabilität wirtschaftlicher, sozialer und kultureller Menschenrechte. Eine Untersuchung über den aktuellen Zustand in Lateinamerika, unter Beachtung der völkerrechtlichen Menschenrechtsstandards. Kolumbien als Beispiel. 2010.

Band 25 Robert Kessel: Die Kontrolldichte der Normenkontrolle in Skandinavien aus deutscher Sicht. Eine rechtsvergleichende Untersuchung der richterlichen Überprüfung der Verfassungsmäßigkeit von Gesetzen in Dänemark, Norwegen und Schweden. 2011.

Band 26 Stephan Fehrentz: Rechtliche Grenzen von Privatisierungen im Strafvollzug. Unter besonderer Beachtung des Gesetzes über elektronische Aufsicht im Vollzug der Freiheitsstrafe. 2013.

Band 27 Anne-Kathrin Rühr: Instrumente des individuellen Grundrechtsschutzes in der Russischen Föderation. Eine rechtsvergleichende Betrachtung. 2016.

Band 28 Dennis-N. Warman: Energie als Menschenrecht. Ein Recht auf Zugang zur Grundversorgung mit Energie als Menschenrecht nach dem Internationalen Pakt über wirtschaftliche, soziale und kulturelle Rechte. 2017.

Band 29 Annika Bleier: Die extraterritoriale Anwendbarkeit der EMRK. Zugleich ein Beitrag zur menschenrechtlichen Verantwortlichkeit der Mitgliedstaaten für das transnationale Verhalten im Inland belegener Unternehmen. 2019.

Band 30 Marie Metzger: Verfassungs- und unionsrechtliche Grenzen von Maßnahmen zur Förderung der Geschlechtergleichstellung im Berufungsverfahren. 2020.

Band 31 Layla Kristina Jaber: Die Individualsanktionen des Sicherheitsrates der Vereinten Nationen und die Grund- und Menschenrechte aus der Europäischen Menschenrechtskonvention. 2020.

www.peterlang.com